로마서와 함께

1

저자 **원광연 목사**

도서출판 **영음사**

로마서와 함께

초판 1쇄 2024년 10월 31일

지은이 원광연
펴낸이 김기영
펴낸곳 도서출판 영음사

주 소 서울특별시 강남구 광평로 56길 8-13, 1406호
전 화 02-3412-0901
팩 스 02-3412-1409
이메일 biblecomen@daum.net
등 록 2008년 4월 21일 제2021-000311호

ISBN 978-89-7304-190-9(03230)

로마서와 함께 ❶

저자 **원광연 목사**

with ROMANS

도서출판 **영음사**

추천의 글

절친 원광연 목사는 유능한 번역자로 한국 교계에 이미 알려진 분입니다. 그는 수십 년 동안 개혁주의 신학자와 성도 그리고 신실한 청교도들의 작품을 많이 번역하여 한국 교계에 소개해 왔습니다. 그중 존 칼빈의 『기독교 강요』는 그의 대표작입니다. 얼마 전 그는 대부분의 사역자가 은퇴할 나이에 호주 시드니 체스터힐(Chester Hill) 엔크리스토 장로교회의 담임목사로 부르심을 받아 주변을 놀라게 했습니다. 하나님은 잘 준비시킨 후에는 반드시 쓰신다는 사실을 다시금 확인시켜주었습니다. 원 목사는 평생 주의 부르심에 순종하여 지금까지 개혁신학과 신앙에 천착한 신실한 성도요 동역자입니다.

4년 전 제가 로마서를 강해할 즈음에 그 역시 로마서를 연구하고 집필했습니다. 우리는 집필한 글과 매 주일 설교 원고를 주고받으며 사도 바울이 전하는 구원의 풍성한 진리를 공유하는 기쁨을 누려 왔습니다. 이제 그 연구가 열매 맺어 영음사를 통하여 출간되니 기쁘기 그지없습니다.

모든 신약학자와 설교자는 로마서를 연구하고 설교합니다. 로마서를 통하여 선명하게 구원의 도리인 복음을 알 수 있고 또한 전할 수 있다고 믿기 때문입니다. 그런데 학자는 로마서에서 특정 주제만을 연구하는 경향이 있고, 설교자는 설교 시간에 쫓겨 로마서를 깊이 다루기 쉽지 않습니다. 학자는 특정 신학 주제에 대한 해설에 집중하고 설교자는 간략하게 설교하는 경향이 있다고 여겨집니다. 저자는 이 두 가지를 조화롭게 다루며 로마서를 깊이 연구하고 심도 있게 구원의 도리를 밝히고 있습니다.

이제 본서의 특징을 몇 가지로 살피며 『로마서와 함께』를 적극적으로 추천하려 합니다.

첫째로, 본문의 흐름을 충실하게 따르며 저자 바울이 전하려 했던 복음의 해명을 충실하게 밝혀주고 있습니다. 오늘날 교단이나 강단에서 본문의 핵심 진리를 충실하게 연구하고 전하지 않고 수박 겉핥기식, 심지어 경박스럽게 본문을 다루는 흐름을 강하게 지적하며 깊이 반성하게 합니다.

둘째로, 깊이 있는 본문 분석과 해석 그리고 개혁주의 신학의 이해를 충실히 시도합니다. 저자는 개혁주의 신학자들의 주석과 설교 그리고 경건한 청교도 성도들의 글을 인용하고 소개하며 본문 이해의 깊이를 더하고 있습니다. 특히 각주를 통하여 본문 이해의 폭을 넓히며 자료의 신빙성을 확증합니다.

셋째로, 성실하게 한 장 한 장 읽어 가면, 로마서의 깊이와 풍성함을 깨닫게 합니다. 저자는 사도 바울이 전하려 한 구원의 도리에 관한 모든 주제를 회피하지 않고 정면으로 다루며 정확하고 심도 있게 진리들을 성실하게 밝히고 있습니다.

넷째로, 이 책은 쉽게 읽을 수 있는 설교집이나 강해집이 아닙니다. 담긴 방대한 자료와 심도 있는 해설은 다른 로마서 관련 서적과 차별성을 보여줍니다. 성실하게 본문의 흐름을 따라 해명하는 『로마서와 함께』를 통하여 읽는 이들은 선명한 복음, 확실한 구원의 도리, 그리고 성도의 풍성한 삶 등에 관한 진리를 깊이 깨닫게 되리라 확신합니다.

로마서를 사랑하고 사모하는 신실하고 성숙한 성도들과 기독교 구원의 도리를 확실하게 알기를 원하는 진지한 분들에게 큰 도움을 주리라 확신하기에 본서를 적극 추천합니다. 저자의 각고의 노력이 열매를 맺어 출간되도록 역사하신 하나님께 영광을 돌립니다.

박병은 목사

미국 덴버 둘로스 장로교회 담임

"나의 친구 원광연 목사" 하면 그가 호주 장로교 신학교를 졸업할 때 교장 선생님이 했다는 말이 생각납니다. 졸업 면담 시 교장 목사님은 "당신과 같은 이가 목회를 해야 합니다"라고 말했다는 것입니다. 그의 진실한 인격과 성품 그리고 탁월한 실력을 눈여겨보고 있던 교장 교수님의 말씀이라고 생각합니다.

그 후 원광연 목사는 평생 꾸준히 교회사적으로 귀한 기독교 고전을 우리에게 소개해 왔습니다. 사실 앞서간 분들로부터 바른길에 대해 갈피 잡는 법을 배우고, 지혜를 전달받고, 격려를 얻는 일이 광활한 영적 여정 중에 있는 우리 모두에게 얼마나 긴요한지 모릅니다. 저는 그가 매주 한 번씩 성도들과 가까운 이들에게 보내주는 기독교 고전에서 발췌한 묵상 자료를 고맙게 받아보았는데, 열 때마다 기대감을 가질 뿐만 아니라 매번 은혜를 받습니다.

더 나아가 그는 주께서 목회 현장을 깊고 풍성하게 만드는 일에 사용하시는 참 귀한 목회자 중 하나입니다. 우리가 아는 대로 삼위일체 하나님의 구원하심은 찬란하기만 합니다. 그리고 목회의 현장이란 이 사실을 생생하게 전하며 함께 예배하는 곳입니다. 그런 점에서 목회의 현장이란 너무나 귀한 곳입니다. 그런데 실제로 그가 목회 현장에서 성도들을 매우 부요하게 만들어 주었던 『로마서와 함께』를 금번에 모두와 나누게 되니 하나님 앞에 영광을 돌립니다.

도서출판 영음사는 정암 박윤선 목사님의 주석과 저서를 발간하는 출판사입니다. 일찍이 미국 웨스트민스터 신학대학원(Westminster Seminary) 서영일 박사는 한국교회의 오늘이 있기까지 조직신학의 박형룡 박사, 그리고 주경신학의 박윤선 박사의 영향이 말할 수 없이 지대하다고 갈파한 적이 있습니다. 새 시대를 맞는 영음사는 박윤선 목사님의 유고를 현대에 맞추어 출판하는 일을 과업으로 삼고 있으며, 아울러 새 시대에 주께서 사용하시는 귀한 학자와 목회자들의 글을 엄선하여 출판하고 있습니다.

이에 원광연 목사님의 『로마서와 함께』를 출판하게 됨을 매우 기쁘게 생각합니다. 하나님의 구원을 깊이 찬미하는 마음, 그리고 실제 목회 현장에서 성도들을 부요하고 기품있게 하는 일에 주께서 사용하신 그의 모든 것이 배어 있는 목회적 필체가 이 책을 독보적인 작품으로 만들고 있습니다.

많은 이들이 이 책을 사랑하게 될 줄로 압니다. 서서히 하나님을 기뻐하는 영혼의 운동이 도처에서 일어나게 될 것이 그려집니다. 교회마다 비치하고 그리스도인마다 차분히 읽어 하나님을 영화롭게 하는 새 생명의 먼동이 터오게 되기를 기도하며 기쁘게 추천합니다.

박삼열 목사

인천 송월교회 담임, 합동신학대학원대학교 이사장, 도서출판 영음사 이사장

원광연 목사님의 『로마서와 함께』가 출간되어 매우 기쁘다. 저자 원 목사님은 총신대학교에서 함께 신학을 공부하고, 함께 공군 장교로 근무한 신앙의 동지요 전우다. 그는 평생을 개혁주의 신학자들과 청교도들의 작품을 번역하면서 교회를 섬겨 온 신실한 하나님의 일꾼이다. 금번에 이렇게 귀한 동역자를 통해 좋은 책이 나오게 됨을 진심으로 축하한다.

저자는 이 책의 집필 의도가 독자들이 성경 본문에 조금 더 가까이 다가가, 로마서가 제시하는 진정한 메시지를 파악하도록 돕기 위함이라고 밝혔다. 그는 제임스 보이스(James Boice), 존 칼빈(John Calvin), 크랜필드(C. Cranfield), 로버트 할데인(Robert Haldane), 찰스 하지(Charles Hodge), 레온 모리스(Leon Morris), 마틴 로이드 존스(Martin Lloyd-Jones), 존 머리(John Murray), 존 스토트(John Stott) 등, 80여 명의 저명한 개혁주의 신학자들의 주석 및 강해서를 읽고, 이에 기초하여 책을 썼다. 이 책의 특징은 다음과 같다.

첫째로, 학문성이 뛰어나다. 이 책은 80여 명의 세계적인 신학자와 목회자들의 해석을 심도 있게 분석하고, 개혁주의 신학에 기초하여 평가하는 등 저자의 신학 및 역사, 지리, 문화 등 인문학적 해박함을 드러내고 있다. 저자는 이 책에서 설명이 미흡한 부분은 각주를 통해 참고문헌을 밝힘으로써 독자의 이해를 돕고, 독자들이 계속하여 연구할 수 있도록 해 놓았다. 매우 큰 장점이라고 할 수 있다.

둘째로, 개혁주의 신학에 충실하다. 저자는 칼빈의 성경 해석 원리를 따라 본문을 역사적-문법적으로 해석(historico-grammatical exegesis)하여, 원저자 바울이 로마인들에게 전하려 했던 복음의 내용을 밝히려고 최선을 다했다. 저자는 이를 위해 본문을 깊이 묵상한 후 분석하고, 해석해 냄으로 독자의 본문 이해를 도우려고 했다. 즉 본문의 내용 및 용어에 대한 경건한 관찰, 성경적이면서도 영적인 분석, 그리고 이를 개혁주의 신학에 기초하여 종합함으로써 독자들이 자연스럽게 성경이 말하고자 하는 요지를 파악할 수 있게 했다.

셋째로, 누구나 이해할 수 있도록 평이한 문체(plain style)를 사용하고 있다. 방대한 자료를 심도 있게 해설하는 일은 매우 학문적일 뿐만 아니라 난해할 수도 있다. 그렇지만 저자는 쉬운 용어와 짧은 문장을 사용하여 이러한 어려움을 극복할 수 있게 했다. 그는 로마서에 쓰인 단어의 의미, 그리고 문장이 제시하는 주제를 뽑아내어 설명해 줌으로써, 어려운 교리 이야기를 독자들이 쉽게 알아듣게 하였다. 그리고 난해한 신학적 주제를 정확하면서도 논리적으로 설명하여 독자의 이해를 도왔다.

이처럼 학문적이고, 개혁주의 신학에 기초하고, 독자의 눈에 맞춘 『로마서와 함께』가 영음사를 통해 세상에 나오게 되었다. 이 책을 통해 독자들은 복음이 무엇인지, 구원이 어떻게 이루어지는지, 그리고 성도들이 누릴 풍성한 삶이 무엇인지 발견하고, 개혁주의적 성경 해석이 무엇인지 확인하게 될 것이다. 이처럼 귀한 책을 목회자와 신학자는 물론이고, 성경을 바로 알기를 원하는 모든 평신도에게 적극 추천하는 바다.

오덕교 박사

횃불트리니티신학대학원대학교 총장

저자 서문

필자는 1982년 11월부터 번역 사역에 부르심을 받아 약 40년여에 걸쳐 신학 전문 번역 사역을 담당하여 70여 권의 개혁주의 신학 서적들을 번역 출간해오는 동안, 16세기 이후 현대에 이르기까지 여러 스승의 저작들을 통해 개혁신앙을 접하고 그분들에게서 가르침 받는 결코 흔치 않은 축복을 누려왔습니다. 그분들의 해박한 지식과 정교하고도 엄밀한 사고력, 그리고 무엇보다 진정성 있는 경건한 자세를 접하면서, 때로는 감탄과 경이로움을 가슴 가득 경험하기도 했고, 때로는 필자를 비롯한 오늘날 목회자들의 영적 지식의 빈약함과 허술함, 영적 경건성의 결핍을 절감하기도 했습니다. 이 모든 일이 하나님께서 귀하신 섭리로 필자에게 허락하신 귀한 영적 자양분이었음을 고백하며, 하나님께 찬송과 영광을 돌립니다.

번역 생활을 하는 동안 내내 필자의 마음 한구석에는, 조용히 하나님의 말씀인 성경의 정수를 좀 더 진지하게 접하는 은혜를 누리고 싶은 열망이 항상 있었으나, 번번이 기회를 얻지 못하였습니다. 그런데 코로나 팬데믹으로 온 세상이 큰 고통 속에 있던 2019년경부터 하나님의 풍성하신 은혜의 섭리로 오랜 숙원을 이룰 수 있는 적절한 환경을 만나게 되었고, 필자는 로마서 공부와 집필을 하루의 중요한 일과로 삼아 그 일에 매달릴 수 있었습니다. 그 결과 현재까지 로마서 1-3장의 내용을 스물여섯 강의로 정리하게 되었고, 비록 부분적이긴 하지만 현재까지 완성된 원고를 이제 『로마서와 함께 I』로 독자들 앞에 내어놓게 되니, 송구함과 아울러 진정 하나님의 크신 긍휼과 은혜의 섭리를 절감하게 됩니다. 주께서 은혜를 베푸사 이 작업을 계속하여 로마서 전체를 완성하게 하시기를 구합니다.

필자는 이 책에서 무엇보다 하나님이 교회에 주신 말씀인 로마서의 내용에 좀 더 가까이 나아가 그 메시지 자체를 진지하게 살피고 해명하는 일에 최선을 기울였습니다. 다른 무엇보다 말씀 그 자체의 메시지에 귀를 기울이는 것이 성도로서 가장 중요한 일임을 절감하였고, 동시에 그 메시지가 하나님의 교회와 그의 백성들에게 주신 것이요 시대마다 귀한 말씀의 종들을 통해 선포되고 해명되어온 것임을 인식하고, 교회의 여러 스승의 가르침을 가능한 만큼 폭넓게 나누고자 하였습니다. 모쪼록 이 작은 책이 하나님의 은혜의 복음을 해명하고 선포하고 알리는 일에 조금이라도 쓰임 받는다면 필자에게는 그보다 더 큰 기쁨이 없을 것입니다.

무엇보다 먼저, 본서의 출간을 허락해주시고 또한 제작을 위해 수고를 아끼지 않으신 도서출판 영음사와 담당 관계자분들께 큰 고마움의 마음을 전하고 싶습니다. 도서출판 영음사는 한국교회의 위대한 스승 박윤선 박사님의 저작들을 전문으로 출간하는 귀한 사명을 이어오고 있는데, 필자의 이 부족한 저서가 혹여 박사님의 귀한 명성에 누가 되지는 않을까 하는 염려가 있는 것이 사실입니다만, 주께서 긍휼을 베푸시기를 구합니다.

아울러 필자의 원고를 읽고 출간을 적극적으로 권고하는 등 격려를 아끼지 않으신 미국 덴버 둘로스 교회 박병은 목사님과 인천 송월장로교회 박삼열 목사님은 필자와는 반 백 년이 넘는 세월 동안 주 안에서 우정을 나누어 오고 있는 동역자요 막역한 친구들로서 바른 복음을 전하는 사명을 위한 길에 큰 힘이 되어 주셨으며, 본서의 원고를 읽고 흔쾌히 추천의 글을 써주셨으니, 마음속 깊이 감사가 넘칩니다. 또한 횃불 트리니티신학대학원대학교 총장이신 오덕교 박사님께서도 본서의 출간을 격려하시고, 조언의 말씀과 더불어 추천의 글을 써주셨으니 감사하기 그지없습니다. 이 귀한 복음의 동역자님들께 지면으로나마 충심으로 감사의 뜻을 전하고자 합니다.

그리고 갖가지 제약에도 불구하고 평생 사랑의 격려와 때로 고언도 아끼지 않는 사랑하는 아내 김재남 사모, 또한 부모를 위해 늘 사랑의 보살핌을 아끼지 않는 아들 경천과 며느리 이보현 내외, 딸 지은과 사위 엔젤 내외에게, 사랑과 감사의 뜻을 전합니다. 또한 사랑하는 여섯 손주(원정우, 원지우, 원선우, 연재 조나가, 재연 조나가, 연미 조나가)도 은혜 안에 잘 자라나 주님을 영화롭게 하는 귀한 일꾼들이 되기를 바라는 마음 간절합니다.

또한 필자의 설교와 강론을 꾸준히 경청하며 함께 그리스도 안에서 자라가며 하나님을 영화롭게 하는 위대한 목표를 위해 진력해오고 있는 시드니 체스터힐(Chester Hill)의 엔크리스토 장로교회(En-Christo Presbyterian Church)의 여러 성도에게 이 책을 헌정하며 그동안의 노고에 감사의 마음을 전합니다.

마지막으로 한두 가지 사실을 밝혀두고자 합니다.

- 신학생들과 목회자들의 후속적인 연구에 유익을 드리기 위해 마지막의 "참고문헌"을 통해 본서에서 인용/언급된 문헌들의 출처를 상세히 밝혀두었습니다.
- 설교문을 인용할 경우(예컨대, 로이드 존스나 보이스의 설교문)는 현장감을 살리기 위해 설교체로 번역, 인용하였고, 그 외의 인용문은 논설체로 번역, 인용하였습니다.

"솔리 데오 글로리아"(Soli Deo Gloria)

2024년 7월

시드니 웨스트라이드의 서재에서

원광연 목사

로마서와 함께

목차

추천의 글 005

저자 서문 012

I. 서론: 바울과 로마서 019

제1강. 로마서의 가치와 중요성: 그 역사적 실증 021

제2강. 바울은 누구인가? 037

제3강. 바울과 로마 교회, 그리고 로마서 053

II. 로마서 1:1-17: 복음과 하나님의 의 073

제4강. 예수 그리스도의 종이요 사도인 바울(1:1) 075

제5강. 하나님의 복음(1:1-2) 097

제6강. 하나님의 아들 예수 그리스도의 복음(1:3-4) 115

제7강. 예수 그리스도의 부활(1:4) 134

제8강. 믿음의 순종(1:5-7) 159

제9강. 복음에 빚진 자(1:8-15) 185

제10강. "내가 복음을 부끄러워하지 아니하노니"(1:16) 208

제11강. "복음에는 하나님의 의가 나타나서"(1:17) 226

III. 로마서 1:18-3:20: 죄와 하나님의 심판 243

제12강. "하나님의 진노가 나타나나니"(1:18-20) 245

제13강. 바보 같은 지혜자(1:21-25) 269

제14강. 하나님을 대적하는 인류의 참상(1:26-32) 288

제15강. "남을 판단하는 사람아"(2:1-5) 310

제16강. 하나님의 심판의 대 원칙(2:6-10) 334

제17강. 두 종류의 범죄자(2:11-16) 356

제18강. 유대인과 율법(2:17-24) 375

제19강. 유대인과 할례(2:25-29) 394

제20강. "유대인의 나음이 무엇이냐?"(3:1-8) 417

제21강. 인간의 근원적 부패성(3:9-18) 437

제22강. 하나님의 심판 아래에 있는 인류(3:19-20) 456

제23강. 새 관점 신학 (3:20) 474

IV. 로마서 3:21-31: 하나님의 의의 선물 503

제24강. "하나님의 의" (3:21-24) 505

제25강. "화목제물"(3:24-26) 525

제26강. 세 가지 질문(3:27- 31) 552

본서에 인용, 언급된 주요 참고문헌 573

로마서와 함께

I. 서론:

바울과 로마서

"로마서를 진정으로 깨달으면 성경의 지극히 깊은 모든 보화들에게로 향하는 문이 활짝 열리게 된다."

존 칼빈

(John Calvin, 1509-1564)

"성경의 모든 길은 로마서로부터 가장 선명하게 드러난다. 로마서의 메시지가 사람의 마음에 새겨지면 과연 무슨 일이 일어날지 아무도 알 수가 없다."

제임스 패커

(James I. Packer, 1926-2020)

제1강.
로마서의 가치와 중요성: 그 역사적 실증

"하나님의 말씀을 너희에게 일러 주고 너희를 인도하던 자들을 생각하며 그들의 행실의 결말을 주의하여 보고 그들의 믿음을 본받으라 예수 그리스도는 어제나 오늘이나 영원토록 동일하시니라" (히 13:7-8).

성경의 모든 책은 "하나님의 감동으로 된 것으로 교훈과 책망과 바르게 함과 의로 교육하기에 유익"합니다(딤후 3:16). 그러나 그중에서도 사도 바울이 기록한 로마서는 과연 보배와도 같다 할 것입니다. 왜냐하면 참된 복음의 진리가 이 책 속에 지극히 선명하고도 깊이 있게, 그리고 영혼을 찌르는 예리한 언어로, 제시되어 있기 때문입니다. 그러므로 로마서가 제시하는 그 광휘로운 메시지에 대한 가슴 벅찬 증언들이 기독교 교회의 역사 속에 가득하다는 것은 전혀 놀랄 일이 아닙니다. 로마서의 본문으로 들어가기 전에 그 가슴 벅찬 증언의 몇 가지 사례를 살펴보는 것이 우리에게 크게 유익할 것입니다.

아우구스티누스의 회심과 로마서

> 아우구스티누스는 하나의 혁명적인 힘으로 교회와 세계 속에 등장하였고, 그저 교회 역사상 하나의 신기원을 이룬 정도가 아니라…오늘날까지의 서구 세계 역사의 경로를 결정지어놓을 정도였다….서구 세계의 발전 과정 전체가 모든 면에서 그의 가르침에 강력한 영향을 받았다 할 것이다.

20세기의 위대한 칼빈주의 신학자 중 한 사람으로 일컬어지는 벤저민 워필드 박사(Benjamin B. Warfield, 1851-1921)는 천 년이 넘는 장구한 세월 동안 아우구스티누스가 서구 교회와 사회에 미친 탁월한 영향력에 대해 위와 같이 논평한 바 있습니다(Warfield, *Calvin and Augustine*, 306, 310). 또한 "예수님과 바울 이후, 히포의 아우구스티누스야말로 기독교 역사상 가장 큰 영향을 미친 인물이다"[1]라고까지 평가하는 분도 있습니다.

북아프리카 히포(Hippo)의 감독 아우구스티누스(Augustinus, 354-430)가 2천여 년의 교회 역사를 통틀어 가장 큰 영향을 미친 위대한 스승 가운데 하나라는 점에는 이견이 없을 것입니다. 그런데 그가 처음부터 그런 모습이었던 것은 아닙니다. 진리를 찾아 방황하는 영적 고뇌 속에서 한 여자에게서 사생아를 낳는 등, 그의 젊은 시절은 불안정하고 문란한 삶으로 점철되었습니다. 그랬던 아우구스티누스가 변화하여, 교회 역사에 그토록 위대한 족적을 남긴 탁월한 스승이 된 결정적인 요인은 바로 하나님의 말씀, 그중에서도 로마서의 한 구절, 즉 13:13-14 말씀이었습니다.

32세의 젊은 아우구스티누스는 육체적인 방랑과 영적인 방황 속에서 지

_1 Christian History, Vol. VI, No. 3, 2. Piper, *The Legacy of Sovereign Joy*, 43에서 재인용.

칠 대로 지쳐 있었습니다. 참된 진리를 찾아 이리저리 헤매던 중 당시 유행하던 마니교에서 가르침을 얻고자 하였으나 허망한 결과만 얻었을 뿐 아무런 소득이 없었습니다. 하루속히 영적 방황을 끝내고 진리에 대한 확신을 얻고 싶은 마음이 가득하였으나, 원하는 확신을 얻지 못하여 말할 수 없는 고뇌의 탄식이 속에서 치밀어 올라왔습니다. 그러던 어느 날 그는 흐르는 눈물을 주체하지 못하며 마음속으로 탄식하였습니다. 그는 훗날 자신이 기록한 그 유명한 『고백록』에서 다음과 같이 진술하고 있습니다.

> 주여 언제까지이옵니까? 주여 어느 때까지 내게 극한의 진노를 보이시렵니까(시 6:3-4)? 저의 과거의 허물들을 기억하지 마옵소서....언제까지 "내일, 내일" 하며 기다려야 하나요? 어째서 지금은 안 되나요? 부정한 저의 삶을 청산하는 일이 어째서 지금은 안 되나요?(Augustine, *Confessions*, 152)

그런데 바로 그때 한 아이의 음성이 들려왔습니다. "톨레 레게(tolle lege)! 톨레 레게(tolle lege)!"—"집어 들어 읽어라! 집어 들어 읽어라!"—라며 노래하듯 같은 말이 계속 반복되는 것이었습니다. 그것은 그가 태어나서 처음 듣는 말소리였고,아이들이 놀며 부르는 노래라고 여기기에는 아주 이상한 것이었습니다. 그는 그 이후의 일을 다음과 같이 전하고 있습니다.

> 그런 말을 노랫말로 하는 어린이이들의 놀이 같은 것이 있는지를 곰곰이 생각해 보았으나, 전에 그 비슷한 것을 들어본 기억이 전혀 없었습니다. 비 오듯 쏟아지는 눈물을 억지로 참으면서 저는 몸을 일으켰습니다. 그 노랫소리는 성경책을 펴서 처음 눈에 들어오는 곳을 읽어서 빛을 얻으라는 하나님의 명령일 수밖에 없다고 저 스스로 이해하였습니다....서둘러 알리피우스(Alypius)가 앉아 있는 곳으

로 갔습니다. 사도의 책을 그곳에 두었기 때문입니다. 무작정 그 책을 펼치고 처음 시선이 머무는 대목을 곧바로 조용히 읽어 내려갔습니다. "낮에와 같이 단정히 행하고 방탕하거나 술 취하지 말며 음란하거나 호색하지 말며 다투거나 시기하지 말고 오직 주 예수 그리스도로 옷 입고 정욕을 위하여 육신의 일을 도모하지 말라"(롬 13:13-14).

더 이상 읽어 내려갈 생각도 없었고, 그럴 필요도 없었습니다. 문장의 마지막 말씀에 이르자, 마치 모든 근심에서 벗어나는 안도의 빛이 내 마음속에 홍수처럼 밀려들어오는 것 같았습니다. 온갖 의심의 구름이 말끔히 사라져버린 것입니다"(Augustine, *Confessions*, 153).

386년 8월, 오랜 세월 동안 의심과 방황, 절망 속에 갇혀 지내온 젊은 아우구스티누스는 이렇게 해서 하나님의 놀라운 은혜의 섭리로 구원의 역사를 체험하고 참된 그리스도인이 되었고, 이후 교회의 고귀한 복음적 스승으로 후대의 성도들에게까지 길이 영향을 미치게 될 크나큰 사역을 감당하게 된 것입니다.

마르틴 루터와 로마서 1:17

아우구스티누스 이후 1천여 년 동안 지속된 중세의 영적 암흑기를 지나 16세기로 넘어오면서, 우리는 하나님 말씀의 놀라운 은혜의 역사에 힘입어 참된 진리에 대해 영적 깨달음을 얻은 또 다른 하나님의 종을 만나게 됩니다. 그는 다름 아닌 로마 가톨릭교회의 수도사로서 종교개혁의 위대한 횃불을 높이 들었던 마르틴 루터(Martin Luther, 1483-1546)였습니다.

1514년, 31세의 루터는 신학박사 학위를 받고, 비텐베르크 대학의 성경신학 교수로 부임했고. 그 대학에서 시편에 이어 로마서를 가르치게 되었습니다. 강의 준비를 위해 로마서의 본문을 연구하던 중 그는 도무지 풀리지 않는 한 가지 난제를 만났고, 이로 인해 마음에 큰 번민이 생겼습니다. 그것은 다름 아닌 로마서 1:17에 있는 "복음에는 하나님의 의가 나타나서"라는 문구였습니다. 그는 여기서 "하나님의 의"가 무엇을 뜻하는지를 도무지 이해할 수가 없었습니다.

만일 "하나님의 의"가 흔히 이해하는 대로 하나님 자신의 속성 중 하나인 "의"(義)를 가리킨다면 하나님은 인간에게도 그 "의"를 요구하실 것인데, 그렇다면 그분이 요구하시는 그런 완전한 "의"를 만족시킬 인간이 어디 있겠습니까? 그러니 결국 모든 인류가 죄인으로 정죄되어 심판과 저주를 받아야 하지 않겠습니까? 그 완전한 "의"를 도무지 만족시킬 수 없으니까요. 그런데 로마서 1:17의 본문은 그 "의"가 "복음"에 나타났다고 말씀합니다. 어떻게 그런 일이 있을 수 있습니까? 사람이 결코 하나님의 의를 만족시킬 수 없으므로 하나님의 처절한 심판과 저주 아래 있을 수밖에 없는데, 이것이 어떻게 "복음", 곧 "기쁜 소식"일 수가 있냐는 말입니다. 그는 밤낮으로 이 말씀을 묵상하고 그 참된 의미를 깨닫고자 끊임없이 노력했습니다. 결과적으로 보면, 루터의 그러한 모든 갈등과 번민과 노력이 모두 크나큰 하나님의 은혜의 섭리였음을 우리는 분명히 알 수 있습니다.

어느 날, 그는 이 큰 문제를 해결하는 놀라운 감격을 경험하게 됩니다. 시편의 "주의 의(義)로 나를 건지소서"(31:1; 71:2)라는 말씀에서 그는 결정적인 도움을 받고 확고한 깨달음을 얻게 되는 것입니다. 요긴대 로마서 1:17에 나오는 "하나님의 의"란 하나님이 인간에게 요구하시는 의가 아니라, 그가 그리스도로 말미암아 값없이 인간에게 베풀어 주시는 "의"를 뜻한다는 점을 깨닫게 된 것입니다. 하나님이 한량없는 은혜로 그리스도로 말미암아 그 완전한 의를 인간에게 베풀어 주시고, 인간은 믿음으로 그 "의"를 자기 것으로 받아 누리게 되니, 이 어찌 "복음"이 아니겠습니까? 이렇게 이해하니 복음의 전체적인 윤곽이 뚜렷하게 깨달아졌습니다. 그는 이때 깨달은 이 놀라운 신학적 원리를 계속 발전시켰고, 이것이 그의 신학 사상의 근간이 된 것은 물론, 종교개혁 신학의 모퉁잇돌이 되었습니다. 훗날 그는 이때의 감격을 다음과 묘사합니다.

> 밤낮으로 묵상하던 끝에 드디어 하나님의 긍휼하심으로 다음과 같은 말씀을 깨닫게 되었다. "복음에는 하나님의 의가 나타나서 믿음으로 믿음에 이르게 하나니 기록된 바 오직 의인은 믿음으로 말미암아 살리라 함과 같으니라." 하나님의 의란 바로 하나님의 선물, 즉 의인으로 하여금 믿음을 통하여 생명을 누리게 하시고자 그가 베푸시는 바로 그 의라는 것을 깨닫기 시작한 것이다....이때 나는 완전히 거듭났고, 마치 활짝 열린 문을 통과하여 천국에 들어간 느낌이었다. 성경 전체의 전혀 다른 얼굴이 여기서 그 모습을 드러냈다....전에는 "하나님의 의"라는 문구를 그렇게도 혐오하였으나 이제는 거꾸로 그만큼 그 단어가 사랑스러워졌고, 그 단어를 높이 기리게 되었다. 바울의 그 본문은 내게 진정 천국으로 들어가는 문이었다(Bainton, *Here I Stand*, 49-50).

로버트 할데인과 제네바의 신학생들

마르틴 루터가 발단이 되었던 16세기의 위대한 종교개혁 이후 3백여 년이 지나서, 유럽 교회는 인간 이성의 자율성(autonomy of human reason)을 주장하는 현대주의에 함몰되어 다시 영적 침체기를 통과하게 되었습니다. 종교개혁의 위대한 역사가 완전히 사라진 것 같은 이때 우리는 다시 한번 하나님의 놀라운 영적 각성과 부흥의 역사를 접하게 됩니다.

1816년 스코틀랜드 출신의 평신도 전도자 로버트 할데인(Robert Haldane,

1764-1842)은 동생 제임스와 더불어 전도 활동을 하는 중에 유럽을 방문했고, 스위스 제네바에 머물게 되었습니다. 이듬해 초 어느 날 그는 거리의 벤치에 앉아 있다가 옆에서 젊은이들 몇 명이 나누는 이야기를 듣게 되었습니다. 그 젊은이들은 신학생들이었습니다. 그런데 어찌 된 영문인지 그들은 복음을 전혀 깨닫지 못하고 있었고, 당연히 복음의 능력에 대해서도 무지하였습니다. 할데인은 그들에게 다가가 복음을 전하였고, 몇 차례 그들과 만나는 동안 무언가 그들에게 도움을 주어야겠다는 간절한 생각이 들었습니다.

그는 일주일에 세 차례 오후 6시부터 8시까지 그 젊은이들을 불러 모아 로마서 공부를 시작하였고, 20명에서 30명 정도의 젊은이들이 그 공부에 참여하였습니다. 할데인의 프랑스어 실력이 부족하여 통역자를 통해 모든 공부를 진행할 수밖에 없었습니다. 그런데 공부를 진행하는 동안 모든 참석자에게 놀라운 영적 각성이 일어났습니다. 로마서에 담겨 있는 위대한 복음의 진리가 그들의 심령을 뒤흔들어 깨웠습니다. 죄와 심판의 처절함이, 인간의 전적 타락과 무능력이, 구원의 역사 전체가 오직 하나님의 은혜로 말미암는다는 확고한 사실이, 오직 예수 그리스도 외에는 구원의 길이 없다는 진리가, 그리고 성경이 정확 무오한 하나님의 말씀이라는 사실이 놀라운 감격과 거룩한 능력으로 그들을 완전히 사로잡았습니다.

당시 공부에 참여했던 프레데릭 모노(Frederic Monod, 1794-1863)는 오랜 세월이 흐른 후 그때의 일을 다음과 같이 회상하고 있습니다.

> 무엇보다 우리 모두를 놀라게 한 것은 할데인 선생의 진지하고 엄숙한 태도였다. 우리 영혼과 또한 장차 우리의 목회적인 지도를 받게 될 사람들의 영혼을 향한 간절한 자세가 그에게서 역력히 드러났다. 그는 온유하였고, 우리가 늘어놓는 궤변들과 무식한 반론들, 그리고 이따금씩 일부러 그를 괴롭혀 당황하게 만들려는 시

도들까지도 끈질기게 견디며 인내하였다. 하지만 내가 정말 놀란 것은 하나님의 말씀에 대한 그의 막힘없는 지식과 또한 그 말씀의 신적인 권위에 대한 그의 확고한 믿음이었다. 신학교 교수들은 우리와 마찬가지로 그 말씀에 대해 거의 무지했고, 그 말씀을 무오하며 유일한 신앙적 진리의 전거로서가 아니라 자기들의 지식을 뽐내기 위한 수단으로 삼고 있었는데 말이다....오랜 세월이 흐른 지금도, 나는 그의 훤칠한 키와 남자다운 자태며, 그의 손에 들린 영어 성경이며, 오로지 성령의 검인 성경만을 무기로 삼아 모든 반론을 잠재우고 모든 난제를 제거하며, 여러 본문을 즉흥적으로 제시하며 모든 질문에 답하는 그의 모습 등이, 생생하게 뇌리에 남아 있다. 그는 우리의 소위 이성적인 반론들에 반박하느라 머뭇거리며 시간을 허비한 적이 한 번도 없었다. 언제나 반론이 제기되는 즉시 성경의 어느 본문을 가리키며, "여기를 펼쳐보세요. 자, 본문이 무어라고 말씀하고 있지요?"라고 말하곤 했었다....말 그대로 그는 살아 있는 성구사전이었다....로버트 할데인이라는 이름은 유럽 대륙의 복음적 부흥의 여명과 뗄 수 없는 관계로 연관되어 있다. 1817년 그 놀라운 부흥의 역사가 시작되어 지금도 계속되고 있고, 앞으로도 그 영향이 어디까지 미칠지 모든 일이 드러나게 될 그 날까지 도무지 알 수가 없다. 그분에 대한 추억이 우리 가슴속에 새겨져 있고 또한 고이 간직될 것이다. 주께서 그런 일꾼들을 많이 보내사 추수하게 하시기를 진정 바란다!"(Haldane, *The Lives of Haldane*, 430-431).

제네바의 젊은 신학생들을 상대로 행한 로버트 할데인의 로마서 공부를 통해서 많은 위대한 영적 지도자들이 배출된 것은 물론입니다. 이들은 함께 "각성"(Réveil)이라 불리는 그룹을 이루었고, 그들 중 앞에서 언급한 프레데릭 모노는 프랑스 파리의 개혁교회 목사가 되었으며, 함께 공부에 참여한 세자르 말랑(César Malan, 1787-1864)은 스위스에서 독립 교회를 설립하여 목회자로 섬겼고, 장 앙리 메를 도비뉴(Jean-Henri Merle D'Aubigne, 1794-1872)는 스위스에서 목회 활동을 하는 한편 교회사가로서 『종교개혁사』를 비롯한 귀한 저작들을 남겼습니다. 로마서 공부를 통해 영적 각성을 경험한 이 지도자들의 열정적인 활동으로 인하여 유럽 전역에 참된 복음의 메시지가 전파되었고, 그 결과 스위스는 물론 독일과 네덜란드 등 유럽 전역에 엄청난 복음적 각성의 역사가 일어나게 되었던 것입니다.[2]

이제까지 아우구스티누스, 마르틴 루터, 로버트 할데인 등 교회사의 위대한 인물들이 로마서의 말씀을 통하여 겪은 삶의 결정적인 체험들을 살펴보았습니다. 물론 그 외에도 로마서를 통해서 놀라운 구원의 역사를 체험하고 주께 헌신한 사람들은 숫자를 가늠할 수 없을 만큼 많습니다. 여러분은 어떤 생각이 드십니까? 로마서를 진지하게 공부해야겠다는 각성이 생기지 않나요? 주께서 긍휼을 베푸셔서 로마서에 계시된 주의 말씀을 진지하게 공부하여 이 위대한 종들처럼 놀라운 영적 각성을 얻고자 하는 강렬한 소망이 여러분에게 생기게 해주시기를 진정으로 바랍니다.

로마서에 대한 논평들

자, 그러면 이제 그다음으로 로마서의 중요한 가치에 대해 교회 역사에 이름을 남긴 고귀한 스승들이 전해주는 교훈들을 소개해드릴 차례가 되었습니다. 무엇보다 먼저, 앞에서 소개한 위대한 종교개혁가 마르틴 루터가 로마서의 고귀한 가치에 대해 진술한 다음의 내용은 우리에게는 그야말로 금과옥조와도 같습니다.

_2 로버트 할데인은 본서에서 자주 인용될 로마서 주석(Robert Haldane, *Commentary on Romans*)의 저자이기도 합니다.

이 서신서는 그야말로 신약성경 중 첫째가는 부분이요, 지극히 순결하며 지극히 분명한 복음의 중심이다. 그리스도인이라면 누구나 이 서신서의 말씀 하나하나를 마음으로 아는 것은 물론, 영혼의 일용할 양식으로 삼아 날마다 탐독할 만한 가치가 있다. 이 서신서는 아무리 자주, 아무리 상세하게 읽고 묵상한다 해도 결코 지나침이 없으며, 대하면 대할수록 더욱더 귀해지며, 혀끝에 더욱 감미롭게 다가온다....이 서신서에서 우리는 그리스도인이 알아야 할 모든 것을 지극히 풍성하게 찾을 수 있다. 곧 율법이 무엇이며, 복음이 무엇이며, 죄와 형벌이 무엇이며, 은혜, 믿음, 의, 그리스도, 하나님, 선행, 사랑, 소망, 십자가 등이 무엇이며, 또한 모든 사람을 향하여, 성도와 죄인들을 향하여, 약한 자와 강한 자를 향하여, 친구와 원수를 향하여, 또한 우리 자신을 향하여 우리가 어떤 자세를 가져야 하는지를 깨달을 수 있다. 그리고 이 모든 것이 놀랍게 [성경의 논증으로] 뒷받침되므로, 여기서 더 원할 것이 아무것도 없다. 그러므로 바울은 이 서신서를 기독교 복음 전체에 대한 일종의 요약으로 제시하여 구약성경을 우리에게 환하게 열어주고자 하는 의도를 가졌다는 느낌마저 든다. 이 서신서를 마음으로 잘 배우고 나면, 구약성경의 빛과 능력을 자기 것으로 삼았다 할 수 있기 때문이다. 그러므로 그리스도인은 누구든지 이 서신서를 친숙하게 접하고 그 가르침을 끊임없이 실천해야 할 것이다(Luther, *Romans*, xiii, xxvi).

루터보다 한 세대 후에 제네바에서 활동한 종교개혁가인 위대한 존 칼빈 선생(John Calvin, 1509-1564)은 자신의 로마서 주석 첫머리에서 다음과 같이 로마서의 탁월함을 높이 기리고 있습니다.

이 서신서의 가치를 논하는 데 많은 시간을 소비하는 것이 과연 가치 있는 일인가 하는 의구심이 든다. 내가 이 책을 높이 천거하는 일이 오히려 그 위대함에 누를

> 끼치지는 않을까, 나의 논평이 오히려 이 서신서를 흐리게 만들지는 않을까 하는 두려움이 있기 때문이다. 그뿐 아니라 첫 시작 부분부터 이 서신서가 다른 말을 덧붙여 설명하는 것보다도 훨씬 더 나은 방식으로 자신을 소개하고 또한 자신을 훌륭하게 설명하고 있다는 사실이다(Calvin, *Romans*, 5).

또한 20세기의 탁월한 성경 강해자로서 놀랍게 쓰임 받았던 영국의 마틴 로이드 존스(D. Martyn Lloyd-Jones, 1899-1981)는 그의 유명한 로마서 강해 첫머리에서, 기독교 역사를 통해 입증되는 로마서의 특별한 영향에 대해 다음과 같이 논평하고 있습니다.

> 로마서가 무엇보다 근본적인 도리들을 다루는 서신서라는 것이 지난 수 세기를 통틀어 기독교 교회의 일관된 견해였습니다. 교회사를 살펴보면 이 사실이 거듭거듭 증명되는 것을 확인하게 될 것입니다. 로마서야말로 성경의 다른 어떤 책보다도 교회사에서 더 중요하고 더 결정적인 역할을 담당했다고 진심으로 말할 수 있습니다. 이는 실로 굉장히 의미 있는 사실입니다. 물론 성경 전체를 읽고 공부해야 합니다. 예, 과연 그렇습니다! 하지만 그중 유독 한 권의 책이 유별난 방식으로 사용되어왔다는 점이 교회의 역사에서 분명히 드러나고 있으니, 우리로서도 그 책에 대해 특별한 관심을 기울이는 것이 합당할 것입니다(Lloyd-Jones, *Romans*, I, 3).

미국 필라델피아 웨스트민스터 신학교의 조직신학 교수였던 존 머리(John Murray, 1898-1975)는 자신의 로마서 주석에서 로마서의 고귀한 가치에 대해 이렇게 말씀합니다.

> 로마서는 하나님의 말씀이요, 그 주제는 하나님의 은혜의 복음으로서, 하나님의 낮아지심과 사랑의 그 놀라운 비밀들을 여실히 보여준다. [로마서가 전하는] 그 복음의 영광에 압도되어 하나님이 임재하시는 지성소로 들어가게 되지 못한다면, 이는 이 신성한 진리의 보고의 위대한 존재의 목적을 이미 놓치고 있는 것이다(Murray, *Romans*, I. 11).

로이드 존스와 더불어 20세기 영국 교회의 대표적인 복음적 지도자였던 존 스토트(John R. W. Stott, 1921-2011)도 로마서의 중요한 의의를 다음과 같이 표현하고 있습니다.

> [로마서]는 시간을 초월하는 선언 — 곧 예수 그리스도로 말미암는 자유에 대한 선언 — 이요, 또한 신약성경 가운데 가장 충실하고도 명확한 위대한 복음의 진술이다....인간이 죄와 종노릇 상태에서 났으나 예수 그리스도께서 오사 우리를 자유하게 하셨다는 것이다. 자유의 복된 소식이, 모든 불경한 것들에 대한 하나님의 거룩한 진노를 벗어나는 자유가, 소외로부터 화목으로 향하는 자유가, 하나님의 율법의 정죄를 벗어나는 자유가…죽음에 대한 공포로부터의 자유가, 탄식하는 피조물의 썩어짐으로부터 하나님 자녀들의 영광으로 이어지는 자유가, 또 한편으로는 하나님의 가족 내에서 종족 간의 갈등으로부터의 자유와 또한 하나님과 타인을 향한 사랑의 봉사를 위해 우리 자신을 드릴 자유가, 모두 여기 로마서에서 전개되는 것이다(Stott, *Romans*, 19).

그뿐 아니라 미국 개혁 장로교회 목사요 커버넌트 신학교의 조직신학 교수를 역임한 로버트 레이먼드(Robert L. Reymond, 1932-2013)도 로마서에 대해 다음과 같이 진술하고 있습니다.

> 그랜드캐니언이나 나이아가라 폭포가 보여주는 자연의 장대함을 어떻게 필설로 묘사할 수 있겠는가? 그와 마찬가지로 이 서신서의 가치는 말로 표현하는 것 자체가 불가능한 일이다. 필자의 생각으로는, 로마서는 두말할 필요도 없이 지금까지 기록된 신학 논고 중에서 가장 중요한 것이다....로마서가 기독교와 세계에 미친 영향을 증언하는 사람들을 열거하자면 거의 끝이 없을 것이다. 그러나 사람의 초라한 능력으로는 아무리 애써도, 아무리 최상급의 용어를 써도 하나님의 이 백합화를 다 치장할 수 없을 것이다. 그 가치를 알고 그것을 사랑하기를 배우기 위해서 우리가 할 일은 결국 이 편지를 들고 읽어서, 거기에 나타난 진리들을 믿음으로 새기고 실천하는 일일 것이다(레이먼드, 『바울의 생애와 신학』, 264-265).

결론: 로마서 공부의 중요성

자 여러분, 다소 장황한 듯하지만 이처럼 로마서와 관련한 교회사의 이야기들과 여러 고귀한 하나님의 종들이 진술한 내용을 소개하는 목적은 오직 한 가지, 로마서를 읽고 공부하는 일이 얼마나 중요한지, 또한 로마서의 메시지를 깨닫고 그 고귀함을 누리는 일이 얼마나 복된 것인지를 일깨우기 위함입니다. 하나님 나라의 고귀한 진리를 깨닫고자 하는 갈증이 여러분에게 있습니까? 영적인 무지와 모호함에서 벗어나 마르틴 루터처럼 선명한 영적 확신을 얻기를 바라십니까? 절반쯤 의심과 무지와 혼동에 싸인 상태로 이리저리 갈팡질팡했던 지금까지의 허술한 신앙적 자세를 벗어버리고, 하나님의 복음의 진리에 대한 확실한 깨달음을 얻는 새로운 영적 생명의 길로 나아가기를 원하십니까?

오늘날 영적 무지와 안일함 속에 너무도 깊이 젖어 있어서, 그저 그러려니 하고 만족하며 대충 맞추어 가는 교회 생활과 교회 내의 인간적인 교우관계를 즐기는 데서 그쳐 버리고, 그것을 신앙생활로 알고 있는 안타까운 분들이 한국교회 안에 부지기수로 많습니다. 기독교 신앙과 교회 생활을 무슨 액세서리처럼 여기며, 자신의 영혼을 돌보지 않는 무책임한 신자들이 얼마나 많은지 모릅니다. 아니, 그런 걸 어떻게 신앙이라는 말로 묘사할 수 있겠습니까? 그저 허울 좋은 겉모양의 종교 생활에 지나지 않는 것이지요! 이는 성경에 계시된 진리에 근거하는 참된 신앙생활과는 전혀 다른 것임을 알아야 합니다. 이도 저도 아닌 중간의 어정쩡한 자세를 벗어버려야 합니다. 확고한 진리를 선명히 깨닫는 데로 나가든지, 아니면 도처에 널려 있는 무신론자들의 주장을 따르든지, 태도를 분명히 해야 합니다! 여러분, 여호수아가 가나안에 정착한 후 영적 안일에 빠져 있던 당시의 이스라엘 백성들을 향하여 외친 말씀은 우리 모두에게도 똑같이 적용되는 하나님의 말씀입니다.

> 이제는 여호와를 경외하며 온전함과 진실함으로 그를 섬기라! 너희의 조상들이 강 저쪽과 애굽에서 섬기던 신들을 치워 버리고 여호와만 섬기라! 만일 여호와를 섬기는 것이 너희에게 좋지 않게 보이거든 너희 조상들이 강 저쪽에서 섬기던 신들이든지, 또는 너희가 거주하는 땅에 있는 아모리 족속의 신들이든지, **너희가 섬길 자를 오늘 택하라! 오직 나와 내 집은 여호와를 섬기겠노라!**(수 24:14-15).

부디 영적 무지의 죄악된 안락함에 젖어 중간에서 눈치를 보며 어정쩡하게 지내던 세월은 이제 마감하시기 바랍니다. 무신론을 조장하는 마귀를 섬기든지, 아니면 참된 구원의 하나님을 온 마음을 다해 섬기든지 둘 중 하나를 확실하게 선택하셔야 합니다. 지금 당장 여러분의 태도를 분명히 하십시오. 진정 하나님을 섬기고 그를 영화롭게 하는 참된 길로 방향을 명확히 정하시기를 바랍니다.

그러나 참된 구원의 진리를 깨닫고 그 속에서 영원한 생명을 누리고 싶은 소망이 여러분에게 있으시다면, 오직 한 가지 길이 여러분 앞에 놓여 있습니다. 참된 복음의 진리를 깨달아 확신 가운데 거하고자 하는 여러분의 간절한 마음을 하나님께 아뢰며 그의 은혜로운 도우심을 구하는 동시에, 하나님의 말씀을 진지하게 공부해나가는 길이 그것입니다. 성경 말씀 중에서도 특히 로마서의 말씀을 공부하는 것은 말할 수 없는 유익을 줍니다. 이는 이미 구원의 진리를 깨달아 그리스도의 생명 가운데 행하고 있는 분들에게도 그대로 적용됩니다. 하나님의 말씀을 대하면 대할수록 더욱더 깊은 감격과 또한 신선한 갈망 속에 젖어들게 될 것이기 때문입니다.

물론 쉬운 길은 아닙니다. 하나님께서 은혜를 베푸셔서 진리를 깨닫고자 하는 간절한 마음이 생겨야만 하고, 또한 중도에 포기하지 않고 끈질기게 매달리는 꾸준한 노력, 그리고 무엇보다도 그 일을 가능케 하시는 성령님의 도우심이 반드시 필요한 일이기도 합니다. 게다가 사탄 마귀의 끈질긴 방해 공작이 있을 것입니다. 그러나 오직 이 길밖에는 다른 길이 없습니다! 하나님의 참된 진리를 깨닫는 거룩하고도 고귀한 길이 쉬울 수가 있겠습니까? 다음과 같은 예수님의 경고 말씀은 참된 성경적 진리를 깨닫는 데로 나아가는 우리의 행보에도 그대로 적용될 것입니다.

> 좁은 문으로 들어가라. 멸망으로 인도하는 문은 크고 그 길이 넓어 그리로 들어가는 자가 많고, 생명으로 인도하는 문은 좁고 길이 협착하여 찾는 자가 적음이라(마 7:13-14).

예! 생명으로 인도하는 문이 넓을 수가 없습니다. 좁을 수밖에 없고, 그 길은 협착하여 죄성을 지닌 우리 사람들로서는 힘들고 수고스럽고 귀찮음을 느낄 수밖에 없습니다. 그래서 하나님께서 택하신 백성 외에는 그리로 가는 자가 없습니다. 그러나 오직 그 문만이 생명으로 인도하는 문입니다. 다른 문도, 다른 길도 없습니다!

로버트 레이먼드 교수의 발언 가운데 마지막 부분을 다시 한번 강조하고자 합니다. 우리가 이제 해야 할 일이 무엇입니까? "이 편지를 들고 읽"는 일입니다. 그리고 "거기에 나타난 진리들을 믿음으로 새기고 실천하는 일"을 위해 귀한 발걸음을 내디디고 그 걸음을 꾸준히 계속하는 일입니다. 저도 이 책을 통해 여러분의 고귀한 장도에 미력이나마 힘을 보태겠습니다. 함께 나아갑시다! 주께서 이 귀하고 복된 발걸음에 은혜와 긍휼을 베푸시기를 간구합니다.

제2강.
바울은 누구인가?

"나는 유대인으로 길리기아 다소에서 났고 이 성에서 자라 가말리엘의 문하에서 우리 조상들의 율법의 엄한 교훈을 받았고 오늘 너희 모든 사람처럼 하나님께 대하여 열심이 있는 자라"

(행 22:3).

얼마 전 서울을 방문하여 경복궁을 관람할 기회가 있었습니다. 거의 반백 년 전 고등학생 시절에 그리로 소풍을 가본 이후로 처음 들어가 보았습니다. 이번 방문은 좀 남다르게 느껴졌습니다. 경복궁에 얽힌 옛 조선의 역사와 임진왜란으로 소실되었다가 270여 년 후에 흥선 대원군에 의해 중건된 사실이며, 일제 강점기에 다시 훼손되었다가 그 이후 재건 사업이 진행되고 있다는 등의 간략한 지식을 접하고 궁에 들어가 보니, 모든 것이 새롭게 다가왔습니다.

나라의 대내외 공식 행사들이 진행되었다는 근정전(勤政殿), 임금이 신하들과 정무를 보았다는 사정전(思政殿), 임금의 거처였던 강녕전(康寧殿) 등, 여러 전각의 이름에 담긴 뜻이며, 오랜 세월 동안 풍상을 겪어오면서 자연스레 생겨난 고풍스런 모습이며, 지붕의 기와나 창문들, 마루, 돌기둥 같은 것들까지 모든 것이 새로워 보였습니다. 시드니로 돌아온 후 꽤 시간이 지난 지금까지도 그때의 감흥이 여운으로 남아 있습니다. 옛날 어린 시절에 보았을 때는 그저 오래된 수많은 건물 중 하나일 뿐 별다른 의미를 느끼지 못했었는데 말입니다.

성경 본문을 공부하는 일도 이와 비슷한 점이 있지 않은가 하는 느낌이 듭니다. 서론에 해당하는 몇몇 사실들—이를테면 저자가 누구이며, 수신자는 누구이며, 저자는 무슨 목적으로 기록했는가 등의 배경적인 내용들—에 대해 대략적으로나마 미리 숙지하게 되면, 그런 사안에 대해 전혀 무지한 경우보다는 본문의 내용을 훨씬 더 생생하게 이해할 수 있을 것입니다. 유용하게 사용되는 심도 있는 성경 주석들을 살펴보면 예외 없이 이런 서론적인 내용을 상세히 다루고 있습니다. 이런 서론적인 논의가 없는 것은 제대로 된 성경 주석이라 할 수 없다고 믿는 이들까지도 있습니다.

물론 예비적인 지식이 전혀 없이 곧바로 성경 본문으로 들어간다 해도 결코 헛된 일은 아닙니다. 사도 바울의 말씀처럼, 그리스도의 복음이 "구원을 얻게 하는 하나님의 능력"이므로(1:16), 예비적이며 서론적인 갖가지 사항들이나 배경에 대한 지식이 없다고 해서 말씀의 은혜를 누리지 못하는 것은 절대로 아닙니다. 진리의 성령께서 우리를 모든 진리 가운데로 인도하시기 때문입니다(요 16:13). 하지만 개략적으로나마 서론적인 지식을 얻을 수 있는데도 구태여 그런 것들을 마다하고, "나는 본문 제일주의자야! 본문으로 직접 들어가야지 서론이라는 게 웬 말이냐?"라는 식의 자세를 가질 필요가 어디 있겠습니까? 그러니 다소 복잡하고 쓸데없을 것 같다는 느낌이 들더라도, 두 차례에 걸쳐서 서론적인 내용을 살펴보기로 합시다.

바울: 하나님이 택하신 그릇

자, 그러면 먼저 로마서의 저자인 바울이 어떤 사람인가에 대해 개괄적인 내용을 살펴보도록 하겠습니다. 바울은 누구입니까? 바울은 기독교 최초의 가장 위대한 선교사이며, 또한 기독교 신학을 체계적으로 제시한 최고의 신학자이기도 합니다. 만일 바울이 없었더라면—소아시아와 유럽을 두루 다니며 그리스도 십자가의 복음을 외치고 전도하며, 교회의 갖가지 문제점들을 교정시키며, 또한 그릇된 사상을 경계하고 바른 신학을 든든히 하는 일에 반평생을 쏟아부은 그의 노고가 없었더라면—기독교회의 모습이 어떠했을까요? 그가 기록한 열세 편의 서신서가 없었더라면, 오늘날 우리의 영적 모습이 어떻게 되어 있을까요? 도저히 상상조차 할 수 없는 일입니다. 후대의 모든 하나님의 백성들이 참된 진리를 깨닫고 그리스도의 십자가와 부활의 의미를 밝히는 일도, 예수 그리스도로 말미암는 하나님의 놀라운 구원 계획에 관한 신구약성경의 통일성 있는 가르침을 해명하는 일도 불가능했을 것입니다.

그러나 하나님은 바울이라는 한 사람을 택하시고 준비시키시고 부르셔서 그 일을 감당하게 하신 것입니다. 아나니아에게 주신 말씀에 잘 나타나듯이, 바울은 과연 하나님의 "이름을 이방인과 임금들과 이스라엘 자손들에게 전하기 위하여 택한 나의(하나님의) 그릇"이었습니다(행 9:15). 이 점에서 레이먼드의 다음과 같은 논평은 아주 적절하다 하겠습니다.

> 우리는 절대로…마치 하나님께서 주위를 둘러보시다가 도저히 그 일에 합당한 사람을 찾지 못하셔서 어쩔 수 없이 그를 택하신 것처럼 생각해서는 안 된다. 하나님은 바울이 행한 그 특수한 일을 하고, 바울이 쓴 그 특정한 서신들을 쓰게 할 사람으로 바로 그 사람 바울을 택하셨고…동시에 바울이 그의 전 생애를 통틀어

> 바로 그런 사람이 되도록 그를 준비시키셨던 것이다"(레이먼드, 『바울의 생애와 신학』, 73).

20세기 초엽의 미국 신약학자인 그레샴 메이첸(J. Gresham Machen, 1881-1937)은 사도 바울이 끼친 위대한 영향력에 대해 다음과 같이 논평하고 있습니다.

> 바울의 영향력은 그의 생전에 그의 서신서들은 물론 그가 말로 전한 말씀들을 통해서도 발휘되었는데, 그 막대한 영향의 전모를 다 파악하자면 초기 기독교의 역사를 통째로 기록해야 할 정도일 것이다....겉모습만 보는 사람의 눈에는, 주후 35년의 기독교 운동은 그저 유대교의 한 분파처럼 비쳤을 것이다. 그러나 그로부터 삼십 년 후 기독교는 분명 세계적인 종교의 면모를 갖추고 있었다. 비록 신자의 숫자는 아직 적었으나…이제 세계를 정복하는 것은 시간문제였다. 이처럼 기독교가 역사상의 그 어떠한 운동에도 뒤지지 않을 만큼 광범위하게 영향력을 발휘하여 세계의 종교로 자리매김하게 된 것은, 오로지 한 사람 바울의 수고에서 비롯된 것이라 할 수 있을 것이다(Machen, *Origin of Paul's Religion*, 7-8).

바울은 과연 어떤 사람이었을까요? 그는 오늘날 튀르키예 남부 해안에 자리한 길리기아 지방의 수도인 "다소"에서 출생하였습니다(행 9:11; 21:39; 22:3). "다소"는 당시 인구 약 7만 5천의(Thiselton, *Romans*, 62) "유명한 도시"(행 21:39, 공동번역)로, 아테네와 알렉산드리아의 대학들에 버금가는 대학을 보유하고 있을 정도로 문화의 중심지였습니다. 그는 다소의 헬라 문화 속에서 자라났으며, 헬라 문학에 대해서도 조예가 있어서, 아라투스(Aratus, 행 17:28), 메난데르(Menander, 고전 15:33), 에피메니데스(Epimenides, 딛 1:12) 등 헬라의 시인들을 인용할 정도였습니다. 그뿐 아니라 그는 당시의 공용어인 헬라어뿐 아니라 유대인들이 쓰던 아람어와, 히브리어, 그리고 로마의 언어인 라틴어까지 잘 알고 있었던 것으로 보입니다.

바리새인 바울

그는 나면서부터 로마의 시민권을 보유하였는데(행 22:28), 이는 흔치 않은 특권으로서 그의 가문의 위상을 잘 보여준다 하겠습니다. 아마도 그의 부모나 조부모가 로마 제국에 공을 세워 시민권을 얻은 것일지도 모릅니다. 그가 "사울"이라는 히브리식 이름과 더불어 "바울"이라는 로마식 이름을 지닌 것도_3 어쩌면 가문의 그런 내력 덕분일 수도 있을 것입니다. 그는 다소를 떠나 예루살렘으로 유학하여 유명한 율법사인 힐렐의 손자 가말리엘의 문하에서 수학한 후 철저한 바리새인이 되었습니다. 다음의 몇몇 진술들에서 바리새인으로서의 그의 면모가 선명하게 드러납니다.

나는 유대인으로…가말리엘의 문하에서 우리 조상들의 율법의 엄한 교훈을 받았

_3 바울의 이름이 그리스도를 만나기 이전에는 "사울"이었다가 회심한 후에 "바울"로 바뀌었다거나, 혹은 바보의 총독 서기오 바울이 회심한 이후 그의 이름이 "바울"로 바뀌었다는 주장이 있기도 합니다만(행 13:9에서 처음 "바울"이라는 이름이 등장하므로), 이는 전혀 근거가 없는 추측에 불과합니다. 칼빈은 이 문제에 대해 다음과 같이 설명합니다. "그의 부모가 종교와 민족을 나타내고자 사울이라는 이름을, 또한 그가 로마의 시민권을 지녔다는 증거로 바울이라는 이름을, 그에게 붙여주었을 것으로 보인다.…그가 서신서에서 주로 바울이라는 이름을 사용한 것은 어쩌면 그의 서신을 받은 교회들에서 그 이름이 더 일상적으로 알려졌고, 로마 제국에서 사용하기에 더 적절했고, 또한 그의 동족들에게 덜 알려졌기 때문이었을 것이나"(Calvin, *Romans*, 13).

또한 크랜필드의 다음과 같은 설명 역시 유익합니다. "바울은 로마 시민의 관례를 따라 세 가지 이름을 지녔을 가능성이 매우 높다. 곧 '프라이노멘'(praenomen, 개인 이름), '노멘'(nomen, 부족 이름), 그리고 '코그노멘'(cognomen, 가족 이름)이 그것이다.…'바울'(헬라어 '파울로스'[Παῦλος])는 그의 '코그노멘'이요, '사울'은 그의 '시그눔'(signum, 비공식적 이름)을 히브리어식으로 변형시킨 것일 가능성이 매우 크다. 이방인들 사이에서 일하는 선교사였던 그가 로마식 이름 중 하나를 선호하여 사용했다는 것은 얼마든지 이해할 수 있는 일이다.…바울은 자신의 사명을 위하여 로마 시민권을 주장할 필요가 있을 때는 이를 선용하기도 했으나, 동료 그리스도인들--이들은 대개 세상적인 지위에서는 아주 비천했다--을 대할 때에는 자신이 로마 시민이라는 점을 강조하지 않았고, 그들 대부분이 한 가지 이름밖에 지니지 않았다는 점을 고려하여 자신도 한 가지 이름만을 사용했을 것으로 보인다"(Cranfield, *Romans*, I. 49-50).

> 고 오늘 너희 모든 사람처럼 하나님께 대하여 열심이 있는 자라(행 22:3).
> 내가 우리 종교의 가장 엄한 파를 따라 바리새인의 생활을 하였다(행 26:5).

> 내가 내 동족 중 여러 연갑자[즉 동년배]보다 유대교를 지나치게 믿어 내 조상의 유전에 대하여 더욱 열심이 있었으나(갈 1:14).

> 나는 팔 일 만에 할례를 받고 이스라엘 족속이요 베냐민 지파요 히브리인 중의 히브리인이요 율법으로는 바리새인이요…율법의 의로는 흠이 없는 자라(빌 3:5-6).

바리새인 바울(이후부터 회심 이전의 그를 "사울" 대신 "바리새인 바울"이라 칭할 것입니다)은 율법에 정통하였고, 헬라의 학문과 지혜를 갖추고 있었으며, 무엇보다 "하나님께 대하여 열심이 있"었습니다(행 22:3). 이러한 그의 열심은 스데반의 순교 현장에서 여실히 드러납니다. 스데반이 회당에서 예수를 메시아로 증언하자 유대인들은 그에게 신성모독 죄를 적용하여 돌로 쳐 죽였습니다. 그들이 보기에 예수가 메시아이심을 주장하는 스데반의 논지는 도무지 용납할 수 없는 명백한 신성모독이었던 것입니다. 십자가에 달려 죽은 예수가 메시아이며 이제 새로운 메시아의 시대가 왔으니 그를 믿어야 한다는 식의 그의 주장은 도저히 말 자체가 성립되지 않는 것이었습니다. "나무에 달린 자는 하나님께 저주를 받았음이니라"(신 21:23)라고 율법의 말씀이 분명히 선언하고 있는데, 어떻게 십자가에 달려 하나님의 저주를 받은 자가 메시아일 수가 있단 말입니까? 유대인들의 판단에 이것은 그 어떠한 논리로도 반박할 수 없는 확고부동한 반대 증거였습니다. "십자가에 못 박힌 그리스도"는 그들로서는 도무지 이해 불가능한 걸림돌(고전 1:23, "거리끼는 것")이었던 것입니다.

물론 후에 부활하신 예수를 직접 만나 뵙고 회심한 후에는 이 딜레마를 명확히 해결하게 됩니다. 곧 "그리스도께서 우리를 위하여" 나무에 달리심으로 우리를 대신하여 "저주를 받은바 되사 율법의 저주에서 우리를 속량하셨"다는 것을 확고히 깨닫게 되는 것입니다(갈 3:13). 그러나 바리새주의를 철저히 신봉하며 그 대의를 위해 타협이 없던 그 당시 바리새인 바울의 눈에는, 예수를 메시아로 주장하는 스데반의 행위는 불경스럽기 그지없어 도저히 묵과할 수 없는 것이었습니다. 이처럼 스데반과 바리새인 바울, 이 두 사람의 신학적 입장이 첨예하게 대립하는 상태였습니다. 20세기의 탁월한 복음주의 신약학자인 브루스(F. F. Bruce, 1910-1990)의 논평처럼, "스데반이 '새것이 왔으니 옛것은 사라져야 옳다'고 주장한 것이라면, 바울은, '옛것을 그대로 지켜야 하니, 새것을 제거해야만 한다'라고 주장한 셈"이었습니다(Bruce, *New Testament History*, 238-239). 그리하여 바리새인 바울은 스데반의 죽음에 주도적으로 개입하였고, 그 일을 하나님의 영광을 위하여 피할 수 없는 극히 당연한 조치라 믿었습니다(행 7:58; 8:1; 22:20).

훗날 가이사랴의 법정에 서서 아그립바 왕 앞에서 고백하듯이, 그는 바리새주의의 신념을 철저히 믿은 사람이었고, 무엇보다도 그 신념을 열정적으로 행동에 옮긴 사람이었습니다. 그리스도의 교회를 박멸하는 일이야말로 이스라엘의 하나님을 위해 자신이 감당해야 할 가장 중요하고 또한 값어치 있는 일이라 확신하고 있었던 것입니다(행 26:9-11).

바울의 회심

스데반을 그렇게 처단한 후 바리새인 바울과 유대인들은 살기가 등등하여 교회를 박멸하기 위한 활동에 박차를 가했습니다. 예수를 믿는 많은 신자가 이 박해를 피하여 사방으로 흩어졌고(행 8:3-4), 예루살렘 교회도 사도들만 남았을 정도로 거의 초토화되다시피 했습니다(행 8:1). 이어서 바리새인 바울은 그다음 목표를 다메섹으로 잡았습니다. 다메섹은 예루살렘으로부터 약 200킬로미터 떨어진 소아시아 지방의 주요 도시 중 하나로 상업과 문화의 중심지였습니다. 아마도 예수의 "도"를 따르는 자들이 그곳으로 피하였다는 소문이 그의 귀에 전해졌던 것으로 보입니다.

그는 즉시 자신의 그러한 예수의 "도" 박멸 활동을 위하여 다메섹의 유대인 회당들의 협조를 얻고자 대제사장의 공문을 받아 그곳으로 향하였습니다(행 9:1-2). 그러나 바리새인 바울의 격렬한 박해 활동은 거기서 갑자기 끝나게 됩니다. 다메섹에 거의 도착할 무렵, 부활하신 예수님을 친히 대면하는 놀라운 일을 경험하게 되는 것입니다. 갑자기 찬란한 빛이 바울 일행에게 비치고, 지금껏 경멸하고 저주해오던 그 부활하신 예수님이 그에게 모습을 나타내셔서 그를 그의 종으로, 사도로, 부르신 것이었습니다.[4]

바울 자신의 말처럼, 그는 이제 "그리스도 예수께 잡힌바" 되고(빌 3:12) 완전히 새로운 사람으로 변화되었습니다. 하나님이 어머니의 태로부터 그를 택정하시고, 그 엄청난 사건을 통하여 은혜로 그를 부르신 것이요, 그의 아들 예수 그리스도를 이방에 전하게 하기 위해 아들을 그에게 나타내신 것이었습니다(갈 1:15-16). 바울신학의 권위자로 일컬어지는 리처드 롱네커(Richard Longenecker)의 설명처럼, 그 일은 "바울 스스로 생각해낸 계획도, 다른 사람이 그에게 제시한 계획도 아니었고, 그리스도께로부터 직접 그에게 전

_4 이는 그저 환상 중에 예수님을 뵌 것이 아니었습니다. 사도행전은 다른 경우들에서는 환상을 본 사실을 명확히 밝히고 있으나(9:10; 10:3, 17, 19; 11:5; 12:9; 16:9, 10; 18:9), 바울의 회심과 관련된 본문 어디에서도 그때 환상을 보았다는 진술이나 암시가 전혀 나타나지 않습니다. 또한 바울은 자신이 실제로 살아계신 예수님을 직접 뵈었음을 강조하고 있습니다(고전 15:8). 만일 그가 그저 환상 속에서 예수님을 뵌 것에 불과했다면, 바울의 사도직도 그저 환상에 근거한 것이 되어버려 그 정당성이 매우 희미해졌을 것입니다. 그러나 바울은 자신이 부활하신 예수님을 만났다는 사실을 근거로 자신이 사도임을 강변합니다(고전 9:1 "내가…사도가 아니냐? 예수 우리 주를 보지 못하였느냐?"). 참조. Warfield, *Selected Shorter Writings*, I, 182; Beale, *New Testament Biblical Theology*, 241–248).

해진 도저히 저항할 수 없는 강력한 부르심"이었던 것입니다(Longenecker, *Romans*, 163).

누가는 사도행전에서 이 결정적인 사건을 세 차례나—한 차례는 누가 자신의 서술 형식으로(행 9:3-19), 두 차례는 법정에서 행한 바울 자신의 증언의 형식으로(행 22:4-21; 26:9-18)—아주 상세하게 보도합니다. 이 세 차례의 보도를 통해 드러나는 사건의 요점들을 정리하면 다음과 같습니다.

1. 초자연적 현상
   - 갑자기 큰 빛이 비쳐 일행이 땅에 엎드러짐(9:3-4; 22:6-7; 26:13-14).
2. 예수님의 나타나심과 그와의 대화
   - 예수: "사울아, 사울아, 네가 어찌하여 나를 박해하느냐?"(9:4; 22:7); "히브리 말로 이르되 사울아 사울아 네가 어찌하여 나를 박해하느냐? 가시채를 뒷발질하기가 네게 고생이니라"(26:14).
   - 바리새인 바울: "주여 누구시니이까?"(9:5; 22:8; 26:15);
   - 예수: "나는 네가 박해하는 예수라"(9:5; 22:8; 26:15); "너는 일어나 시내로 들어가라 네가 행할 것을 네게 이를 자가 있느니라"(9:5; 22:10); "일어나 너의 발로 서라 내가 네게 나타난 것은 곧 네가 나를 본 일과 장차 내가 네게 나타날 일에 너로 종과 증인을 삼으려 함이니 이스라엘과 이방인들에게서 내가 너를 구원하여 그들에게 보내어 그 눈을 뜨게 하여 어둠에서 빛으로, 사탄의 권세에서 하나님께로 돌아오게 하고 죄 사함과 나를 믿어 거룩하게 된 무리 가운데서 기업을 얻게 하리라"(26:16-18).
3. 일행들의 반응
   - "같이 가던 사람들은 소리만 듣고 아무도 보지 못하여 말을 못하고 서 있더라"(9:7; 22:9).

4. 사건 이후의 바울의 행보

- 빛의 광채로 인하여 볼 수 없게 되어 사람들의 인도를 받아 다메섹에 들어감 (9:8; 22:11); "사흘 동안 보지 못하고 먹지도 마시지도 아니하니라"(9:9).

5. 아나니아와의 만남(9:10-19; 22:12-16).

회심 후의 즉각적인 깨달음

다메섹에서 예수님을 만난 사건으로 인하여 바리새인 바울은 모든 것이 새로워지는 혁명적인 변화를 경험하게 됩니다. 예수님을 믿는 기독교 신앙으로 회심[5]하게 되는 것은 물론, 이와 동시에 그리스도의 종이자 사도로서 부르심을 받게 됩니다.[6] 예수님을 만난 그 사건 이후 오랜 기간의 자기 성찰과 반성을 통한 자연적인 방식으로 그런 변화가 이루어진 것이 아니었습니다. 그는 예수님을 만나고 그로부터 부르심을 받은 다메섹의 놀라운 경험을 통해서, 거의 즉각적으로[7] 새로운 깨달음을 얻은 것입니다. 과연 그 새로운 통

_5 과연 "회심"(回心, conversion)이란 말을 바울에게 적용할 수 있을까에 대해 논란이 있습니다. 왜냐하면 그가 하나님을 전혀 모르는 완전한 불신의 상태에서 신앙의 상태로 돌아선 것이 아니라, 여호와 하나님을 믿되 그릇된 방향으로 나아가던 데에서 예수 그리스도를 만나 참된 방향으로 전환한 것이기 때문입니다. 전환은 분명하나, 완전한 불신 상태에서의 회심과는 다른 면이 있습니다. 그는 그릇된 교조적인 바리새파적 유대교 신앙에 젖어 있다가 참된 성경적 유대교 신앙을 발견하고 그리로 전향한 것이라 하겠습니다. 어떤 점에서 당시 예수를 믿게 된 유대인들 대다수가 이에 해당할 것입니다.
조지 래드는 이 점에 대해 이렇게 진술합니다: "사울은 기독교가 참된 유대교라고 여겼으며, 따라서 그는 불신앙으로부터 믿음으로 회심하거나…한 종교에서 다른 종교로 전향한 것이 아니었다"(Ladd, *Theology of the New Testament*, 368). 그러나 여하튼 바울에게 획기적인 영적 각성과 전환이 일어났으므로, 이를 "회심"이라는 단어로 서술하지 못할 이유는 없을 듯합니다.

_6 바울의 경우, "회심"과 "부르심"(혹은, 소명)의 경험이 동시에 일어난 것이라 하겠습니다. 워터스는 이에 대해 다음과 같이 설명합니다: "바울은 다세멕으로 향하는 길에서 회심도 했고 부르심도 받았다. 이 두 가지를 분리시키는 것은 사도의 생애와 사역의 특질들을 왜곡시키는 것이요 오해하는 것이다. 바울의 회심과 부르심은 한 동아줄의 두 가닥으로서, 서로 불가분리의 관계로 엮어져 있고 함께 꼬여 있는 것이다"(Waters, *Life and Theology of Paul*, 13).

_7 행 9:9에 의하면 바울은 다메섹의 사건 이후 "사흘 동안 보지 못하고 먹지도 마시지도 아니"하였다고 하는데, 이때 그는 그 자신이 굳게 믿어오던 바리새주의적인 신앙의 모든 면을 메시아이신 예수님을 중심으로 다시 성찰하였고, 그 결과 기독교의 복음에 대해 결코 변함없는 확신을 얻게 된 것이 분명해 보입니다. 사흘이 지난 후 그는 곧바로 다메섹의 유대인 회당들을 두루 다니며 "예수가 하나님의 아들이심"을 담대히 전파하였으니 말입니다(행 9:19-22).

찰과 깨달음의 내용은 어떤 것이었을까요?[8]

1. 예수님에 대한 혁명적인 깨달음이었습니다. 십자가에서 저주를 받아 죽으셨음에도 불구하고 예수님은 결국 메시아셨습니다. 그가 바울 자신에게 모습을 보이셨으니 이로써 그의 부활이 사실로 입증된 것이었습니다. 그가 나무에 달려 죽으셔서 하나님의 저주를 받은 사실이 그에게 걸림돌이었으나, 이 문제도 말끔히 해결되었습니다. 그리스도께서 죄인들을 대신하여 친히 하나님의 저주를 받으신 것임을 깨달은 것입니다(갈 3:13). 그가 저주를 받으신 것은 사실이지만 그것은 예수님 자신의 죄 때문이 아니었습니다. 하나님은 예수를 죽은 자 가운데서 부활하게 하심으로써 그가 과연 하나님의 아들이심을 확증하셨고(롬 1:4), 또한 그의 죽으심이 죄인들을 대신한 속죄의 죽음이었음이 그의 부활로써 명확히 드러난 것이었습니다. 그리하여 회심 이후 그가 전파한 첫 메시지의 요지는 바로 "예수가 하나님의 아들이심"과 "예수가 그리스도이심"이었던 것입니다(행 9:20, 22).

2. 율법에 대한 새로운 깨달음이었습니다. 예수님이 과연 메시아이심을 깨닫게 되자, 율법의 의미에 대한 그의 사고에 총체적인 변화가 생기게 되었습니다. 바리새인 바울이 예수님과 그의 추종자들을 혐오하고 박해하게 된 것은 바로 율법에 대한 열심에서 비롯된 것이었습니다. 율법을 철저하게 믿고 순종하기 위한 일념으로 교회를 박해하는 일들을 해왔는데, 그 결과가 무엇이었습니까? 참된 메시아를 알아보고 그를 따라야 했음에도 불구하고, 오히려 그를 십자가에 못박고 그를 따르는 참된 성도들을 박해하는 참혹한 결과를 낳지 않았습니까? 결국 그는 그때까지 "하나님의 의를 모르고 자기

_8 참조. 레이먼드, 바울의 생애와 신학, 95-108; Ladd, *Theology of the New Testament*, 368-373; Stott, *Basic Introduction*, 105-107.

의를 세우려고" 율법을 지키는 일에 온 힘을 기울여온 것이요, 결국 그 모든 노력이 "하나님의 의에 복종하지 아니하"는 어처구니없는 잘못이었음을 절절히 깨달은 것입니다(롬 10:3).

3. 구원에 대한 새로운 통찰을 얻었습니다. 유대인 중에 율법을 지키지 않는 자들은 물론, 심지어 율법을 알지도 못하는 이방인들까지도 메시아이신 예수님의 제자들이 되었다면, 이는 구원이 구약 율법을 지키는 행위들의 결과로 얻어지는 것이 아님이 분명했습니다. 예수님이 나무에 달리사 저주를 받으신 사실도 그가 메시아가 아님을 확증해주는 강력한 증거가 되지 못한다는 것도 깨달았습니다. 오히려 죄인들이 받아 마땅한 저주를 그가 친히 대신 당하심으로써 그들을 속량하신 것이요, 따라서 구원은 이제 그 예수님을 믿는 믿음을 통해 얻어지는 하나님의 은혜의 선물인 것이 분명했습니다. 그는 로마서를 비롯한 서신서들에서 이 점을 거듭거듭 강조하게 됩니다(롬 3:22, 30, 31; 갈 3:24, 26; 엡 2:8; 3:12; 골 2:12 등).

4. 이방인에 대한 새로운 깨달음을 얻었습니다. 구원을 베푸시는 하나님의 역사하심이 유대인에게만 한정된 것이 아니라, "헬라인이나 유대인이나 할례파나 무할례파나 야만인이나 스구디아인이나 종이나 자유인"의 차별이 없이(골 3:11) 온 세계의 사람들에게 다 적용되는 보편적인 원리임을 깨달았습니다. "이방인들이 복음으로 말미암아 그리스도 예수 안에서 함께 상속자가 되고 함께 지체가 되고 함께 약속에 참여하는 자"가 되었다는 사실(엡 2:6)이 그에게 새로운 확신으로 자리 잡은 것입니다. 그리고 그들의 구원을 위하여 예수께서 바울 자신을 부르셨음(행 9:15; 26:16-17)을 확고히 깨닫고 그들을 향하여 나아가게 되는 것입니다(갈 2:8,9).

5. 교회에 대한 새로운 통찰을 얻었습니다. 바리새인 바울에게 나타나신 주님은, "네가 어찌하여 나를 박해하느냐?"라고 그를 책망하셨습니다(9:4;

22:7). 그가 예수님 자신을 박해한 적은 없었는데 말입니다. 바로 이 책망에서 바울은, 바울 자신이 박해해온 그 성도들을 예수님이 자기 자신과 동일시하시는 것을 발견하였고, 결국 그들이 예수님과 하나로 결속되어 있는 것임을 깨닫게 되었습니다. 그리고 더 나아가, 교회를 성도 안에 내주하시는 성령으로 말미암아 예수 그리스도와 하나로 연합하여 있는 "그리스도의 몸"(고전 12:27; 엡 4:12)으로 보게 되는 것입니다.

6. 종말에 대해 새롭게 깨닫게 되었습니다. 바리새인 바울은 구약의 일부 가르침에 근거한 바리새파의 가르침을 따라, 마지막 종말의 때가 되어야 비로소 메시아가 오실 것이라고 믿어왔습니다. 그런데 메시아께서 이미 오신 것이 분명하니[그에게 나타나신 예수님이 바로 그 메시아이시므로], 이는 그 종말의 때가 이미 임한 것이라는 뜻이 됩니다. 그런데 그 메시아가 오셔서 영원토록 통치하시는 것이 아니라 오히려 십자가에 죽으시고 부활하시고 하늘로 올라가셨고 장차 그가 다시 오실 것임을 친히 약속하셨다면, 이는 그 종말이 이미 임한 것은 분명하나 아직 모든 것이 완전히 실현된 것은 아님을 상정하는 것입니다.[9] 메시아가 이미 오셔서 구원 사역을 이루심으로써 종말

_9 신약학자들이 거론하는 이른바 "바울의 종말론적 이원론"(the Pauline eschatological dualism)의 요지가 바로 이것입니다. 종말에 대한 구약의 예언과 약속들이 예수님의 초림과 지상에서의 구원 사역을 통해서 이미 성취되었으나("already fulfilled") 아직 그 모든 것이 다 완성된 것은 아니요("not yet consummated"), 예수님이 재림하실 때에 비로소 그 모든 것이 다 완성될 것이므로, 그때가 되기까지는 종말의 이미 성취된 면과 아직 완성되지 않은 면 사이의 긴장과 갈등의 요인들이 신자의 삶 전체에 작용한다는 것입니다.
후크마는 이에 대해 다음과 같이 설명합니다. "이생에서는, 우리의 구원이 '이미'의 요소와 '아직 아니'의 요소 사이의 지극히 현실적인 긴장 관계 속에 있다. 신자는 이미 새 시대와 관련되는 새로운 존재 양식에 참여해 있으나, 아직 최종의 상태에 있는 것은 아니다. 지금은 죄와 상대하여 계속해서 씨름해야 하는 처지이지만, 언젠가는 그 씨름이 끝날 것임을 알고 있다. 이미 우리가 그리스도 안에서 진정 새로운 사람이지만, 언젠가는 우리가 전혀 새롭게 될 것이다. 하나님이 이미 우리 속에서 선한 일을 시작하셨음을 알고 있으나, 동시에 언젠가는 그가 그 일을 완성하시리라는 것도 확신하고 있다. 우리가 이미 하나님 나라의 시민이지만, 다가올 생에서—물이 바다를 덮음 같이 하나님을 아는 지식이 온 땅에 가득하게 될 그 때에—이루어질 그 나라의 최종적 단계를 열정적으로 기대하고 있는 것이다"(Hoekema, *Saved by Grace*, 9–10).
또한 슈라이너는 이렇게 설명합니다: "마지막 종말에 이루어질 판결이 이미 예수 그리스도 안에서 선포되었으므로, 신자들은 지금 이미 의롭다 하심을 입은 상태다. 그러나 그러면서도 그들은 그 판결이 온 세상에 선포될 그 마지막 종말의 날을 기다리고 있다. 신자들은 현재 그리스도 예수 안에서 거룩하게 되었으나, 최종적으로 완전하게 거룩하심을 입는 일은 예수 그리스도께서 재림하실 때에 비로소 실현될 것이다. 신자들은 이미 그리스도의 피로 구속함을 받은 상태다. 하지만 그

이 이미 온 것이지만, 장차 그가 다시 오실 때에 비로소 종말에 대한 모든 약속이 완전히 다 성취될 것임을 깨달았고, 그리하여 메시아의 재림과 종말의 완성을 확신하고 사모하며 기다리는 것이 하나님의 백성의 본분임을 깨달은 것입니다(고전 15장; 살전 5:1-8 등).

변화된 바울

이제 바울은 새롭게 변화된 사람이었습니다. 지금까지 그의 삶을 온통 지배하고 있었던 바리새주의적 세계관이 예수 그리스도를 만남으로써 한순간에 통째로 무너져 내리고 총체적인 삶의 변혁이 찾아왔습니다. 그렇게도 미워하고 경멸했던 바로 그 예수께서 메시아이심을 깨닫고 그의 부르심을 좇아 그의 종이 되고 사도가 되어, 모든 환난을 무릅쓰고 그를 섬기는 일에 모든 것을 다 쏟아부어 헌신하게 되었습니다. "열정적인 박해자였던 그가 오히려 전보다 더 열정적인 설교자와 전도자가 되었고, 예수의 이름을 부른다는 이유로 다른 이들에게 고통을 주었던 그가 이제 스스로 그 이름을 위해 기꺼이 고난을 감수하게 된 것"입니다(Peterson, *Acts*, 303-304). 빌립보서의 다음과 같은 바울의 고백은 그 변화가 어느 정도였는지를 잘 보여줍니다.

> 무엇이든지 내게 유익하던 것을 내가 그리스도를 위하여 다 해로 여길뿐더러 또한 모든 것을 해로 여김은 내 주 그리스도 예수를 아는 지식이 가장 고상하기 때문이라 내가 그를 위하여 모든 것을 잃어버리고 배설물로 여김은 그리스도를 얻고 그 안에서 발

들은 최종적인 구속, 곧, 몸의 구속을 기다리고 있다. 그리스도인들은 하나님께 입양된 아들딸이지만, 그 입양의 충만한 복락은 부활의 날에 가서야 누리게 될 것이다. 그들은 예수 그리스도를 믿는 믿음으로 말미암아 이미 구원을 받았으나, 하나님의 진노에서 구원받게 되는 일은 마지막 날에 가서야 이루어질 것이다"(Schreiner, *The King in His Beauty*, 641. 또한 참조. Waters, *Life and Theology of Paul*, 24–30).

견되려 함이니…(빌 3:7-9).

바울의 이러한 급진적인 회심의 경험을 대하면서 우리는 무엇을 생각하게 됩니까? 물론 바울과 동일한 방식의 급진적인 변화가 우리에게도 반드시 필요한 것은 아닐 것입니다. 하나님께서 독특하게 바울을 그렇게 부르신 것이니, 그 방식 자체가 반복될 필요는 없을 것입니다. 그리고 우리는 "사도"로 부르심을 받은 것도 아닙니다. 우리의 사명과 역할도 바울의 그것과는 다릅니다. 하지만 바로 위에서 인용한 빌립보서 3:7-9 말씀은 비단 사도 바울만의 고백이 아니라, 우리 자신의 고백이어야 마땅합니다. 과거에 나의 옛사람이 죄악 중에서 유익하게 여기던 온갖 것들은 물론 "모든 것"을 다 그리스도를 위하여 해로, 심지어 배설물로까지 여기고, 그 모든 것들을 버리는 그야말로 급진적인 전환이 과연 내게 있었는가를 스스로 반문해 보아야 할 것입니다.

물론 내가 회심하여 예수님을 따르는 제자로 살아가고 있다 해도, 나의 현재의 모습이 완전할 수는 없습니다. 이따금 죄의 영향으로 실수를 하기도 하고 잘못을 범하기도 하고, 영적 게으름과 침체에 빠지기도 합니다. 하지만 회심한 사람은 그리스도 예수를 아는 지식을 고귀하게 여기고 누리는 쪽으로 삶의 전반적인 기조와 방향이 이미 돌아서 있는 상태에 있고, 그 방향으로 올곧게 전진하며 나아갑니다. 다시는 옛사람의 처지로 다시 돌아가기를 원하지도 않고, 그리로 다시 완전히 회귀하는 법도 없는 것입니다.

흔히 회심이라는 것을, 교회의 집회에 출석하지 않던 사람이 출석하게 되는 것으로나, 혹은 생활의 이런저런 그릇된 단점들을 각성하고 그것들을 개선하는 것 정도로 이해하는 경우가 많습니다. 하지만 결코 그렇지 않습니다. 로마서 6장에서 다루듯이, 회심은 우리의 영혼이 그리스도와 하나님을 향하여 살아나는 영적 부활입니다. 우리의 죄악된 옛사람이 죽고, 또한 그리스도의 부활과 연합하여 우리의 새 사람이 영적 생명을 누리게 되는 첫 시점을 가리켜 회심이라 부르는 것입니다. 이러한 회심의 역사는 죄 가운데 있던 사람이 그리스도를 만나 참된 영적 생명을 얻는 과정에서 필수적으로 나타나는 사건입니다. 과연 내게도 그런 사건이 있었는지를 살펴보시기 바랍니다. 아직 그 비슷한 경험 같은 것이 전혀 없다면, 그것은 내가 아직도 영적 무지와 죄 가운데 있는 처지라는 반증일 것입니다. 하나님께 간구하시기 바랍니다. 그 필수적인 회심의 역사를 내게도 베풀어 주시기를, 그리하여 죄와 결정적으로 결별하고 그리스도께로 완전히 돌아서게 해주시기를 구하시기 바랍니다.

그리고 만일 회심의 경험이 여러분에게 있다면, 계속해서 "내 주 그리스도 예수를 아는 지식"의 고상하고 고귀함을 더 깊이 깨달아가고, 여러분의 삶 속에서 계속 그리스도를 누리고, 마침내 "그리스도를 얻고 그 안에서 발견되"는 거룩한 목표를 향하여 전진해 나가시기 바랍니다. 내가 죄악 가운데서 유익하게 여기고 탐하던 그 모든 것들을 해로운 것으로, 또한 배설물로 여기고, 그것들을 항상 벗어버리면서 말입니다.

제3강.
바울과 로마 교회, 그리고 로마서

"예수 그리스도의 종 바울은… 로마에서 하나님의 사랑하심을 받고 성도로 부르심을 받은 모든 자에게"
(롬 1:1, 7)

바울과 더디오

자, 예수 그리스도께로부터 보내심을 받은 사도인 바울이 로마의 성도들에게 편지를 쓰고 있습니다. 그런데 여기에 한 가지 문제점이 있습니다. "과연 바울이 로마서를 기록한 저자가 틀림없을까?"라는 것입니다. 왜냐하면, 로마서 16:22에는 더디오라는 사람이 로마서를 기록한 것으로 언급되기 때문입니다. "이 편지를 기록하는 나 더디오도 주 안에서 너희에게 문안하노라." 분명 바울이 로마서를 기록했는데, 더디오라는 사람이 또 등장하다니요? 이게 어찌 된 일일까요? 오늘날 우리의 관점에서는 도무지 이해할 수 없는 일입니다. 그러나 1세기 유대 사회의 정황을 알면, 이것이 아무런 문제가 아님을 알게 됩니다.

사정은 이렇습니다. 바울이 직접 친필로 로마서를 기록한 것이 아니고, 여러 요인으로 인하여 더디오를 대필자(代筆者; an amanuensis)로 삼아 그로 하여금 자신의 말을 받아 적게 하고 바울이 마지막에 확인하여 그 자신의 이름으로 보낸 것이라고 결론지을 수 있습니다(Cranfield, *Romans*, I, 3-5; Schreiner, *Romans*, 2). 그러므로 로마서의 모든 내용은 더디오가 아니라 바울 자신의 것이요, 또한 바울 자신이 모든 책임을 지는 것이었습니다. 그 당시에 유력한 사람들이 대필자를 사용하여 편지나 문서를 기록하는 경우들에 대한 기록들이 흔히 남아 있다는 것입니다.

그 밖에 바울이 자신의 이름으로 보내는 편지들에서 자신이—대필자가 아니라—직접 친필로 기록한 부분을 명시하여 해당 편지가 자신의 편지임을 확증하는 경우들도 나타납니다(고전 16:21; 골 4:18; 몬 19). 특히 데살로니가후서에서는 그런 사실을 명확히 밝히기도 합니다. "나 바울은 친필로 문안하노니 이는 편지마다 표시로서 이렇게 쓰노라"(5:17). 즉, 데살로니가후서가 바울 자신의 저작임을 보증하는 표시로—마치 오늘날의 서명 날인, 혹은 사인(a signature)처럼—그 부분을 친필로 썼다는 뜻입니다. 이런 경우, 이처럼 친필임을 명시한 부분 이외에는 바울이 대필자를 사용하여 기록하였다고 보아야 할 것입니다.

로마서의 기록 장소와 시기

바울은 로마서를 언제 어디서 기록했을까요? 이 점들도 많은 궁금증을 유발시키는 문제입니다. 우선 바울이 고린도에서 로마서를 기록했음을 보여주는 정황 증거들이 몇 가지 있습니다. 로마서 16장에는 이 문제와 관련한 중요한 정보들이 나타납니다. 1절에는 "겐그레아 교회의 일꾼으로 있는 우리 자매 뵈뵈"가 언급됩니다. 이는 바울이 로마서를 기록할 당시 "겐그레아"에 있었음을 보여주는데, 겐그레아는 고린도의 외항이었습니다. 그렇다면 바울이 고린도에 머물 당시에 로마서를 기록하였다는 뜻이 됩니다. 그리고 23

절의 "나와 온 교회를 돌보아 주는 가이오"가 바울에게서 세례를 받은 "가이오"(고전 1:14)와 동일인물일 가능성이 높은데, 만일 그렇다면 이 역시 바울이 그 당시에 고린도에 머물고 있었다는 확증이 될 것입니다. 또한 21절에는 "소시바더"가 언급되는데, 사도행전 20:4에 의하면 그("소바더"는 "소시바더"의 축약형임)는 바울과 더불어 헬라(즉 고린도가 속해 있는 아가야 지방을 지칭함)에 있는 것을 보게 됩니다. 이를 종합한다면, 바울이 고린도에서 로마서를 기록했다고 결론지을 수 있습니다.

그렇다면 바울이 고린도에 머물며 로마서를 쓴 시기는 대략 언제일까요? 로마서 15:25-26도 이와 관련해서 약간의 정보를 제공해줍니다. 즉 그가 예루살렘으로 향하는 중이며, 또한 "마게도냐와 아가야"의 사람들이 예루살렘의 가난한 자들을 위해 헌금한 것을 전달하고자 함이라는 것입니다. 이러한 정황은 사도행전 20:1-3에 나타나는 바울의 행적과 일치합니다. 이렇게 본다면, 바울이 고린도에서 로마서를 기록한 시기는 AD 57년경이라 추정할 수 있을 것입니다(레이먼드, 『바울의 생애와 신학』, 258).

이처럼 로마서의 저작 시기를 살펴보면서, 우리는 로마의 그리스도인들이 겪게 될 처절한 박해의 역사를 떠올리지 않을 수 없습니다. AD 64년 네로 황제(54-68년 재위)의 치세에 일어난 그리스도인들에 대한 대대적인 박해와, 또한 특히 이름 모를 수많은 로마의 그리스도인들이 원형극장에서 맹수들의 먹이가 되어 순교하는 그 참혹한 현장을 영화의 한 장면으로도 기억하는 분들이 많을 것입니다. 로마의 성도들이 로마서를 전달받아 읽으며 큰 영적 유익을 누린 지 불과 7년 만에 그 쓰라린 박해와 순교의 소용돌이가 그들에게 밀려오게 되는 것입니다.

바울의 순교가 네로 황제의 대박해 이전인 AD 63년인지, 아니면 그 이후인 AD 65년, 혹은 67년인지는 확실치 않습니다(레이먼드, 『바울의 생애와 신학』, 309). 그러나 아마도 그는 그 박해의 처절한 상황을 직감했거나, 아니면 직접 목격하고 체험했을지도 모릅니다. 이런 점에서, 바울의 로마서는 로마 교회의 성도들로 하여금 장차 올 대대적인 박해를 이기고 승리하도록 견인하고자 하는 하나님의 크신 은혜의 섭리였을 것이라는 생각이 듭니다. 어쩌면 그들은 그 무시무시한 박해 속에서도 다음과 같은 사도 바울의 말씀을 기억하고 크나큰 위로와 소망, 그리고 담대한 용기를 얻게 되었을지도 모릅니다.

> 누가 우리를 그리스도의 사랑에서 끊으리요! 환난이나 곤고나 박해나 기근이나 적신이나 위험이나 칼이랴!...그러나 이 모든 일에 우리를 사랑하시는 이로 말미암아 우리가 넉넉히 이기느니라!(롬 8:35, 37)

로마의 교회

바울은 로마서의 서두에서 "로마에서 하나님의 사랑하심을 받고 성도로 부르심을 받은 모든 자에게"라고 수신자들을 밝히고 있습니다(1:7). 여기서 바울은 "교회"라는 명확한 표현을 사용하지 않습니다. 그러나 그렇다고 해서 바울이 로마의 그리스도인들을 교회의 일원들로 여기지 않았다고 볼 수는 없을 것입니다. 로마에 교회가 존재한 것이 사실이라면, 그 교회는 언제 어떻게 해서 생기게 되었을까요? 흔히 사도 베드로가 로마 교회를 세웠다는 가설이 있으나, 이는 전혀 근거도 없을 뿐만 아니라 사실일 수도 없습니다(Cranfield, *Romans*, I, 17). 만일 그것이 사실이라면, "남의 터 위에 건축하지 아니하"리라는 뜻을 명확히 밝히고 있는 바울(롬 15:20)이 로마서를 쓸 이유도, 또한 로마의 교회를 방문하고자 하는 뜻을 가질 이유도 없었을 것이기 때문입니다(Moo, *Romans*, 4). 로마 교회가 사도 베드로의 사역 현장이었다면, 애초에 바울이 편지를 써서 그 교회의 일에 개입하려 하지도 않았을 것이라는 말입니다.

그렇다면 로마의 교회는 어떻게 해서 세워졌을까요? 이 점에 대해서는 상세한 내막을 알 수 있는 확인 가능한 근거가 전혀 남아 있지 않고, 순전히 추측만 가능할 뿐입니다. 그러나 오순절 성령 강림 사건 때에 "로마로부터 온 나그네 곧 유대인과 유대교에 들어온 사람들"(행 2:10)이 그 현장에서 베드로의 설교를 들은 사실에서 실마리를 찾을 수 있지 않을까 여겨집니다. 이들 중에 십자가에서 죽으시고 부활하신 예수 그리스도를 새로이 믿게 된 자들이 있었을 것이고, 또한 그들 중의 일부가 로마로 돌아가서 유대인의 회당을 중심으로 복음을 전하였고, 결국 회당에 속한 유대인들과 소위 "하나님을 경외하는 자들"(God-fearers: 유대교로 개종한 이방인들을 지칭함) 중에 그리스도를 믿게 된 사람들을 중심으로 기독교 공동체를 형성하게 되었을 것이라는 가설이 가장 설득력이 있다고 봅니다.

이 대목에서 눈여겨 볼 역사적 사건이 하나 있습니다. 곧 AD 40년대 후반 로마 황제 클라우디우스(Claudius, AD 41-54년 재위. 우리말 개정개역 성경에는 "글라우디오"로 언급됨)가 유대인들을 로마에서 추방하는 칙령을 내립니다. 로마의 역사가 수에토니우스(Suetonius: AD 69-122)의 보도에 따르면, 클라우디우스가 "유대인들이 크레스투스의 부추김을 받아 끊임없이 소요를 일으키므로 그들을 로마로부터 추방했다"는 것입니다(Cranfield, *Romans*, I, 16). 역사가들은 여기의 "크레스투스"(Chrestus)를 "그리스투스"(Christus, 즉 "그리스도")의 오기(誤記)라고 봅니다. 누가 역시 사도행전에서 이 추방 사건을 언급하고 있습니다.

아굴라라 하는 본도에서 난 유대인 한 사람을 만나니 글라우디오가 모든 유대인을 명하여 로마에서 떠나라 한 고로 그가 그 아내 브리스길라와 함께 이달리야로 부터 새로 온지라(행 18:2).

이렇게 보면, 그리스도의 복음으로 인하여 당시 로마의 유대인 사회에 상당한 갈등과 소요가 있었고, 이것이 로마 당국에까지 드러날 정도로 커져서 급기야 로마 황제가 유대인들을 추방하기에 이르렀음을 짐작할 수 있습니다. 결국 AD 40년경에 이미 기독교 신앙을 받아들인 유대인들이 유대인 사회 내에서 상당히 영향을 미치고 있었고, 이 당시에 이미 기독교 교회가 세워져 있었을 것이라는 추측이 가능합니다.

유대인들이 대거 추방된 이후, 이방인 그리스도인들이 남아 로마 교회의 주 구성원을 이루고 있었을 것입니다. 그러다가 AD 54년 클라우디우스 황제가 사망한 후 다시 유대인들이 로마로 복귀할 수 있었고, 그리하여 바울이 로마서를 보낸 AD 57년경에는 다수의 이방인 그리스도인들과 또한 소수의 유대인 그리스도인들이 함께 교회를 이루는 상태가 되었을 것으로 보입니다.[10] 그렇기 때문에 로마서에는 유대인들에게 해당되는 내용과 이방인들에게 해당되는 내용이 함께 담겨 있는 것이라 하겠습니다.

로마서의 기록 목적

사도 바울은 무슨 의도로 로마서를 기록했을까? 하는 문제 역시 우리의 관심사 중 하나입니다. 루터의 후계자인 필립 멜란히톤(Philip Melanchthon, 1497-1560)은 로마서를 가리켜, "기독교 교리의 대요(大要)"(a compendium of

---

_10 로마에서 추방당하여 고린도에 머물렀던 브리스길라와 아굴라(행 18:2)도 바울이 로마서를 쓸 당시에는 로마로 복귀해 있는 상태였습니다(롬 16:3). 그러나 이들은 그 후 다시 에베소로 거처를 옮긴 것으로 보입니다(딤후 4:19).

the Christian doctrine)라 불렀다고 합니다(Stott, *Romans*, 31). 즉 기독교 교리의 전반적인 내용을 정리하여 제시하고자 하는 것이 바울의 목적이라고 본 것입니다. 그럴 만큼 교리적인 내용이 로마서에 가득합니다. 그러나 이런 견해에는 몇 가지 문제점이 있습니다. 미국의 신약학자인 토마스 슈라이너(Thomas Schreiner)에 따르면, 기독교 교리의 중요한 내용 중에 로마서에서 전혀 다루지 않거나 혹은 아주 간략하게만 언급하고 지나가는 것들이 여러 가지가 있습니다. 주의 성찬에 대한 언급이 전혀 나타나지 않고, 교회에 대해서도 그저 간략하게만 언급하며(예. 롬 12:3-8; 또한 "교회"를 뜻하는 헬라어 단어 "에클레시아"[ἐκκλησία]가 롬 1-15장에 한 번도 나타나지 않습니다), 종말에 대한 가르침도 거의 찾을 수 없으며, 다른 서신서들의 경우(참조. 고전 15장; 살전 4:13-5:11)와는 달리 최후의 부활에 대한 상세한 가르침도 없고, 그리스도에 대한 상세한 신학적 가르침(참조. 빌 2:6-11; 골 1:15-20)도 없습니다(Schreiner, *Romans*, 15-16).

이것이 사실이라면, 로마서를 기록한 목적은 아마도 다른 데 있었을 것입니다. 학자들의 견해를 종합해보면, 바울이 로마서를 기록한 목적은 크게 세 가지로 정리할 수 있습니다.

로마서를 기록한 첫째 목적은, 장차 바울 자신이 로마를 방문할 것을 고려하여 미리 그들에게 자신을 소개하며 자신의 복음을 충실하게 해명함으로써 자신의 사도로서의 신빙성을 증명하고자 함이었다는 것입니다.

둘째는, 유대인 그리스도인과 이방인 그리스도인 등 당시 교회 내의 두 그룹 사이의 갈등을 제거하고 교회 내의 일치와 하나 됨을 증진하고자 로마서를 기록하였다는 것입니다. 바울은 유대인 그리스도인들에 대해 많은 관심을 기울입니다. 일부 유대인 그리스도인들은 그리스도를 믿는 믿음 외에 율법을 지키는 것이 하나님께 의롭다 하심을 얻는 데 필수적이라고 믿고 있었고, 특히 갈라디아 교회에서는 이 문제가 첨예한 갈등 요인이었습니다. 그리하여 사도는 로마서의 많은 분량을 이 문제에 할애하여(2-4, 7, 9-11장), 유대인도 이방인도 모두 아담의 후손으로 그의 죄악성을 물려받았고 그 결과로 영적 죽음의 처지에 있게 되었음을 강변합니다. 유대인을 포함하여 아무도 스스로 하나님 앞에서 의롭다 하심을 얻을 수가 없습니다. 모두가 그리스도이신 예수님, 십자가에 죽으시고 부활하신 그분을 믿는 믿음으로만 하나님이 베푸시는 의(義)를 얻고, 그리하여 하나님 앞에 의인으로 인정받을 수 있다는 것입니다(Barnett, *Romans*, 12).

동시에 바울은 이방인 그리스도인들에게도 강하게 권면합니다. 그들은 유대인 그리스도인들이 안식일을 지키고 음식에 관한 율법 조항들을 준수하는 것을 비난하고 있었습니다. 어쩌면 이러한 태도가 두 그룹 사이의 관계를 극히 악화시키고 있는 상태였을지도 모릅니다. 바울은 이방인 신자들을 향하여 우쭐대지 말 것을 경고하며(롬 11:20), 아울러 절기와 음식에 관한 율법의 규정을 지키는 문제에서 자유함을 얻어서 전혀 거기에 구애받지 않는 "믿음이 있"는 자들(주로 이방인 그리스도인들이 이에 해당함)이, 아직 그것들에 얽매여 있는 "연약한 자"들(주로 유대인 그리스도인들이 이에 해당함)을 용납하고 비판하지 말아야 할 것을 강하게 권면합니다(롬 14:1-17).

바울의 큰 소망은 이처럼 이질적인 요소를 지니고 있는 로마 교회 안에 평화와 하나 됨이 확립되는 것이었습니다(12:3-8). 그리하여 그는 참된 사랑을 나타내 보일 것을 권면하며(12:9-13, 16), 서로를 용납하고 인정하며, "그리스도 예수를 본받아 서로 뜻이 같게 하여 주사 한 마음과 한 입으로 하나님 곧 우리 주 예수 그리스도의 아버지께 영광을 돌리게" 되기를 바라는 것입니다(15:5-6).

마지막 셋째 목적은, 로마 교회가 자신의 선교 사역을 위해 함께 헌신하고 돕게 되기를 바란다는 뜻을 전하고자 함이었습니다. 이와 관련하여 그는 로마 교회에 세 가지를 구체적으로 요청합니다. 곧 바울 자신이 예루살렘에서 자신을 대적하는 유대인들의 손에서 건짐 받고 또한 예루살렘의 성도들이 그의 섬김을 잘 받아들이게 해주시기를 위하여 기도해달라는 것과(15:30-31), 또한 서바나까지 나아가는 자신의 선교 사역을 후원해 달라는 것(15:28)과, 도중에 로마를 방문하는 동안 자신을 사도로 영접해 달라는 것(15:32)이 그것입니다.

바울이 로마서를 기록할 당시, 이런 목적들이 그의 의중에 있었을 것으로 보입니다. 그러나 그런 목적들과 더불어, 혹 바울 자신으로서는 의식적으로 의도하지 않았을지도 모르지만, 이 로마서가 성령의 감동하심을 받아 기록된 오류 없는 성경의 정경(正經; the canon)의 일부로 계속 남아 있게 되어, 이를 도구로 영적으로 죽어 있는 뭇 심령들에게 생명을 주고, 전 세계의 그리스도인들로 하여금 놀라운 하나님의 복음의 도리를 더욱 깨닫게 하고, 그리하여 항상 하나님께 영광 돌리는 성숙한 성도들로 든든히 서게 하고자 하시는 하나님의 은혜로운 섭리의 역사가 개입되어 있다 할 것입니다.

로마서의 전달과 로마 교회의 반응

여기서 한 가지 문제를 더 다룰 필요가 있을 것입니다. 그것은 곧 바울이 로마서를 기록한 다음 그것을 어떤 방식으로 로마의 교인들에게 전달했으며, 또한 그것을 받은 로마의 성도들의 반응은 어떠했을까 하는 것입니다.

오늘날에는 공공 우편배달원들이 각종 편지와 문서들을 전달합니다. 그들은 그저 자기들이 할당받은 다량의 편지들을 모아 이곳저곳에 배달하는 것일 뿐, 그 편지들과 사사로운 관련이 전혀 없습니다. 편지를 받아들고 그 내용이 마음에 들지 않는다고 배달원에게 항의하는 따위의 일은 생각조차 할 수 없습니다. 하지만 옛날 사도 바울이 살던 시대에는 그렇지 않았습니다. 편지를 전달하는 공공 시스템이 확립되어 있지 않았고, 따라서 편지 전달과 관련한 일들은 모두 사사로이 이루어질 수밖에 없었습니다. 바울의 모든 서신은 다 그렇게 사사로운 방식으로 개인적인 전달자를 통하여 전달된 것입니다. 그는 서신 전달의 임무를 아무에게나 맡기지 않았습니다. 서신을 성실하게 전달할 뿐 아니라 서신에 언급되지 않은 바울 자신의 근황이나 서신에 담긴 그의 뜻도 함께 성실하게 알려주고, 또한 수신자의 근황과 반응 등을 다시 바울에게 정확히 알려줌으로써 발신자인 바울과 수신자인 여러 성도 간의 소통과 교제를 증진시키는 역할을 잘 수행할 수 있는 믿을만한 사람이어야 했던 것입니다.

바울의 서신 전달자 중 가장 두드러진 인물은 "두기고"였습니다. 그는 에베소서와 골로새서에 서신 전달자로 명확히 언급되고 있습니다(엡 6:21-22; 골 4:7-8).[_11] 로마서를 전달한 사람은 고린도의 외항인 겐그레아의 여자 성도 "뵈뵈"였을 가능성이 매우 높습니다. 바울이 특별히 그녀를 지목하여, "우리 자매 뵈뵈를 너희에게 추천"한다고 언급하는데(롬 16:1) 이는 곧, "뵈뵈가 [나의 서신을 갖고] 너희에게로 갈 것인데, 그녀는 내가 보내는 사람이니 적절히 대해주기 바란다"는 의미일 것으로 보입니다. 이로 볼 때, 우리는 십중팔구 뵈뵈가 로마서 전달자의 역할을 감당했을 것이라고 결론짓게 됩니다(참조. Chapple, "Getting Romans to the Right Romans," 195-214).

이 당시 로마의 성도들의 영적인 형편은 어떠했을까요? 확실히 알 수 있는 한 가지 사실은 당시의 로마의 성도들에게는, 오늘날 우리가 다 당연하게

_11 대다수의 학자들은, 두기고가 골로새서, 빌레몬서, 에베소서, 디모데후서, 디도서, 등, 5편의 바울 서신을 전달한 것으로 봅니다(Hoehner, *Ephesians*, 870).

신앙의 표준으로 삼아 읽고 공부하며 은혜를 누리는 하나님의 말씀인 "성경"이 없었다는 것입니다. 구약성경(히브리어 성경과 헬라어 번역본)이 당시에 존재하고 있었고, 로마의 유대인 회당들에도 일부 필사본들이 있었을 수 있겠으나, 로마의 그리스도인들에게는 사실상 그림의 떡이나 마찬가지였을 것입니다. 게다가 아직 신약성경은 존재하지도 않던 시절이었습니다. 그러니 그들의 영적 환경이 어떠했을지는 얼마든지 짐작할 수 있을 것입니다.

대다수의 로마의 성도들은 십중팔구, 과거 예수님의 승천 직후 오순절에 예루살렘에서 베드로를 비롯한 사도들로부터 예수 그리스도의 복음을 들은 사람들(참조. 행 2:10)이 로마에 와서 전하는 복음을 다시 전해 받은 사람들이었을 것이고, 따라서 그들이 가졌을 신앙적 지식이라는 것도 극히 기초적인 상태에 머물러 있었을 것입니다. 그나마 유대인 그리스도인들은 과거부터 유대교의 가르침과 전통 속에서 구약성경에 대한 기본적인 상식을 갖고 있었을 것이므로 이방인 그리스도인들보다는 좀 상황이 나았다고 할 수 있겠으나, 전반적으로 두 그룹 모두 비슷한 형편이었을 것입니다. 그들은 그런 초보적인 상태에서 벗어나 영적으로 더 자라나야 했습니다. 하지만 모든 신앙적 도리의 확고한 표준이 되는 "성경"도, 권위 있는 가르침을 줄 사도나 교사도, 없었으니 인간적인 면에서 보면 그야말로 속수무책인 상태였고 오로지 성령 하나님의 도우심에만 모든 것을 의지할 수밖에 없는 처지였을 것입니다.

자, 그런데 어느 날 (어쩌면, 브리스길라와 아굴라를 통해서[16:3]) 엄청난 소식이 그들에게 전해집니다. "예수 그리스도의 사도"인 바울이 그들을 위해 친히 기록한 서신을 전달하기 위해 뵈뵈라는 여자 성도가 로마에 당도했다는 것입니다. 이 소식을 듣는 그들의 심정이 어떠했을까요? "진리의 말씀을 접하기를 그렇게 오랫동안 갈구하며 사모하고 기도하며 인내로 지내왔는데, 아아, 드디어 사도를 통해서 우리에게 권위 있는 말씀을 베풀어주시는구나! 이 얼마나 기쁘고 감격스런 일인가! 하나님 감사하고 감사합니다. 주께 영광 돌립니다...!" 아마도 이런 심정이지 않았을까요? 마치 옛날 시므온이 아기 예수를 만나고서, "주재여 이제는 말씀하신 대로 종을 평안히 놓아 주시는도다!"라고 하며 감격에 차서 하나님을 찬송한 것처럼 말입니다(눅 2:27-33).

소식을 듣고 로마의 모든 성도가 한자리에 모였습니다. 이윽고 바울 사도의 로마서 말씀이 그들 앞에서 낭독되기 시작합니다. 모두들 숨을 죽이고 조용히 그 한마디 한마디에 촉각을 곤두세우고 경청합니다. 그 말씀은 그저 바울 개인의 사사로운 말이 아니었습니다. 예수 그리스도의 사도인 그가 주 되신 그리스도를 대신하여 권위 있게 선포하는 "하나님의 말씀" 그 자체였던 것입니다.[12] 그러니 그 감격이 어떠했겠습니까? "아아, 이것이 바로 사도를 통해서 전해지는 하나님의 말씀이로구나! 드디어 우리가 우리의 신앙을 바로 세울 규범과 표준을 갖게 되었구나!"라는 것을 통감하며, 낭독되는 로마서의 가르침 하나하나에 온 신경을 집중시킵니다. 바울 사도의 로마서를 받게 된 이 사건은 아마도 당시 로마 교회 성도들의 신앙 여정에 있어서 거의 전무후무한 감격적인 사건이었을 것입니다.

이렇게 로마서를 전해 받은 후 그들의 영적 상태는 완전히 달라졌을 것입니다. 이제 하나님의 권위 있는 말씀인 로마서가 주어졌으니, 그들은 기쁨과 감격으로—그리고 확신 가운데서—그 말씀을 읽고 공부하고 그 내용을 기초로 신앙의 방향을 잡아갔을 것입니다. 어렴풋하던 것들이 명확해지고, 의심하던 것들이 확신으로 다가왔을 것이고, 지극히 초보적인 신앙에 머물러 있

_12 레이먼드는 바울 서신들이 처음부터 하나님의 백성들에게서 신적인 권위를 지닌 말씀으로 받아들여졌음을 다음과 같이 진술하고 있습니다. "바울의 편지들이, 그가 영감된 그리스도의 사도이므로, 처음부터 참된 하나님의 백성들에게서 신적인 권위를 지닌 것으로 받아들여졌다는 사실이다.⋯그리고 그 수신자들은 그 편지들을 온 회중 앞에서 공적으로 낭독했으며, 교회들마다 회람되어 읽혔으며..."(레이먼드, 『바울의 생애와 신학』, 362).

던 그들이 로마서의 가르침을 통해 비약적인 영적 진보를 이루었을 것입니다. 그뿐 아니라 사도 바울에게서 전해온 그 하나님의 말씀을 표준으로 삼아 교회의 모든 일을 다스리고 또한 그릇된 자들을 징계하기까지 하는(참조. 롬 16:17-20) 보다 성숙한 교회로 발돋움하게 되었을 것입니다.

그리고 동시에 그들 자신은 물론 주위의 다른 교회들을 위해, 그들이 받은 하나님의 말씀 로마서를 필사(筆寫)하는 일을 시작했을 것입니다. 이후 진리를 사모하는 성도들에 의하여 로마서의 필사본들이 계속 만들어져서 그것들이 인근 지역의 그리스도인들에게로 퍼져나갔고, 거기에 바울의 다른 서신서들까지 함께 묶이게 되고,[_13] 그것들이 하나님의 말씀으로 온 세계의 그리스도인들에게 전해져서, 결국 오늘날 우리에게까지 놀라운 하나님의 말씀으로 전수되기에 이른 것입니다.

로마서의 줄거리

자, 이제는 마지막으로 로마서의 대략적인 내용을 소개할 차례가 되었습니다. 로마서의 본문에 들어가 그 내용을 살피는 중에 길을 잃지 않으려면, 마치 약도(略圖)를 들고서 길을 찾아가듯이 이러한 대략적인 개요를 숙지하고 있는 것이 좋겠습니다.

로마서의 내용을 가장 간단히 정리한다면, 1절의 말씀 중의, "로마에서 하나님의 사랑하심을 받고 성도로 부르심을 받은 모든 자에게..."를 따라 두 부분으로 나눌 수도 있겠습니다. 곧 1-11장은 인류를 향하신 "하나님의 사랑하심", 다시 말해 죄인들의 구원을 위하여 하나님이 행하신 모든 은혜와 사랑

_13 AD 100년경에 이르러 바울의 서신서들이 모두 하나로 묶여 "바울 전집"(corpus Paulinum)으로 그리스도인들 사이에 통용된 것으로 보입니다(Bruce, *Romans*, 23).

의 역사들을 다루고, 이어서 12-16장에서는 "하나님의 사랑하심"을 받은 자들, 즉 "성도로 부르심을 받은 모든 자"들에게 주는 윤리적 명령, 권고를 다루는 것으로 보는 것입니다.

복음의 직설법과 명령법

여기서 한 가지 중요한 사실을 강조해야 할 것 같습니다. 이른바 "복음의 직설법"(直說法; the gospel indicative)이 먼저 제시되고, 이어서 그것을 논리적 기반으로 삼아 "복음의 명령법"(the gospel imperative)이 제시된다는 점입니다.[_14] 말하자면 이미 이루어진 사실에 대한 직설적인 진술이나 묘사가 논리적 근거로서 먼저 제시되고, 그다음에 그것을 근거로 삼아 명령이 주어지는 것입니다. 이는 로마서만이 아니라 대다수 바울의 서신서에서 나타나는 구조이기도 합니다.

이러한 논리적 순서가 극히 중요합니다. 참된 성경적 기독교와 세상의 다른 모든 종교와의 근본적인 차이가 여기서 선명하게 드러나기도 합니다. 세상의 다른 모든 종교들의 경우는 이 순서가 뒤바뀌어 있습니다. 세상의 종교들의 핵심 메시지가 무엇입니까? 무언가를 행하라는 명령이 먼저 주어집니다. 그리고 그 명령을 지키면 그것에 대한 대가나 보상으로 구원이 주어진다는 것입니다. "열심히 선을 행하고 도덕적인 삶을 살거나, 혹은 이러저러한 규정들을 지키거나, 아니면 이런저런 은밀한 영적 지식을 가져라. 그러면 그것을 기반으로 내세에 구원이 베풀어질 것이다"라는 것입니다. 곧 명령법이 직설법보다 논리적으로 먼저 오는 것입니다. 인간의 행위가 먼저 있어야만 그

_14 복음의 직설법과 명령법에 대한 상세한 신학적 논의에 대해서는 다음을 참조하십시오. Gaffin, *By Faith, Not by Sight*, 77-89; Ridderbos, *Paul*, 253-258.

것을 근거로 구원의 여부가 결정되는 식입니다.

유대인들의 사고도 마찬가지였습니다. 어느 날 한 유대인 관리가 예수님께, "선한 선생님이여 내가 무엇을 하여야 영생을 얻으리이까?"(눅 18:18)라고 물었습니다. 그는, "내가 무언가를 행하여야만 그 결과로 영생을 얻을 것이다"라는 식의 사고를 갖고 있는 것입니다. 곧 무언가 선한 행위를 통하여 명령법의 요건을 충족시키면, 그다음에 직설법—즉 하나님의 사랑을 받아 영생을 얻는 일—이 따라온다는 것이지요. 모든 이교도들을 비롯하여 구원 얻지 못한 세상의 모든 사람의 종교적 사고가 이 범주에 속하여 있는 것입니다.

죄 가운데 있는 보통 사람들의 일반적인 사고도 마찬가지입니다. 과거 필자의 청년 시절 공군 장교로 근무하던 때에, 기독교 신앙에 관심이 있던 강 소령이라는 분이 있었습니다. 그분이 어느 날 고개를 갸우뚱거리며 제게 물었습니다. "교회에서는 아무런 선행이 없어도 그냥 예수를 믿기만 하면 구원을 받는다고 가르친다며? 자네도 그렇게 생각하나? 나는 도무지 이해가 되지 않네. 사람이 아무것도 행하지 않았는데 하나님이 그냥 무조건 구원해 준다? 그렇게 쉬운 게 어디 있나? 그게 어떻게 말이 되나?" 우리가 흔히 겪는 일입니다만, 불신자들 가운데 이 점에 혼란을 느끼는 사람들이 많습니다. 사람이 선(善)을 쌓아야 그것을 바탕으로 해서 천국에든 극락에든 가지 않겠냐는 것이지요. 죄인들의 시각에서는, 로마서에서도 다루고 있는 유대인의 구원관인 "행위 구원", 혹은 "행위로 말미암는 구원"이라는 논지가 지극히 당연한 것처럼 여겨지는 것입니다.

그러나 구원 얻는 참된 성경적 신앙은 이와 정반대입니다. 굳이 도식화시켜 말씀하자면, "행위로 말미암는 구원"이 아니라 "구원으로 말미암는 행위"라 할 수 있을 것입니다. 직설법(하나님이 그리스도 안에서 죄인을 향하여 사랑을 베푸신 사실)이 반드시 먼저 옵니다. 그리고 그다음에 그 직설법을 근거로 삼아 명령법(하나님의 사랑과 은혜를 받아 성도가 되었으니 이제 모름지기 성도에게 합당한 삶을 살라는 요구)이 뒤따라 주어지는 것입니다.

옛 이스라엘 백성의 역사에서도 이 점이 잘 드러납니다. 하나님은 먼저 모세를 통해 이스라엘 백성을 애굽에서 구해내시고 홍해를 건너게 하셨습니다. 그리고 그다음 시내산에 이르러, 거기서 그들에게 십계명을 주시고 그 명령을 준행하며 살 것을 당부하셨습니다. 십계명의 계명들을 제시하기에 앞서서 먼저 하나님은 그 서언에서 다음과 같이 말씀하십니다. "나는 너를 애굽 땅, 종 되었던 집에서 인도하여 낸 네 하나님 여호와니라"(출 20:2). 하나님의 은혜로 말미암은 구원의 사실을 먼저 전제로 말씀하시는 것입니다. 그리고 이 구원의 사실을 근거로 삼아 뒤에 십계명의 명령들이 이어지는 것입니다.

로마서 5:8에서도 이 점이 선명하게 드러납니다. "우리가 아직 죄인 되었을 때에 그리스도께서 우리를 위하여 죽으심으로 하나님께서 우리에 대한 자기의 사랑을 확증하셨느니라." 우리가 아직 죄인들이었을 때에—즉 하나님의 명령을 이행하지도 않았고, 이행할 능력도 없었고, 오히려 하나님을 대적하고 있었을 그때에—하나님이 우리에게 먼저 사랑을 베푸셨고, 그 사랑이 그리스도의 속죄의 죽음에서 확증되었다는 것입니다.

요한1서 4장에서 사도 요한은 이렇게 말씀합니다. "하나님의 사랑이 우리에게 이렇게 나타난 바 되었으니 하나님이 자기의 독생자를 세상에 보내심은 그로 말미암아 우리를 살리려 하심이라. 사랑은 여기 있으니 우리가 하나님을 사랑한 것이 아니요, 하나님이 우리를 사랑하사 우리 죄를 속하기 위하여 화목 제물로 그 아들을 보내셨음이라"(9-10절). 우리가 하나님을 사랑한 것도 아닌데 하나님이 우리를 사랑하셨고, 그리하여 우리의 죄 문제를 해결하기 위해 그 아들을 보내셨다는 것입니다. 예, 맞습니다. 직설법이 먼저 오는 것입니다. 그리고 바로 이어서 요한은 다음과 같이 선명하게 진술합니다. 직설법의 사실이 있으니, 명령법을 이행하는 것이 합당하다는 것입니다.

> **사랑하는 자들아 하나님이 이같이 우리를 사랑하셨은즉 우리도 서로 사랑하는 것이 마땅하도다**(11절).

그렇습니다. "우리가 서로 사랑하면 하나님이 우리를 사랑해주실 것이다"라는 것은 바른 기독교 신앙의 논리가 아닙니다. "하나님이 우리를 사랑하셨고 이미 우리가 그 사랑을 누리고 있으니, 우리도 서로 사랑해야 마땅하다"는 것입니다.

로마서의 개요

잠시 본 줄거리에서 약간 곁길로 나갔습니다만, 워낙 중요한 사안인지라 미리 간략하게나마 언급하는 것이 좋겠다 싶었습니다. 독자들께 너그러운 양해를 구합니다. 로마서 전체의 내용을 가장 간단하게 정리하자면, 이처럼 하나님이 행하신 사랑의 역사(1-11장)와 또한 그에 따른 성도의 거룩한 삶(12-16장)으로 나눌 수 있겠습니다. 그러나 이보다 조금 더 상세하게 내용을 정리하자면 다음과 같이 할 수 있을 것입니다.

1. 복음과 하나님의 의(1:1-17). 먼저, 1-7절의 이례적으로 긴 인사말에서 복음이 무엇인지를 밝힌 후, 16-17절에서는 그 복음이 전혀 부끄러워할 이유가 없는 구원을 위한 "하나님의 능력"임을 선언하는데, 이 부분은 로마서 전체의 중심적인 선언문이라 하겠습니다. 그리고 중간의 8-15절에서는 로마의 독자들과 개인적인 관계를 형성하고자 몇 가지 발언을 합니다. 로마의 성도들

모두로 인하여 하나님께 감사하며, 자신이 그들을 위하여 쉬지 않고 기도하며, 또한 하나님의 뜻이 허락하시는 대로 그들을 방문하여 함께 은사를 나누어 서로 안위함을 얻고자 한다는 의사를 밝힙니다.

2. 인간의 죄악성과 하나님의 진노(1:18-3:20). 하나님의 의가 복음에 반드시 나타나야(17절) 하는 이유는 하나님의 진노가 불의를 향하여 나타나기 때문입니다(18절). 하나님의 진노란 악을 대적하여 나타나는 하나님의 순결하고도 완전한 의의 표현인데, 참되고 올바른 것을 알면서도 고의로 그것을 짓누르는 모든 자들을 향하여 그의 의로우신 진노가 나타납니다. 누구나 하나님과 선에 대해 어느 정도의 지식은 갖고 있으므로 이에 대해 도무지 핑계할 수가 없습니다. 바울은 먼저 인류의 타락과 하나님의 진노를 선언하고(1:18-32), 이어 유대인이든 이방인이든 도덕주의자들(2:1-16), 그리고 율법 교육을 잘 받아 스스로를 의롭게 여기는 유대인들(2:17-3:8)을 각기 거론한 후에, 온 인류 전체가 하나님의 의에 이르지 못하여 죄 아래 있음을 결론적으로 확증합니다(3:9-20). 여기에 해당하지 않는 사람은 아무도 없습니다. 그러니 모든 사람이 죄와 하나님의 진노의 심판 아래 있는 것입니다.

3. 하나님의 의의 선물(3:21-8:39). 그런데, 이처럼 캄캄한 죄 가운데서 정죄 받는 처지에 있는 인간에게 복음의 선명한 빛이 비쳐옵니다. 율법이 요구하는 "의"와는 상관없는 또 다른 하나님의 한 의, 곧 "예수 그리스도를 믿음으로 말미암아 모든 믿는 자에게 미치는 하나님의 의"가 선물로 베풀어집니다(3:21-22). 그리스도 예수 안에서 믿는 자에게 하나님이 "의"를 베풀어주시는 것입니다(1:17과 마찬가지로, 또한 마르틴 루터가 깨달은 것처럼). 이 단락에서는 하나님이 죄인들에게 전가(轉嫁)하시는 그 의가 오직 믿음으로 받아들이는 하나의 선물임을 설명하는 데에 많은 부분을 할애합니다(3:21-4:25; 5:12-21). 바울은 또한 이 의의 선물을 소유한 그리스도인에게 있는 소망의 확신에 대

해서도 상세히 말씀합니다(5:1-11; 8:1-39). 그는 또한 이 의의 선물이 거룩을 향한 신자의 부르심을 무시하는 것이 아니라 뒷받침한다는 사실에 대해서도 관심을 갖고 설명합니다(6:1-7:25). 그리스도의 의를 전가받은 성도는 언제나 그들의 삶 속에서 그 의를 드러내는 방향으로 나아가는 것입니다.

4. 하나님의 의에 대한 도전(9:1-11:36). 이어서 바울은 이전 장들에서 제시해온 내용에 대한 강력한 반론 하나에 관해 설명합니다. 많은 유대인이 불신앙에 빠져 있지만, 그렇다고 해서 이스라엘을 향한 하나님의 약속의 말씀이 폐하여진 것이 아님을 말씀합니다(9:1-29). 이스라엘이 복음에 나타난 하나님의 의를 거부하며 “자기 의”를 세우려고 힘써 그 의에 복종하지 않으나(10:3), 그 의는 오직 그리스도를 믿음으로 얻는 것이요 따라서 유대인만이 아니라 모든 사람에게 개방되어 있다는 것입니다(10:4-21).

11장에서 바울은 이스라엘의 불신앙적인 모습이 최종적인 상태가 아님을 말씀합니다. 바울의 시대에도 믿음으로 복음에 반응하여 그리스도의 의를 누리는 이들이 이스라엘 중에 있었습니다. 곧 이스라엘 중에 “남은 자”가 있다는 것입니다(5절). 그 남은 자들 이외의 이스라엘은 하나님의 은밀한 목적에 따라 우둔하고 완악해진 것입니다(7절). 하나님은 그의 주권적인 권능과 헤아릴 수 없는 섭리로, 택함 받지 않은 이스라엘을 버려두셨고, 그들을 “시기나게 하기” 위해 이방인들로 하여금 대신 그 자리에 들어오게 하셨습니다(11-15절). 감람나무를 사용하여 비유적으로 설명한 후(16-24절), 결국 이방인의 충만한 수가 차면 온 이스라엘이 구원받을 것이라고 말씀합니다(25-26절). 이어서 바울은 도저히 헤아릴 수 없는 하나님의 구원의 섭리를 찬송하며 끝을 맺습니다(33-36절).

5. 하나님의 의를 누리는 자의 삶(12:1-16:27). 이 마지막 부분에서 바울은 하나님의 의를 선물로 받은 신자들의 일상적인 삶의 모습이 과연 어떠해야

하는지에 대해 설명합니다. 하나님이 베푸신 그 놀라운 자비를 생각할 때에, 몸과 마음 전체로 하나님의 뜻을 분별하며 그 자비에 합당한 삶을 살아야 하며 그것이 구원받은 신자가 드릴 영적 예배임을 강조합니다(12:1-2). 이어서 삶의 각 방면과 갖가지 정황 속에서 그러한 그리스도인의 삶의 모습을 상세히 제시합니다(12:1-13:14). 바울은 로마의 그리스도인들이 교회의 현장에서 겪는 갖가지 어려운 상황들에 어떻게 처신해야 할지에 대해 권면하며(14:1-15:13), 16장에서 마지막 인사를 전하며, 특히 맨 마지막 부분(25-27절)에서 자신의 복음에 대한 확신과 하나님께 드리는 영광송으로 최종 결론을 내립니다.

이제까지 로마서의 개략적인 내용을 살펴봄으로써, 본문에 들어가는 데 필요하다고 여겨지는 사항들을 대략적으로 말씀드렸습니다. 모쪼록 여러분이 로마서 본문의 내용을 하나씩 살펴 가는 동안, 모든 진리 가운데로 인도하시는 "진리의 성령"(요 16:13)께서 여러분들에게 역사하셔서, 말씀의 내용을 이해하는 것은 물론, 거기에 담긴 진리들을 하나씩 깨우치고, 또한 그것들을 삶 속에서 체험적으로 납득하고 누리게 해주시고, 그리하여 평생토록 가슴 속에 참된 진리를 담고 있는 자다운 모습을 드러내어(요삼 2-3) 하나님께 영광을 돌리게 해주시기를 바라는 마음 간절합니다.

로마서와 함께

II. 로마서 1:1-18:
복음과 하나님의 의

"'복음'이라는 단어를 입에 올릴 때마다 마음 깊은 곳으로부터 가슴 벅찬 찬양과 감사의 노래가 터져 나오지 않을 수 없는 심정이어야 합니다"

마틴 로이드 존스
(D. Martyn Lloyd-Jones: 1899-1981)

제4강.
예수 그리스도의 종이요 사도인 바울(1:1)

"예수 그리스도의 종 바울은 사도로 부르심을 받아 하나님의 복음을 위하여 택정함을 입었으니"

자, 이제 로마서 본문으로 들어갈 차례가 되었습니다. 로마서의 서두인 1:1-7은 인사말입니다. 바울 서신의 서두에 공통적으로 나타나는 인사말은 당시의 일반적인 서신의 형식을 따라, 발신자와 수신자, 그리고 수신자를 향한 축복의 인사를 포함하고 있습니다.[15] 예를 들어 데살로니가전후서, 그리고 빌립보서의 경우, 다른 내용을 크게 덧붙이지 않고 이 일반적인 형식을 거의 그대로 취하고 있습니다.

> 바울과 실루아노와 디모데는(발신자) 하나님 아버지와 주 예수 그리스도 안에 있는 데살로니가인의 교회에(수신자) 편지하노니 은혜와 평강이 너희에게 있을지어다(축복의 인사)(살전 1:1).

_15 예컨대 글라우디오 루시아라는 천부장이 유다의 총독 벨릭스에게 보낸 편지는 당시의 일반적인 형식을 그대로 취하고 있습니다. "글라우디오 루시아는(발신자) 총독 벨릭스 각하께(수신자) 문안하나이다(인사)"(행 23:26).

> 바울과 실루아노와 디모데는(발신자) 하나님 우리 아버지와 주 예수 그리스도 안에 있는 데살로니가인의 교회에(수신자) 편지하노니 하나님 아버지와 주 예수 그리스도로부터 은혜와 평강이 너희에게 있을지어다(축복의 인사)(살후 1:1-2).

> [그리스도 예수의 종] 바울과 디모데는(발신자) 그리스도 예수 안에서 빌립보에 사는 모든 성도와 또한 감독들과 집사들에게 편지하노니(수신자) 하나님 우리 아버지와 주 예수 그리스도로부터 은혜와 평강이 너희에게 있을지어다(축복의 인사)(빌 1:1-2).

그리고 기타 여러 서신에서는 이 인사말의 형식을 취하되 사도가 강조하고자 하는 다른 내용을 함께 덧붙이는데, 그 대표적인 실례가 바로 로마서의 인사말입니다. 인사말이 1-7절까지 길게 이어지는데, 1절(발신자)과 7절(수신자와 축복의 인사)이 그 뼈대를 이루고, 그 사이에 바울 자신이 서두에 강조하고자 하는 내용(곧 "하나님의 복음"에 대한 긴 서술문)을 길게 삽입시키고 있는 것입니다(2-6절). 이 점에 대해서는 후에 다시 구체적으로 말씀드리게 되겠습니다만, 바울이 그만큼 "하나님의 복음"에 관하여 강조하고자 하는 마음이 강렬했다는 뜻일 것입니다.

바울의 서신서들을 펼치면, 언제나 가장 먼저 "바울"(헬라어로 "파울로스"[Παῦλος])이라는 이름과 그 자신에 대해 묘사하는 내용을 접하게 됩니다. 바울은 이런 묘사를 통하여, 서신을 쓰는 자가 다른 누구도 아닌 "예수 그리스도의 종"이요 "사도"인 바울 자신임을 – 또한 해당 서신서가 바울 자신의 개인적인 사신(私信)이 아니라 예수 그리스도의 권위에 근거하는 공적인 성격을 지니는 서신임을 – 명확히 하는 것입니다. 한글 성경과는 달리 헬라어 성경과 모든 영어 성경에서는 "바울"이 첫 단어로 등장합니다(예. "Paul, a servant of Christ Jesus, called to be an apostle and set apart for the gospel of God ..."[NIV]). 비단 로마서뿐 아니라 열세 편의 바울 서신이 모두 다 그렇습니다. 한글 성경에서는 다른 수식어들(로마서의 경우, "예수 그리스도의 종")이 "바울"이라는 이름보다 앞에 나옵니다만, 이는 우랄 알타이어에 속하는 한국어와 인도 유럽어에 속하는 헬라어나 영어의 어순(語順)이 서로 다른 데에서 기인하는 것으로 번역상 불가피한 일입니다.

자, 1:1에서 바울은 자신을 세 가지로 묘사하고 있습니다. 곧 자기 자신을 "예수 그리스도의 종"이요 "사도로 부르심을 받"은 자요, 또한 "하나님의 복음을 위하여 택정함을 입"은 자로 소개하는 것입니다. 대다수 경우 바울은 서두의 인사말 중에 자기 자신을 그저 그리스도 예수의 "사도"로만 소개하는 것으로 그칩니다.[16] 그런데 로마서의 경우는 그 자신에 관해 좀 더 상세하게 세 가지로 소개하는 점이 두드러집니다.

예수 그리스도의 종

사도는 먼저 자신을 "예수 그리스도의 종"으로 묘사합니다. "종"을 뜻하는 헬라어 "둘로스"(δοῦλος)는 오늘날처럼 갖가지 시중을 들며 허드렛일을 하며 급여를 받는 "사환"(a servant)을 뜻하는 것이 아닙니다. 오히려 자신의 모든 권리를 주인이 소유하고 있는 사회적으로 가장 천한 계층인 "노예"(a slave)를 뜻하는 것으로 보아야 할 것입니다. 이들은 자신들의 권리가 아무것도 없었습니다. 삶의 모든 것이—심지어 목숨까지도—주인의 소유물인 사람들이었습니다. 오직 주인을 향한 철저한 복종과 존경과 무한대의 충성 이외에는 아

_16 고전 1:1; 고후 1:1; 갈 1:1; 엡 1:1; 골 1:1; 딤전 1:1; 딤후 1:1 등이 이에 해당하며, 빌 1:1에서는 그 자신을 "그리스도 예수의 종"으로만 묘사하고, 딛 1:1에서는 그 자신을 "하나님의 종이요 예수 그리스도의 사도"로 묘사합니다.

무것도 허용되지 않는 처지에 있는 자들이었습니다. 노예 계급은, 주로 전쟁에서 패하여 포로가 된 사람들이 노예로 팔리고 그들의 자손들이 다시 노예의 지위를 대대로 대물림하면서 형성된 것으로 보입니다. 로마에서는 BC 2세기경에 이르러 노예 매매가 절정에 달한 것으로 나타나며, AD 1세기에도 노예 매매가 성행하고 있었고 그것이 상업 발달의 중요한 요인이 되기도 했습니다.[17] 로마의 유대인 인구도 노예로 끌려온 유대인들이 첫 시발점이 되어 형성되었고, 심지어 바울이 로마서를 보낼 당시 로마 교회의 성도들 가운데 "노예"의 신분인 자들이 다수 있었던 것으로 보입니다.[18]

이런 문화 속에서 로마인을 포함하여 헬라 사람들은 "노예"를 지극히 멸시했고, 그 단어를 입에 올리기조차 싫어했습니다. 그들로서는 왕이 아무리 존귀하다 해도 자신이 왕의 "노예"가 된다는 것은 용납할 수 없는 일이었습니다. 심지어 "신(神)의 종"이나 "노예"가 된다는 사고도 그들에게는 전혀 나타나지 않습니다(Barrett, *Romans*, 11). 반면에 유대인들의 경우는 사정이 전혀 달랐습니다. 구약성경에는 "종"이 흔히 나타납니다. 아브라함과 모세와 여호수아, 다윗, 그리고 선지자들에 이르기까지 그들의 위대한 조상들이 스스로를 하나님의 "종"("노예")이라 칭하였습니다(예. 수 14:7; 24:29; 왕하 17:23; 시 89:3, 21; 116:16; 암 3:7; 사 20:3 등). 또한 여호와께서도 친히 이스라엘 백성을 가리켜 "나의 종"이라 부르기도 하셨고(사 43:1, 10), 또한 심지어 메시아를 가리켜 여호와의 "종"이라 칭하기도 합니다(사 52:13; 53:11 등).

_17 Kerr, "Slavery," 1021. 1세기 중엽 로마의 전체 인구(약 40만 명) 중 약 30퍼센트가 노예들이었다고 합니다(Kruse, *Romans*, 1; 참조. Lewis, *Message of the Living God*, 267).

_18 롬 16:10의 "아리스도불로의 권속"(개역개정 성경은 "아리스도불로의 권속"이라는 문구 중 "권속"을 작은 글자체로 표기하여, 그 단어가 헬라어 원문에 없음을 나타냄)은 "아리스도불로에게 소속된 자들"을 뜻하며, 실제로 아리스도불로의 가족이 소유한 노예들을 지칭하는 것일 가능성이 높습니다(11절의 "나깃수의 가족 중 주 안에 있는 자들"도 이와 비슷한 경우임). 참조. Moo, *Romans*, 925.

자, 사도 바울은 로마서 첫머리에서 자기 자신을 "예수 그리스도의 종" 혹은 "노예"로 묘사합니다. 이는 무슨 의미일까요? 곧, 예수 그리스도께 붙잡힌 바 되어 그에게 매여 있는 존재요, 생살여탈권을 비롯하여 모든 권리가 그에게 맡겨진 상태로 전적으로 그의 뜻대로만 모든 일을 행하는, 문자 그대로 예수 그리스도의 노예라는 뜻이 이 말에 담겨 있습니다. 그렇다고 해서 바울이 이런 자신의 상태를 억울해하거나, 또는 하는 수 없이 받아들이면서도 어떻게든 그런 상태에서 벗어나려는 마음을 품고 있는 것이 아닙니다. 절대로 그렇지 않습니다. 그는 자신이 예수 그리스도의 소유라는 사실을 오히려 자랑스럽게 여기고 있음을 봅니다. 자신이 그의 "노예"라는 사실을 가장 먼저 언급하고 있으니 말입니다. 그것이 조금이라도 꺼려지거나 부끄러웠다면 구태여 언급하지 않거나, 꼭 언급해야 한다 해도 맨 나중에 슬쩍 언급하고 지나갔을 것이 아니겠습니까? 하지만 그는 자신이 예수 그리스도의 노예임을 가장 먼저 밝히고 있습니다. 그 사실을 자랑스러워하지 않았다면 과연 그렇게 했겠습니까?

바울이 자신을 "노예"라고 밝힌 사실에서, 바울이 자기 자신을 지나치게 낮추는 것이 아닌가 의심하는 이들도 있습니다. 오늘날 심리학에서 말하는 소위 "자존감"이 극도로 떨어진 모습이 아닌가 하는 것이지요. 예수 그리스도를 섬기는 것은 마땅한 일이지만 자기 자신을 그의 노예로까지 볼 정도로까지 낮추다니, 이건 좀 심한 것 아닌가? 라고 생각하는 것입니다. 그러나 그는 비정상적으로 자기 자신을 비하하는 심리적 이상 증상을 보이는 것이 아닙니다. 프린스턴의 위대한 신학자 워필드 박사의 말처럼, 바울은 자기를 비하하는 것이 아니고 오히려 그리스도를 높이는 것입니다. 자기 자신을 그의 "노예"라 부를 만큼 예수 그리스도를 높이 바라보며 그를 기리고 있는 것입니다. 바울은, "그리스도를 절대적인 통치권을 지니시고 무제한적인 권세로 다스리시는 분으로 보고 있는 것"입니다(Warfield, *Biblical Doctrines*, 237). 말하자면, 그리스도를 하나님과 동등한 위치에 계신 분으로 바라보고 있다는 것입니다. 예수 그리스도의 신성(神性)이 여기서 암시되고 있다고 보아도 큰 무리는 없을 것입니다. 그러니 그는 그분의 "노예"로서 그분께 무한대의 복종과 굴복을 드리는 것을 지극히 합당한 일로 여기는 동시에, 과거에 그분을 대적했던 자신을 그리스도께서 "충성되이 여겨…직분을 맡기"신 것에 대해 무한한 감사와 감격이 넘치는 심정인 것입니다(딤전 1:12).

우리는 어떻습니까? 사도 바울만이 아니라 구원받은 성도 한 사람 한 사람이 다 예수 그리스도의 "노예"입니다. 바울은 골로새 교인들을 지목하여 "그리스도 예수의 종인 너희"라고 말씀합니다(골 4:12). 골로새의 성도들이 그리스도의 "노예"요, 또한 여러분과 제가 모두 그리스도의 "노예"라는 말씀입니다. 좀 심하지 않은가? 라는 생각이 들어서 자존심이 상하십니까? 결코 그럴 수 없습니다.

사실 "내가 예수 그리스도의 노예다!"라는 사고는 우리가 과연 구원받은 하나님의 백성인가를 테스트하는 한 가지 중요한 시금석입니다. 구원받은 사람이라면 누구든지 자기 자신과 그리스도 간의 관계를 노예와 주인의 관계로 이해하는 법입니다. 그렇지 않다면, 이는 아직 구원받은 그리스도인이 아니라는 증표입니다. 스프로울 박사는 이 점에 대해 다음과 같이 논평합니다.

> 여기에 아이러니가 있으니, 그리스도께서는 육체에 종노릇 하는 데에서 우리를 자유하게 하실 때, 그분께 종노릇 하는 고귀한 자유로 우리를 부르시는 것입니다. 그렇기 때문에 우리는 그분을 주인(Master)이라 부릅니다....그분은 우리 삶의 주(the Lord)이십니다. 우리는 우리의 소유가 아니요, 우리는 자율적인(autonomous) 존재도, 독립적인(independent) 존재도 아닙니다. 그리스도

> 와의 관계를 이런 기조로 이해하지 못한다면, 이는 아직 회심하지 못한 상태에 머물러 있는 것입니다(Sproul, *Romans*, 17).

죄에게 노예가 되어 있던 나를 그리스도 예수께서 자신의 피로 값을 치르시고 나를 그 참혹한 상태에서 해방하셔서 나를 그 자신의 노예로 삼으시고, 나로 하여금 의(義)를 추구하게 하시고 그리하여 하나님께 영광 돌리는 삶을 살게 하신다는 것이 기독교 구원관의 핵심적인 내용입니다. 그러니 이런 핵심적인 내용을 인정하지 않고서 어떻게 구원받았다 할 수 있겠습니까? 다음의 몇몇 본문들이 이 중요한 핵심을 명확히 가르쳐줍니다.

> 너희 자신을 종으로 내주어 누구에게 순종하든지 그 순종함을 받는 자의 종이 되는 줄을 너희가 알지 못하느냐 혹은 죄의 종으로 사망에 이르고 혹은 순종의 종으로 의에 이르느니라 하나님께 감사하리로다 너희가 본래 죄의 종이더니 너희에게 전하여 준 바 교훈의 본을 마음으로 순종하여 죄로부터 해방되어 의에게 종이 되었느니라(롬 6:16-18).

> 너희는 너희 자신의 것이 아니라 값으로 산 것이 되었으니 그런즉 너희 몸으로 하나님께 영광을 돌리라(고전 6:19-20).

> 여러분은 자기를 위하여 또는 온 양 떼를 위하여 삼가라 성령이 그들 가운데 여러분을 감독자로 삼고 하나님이 자기 피로 사신 교회를 보살피게 하셨느니라(행 20:28).

그렇습니다. 우리는 예수 그리스도께서 값을 지불하여 사신 그의 노예들입니다! 이는 또한 우리가 예수 그리스도를 가리켜 "주"(主)라 부르는 데에서도 명확히 나타납니다. 그가 값 주고 사셨으니, 그는 과연 우리의 "주인"이시고, 그렇기 때문에 우리는 그분을 가리켜 "주"라 부르는 것입니다. 사도 바울은, "우리는…오직 그리스도 예수의 주 되신 것…을 전파"한다고 말씀합니다(고후 4:5). 그분이 우리의 "주인"이시라는 말은, 뒤집어 생각하면 곧 우리가 그의 "종"이요 "노예"라는 뜻이 됩니다. 내가 노예가 아닌데 어떻게 그분에게 "주인"이라고 고백하겠습니까? 노예도 아니면서 그분에게 항상 주인이라고 부른다면 이는 이치에 맞지 않는 우스꽝스러운 일이요, 오히려 그분을 조롱하는 일일 것입니다. 마치 로마의 군졸들이 예수님께 홍포를 입히고 가시관을 씌우고 그에게 무릎을 꿇으며 마치 임금에게 경배하는 시늉을 하며 그를 희롱했던 것처럼 말입니다(마 27:28-30).

그런데, 주일 예배를 드릴 때마다 우리가 이런 어처구니없는 짓을 범할 위험이 항상 있다는 것을 아십니까? 다름 아닌 사도신경과 관련된 문제입니다. 우리가 무어라 암송합니까? "전능하사 천지를 만드신 하나님 아버지를 내가 믿사오며, 그 외아들 우리 주 예수 그리스도를 믿사오니…"라고 하지 않습니까?[19] 여기서 예수님을 가리켜 "우리 주 예수 그리스도"라 부르는데, 이는 사실상 "그분이 나의 주인이시요 나는 그의 노예입니다"라고 고백하는 것과 마찬가지입니다. 그런데 이런 구체적인 생각이 개입되지 않고, 그저 요식 행위

_19 오늘날 한국교회 내에서 주일 정기 예배 중에 "사도신경"을 통한 신앙고백 순서를 생략하는 교회들이 날로 늘어가고 있다는 소식을 듣습니다만, 이는 매우 우려되는 심각한 현상이 아닐 수 없습니다. 그저 형식적으로 암송하는 것에 지나지 않는데 구태여 신앙고백의 순서가 필요하겠느냐는 식의 논지가 제기되기도 합니다. 그러나 이는 심각한 결과를 초래하는 매우 위중한 사안이라 여겨집니다. 예배 중의 설교에서도 성경적이며 교리적인 내용이 갈수록 빈약해져 가는데, 사도신경을 통한 신앙고백 순서마저 없는 상태로 나아간다면, 세월이 흘러가는 과정에서 성경적 교리는 물론 기독교 신앙의 뼈대를 이루는 모든 특징적인 요소들이 교회에서 점점 사라져가고, 결국 치명적인 영적 무지와 타락으로 이어질 것입니다. 형식적으로 암송하는 순서에 지나지 않는다고 없앨 것이 아니라, 그것이 결코 형식적이 되지 않고 진정 내용이 담기게 되도록 교회 지도자들이 힘써 가르치고 노력하는 것이 마땅할 것입니다.

로 사도신경을 고백하는 경우가 허다하지 않습니까? 예배 시간마다 항상 암송하다 보니 습관이 되어 별다른 생각 없이도 입술이 자동으로 움직여 고백이 나옵니다. 이런 예가 다반사로 일어난다면, 과연 그것이 전능하신 성삼위 하나님께 드리는 예배가 되겠습니까?

매일 우리의 삶 속에서 온갖 상황들을 접하는 중에, 항상 우리가 예수 그리스도의 "노예"임을 자각하며 동시에 그분이 우리의 "주인"이심을 명확히 인식하고, 예수 그리스도께 붙잡힌 자로서, 그를 위하여 사명을 다하는 일념으로 살아가는 것이 마땅합니다. 바로 이것이 그리스도를 높이는 삶의 모습이요 또한 하나님께 영광 돌리는 삶의 요체입니다.

한 가지 더 말씀하고자 합니다. 우리는 예수 그리스도의 종입니다. 그러므로 그분을 아무렇게나 친구처럼 대해도 괜찮은 것이 아닙니다. 항상 그분을 높으신 우리의 주인으로 우러르는 자세를 가져야 마땅합니다. 그런데 오늘날 예수 그리스도를 우리의 "친구" 그 이상도 이하도 아닌 분으로 여겨서 하대(下待)하고 경시하는(?) 풍조가 한국교회 안에 퍼져 있는 것 같습니다. 예수님은 나의 가장 가까운 친구이니 그저 친근하게 허물없는 사이처럼 그와 지내면 된다는 식의 사고입니다.

더 나아가 성부 하나님에 대해서도 이처럼 경시하는 자세를 취하는 경우가 얼마나 많은지요! 몇 해 전 시드니의 어느 기독교 잡지에 목사님 한 분이 글을 실었는데, 저는 그 글을 보고 한동안 얼마나 속상했는지 모릅니다. 그분의 교회가 어느 주일에 야외예배를 드리기로 했답니다. 그런데 금요일부터 비가 오기 시작하더니 토요일도 계속 비가 쏟아지더라는 것입니다. 그래서 안타까운 마음으로 하나님께 기도하기를, "하나님! 우리 교회가 야외예배를 드리기로 한 것을 뻔히 아시면서 이렇게 계속 비를 주시면 어떡합니까! 저를 무시하는 겁니까?"라고 했답니다. 그랬더니 하나님이 그 기도에 응답하셔서 주일 아침부터 해가 떠서 야외예배를 무사히 잘 다녀왔다는 것입니다. 다른 사람도 아닌, 말씀을 맡은 목사의 기도가 이런 모양이라니요! 도무지 아연실색하지 않을 수 없었습니다. 이런 것은 정말 있을 수 없는 행태입니다. 교회 안에서 그런 불경스러운 행위들을 아무런 거리낌도 없이 행하다니요! 속히 사라져야 마땅합니다.

어쩌면 한국 교인들에게 익숙한 몇몇 찬송가 가사들의 의도를 오해하는 것도 예수님을 그냥 가벼운 친구 정도로만 여기는 그릇된 풍조의 여러 원인 중의 하나일 수도 있겠다 싶습니다. "죄 짐 맡은 우리 구주 어찌 좋은 친군지," "위에 계신 나의 친구 그의 사랑 지극하다," "내 진정 사모하는 친구가 되시는 구주 예수님은 아름다워라," 등의 찬송가들은 특히 한국교회의 성도들이 즐겨 부르는 것으로, 얼마나 큰 위로와 용기를 주는지 모릅니다. 변화무쌍한 일상생활 속에서 이런 찬송가를 통해 마음에 큰 감동을 얻고 새로운 힘을 얻는 경우가 얼마나 많은지요! 그러나 동시에 조심할 부분도 있습니다. 설교자들 가운데 경박스럽게도 지나친 사고를 끌어내어 일반 성도를 호도하여, 그로 인하여 큰 폐해가 발생하는 일이 종종 일어나기 때문입니다. 주 예수님이 나의 친구라는 사실만 강조하는 나머지, 마치 그분이 우리와 동격이신 것처럼 생각하게 만든다면, 이는 어처구니없는 일이요 절대로 배격해야 할 태도입니다.

물론 예수님 자신은 그의 제자들을 가리켜 "친구"라 부르시며 그들을 친근히 대하셨습니다(눅 12:4; 요 15:14-15). 그분은 자신을 낮추어 우리를 친구처럼 대하실 수 있습니다. 그럴 때 우리는 그의 극진한 사랑을 깨닫습니다. 그만큼 겸손히 우리의 비천한 처지로 내려오셔서 마치 그 자신이 우리와 동격인 것처럼 대해주시는 것이니까요. 그러나 그렇다고 해서 우리 편에서 그를 함부로 대해도 괜찮은 것은 아닙니다. 신약성경 어디에도 사도나 제자들이

나 성도들이 예수님을 친구라 칭하는 예는 단 한 번도 나타나지 않습니다. 그분은 어디까지나 우리의 주인이시요 지극히 높으신 상전이십니다. 무엇보다 삼위 하나님 중 제2위이신 하나님이십니다. 그러므로 우리는 언제나 예수님이 우리와 가장 가까운 "친구"가 되신다는 사실에서 무한한 신뢰와 안정을 누리면서도, 동시에 그가 "나의 구원자, 나의 주님, 나의 하나님"이심을 인정하고 그를 지극히 높이는 것이 마땅할 것입니다.

부르심 받은 사도

이어서 바울은 자신을 가리켜, "사도로 부르심을 받"은 자로 묘사합니다. "사도"(使徒; 헬. "아포스톨로스"[ἀπόστολος])라는 단어의 기본적인 의미는 "보냄 받은 자"입니다. "사도"라는 용어는 예수님 자신이 먼저 사용하셨습니다. 그는 자신을 따르는 많은 제자 중에 열두 명을 택하셔서 그들을 "사도"라 부르셨습니다(눅 6:12-13). 말하자면 예수 그리스도를 대리하여 말씀을 선포하고 가르칠 권위를 친히 그들에게 부여하시고 파송하시는 것입니다. 이들은 그저 단순한 제자나 증인과는 격이 다른 특별한 사명을 부여받은 자들이었습니다. 그들이 예수님을 대리하여 말씀을 선포하고 가르칠 때 그들의 말씀이 곧 예수님 자신의 말씀으로 인정받게 될 것이었습니다. 예수님은 승천하시기 전 그 사도들을 향하여 다음과 같이 명령하시고 또한 약속을 베풀어주십니다:

> 하늘과 땅의 모든 권세를 내게 주셨으니, 그러므로 너희는 가서 모든 민족을 제자로 삼아 아버지와 아들과 성령의 이름으로 세례를 베풀고 내가 너희에게 분부한 모든 것을 가르쳐 지키게 하라. 볼지어다, 내가 세상 끝 날까지 너희와 항상 함께 있으리라(마 28:18-20).

우리는 흔히 이 말씀을 주로 모든 성도에게 적용합니다. 예, 물론 우리 모두에게도 해당하는 말씀입니다. 그러나 전후 문맥을 살펴보면 이 말씀은 일차적으로 "열한 제자", 곧, 사도들에게 주신 말씀임을 알게 됩니다(16절). 이 말씀은 무엇보다도 그들이 나아가 그리스도의 사도들로서 예수님을 대리하여 말씀을 선포하고 세례를 베풀고 가르칠 때 그가 친히 그들과 "항상 함께" 계시사 그 말씀의 권위를 나타내시리라는 약속의 말씀이라는 것입니다.

바울은 주님이 사도들에게 그 명령을 주실 때에 그 자리에 없었을 뿐 아니라, 당시에는 예수를 철저히 대적하던 자였습니다. 그러나 그는 그 후 다메섹 근처에서 결정적으로 회심하였고 그때 예수님으로부터 사도의 사명을 동일하게 부여받았습니다. 바울의 증언에 따르면 주님은 그에게 이렇게 말씀하셨습니다.

> 나는 네가 박해하는 예수라 일어나 너의 발로 서라. 내가 네게 나타난 것은 곧 네가 나를 본 일과 장차 내가 네게 나타날 일에 너로 종과 증인을 삼으려 함이니, 이스라엘과 이방인들에게서 내가 너를 구원하여 그들에게 보내어 그 눈을 뜨게 하여 어둠에서 빛으로, 사탄의 권세에서 하나님께로 돌아오게 하고 죄 사함과 나를 믿어 거룩하게 된 무리 가운데서 기업을 얻게 하리라(행 26:15-18).

이 말씀을 잘 살펴보면, 앞에서 언급한 열 한 사도들이 주님으로부터 받은 지상명령과 동일한 요소가 여기에 담겨 있음을 보게 됩니다. 워필드 박사는 "복음의 대요(大要)"라는 제목의 설교에서 이 점을 잘 지적해줍니다.

> 여기서 바울이 사도로 지명되고 있음을 봅니다. 사람이 이처럼 권위 있게, 이처럼 결정적인 말씀으로 어떤 직위에 임명된 일이 과연 있었습니까? 그를 사도로 지명

> 하기 위하여 그리스도께서 몸소 하늘로부터 임하셨습니다....과연 바울은…구체적인 임무를 부여받았고 또한 그 임무를 수행하는 방법에 대하여 구체적인 교훈을 함께 받았습니다. 그리하여 그는 "사도"가 되었습니다. 모든 사도들이 부여받은 동일한 임무를 위하여 동일하게 사도로 부르심을 받은 것입니다. 바울이 받은 명령이 그의 동료 사도들이 받은 명령("가서 모든 민족으로 제자를 삼아…볼지어다 내가 세상 끝날까지 너희와 함께 있으리라")과 완벽하게 일치하고 있다는 사실은 의아스럽기까지 합니다. "이스라엘과 이방인들에게…내가 너를…보내노라"라고 말씀합니다. 전 세계를 향한 파송 명령이 여기에 있습니다. 그는 유대인과 이방인들에게—온 세상을 향하여—가라는 명령을 받고 있는 것입니다. "이스라엘과 이방인들에게서 내가 너를 구원하여 저희에게 보내노라." 여기서 "볼지어다 내가 너와 함께 있으리라"라는 약속이 수반되는 것을 봅니다(워필드, 『워필드 명설교』, 347-348).

주님은 또한 승천하시기 직전 사도들을 향하여, "오직 성령이 너희에게 임하시면 너희가 권능을 받고 예루살렘과 온 유대와 사마리아와 땅 끝까지 이르러 내 증인이 되리라"(행 1:8)라고 말씀하십니다. 이 말씀 역시 대개 모든 성도에게 주신 말씀으로만 이해하는 경향이 많습니다. 물론 성도들 모두에게도 적용되는 말씀인 것은 분명합니다. 그러나 그보다 먼저 본문의 문맥 속에서 이 말씀의 주된 의미를 생각해 보아야 합니다. 이 말씀은 예수께서 승천하시기 전 "사도들"에게 주신 명령이라는 사실이 명확히 나타나기 때문입니다(행 1:2; 참조. 4절). 곧 그들이 나아가 사도들로서 그리스도를 증언할 때 그들 개인의 능력이 아니라 성령께서 베푸시는 권능으로 말미암아 그 일을 행하게 될 것이라는 뜻입니다. 이러한 약속이 오순절에 그대로 성취되며(행 2장), 또한 그리스도의 교회가 바로 이러한 사도들이 선포한 그 말씀의 토대

위에 세워지게 되는 것입니다(참조. 엡 2:20). 바울은 훗날 데살로니가전서에서 이러한 "사도"의 고유한 말씀의 권위에 대해 언급합니다.

> 우리가 하나님께 끊임없이 감사함은 너희가 우리에게 들은 바 하나님의 말씀을 받을 때에 사람의 말로 받지 아니하고 하나님의 말씀으로 받음이니, 진실로 그러하도다. 이 말씀이 또한 너희 믿는 자 가운데에서 역사하느니라(살전 2:13).

무슨 뜻입니까? 바울이 사도의 권위로 데살로니가 성도들에게 전한 말씀이 "하나님의 말씀"임을 바울 자신도 인식하고 있고, 또한 데살로니가의 성도들도 그것을 "하나님의 말씀"으로 받아들였으며, 이에 대해 바울이 다시 "진실로 그러하도다"(과연 그것이 하나님의 말씀이다)라고 확증하고 있다는 것입니다. 바울이 교만이 극에 달해서 이런 발언을 하는 걸까요? 결코 아닙니다. 여기서 중요한 열쇠는 바로 바울이 예수 그리스도의 "사도"라는 사실에 있습니다. 그가 예수 그리스도의 권위로 직접 보내심을 받은 사도이기 때문에, 그가 공적으로 선포하고 가르치는 말씀은 다름 아닌 하나님의 말씀입니다. "사도"의 권위와 중요성을 여실히 보여주는 대목입니다.

예수님이 승천하신 후 사도들과 예루살렘의 성도들이 모여, 예수님을 배반하고 죽은 가룟 유다를 대신할 다른 "사도"를 뽑는 일을 진행하여 맛디아를 사도로 선출합니다. 이때 그들이 제시한 "사도"의 자격 요건은, 예수님으로부터 직접 개인적으로 부르심을 받고 파송 받아야 하고 또한 예수님의 지상 사역 기간 동안 그와 함께했고 특별히 그의 부활을 목격한 자여야 한다는 것이었습니다(행 1:21-26).

그런데 사도 바울의 경우는 이 자격 요건에 부합하지 않는 면이 있었습니다. 물론 바울은, 앞에서 살펴보았듯이, 부활하신 주님을 직접 뵈었으며 그에게서 사도로 보내심을 받았습니다. 하지만 그 일을 옆에서 목격하여 증언해 줄 사람이 아무도 없었습니다. 그러므로 다른 사도들과는 달리 그는 자신이 "사도"라는 사실을 변명하여야 하는 부담이 늘 있었습니다. 더욱이 예수님의 지상 사역 기간 중에 그는 철저한 바리새인이었고, 예수님이 죽으시고 부활하실 때에도 그를 격렬하게 대적하던 사람이었으니 말입니다. 바울이 예루살렘의 제자들과 사귀려 했으나 모두가 그를 두려워했고 그가 그리스도의 제자요 사도임을 믿으려 하지 않았습니다. 그때 바나바가 그의 회심과 그리스도의 제자 됨을 강력히 변호해 줌으로써 비로소 다른 사도들과의 교류가 가능할 수 있었습니다(행 9:26-28). 그러니 초기의 예루살렘 교회의 입장에서는 과연 바울을 "사도"로 인정할 수 있는가에 대해 당연히 의혹이 있을 수밖에 없는 현실이었습니다. 바울은 나중에 교회에 합류한 자이니 사도로 볼 수는 없다는 주장도 있었고, 더욱이 유대인들에게만이 아니라 이방인들에게까지 복음을 전하는 그의 처신에 대해 혐오하는 사람들이 예루살렘 교회 내에 상당수 있었던 것입니다.[_20]

그리하여 갈라디아서에서는 바울이 자신이 "사도"임을, 또한 예루살렘의 사도들도 바울의 사도 됨을 인정하고 그와 더불어 "친교의 악수"를 나누었음을 길게 진술합니다(갈 1:11-2:10).[_21] 그리고 그의 서신서들마다 자신이 그리스도

_20 당시 예루살렘 교회의 유대인 그리스도인들은 유대인 중심의 편협한 구원관에서 아직 자유롭지 못한 상태였습니다. 예수님은 하나님의 언약 백성인 유대인의 메시아요 따라서 예수님의 복음은 오로지 유대인들만을 위한 것이라는 사고가 교회 내에, 심지어 사도들 사이에도, 팽배해 있었습니다. 베드로조차도 신비한 환상을 세 차례나 본 후에 이방인 백부장 고넬료를 만나고 그 가족에게 성령이 임하시는 것을 보고서야 비로소 이방인에게도 하나님의 구원 역사가 베풀어진다는 사실을 깨닫게 됩니다(참조. 행 10장). 또한 베드로가 이방인에게 복음을 전했다는 소식을 들은 예루살렘의 유대인 성도들은 베드로에게 항의하였으나, 베드로의 증언을 통해 이방인에게도 성령의 역사가 임하였다는 소식을 듣고서야 비로소 이방인에게도 구원의 역사가 베풀어지는 것임을 인정하게 됩니다(행 11장; 참조. 18절, "그러면 하나님께서 이방인에게도 생명 얻는 회개를 주셨도다"). 그러니 이방인의 분세는 계속해서 예루살렘 교회에 잠재적인 갈등의 요인으로 남아 있게 됩니다. 그러니 이방인들에게 복음을 전하는 사명을 지닌 바울에 대해 이들이 못마땅하게 여겼을 것은 당연한 일입니다.

_21 이 점과 관련하여 갈 2:6("저 유력한 이들은 내게 의무를 더하여 준 것이 없고")의 진술이 의미심장합니다. "내게 의무를 더하여 준 것이 없고"란, 예루살렘의 사도들(베드로, 야고보, 요한; 참조. 2:9)이 바울이 제시한 복음 메시지를 그대로—아

께 직접 보내심을 받은 "사도"임을 여러 말로 부연 설명하고 있음을 봅니다.[22]

사람들에게서 난 것도 아니요 사람으로 말미암은 것도 아니요 오직 예수 그리스도와 그를 죽은 자 가운데서 살리신 하나님 아버지로 말미암아 사도 된 바울(갈 1:1).

하나님의 뜻으로 말미암아 그리스도 예수의 사도 된 바울(고전 1:1; 고후 1:1; 엡 1:1; 골 1:1).

우리 구주 하나님과 우리의 소망이신 그리스도 예수의 명령을 따라 그리스도 예수의 사도 된 바울(딤전 1:1).

나는 사도 중에 가장 작은 자라. 나는 하나님의 교회를 박해하였으므로 사도라 칭함 받기를 감당하지 못할 자니라. 그러나 내가 나 된 것은 하나님의 은혜로 된 것이니…(고전 15:9-10).

나는 지극히 크다는 사도들보다 부족한 것이 조금도 없는 줄로 생각하노라(고후 11:5).

나를 능하게 하신 그리스도 예수 우리 주께 내가 감사함은 나를 충성되이 여겨

무런 교정도 하지 않고—받아들이고 그 정통성을 인정하였다는 뜻입니다. 참조. NIV "these men added nothing to my message"("이 사람들은 나의 메시지에 아무것도 덧붙이지 않았고"). 곧 바울이 독자적으로 그리스도로부터 받은 바 그의 복음이 다른 사도들이 받은 복음과 정확히 일치하였음을 시사해주는 것입니다. 브루스는 이렇게 논평합니다. "그들은 그가 제시하는 복음에서 아무런 결점도 보지 못하였다"(Bruce, *Galatians*, 119).

_22 이런 바울의 진술들은 베드로의 경우와 사뭇 대조적입니다. 베드로는 자기 자신을 그저 "예수 그리스도의 사도 베드로"(벧전 1:1), 혹은 "예수 그리스도의 종이요 사도인 시몬 베드로"(벧후 1:1)라고만 간략하게 소개합니다만, 이러한 차이가 시사하는 바가 크다고 여겨집니다.

> 내게 직분을 맡기심이니, 내가 전에는 비방자요 박해자요 폭행자였으나 도리어 긍휼을 입은 것은 내가 믿지 아니할 때에 알지 못하고 행하였음이라(딤전 1:12-13).

이처럼 바울은 자신이 사도라는 사실을 교회들 앞에서 계속 변명해야 하는 처지에 있었습니다. 이와 관련하여 캠벨 모건(G. Campbell Morgan, 1863-1945)은 다소 극단적인 견해를 피력합니다. 즉 예수님의 승천 이후 사도들이 모여 가룟 유다의 죽음으로 인하여 생긴 결원을 채우고자 제비를 뽑아 맛디아를 사도로 세웠는데, 이것이 그들의 오류요 실수였다는 것입니다. 본래 바울이 그 자리를 채우도록 되어 있던 것인데, 그들의 그런 조급한 결정으로 인해, 바울이 사도로 부르심을 받고도 계속해서 그의 사역에 방해를 받게 되고 항상 자신이 사도임을 변명하여야 하는 처지에 놓이게 되었다는 것입니다.[23] 물론 이런 견해에는 동의할 수 없습니다만, 분명한 사실은 바울이 항상 자신의 사도적 부르심을 변명하여야 했다는 점입니다.

바울의 편에서는 이것이 항상 부담이었을 것입니다. 따라서 하나님이 어째서 이런 불필요한(?) 어려움을 자신에게 베푸시는가에 대해 의문이나 혹 일말의 실망도 있지 않았을까 하는 생각을 할 수도 있을 겁니다. 그러나 그는 그렇게 여기지 않았습니다. 오히려 그런 자신의 핸디캡이나 사도임을 변명해야만 하는 어려움보다는, 자신에게 긍휼을 베푸셔서 구원하실 뿐만 아니라

_23 참조. Morgan, *Acts*, 19-20. 모건은 마틴 로이드 존스를 런던의 웨스트민스터 채플로 청빙하여 동역한 후 목회 사역을 승계하도록 한 인물입니다. 그의 견해는 사실상 추측 이외에 아무런 근거가 없으며, 오히려 사도들이 예수께로부터 받은 사도의 권위를 예수님의 승천 이후 최초로 시행하여 내린 결정을 오류로 간주하는 것으로, 사도적 권위를 임의로 훼손시키는 오류를 범하는 것이라 여겨집니다. 만일 행 1장의 사도들의 결정이 오류였다면, 행 15장의 예루살렘 공의회의 결정 역시 오류가 아니었다는 보장이 어디 있겠습니까? 이에 대해 스토트는, "바울은 누가의 영웅임이 분명했으나, 그럼에도 불구하고 누가는 여기서 사도들이 실수를 범했다는 암시를 전혀 주지 않는다"라고 논평합니다(Stott, *Acts*, 58).

사도로 부르신 주님의 은혜에 대한 감사가 가득했습니다(고전 15:9-10). 자신의 사도직이 의심받는다면, 그것은 오로지 무지한 상태에서 예수 그리스도를 박해했던 자신의 과거 전력 때문이라 여겼습니다. 자신이 그리스도를 비방하였고 박해하였고 성도들에게 해를 끼친 폭행자였으니 그런 어려움은 당연히 감수해야 하는 일이고, 그보다 무한히 더 중요한 것은 죄인 중의 우두머리인 자신이 주의 긍휼하심으로 구원받았다는 사실이었습니다. 자신에 대한 반대를 접할수록 그는 자신이 죄인임을 자각하는 동시에, 그럼에도 불구하고 주의 은혜로 자신이 구원받았다는 사실에 대한 기쁨이 있었던 것입니다.

내가 전에는 비방자요 박해자요 폭행자였으나 도리어 긍휼을 입은 것은 내가 믿지 아니할 때에 알지 못하고 행하였음이라. 우리 주의 은혜가 그리스도 예수 안에 있는 믿음과 사랑과 함께 넘치도록 풍성하였도다. 미쁘다 모든 사람이 받을 만한 이 말이여, 그리스도 예수께서 죄인을 구원하시려고 세상에 임하셨다 하였도다. 죄인 중에 내가 괴수니라(딤전 1:13-15).

복음을 위하여 택정함을 입은 자

마지막으로 바울은 자신이 "사도"로서 "하나님의 복음을 위하여 택정함을 입었"다고 말씀합니다. "택정함을 입었다"(헬. "아포리스메노스"[ἀφωρισμένος]) 는 말은 "특별히 구별되었다"는 뜻입니다. 예수 그리스도의 사도로서 담당할 여러 가지 책무들이 있겠지만, 그중에서도 그 자신은 "하나님의 복음"을 위해 헌신하도록 특별히 구별되었음을 자각하고 그 일에 "올인"(all-in)하여 사명을 감당하였던 것입니다. 말 그대로 그는 오로지 "복음의 사람"이었습니다. 바울은 하나님께서 자신을 "어머니의 태로부터 택정하"셨다고 말씀합니다(갈 1:15). 곧 자신이 잉태될 때부터 이미 장차 복음을 위해 헌신하게 될 그 고귀한 사명에 합당한 은사와 재능과 성품을 하나님께로부터 부여받았음을 인식하고 있는 것입니다. 그의 이지적인 사고력은 타의 추종을 불허합니다. 레이먼드의 말처럼, 역사상 그리스도의 교회를 섬겼던 수많은 종이 있었으나, 그중에서도 그는 "어쩌면 가장 은사가 출중하고, 가장 충성스럽고, 가장 영웅적이며, 분명 가장 열심히 수고한 사람이었다고 할 수 있"을 것입니다.[24] 다음과 같은 사도 베드로의 말씀 가운데서도, 다른 사람들이 도저히 범접할 수 없는 바울의 이러한 뛰어난 면이 암시되고 있습니다.

> 우리가 사랑하는 형제 바울도 그 받은 지혜대로 너희에게 이같이 썼고 또 그 모든 편지에도 이런 일에 관하여 말하였으되 그중에 알기 어려운 것이 더러 있으니 무식한 자들과 굳세지 못한 자들이 다른 성경과 같이 그것도 억지로 풀다가 스스로 멸망에 이르느니라(벧후 3:15-16).

다메섹 근처에서 예수 그리스도를 만나 회심하고 부르심을 받은 이후, 바울은 이러한 천부적인 탁월한 재능을 오로지 "하나님의 복음"을 섬기는 한 가지 목적을 위해 유감없이 발휘합니다. 우상들을 섬기는 이교도들을 향하여서는 그들이 알아들을 수 있는 언어로 복음을 증언하였고(행 17:18-32), 유대인들을 향하여서는 부활하신 예수가 구약성경이 예언한 메시아이심을 구약성경의 구체적인 가르침들에 근거하여 조목조목 논증하여 많은 회심자를 얻기도 합니다(예. 데살로니가[행 17:3-4], 베뢰아[11-12절] 등). 또한 열세 편의 서신

_24 레이먼드는 또 다음과 같이 논평합니다. "과거에 바리새인의 유대교의 '유전들'을 드높이고 전파하는 데에 썼던 그의 모든 타고난 재능들과 세상적인 학문, 육체적이고 정신적인 에너지, 지칠 줄 모르는 열심과 개인적인 천재성과 흔들림 없는 끈질김을 이제는 새로운 목적을 위하여 쏟아붓고 있으니, 곧 주 예수 그리스도를 섬기는 일과…온 세상을 향하여 그리스도의 복음의 축복의 충만함을 선포하는 일이 바로 그것이었다"(레이먼드, 『바울의 생애와 신학』, 35-36).

들을 통해 "복음"과 관련된 온갖 이슈들을 해명하며 조직적으로 논증하고 설명함으로써 위대한 신학자로서의 사명을 완수합니다. 반면에, 세례를 베푸는 일 등 주변적인 사안들에는 크게 개입하지 않았습니다(고전 1:17).

그러면서도 그는 절대로 교만하지 않았습니다. 은사가 부족한 자들을 깔보는 일도 그와는 거리가 멀었습니다. 자기에게 있는 모든 것이 주께로부터 온 것임을 한시도 잊지 않았습니다. 그는 고린도 교회를 향하여, "누가 너를 남달리 구별하였느냐? 네게 있는 것 중에 받지 아니한 것이 무엇이냐? 네가 받았은즉 어찌하여 받지 아니한 것 같이 자랑하느냐?"(고전 4:7)라고 책망합니다만, 이는 그 자신에게 있는 남다른 은사들을 포함하여 자신의 모든 것이 전부 주께로부터 받은 것임을 항상 자각하고 있었다는 반증입니다. "내가 나 된 것은 하나님의 은혜로 된 것이니"(고전 15:10).

바울은 이처럼 자신이 "하나님의 복음을 위하여 택정함을 입"었음을 한시도 잊지 않았고, 언제나 전심을 기울여 그 일만을 섬겼습니다. 그는 이런저런 방면에 산만하게 관심을 쏟지 않았습니다. 언제나 어떠한 상황에서나 그의 관심사는 오로지 하나, 곧 예수 그리스도의 복음을 전하고 가르치며 논증하는 일이었던 것입니다.[25] 그의 이러한 결연한 자세가 다음의 여러 본문에서 드러나고 있습니다.

> 내가 달려갈 길과 주 예수께 받은 사명 곧 하나님의 은혜의 복음을 증언하는 일을 마치려 함에는 나의 생명조차 조금도 귀한 것으로 여기지 아니하노라(행 20:24).

_25 루터는 다음과 같이 말합니다. "바울은 자신이 아무 일이나 다 전반적으로 행하도록 구별된 것이 아니고, 오직 복음을 전하는 한 가지 임무만을 위해서 구별되었다는 사실을 강조하는 것이다"(Luther, *Romans*, 34).

그리스도께서 나를 보내심은…오직 복음을 전하게 하려 하심이로되(고전 1:17).

오직 내가 그리스도 예수께 잡힌 바 된 그것을 잡으려고 달려가노라. 형제들아 나는 아직 내가 잡은 줄로 여기지 아니하고 오직 한 일 즉 뒤에 있는 것은 잊어버리고 앞에 있는 것을 잡으려고, 푯대를 향하여 그리스도 예수 안에서 하나님이 위에서 부르신 부름의 상을 위하여 달려가노라(빌 3:12-14).

내게는 우리 주 예수 그리스도의 십자가 외에 결코 자랑할 것이 없으니(갈 6:14). 내가 너희 중에서 예수 그리스도와 그가 십자가에 못 박히신 것 외에는 아무 것도 알지 아니하기로 작정하였음이라(고전 2:2).

결론

우리는 어떻습니까? 하나님께서 우리에게 주신 구체적인 사명을 깨닫고, 오직 그 일을 위해 모든 것을 드리고 헌신하는 모습이 우리에게 얼마나 있습니까? 팔방미인이 되려 하지 말고, 주께서 내게 부여하신 사명이 무엇인지를 깨달아 그것을 위해 일관되게 나아가는 그런 모습이 우리에게도 필요하지 않을까요? 사도 바울처럼, "오직 한 일", 즉 "푯대를 향하여 그리스도 예수 안에서 하나님이 위에서 부르신 부름의 상을 위하여 달려가"는 모습이 우리에게 필요할 것입니다.

동시에 우리에게 작은 은사들이나, 재능들이나, 뛰어난 면들이 있다면, 그런 것들로 인해 우쭐해지거나 교만해져서는 안 됩니다. 그 모든 것이 하나님께서 우리에게 베풀어주신 것이니, 절대로 겸손해야 마땅합니다. 아무리 출중한 은사와 재능이 우리에게 있다 할지라도, 우리는 그저 죄인에 불과하다는 것을 잊어서는 안 됩니다. 예, 그렇습니다. 우리는 죄인입니다. 용서받은 죄인이요, 한량없는 은혜로 구원받은 죄인, 이것이 바로 우리의 진정한 정체성입니다. 그러니 감사함으로, 나의 죄악성을 인식하면서, 또한 성령의 도우심을 구하면서 그렇게 열정적으로, 최선을 다하여, 나를 구원하신 하나님의 영광을 위하여 나의 부족하고 작은 모든 것들을 아낌없이 드려야 할 것입니다.

제5강.
하나님의 복음(1:1-2)

"[1] …하나님의 복음을 위하여 택정함을 입었으니
[2] 이 복음은 하나님이 선지자들을 통하여 그의 아들에 관하여 성
경에 미리 약속하신 것이라."

1절 뒷부분에서 바울은 자신이 "하나님의 복음을 위하여 택정함을 입었"다고 말씀합니다. 바울 자신은 오직 하나님의 복음을 섬기는 일을 위해 하나님께로부터 특별하게 구별되었다는 뜻입니다. 하나님께 부르심을 받은 사람마다 각기 부여받은 사명이 다 다르지만, 바울 자신은 그리스도의 사도로서 오직 한 가지 일, 즉 복음을 전하고 해명하고 가르치는 일을 위해 부르심을 받았다는 확고한 인식이 있었고, 그 일만을 위해서 평생을 쏟아부었습니다. 마치 달리기 선수가 운동장에서 달릴 때 모든 거추장스러운 것들을 다 벗어던지고 앞에 있는 결승점만을 바라보고 그쪽을 향하여 전력질주 하듯이(고전 9:24-26; 히 12:1), 그는 복음을 위해 그렇게 올곧게 자신의 삶을 드렸던 것입니다.

"하나님의 복음"

성경이 이해하기가 어렵다고 불평하는 분들을 주변에서 흔히 만나게 됩니다. 예, 물론 난해한 부분들도 있습니다. 하지만 성경은 전문적인 학자들이나 혹은 신학 교육을 받은 사람들만 이해할 수 있는 무슨 비밀스러운 뜻이 담긴 암호나 수수께끼 같은 것이 절대로 아닙니다. 일반적인 상식과 이해력을 가진 사람이 그 일반적인 이해력을 정상적으로 동원하여 노력하면 성경 말씀의 일반적인 의미를 이해할 수가 있습니다. 웨스트민스터 신앙고백서(*Westminster Confession of Faith*)는 이에 대해 이렇게 명확하게 진술하고 있습니다.

> 성경에 있는 모든 내용 자체가 다 똑같이 평이한 것도 아니요, 모든 사람에게 다 똑같이 분명한 것도 아니다. 그러나 구원을 위하여 필수적으로 알고 믿고 지켜야 할 것들은 성경의 이곳저곳에 분명히 제시되어 있고 또한 공개되어 있으므로, 비단 학식 있는 자들만이 아니라 무식한 자들이라도 일상적인 수단을 정당하게 사용하여 그것들을 충족히 이해하는 데에 이를 수 있다(1장 7항).

여기서 성경 말씀의 뜻을 올바로 깨닫는 일을 위해 매우 유익한 한 가지 팁을 드리겠습니다. 곧 성경을 읽어가는 중에 동일하거나 비슷한 단어나 문구가 여러 번 반복되어 나타날 경우, 그 단어나 문구의 뜻을 이해하는 데에 시간과 노력을 기울여야 한다는 것입니다. 그 단어나 문구의 정확한 의미가 전후의 내용을 이해하는 데에 매우 중요한 열쇠가 되기 때문입니다. 이는 비단 성경만이 아니라 다른 일반적인 글을 이해하는 데에도 똑같이 적용되는 원리입니다.

1절에 "하나님의 복음"(헬. "유앙겔리온 테우"[εὐαγγέλιον θεοῦ])이라는 매우 중요한 문구가 등장합니다. 이 문구가 정확히 무슨 의미인지를 아는 것이 이 단락을 이해하는 데에—아니, 로마서 전체의 의미를 이해하는 데에, 더 나아가 사도 바울의 신학 전반을 이해하는 데에—매우 중요합니다. “복음”이란, 사도 바울이 예수님을 만나 결정적으로 회심한 이후 자신의 평생을 통해 전하고 해명하고 가르치는 일을 사명으로 여기고 실천했던 바로 그 주제입니다. 또한 “복음”이라는 단어가 바울 서신서 전반에 걸쳐서 매우 빈번하게 언급되기도 합니다.[26] 그러니 바울이 “복음”이라 할 때 과연 그가 무슨 뜻으로 그 용어를 사용하는지를 깨닫는 것이 지극히 중요합니다. “복음”이 무엇이기에 바울이 그렇게도 자주 입에 올리며, 그것이 대체 무엇이기에 그것을 전하고 가르치는 데에 그가 평생 그토록 힘과 정력을 쏟았을까요? 하지만 이 “복음”에 대해서는 잠시 뒤로 미루어두고, 여기서는 우선 “하나님의 복음”이라는 문구부터 관심을 기울여 보기로 합시다.

여기서 한 가지 우리를 혼란스럽게 만드는 문제가 있습니다. 1절에서는 “하나님의 복음”이라는 문구가 등장하고, 조금 뒤의 9절에 가서는 “그의 아들의 복음”이라는 표현이 등장하며, 거기서 조금 더 나아가면 “나의 복음”이라는 표현이 나타나는 등(2:16; 참조. 16:25), “복음”과 관련한 바울의 어법이 일률적이지 않고 매우 다양하다는 사실입니다. 이 세 가지 표현은 서로 공통점이 있습니다. 모두가 소유격을 사용하여 “복음”의 성격을 묘사하고 있다는 점입니다(“하나님의 복음”, “그의 아들의 복음”, “나의 복음”). 모두 똑같이 소유격을 사용한 표현이지만 각기 그 의미가 다릅니다. 이것들은 각각 무슨 뜻일까요?

앞의 제1강에서 우리는 위대한 종교개혁자 마르틴 루터의 경험을 살펴본 바 있습니다. 그는 로마서 1:17의 “하나님의 의”라는 문구의 정확한 의미를

_26 개역개정 성경에는 모두 84회 언급됩니다.

이해하지 못하여 오랫동안 번민하며 그것을 깨닫기 위해 각고의 노력을 기울였습니다. 그러다가 하나님의 도우심으로 결국 결정적으로 그 바른 의미를 깨닫게 되었습니다. "하나님의 의"가 "하나님이 우리에게 요구하시는 의"가 아니라 "하나님이 그리스도 안에서 우리에게 베풀어주시는 의"라는 것을 깨달았고, 그 결과 종교개혁이라는 엄청난 역사로 이어지게 되었다는 것입니다. 그런데 여기서 우리도 그것과 상당히 유사한 문제를 대하고 있는 것입니다.

우선 뒤의 두 경우에 대해 간단히 결론만 말씀드리자면, 9절의 "그의 아들의 복음"은 "그의 아들에 관한 복음"을 의미합니다. 곧 하나님의 아들 예수 그리스도께서 "복음"의 내용이라는 뜻입니다. 3절의 "그의 아들에 관하여 말하면"이라는 표현과 연결 지어보면 이 점을 분명히 알 수 있습니다. 그리고 2:16의 "나의 복음"이란 "내가 받은 복음",[27] 또한 "내가 전하는 복음"의 두 가지 의미를 다 지니고 있다고 봅니다. 곧, 바울 자신이 받아서 전파하는 바로 그 복음이라는 뜻입니다(참조. 고전 15:3 "내가 받은 것을 먼저 너희에게 전하였노니").

그렇다면 1절의 "하나님의 복음"이란 무슨 의미일까요? 이는 복음의 내용이 아니라 그 기원(起源)과 출처(出處)를 거론하는 것입니다. 곧 복음이 하나님께로부터 말미암은 것이라는 뜻입니다. "하나님의 복음"이란 "하나님에 관한 복음"이 아니라 "하나님께로부터 온 복음"이란 뜻입니다.[28] 바울이 전한 복음(2:16)은 곧 예수 그리스도에 관한 복음(9절)이요, 이 복음은 바로

_27 스토트는, 바울이 복음을 가리켜 "나의 복음"이라 한 것은 그 복음을 "그가 만들어냈기 때문이 아니라", 그것이 "각별한 방식으로 그에게 계시되었기 때문이었다"고 말합니다(Stott, *Galatians, 30*).

_28 바울은 2절에서 복음이 "하나님이 선지자들을 통하여…성경에 미리 약속하신 것"임을 말씀하는데, 이 사실이 이러한 이해를 간접적으로 뒷받침해 준다 하겠습니다.

"하나님께로부터 온" 것이라는 말입니다. 영어의 표현으로 보면 "the gospel about God"이 아니라 "the gospel from God"의 의미라 할 수 있겠습니다. 예. 그렇습니다. 바울이 전하는 복음은 만유의 주권자이신 하나님께서 그의 무궁하신 지혜와 한없는 은혜로 베풀어주신 것입니다. 하나님이 그 출처요, 하나님이 복음의 창안자이십니다.

바울이 전하는 복음은 결코 사람에게서 나온 것이 아니요, 사람이 만들어낼 수 있는 것도 아닙니다. 갈라디아서에서 말씀하는 대로, 바울이 "전한 복음은 사람의 뜻을 따라 된 것이 아니"며 또한 "사람에게서 받은 것도 아니요 배운 것도 아니요 오직 예수 그리스도의 계시[29]로 말미암은 것"입니다(1:11-12). 곧 그렇게 "계시하신 분은 성부 하나님이셨고 예수 그리스도는 그 계시의 내용이셨으며, 또한 바울은 그 계시 중에 그의 복음을 받았고 동시에 그 복음을 이방 세계에 전파하라는 명령도 함께 받았던 것"이었습니다(Bruce, *Romans*, 89).

기독교의 복음은 바울이 자신의 천재성을 발휘하여 고안해낸 것이 결코 아닙니다. 하나님께서 친히 만세 전에 그의 무한한 지혜로 창안하시고 마련하신 것입니다. 사도 바울이 "복음"을 그토록 소중히 여기고 오직 그것을 위해 평생을 드린 중요한 이유가 바로 여기에 있습니다. 복음이 다른 누구도 아닌 천지의 대 주재이신 하나님이 베푸신 것임을 무엇보다도 선명하게 깨달았기 때문입니다. 다른 곳에서 그는 그 복음을 가리켜 "복되신 하나님의 영광의 복음"(딤전 1:11), "하나님의 은혜의 복음"이라고도 부릅니다(행 20:24). 과연 복되신 하나님의 영광이 그 복음에서 드러나는 것을, 하나님의 은혜가 그

_29 여기서도 소유격이 사용된 표현이 나타나는데, "예수 그리스도의 계시"란 "예수 그리스도께서 주신 계시"가 아니고, "예수 그리스도에 관한 계시"의 뜻으로 보아야 합니다.

복음에 서려 있는 것을, 그는 명확하게 인식하고 있었던 것입니다.

사도에게서 터져 나오는 복음에의 열정

자, 그런데 여기서 한 가지 놀라운 점을 발견하게 됩니다. 로마서의 인사말이 이례적으로 길다는 점은 이미 살펴본 바 있습니다. 이처럼 인사말이 길어진 것은 바울이 2절부터 6절까지의 내용을 의도적으로 중간에 삽입시켜 놓았기 때문입니다. 이로 인하여 전체의 내용이 다소 어눌해지고 의미가 복잡해진 게 아닌가 하는 느낌이 들기까지 합니다. 그런데 여기서 사도 바울의 성정과 또한 로마서를 기록할 당시의 그의 심정의 일면이 잘 드러나고 있습니다.

바울은 책상머리에 앉아 펜을 잡고 조용히 묵상하며 서신을 써 내려가는 것이 아닙니다. 더디오가 받아 적을 채비를 하고 앉아 있고, 바울은 옆에 앉거나 서서 로마의 성도들을 생각하며 이제 내용을 불러주기 시작합니다. "예수 그리스도의 종 바울은…" 하고 서두를 시작하여 곧바로 "하나님의 복음을 위하여 택정함을 입었으니…"까지 불러주고, 더디오는 이를 받아 적습니다. 그런데 "하나님의 복음"이라는 문구를 언급하자마자, 복음에 대한 각별한 생각이 속에서부터 강하게 밀려 올라옵니다. 그리하여 그 "복음"이라는 말을 그대로 이어받아(헬라어 관계대명사 "호"[ὃ]를 사용하여)[30] 그것에 대해 길게 설명을 이어가는 것입니다(2-6절). 마치 지금 자신이 인사말을 쓰고 있다는 사실을 잊어버리기라도 한 것처럼 말입니다. 그만큼 "복음"이라는 단어가 그의 의식 전체를 강력히 지배하고 있었다는 증거가 아닐까 생각합니다.

_30 NASB, ESV 등 영어 성경도 이런 형식을 그대로 따르고 있습니다: "Paul ... set apart for the gospel of God, *which He promised...*"

언제든 어디서든 "복음"이라는 단어를 말하거나 듣기만 해도 그 복음에 대해 갖고 있는 자신의 생각들이 줄줄 흘러나올 정도로, 그가 불철주야 오로지 "복음"에 완전히 몰입된 상태에 있었던 것이 이런 방식으로 드러나는 것이라 하겠습니다.

옛날 오십여 년 전 필자가 중학교에 입학하여 처음 영어를 배우던 때의 일이 생각납니다. 그 당시 우리를 가르치던 영어 선생님은 열정이 정말 대단한 분이셨습니다. 처음 영어의 알파벳을 배우던 1학년 첫 시간부터 영어 문장 암기를 강조하셨고, 수업시간마다 항상 첫 시간부터 그때까지 배운 교과 내용을 통째로 암기하게 하셨습니다. 얼마나 열정적이셨던지 매시간 일일이 암기 점검을 했고, 그것을 통과하지 못하면 방과 후에도 집에 보내지 않고 기어코 해당 분량을 암기하게 만드셨습니다. 선생님 본인도 퇴근하지 않으신 것은 물론이지요. 끝까지 암기하지 못하면 매를 들어서까지 그 일을 행하셨습니다. 혼나지 않으려면 열심히 암기하지 않을 수가 없었습니다.

그 선생님은 입버릇처럼 늘 이렇게 말씀하셨습니다. "교과서의 문장들은 지극히 표준적인 문장들이야. 이것을 통째로 달달 외워두면 영어의 표준 문장을 구사할 수가 있고, 어디에 가서도 영어 회화는 걱정하지 않아도 된다. 옆에서 툭 건드리기만 해도 영어 문장이 즉각적으로 입에서 튀어나오고, 한밤중에 깨워도 머뭇거림이 없이 곧바로 영어 문장이 입에서 줄줄 나오고, 심지어 영어로 꿈을 꿀 정도가 될 만큼 머릿속이 영어로 꽉 차 있어야 한다. 지금은 너희들이 나를 무척이나 미워하겠지만, 언젠가는 반드시 내게 고마워할 때가 있을 것이다!" 지금도 그 시절을 생각하면, 하나님께서는 참 고마운 선생님을 제게 허락하셨구나! 하며 감사하게 됩니다.

사도 바울의 그 거룩한 열정을 어떻게 이런 하찮은(?) 영어공부에 비할 수 있겠습니까마는, 그 옛날 어린 시절 우리가 영어 단어와 문장 암기에 완전히 몰입되어 있었던 것처럼—아니 그것과는 비교도 할 수 없을 정도로 더 강렬하게—그는 "복음"에 대한 열정으로 가득 차 있어서, 조그마한 자극에도 속에 가득 차 있던 열정이 겉으로 분출되곤 했던 것입니다. 마치 공기를 가득 불어 넣어서 팽팽하게 부풀어 오른 풍선 꼭지를 손으로 잡고 있다가 놓으면 곧바로 공기가 한꺼번에 분출되며 풍선이 어지러이 날아다니는 것처럼 말입니다. 과연 오로지 복음을 위하여 택정함을 받은 하나님의 사람다운 모습의 일면이 여기서 드러나는 것입니다. 워필드 박사는 바울의 이러한 고귀한 특징에 대해 이렇게 말씀합니다.

> 상황에 따라 서신서들의 인사말에서 이런저런 본질적인 요소들에 대한 설명을 확대하는 것이 바울의 습관이다. 로마서의 인사말은 이처럼 설명을 길게 확대하는 것을 극단적으로 보여주는 한 가지 실례다....바울의 아주 특이한 스타일이 여기서 놀랍게 드러나는데, 곧 "단어 하나에 곁길로 빠지는 것"(going off at a word)이…그것이다. 그의 인사말의 구체적인 목적은 자기 자신을 하나님의 복음을 가르치도록 권위로 지명받은 자로 소개하는 것이다. 하지만 그는 자기 자신보다는 복음에 대해 훨씬 더 관심이 컸다. 그리하여 복음을 언급하자마자 곧바로 곁길로 벗어나 그 복음을 묘사하는 데로 빠지며, 그 복음의 내용이 무엇인지를 구체적으로 설명하고 있는 것이다(Warfield, *Biblical Doctrines*, 235).

한 가지 다른 실례를 들어봅시다. "하나님", 혹은 "그리스도"라는 단어를 언급하고는 곧바로 문맥과는 전연 상관없이 갑자기 "영광송"(doxology)으로 그를 찬송하고 그에게 영광을 돌린 다음, 다시 본래의 논지로 돌아가는 현상이 바울의 서신서에 자주 나타납니다. 하나님과 그리스도를 드높이 받들고 찬송하는 영적 정서가 얼마나 그에게 가득했는가를 여실히 보여주는 것이라 하겠습니다. 그는 로마서 1:25에서 "그들이…피조물을 조물주보다 더 경배하고 섬김이라"라고 말씀한 다음, 곧바로 "주는 곧 영원히 찬송할 이시로다 아멘"이라고 하며 하나님께 영광을 돌립니다. "조물주"를 언급하자마자 곧바로 그를 향한 영광송이 터져 나오는 것입니다. 로마서 9:5에서도 그는 "조상들도 그들의 것이요 육신으로 하면 그리스도가 그들에게서 나셨으니"라고 말씀하고는 곧바로 앞에서 언급한 그리스도에 관하여 "그는 만물 위에 계셔서 세세에 찬양을 받으실 하나님이시니라 아멘"이라고 하며 그를 찬송하는 것입니다.[_31] 구태여 이러한 영광송이 없더라도 전후의 문맥에 전혀 지장이 없습니다. 아니, 그런 영광송이 있는 것이 오히려 문맥의 흐름을 가로막는 점이 있다고 보아야 옳을 것입니다. 대체 그 열정이 얼마나 충만했으면 시도 때도 없이 그렇게 영광송이 터져 나온단 말입니까? 하나님을 찬송하고 오직 그에게 영광 돌리고자 하는 열정이 그만큼 바울에게 가득 차 있었다고 보는 것 외에는 달리 설명할 방법이 없습니다. 그는 그야말로 "솔리 데오 글로리아"(Soli Deo Gloria; "오직 하나님께 영광")의 자세로 충일(充溢)했던 것입니다.

바울은 자신이 기록하고 있는(물론 대필자를 통해서) 서신의 매끄러움이나 깔끔한 문장 솜씨 같은 것에는 전연 관심이 없습니다. 서신서를 읽게 될 성도들의 반응이 어떨지에 대해서도 일일이 신경 쓰지 않습니다. 어떠한 상황에서든—심지어 서신을 기록하고 있는 중에도—항상 하나님과 그리스도를 존귀하게 하는 일이 최우선입니다. 일부러 의식적으로 그렇게 하겠다고 다짐하고 그쪽으로 마음을 잡아가는 것이 아니라, 하나님이나 그리스도라는 단어를 떠올리기만 해도 거의 반사적으로 즉각 그런 반응을 나타내 보이도록 그

_31 참조. 갈 1:4-5; 엡 3:20-21; 딤전 1:17; 6:15-16, 등. 또한 사도 베드로에게서도 동일한 현상이 나타납니다(벧전 4:11; 5:11).

의 영적 정서가 그렇게 되어 있었다고 보아야 할 것입니다.

예루살렘 성전에서 장사하는 자들을 채찍으로 때려 내쫓으시는 예수님의 모습을 보고 제자들이 "주의 전을 사모하는 열심이 나를 삼키리라"는 시편의 말씀을 떠올렸습니다만(요 2:17; 참조. 시 69:9), 사도 바울의 경우도 "하나님"과 "그리스도"와 "복음"을 사모하는 열심이 과연 그를 완전히 삼켜버릴 정도가 아니었나 싶습니다. 한 신약학자는 바울의 이런 생생한 스타일에 대해 다음과 같이 논평합니다.

> 그의 모든 서신들은 이처럼 말로 불러준 것 같은—그리고는 별 수정이 없이 그대로 글로 옮겨진 것 같은—인상을 준다. 그래서 문장들이 어눌하기도 하고, 때로는 의미가 불분명하며, 논지가 다른 데로 흐르는 현상이 자연스럽게…나타나는 것이다.….그러나 페이지마다 얼마나 활기가 넘치는가! 얼마나 생생하며, 자연스러우며, 인간적인 관심사로 충만한가! 그의 기록은 손으로 쓴 것 같지 않고 마음으로 쓴 것처럼 보인다. 루터의 말처럼, "그것들은 죽은 말들이 아니다. 손과 발이 있는 살아 있는 생물들이다"(레이먼드, 『바울의 생애와 신학』, 30에서 재인용).

자 여러분, 이런 바울의 일면을 대하면서 어떤 생각이 드십니까? "하나님", "그리스도 예수", "복음" 등의 단어들을 접할 때 과연 여러분의 심정은 어떠합니까? 이것이야말로 우리의 영적 상태가 과연 올바른지를 스스로 테스트해 볼 수 있는 시금석이 아닐까요? 로이드 존스는 "복음이라는 단어를 입에 올릴 때마다 가슴 벅찬 찬양과 감사의 노래가 터져 나오지 않을 수 없는 심정이어야 마땅"하다고 말합니다(Lloyd-Jones, *Romans*, I, 59). 과연 그렇습니다. 당연히 그래야만 합니다. 이것이야말로 복음을 깨닫고 알며, 또한 그 복음으로 말미암아 말할 수 없는 영적 축복을 누리는 자들의 정당한 모습입니다.

"하나님", "그리스도"라는 단어를 접하거나 떠올릴 때 그냥 멍하니 가만있을 수가 없고 가슴 벅찬 찬양의 노래가 가슴속에서 울려야 마땅할 것입니다.

그런데 언제부터인가 "하나님", "그리스도", "복음" 등이 늘 교회에서 익숙하게 들어온 단어 이상의 의미가 없는 그런 무덤덤한 것이 되어버렸습니다. 그만큼 우리의 영적인 상태가 전반적으로 바닥에 떨어져 있고, 하나님과 그리스도와의 일상적인 교제가 거의 사라져버린 실질적인 무신론(無神論)이 우리를 가득 메우고 있는 것이 아닌가 하는 느낌을 지울 수가 없습니다. 교회 예배에 출석하고, 각종 모임이다 봉사다 하여 교회 생활에 열심히 임하고 있지만, "하나님", "그리스도", "복음" 등에 대해 거의 혹은 전혀 감각이 없는 경우가 오늘날 허다합니다.

여러분, 이런 상태에서 벗어나야 합니다. "하나님", "그리스도", "복음" 같은 단어들이 전혀 새로운 능력으로 우리에게 다가와야 합니다. 그 단어들을 듣기만 해도, 떠올리기만 해도, 도무지 참을 수 없는 기쁨이 샘솟아야 마땅합니다. 사도는 또한, "경건의 모양은 있으나 경건의 능력은 부인하니 이같은 자들에게서 네가 돌아서라"(딤후 3:15)고 교훈하고 있습니다. 겉으로 경건의 모양은 내보이지만 경건의 실질적인 능력에 대해서는 경험도 없고 알지도 못하여 부인하는 자들이 있을 것인데, 그런 자들에게서 "돌아서라"는 것입니다. 그런데 우리는 그렇게 할 수가 없습니다. 다른 누구도 아닌 바로 우리 자신이 그런 사람들이니, 우리가 어떻게 우리 자신에게서 돌아선단 말입니까? 성령께서 우리 자신의 모습을 바꾸어주시는 것 말고는 달리 방법이 없습니다.

아무리 잘 차려진 식탁이라도 거기에 앉아 직접 식사를 해보지 않고서는 그 진미를 도무지 알 수가 없습니다. 진미를 맛본 경험이 전혀 없는 사람은 그 식탁의 화려한 음식들을 찍어놓은 사진이나 동영상을 보아도 별 감정이 없이 무덤덤한 반응을 보일 수밖에 없습니다. 말 그대로 그림의 떡일 뿐입니다. 하늘의 고귀한 진리들에 대해 오늘날 교인들에게서 나오는 반응이 바로 이처럼 "그림의 떡"과 같은 것이 아닌가 싶습니다.

성령께서 은혜로 역사하셔서, 간접 경험의 허울 좋은 "모양"에 의존하고 그것을 전부로 여기던 피상적이고 형식적인 신앙의 모습을 벗어던져야만 합니다. 성령의 역사하심을 직접 경험함으로 경건의 "능력"을 깨닫게 되고, 그것에 의해서 우리의 모든 것이 변화되는 역사가 있어야만 합니다. "그리스도"를 만나 구원의 감격을 누리고 또한 그리스도로 말미암아 "하나님"께로 늘 나아가는 그런 실질적인 교제 속에 있지 않으면, 영락없이 경건의 모양은 있으나 그 능력은 인정하지 않는 그런 이율배반적인 외식자(外飾者)가 될 수밖에 없는 것입니다. 주께서 은혜를 베푸셔서, 우리의 모습을 그렇게 변화시켜 주시기를 바라는 마음 간절합니다.

구약에 약속된 복음

자, 이제 무엇보다 중요한 문제가 우리 앞에 놓여있습니다. 곧 바울이 받아 전파하는 그 "복음"[32]이란 과연 무엇인가? 하는 것입니다. 바울은 2절에서 이렇게 말씀합니다: "이 복음은 하나님이 선지자들을 통하여 그의 아들에 관하여 성경에 미리 약속하신 것이라." 여기서 그는 "복음이란 무엇인가?"라는 질문에 대해 크게 두 가지를 말씀합니다. 첫째로, 복음은 하나님이 선지자들을 통하여 구약성경에 미리 약속하신 사항이라는 것이고, 둘째로, 복음은 하나님의 아들 우리 주 예수 그리스도에 관한 사항이라는 것입니다. 여

_32 "복음"(福音)이란 한자어로서 "기쁜 소식", "복된 소식"이란 뜻으로 헬라어 명사 "유앙겔리온"(εὐαγγέλιον)의 번역어로 사 40:9; 61:1 등에 "아름다운 소식"으로 언급됩니다. 예수님은 나사렛 회당에서 사 61:1을 읽으시고 그 본문이 자기 자신에게서 성취되었음을 말씀하십니다(눅 4:16-21). 곧 거기서 말씀하는 "아름다운 소식"이 바로 예수님 자신에 관한 복음임을 지적하신 것입니다(참조. 마 11:5; 눅 7:22).

기서는 첫째 주제에 대해서만 말씀드리기로 하고, 둘째 주제에 대해서는 다음 강의에서 다루기로 하겠습니다. 예수 그리스도에 관한 내용은 워낙 중요한 주제이므로 별도로 다루는 것이 좋겠다는 생각입니다.

"이 복음은 하나님이 선지자들을 통하여…성경에 미리 약속하신 것이라." 바울은 여기서 먼저 자신이 전하는 복음의 신적인 권위를 말씀합니다. 그 복음은 "하나님이…약속하신 것"이라는 것입니다. 천지를 창조하시고 운행하시는 전능의 하나님이시요, "알파와 오메가요 처음과 마지막"이신 분이시요(계 21:6), 영원부터 영원까지 계신 분이시요(시 90:2), 인자하시며 성실하신 하나님(시 89:1-2; 100:5; 119:90)이 그 복음을 약속하셨다는 것입니다. 그는 무엇보다 자신이 약속하신 바를 열심히 이루시는 분이시니(참조. 사 9:7), 그 약속은 반드시 그대로 이루어지고야 마는 것이요, 그 복음의 약속은 이미 예수 그리스도 안에서 이루어진 것입니다.

복음이 과연 하나님께서 그의 신적 권위로 베풀어주신 것이라면, 그 내용은 절대로 바뀌거나 변경되는 일이 없습니다. 처음 구약에서 복음을 약속하신 그때로부터, 예수님을 통해 그것이 이루어지고 그 이후에 사도들을 통해 선포되기까지, 또한 그 이후로 오늘날까지 전수되고 가르쳐지기까지 그 내용이 항상 동일하며 결코 변화나 변경이 허용되지 않는다는 사실입니다. 하나님이 "변함도 없으시고 회전하는 그림자도 없으"신 것처럼(약 1:17), 그에게서 비롯된 복음도 변함이 있을 수 없는 것입니다. 존 스토트는 이 점에 대해 이렇게 진술합니다.

> 복음은 하나님께로부터 온 타협 불가능한 계시다. 물론 복음을 더 확고하게 깨닫기 위해서나 다른 이들이 더 잘 받아들일 수 있게끔 복음을 제시하기 위해서라면, 복음의 의미에 대해서와 그 해석에 대해 논의한다 해도 무방할 것이다. 그러

> 나 복음을 판단하거나 그 근본 내용을 고칠 수 있는 자유는 우리에게 없다. 복음은 하나님의 것이지 우리 것이 아니기 때문이다. 그러므로 복음의 진리는 평가할 대상이 아니라 받아들일 대상이요, 토론할 대상이 아니라 선포할 대상인 것이다(Stott, *Authentic Christianity*, 163).

복음이 왜곡된다면, 그것은 하나님의 본성이 왜곡되는 것과도 같습니다. 그러니 이는 그야말로 하나님을 대적하는 불경스럽고도 극악무도한 반역 행위입니다. 마치 국가의 중대사에 관해 임금이나 대통령이 내린 결정을 그 밑에 있는 신하나 비서관들이 임의로 고쳐서 전달하고 시행하는 행위와도 같은 것입니다. 그런데 우리가 늘 명심해야 할 사실은, 이처럼 불경스러운 일들이 시대마다 계속 일어나고 있고, 오늘날에도 똑같이 자행되고 있다는 점입니다. 바울은 갈라디아서에서 이 문제에 대해 지극히 이례적으로 통렬한 언어로 경고합니다.

> 그리스도의 은혜로 너희를 부르신 이를 이같이 속히 떠나 다른 복음을 따르는 것을 내가 이상하게 여기노라. 다른 복음은 없나니 다만 어떤 사람들이 너희를 교란하여 그리스도의 복음을 변하게 하려 함이라. 그러나 우리나 혹은 하늘로부터 온 천사라도 **우리가 너희에게 전한 복음 외에 다른 복음을 전하면 저주를 받을지어다.** 우리가 전에 말하였거니와 내가 지금 다시 말하노니 **만일 누구든지 너희가 받은 것 외에 다른 복음을 전하면 저주를 받을지어다**(갈 1:6-9).

그는 "저주"라는 극한 언어를 사용하면서까지 이 문제에 대해 심각하게 경고합니다.[33] "아니, 아무리 그래도 저주까지 쏟아 내다니, 이건 너무 심한 것 아닌가?"라고 생각할 분도 있겠습니다만, 사도로서는 그만큼 그 문제를 위중하게 보고 있다는 것입니다. 이는 단순히 "복음"의 내용을 왜곡시키는 것으로 그치는 것이 아니라, 하나님의 존귀하신 영광을 훼손시키고 더럽히는 것과 직결되는 문제이기 때문입니다. 다음 장에서 이 문제에 대해 좀 더 상세히 말씀드리도록 하겠습니다.

"이 복음은 하나님이 선지자들을 통하여…성경에 미리 약속하신 것이라." 바울은 자신이 전하는 복음이 이미 옛적부터 구약성경에 약속되고 예언된 것임을 말씀합니다. 복음은 훗날에 와서 예수님이나 바울 자신을 통해서 비로소 처음 전해지는 것이 아니고, 철저히 구약성경에 뿌리를 둔 것임을 지적하는 것입니다. 여기서 우리는 구약성경과 신약성경의 통일성과 연속성을 확인하게 됩니다. 슈라이너는 이렇게 말씀합니다.

> 바울은 자신이 전하는 복음이 구약성경과 반대되거나 모순된다고 생각해본 일이 절대로 없다. 그는 오히려 그 복음이 유대인과 이방인들의 기대를 훨씬 뛰어넘는 방식으로 구약성경을 성취하는 것으로 이해한 것이다(Schreiner, *Romans*, 38).

흔히 구약성경의 주제는 율법이고 신약성경의 주제는 복음이라고 생각하기도 합니다만, 그렇지 않습니다. 결국 구약성경도 신약성경도 똑같이 복음을 말씀하는 것입니다. 구약성경은 복음에 대한 약속을 기록하며 신약성

_33 바울이 실제로 "저주"를 쏟아내는 것은 이 경우와 또한 고전 16:22("만일 누구든지 주를 사랑하지 아니하면 저주를 받을지어다")의 경우가 전부입니다.

경은 복음에 대한 그 약속들의 성취를 기록하고 있다 할 것입니다. 사도 바울이 여기서 복음이 "선지자들을 통하여"[34] 구약성경에 이미 약속된 것임을 말씀하고 있으니 말입니다.

이러한 바울의 인식은 예수님의 가르침과도 일치합니다. 예수님은 구약성경이 궁극적으로 자신에 관한 말씀임을 여러 차례 말씀하신 바 있습니다. 부활하신 예수님은 엠마오로 향하던 두 제자에게, "모세와 모든 선지자의 글로 시작하여 모든 성경에 쓴 바 자기에 관한 것을 자세히 설명하"셨습니다(눅 24:26-27). 또한 그는 제자들이 모여 있는 자리에 나타나셔서, "내가 너희와 함께 있을 때에 너희에게 말한 바 곧 모세의 율법과 선지자의 글과 시편에 나를 가리켜 기록된 모든 것이 이루어져야 하리라 한 말이 이것이라"라고 말씀하셨습니다(눅 24:44). 예수님의 이런 가르침은 요한복음에도 나타납니다. "모세를 믿었더라면 또 나를 믿었으리니 이는 그가 내게 대하여 기록하였음이라"(5:46), "선지자의 글에 그들이 다 하나님의 가르치심을 받으리라 기록되었은즉 아버지께 듣고 배운 사람마다 내게로 오느니라"(6:45).

그렇습니다. 바울이 전하는 그리스도의 복음은 예수님과 바울의 시대에 와서 갑자기 생겨난 것이 아니라, 구약성경 전체를 통틀어 그 옛날부터 오랜 세월에 걸쳐 약속되어 온 것입니다. 이렇듯 구약성경과 신약성경은 근본적으로 일관성, 통일성, 연속성이 있는 것입니다. 오늘날 성도들 사이에 구약과 신약의 상호 관계에 대해 갖가지 억측과 혼동이 있습니다만, 이처럼 두 성경이 근본적으로 하나임을 인식하는 것이 필요할 것입니다. 물론 서로 간의 차이점도 있습니다만, 이 점에 대해서도 워필드 박사의 다음과 같은 비유적인 설

34 이는 "선지자"라 불리는 특정한 그룹만이 아니라 구약의 모든 저자들을 통칭한다 하겠습니다. 3:21에서 "율법과 선지자들"이라는 표현을 써서 구약 전체를 지칭하는 것과 같습니다.

명을 참조하여 이해하면 좋으리라 생각됩니다.

> 구약성경은 마치 가구들이 완비되어 있으나 등불이 없어 어두컴컴한 방과 같다 할 수 있을 것이다. 그 방에 빛을 밝힌다 해도, 그 때문에 전에 없던 물건이 거기에 새로이 생겨나는 것이 아니다. 전에 어렴풋하게 보였거나 혹은 거기에 있는지도 몰랐던 것들이 빛을 밝힘으로써 뚜렷하게 보이는 것뿐이다. 구약성경과 신약성경의 관계가 바로 이와 같다. 신약성경의 빛이 구약성경에 없던 것을 첨가하는 것은 하나도 없다. 다만 그 빛으로 인하여, 전에 제대로 보지 못하던 많은 것들을 보게 되는 것이다(Zaspel, *Theology of Warfield*, 183에서 재인용).[_35]

그러면 구약성경이 "복음"에 대해 구체적으로 어떻게 약속을 해줍니까? 이는 매우 광범위한 문제이므로 단번에 모두 다 다룰 수는 없습니다. 여기서는 스토트의 다음과 같은 개괄적인 설명을 인용하는 것으로 만족해야 하리라 여겨집니다.

> 구약성경은 소망의 책이요 아직 이루어지지 않은 것에 대한 기대로 가득 차 있는 책으로, 처음부터 마지막까지 그리스도를 바라본다. 아브라함과 모세와 선지자들을 통하여 주신 수많은 약속이 그리스도에게서 성취되는 것이다. 구약의 율법은 그리스도께서 오시기까지 사람을 인도하는 초등교사로서, 그리스도께서 자유하게 하시기까지 그들을 통제하고 다스리며 가두기까지 하였다(갈 3:23-4:7). 구약의 제사 제도는 피 흘림이 없이는 죄 사함이 있을 수 없다는 것을 날마다 가르쳐준 것으로(히 9:22), 하나님의 어린양이신 그리스도의 유일무이한 피

_35 칼빈도 『기독교강요』에서 이 문제에 대해 상세히 다루고 있습니다(참조. 칼빈, 『기독교강요』 상, 527-569; II. 10-11).

흘림을 미리 보여주는 것이었다.

구약의 여러 왕들은 그들의 온갖 불완전한 점들에도 불구하고 메시아의 완전한 의와 평화의 통치를 미리 그림자로 보여주는 것이었다. 그리고 구약의 예언들도 모두 메시아에게 초점을 맞추고 있다. 예수 그리스도는 뱀의 머리를 상하게 할 여자의 후손이시요(창 3:15), 땅의 모든 족속이 그를 통하여 복을 받게 될 아브라함의 자손이시며(창 12:3), 야곱에게서 나올 별이시요 이스라엘로부터 일어날 규(圭)이시다(민 24:17). 예수 그리스도는 또한 멜기세덱의 서열을 따르는 제사장이시요(시 110:5; 히 5:6), 다윗의 계보에서 나실 왕이요(마 1장), 하나님의 백성의 죄를 위하여 고난당하시고 죽으실 여호와의 종이요(사 53장), 민족들을 기업으로 받으실 하나님의 아들이요, 하늘 구름을 타고 와서 권세와 영광과 나라를 받으사 모든 백성들과 족속들과 언어들에게서 영원토록 경배를 받게 될 인자(人子)이시다(단 7:13, 14). 예수 그리스도야말로 직간접적으로 구약성경의 위대한 주제다. 그렇기 때문에 그는 제자들에게 "모세와 모든 선지자의 글로 시작하여 모든 성경에 쓴바 자기에 관한 것을 자세히 설명하"(눅 24:27)실 수 있었던 것이다(Stott, *Authentic Christianity*, 110-111).[36]

_36 그리스도(혹은 복음)에 대한 구약성경의 약속들에 관한 상세한 논의에 대해서는, Hengstenberg, *Christology*(『구약의 기독론』)을 참조하십시오. 또한 MacArthur, *Biblical Doctrine*, 247-250은 그리스도에 대한 120가지의 구약의 예언들을 도표로 정리해주고 있습니다.

제6강.
하나님의 아들 예수 그리스도의 복음(1:3-4)

"3 그의 아들에 관하여 말하면 육신으로는 다윗의 혈통에서 나셨고
4 성결의 영으로는 죽은 자들 가운데서 부활하사 능력으로 하나
님의 아들로 선포되셨으니 곧 우리 주 예수 그리스도시니라."

바울은 2절에서 "복음"이 하나님의 "아들에 관하여 성경에 미리 약속하신 것"임을 말씀하고, 이어서 "그의 아들에 관하여" 계속 말씀을 이어갑니다. 여기서 분명히 드러납니다만, "복음"의 핵심적인 내용은 바로 하나님의 아들 예수 그리스도라는 사실입니다. 우선 이 사실부터 명확히 해두어야겠습니다. 오늘날 교회 안에 "복음"이 무엇인지에 대해 심각한 혼란이 만연해 있기 때문에 이 점은 지극히 중요합니다. 이런 혼란을 제거하고 명확한 안목을 갖기 위해서는 2절이 말씀하는 사실을 확실히 해두어야 할 것입니다. 그렇습니다. "복음"은 "하나님의 아들"에 관한 내용입니다. "복음"은 예수 그리스도에 관한 복되고 기쁜 소식입니다.

엄밀히 말하면, 복음은 성부 하나님에 관한 것도, 성령 하나님에 관한 것도 아닙니다. 로이드 존스의 발언처럼, "복음은 하나님의 아들에 관한 것입니다. 이것이야말로 복음의 신경이요 심장이요 바로 그 중심"입니다(Lloyd-

Jones, *Romans*, I, 98). 굳이 16세기 종교개혁자들의 발언들을 인용하자면, 루터는, "복음은, 하나님의 아들이시요 다윗의 자손으로 죽으시고 부활하사 주(主)로 선포되신 그리스도에 관한 이야기다. 바로 이것이 복음의 요점이다"(Bird, *Romans*, 22에서 재인용)라고 선언한 바 있고, 또한 칼빈은, "그리스도로부터 심지어 한 걸음만 벗어나도 그것은 복음으로부터 벗어나는 것"이라고 진술하고 있습니다(Calvin, *Romans*, 15). 워필드 박사는 "바울의 복음"이라는 제목의 설교에서 다음과 같이 선명하게 정리해주고 있습니다.

> 바울의 복음이 사람들에게 전해주는 그 기쁜 소식은, 아주 친숙한 언어로 간단히 말하자면, 예수 그리스도의 피로 말미암아 죄로부터 구원을 받았다는 것입니다. 이 말은 가장 명확한 진술로 말하면 예수께서 모든 것을 행하셨다는 뜻입니다. 그는 친히 우리의 처지가 되셨고, 우리의 모든 죄를 그 몸에 지시고 나무에 달리셨고, 우리가 당할 죽음을 몸소 당하셨습니다. 그리하여 그의 의(義)를 우리에게 베푸셔서 그를 위하여 살게 하셨습니다. 바울에 의하면 복음의 핵심 중의 핵심이 바로 이것입니다"(워필드, 『워필드 명설교』, 119).

복음과 관련한 현대 교회 내의 혼란

복음은 하나님의 아들 예수 그리스도에 관한 것입니다. 여러분, 무엇보다도 확실히 해두어야 할 것이 바로 이 점입니다. 이 사실 한 가지만 명확히 붙잡고 있어도 오늘날 교회 내의 온갖 탁류에 휩쓸리지 않고 든든히 설 수 있을 것입니다. "복음이란 이러이러한 것이다!", "이러이러한 것이 바로 복음이다!"라는 식의 설교나 가르침을 접하는 경우가 많습니다만, 그럴 때 그 설교나 가르침이 바른 말씀인지 아닌지를 과연 무엇으로 알겠습니까? 대개의 경우는 그 설교나 말씀에 대한 명확한 판단 기준이 없습니다. 그저 나에게 좋고 내가 좋게 느끼면 바른 것이고, 내게 좀 거부감이 생기면 그릇된 것이겠거니 하고 생각합니다. 사람이 좋아하는데 하나님이야 얼마나 더 좋아하시겠느냐는 식입니다. "나 자신"이 판단 기준입니다. 21세기 포스트모더니즘적 시류의 전형적인 모습입니다.

어떤 사람이 미술관에 들어가서 유명한 추상화를 감상하면서 고개를 갸우뚱했답니다. 그 그림이 제대로 걸려있는 것인지, 아니면 옆으로 돌려놓아야 맞는 것인지를 판단하기가 어려워 안내원에게 물었답니다. "이 그림이 지금 똑바로 걸려있는 건가요? 제가 보기에는 옆으로 돌려놓는 게 맞는 것 같은데요?" 그러자 그 안내원의 대답이, "어느 쪽이든 손님이 원하시는 대로 보면 됩니다. 손님이 요금을 내고 들어오셨으니, 손님이 원하는 대로 보시면 그게 맞는 거죠"라고 대답했다는 것입니다.

예, 바로 이런 것이 오늘날의 세태입니다. 나 자신이 모든 일의 판단 기준입니다. 무엇이든 나의 느낌, 나의 생각을 기준으로 판단하는 것입니다. 그리고 그런 판단을 하는 "나 자신"도 항상 똑같지 않습니다. 그때그때의 기분이나 컨디션에 따라 변화무쌍합니다. 똑같은 음식에 대해서도 배부를 때와 배고플 때가 마음이 다릅니다. "화장실 들어갈 때와 나올 때가 다르다"라는 말도 있지 않습니까? 그러니 "나 자신"이라는 판단 기준도 언제든 변하는 것이고, 따라서 신뢰성도 없고 정함도 없습니다. 야고보 선생의 말씀처럼 "마치 바람에 밀려 요동하는 바다 물결 같"은 것입니다(약 1:6).

여러분, 오류 없고 흔들림 없는 참된 판단 기준이 무엇이겠습니까? 바로 하나님의 말씀 성경입니다. 다시 말해서 사도 바울의 이 말씀이 틀림없는 표준이요 기준입니다. 바로 이것을 잣대로 삼아서 온갖 말들과 진술들의 진위 문제를 가리는 것입니다. 이 표준은 애매하지도 않습니다. 너무도 명확합니다. "복음은 오직 예수 그리스도에 관한 것입니다!" 엄밀히 말하면 복음은 성부 하나님에 관한 것도, 성령님에 관한 것도 아니고, "나"나 "우리"들에 관한 것은 더더욱 아닙니다. 복음은 오직 예수님에 관한 내용입니다. 이것이 표준입니다. 이것을 마음에 확실히 새겨놓고 있으면 결코 흔들림이 없습니다. 복음과 관련한 거의 모든 오류가 바로 이 정확한 잣대 하나로 금방 그 본색이 드러나게 되어 있습니다. 왜요? 오늘날 "복음"을 빙자한 헛된 가르침들이 그리스도 예수가 아닌 다른 것들에 초점을 맞추고 있기 때문입니다. 오늘날 흔히 "복음"으로 회자되는 것들이 어떤 것들입니까? 여러분도 얼마든지 들어보셨을 것입니다만, 소위 "교회 성장의 복음", "건강과 부귀의 복음", "상담 심리 치료의 복음", "소원 성취의 복음"(혹은 "꿈이나 비전의 복음"), "삼박자 축복의 복음" 같은 것들이 그것입니다.

오늘날 이런 것을 복음으로 알고 믿고 따라가는 분들이 얼마나 많은지 모릅니다. 몇 해 전 어느 교회의 장로님을 길에서 마주쳤는데, 책을 한 권 들고 있었습니다. 얼핏 보니, 책 제목이 "부자 되세요!"라고 되어 있었습니다. 그 분의 삶의 지향점이 거기서 다 드러나는 것 같아 정말 안타까웠습니다. 제가 호주 시드니에 30년 넘게 거주하고 있습니다만, 유학 온 신학생들이나 목회자분들을 만날 기회가 더러 있었습니다. "무슨 공부를 하시나요?"라고 물어보면, 대다수 사람들은 상담학, 상담심리학, 혹은 기독교 상담학을 공부한다고들 대답했습니다. 그만큼 건강, 부귀, 상담 심리 같은 것들이 오늘날 교회들에서 부각되고 있는 관심사들이라는 증거라 하겠습니다. 제가 상담심리학을 부정하는 것이 결코 아닙니다. 그것도 나름대로 현대인의 생활에 공헌하는 방면이 있습니다. 다만 제가 말씀하고자 하는 것은, 상담심리학을 통한 치료가 "복음"은 아니라는 것입니다.

또 한 가지 현대 한국교회의 시류를 보여주는 것은 "꿈", 혹은 "비전"(vision)이라는 단어입니다. 흔히들 야곱이 꿈을 꾸었다는 사실이나 사도

행전 2:17에서 베드로가 인용하는 선지자 요엘의 말씀("말세에 내가 내 영을 모든 육체에 부어 주리니…너희의 늙은이들은 꿈을 꾸리라")을 근거로 삼아, 꿈을 꾸어야 하고 비전을 가져야 한다며 목청을 높입니다. 교회들마다 꿈과 비전을 외치는 사람들이 얼마나 많은지 모릅니다. 물론 사람이 꿈도 가질 수 있고 건전한 소망도 얼마든지 가질 수 있습니다. 그것 자체를 부정하는 것이 아닙니다. 그러나 그런 "꿈"이나 "비전"이 복음은 결코 아닙니다. 적어도 성경이 말씀하는 복음은 절대로 아닙니다.

언젠가 영국 텔레비전의 코미디 프로그램을 본 적이 있습니다. 한 코미디언이 혼자 일인이역을 하며 이렇게 이야기하는 것이었습니다.

> "이보게, 자네는 꿈을 꾸어본 일이 있나? 나는 이러이러한 꿈을 꾸었는데, 얼마나 기분이 좋은지 몰라. 그 꿈이 그대로 이루어지려나봐!"
> "아니, 나는 꿈을 꾸지 않네. 자네 같은 미국 사람들은 그렇게 매일 일도 제대로 하지 않고 잠에 빠져서 꿈만 꾸지. 헛꿈 말이야! 하지만 우리 영국 사람들은 꿈을 꾸지 않네. 왜냐고? 잠을 자지 않고 항상 열심히 일하거든!"

아마도 "내게는 꿈이 있습니다!"("I have a dream!")라는 미국의 마틴 루터 킹 목사(Martin Luther King Jr. 1929-1968)의 유명한 연설을 배경 삼아 풍자하는 코미디인 것 같았습니다. 그러나 제가 느끼기에는 오늘날 그리스도인들이 새겨야 할 아주 중요한 지적이 담겨 있는 것 같았습니다. 참된 성도는 꿈이나 비전 등 개인적인 야망의 신기루를 따라가는 사람들이 아닙니다. 사람이 죄악된 상태에서 갖는 꿈이나 비전은 그 역시 죄악된 것일 수밖에 없습니다. 아무리 그럴듯한 종교적인 언어로 포장한다 해도 인간의 죄악된 야망의 테두리를 벗어날 수가 없는 것입니다. 성도는 언제나 정신을 똑바로 차리고 근신하며, 항상 변하는 나의 개인적인 야망이나 소원이 아니라 영원하고도 불변한 참된 하나님의 진리를 따르는 법입니다. 베드로 사도의 말씀이 기억납니다. "만물의 마지막이 가까이 왔으니 그러므로 너희는 정신을 차리고 근신하여 기도하라"(벧전 4:7).

이런 각양각색의 복음들 속에 과연 "예수 그리스도"가 어디 계십니까? 도무지 그분이 끼어드실 자리조차 없습니다. 구태여 예수님을 거론할 필요조차 없습니다. 실제로 그런 "복음들"이 예수님에게서 근거를 찾는 예도 거의 없습니다. 잘못 오해하지 마십시오. "하나님"이나 "성령"은 많이들 거론합니다. 하나님이 건강과 부귀를 주시는 분이시고, 치료를 주시고, 소원을 들어주시고 꿈과 비전을 이루게 해주시는 분이시고, 들어가도 복 받고 나가도 복 받게 해주시는 분이라고 믿고 그렇게들 가르칩니다. 성령도 우리의 삶을 윤택하게 해주시고, 각양 신비한 은사들로 치료도 해주시고, 교회도 성장 부흥하게 해주신다고 믿습니다. 그러나 아무리 그렇더라도 그들이 하나님이나 성령을 그 "복음들"의 중심으로―주연(主演)으로―제시하는 것이 아닙니다. 그분들은 그저 사람들을 좋게 도와주는 조연(助演)에 지나지 않습니다. 어디까지나 사람이 주연이고 중심입니다. 사람을 만족시키고 기분 좋게 해주는 것이 하나님이나 성령의 존재 목적인 양 생각하니까 말입니다.

이런 것들은 절대로 복음이 아닙니다. 그것들은 다 가짜 복음이요, 사도 바울이 갈라디아서 1장에서 말씀하는 "다른 복음"의 아류들이 아니고 무엇이겠습니까? 만일 그것들이 "다른 복음"의 아류들이라면―과연 그렇습니다만―이것은 절대로 사소한 문제가 아닙니다. 하나님의 존귀와 영광이 개입되어 있는 문제요, 사도 바울이 경고하듯이(갈 1:6-9), "저주"를 면치 못하게 되는 극도로 심각한 문제입니다.

여러분, 사도 바울의 말씀의 진정성을 신뢰하겠습니까, 아니면 오늘날 유행하는 그런 가짜 복음들을 전하는 설교자들이나 교사들의 말을 믿겠습니까? 과연 어느 쪽이 진리이겠습니까? 정신을 똑바로 차리고 좌로나 우로나 치우침이 없이 나아가야 하겠습니다. "근신하라. 깨어라. 너희 대적 마귀가 우는 사자 같이 두루 다니며 삼킬 자를 찾나니 너희는 믿음을 굳건하게 하여 그를 대적하라"는 사도 베드로의 말씀(벧전 5:8-9)을 똑똑히 기억합시다. 복음은 하나님의 아들 예수에 관한 것이라는 사실을 가슴 깊이 새기도록 성령께서 은혜를 베푸시기를 바랍니다.

"육신으로는 다윗의 혈통에서 나셨고"

그렇습니다. 사도 바울이 전하는 복음의 중심은 바로 하나님의 아들 예수 그리스도이십니다. 그는 계속해서 "하나님의 아들"에 관하여 더 구체적인 내용을 말씀합니다. 곧 그분은 "육신으로는 다윗의 혈통에서 나"신 분이시라는 것입니다. 앞의 2절에서 하나님께서 선지자들을 통하여 구약성경에 그에 관하여 약속하셨음을 말씀한 바 있습니다만, 여기서 그에 관한 갖가지 약속들 가운데 극히 결정적인 한 가지, 특히 유대인들이 매우 중요시하는 약속을 실례로 들면서, 그 약속이 예수님에게서 성취되었음을 분명하게 제시하는 것입니다. 메시아, 곧 그리스도가 다윗의 혈통에서 나시리라는 약속이 바로 그것입니다. 구약의 여러 선지자들이 이에 대해 예언해왔습니다. 몇 가지 실례를 들어보겠습니다.

- **나단 선지자:** "네 수한이 차서 네 조상들과 함께 누울 때에 내가 네 몸에서 날 네 씨를 네 뒤에 세워 그의 나라를 견고하게 하리라. 그는 내 이름을 위하여 집을 건축할 것이요 나는 그의 나라 왕위를 영원히 견고하게 하리라. 나는 그에게 아버지가 되고 그는 내게 아들이 되리니 그가 만일 죄를 범하면 내가 사람의 매와 인생의

채찍으로 징계하려니와, 내가 네 앞에서 물러나게 한 사울에게서 내 은총을 빼앗은 것처럼 그에게서 빼앗지는 아니하리라. 네 집과 네 나라가 내 앞에서 영원히 보전되고 네 왕위가 영원히 견고하리라"(삼하 7:12-16).

• **이사야 선지자:** "이새의 줄기에서 한 싹이 나며 그 뿌리에서 한 가지가 나서 결실할 것이요 그의 위에 여호와의 영 곧 지혜와 총명의 영이요 모략과 재능의 영이요 지식과 여호와를 경외하는 영이 강림하시리니 그가 여호와를 경외함으로 즐거움을 삼을 것이며 그의 눈에 보이는 대로 심판하지 아니하며 그의 귀에 들리는 대로 판단하지 아니하며 공의로 가난한 자를 심판하며 정직으로 세상의 겸손한 자를 판단할 것이며 그의 입의 막대기로 세상을 치며 그의 입술의 기운으로 악인을 죽일 것이며 공의로 그의 허리띠를 삼으며 성실로 그의 몸의 띠를 삼으리라.... 그날에 이새의 뿌리에서 한 싹이 나서 만민의 기치로 설 것이요 열방이 그에게로 돌아오리니 그가 거한 곳이 영화로우리라"(사 11:1-5, 10).

• **예레미야 선지자:** "보라 때가 이르리니 내가 다윗에게 한 의로운 가지를 일으킬 것이라. 그가 왕이 되어 지혜롭게 다스리며 세상에서 정의와 공의를 행할 것이며, 그의 날에 유다는 구원을 받겠고 이스라엘은 평안히 살 것이며, 그의 이름은 여호와 우리의 공의라 일컬음을 받으리라"(렘 23:5-6; 참조. 33:14-17).

• **에스겔 선지자:** "내가 한 목자를 그들 위에 세워 먹이게 하리니 그는 내 종 다윗이라 그가 그들을 먹이고 그들의 목자가 될지라. 나 여호와는 그들의 하나님이 되고 내 종 다윗은 그들 중에 왕이 되리라 나 여호와의 말이니라"(겔 34:23-24; 참조. 37:24-25).

이 약속들에 근거하여, AD 1세기 유대인들 사이에는 "다윗의 자손"이라는 칭호가 여호와께서 이스라엘에게 보내실 메시아를 뜻하는 용어로 널리 통용되고 있었습니다. 예수님의 공생애 기간 중에도 여러 사람이 예수님을 가리켜 "다윗의 자손"이라 불렀습니다(마 20:30-31; 21:9; 눅 3:23-31 등). 사도 베드로도 오순절에 예루살렘에서 예수님이 다윗의 자손이신 메시아이심을 선포하였고(행 2:30), 바울 역시 비시디아 안디옥의 유대인 회당에서 그 사실을 강조하며 예수님이 메시아이심을 증언한 바 있으며(행 13:22-23, 32-34), 로마서 15:12에서도 그 사실을 다시 거론합니다. "이사야가 이르되 이새의 뿌리 곧 열방을 다스리기 위하여 일어나시는 이가 있으리니 열방이 그에게 소망을 두리라 하였느니라."

로마의 이방인 그리스도인들은 사실 "다윗"에 대해 거의 아는 것이 없었을 것이니, "다윗의 혈통에서 나셨"다는 사실에 별 감동이 없었을 것입니다. 하지만 유대인 그리스도인들은 그렇지 않았을 것입니다. 그들은 처음 로마서를 받아 읽는 중에 이 첫머리의 선언이 눈에 확 들어왔을지도 모릅니다. "아, 그렇구나. 예수님이야말로 다윗의 혈통에서 나신 바로 그 다윗의 자손이시로구나. 그 분이야말로 '우리 주 예수 그리스도'가 분명하시구나(4절)!"라고 했을 것입니다.

그런데, 바울이 선포하는 복음의 주인공이신 예수님은 "다윗의 혈통에서 나셨"다는 사실만으로는 다 설명할 수 없는 분이십니다. 다윗의 혈통에서 나신 사실을 통해서 그가 메시아이심이 확증되지만, 이것만으로는 불충분합니다. 유대인들이 믿었던 메시아는 다윗의 자손이지만 어디까지나 사람이었습니다. 메시아가 하나님과 동등하게 신성(神性)을 지니신 분이라는 믿음은 그들에게 없었던 것입니다. 그들에게 하나님은 오직 유일하신 여호와 한 분뿐이셨습니다(신 6:4). 그러니 아무리 메시아라 해도 그는 어디까지나 사람일 뿐이었습니다.

자, 바울은 여기서 "육신으로는"이라는 단서를 붙입니다. "육신으로는" 그분이 다윗의 혈통에서 나신 사람이심이 분명하지만, 그것이 전부가 아니고 그 외에 다른 면도 있다는 암시가 여기에 있다 할 것입니다. 그분은 비록 다윗의 혈통에서 나신 사람이셨으나, 동시에 그는 "그의 아들", 즉 하나님의 아들이시라는 사실입니다. 곧 다윗의 자손이신 인간 메시아가 동시에 하나님과 동등하신 그의 아들이시기도 하다는 것입니다.

"하나님의 아들"이란 표현은 하나님 자신과 동격임을 뜻하는 것이었습니다. 적어도 유대인들은 그렇게 이해하고 있었습니다. 요한복음 10장을 보면 예수님이 하나님을 "아버지"로 말씀하시자, 유대인들이 그를 돌로 치고자 하며 이렇게 말합니다. "네가 사람이 되어 자칭 하나님이라 함이로라"(33절). 그들은 하나님을 아버지로 부른다는 것은 자기 자신을 그의 아들로 칭하는 것이니 자신을 하나님과 동격으로 삼는 신성모독이라고 여긴 것입니다. 이렇게 놓고 보면, 여기서 바울은 예수 그리스도의 신성과 인성을 동시에 말씀하고 있다 할 것입니다. 정리하자면, 바울의 이 말씀에는 이런 뜻이 담겨 있다 하겠습니다. "예수님은 하나님과 동등하신 그의 아들이시요 동시에 육신으로 다윗의 혈통에서 나신 메시아이시다."

그렇습니다. 예수님이 누구신지를 깨닫고 아는 것이야말로 기독교 신앙의 가장 중요한 요소입니다. 빌립보 가이사랴 지방을 다니실 때 주님은 제자들에게 자신을 누구라고 생각하느냐고 물으셨고, 이에 베드로는, "주는 그리스도시요 살아 계신 하나님의 아들이시니이다"라고 대답했습니다(마 16:16). 바로 베드로의 이 고백 속에, 사도 바울이 본문에서 가르치는 주님에 관한 두 가지 사항(그리스도/메시아, 하나님의 아들)이 다 들어 있습니다. 예수님은 그 대답을 들으시고, "바요나 시몬아 네가 복이 있도다 이를 네게 알게 한 이는 혈육이 아니요 하늘에 계신 내 아버지시니라"라고 말씀하시며, 그 고백이 옳은 것임을 드러내셨습니다(17절). 그렇습니다. 우리는 예수님이 하나님과 동등하신 그의 아들이심을 믿으며, 또한 그분이 바로 성부 하나님이 다윗의 자손으로 보내신 그리스도, 곧 메시아이심을 믿는 것입니다.

"성결의 영으로는…능력으로 하나님의 아들로 선포되셨으니"

계속해서 4절에서 바울은 하나님의 아들 곧 육신으로 오신 메시아에 대해 이렇게 진술합니다. "성결의 영으로는 죽은 자들 가운데서 부활하사 능력으로 하나님의 아들로 선포되셨으니." 여기서 주로 두 가지 부분이 해석상 논쟁을 불러일으킵니다. 첫째는 "성결의 영"이 과연 무엇을 지칭하느냐 하는 것이요, 둘째는 "능력으로"가 무엇을 꾸며주는 것이냐 하는 것입니다. 이 두 가지 문제를 하나씩 가급적 간결하게 정리하여 말씀드리기로 하겠습니다.

첫째로, "성결(聖潔)의 영", 곧 "거룩의 영"(헬. "프뉴마 하기오쉬네스"[πνεῦμα ἁγιωσύνης]; "the Spirit of holiness")이 과연 무엇을 지칭하느냐 하는 것에 대해 해석자들의 의견이 엇갈립니다. 전통적으로 여러 사람이 이를 예수 그리스도의 "거룩한 영" 혹은 "신성"(神性)을 지칭하는 것으로 보아왔고, 이것을 앞의 3절의 "육신으로는"(곧 이를 그리스도의 "인성"[人性]을 지칭하는 것으로 보아)과 대칭을 이루는 것으로 간주했습니다. 그리하여 이를 종합하여 그리스도께서 인성으로는 다윗의 혈통에서 나셨고, 신성으로는 부활을 통하여 능력으로 하나님의 아들로 선포되셨다는 의미로 이해해온 것입니다.[37] 그러나 이

[37] Henry, *Romans*, 294; Haldane, *Romans*, 35; Hodge, *Romans*, 20; Boice, *Romans*, I. 43 등이 그리스도의 "신성"을 뜻하는 표현으로 봅니다. 프린스턴의 칼빈주의 조직신학자 B. B. 워필드는 "그리스도께서 성결의 영으로 하나님의 아들이시라는 말은, 성결의 영이 그의 신성을 가리키는 호칭이라는 뜻이다"라고 진술한 다음, 이에 대한 근거로 본문이 롬 9:5("조상들도 그들의 것이요 육신으로 하면 그리스도가 그들에게서 나셨으니 그는 만물 위에 계셔서 세세에 찬양을 받으실 하나님이시니라")과 병행 구절이며 본문의 "성결의 영"이 9:5의 "만물 위에 계시…는 하나님"과 동일한 의미라는 점을 제시합

는 설득력이 좀 부족하다 싶습니다. "성결의 영"과 그리스도의 "신성"을 그렇게 연결시키는 것이 아무래도 억지스러운 감이 있습니다. 성경 다른 곳에서 비슷한 경우를 전혀 찾을 수 없으니 그 신빙성이 더더욱 떨어집니다.

한편 다른 해석자들은 "성결의 영", 즉 "거룩의 영"을 "성령"을 뜻하는 구약의 히브리어식 표현으로 이해합니다. 이렇게 보면 4절은 그리스도께서 성령으로 말미암아 부활하셔서 하나님의 아들로 선포되셨다는 뜻이 되는데, 이것이 문맥상 더 자연스러워 보입니다. 성령께서 그리스도와 신자들의 부활에 개입하셨다는 사상은 로마서 8:11에서도 분명히 드러납니다. "예수를 죽은 자 가운데서 살리신 이의 영이 너희 안에 거하시면 그리스도 예수를 죽은 자 가운데서 살리신 이가 너희 안에 거하시는 그의 영으로 말미암아 너희 죽을 몸도 살리시리라". 이것을 "성령"을 지칭하는 것으로 이해하고 보면, 3절과 4절은 그리스도의 인성과 신성을 서로 대조하는 것이 아니라, 육신을 입으신 이후 그리스도의 지상 생애와 십자가의 죽으심(이를 그리스도의 "낮아지심"[humiliation], 혹은 "비하"[卑下]라 부릅니다), 그리고 부활 이후의 높아지심(exaltation; 혹은 "승귀"[昇貴]라 부릅니다)을 서로 대조하는 것임을 알 수 있습니다. 존 스토트는 이에 대해 다음과 같이 매우 설득력 있게 설명합니다.

> "육신으로는"과 "성결의 영으로는"이라는 두 표현은 예수 그리스도의 두 본성(곧 신성과 인성)을 지칭하는 것이 아니라, 그의 사역의 두 단계—즉 부활 이전의 단계와 부활 이후의 단계—를 지칭하는 것으로 보인다. 그리스도께서는 부활 이전의 단계에서는 연약하셨으나 부활 이후의 단계에서는 성령의 부어지심

니다(Warfield, *Biblical Doctrines*, 247-248). 그러나 필자의 부족한 소견으로는 이는 다소 근거가 약하다는 느낌을 지울 수 없습니다.

> 으로 능력이 충만하게 되시는 것이다. 그러므로 이 부분[즉 3-4절]은 하나님의 아들의 낮아지심과 높아지심, 연약함과 능력, 그리고 다윗에까지 거슬러 올라가는 그의 인간적인 계보와 또한 성령의 역사와 부활로 말미암아 확고히 드러나는 바 그의 능력의 아들 되심, 등에 대한 매우 균형 있는 진술이라 할 것이다(Stott, *Romans*, 51).

둘째로, "능력으로"(헬. "엔 뒤나메이"[ἐν δυνάμει])라는 문구가 무엇을 묘사하느냐 하는 문제가 있습니다. 개역개정 성경으로는 "능력으로"가 "선포되셨으니"를 묘사하는 것처럼 보입니다. 곧 예수께서 하나님의 아들로 선포되시되, "능력으로" 선포되셨다는 뜻처럼 보이는 것이지요.[_38] 그러나 "능력으로"를 "능력의", 혹은 "권능의", 혹은 "권능을 지니신"이라는 뜻의 형용사구로 보아 "하나님의 아들"을 묘사하는 것으로 보는 것이 더 타당하다고 여겨집니다. 이렇게 보면, 이 부분은 "죽은 자들 가운데서 성령으로 부활하사 하나님의 '능력의'(혹은 '권능의') 아들로 선포되셨으니"의 뜻으로 이해할 수 있습니다.[_39] 미국의 신약학자인 더글러스 무(Douglas Moo)는 이에 대해 다음과 같이 설명합니다.

> 약속하신 메시아로서 인간의 경험 속으로 들어오신 그 선재(先在)하신 하나님의 아들께서는 부활을 근거로—혹은 어쩌면, 부활하신 그 시점에—세상과의 관계 속에서 더욱 능력 있는 새로운 지위로 지명되신 것이다.....3절에서 4절로 전환되는 과정은 인간 메시아로부터 신적인 하나님의 아들로의 전환이 아니라, 메

_38 NIV 성경이 이를 취합니다. "declared with power to be the Son of God…"

_39 KJV, ESV, NASB 등의 성경이 이를 취합니다. "declared to be the Son of God with power…"(KJV).

시아이신 아들로부터 메시아이시며 동시에 권능으로 통치하시는 주(主)이신 아들로의 전환인 것이다(Moo, *Romans*, 48-49).

또한 로이드 존스는 이 점에 대해 다음과 같이 생생하게 묘사하고 있습니다.

주 예수 그리스도는 부활로 말미암아 하나님의 권능의 아들로 선포되셨습니다. 그는 그 이전에도 하나님의 아들이셨고, 언제나 하나님의 아들이셨습니다. 성육신 이전에도 영원 전부터 그는 하나님의 아들이셨습니다....이 점에서는 전혀 변화가 없습니다. 그렇다면 어떤 점에서 변화가 생긴 것입니까? 아하, 여러분, 그가 취하신 형식에 변화가 생긴 것입니다. 3절을 보면, 세상에 오실 때에 그는 하나님의 권능의 아들로 오시지 않았습니다. 그저 무기력한 아기로 오셨습니다. 하나님의 아들이셨으나, 그는 연약하셨고 무기력하셨고, 다른 아기들처럼 보호와 양육을 받으셔야 했습니다....그가 하나님의 아들이셨던 것은 맞습니다. 그러나 하나님의 권능의 아들이신 것은 아직 아니셨습니다. 다시 말하면, 그가 아기로 오셨을 때 하나님의 아들의 권능이 육체 속에 숨겨져 있었던 것입니다....그런데 사도의 말씀은, 부활을 통해서 그가 "하나님의 권능의 아들로 선포되셨다"는 것입니다"(Lloyd-Jones, *Romans*, I, 115-116).

"죽은 자들 가운데서 부활하사"

바울은 여기서 예수 그리스도께서 부활하심으로 그가 과연 하나님의 권능의 아들이심이 선포되었다고 말씀합니다. 예수 그리스도의 부활 사건의 지극히 중요한 한 가지 의미를 여기서 보게 됩니다. 그의 부활은 그가 과연 하나님의 권능의 아들이심이 만천하에 드러난 결정적인 증거입니다. 예수님이 하나님의 권능의 아들이시라는 것은 기독교 신앙의 중심을 이루는 뼈대입니다. 그러니 그의 부활 사건은 그 뼈대의 초석(礎石)의 역할을 하는 것이라 할 수 있겠습니다. 그러므로 예수님의 부활의 역사적 사실성 여부야말로 성도들에게 가장 중요한 신앙적 기반입니다. 만일 예수님의 부활이 역사적으로 실제로 일어나지 않았거나 사실이 아니라면 어떻게 될까요? 마치 거대한 건물이 무너지듯이 성경적 기독교 신앙의 모든 것이 무너져 내리고, 그 모든 것이 거짓이요 허구가 되고 마는 것입니다.

그러므로 예수님의 부활에 대한 명확한 가르침이야말로 성도들의 바른 신앙을 위해서 지극히 중요하다는 것은 두말이 필요 없는 사실입니다. 그런데 정말로 안타까운 현실은, 교회에서 이 부분에 대해 심도 있게 가르치고 배우는 예가 별로 없다는 것입니다. 일반 신자들은 말할 것도 없고 목회자들조차도 이런 문제에 별로 관심을 갖지 않습니다. 그저 일 년에 한 차례 부활주일을 지킬 때나 겨우 잠깐 피상적으로 예수님의 부활이라는 주제를 다루고 지나갈 뿐입니다. 이 주제가 성경적 기독교 신앙의 맨 밑바닥을 떠받치는 토대요, 참된 신앙의 사활을 결정짓는 중차대한 기둥임에도 불구하고, 그냥 지나치기 일쑤입니다. 신자들은 매년 지내는 부활 주일을 그저 그렇거니 하고 별 의미 없이, 따져볼 겨를도 없이, 그렇게 보내고 있습니다.

여러분은 과연 예수님의 부활을 믿습니까? 무턱대고 믿는 소위 맹신(盲信), 즉 눈먼 신앙이 아니라, 성경적 사실을 확인한 후에 얻어지는 그런 확신이 있느냐는 말입니다. 물론 부활에 대해 이성적으로 합리적으로 변증하고 증명한다고 해서 반드시 참된 믿음이 생기는 것은 아닙니다. 참된 믿음은 과연 하나님께서 베풀어주시는 선물입니다. 그러나 예수 그리스도를 믿는 믿음을 선물로 받고 나면, 그다음에 그 믿음을 토대로 삼아 신앙의 뼈대를 세워가는 일이 중요합니다. 그 과정을 통해서 우리의 믿음이 점점 자라나는 것이고, 성령께서 신자에게 역사하셔서 그런 방향으로 인도하시는 것입니다. 그러니 예수님의 부활이라는 이 중대한 주제를 그냥 무시해버리는 잘못을 범해서는 안 될 것입니다. 그러나 여기서는 이 주제를 포괄적으로 다룰 수가 없으므로, 다음에 이어지는 제7강("예수 그리스도의 부활")에서 이 문제를 따로 떼어서 좀 더 상세히 다루고, 여기서는 본문이 언급하는 내용에 대해서만 개괄적으로 살펴보는 것으로 그치고자 합니다.

본문 4절에서 사도는 "죽은 자들 가운데서 부활하사"(헬. "엑스 아나스타세오스 네크론"[ἐξ ἀναστάσεως νεκρῶν])라고 말씀합니다. 헬라어 원문을 그대로 직역하자면, "죽은 자들의 부활로 말미암아"(영어로는 "by the resurrection of the dead")라는 뜻입니다. 이것이 그리스도의 부활을 지칭하는 것임은 분명하나, 본문은 "죽은 자들의 부활"이라고 묘사함으로써 마치 죽어있는 다른 일반 사람들의 부활을 지칭하는 것처럼 보입니다. 더욱 흥미로운 사실은 여기의 "죽은 자들의 부활"이라는 헬라어 표현이 신약성경 전반에서 마지막 종말에 일어날 모든 사람의 부활을 지칭하는 용어로 쓰이고 있다는 것입니다(참조. 마 22:31; 눅 20:35; 행 17:32; 23:6; 24:21; 고전 15:12, 13, 21, 42; 히 6:2 등).

그러므로 여기서 우리는 예수님의 부활과 마지막 종말에 일어날 모든 사람의 부활의 상호연관성에 대한 암시를 보게 됩니다. 곧 죽은 자들 가운데서 오로지 그리스도 한 분만 부활하셨다는 의미가 아니라, 장차 죽은 자들이 모두 부활하게 될 것인데 그리스도께서 바로 그 만인의 부활이라는 보편적인 원리에 준하여 부활하셨다는 의미가 담겨 있다는 것입니다. 바울은 다른 곳에서 부활이 그리스도에게만이 아니라 모든 사람에게 적용되는 일반적인 원리임을 암시하기도 합니다("죽은 자의 부활이 없으면…", 고전 15:13, 15, 16). 호주의 신약학자 레온 모리스(Leon Morris)의 말처럼, "그리스도의 부활과 죽은 자들의 부활은 전적으로 서로 별개인 두 가지의 사건이 아니고…그리스도의 부활은 죽은 자들의 부활의 시작"이라 하겠습니다(Morris, *Romans*, 47; 참조. Thiselton, *Romans*, 69).

사도 바울은 고린도전서 15:20에서 그리스도의 부활을 종말에 일어날 모든 사람의 부활의 "첫 열매"로 설명합니다("이제 그리스도께서 죽은 자 가운데서 다시 살아나사 잠자는 자들의 첫 열매가 되셨도다"). "첫 열매"란 구약에서 한 해의 농사를 통해 거둔 모든 열매를 대표하여 처음 수확한 열매 중에서 여호와께 예물로 드린 초실절(初實節)에 빗대는 표현입니다(참조. 출 23:16; 34:22). 그러므로 "잠자는 자들의 첫 열매"란 예수님의 부활이 모든 죽은 자들의 부활을 대표하는 성격을 지니는 것을 나타내는 것입니다. 미국의 신약학자인 머리 해리스(Murray Harris)는 이에 대해 다음과 같이 설명합니다.

> 신자들의 부활은 그리스도의 부활의 속편(續篇)이다. 이 둘이 본질상 서로 연결되어 있고, 둘 다 한 해의 추수에 속하기 때문이다....신자들의 부활이 마치 그리스도의 부활과 외형상으로만 비슷하고 근본적으로는 관련이 없는 별개의 사건처럼 보이기도 하지만, 이 둘을 서로 구별하기보다는 오히려 연속되는 한 가지 사건의 두 가지 면으로—한쪽 끝에는 그리스도의 부활이 있고 다른 쪽 끝에는 신자들의 부활이 있는 것으로—보아야 할 것이다(Harris, *Raised Immortal*, 110).

예수님의 부활은 그가 과연 하나님의 권능의 아들이시라는 증거일 뿐만 아니라, 또한 언젠가는 죽게 될—혹은 이미 죽은—모든 신자의 마지막 부활을 보증하는 증표이기도 한 것입니다. 그의 부활은 홀로 동떨어진 사건이 아니라 우리들 자신의 부활과 직결되는 것입니다. 그의 부활이 과연 역사적으로 일어난 사건이라면, 우리들의 마지막 부활도 역사적으로 일어나는 확실한 사건이 될 것입니다. 예수님의 부활이 우리를 포함한 모든 신자의 부활의 "첫 열매"라는 사실을 분명히 깨닫고 소망을 가져야 할 것입니다. 예수님의 부활을 믿는 사람은 죽음에 대한 심각한 두려움과 공포가 없습니다. 그가 다시 사신 것처럼 자신도 언젠가는 다시 살아 부활의 몸으로 하나님께 영광 돌릴 것을 알고 있으니 말입니다.

결론: "우리 주 예수 그리스도"

바울은 이어서 4절 마지막 부분에서 "우리 주 예수 그리스도시니라"라고 말씀합니다. 곧 지금까지 말씀한 하나님의 권능의 아들이 바로 "우리 주 예수 그리스도"시라는 것입니다. 여기서 그분과 관련한 세 가지 명칭이 전부 나타나고 있습니다. "주"(主)란 주인이란 뜻으로, 일반적인 존칭으로도 쓰이며, 무엇보다 "노예"들이 상전을 부를 때에 쓰는 칭호입니다. 그러나 여기서 한 가지 점을 더 추가해야겠습니다. 헬라어 70인역 성경(약어로 LXX라 칭합니다)이 구약 히브리어 성경의 "여호와"를 "주"(헬. "퀴리오스"[κύριος])로 번역하며, 따라서 신약성경에서 "주"(곧 "퀴리오스")가 "여호와"를 지칭하는 뜻으로 흔히 사용된다는 사실입니다(예. 요 20:28 등). 곧 "우리 주"란 "우리 여호와"라는 의미이기도 합니다. 예수님의 신성을 나타내는 표현이라 하겠습니다. "그리스도"란 히브리어 "메시아"의 헬라어 번역어로서(요 1:41), 여호와께서 기름 부어 세우신 구원자라는 의미입니다.

이미 살펴본 바 있습니다만, 사도 바울은 과연 "우리 주 예수 그리스도"를 높이는 자세로 가득 차 있었습니다. 로마서의 이 짧은 인사말(1-7절)에 그분을 지칭하는 말이 얼마나 많이 반복되고 있는지요! 한글 성경을 보면 "주"는 2차례, "예수"는 4차례, "그리스도"는 4차례, 또한 "아들"은 3차례나 반복하여 언급되고 있습니다. 앞에서 확인한 것처럼 바울의 사고는 과연 하나님의 아들 주 예수 그리스도로 가득 차 있었던 것입니다.

많은 사람이 예수 그리스도를 사모한다고 하면서도 실제로는 그분 자신이 아니라 그분이 베풀어주신다고 믿는 온갖 축복들만을 사모하고 거기에 초점을 맞추는 경향이 있습니다. 우리에게는 그런 점이 없나요? 마치 퇴근하는 아버지를 반가워하면서도 아버지의 손에 무엇이 들려 있는지에만 온통 관심을 기울이는 어린아이들 같은 면은 없습니까? 물론 온갖 귀한 것들이 그에게서 오는 것은 사실입니다만, 성숙한 성도는 그런 것들보다는 오직 그것들을 베풀어주시는 그분 자신—"우리 주 예수 그리스도"—을 사모하고 높이 기리는 것입니다. 이런 사도 바울의 자세야말로 그분을 믿는 우리 모두가 본받아야 할 귀중한 자세일 것입니다. 성령께서 그런 귀한 은혜를 베푸시기를 간절히 바랍니다.

제7강.
예수 그리스도의 부활(1:4)

"죽은 자들 가운데서 부활하사 능력으로 하나님의 아들로 선포되셨으니"

그리스도 부활의 역사적 사실성은 기독교 신앙의 가장 중요한 토대라 할 것입니다. 예수께서 정말로 역사적으로 부활하셨다면 그분이 하나님의 권능의 아들이시라는 사도 바울의 주장이 진실인 것이요, 그가 부활하신 것이 아니라면 사도 바울은 물론 예수님 자신과 모든 사도의 진술까지도 허구가 되고 마는 것입니다. 더욱이 예수님의 역사적 부활 사실에 대한 증언이 신약성경의 어느 한 모퉁이에 잠깐 비쳤다가 사라지는 것이 아니고, 신약성경 전체에 걸쳐서 수없이 반복되고, 그 의미가 설명되고, 그것에 대한 확신의 증언들이 거듭거듭 나타나기 때문에, 예수님의 부활의 사실성 여부가 무엇보다 중차대한 것입니다. 워필드 박사는 이와 관련하여 이렇게 말하고 있습니다.

> 기독교의 교리들이 교리인 것은 오로지 그것들이 사실들(facts)이기 때문이다. 기독교의 사실들이 필수불가결한 교리들이 되는 것이다....그리스도의 부활은 사실(a fact)이요…사람들의 지각의 범위 내에서 외부적으로 발생하여 증언

을 통해 확증된 사건이다. 그러나 동시에 그의 부활은 우리의 신앙 체계의 중심을 이루는 교리이며, 다른 모든 교리의 진위(眞僞) 여부가 그것에 달려 있는 것이다"(Warfield, *Selected Shorter Writings*, 1. 178).

성경을 진지하게 연구하는 일—특히 예수님의 부활 사건을 진지하게 살펴보는 일—이 정말 중요한 일이라는 것을 잘 볼 수 있는 대목입니다. 그런데 정말 안타까운 것은 성경의 가르침에 중점을 두어 그리스도의 부활을 진지하게 가르치는 예를 오늘날의 교회들에서 거의 보기가 어렵다는 사실입니다. 교회의 회원들부터 우선 이것에 별 관심이 없어 보입니다. 가르침을 받지 못하여 무지하니 그럴 수밖에 없겠다 싶기도 합니다. 하지만 이런 열악한 상태가 계속되어서는 안 될 것입니다. "너는 배우고 확신한 일에 거하라"(딤후 3:15)는 사도의 교훈이 그 어느 때보다 우리에게 절실하다는 생각이 듭니다. 자, 여기서 예수님의 부활의 증거와 신자들에게 미치는 그 의의를 간략하게나마 살펴보도록 합시다.

예수님의 부활에 대한 반대 논지들

예수님의 부활을 인정하지 않는 자들이 교회 안팎에 많이 있습니다만, 이들은 주로 갖가지 반대 논지들을 제시합니다. 그러나 이런 논지들은 사실상 객관적인 근거가 전혀 없고, 인간의 이성으로 모든 것을 판단할 수 있다는 가설에 근거하여 제기하는 주관적인 추측들에 불과합니다. 어떤 이들은 예수님이 죽은 것이 아니라 기절했다가 깨어났다고 주장합니다. 하지만 이 주장대로 그가 기절했다가 정신을 찾았다고 해도, 엄청난 큰 돌로 막아놓은 굴에서 그가 과연 어떻게 빠져나왔을까 하는 문제에 대해서는 전혀 오리무중입니다.

제자들이 예수님의 시신을 감추어두고 그가 부활했다고 거짓으로 선전하였다고 주장하는 이들도 있습니다만, 예수님의 시신이 아리마대 요셉이 준비한 굴에 안치된 것이 명백한 사실이라면 이 역시 납득할 수가 없습니다. 어떻게 제자들이 그 큰 돌문을 치웠겠으며, 더욱이 굴 앞에서 경비하던 군사들을 어떻게 물리치고 굴속에서 예수님의 시신을 훔쳐내었겠습니까? 그뿐 아니라 제자들은 모두 큰 낙심과 두려움으로 모두들 숨어 지냈습니다. 그런데 그들이 어떻게 예수님이 부활하셨다는 거짓말을 퍼뜨렸겠습니까? 또한 무슨 목적으로 그렇게 했겠습니까? 이는 전혀 이치에 맞지 않습니다. 또 어떤 이들은 제자들이 흥분 상태나 환각에 빠져 헛것을 보고 착각했다고 주장합니다. 한두 사람이 아니라 백이십 명이나 되는 사람들이 오순절에 갑자기 예루살렘 거리로 쏟아져 나와 예수님의 부활을 외쳤는데, 그렇게 많은 사람이 어떻게 동시에 환각 상태에 빠질 수 있단 말입니까? 이 역시 너무나 초라한 논리일 수밖에 없습니다.

다른 사람들은 예수님의 부활의 역사적 사실성을 부인하면서, 그것은 1세기의 유대인들이 지어낸 신화(神話)나 전설이라고 주장합니다. 소위 성경의 모든 내용을 현대의 과학적 사고에 근거하여 판단해야 한다고 주장하는 역사비평학파에 속한 사람들이 이런 주장을 제기합니다. 이들 중 대표 격인 루돌프 불트만(Rudolf Bultmann, 1884-1976)이라는 독일의 신약학자는, "사람이 죽은 자 가운데서 다시 살아났다는 것은 역사적 사실로서는 전혀 생각조차 할 수 없다"라고 말하며, 부활의 진정한 의미는 다른 데서 찾아야 한다고 주장하면서 다음과 같이 이야기합니다.

> 그리스도께서는 설교 가운데서 십자가에 죽으시고 다시 사신 분으로 우리와 만나주신다. 다른 데서가 아니라 오로지 설교의 말씀 속에서 우리를 만나주시는

것이다. 부활 신앙이라는 것은 설교 말씀에 대한 믿음 이외에 아무 것도 아니다 (Ladd, *Resurrection of Jesus*, 11에서 재인용).

그러나 이것은 허구요 말장난에 지나지 않습니다. 부활에 대한 불신앙을 그런 식으로 그럴듯하게 포장하는 것에 불과한 것입니다. 예수님이 설교 말씀 속에 살아계시고 그 속에서 우리를 만나주신다니요! 이미 오래전에 소천하신 제 어머니도 삶의 온갖 정황 속에서, 사람들과의 대화 중에서, 가끔씩 제 마음을 울리곤 합니다. 그분에 대한 기억이 생생하게 떠오른다고 해서 그분이 부활하신 건가요? 결코 그럴 수 없습니다. 불트만의 이 발언은 예수님의 부활을 완전히 부인하는 변명에 지나지 않습니다. 이것은 거론할 가치조차 없는 해괴한 논리일 뿐입니다.

예수님의 부활에 대한 사도들의 증언

예수님이 부활하신 후 40일 동안 사도들에게 나타나셔서 그들을 가르치시다가 승천하신 후, 사도들은 자신들의 사명이 무엇인지를 명확히 알고 그것을 위해 움직였습니다. 그들이 처음 취한 조치는 예수님을 배반하고 죽은 가룟 유다를 대신할 사도를 뽑는 일이었습니다. 이때 베드로는 사도가 감당해야 할 사명을 명확하게 진술합니다. 곧 "예수께서 부활하심을 증언할 사람"이어야 한다는 것입니다(행 1:22). 사도의 가장 우선적인 사명이 바로 예수님의 부활을 증언하고 선포하는 일이라는 것이 여기서 명확히 드러나는 것입니다.[40] 적어도 예수님의 부활의 역사적 사실성에 대한 흔들림 없는 확신

_40 래드는 다음과 같이 진술합니다. "초기 기독교의 교제에서 사도들의 가장 중요한 기능은 다스리거나 치리하는 것이 아니라… 예수님의 부활을 증언하는 것이었다.…요컨대, 가장 초기의 기독교…의 내용은 한 가지 위대한 사건이요 하나님의 권능의 역사, 즉, 그리스도를 죽은 자 가운데서 살리신 일을 선언하는 것이었다(레이먼드, 『바울의 생애와 신학』, 58에서 재인용).

과 믿음이 베드로를 비롯한 사도들에게 있었음을 볼 수 있습니다. 부활하신 주님과 40일 동안 교제하며 하나님 나라의 일들을 가르침 받았는데, 어찌 그런 확신이 없었겠습니까? 베드로와 바울의 표본적인 설교의 내용들이 사도행전에 기록되어 있습니다만, 그 내용을 보면 두 사람 모두 예수님이 부활하셨다는 명확한 사실이 그 중심을 이루는 것을 보게 됩니다.

오순절에 예루살렘 거리에서 행한 설교를 비롯하여, 사도 베드로의 설교는 언제나 예수님이 죽으셨으나 다시 살아나셨으며 사도들이 그 증인이라는 사실이 그 중심을 이룹니다.

> 그가 하나님께서 정하신 뜻과 미리 아신 대로 내준 바 되었거늘 너희가 법 없는 자들의 손을 빌려 못 박아 죽였으나 하나님께서 그를 사망의 고통에서 풀어 살리셨으니 이는 그가 사망에 매여 있을 수 없었음이라....이 예수를 하나님이 살리신지라 우리가 다 이 일에 증인이로다.(행 2:23-24, 32).

> [너희가] 생명의 주를 죽였도다. 그러나 하나님이 죽은 자 가운데서 그를 살리셨으니 우리가 이 일에 증인이라(행 3:15).

> 우리는 유대인의 땅과 예루살렘에서 그가 행하신 모든 일에 증인이라 그를 그들이 나무에 달아 죽였으나, 하나님이 사흘 만에 다시 살리사 나타내시되, 모든 백성에게 하신 것이 아니요 오직 미리 택하신 증인 곧 죽은 자 가운데서 부활하신 후 그를 모시고 음식을 먹은 우리에게 하신 것이라(행 10:39-41).

사도 바울의 설교 내용 역시 베드로와 동일합니다. 어부 출신인 베드로와는 달리 그는 당대 최고의 석학이요 사상가였으나, 그가 전한 메시지의 내용은 베드로와 전혀 다를 바 없습니다. 구약성경의 가르침에 근거하여 예수 그리스도의 죽으심과 부활을 논증하는 것이 그 중심이었습니다.

> 예루살렘에 사는 자들과 그들 관리들이 예수와 및 안식일마다 외우는 바 선지자들의 말을 알지 못하므로 예수를 정죄하여 선지자들의 말을 응하게 하였도다. 죽일 죄를 하나도 찾지 못하였으나 빌라도에게 죽여 달라 하였으니, 성경에 그를 가리켜 기록한 말씀을 다 응하게 한 것이라. 후에 나무에서 내려다가 무덤에 두었으나, 하나님이 죽은 자 가운데서 그를 살리신지라(행 13:27-30, 비시디아 안디옥의 유대인 회당에서 행한 설교).

> 바울이 자기의 관례대로 그들에게로 들어가서 세 안식일에 성경을 가지고 강론하며, 뜻을 풀어 그리스도가 해를 받고 죽은 자 가운데서 다시 살아나야 할 것을 증언하고 이르되 내가 너희에게 전하는 이 예수가 곧 그리스도라 하니, 그 중의 어떤 사람 곧 경건한 헬라인의 큰 무리와 적지 않은 귀부인도 권함을 받고 바울과 실라를 따르나(행 17:2-4, 바울의 전도 설교에 대한 누가의 보도).

> 이는 정하신 사람으로 하여금 천하를 공의로 심판할 날을 작정하시고 이에 그를 죽은 자 가운데서 다시 살리신 것으로 모든 사람에게 믿을 만한 증거를 주셨음이니라(행 17:31, 아덴 사람들에게 행한 설교. 참조. 행 25:19; 26:22-23 등).

예수님의 역사적/육체적 부활의 증거들

예수님이 육체로 부활하셨다는 사실은 갖가지 객관적인 증거들을 통해 명확히 입증됩니다. 그 증거들을 성경에서 나타나는 증거들과 또한 당시의 정황에서 찾을 수 있는 증거들로 나누어 살펴봅시다.

I. 성경에 나타나는 증거들

1. 예수님의 부활은 아무런 예고도 없이 어느 날 갑자기 발생한 우발적인 사건이 아니라, 이미 오래전 구약성경에 예언되어 있던 일이 일어난 사건이었습니다. 시편 기자는, "내 영혼을 스올(음부)에 버리지 아니하시며 주의 거룩한 자로 썩지 않게 하실 것임이니이다"라고 말씀하는데(시 16:10), 베드로는 이 본문을 예수님의 부활이 구약성경의 예언이 성취된 것임을 입증하는 근거로 인용하고 있습니다(행 2:27).

2. 예수님이 자신이 공생애 기간 중에 여러 차례 제자들에게 자신의 죽으심과 부활을 예언하신 바 있습니다. 당시 제자들은 예수님의 그런 말씀들이 무슨 의미인지를 도무지 알지 못하였고(요 20:9), 예수님이 부활하신 후에야 비로소 그 진정한 뜻을 깨닫게 됩니다. 그중에 몇 가지 실례를 인용해보겠습니다.

> 인자가 많은 고난을 받고 장로들과 대제사장들과 서기관들에게 버린 바 되어 죽임을 당하고 사흘 만에 살아나야 할 것을 비로소 그들에게 가르치시되(막 8:31; 참조. 9:31).

> 보라 우리가 예루살렘에 올라가노니 인자가 대제사장들과 서기관들에게 넘겨지매 그들이 죽이기로 결의하고 이방인들에게 넘겨주겠고, 그들은 능욕하며 침 뱉으며 채찍질하고 죽일 것이나 그는 삼 일 만에 살아나리라(막 10:33-34; 참조. 마 16:21).

> 이에 유대인들이 대답하여 예수께 말하기를 네가 이런 일을 행하니 무슨 표적을 우리에게 보이겠느냐? 예수께서 대답하여 이르시되 너희가 이 성전을 헐라 내가

> 사흘 동안에 일으키리라. 유대인들이 이르되 이 성전은 사십육 년 동안에 지었거늘 네가 삼 일 동안에 일으키겠느냐 하더라. 그러나 예수는 성전된 자기 육체를 가리켜 말씀하신 것이라. 죽은 자 가운데서 살아나신 후에야 제자들이 이 말씀하신 것을 기억하고 성경과 예수께서 하신 말씀을 믿었더라(요 2:18-22).

3. 예수님은 문자 그대로 분명히 숨이 끊어지셨고, 로마 군졸들이 이를 확인하였습니다. 이것은 부활의 증거는 될 수 없으나 부활의 필수적인 전제 조건입니다. 그가 실제로 죽지 않으셨다면 부활도 의미가 없어지기 때문입니다. 바울도 고린도전서에서 "성경대로 그리스도께서 우리 죄를 위하여 죽으"셨음을 증언하며(15:3-4), 사복음서도 모두 한 결 같이 이 점을 명확히 진술하고 있습니다.

> 예수께서 다시 크게 소리 지르시고 영혼이 떠나시니라(마 27:50).

> 예수께서 큰 소리를 지르시고 숨지시니라(막 15:37).

> 예수께서 큰 소리로 불러 이르시되 아버지 내 영혼을 아버지 손에 부탁하나이다 하고 이 말씀을 하신 후 숨지시니라(눅 23:46).

> 예수께서 신 포도주를 받으신 후에 이르시되 다 이루었다 하시고 머리를 숙이니 영혼이 떠나가시니라(요 19:30).

4. 또한 예수님이 죽으셨을 뿐 아니라 그의 시신이 무덤에 매장되었습니다. 이는 예수님이 과연 죽으셨음을 확증해주는 지극히 중요한 역사적 사실

로서, 사복음서 모두가 이에 대해 명확하게, 구체적으로 진술하고 있습니다.

> 아리마대 사람 요셉이 와서 당돌히 빌라도에게 들어가 예수의 시체를 달라 하니 이 사람은 존경 받는 공회원이요 하나님의 나라를 기다리는 자라 빌라도는 예수께서 벌써 죽었을까 하고 이상히 여겨 백부장을 불러 죽은 지가 오래냐 묻고 백부장에게 알아 본 후에 요셉에게 시체를 내주는지라 요셉이 세마포를 사서 예수를 내려다가 그것으로 싸서 바위 속에 판 무덤에 넣어 두고 돌을 굴려 무덤 문에 놓으매(막 15:43-46; 참조. 마 27:57-60; 눅 23:50-53; 요 19:38-42).

사도 바울도 이 점을 명확히 진술하고 있습니다: "성경대로 그리스도께서 우리 죄를 위하여 죽으시고 장사 지낸 바 되셨다가 성경대로 사흘 만에 다시 살아나사"(고전 15:3-4). 사실, 바울의 이 진술은 예수님의 시신의 매장 사실에 대한 역사상 최초의 진술로서, 사건이 일어난 지 불과 25년밖에 안 된 시기에—고린도전서의 기록 연대가 AD 55년경이므로—기록된 것입니다(Machen, *Shorter Writings*, 80). 이러한 바울과 복음서의 진술들이 사실이라면, 예수님이 과연 죽으시고 그의 시신이 무덤에 매장되었다는 점을 확정 지을 수 있습니다. 사도신경의 다음과 같은 진술에서 보듯이, 교회는 역사적으로 이 세부적인 사실을 신앙고백의 중요한 요목으로 여겨오고 있습니다: "우리 주 예수 그리스도를 믿사오니…십자가에 못 박혀 죽으시고, 장사한 지 사흘 만에 죽은 자 가운데서 다시 살아나시며." 예수님의 시신이 무덤에 매장되었다는 사실은 그의 죽으심의 확실성을 뒷받침해주는 중요한 사항이기 때문입니다. 웨스트민스터 신앙고백서도 다음과 같이 예수님의 시신의 매장 사실을 진술하고 있습니다.

주 예수께서는 이 직분을 지극한 기쁨으로 시행하셨으니, 그는 그것을 시행하시기 위하여 율법 아래 계셔서 그 율법을 완전하게 성취하셨으며, 영혼으로는 친히 극한 고초를 견디셨고 육체로는 지극히 고통스런 고난을 당하사 십자가에 못 박히시고, 죽으시고, 장사되시고, 사망의 권세 아래 머물러 계셨으나 썩음을 보지 않으셨다"(8장 4항).

5. 예수님의 시신이 매장된 지 사흘째 되던 날, 무덤 입구를 봉인해 놓은 큰 돌이 옮겨져 입구가 열려있었고 무덤은 비어 있었습니다. 그 무거운 돌을, 더구나 봉인된 돌을, 과연 누가 어떻게 옮겨놓았을까요? 인간의 상식으로는 설명할 수가 없습니다. 마태복음은 천사가 그 돌을 굴려 열어놓은 것으로 보도하고 있습니다(마 28:2). 무덤 문이 열려있었고 그 속에 있던 예수님의 시신이 사라졌습니다(요 20:1-2). 그러나 예수님의 시신이 무덤 속에 없다는 사실 자체만으로는 그의 부활의 직접적인 증거가 될 수 없었습니다. 누군가 시신을 다른 곳으로 옮겼을 가능성이 얼마든지 있었기 때문입니다. 유대인 당국자들은 그런 방향으로 상황을 호도하기 위해 음모론을 퍼뜨리기도 했습니다(마 28:11-15). 막달라 마리아는 무덤이 열리고 시신이 없어진 상황을 접하고서, "사람들이 주님을 무덤에서 가져다가 어디 두었는지 우리가 알지 못하겠다"라고 말했고(요 20:2), 이 말을 전해 들은 다른 제자들도 다소 놀라기는 했으나 그 상황을 예수님의 부활과 연결시켜 생각하지는 못하고 계속해서 좌절과 두려움 가운데 있었습니다(눅 24:22-24).

6. 베드로와 요한 두 제자가 무덤에 도착하여 안으로 들어가 보니, 예수님의 시신의 머리 부분을 쌌던 수건과 몸을 쌌던 세마포가 현장에 남아 있

었습니다(요 20:6-7).[41] 이것은 정말 불가사의한 일이었습니다. 시신은 어디론가 사라져 없는데, 그 시신을 감싸고 있었던 수건과 세마포는 그대로 남아 있었다는 것을 과연 어떻게 설명할 수 있습니까? 예수님의 시신과 수건과 세마포가 함께 다 현장에 있든지, 모두 다 사라지든지 했어야 합당하지 않겠습니까? 만일 누군가가 시신을 옮겼다면, 수건이나 세마포도 현장에 없었어야 이치에 맞습니다. 시신을 덮었던 수건과 세마포만 현장에 남아 있었다면, 이는 둘 중의 하나일 수밖에 없습니다. 곧 시신을 옮긴 자들이 현장에서 수건과 세마포 속에서 시신을 빼내어 분리하는 힘든 작업(시신에 향유를 발라 세마포로 싸놓은 상태였으므로, 그것이 시신과 엉겨 붙어 있어서 벗겨내기가 매우 어려웠을 것입니다)을 마친 후에 수건과 세마포는 현장에 남겨두고(어쩌면 곱게 개어두기까지 하고) 시신만 다른 곳으로 옮긴 것이든지, 아니면 예수님이 초자연적으로 부활하신 것이든지 말입니다. 첫 번째 추리는 가능성이 거의 희박합니다. 그러니 본문의 보도에 대한 가장 자연스러운 설명은 예수님이 부활하셨다는 것입니다. 만일 오늘날 똑같은 사건이 벌어졌고 똑같은 현장의 상태를 과학적으로 수사한다 해도, 예수님이 부활하셨다는 쪽으로 결론을 내릴 수밖에는 없을 것입니다. 그만큼 현장의 증거가 완전하다는 것입니다.

그러므로 요한이 이러한 현장의 상태를 보고 예수님의 부활을 믿었다는 것은 너무도 자연스런 일일 것입니다(요 20:8).[42] 또한 이와 관련하여, 천

_41 요 20:6-7의 보도를 근거로, 어떤 이들은 머리 부분을 쌌던 수건이 한쪽으로 치워져 곱게 개어져 있었다고 보기도 하고, 또 어떤 이들은 그 수건이 마치 성충(成蟲)이 빠져나간 누에고치처럼 본래 시신의 머리 부분을 싸놓았던 형태 그대로(물론 몸통을 싸놓았던 세마포도 본래 시신을 싸고 있던 형태를 그대로 유지한 채) 그 자리에 놓여있었다고 보기도 합니다. 이 두 가지 설명 중에 어느 쪽이 옳은지는 본문의 보도만으로는 정확히 판가름하기 어렵습니다. 참조. Carson, *John*, 637-639; Ladd, *Resurrection of Jesus*, 94-95; Morris, *John*, 735-737; Pink, *John*, 1077.

_42 십중팔구 요한은 현장에서 돌아와 자신이 목격한 증거에 근거하여 예수님의 부활 사실을 다른 제자들에게 알렸을 것이지만, 그들은 여전히 믿지 않았을 것으로 보입니다(참조. 눅 24:22-24). 어쩌면 요한은 비록 현장을 목격한 후 그것을 근거로 예수님의 부활을 믿게 되기는 했으나, 부활하신 예수님 자신을 직접 만나 뵙고 그의 부활 사실을 확증한 것은 아니었으므로, 좀 더 추이를 지켜보고자 하는 마음이었을지도 모릅니다.

사가 막달라 마리아와 다른 마리아에게 한 말씀 역시 전혀 예사롭지 않습니다. "그가 말씀하시던 대로 살아나셨느니라. 와서 그가 누우셨던 곳을 보라!"(마 28:6). "예수님의 시신이 뉘어져 있던 현장에 그가 부활하셨다는 증거가 고스란히 남아 있으니 그곳을 살펴보라. 그러면 그가 살아나신 것을 알게 되리라"라는 의미이니 말입니다.

7. 부활하신 예수님이 제자들에게 여러 차례 나타나셨고, 그의 부활을 믿지 않던 도마에게도 나타나 자신의 부활을 입증하셨습니다. 복음서와 바울 서신 보도들의 신빙성을 믿는다면, 예수님의 부활의 역사적 진실성은 너무도 분명합니다. 부활하신 그분이 직접 나타나셨으니 말입니다. 몇몇 본문을 인용해보겠습니다.

> 이 말을 할 때에 예수께서 친히 그 가운데 서서 이르시되, "너희에게 평강이 있을지어다" 하시니 그들이 놀라고 무서워하여 그 보는 것을 영으로 생각하는지라. 예수께서 이르시되, "어찌하여 두려워하며 어찌하여 마음에 의심이 일어나느냐? 내 손과 발을 보고 나인 줄 알라 또 나를 만져 보라. 영은 살과 뼈가 없으되 너희 보는 바와 같이 나는 있느니라." 이 말씀을 하시고 손과 발을 보이시나, 그들이 너무 기쁘므로 아직도 믿지 못하고 놀랍게 여길 때에 이르시되, "여기 무슨 먹을 것이 있느냐?" 하시니, 이에 구운 생선 한 토막을 드리니 받으사 그 앞에서 잡수시더라(눅 24:36-43).

> 여드레를 지나서 제자들이 다시 집 안에 있을 때에 도마도 함께 있고 문들이 닫혔는데, 예수께서 오사 가운데 서서 이르시되, "너희에게 평강이 있을지어다" 하시고, 도마에게 이르시되, "네 손가락을 이리 내밀어 내 손을 보고 네 손을 내밀어 내 옆구리에 넣어 보라. 그리하여 믿음 없는 자가 되지 말고 믿는 자가 되라." 도

마가 대답하여 이르되, "나의 주님이시요 나의 하나님이시니이다." 예수께서 이르시되, "너는 나를 본 고로 믿느냐? 보지 못하고 믿는 자들은 복되도다" 하시니라"(요 20:26-29).

내가 받은 것을 먼저 너희에게 전하였노니 이는 성경대로 그리스도께서 우리 죄를 위하여 죽으시고 장사 지낸 바 되었다가 성경대로 사흘 만에 다시 살아나사 게바에게 보이시고 후에 열두 제자에게와 그 후에 오백여 형제에게 일시에 보이셨나니 그 중에 지금까지 대다수는 살아 있고 어떤 사람은 잠들었으며 그 후에 야고보에게 보이셨으며 그 후에 모든 사도에게와 맨 나중에 만삭되지 못하여 난 자 같은 내게도 보이셨느니라(사도 바울의 증언, 고전 15:3-8).

II. 그리스도의 부활의 신빙성을 입증해주는 정황 증거

1. 예수님의 부활에 대한 사복음서의 보도가 서로 완전히 일치하지 않고, 세세한 부분적인 사항들에서 조금씩 차이가 있다는 것입니다. 이 점이 어떻게 증거가 될 수 있겠는가 의아스러울 수도 있으나, 오히려 사복음서의 보도가 세세한 부분에까지 정확히 일치한다면 그것이야말로 그 사실성을 의심할 근거가 될 수밖에 없을 것입니다. 사복음서 기자들이 함께 모의하여 공통된 결과물을 생산한 것이라는 의심을 피할 수 없었을 것이니 말입니다. 그러므로 사복음서의 보도들이 큰 줄거리와 중요한 사항들에 있어서는 모두 일치하면서도, 세세한 사항들에 있어서 서로 차이가 있다는 것이야말로 오히려 그 보도들의 신빙성을 높여주는 것이라 하겠습니다. 그 세세한 차이들은 얼마든지 서로 조화를 이룰 수 있는 것들입니다. 마치 동일한 사건에 대한 여러 신문이나 매스컴의 보도들이 제각기 다르면서도 종합하여 조화시킬 수 있는 것처럼 말입니다.

사복음서의 보도들에 나타나는 몇 가지 뚜렷한 차이점들을 말씀하자면, 무덤을 찾은 여자들의 명단에 사소한 차이가 나타나며(마 28:1; 막 16:1; 눅 24:10; 요 20:2을 서로 비교해보십시오), 그 여인들이 무덤을 찾은 목적을 다르게 보도하며("무덤을 보려고"[마 28:1], "향품"을 바르려고[막 16:1], "준비한 향품을 가지고"[눅 24:1]), 여자들을 만난 천사에 대한 묘사도 서로 다릅니다("천사"[마 28:2-5], "한 청년"[막 16:5-6], "두 사람"[눅 24:4], "두 천사"[요 20:12]).

2. 예수님의 부활에 대한 복음서의 보도의 신빙성을 높여주는 또 하나의 사실은, 예수님의 빈 무덤을 처음 목격한 자들이 여자였다는 사실입니다. 당시 유대인들의 정서로는 여자의 증언은 신빙성을 담보할 수 없고 법적 효력이 없는 것으로 여겼습니다. 옛날 아브라함의 아내 사라가 천사들의 말을 들으며 의심하였다는 것(창 18:12)이 빌미가 되어 여자들의 증언을 인정하지 않는 관례가 생겼다는 것입니다. 그런데 사복음서의 보도는 한결같이 예수님의 빈 무덤의 첫 목격자들이 여자들이었음을 증언하고 있습니다(마 28:1; 참조. 막 16:1; 눅 23:55-24:1; 요 20:1). 만일 사복음서의 보도들이 있지도 않은 일을 조작하여 기록한 것이라면, 그들이 무엇 때문에 여자들을 첫 증인으로 제시했겠습니까? 여자들의 증언을 대체 누가 신빙성 있는 것으로 받아주려 했겠습니까? 그러니 조작한 기록이라면 틀림없이 남자를 최초의 증인으로 삼았을 것입니다. 그럼에도 불구하고 복음서의 보도들이 한결같이 여자들을 최초의 증인들로 제시하는 것은, 그것이 실제로 일어난 사실이었기 때문이라고밖에는 설명할 수 없습니다.

3. 예수님이 십자가에 달리신 후 제자들은 모두 절망과 두려움에 빠져 있는 상태였습니다(참조. 요 20:19). 그러나 그로부터 불과 50일이 지난 오순절에 그들이 예루살렘 거리로 쏟아져 나와 예수님의 부활 사실을 모든 백성에게 담대히 선포하였습니다(행 2장). 예수님의 부활을 인정하지 않는 역사

비평학의 대부인 루돌프 불트만조차도 이 사실만은 인정하였습니다. "부활 그 자체는 과거에 실제로 일어난 역사적 사건이 아니다. 다만 역사비평을 통해 확인할 수 있는 것은 최초의 제자들이 부활을 믿게 되었다는 사실뿐이다"(Reymond, *A New Systematic Theology*, 573에서 재인용). 그는 부활 사건 그 자체는 믿지 못했으나, 제자들이 예수님의 부활을 믿었다는 것은 부인할 수 없는 사실임을 인정한 것입니다.

그렇다면 과연 예수께서 "살아나셨다"고 믿은 제자들의 믿음은 대체 어디서 온 걸까요? 예수님의 부활에서 나타난 그런 방식의 "부활"은 그들의 사고로서는 결코 상상할 수 없는 현상이었습니다. 그런 식의 부활에 대한 사고와 관념 자체가 그들에게 없었습니다. 그가 죽으신 후 그들은 모두 절망과 두려움에 빠져 숨어 있었습니다. 예수님이 죽으시기 전에 자신이 부활하실 것임을 제자들에게 누누이 말씀하셨는데도 말입니다! "부활"에 대해 그들이 갖고 있던 믿음은 종말에 있을 보편적인 부활에 대한 일반적인 믿음이 전부였습니다(참조. 요 11:24의 마르다의 신앙; "마지막 날 부활 때에는 다시 살아날 줄을 내가 아나이다"). 그러므로 현세에서 한 개인이 예수님이 부활하신 것과 같은 방식으로 실제로 부활한다는 것은 도저히 상상조차 할 수 없는 일이었습니다. 요한복음은 이 점을 선명하게 보도하고 있습니다. "그들은 성경에 그가 죽은 자 가운데서 다시 살아나야 하리라 하신 말씀을 아직 알지 못하더라"(요 20:9).[43]

그런데, 이런 상태에 있던 제자들 모두가 어느 날 갑자기 예루살렘 한복판에서 수많은 무리들 앞에서 예수 그리스도의 부활의 사실을 담대히 선

_43 누가복음 역시 부활하신 예수님이 이런 불신앙에 대해 하신 책망을 보도하고 있습니다. "미련하고 선지자들이 말한 모든 것을 마음에 더디 믿는 자들이여 그리스도가 이런 고난을 받고 자기의 영광에 들어가야 할 것이 아니냐?"(눅 24:25-26). 예수님이 비유를 사용하여 말씀하시는 일이 빈번했으므로, 어쩌면 제자들은 그의 부활에 대한 가르침들을 납득할 수가 없어서 그것을 비유로 간주해버렸을지도 모릅니다(Bruner, *John*, 1147).

포하였습니다. 그렇다면 이는 결코 그들이 그런 믿음을 스스로 조작해낸 결과라 할 수가 없고–불과 며칠 사이에 어떻게 그런 일을 조작해내며 또한 그 조작한 것을 확신과 기쁨에 가득 차서 공개적으로 선포할 수가 있었겠습니까?–오직 예수님이 실제로 부활하셨기 때문이라고 볼 수밖에는 없습니다. 예수님이 부활하신 후 제자들이 이처럼 갑자기 태도의 변화를 보인 사실에 대해, 메이첸 박사는 다음과 같이 말씀합니다.

> 예수님이 제자들에게 큰 소망을 갖게 하셨으나, 그가 십자가에 달려 죽으심으로 그 소망이 다 깨져버렸다. 신앙과 윤리의 일반적인 원리들을 아무리 깊이 생각한다 해도 이미 깨져버린 소망을 다시 살리기에는 역부족이었다....주님이 함께 계실 때에도 그들이 무기력했었는데 이제 그가 떠나버리셨으니, 그나마 그들에게 남아있던 작은 힘마저 다 사라져버린 상태였던 것이다.
>
> 그런데 그처럼 절망과 무기력에 빠져 있던 사람들이 그 스승이 죽은 지 불과 며칠만에 세상에 전에 없었던 극히 엄청난 영적인 활동을 개시하였다. 과연 어떻게 해서 이처럼 굉장한 변화가 생겨난 것일까? 유약하기 이를 데 없는 변덕쟁이였던 제자들을 이처럼 세상의 영적인 정복자들로 완전히 탈바꿈시켜놓은 것은 대체 무엇이었을까? 예수님의 생애에 대한 추억만으로는 결코 그렇게 될 수가 없었다. 그 추억으로는 기쁨은커녕 슬픔만 가득하게 될 뿐이었기 때문이다. 그가 십자가에 달리신 날로부터 그들이 예루살렘에서 사역을 시작하기까지의 그 며칠 사이에, 그들이 무언가 새로운 엄청난 무기(武器)를 갖추게 된 것이 분명했다....예수님의 제자들이 들고 나아가 세상을 정복한 그 위대한 무기는…오로지 최근 발생한 한 사건과 관련되는 한 가지 역사적 메시지, 곧 "그가 살아나셨다"라는 메시지가 바로 그것이었다(Machen, *Christianity and Liberalism*, 28).

또한 영국의 피터 루이스(Peter Lewis)가 이 문제에 대해 진술한 다음과 같은 내용은 정말 설득력이 있습니다.

> 사실, 신약성경 기자들이 묘사하는 예수는 그들이 창작해냈음 직한 그런 종류의 예수가 전혀 아니다. 그분은 사람들이 기대했던 것과는 판이하게 다른 메시아였고…전혀 다른 종류의 나라를 선포했다. 사람들이 그를 만들어낸 것이 아니고, 오히려 그가 사람들을 만들어 세우신 것이다....그들이 만들어낸 사람이었다면 아무리 잘해도 그저 경건한 평범한 인물에 불과했을 것이다. 그는 자신을 비판하는 자들을 향하여 신성모독처럼 들리는 발언들을 자주 했는데, 이는 사람들이 꾸며낸 허구(虛構)의 예수였다면 절대로 할 수 없었을 발언들인 것이다. 꾸며낸 예수였다면 아주 모범적인 회개자였을 수는 있으나 무죄한 하나님의 아들이었을 수도 없고, 자기도 감당할 수 없을 만큼의 그런 엄청난 메시지를 전한 설교자나, 혹은 비극적으로 이스라엘과 세상에 무너지는 메시아적인 기대로 가득 찬 영웅이었을 수도 없는 것이다.
>
> 그러나 사실은, 그분이 그들을 어리둥절하게 만드셨고, 그들에게 충격을 주셨고, 온갖 주장들로 그들을 아연실색하게 만드신 것이다. 그리고 그가 죽으셨을 때도 그들은 그 죽음을 도무지 기대하거나 이해하지 못했을 뿐만 아니라, 심지어 그가 부활하셨다는 사실도 처음에는 믿지 않았다. 그러나 결국 그 사실을 믿게 되었고, 그들은 기쁨과 큰 확신으로 평생토록 그를 경배하고 섬기게 되었던 것이다(Lewis, *Message of the Living God*, 22).

4. 오순절 이후 제자들이 예루살렘에서 예수님의 부활 사실을 담대히 선포하다가 당국자들에게 체포되었습니다. 그러나 그들은 제자들의 논지에 대해 아무런 반박도 할 수 없었습니다. 도저히 발뺌할 수 없이 명확했기 때문입

니다. 더욱이 부활에 대한 선포와 더불어 이적적인 표적이 함께 나타나기까지 했으므로, 그저 그들을 협박하여 무마시키려 하는 것 외에는 달리 방법이 없었습니다.

> 그들이 베드로와 요한이 담대하게 말함을 보고 그들을 본래 학문 없는 범인으로 알았다가 이상히 여기며, 또 전에 예수와 함께 있던 줄도 알고 또 병 나은 사람이 그들과 함께 서 있는 것을 보고 비난할 말이 없는지라....서로 의논하여 이르되, 이 사람들을 어떻게 할까, 그들로 말미암아 유명한 표적 나타난 것이 예루살렘에 사는 모든 사람에게 알려졌으니 우리도 부인할 수 없는지라. 이것이 민간에 더 퍼지지 못하게 그들을 위협하여 이후에는 이 이름으로 아무에게도 말하지 말게 하자 하고, 그들을 불러 경고하여 도무지 예수의 이름으로 말하지도 말고 가르치지도 말라 하니…관리들이 백성들 때문에 그들을 어떻게 처벌할지 방법을 찾지 못하고 다시 위협하여 놓아 주었으니 이는 모든 사람이 그 된 일을 보고 하나님께 영광을 돌림이라(행 4:13-18, 21).

5. 기독교 신앙이 예루살렘과 지중해 연안에 퍼져나가 최단기간에 그 전체 지역에 그리스도의 교회가 세워지고 수많은 사람이 회심하고, 또한 온갖 박해로 인하여 수많은 순교자가 생겨났음에도 불구하고 그 신앙이 사라지지 않고 오랜 세월 동안 지속되고 전수되어, 결국 세계 전체에 확산되는 놀라운 역사가 이어진다는 사실이야말로 예수님의 부활의 가장 확실한 증거 중의 하나일 것입니다. 기독교 교회의 역사는 인간의 합리적인 추론으로는 도저히 설명되지 않는 초자연적인 요인이 서려 있는 역사요, 그 근저에 예수님의 부활이라는 초자연적인 역사가 자리하고 있는 것입니다. 이 점에 대해 레이먼드는 다음과 같이 논평합니다.

> 1세기의 이교도들은, 예수가 로마인의 십자가에서 죽었다는 선언에 대해서는 별로 감동을 받지 않았겠지만—그리스도 이외에도 십자가에서 죽은 사람들이 수천이 넘지 않는가?—하나님이 예수를 죽은 자 가운데서 다시 살리셨다는 선언에 대해서는 중립적인 자세를 지키고 있을 수 없었을 것이다. 하나님이 그를 살리셨든지 살리지 않으셨든지 둘 중의 하나지, 이것도 저것도 아닌 중간적인 입장은 없는 것이었다. 원시 복음 선포의 이러한 면이 이교도들의 주목과 반응을 요구했던 것이다(레이먼드, 『바울의 생애와 신학』, 60).

그리스도의 부활의 의의

이 문제에 관해서도 여러 가지 논의할 내용이 있습니다만 그중에서 중요하다고 여겨지는 세 가지에 대해서만 간략하게 말씀드리고자 합니다.

1. 예수님의 부활은 그가 하나님의 아들이시며 또한 그가 주권자로서 하늘에 군림하셨다는 증거입니다. 스토트의 말을 빌리면 예수님의 부활은 "인간의 판결(判決)을 하나님이 역전시키신 것"이요 동시에 "죽으신 예수님을 하나님이 '영화롭게 하셨고' '높이신 것'"이라는 말입니다(Stott, *The Cross of Christ*, 35). 또한 미국의 개혁주의 신학자요 목회자인 케빈 드영(Kevin DeYoung)은 이렇게 설명합니다.

> 부활은 곧 예수님의 죽음이 충족했음(enough)을—죄를 속하기에 충족했고, 우리를 하나님과 화목하게 하기에 충족했고, 우리를 하나님의 임재 앞에 거룩한 자로 서게 하기에 충족했음을—뜻한다. 죄와 사망과 마귀가 패망한 것이요, 이것이야말로 그 빈 무덤이 전하는 기쁜 소식인 것이다. 부활은 그리스도께서 친히 자신이 아버지께 의로우심을 증명하신 것이요, 따라서 우리는 지금 믿음으로 그분의 의를 함께 소유할 수 있는 것이다"(DeYoung, *The Good News We*

Almost Forgot, 92-93).

바울은 로마서 1:4에서 그리스도께서 죽은 자들 가운데서 부활하심으로써 하나님의 권능의 아들이심이 드러났음을 말씀합니다. 또한 베드로는 고넬료의 가족들에게, 예수님은 "하나님이 살아 있는 자와 죽은 자의 재판장으로 정하신" 분이심을 말씀합니다(행 10:42). 부활을 통해 예수님은 자신이 온 천지를 통치하시는 주권자이시며 재판장이심을 만천하에 드러내신 것입니다. 그러므로 예수님의 부활이 역사적 사실이 아니라면, 기독교 신앙의 뼈대가 무너져 내리는 것과 마찬가지입니다.[44]

사도 바울은 고린도전서 15장에서 이러한 예수님의 부활의 사실성의 중요성을 명확히 논증합니다. 그리스도의 부활이 역사적 사실이 아니라면, "우리가 전파하는 것도 헛것이요, 또 너희 믿음도 헛것이며"(14절), 또한 그 자신이 그리스도의 부활을 증언했으니 그가 "거짓 증인"임이 드러날 것이며(15절), "그리스도께서 다시 살아나신 일이 없으면 너희의 믿음도 헛되고 너희가 여전히 죄 가운데 있을 것이요, 또한 그리스도 안에서 잠자는 자도 망하였으리니, 만일 그리스도 안에서 우리가 바라는 것이 다만 이 세상의 삶뿐이면 모든 사람 가운데 우리가 더욱 불쌍한 자"가 되고 말 것이라고 강력히 증언합니다(17-19절).

네덜란드의 위대한 칼빈주의 신학자 헤르만 바빙크(Herman Bavinck, 1854-1921)는 이러한 사도 바울의 증언에 근거하여 그리스도의 부활의 의의

_44 브루너는 마 28:6의 "그가…살아나셨느니라"(헬. "에게르테"[ἠγέρθη])라는 문구에 대해 설명하는 중에 다음과 같이 진술합니다. "어떤 의미에서 복음의 진리 전체가 마치 피라미드를 땅 위에 거꾸로 세워놓은 것처럼 이 한 단어의 진위(眞僞) 여부에 의존하여 서 있는 것이다. 이 문구가 사실이 아니고 그저 시적(詩的)인—혹은 상징적인 의미를 지닌—표현이었다면, 기독교 신앙이라는 건물 전체가 무너져 내릴 수밖에 없다. 죽은 사람을 살아 있다고 말하는 것은 거짓말이기 때문이다"(Bruner, *Matthew*, II, 789).

에 대해 다음과 같이 진술하고 있습니다.

> 부활이 없다면, 화목에 근거하고 믿음으로 받아들이는 죄 사함도 일어나지 않은 것이 되고, 복된 부활에 대한 소망도 전혀 근거 없는 것이 되어 버릴 것이다. 그렇다면, 그리스도가 하나님의 아들이시요 메시아라는 사실도 사라질 것이요, 그리스도는 덕을 가르치는 선생 이상 아무것도 아닌 존재가 되어 버릴 것이다. 그러나 부활이 과연 일어났다면, 아버지께서 그 부활 속에서 그리스도를…생명의 주요 세상의 구주로 선언하신 것이며 그를 그렇게 영화롭게 세우신 것이 되는 것이다"(바빙크, 『개혁교의학 개요』, 460).

2. 예수님의 부활은 장차 신자들이 경험하게 될 부활의 분명한 증표입니다(고전 15:20). 예수님의 부활이 마지막 신자들의 부활의 "첫 열매"이기 때문입니다. 바울은 또한 "하나님이 주를 다시 살리셨고 또한 그의 권능으로 우리를 다시 살리시리라"라고도 말씀합니다(고전 6:14). 그러므로 예수님의 부활의 역사적 사실성을 확신한다면, 그냥 덤덤하게 있을 수가 없습니다. 그의 부활이 미래에 있을 나의 부활과 직결되는 보증물입니다. 생애 처음 자기 이름으로 된 집을 계약하는 사람의 심정이 어떨까요? 가슴이 벅차오르고 큰 만족감과 기대를 가질 것입니다. 잔금을 치르고 입주하려면 아직 단계가 남아 있지만, 이제 계약금을 지불했으니 그 집은 이제 내 집이 된 것이나 다를 바 없는 것이니 말입니다. 예수님의 부활도 이와 유사합니다. 예수님이 부활하셔서 나의 부활에 대한 보증이 되셨으니, 나의 부활도 확증된 것입니다. 워필드 박사는 이 점과 관련하여 이렇게 기술합니다.

> 그리스도께서 부활하셨을 때에 사람들은, 죽음이 정복되고, 사람의 죄에 대해

> 선언된 저주가 역전되고, 첫 열매들이 무덤으로부터 하나님께 드려지는 위대한 광경을 목도한 것이다. 그가 다시 살아나신 것은 그저 한 개인이 죽음의 속박을 끊어낸 사건만이 아니었다….그것은 큰 추수의 시작이었다. 그러므로 그리스도의 부활에서 그리스도인은 자기 자신의 부활에 대한 보증과 증거를 본다. 또한 그리스도인은 사랑하는 이들의 시신을 땅에 묻을 때도, 소망이 없는 다른 이들처럼 슬퍼하는 것이 아니라, 자신들이 장차 부활하여 주님을 만나 뵐 그 날을 바라보는 소망으로 가슴이 뜨거워지는 것이다(Warfield, *Selected Shorter Writings*, I. 201).

사도 베드로는 지중해 연안에 흩어져 온갖 형태의 박해에 시달리는 성도들에게 편지하면서, 예수 그리스도의 부활의 사실을 회상하는 중에 이렇게 말씀합니다. "우리 주 예수 그리스도의 아버지 하나님을 찬송하리로다. 그의 많으신 긍휼대로 예수 그리스도를 죽은 자 가운데서 부활하게 하심으로 말미암아 우리를 거듭나게 하사 산 소망이 있게 하시며"(벧전 1:3). 예수 그리스도의 부활이 성도들의 "산 소망"의 근거가 되므로, 박해와 어려움 중에서도(참조. 5절) 흔들림 없이 정진하여야 한다는 것입니다. 오래전 어느 목회자의 설교에서, "예수님의 부활을 믿는 사람은 기뻐해야 합니다. 도무지 기쁨을 주체할 수 없을 정도가 되어야 합니다. 뛸 듯이 기뻐해야 마땅합니다"라고 강조하는 것을 들은 일이 있습니다. 예, 정말로 그렇습니다. 예수 그리스도의 부활이 그저 교리적인 진리로만 그쳐서는 안 됩니다. 그로 인하여 내 속에 "산 소망"이 생기고, 찬송과 기쁨이 생겨나야 마땅한 것입니다.

3. 예수님의 부활은 이 세상 사람들을 향한 엄중한 경고이기도 합니다. 부활로 말미암아 그가 하나님의 권능의 아들이심이 만천하에 드러났으니(롬 1:4), 누구든지 그를 믿고 그에게 경배하지 않으면 하나님의 엄중한 심판을

면치 못하는 것입니다. 그러므로 예수님의 부활은 그 심판의 확실함을 입증해주는 증거입니다. 바울은, 당시 이교도 문화의 중심지였던 아덴(오늘날 그리스의 아테네)의 아레오바고에서 행한 전도 설교에서, 회개하고 예수 그리스도를 믿을 것을 촉구하면서 그 이유를 말씀하고 있습니다.

> 이제는 어디든지 사람에게 다 명하사 회개하라 하셨으니, 이는 정하신 사람으로 하여금 천하를 공의로 심판할 날을 작정하시고 이에 그를 죽은 자 가운데서 다시 살리신 것으로 모든 사람에게 믿을 만한 증거를 주셨음이니라(행 17:30하-31).

바울은 이교도들 앞에서 조금도 머뭇거림이 없이 하나님의 "심판"의 확실함과 엄중함을 외치며 회개를 촉구합니다. 그리스도께서 부활하신 것이 그 심판이 반드시 있을 것이라는 "믿을 만한 증거"라는 것입니다. 이는 시편 2편의 말씀과도 맥이 닿아 있습니다. "그의 아들에게 입맞추라. 그렇지 아니하면 진노하심으로 너희가 길에서 망하리니 그의 진노가 급하심이라. 여호와께 피하는 모든 사람은 다 복이 있도다"(12절). 예, 그렇습니다. 부활하셔서 하나님의 아들이심을 만천하에 드러내신 바로 그 예수 그리스도께 나아가 "입맞추"고 그를 경배하는 길만이 여호와께 피하는 유일한 길이요 그의 진노하심을 피하는 길입니다.

결론

오늘날의 교회들에서 이러한 참된 메시지가 사라져가고 있습니다. 전도 행위나 전도 설교 자체가 사라진 것은 아니지만, 죄의 심각성, 그리스도의 유일성, 회개의 필수성, 심판의 필연성, 영원한 형벌의 확실성 등, 오늘날 현대인에게 혐오감을 줄 수 있는 께름칙한(?) 주제들은 슬쩍 뒤로 감추고 그 이외에 주변적인 것들을 강조하여, 사람들을 교회로 끌어들이는 것을 목적으로 삼는 경향이 점점 강해져 가고 있습니다. 사람들을 교회로 이끄는 데에 초점을 맞추니 자연히 온갖 인간적인 방법론들이 도입되고, 그러자니 성경의 본질적인 메시지들을 물타기 하고 희석해서 되도록 사람들을 기분 좋게 해주는 것에 역점을 둘 수밖에 없는 것이지요. 하지만 이런 태도는 진리를 거스르는 것이요, 따라서 하나님의 진노를 면치 못하는 것임을 알아야 합니다. 사도 바울의 경고를 명심해야 하겠습니다. "하나님의 진노가 불의로 진리를 막는 사람들의 모든 경건하지 않음과 불의에 대하여 하늘로부터 나타나나니"(롬 1:18).

두려움이나 거리낌 없이, 또한 우리의 죄악된 의도에 따라 취사 선택하는 것이 없이, 성경의 명확한 가르침을 있는 그대로 전해야 합니다. 구원을 얻게 하는 회심의 효과는 우리의 얄팍한 방법에 달린 것이 아니라, 구원하시고자 하는 하나님의 뜻에 전적으로 달려있는 것입니다. 우리의 임무는 성실하게 성경의 메시지를 있는 그대로 전하는 것입니다. 듣는 자들을 위한 간절한 기도와, 또한 그들을 향한 진정한 사랑의 마음으로 진리를 전하는 것입니다. "사랑으로 진리를 말하라"(엡 4:15)[45]는 사도의 말씀을 가슴에 담고서 말입니다.

16세기의 하이델베르크 요리문답(Heidelberg Catechism) 제45문답은 예수님의 부활이 성도에게 주는 유익에 대해 다음과 같이 가르치고 있습니다.

_45 헬. "알레테운테스 데 엔 아가페"(ἀληθεύοντες δὲ ἐν ἀγάπῃ). "알레테운테스"는 동사 "알레튜오"(ἀληθεύω)의 현재분사인데, 이 동사는 "진리/진실을 말하다" 혹은 "진실임이 드러나다" 등의 의미를 지니는 것으로 이 본문과 갈 4:16에만 나타나는데, 그곳의 용법("참된 말을 하므로")으로 보아 전자의 뜻이 합당하다고 봅니다(O'Brien, *Ephesians*, 311; 참조. Hodge, *Ephesians*, 172). 개역개정 성경은 본문을 "오직 사랑으로 참된 것을 말하라"라고 번역하는데, 여기서 "참된 것"을 "진리"의 의미로 취할 수도 있을 것입니다. 대다수의 영역 성경들(예. KJV, NIV, NASB, ESV 등)이 이 부분을 "speaking the truth in love"("사랑으로 진리를 말하며")로 번역하고 있습니다. 참조. 공동번역("사랑 가운데서 진리대로 살면서"); 새번역("사랑으로 진리를 말하고 살면서").

질문: 그리스도의 부활은 우리에게 어떤 유익을 줍니까?

답: 첫째로, 그는 부활로 죽음을 이기셔서, 우리로 하여금 그가 죽으심으로 우리를 위하여 얻으신 의(義)에 참여하게 하시며, 둘째로, 그의 능력으로 말미암아 우리 역시 새로운 생명에로 살리심을 받으며, 셋째로, 그리스도의 부활이 우리의 복된 부활에 대한 확실한 보증이 된다는 것입니다.

제8강.
믿음의 순종(1:5-7)

"5 그로 말미암아 우리가 은혜와 사도의 직분을 받아 그의 이름을
위하여 모든 이방인 중에서 믿어 순종하게 하나니
6 너희도 그들 중에서 예수 그리스도의 것으로 부르심을 받은 자
니라.
7 로마에서 하나님의 사랑하심을 받고 성도로 부르심을 받은 모
든 자에게 하나님 우리 아버지와 주 예수 그리스도로부터 은혜와
평강이 있기를 원하노라."

바울은 인사말의 마지막 부분에서 사도로서의 자신의 사명에 대해 말씀하고 이어서 로마의 성도들을 포함하여 "예수 그리스도의 것으로 부르심을 받은 자"들에 관하여 말씀하며, 마지막으로 그들에게 하나님과 그리스도께로부터 "은혜와 평강"이 임하기를 기원함으로써 인사말을 마무리합니다.

"은혜와 사도의 직분"

바울은 앞의 4절에서, 성령으로 말미암아 부활하셔서 하나님의 권능의 아들로 선포되신 "우리 주 예수 그리스도"를 언급했습니다만, 여기서 그 자

신이 "그로 말미암아 은혜와 사도의 직분을 받"았음을 말씀합니다. "은혜와 사도의 직분"이라는 표현은 다소 부자연스럽게 느껴지기도 합니다. 그러나 "은혜"와 "사도의 직분"을 서로 별개가 아니라 하나로 연결된 것으로 보아 "사도의 직분이라는 은혜"의 의미로 이해하면 더 자연스러울 것이라 여겨집니다.[46] 다음의 두 본문에서도 바울이 "은혜"와 자기 자신의 사명을 연결 짓고 있음을 볼 때 이렇게 이해하는 것이 올바른 방향인 것 같습니다.

> 하나님께서 내게 주신 은혜…는 곧 나로 이방인을 위하여 그리스도 예수의 일꾼이 되어 하나님의 복음의 제사장 직분을 하게…하려 하심이라(롬 15:15-16).

> 이 복음을 위하여…내게 주신 하나님의 은혜의 선물을 따라 내가 일꾼이 되었노라(엡 3:7-8).

먼저 이 "은혜"라는 단어에 대해 간략하게나마 설명이 필요할 것이라 여겨집니다. 이 단어는 바울 서신에 아주 빈번하게 언급되는 특징적인 단어이므로 그 의미를 명확히 이해하는 것이 하나님 나라의 진리를 올바로 깨닫는 데에 매우 중요하다 싶습니다. "은혜"를 뜻하는 헬라어 "카리스"(χάρις)는 "기쁨"을 뜻하는 헬라어 "카라"(χάρα)와 동일한 어근에서 파생된 단어로서, 그 기본적인 의미는 "기쁨을 유발하는 것" 혹은 "기뻐하게 만드는 원인"입니다(Morris, *Romans*, 48). 곧 사람들에게 기쁨을 주는 갖가지 동기나 원인들이 있는데, 그것들을 통칭하여 "은혜"라 부른다는 것입니다. 이것이 기본 의미입니다만, 바울의 용법에는 신학적인 내용이 그 바탕에 깔려 있습니다. "은혜"

_46 Moo, *Romans*, 51. 칼빈은 이 문구를 "사도가 되는 은혜를 받았으니"의 의미로 이해합니다(Calvin, *Romans*, 17).

란 한마디로 말해서 도저히 하나님 앞에 설 자격조차 없고 오로지 그에게서 진노와 형벌을 기대할 수밖에 없는 죄인을 향하여, 아무런 공적(功績)이나 공로(功勞)나 자격조건을 따지지 않고 무조건적으로 베풀어주시는 하나님의 호의(好意)를 뜻하는 것입니다.

아무런 대가를 요구하지 않고 베풀어주는 호의가 다 성경이 가르치는 "은혜"는 아닙니다. 아무런 관계없는 사람에게 무언가 호의를 베풀어주는 일은 얼마든지 있습니다. 나이 많은 노인이 무거운 짐을 들고 가는 것이 보기 딱하여 그 짐을 대신 들고 가는 젊은이의 모습은 미소를 머금게 합니다. 심지어 예수님께서도 "작은 자 중 하나에게 냉수 한 그릇이라도 주는 자"가 "상을 잃지 아니하리라"라고 말씀하셨습니다(마 10:42). 하지만 엄밀히 말해서 성경이 가르치는 "은혜"는 이런 식의 일반적인 호의를 뜻하는 것이 아닙니다. "은혜"란, 호의를 받기는커녕 그와 정반대로 진노와 형벌을 받아 마땅한 "죄인들"에게 베풀어지는 하나님의 호의입니다. 사전에 하나님을 거스른 범죄의 사실, 그를 향한 반역의 사실이 있었음을 전제하고, 그런 배경을 뛰어넘어 베풀어지는 것이 "은혜"입니다. 보이스는 이 점에 대해 이렇게 명확히 설명하고 있습니다.

> 흔히 은혜를 가리켜 받을 자격이 없는 자들을 향한 하나님의 호의로 정의하지만, 은혜는 그보다 더한 것입니다....그것은 호의를 받을 자격이 전혀 없고 오히려 정반대의 대접을 받아 마땅한 자들에게 베풀어지는 하나님의 호의입니다. 우리가 받아 마땅한 것은 지옥의 형벌입니다. 하나님의 내적인 중생의 역사를 경험하여 죄로부터 돌아서서 예수님께 순종할 수 있게 되는 것은 물론이고 심지어 복음을 들을 기회를 갖는 것조차도, 우리는 누릴 자격이 전혀 없습니다. 우리에게 합당한 것은 오히려 하나님의 진노와 그의 맹렬한 정죄의 심판입니다. 그런데 우리가

> 진노 대신 은혜를 얻으며, 우리를 대신하여 하나님의 심판을 받으시고 이제 살아 계셔서 우리를 통치하시는 그분이 우리에게 계신 것입니다(Boice, *Romans*, I, 58-59).[47]

오늘날 성경이 가르치는 갖가지 필수적인 도리들이 소위 물타기를 통해 계속 희석되는 일이 빈번히 일어납니다만, "은혜"도 예외가 아닙니다. 그 필수적인 요소를 무시해버림으로써 하나님의 그 크신 "은혜"를 사람이 베푸는 인간적인 호의와 크게 다를 바 없는 것으로 만들어버리는 일이 계속 일어나고 있습니다. 독일의 신정통주의 신학자 칼 바르트(Karl Barth, 1886-1968)는 "은혜란 하나님이 사람을 기뻐하시고 사람이 하나님 안에서 즐거워할 수 있다는 불가사의한 사실이다"라고 말하는데(Barth, *Romans*, 31), 이는 앞에서 말씀드린 성경적인 은혜의 필수 요건을 희석하는 듯한 애매모호한 진술의 전형이 아닌가 싶습니다.

다시 본문으로 돌아갑시다. 바울은 자신이 그리스도로 말미암아 사도의 직분을 받은 것을 순전히 "은혜"로 여기고 있습니다. 곧 자신이 사도의 직분을 받게 된 사실이 그 자신의 행위나 공로나 훌륭함에서 비롯된 것이 아니라, 죄인을 향한 하나님의 한량없는 호의의 산물임을 고백하고 있는 것입니다. 그는 고린도전서에서 예수님의 부활을 목격한 사실을 언급하면서, 자기 자신을 "만삭되지 못하여 난 자 같은" 사람으로 묘사하고, 이어서 교회를 박해

_47 또한 비크는 "하나님의 은혜"에 대해 다음과 같이 진술합니다. "[하나님의] 은혜를 받는 자들은 그냥 비천하고 가련하기만 한 죄인들이 아니라, 마음과 행위가 악하여 하나님을 대적하는 반역도들이다. 그는 그들에게 은혜를 베푸셔야 할 하등의 의무가 없으시다. 그들은 오로지 지옥에 합당한 죄인들일 뿐이다. 그런데 하나님이…그들에게 터무니없는 과분한 사랑을 쏟아 부으시며, 그리하여 그들의 삶이 영원히 바뀌는 것이다"(Beeke, *Living for God's Glory*, 135). 스토트의 다음과 같은 설명 역시 유익합니다. "은혜란 하나님의 사랑하심이요, 하나님의 낮추심이자 그가 구원을 위해 오심이요, 하나님이 예수 그리스도 안에서, 또한 그로 말미암아, 너그러이 자신을 주심이다"(Stott, *Romans*, 112).

하며 죄악된 길로 나아가던 그 자신을 사도로 부르신 그 하나님의 크신 은혜를 높이 찬송합니다.

> 맨 나중에 만삭되지 못하여 난 자 같은 내게도 보이셨느니라. 나는 사도 중에 가장 작은 자라. 나는 하나님의 교회를 박해하였으므로 사도라 칭함 받기를 감당하지 못할 자니라. 그러나 내가 나 된 것은 하나님의 은혜로 된 것이니, 내게 주신 그의 은혜가 헛되지 아니하여 내가 모든 사도보다 더 많이 수고하였으나, 내가 한 것이 아니요 오직 나와 함께 하신 하나님의 은혜로라(고전 15:8-10).

그렇습니다. 바울은 자신의 사도 직분이 전적으로 하나님의 은혜임을 절감하고 있었습니다. 그것은 그저 잠시 느끼다가 잊어버리는 그런 것이 아니었습니다. 회심 이후 마지막 순교할 때까지 항상 그의 뇌리 속에 늘 자리 잡고 있었던 것이 바로 그것이었습니다. 바울 서신 전체에서 이러한 정서가 거듭거듭 나타나고 있으니 말입니다(참조. 딤전 1:12-14). 죄인 줄 모르고 오히려 하나님을 영화롭게 하는 길이라 여겨 열정적으로 교회를 박해하던 과거의 자신의 죄악된 모습과 지금 그리스도의 사도로서의 자신의 모습을 비교하면서, 자기 자신에게 일어난 상상조차 할 수 없는 그 엄청난 변화를 시시때때로 절감하는 바울의 모습을 여기서 떠올리게 됩니다. "나의 과거의 모습이 얼마나 터무니없었던가! 나야말로 극악한 죄인이지 않았던가! 내가 나 된 것은 과연 하나님의 은혜로구나! 아아, 나 같은 죄인이 구원을 받게 되다니! 더욱이 그리스도의 사도로 부르심을 받아 그 영광된 복음을 전하는 특권을 누리게 되다니! 이 은혜를 과연 어떻게 다 갚을까!" 이러한 감격의 정서가 절절하게 느껴지는 대목입니다.

여러분, 우리는 어떻습니까? 영적 죽음 속에서 헤매면서도 그 사실을 전혀 깨닫지 못하고, 그 속에서 죄를 범하며 항상 하나님의 영광과 역행하던 우리를, 예수 그리스도로 말미암아 구원하사 영원한 생명을 누리게 하신 하나님의 그 놀라우신 은혜를 깨닫고 감격하며 감사하고 있습니까? 그러한 구원의 은혜야말로 평생을 감사해도 오히려 모자랄 그 다함 없는 호의일 것입니다. 그뿐 아니라 우리에게 구체적인 삶의 정황 속에서 하나님의 백성으로서 그의 영광을 위하여 행할 각양의 임무들을 맡기셨으니, 이 얼마나 귀한 "은혜"인지 모릅니다. 주의 영광을 위하여 감당할 임무가 내게 주어졌다는 것이 얼마나 귀하고 감사한 일인지요! 이러한 감사의 마음이야말로 우리 참된 신자들의 삶의 동력입니다.

"항상 기뻐하라 쉬지 말고 기도하라 범사에 감사하라 이것이 그리스도 예수 안에서 너희를 향하신 하나님의 뜻이니라"(살전 5:18)라는 사도 바울의 말씀을 기억합시다. 진정 구원받은 사람이라면 누구든 그 구원에 대한 감격과 감사가 있고, 또한 그리스도 안에서 하나님을 위하여 감당해야 할 사명이 반드시 있는 것이니, "범사에" 감사할 이유가 충분한 것입니다. 성도가 이처럼 기쁨과 감사로 가득하여 그의 임무를 행하는 것이야말로 하나님께서 그리스도 안에서 그들을 향하여 의도하시는 "뜻"이라는 것입니다. 하나님이 무언가를 "뜻"하신다면, 거기에는 지극히 합당한 이유가 있는 것이고, 또한 그는 반드시 그 "뜻"을 이루어 가시는 법입니다.

믿음의 순종

개역개정 성경 5절—"그로 말미암아 우리가 은혜와 사도의 직분을 받아 그의 이름을 위하여 모든 이방인 중에서 믿어 순종하게 하나니"—은 풀어서 번역하다 보니 헬라어 원문의 어순이 잘 반영되어 있지 않습니다. 원문의 어순을 되도록 살려서 이를 다시 번역하자면 다음과 같이 할 수 있을 것입니다.

그로 말미암아 우리가 은혜와 사도의 직분을 받았으니, 이는 모든 이방인 중에서 믿음의 순종을 이루며 (그리하여) 그의 이름을 (높이기) 위함이니.

여기서 우리는 바울이 그리스도께로부터 받은 사도의 직분의 목적이 무엇인지를 명확히 볼 수 있습니다. 그 목적은 두 가지, 곧, 이방인들 중에서 "믿음의 순종"을 이루는 것과, 또한 그리하여 그리스도의 "이름을" 높이는 것입니다. 다시 말하면, "믿음의 순종"을 이루어내는 일이 바울의 사역의 실천적인 목표요, 이를 통하여 그리스도의 이름을 높이는 일이 그의 궁극적인 목표라는 말씀입니다.

"믿음의 순종"(헬. "휘파코엔 피스테오스"[ὑπακοὴν πίστεως])이란 바울에게, 특히 로마서에서는 매우 의미심장한 어구입니다. 여기 로마서의 첫 시작 부분에도 언급되더니, 거의 끝부분인 16:26에도 동일한 어구가 언급되고 있습니다. "영원하신 하나님의 명을 따라 선지자들의 글로 말미암아 모든 민족이 믿어 순종하게 하시려고 알게 하신 바 그 신비의 계시를 따라 된 것이니." 그리하여 심지어 한 학자는 이 문구의 중요성에 착안하여, "로마서는 이신칭의(以信稱義; 믿음으로 말미암는 의롭다 하심)의 서신인 동시에 '믿음의 순종'의 서신이다"라고까지 논평합니다(Bird, *Romans*, 25). "믿음의 순종"이란 구체적으로 무슨 의미일까요? "믿음"과 "순종"을 동격으로 보아, "순종, 곧 믿음" 혹은 "믿음이 근본적인 요소를 이루는 순종"의 의미로 이해하는 분들도 있으나,[_48] "믿음에서 비롯되는 순종", 혹은 "믿음에서 우러나오는 순종"의 의미로 보는 것이 더 자연스럽고 설득력이 있다고 여겨집니다.[_49] 스토트는 이에 대

_48 Hodge, *Romans*, 21; Murray, *Romans*, I. 13; Lloyd-Jones, *Romans*, I, 137-138.

_49 Schreiner, *Romans*, 35; Longenecker, *Romans*, 80. 참조. NIV: "the obedience that comes from faith."

해 다음과 같이 적절히 설명하고 있습니다.

> 복음에 대한 합당한 응답은 오로지 믿음뿐이다. 하지만 예수 그리스도에 대한 참되고 살아 있는 믿음은 그 자체에 순종의 요소가 포함되어 있으니(참조. 롬 10:3), 이는 특히 그 믿음의 대상이 "주 예수 그리스도"(롬 1:4, 7)이시기 때문이요, 또한 그 믿음이 반드시 평생의 순종으로 이어지기 때문이다. 그러므로 바울이 (이방인들에게서) 의도한 반응은 바로 예수 그리스도에 대한 전폭적이며 다함 없는 헌신이었고, 그는 이것을 "믿음의 순종"이라 부르는 것이다(Stott, *Romans*, 52-53).

예수 그리스도를 믿는 참된 믿음은 그 자체로 끝나지 않고 반드시 지속적인 순종으로 이어지며 순종의 삶을 통해 그 모습을 드러내는 법입니다. 예수께서 그리스도시요 하나님의 아들이심을 믿는 참된 믿음이 있다면, 그에게 경배하고 그의 명령을 기꺼이 마음으로 따르고 지키는 순종의 삶이 반드시 이어진다는 것입니다. 예수님이 하나님의 아들이심을 믿는다 하면서 어떻게 그의 말씀을 따르지 않을 수 있겠습니까? 예수를 믿는 성도들이 그의 계명에 순종하여야 한다는 사실은 요한복음의 주님의 말씀에서도 거듭 나타납니다. "나를 사랑하면 나의 계명을 지키리라"(14:15); "나의 계명을 지키는 자라야 나를 사랑하는 자니"(14:21; 참조. 15:10, 12-14). 또한 "믿음"과 "순종"이 불가분리의 관계로 연결되어 있다는 사실이 요한복음의 말씀에서 암시되기도 합니다. "아들을 믿는 자에게는 영생이 있고 아들에게 순종하지 아니하는 자는 영생을 보지 못하고 도리어 하나님의 진노가 그 위에 머물러 있느니라"(요 3:36). 그뿐 아니라 요한일서 역시 다음과 같이 말씀합니다.

그를 아노라 하고 그의 계명을 지키지 아니하는 자는 거짓말하는 자요 진리가 그 속에 있지 아니하되 누구든지 그의 말씀을 지키는 자는 하나님의 사랑이 참으로 그 속에서 온전하게 되었나니 이로써 우리가 그의 안에 있는 줄을 아노라. 그의 안에 산다고 하는 자는 그가 행하시는 대로 자기도 행할지니라"(요일 2:4-6; 참조. 3:9-10, 24; 5:18).

그리스도를 믿는 사람이라면 반드시 이처럼 그리스도의 계명을 지켜나가는 순종의 모습을 드러내 보이는 법입니다. 여기서 "반드시"라는 말을 강조해야 할 필요가 있습니다. "믿음"에서 "순종"으로 이어지는 것은 선택 사항이 아니고 필연적 사항이라는 것입니다. 야고보 선생은, "행함이 없는 믿음이 헛것"이요(약 2:20) 또한 "죽은 것"(26절)이라고 말씀하셨는데, 여기의 "순종"이 바로 그 "행함"과 거의 같은 의미라 봅니다. 예수 그리스도께서 하나님의 아들이심을 "믿음"으로 알고 인식하게 되면, 그다음에 "반드시" 그를 높이 받들고 그의 계명들을 지극히 귀중한 것으로 여겨 그것들을 지키며 행하는 삶으로 이어지게 되는 것입니다. 부모와 자녀의 정상적인 관계를 생각해보면 이 이치를 금방 이해할 수 있습니다. 정상적으로 양육 받은 자녀라면, 자기를 사랑으로 키워주신 부모를 생각할 때에 언제나 애틋한 사랑과 감사의 마음으로 가득할 것이고, 어떻게 하든지 그 부모를 기쁘게 해주고자 늘 힘쓸 것입니다.

예수 그리스도를 향한 순종도 마찬가지입니다. 구원받은 참된 신자는 그리스도를 향한 이러한 애틋한 사랑과 감사의 마음이 가득하며, 그것이 기꺼운 순종으로 이어지는 것입니다. 이처럼 "믿음"과 "순종"은 서로 떼어낼 수가 없습니다. 예수님은 남녀의 결혼에 대해, "이제 둘이 아니요 한 몸이니 그러므로 하나님이 짝지어 주신 것을 사람이 나누지 못할지니라"(마 19:6)라고 말씀하셨는데, "믿음"과 "순종" 역시 "하나님이 짝지어 주신 것"이므로 사람이 임의로 분리할 수 없다 할 것입니다. 17세기 잉글랜드의 청교도 토마스 맨튼(Thomas Manton: 1620-1677)은 이 점에 대해 다음과 같이 훌륭하게 설명해줍니다.

> 순종은 믿음의 딸이다. 믿음은 하나님의 은혜만이 아니라 피조물의 의무와도 결부된다. 은혜를 깨닫게 함으로써 의무를 행하게 하는 것이다....믿음은 하나님의 사랑에 대한 갖가지 깨달음으로 영혼을 가득 채우고 사랑의 감미로움을 사용하여 우리를 강권함으로써 더 많은 행위 혹은 순종을 행하게 만드는 것이다(Pink, *Gleanings in Joshua*, 26에서 재인용).

그러므로 참된 그리스도인에게서 나타나는 "순종"의 삶, 혹은 믿음의 행위는 불신자들의 도덕적인 삶의 모습과는 근본적으로 다른 것이며, 불신자들로서는 결코 이해하거나 알 수도 없는 것입니다. 할데인 선생의 다음과 같은 해명은 이 점에 관하여 참으로 귀중한 가르침을 줍니다.

> 성경에서 묘사하는 [신자들의] 순종은 그 동기와 기초부터가 믿지 않는 세상적인 도덕성과는 전혀 다르며, 그 본질과 결과에서도 그 수준을 훨씬 뛰어넘는다. 그것은 모든 면에서 하나님의 권위에 굴복하는 믿음의 삶이요 또한 복음에서 가르치는 동기(動機)들의 영향과 지도하에 시행되는 것이므로, 사람의 본성으로는 그것에 대해 아무런 지식도 얻을 수가 없다. 믿음이 없는 자들은 그런 순종을 그저 헛된 사색에 불과한 것으로 여긴다. 그러나 믿음을 소유한 자들은 그 믿음이야말로 하나님께서 받으실 만한 모든 행위의 유일하고도 강력한 원천이라는 것을 아는 법이다....아무리 그럴듯해 보인다 해도, 아무리 사람들이 높이 떠받들고

사회에 이바지하는 것이라 해도, 믿음에서 비롯되지 않는 행위는 진정 선한 것이 아니다(Haldane, *Romans*, 46).

믿음과 순종의 분리

그런데 오늘날 교회 일각에서 이 "믿음"과 "순종"을 서로 분리시키는 그릇된 가르침이 성행하고 있습니다. "믿음"만을 필수적인 사항으로 강조하고, "순종"의 삶, 혹은 "행함"은 선택 사항으로 제쳐두는 것이 그것입니다. 믿음으로 그리스도를 내 개인의 구주로 영접하면 구원을 받게 되는 것이니 그 이후에 어떠한 삶을 살든지 구원과는 전혀 관계없다는 것입니다. 순종의 삶을 사는 문제는 훗날 상급에 관계되는 일일 뿐이고, 구원은 이미 얻은 것이니 전혀 염려할 것이 없다고 합니다. "가장 중요한 구원을 이미 받아놓았으니 상급을 못 받으면 어떤가? 좀 섭섭하기는 해도 전혀 상관없다"라는 식입니다. 그리하여 자연스레 구원받은 성도를 두 가지 부류로 나누게 됩니다. 한편에는 "행함" 혹은 "순종"이 없어 상급을 받지 못하고 그저 구원만 받게 되는 "육신적 그리스도인"(carnal Christians)이 있고, 또 다른 편에는 성실히 "순종"의 삶을 살아서 훗날 상급을 받게 되는 특수한 "영적 그리스도인"(spiritual Christians)이 있다는 것입니다.[50] 그러나 이런 식의 가르침은 결코 올바른 성경적 가르침이 아니며, 이는 "반(反)율법주의", "무(無)율법주의", 혹은 "율법폐기론" 등(영어로는 "antinomianism")의 용어로 불리는 그릇된 사상입니다.[51] 영국의 성경 강해자 아더 핑크(Arthur W. Pink, 1886-1952)는 이런 식의 사고

_50 "육신적 그리스도인"과 "영적 그리스도인"을 구별하는 논지의 오류에 대해서는 참조. Hoekema, *Saved By Grace*, 20-27; MacArther, *Ashamed of the Gospel*, Ryle, *Holiness*, xxiv-xxv.

_51 반율법주의, 무율법주의, 혹은 율법폐기론에 대해서는 본서 567-570쪽과 아울러 다음을 참조하십시오. Beeke & Jones, *A Puritan Theology*, 323-9, 558-9, 606-7; Horton, *Christian Faith*, 673-7; MacArthur, *Biblical Doctrine*, 622-3; idem., *Gospel according to Paul*, 116-20; Reisinger, *The Law and the Gospel*, 58-68.

의 오류에 대해 다음과 같이 경계합니다.

> 스스로 그리스도인이라 여기면서도, "하나님이 절대로 우리를 떠나거나 버려두지 않겠다고 약속하셨으니 만일 우리가 세상과 짝하고 죄와 어울린다 해도 우리는 절대로 안전하다"라는 식으로 생각하는 이들이 있다면, 그것은 이들이 아직 중생하지 않은 상태임을 스스로 선명히 드러내는 것 외에 아무것도 아닙니다...."하나님이 반드시 그의 작정하신 바를 이루시고 그가 영생에 이르도록 정하신 모든 사람을 그리스도께로 이끄실 것이니 우리로서는 영혼들에 대해 깊이 걱정할 필요도 없고 그들의 구원을 위하여 힘쓸 필요도 없다"라는 식으로 말하는 자들은, 참된 하나님 자녀의 언어로 말하는 것이 아니요, 오히려 진리를 왜곡하고 있는 것입니다. 하나님의 약속들에 대해 게으름과 무관심으로 반응한다면, 이는 우리가 그 약속들을 영적으로가 아니라 육신적으로 받아들였다는 증거입니다. 하나님이 격려와 위로로 주신 것들을 올바로 사용하느냐 그릇 사용하느냐가 우리 마음의 진정한 상태를 보여주는 좋은 지표인 것입니다(Pink, *Gleanings in Joshua*, 33-34).

성경은 어디서든 "믿음"과 "순종"을 서로 긴밀하게 연결 짓고 있습니다. 그러므로 "믿음"이 있으면 반드시 "순종"으로 이어지는 것이고, "순종"의 삶이 "믿음" 그 자체의 존재를 입증해주는 것이라는 점을 잊어서는 안 될 것입니다.

그런데 "순종"과 관련해서 유의할 점이 있습니다. 곧 그리스도인의 순종은 마치 하인이나 노예가 징벌이 두려워 마지못하여 주인의 명령에 복종하듯 억지로 행하는 것이 아니라, 자녀가 부모에게 하듯 마음에서 우러나서 진심을 담아 행하는 모습을 지닌다는 사실입니다. 바울은 "너희는 다시 무서워하는 종의 영을 받지 아니하고 양자의 영을 받았으므로 우리가 아빠 아버지라고 부르짖느니라"라고 말씀합니다(롬 8:15). 그리스도를 믿는 자들은 "종"과는 전혀 달리, 하나님의 "양자"들로 입양되어 이제 하나님의 적법한 자녀들이 되었으므로 마치 어린 자녀가 힘들고 어려운 위기의 상황에 처할 때 아버지를 향하여 "아빠!"라고 부르며 그의 도우심을 애절하게 구하듯이, 하나님을–또한 그리스도를–그렇게 전적으로 기대고 의지할 유일한 대상으로 여겨 그렇게 실질적으로 대하게 된다는 것입니다.[_52] 칼빈은 또한 "순종"과 관련하여 다음과 같이 지적하고 있습니다.

> 종들은 주인에게서 부여받은 분량의 과제를 정확하게 이행해놓지 않으면…감히 주인 앞에 나설 엄두도 내지 못한다. 그러나 아들의 경우는 사정이 전혀 다르다. 아들에 대해서는 부모가 좀 더 너그럽고 자유롭게 대한다. 그러므로 아들은 비록…자기가 행한 일 중에 흠이 좀 있다 할지라도, 있는 그대로를 부모 앞에 내어놓는다. 왜 그럴까? 비록 부모가 원하는 만큼 정확하게 일을 마치지는 못했지만 자기의 순종과 마음의 기꺼운 헌신을 부모가 받아줄 것이라고 믿기 때문이다. 우리의 생각과 느낌이 바로 이와 같아야 한다. 우리의 섬김의 행위가 아무리 작고 보잘것없고 불완전해도 지극히 자비하신 아버지께서 그것들을 받아주실 것을 분명히 확신해야 한다는 말이다"(칼빈, 『기독교강요』, 중, 400; III.19.6).

_52 롬 8:15의 "우리가 아빠 아버지라고 부르짖느니라"의 올바른 의미에 대해 싱클레어 퍼거슨은 다음과 같이 설득력 있게 설명합니다. "바울은 신자가 '아빠 아버지'라 부르짖는다고 말씀하는데, 여기의 헬라어 동사 '크라조'는 큰 외침, 혹은 도움이 필요해서 외치는 부르짖음을 뜻한다.…이 단어는 복음서에서 눈먼 걸인이 도움을 구하며 외치는 것을 묘사하는 데에서 사용되며(마 20:30), 또한 무리들이 '그를 십자가에 못박게 하소서'라고 외치는 것을 묘사하는 데에 사용되며(막 15:13), 또한 요한계시록에서는 여인이 해산의 고통 중에 부르짖는 것을 묘사하는 데에 사용되기도 한다(계 12:2).…그러므로 바울은 큰 어려움과 위기의 상황에서 터져 나오는 큰 외침을 염두에 두었던 것 같다. '아빠! 아버지!'는 만족감과 안정감 속에서 편안히 나오는 속삭임이 아니다. 그것은 오히려 넘어지고 쓰러져 있는 상태에서 아버지에게 도움을 구하는 어린아이의 애절한 울음소리다. 이는 어려움에 처한 어린아이의 깊은 본능의 외침이다"(Ferguson, *The Whole Christ*, 209).

또 한 가지 지적하고자 하는 것은 그리스도인이 경험하는 순종의 삶에 굴곡이 있다는 점입니다. 구원을 받았다 할지라도 옛사람의 죄악된 본성이 여전히 우리 속에 남아 있으므로 그것의 영향을 피할 수가 없습니다. 그러므로 이따금씩 그 죄악된 본성이 발휘될 때마다 시험에 빠지기도 하고 나태해지거나 게으름을 피우게도 됩니다. 바울은 "그리스도 예수의 사람들은 육체와 함께 그 정욕과 탐심을 십자가에 못 박았느니라"(갈 5:24)라고 말씀합니다. 참된 그리스도인은 그 죄악된 본성을 십자가에 매달아놓은 상태라는 것입니다. 예, 그렇습니다. 성령으로 말미암아 새로운 영적 생명을 부여받을 때에 이미 우리의 죄악된 본성이 결정적으로 십자가에 달리는 일이 발생했으니, 이제 우리의 죄성(罪性)이 십자가에 달려 힘겹게 마지막 숨을 내쉬며 죽어가고 있는 것입니다. 스코틀랜드의 성경 강해자 존 브라운(John Brown, 1784-1858)은 이 점에 대해 다음과 같이 설명합니다.

> 십자가형(刑)은 사람을 갑자기 죽게 하지 않고 서서히 죽게 만든다....참된 그리스도인들이라 할지라도 이 땅에 있는 동안에는 육체와 정욕을 완전히 파괴하지는 못한다. 다만 이미 그것을 십자가에 매달아놓았고, 그 목숨이 끊어질 때까지 거기에 그대로 매달아두기로 결심하는 것이다(Stott, *Message of Galatians*, 151에서 재인용).

그 죄성은 이제 "죽어가고 있는 것"이요, 결국에는 완전히 죽게 되어 있습니다. 하지만 엄밀히 말하면 아직 완전히 숨이 끊어진 것은 아닙니다. 그러니 이따금씩 그 죄악된 본성이 십자가에 달린 상태에서 용트림하며 발버둥 치며 발악을 하기도 하며, 그럴 때마다 그 본성의 죄악된 모습이 우리에게서 표출되곤 하는 것입니다.

그러므로 우리의 순종의 삶이라는 것이 결코 완전무결한 것이 아니고, 거기에 항상 불순물이 끼어 있을 수밖에 없습니다. 이는 어쩔 수 없는 우리의 죄악된 연약함입니다. 하지만 이런 부정적인 면에도 불구하고, 죄악된 본성이 계속 죽어가고 또한 그리스도 안의 영적 생명이 계속 자라나는 모습을 보이게 됩니다. 그리스도인의 순종은 모든 성도들이 칭의(稱義: 'justification', '의롭다 하심') 이후에 경험하게 되는 점진적 성화(漸進的 聖化: progressive sanctification) 과정의 일부라 할 것입니다. 이 성화의 과정에는 성령과 말씀의 역사로 말미암아 성도들이 날마다 죄를 깨닫고 그것들을 제거해나가는 소극적인 면과, 또한 그리스도의 생명을 지닌 자로서 그리스도를 닮아가는 적극적인 면이 있는데, 순종이란 바로 그리스도를 닮아가는 적극적인 방면에 속하는 것이라 하겠습니다.

사도 바울은, 이방인들에게 하나님의 아들의 "복음"을 선포하고 가르치는 자신의 사역을 통하여, 그들이 하나님의 아들 예수 그리스도를 믿는 믿음을 선물로 받아 평생토록 이어지는 순종을 통해 그리스도의 장성한 분량에까지 자라나 참된 성도의 면모를 드러내도록 하는 것을 자신의 사도의 직분의 목표로 삼고 있었던 것입니다.

그의 이름을 위하여

바울은 "은혜"로 말미암아 "사도의 직분"을 받았는데, 그 일차적인 목적은 이방인들에게 복음을 전하고 가르쳐서 그들에게서 "믿음의 순종"을 일구어내는 것이었습니다. 그러나 이것이 궁극적인 목적은 아니었습니다. 그 궁극적인 목적은 바로 "그의 이름을 위하"는 것이었습니다. 곧 그리스도 자신의 존귀와 영광을 위하는 것이 그의 "사도의 직분"의 궁극적이요 최종적인 목적이었다는 것입니다. 우리는 무엇보다 이 가르침이 주는 의미를 잘 새겨야 할 것입니다. 이방인들에게 "믿음의 순종"이 열매 맺도록 최선의 노력을 기울이는 것이 중요합니다만 그 일은 어디까지나 부차적인 목표입니다. 그 일을 통하여 그리스도의 이름을 높이고 그에게 존귀와 영광이 돌아가도록 하는 것이 최종적인 목표입니다. 이 사실을 분명히 직시해야 하는 것입니다.

예, 전도를 통해 사람들의 영혼이 구원받도록 하는 일이 우리가 담당해야 할 귀중한 사명인 것은 분명합니다. 그들의 영혼을 사랑하는 마음이 우리 속에 있어야 하고, 그러한 사랑이 전도 활동을 통해서 드러나야 합니다. 하지만, 여러분, 그것이 우리의 최상의 목적은 아닙니다. 최고 최상의 목적은 그리스도께 영광을 돌리고 그의 이름을 높이는 것이요, 영혼을 구원하고자 하는 모든 노력은 어디까지나 그 목적을 이루는 수단일 뿐이라는 점입니다. 특히 오늘날의 우리로서는 이 사실을 명확히 깨닫는 일이 무척이나 중요합니다. 수많은 목회자와 교인들이 이와 관련하여 심각한 오류에 빠지는 안타까운 현실이 우리 앞에 놓여있기 때문입니다.

곧 불신자들의 영혼을 구원하는 일 그 자체를 전도의 최고의 목적으로 삼는 것이 바로 그것입니다. 그리스도의 영광에 대해서는 아무런 관심이 없고 오로지 영혼 구원에만 최고의 관심을 기울이는 것입니다. 그러다 보니 어떻게 하든, 어떤 방법을 쓰든, 영혼을 구원하는 데에 총력을 기울여야 하지 않겠는가 하는 식의 사고가 생겨나고 그런 사고가 모든 것을 주도하게 되는 것입니다. 그리하여 사람들의 성향이나 취향에 맞는 온갖 얄팍한 방법론들이 전도에 적용됩니다. 사람들이 혐오감을 갖거나 꺼려할 만한 요소들은 뒤로 숨기거나 과감하게 제거해버리고, 대신 사람들의 호감을 살 만한 요소들을 전면에 부각시키고 그것들을 강조하는 것입니다.

오래전 고국을 방문했을 때에 한 목회자를 만난 일이 있는데, 그분의 말이 전도를 위해서라면 모든 방법을 다 동원해야 한다는 것이었습니다. 교회당의 실내도 사람들이 들어와 보고 무언가 경건한 느낌을 받도록 중후하게 장식하는 것이 좋고, 청소년들이 춤추는 것을 좋아하니 교회당에 댄스실도 만들고(춤추고 놀아도 교회당 내에서 그렇게 하면 최소한 외부의 나쁜 유혹에 빠지는 일은 막을 수 있지 않겠느냐는 논지였습니다), 여름철에 아이들이 수영장에 가느라 교회 예배에 빠지는 경우가 허다하니 교회 경내에 수영장을 만들어서 주일학교에 참석하는 아이들이 자부심을 느끼게 해주어야 한다는 식이었습니다. 그런데 정말 안타까웠던 것은, 그리스도의 존귀와 영광에 대한 그 어떠한 관심도 그에게서 발견하지 못했다는 것입니다. 그분에게는 오로지 어떤 방법을 쓰든 간에 한 사람이라도 더 교회로 이끄는 것이 지상 최고의 목표였습니다. 이것은 다소 극단적인 예이기는 합니다만, 오늘날 교회의 지도자들 가운데 이런 식의 소위 종교적 실용주의(religious pragmatism)에 빠져 있는 분들이 매우 많은 현실에 정말 가슴이 아파옵니다.

이러한 종교적 실용주의의 문제점은 19세기 제2차 영적 대각성 운동 당시 미국교회의 역사에서 매우 잘 드러납니다. 당시 미국교회에서 활동하던 수많은 전도자 가운데 두 사람이 특히 두드러집니다. 곧 그 유명한 찰스 피니(Charles G. Finney, 1792-1875)와 오늘날 잘 알려지지 않은 아사헬 네틀턴(Asahel Nettleton, 1783-1844)이 바로 그들입니다. 두 사람은 전도의 메시지나 방법론에 있어서 서로 정반대의 길을 걸었습니다. 피니는 종교적 실용주의를 그의 전도사역에 아주 유용하게 적용하여 외형적으로 큰 성공을 거두었습니다. 사람이 노력만 하면 스스로 얼마든지 그리스도 앞으로 나아갈 수 있다는 것을 강조하여 사기를 북돋아 주는 한편, 사람들에게 거부감을 주는 원죄론(原罪論) 등 필수적인 성경적 가르침들은 내던져 버렸습니다.

그러나 거의 동시대에 활동했던 아사헬 네틀턴은 이와 정반대로 철저하게 성경적 원리를 고수했습니다. 오직 성령의 주권적인 개입이 있어야만 영혼이 그리스도 앞으로 돌아오게 된다는 점을 철저하게 믿었고, 오로지 사도 바울의 방식대로 성경적 복음을 있는 그대로 외치는 일에 주력했습니다. 물론 피니의 사역만큼은 아니지만, 네틀턴의 사역을 통해서도 괄목할만한 효과가 일어났습니다.

그런데 십여 년의 세월이 흐른 후 결과를 보니, 네틀턴을 통해서 회심한 자들은 이탈자가 별로 없이 거의 다 교회의 회원들로 건실히 신앙생활을 하고 있었던 반면에, 피니의 회심자들 가운데서는 많은 이들이 다시 교회를 떠나고 신앙을 완전히 저버리는 현상이 나타나고 있었던 것입니다. 이에 대해 피니는 탄식하면서 이렇게 말했다고 합니다.

> [지난 십여 년 동안의] 회심자들 가운데 수많은 이들이 결국 신앙을 욕되게 하는 자들이 되고 말았다. 결과가 이렇다면 수천 명이 교회에 들어온들 무슨 소용이 있겠는가!(John Armstrong, *Five Great Evangelists*, 197에서 재인용)._[53]

종교적 실용주의는 하나님의 주권과 그의 존귀와 위엄에는 관심이 없고 오로지 사람을 기쁘게 하는 것을 목표로 삼는 인간적인 종교철학이요 실천적인 무신론(a practical atheism) 이외에 아무것도 아닙니다. 그러니 그리스도를 영화롭게 하는 참된 결과가 일어날 리가 없습니다. 기껏해야 가짜의 결과물과 불량품밖에는 만들어내지 못합니다. 20세기의 선지자라 일컬어지는 미국의 설교자 에이든 토저(Aiden W. Tozer, 1897-1963)는 20세기 중반의 미국교회를 바라보며 다음과 같이 예리하게 지적하고 있습니다.

_53 아사헬 네틀턴의 생애와 설교 등에 대한 더 상세한 사항을 위해서는, 참조: Murray, *Revival & Revivalism; Tyler, Nettleton and His Labours; Nettleton, Sermons*. 찰스 피니의 생애와 사상에 대한 평가에 대해서는, 참조: Michael Horton, *"Sola Gratia," in After Darkness, Light*, 118-128.

> 눈에 보이는 외형적인 모습에만 관심을 쏟는 나머지, 눈에 보이지 않는 참된 영적 생명의 뿌리는 무시해버리는 것이 오늘날의 세태다. 오로지 즉각적인 "실적"에만 관심이 있다. 다음 달이나 내년에 대해서는 생각도 하지 않고, 당장 눈앞의 성공을 입증하는 인스턴트 증거들에만 관심을 쏟는 것이다. 정통 교회에서조차도 결과와 실적만을 목표로 삼는 종교적 실용주의가 득세하고 있다. 효과를 내는 것이면 무엇이든 진리로 인정한다. 무엇이든 다 좋다. 결과만 좋으면 된다. 교회 지도자들에게는 한 가지 판단 기준밖에는 없다. 곧 성공이 바로 그것이다. 무엇이든 다 용서할 수 있지만, 실패만은 결코 용서할 수 없다는 것이다(Tozer, *Best of Tozer*, 118).

여러분, 복음 전도의 참된 결과물은 사람이 만들어낼 수 있는 것이 아닙니다. 그것은 오직 하나님의 주권에 달려있는 것입니다. 사람이 회심하는 역사는 영적 죽음의 상태에서 영적 생명의 상태로 부활하는 역사요(참조. 엡 2:1-6), 이는 오직 하나님이 행하시는 신비한 역사입니다. 그러니 우리는 눈에 보이는 성공을 목표로 삼는 것이 아니요, 또한 그래서도 안 됩니다. 모든 과정에서 철저하게 하나님의 은혜의 역사하심에 의지하면서 신실하게 전도의 사명을 다하는 것이고, 모든 것을 하나님께 맡기고서 그 결과에 대해 오직 그에게 영광을 돌리는 것이 우리의 목표입니다. 칼빈 선생은 이 문제와 관련하여, "아무리 사소한 것이라도 사람에게 공로를 돌리면 그것은 곧바로 하나님의 존귀를 빼앗는 것이 되어버리며, 결국 그로 인하여 사람이 자기에 대한 뻔뻔스러운 과신(過信)을 갖게 되어 스스로 멸망에 빠지고 만다"(칼빈, 『기독교강요』, 상. 311; II.2.1)고 교훈하고 있습니다. 또한 제임스 패커(James I. Packer)는 다음과 같이 말씀합니다.

> 회심자를 만들어내는 책임이 우리 자신에게 있다고 여기고서, 오직 하나님만이 이루실 수 있는 일을 우리가 이루고자 우리 스스로 방법과 기법들을 강구하는 처사는 결코 옳은 것이 아니다. 그것은 우리 스스로 성령의 직무를 탈취하는 짓이다....그러므로 하나님의 주권을 알고 인정하는 자세가 우리의 모든 계획과 시도를 주도하도록 해야만 비로소 이런 과오를 피할 수 있다는 점을 철두철미하게 명심해야 하는 것이다. 의식적으로 하나님께 의지하지 않으면, 반드시 우리 자신을 의지하게 되기 마련이니 말이다....영혼의 회심에 관한 문제와 관련하여 하나님의 주권을 망각하게 되면 결국 그런 결과가 나타날 수밖에 없는 것이다(Packer, *Evangelism and the Sovereignty of God*, 29).

이러한 사실을 철두철미하게 믿어야 합니다. "아, 내가 열심히 노력하지만, 나로 하여금 노력하게 하시는 것도, 결과를 이루시는 것도, 내가 아니라 하나님이시로구나! 그러니 모든 공로를 하나님께 올려드려야겠구나!"라는 확실한 깨달음이 있어야 합니다. 참된 성도라면 누구나 어떻게 해서든 반드시 이러한 확신에 이르게 될 것입니다. 왜냐하면 하나님께서 갖가지 정황 속에서 말씀과 성령을 통하여 그들에게 그의 위엄과 영광을 드러내 보이시고 그의 앞에 무릎을 꿇게 하실 것이기 때문입니다. 예, 과연 그렇습니다. "너희가 먹든지 마시든지 무엇을 하든지 다 하나님의 영광을 위하여 하라"(고전 10:31)는 사도 바울의 말씀에서 명확히 드러나듯이, 그리스도의 이름을 높이고 그에게 영광 돌리는 것이야말로 영혼 구원은 물론 그 어떠한 가치보다도 높은 최상위의 목표입니다. 로이드 존스의 다음과 같은 발언은 정말로 깊이 새겨야 할 가치가 있습니다.

> 복음 전도의 궁극적인 목표는 영혼 구원이 아니라, 하나님을 영화롭게 하는 데

에 있습니다. 그 이외의 다른 어떠한 목표도—제아무리 선하고 고귀한 목표라 할지라도—그 [궁극적인 목표의] 자리를 가로채도록 내버려두어서는 안 됩니다 (Lloyd-Jones, *Knowing the Times*, 5).[54]

"은혜와 평강"

바울은 6-7절에서 수신자들인 로마의 신자들에 대해 묘사합니다. 그들이 "하나님의 사랑하심을 받은" 자들이요(7절), 또한 "예수 그리스도의 것으로"(6절), "성도로"(7절), "부르심을 받은 자"들이라는 것입니다. 당시 노예의 신분이던 신자들은 말할 것도 없고 로마의 신자들 전체가 일반 사회에서 따돌림과 천대를 받는 처지였을 것입니다. 당시의 로마 사회의 모습이 어떠했을까요? 18-32절에서 사도 바울은 그리스도를 믿지 않는 자들을 향하여 하나님의 맹렬한 진노가 있음을 말씀하면서 그들의 사악함을 묘사하고 있습니다. 그들은 우상숭배에 빠져 있는 자들이요(18-23절), 온갖 성적인 타락의 극치를 보여주는 자들이요(24-27절), 갖은 도덕적인 악행에 깊이 물들어 있는 자들이었습니다(28-32절). 이런 것이 당시 사람들의 현저한 모습이었습니다. 그러니 구원받은 하나님의 백성들이 그런 악의 틈바구니에서 생활한다는 것은 정말이지 힘든 일이었을 것입니다. 어쩌면 오늘날 우리로서는 도저히 상상조차 할 수 없는 어려움이 그들에게 있었을지도 모릅니다. 무엇보다 그들은 온갖 형태의 박해로 억울하게 불이익을 당하는 처지였습니다. "너희는

_54 스토트의 다음과 같은 발언은 귀담아들을 가치가 있습니다. "모든 선교적 동기들 가운데 가장 최고의 동기는 예수님의 지상명령에 대한 순종도—물론 그것도 선교의 동기에 속하지만—소외된 상태에서 멸망해가고 있는 죄인들을 향한 사랑도…아니고, 오직 예수 그리스도의 영광을 위하여 불타오르는 뜨거운 열정이다"(Stott, *Romans*, 53). 또한 맥아더는 다음과 같이 말합니다. "구원이란 첫째로, 또한 가장 중요하게, 하나님을 영화롭게 하는 길이다. 사람들을 지옥으로부터 건져내고 그들에게 영생을 주는 것 역시 놀랍고도 귀한 일이지만, 그것은 어디까지나 하나님의 영광 다음에 오는 것이다 (MacArthur, *Romans 1-8*, 214).

박해하는 자를 축복하라. 축복하고 저주하지 말라"(롬 12:14; 참조. 19-21절)는 바울의 말씀에서 그런 상황을 충분히 짐작하고도 남습니다. 너무나도 박해가 극심하고 악질적이어서 도무지 참을 수가 없고, 속에서 저주가 끓어오르는 일이 비일비재했을 것입니다.

그처럼 열악한 처지에서 씨름하는 신자들을 향하여 바울은 이렇게 말씀합니다. "너희는 하나님의 사랑하심을 받은 자요, 예수 그리스도의 것으로, 무엇보다 성도로('거룩한 자들로'), 부르심을 받은 자이니라." 이 말씀은 그들에게 놀라운 확신과 능력으로 다가왔을 것입니다. "아아, 그렇구나. 우리가 아무리 현실 세상에서 어려움을 당한다고 할지라도, 우리는 하나님의 사랑하심'을 받은 자들이로구나. 적어도 우리는 예수 그리스도의 소유요, 거룩한 자로 부르심 받은 자들이로구나"라는 확신과 감사가 그들에게 생겨났을 것이요, 이로 말미암아 큰 영적 활력을 되찾게 되었을 것입니다.

여러분은 어떤 상황에 처하여 있습니까? 혹 로마의 성도들처럼 그리스도인이라는 것 때문에 음으로 양으로 박해를 받거나 불이익을 당하는 처지에 계십니까? 혹시 그렇더라도 예수 그리스도의 복음을 깨닫고 그 놀라운 구원의 능력이 무엇인지를 안다면, 그 사람은 과연 "하나님의 사랑하심"을 받은 자입니다. 이 점을 분명히 확신하는 것이 무엇보다 중요합니다. 오늘날 흔히 하나님의 사랑하심의 증거를 엉뚱한 데서 찾으려 합니다. 건강의 축복, 물질의 축복, 자녀의 축복 등 눈에 보이는 증거를 기준 삼아 하나님의 사랑을 가늠하려는 경우가 허다합니다. 하지만 과연 누가 하나님의 사랑을 그런 데서 찾으라고 가르치던가요? 적어도 하나님의 말씀 성경은 그렇게 가르치지 않습니다.

성경이 찾으라고 말씀하는 곳 이외에 다른 곳에서 증거를 찾으려 해서는 안 됩니다. 사도 요한은 "하나님의 사랑이 우리에게 이렇게 나타난 바 되었으니"라고 말씀합니다(요일 4:9). 하나님의 사랑의 증거를 과연 어디에서 찾아야 할지를 명확히 가르쳐줍니다. 그러면서 말씀하기를, 하나님의 사랑이 우리를 살리기 위해 "자기의 독생자를 세상에 보내심"에서 나타났다고 합니다. 그러니 여러분, 하나님 사랑의 증거를 찾으려면 독생자 예수 그리스도를 보내신 사실에서 찾아야 한다는 것입니다. 갖가지 다른 사실들에서도 하나님의 사랑이 나타납니다만, 이것이 가장 중요한 증거입니다. 이 증거를 똑바로 직시하면 다른 모든 증거도 확신으로 다가옵니다. 그러나 이 증거를 확신하지 못하면 다른 모든 증거도 확신할 수 없는 것입니다. 그리스도인이란 바로 이처럼 독생자 예수 그리스도를 화목제물로 보내신 사실을 바라보며 거기서 하나님 사랑의 확증을 발견하는 사람입니다. 그런 사람은 그 어떠한 상황에 처해서도 자신이 과연 "하나님의 사랑하심을 받"은 사람임을 확신하며 나아가는 법입니다.

또한 그렇게 하나님의 사랑하심을 분명히 아는 사람은 과연 "예수 그리스도의 것으로 부르심을 받은" 사람입니다. 그들을 불러내사 예수 그리스도의 소유가 되게 하신 하나님의 구체적인 역사가 그들에게 이미 임한 것이라는 사실입니다. 하나님의 불러내심이 있었다는 말입니다. 우리가 참혹한 영적 죽음의 상태에서 하나님도 모르고 우리 자신을 최고의 목적으로 삼고 죄의 길을 달려가고 있을 그때, 우리에게 놀라운 하나님의 부르심이 있었다는 말입니다. 사도 베드로는 그리스도인, 곧 하나님의 소유가 된 백성에 대해 말씀하기를, "너희를 어두운 데서 불러내어 그의[하나님의] 기이한 빛에 들어가게 하"셨다고 합니다(벧전 2:9). 사도 바울도, "그[하나님]가 우리를 흑암의 권세에서 건져내사 그의 사랑의 아들의 나라로 옮기셨"다고 말씀합니다(골 1:13).

마치 예수께서 죽은 나사로의 이름을 불러 그를 무덤에서 걸어 나오게 하신 것처럼(요 11:43-44), 캄캄한 영적 흑암 속에 있던 우리 한 사람 한 사람을 불러내시고 건져내셔서 기이한 빛 속에 있는 그의 아들의 나라로 옮기신 역사가 우리에게 임하였다는 사실입니다. 이것이 우리를 부르신 부르심의 본질입니다. 그냥 부르시기만 한 것이 아니고, 우리를 영적 죽음에서 살려내시고 건져내셔서 예수 그리스도의 소유로 삼으셨다는 사실입니다. 부르심과 살려내심, 그리고 건져내심이 함께 우리에게 임했다는 사실을 잊어서는 안 될 것입니다.

또한 우리를 "성도"로 부르셨습니다. "성도"(聖徒)란 "거룩한 자들"(헬. "하기오이"[ἅγιοι]. 복수형)이란 의미입니다. "거룩한 자들"이란 특별한 목적을 위하여 별도로 "구별된 자들"이라는 뜻을 담고 있습니다. 그렇습니다. 우리는 "성도"들입니다. 곧 하나님께서 특별한 목적을 위하여 별도로 구별해놓으신 자들이라는 것입니다. 이 세상에서 하나님의 위대한 뜻을 이루시는 도구로 쓰임 받도록 특별히 구별된 자들입니다. 베드로는 앞에서 언급한 본문에서 "너희는 택하신 족속이요 왕 같은 제사장들이요 거룩한 나라요 그의 소유가 된 백성"이라고 말씀합니다(벧전 2:9). "택하신 족속", "왕 같은 제사장들", "거룩한 나라", "그의 소유가 된 백성"은 모두가 특별한 목적을 위해, 곧 그들을 부르신 하나님의 "아름다운 덕을 선포하게 하"기 위해, 구별된 존재들입니다. 우리가 바로 그런 존재들입니다. 그러니 날마다 우리 자신을 가다듬어 그 구별된 목적에 합당하게 나아가야 하고, 주의 영광을 위하여 항상 전진하여야 마땅할 것입니다.

사도 바울은 이처럼 하나님의 사랑하심을 받아 예수 그리스도의 소유로, 또한 성도로, 부르심을 받은 자들에게 "하나님 우리 아버지와 주 예수 그리스도로부터 은혜와 평강이 있기를" 기원합니다. 이것은 단순한 기원으로 그치는 것이 아니라, 하나님의 약속이기도 합니다. 그들에게 "은혜"와 "평강"(혹은

"평화")이 있으리라는 것입니다. 그 옛날 여호와께서는 아론과 그의 아들들에게 명하사 이스라엘 백성들을 향하여 다음과 같이 축복하게 하셨습니다.

> 여호와는 네게 복을 주시고 너를 지키시기를 원하며 여호와는 그의 얼굴을 네게 비추사 은혜 베푸시기를 원하며 여호와는 그 얼굴을 네게로 향하여 드사 평강 주시기를 원하노라(민 6:24-26).

이것을 요약하면 바로 "은혜"와 "평강"입니다. 구원받은 이스라엘이 실제의 삶 속에서 여호와께로부터 받아 누리게 되는 복이 바로 "은혜"와 "평강"이었습니다만, 사도 바울은 바로 이 두 가지 동일한 복으로 성도들을 위하여 기원하고 있는 것입니다. 이 두 가지 복에 대해 로이드 존스가 제시하는 설명을 인용함으로 결론을 삼고자 합니다.

> 바울은 로마의 그리스도인들을 생각하고 있습니다. 그들에게 무엇이 필요할까요? 무엇보다도 이 "은혜"가 그들에게 필요했을 것입니다. "은혜"란 무엇입니까? 하나님의 호의요, 친절이요, 그의 선하신 뜻입니다.... '은혜'란 전혀 자격이 없는 누군가에게 베풀어지는 호의를 뜻합니다....이것이 "은혜"의 의미요, 이것이 우리의 구원의 유일한 기초입니다. 하나님의 "은혜"가 없었더라면 그리스도인이라는 것도 없었을 것입니다. 그런데 실질적으로 성경에서는 이 용어가 하나님의 은혜 그 자체만이 아니라 그 은혜의 결과로 우리에게 임하는 것들까지도 포함하는 의미로 사용되기도 합니다. 그러므로 여기서 바울이 "하나님 우리 아버지와 주 예수 그리스도로부터 은혜"가 있기를 바란다는 것은, 곧 그리스도인이 누릴 수 있는 모든 복을 누리기를 기원하는 것입니다....그것이 그들에게 부어져서 그들이 그 하나님의 사랑을 한껏 누리게 되기를 구하는 것입니다....그다음 두 번

째 단어는 "평강"입니다....하나님의 은혜를 누리게 되면 어떻게 됩니까? 곧 "평강"이 찾아옵니다. 하나님의 은혜는 우리에게 바로 이 "평강"을 가져다주기 위해 마련된 것입니다. 그러므로 사도는 이 두 단어를 사용하여 처음과 마지막을 다 아우르는 것입니다. 그는 강(江)의 근원을 생각하고, 동시에 그 강이 흘러 이르게 되는 바다도 바라보고 있습니다. 알파와 오메가가 모두 여기에 있습니다. 은혜는 그 강을 이루는 샘이요 근원이며, 그것이 평강의 바다에 이르게 되는 것입니다 (Lloyd-Jones, *Romans*, I, 171-172).

제9강.
복음에 빚진 자(1:8-15)

"8 먼저 내가 예수 그리스도로 말미암아 너희 모든 사람에 관하여
내 하나님께 감사함은 너희 믿음이 온 세상에 전파됨이로다
9 내가 그의 아들의 복음 안에서 내 심령으로 섬기는 하나님이 나의
증인이 되시거니와 항상 내 기도에 쉬지 않고 너희를 말하며
10 어떻게 하든지 이제 하나님의 뜻 안에서 너희에게로 나아갈 좋은
길 얻기를 구하노라
11 내가 너희 보기를 간절히 원하는 것은 어떤 신령한 은사를 너희에
게 나누어 주어 너희를 견고하게 하려 함이니
12 이는 곧 내가 너희 가운데서 너희와 나의 믿음으로 말미암아 피
차 안위함을 얻으려 함이라
13 형제들아 내가 여러 번 너희에게 가고자 한 것을 너희가 모르기
를 원하지 아니하노니 이는 너희 중에서도 다른 이방인 중에서와 같
이 열매를 맺게 하려 함이로되 지금까지 길이 막혔도다
14 헬라인이나 야만인이나 지혜 있는 자나 어리석은 자에게 다 내가
빚진 자라
15 그러므로 나는 할 수 있는 대로 로마에 있는 너희에게도 복음 전
하기를 원하노라."

바울은 본론에 들어가기에 앞서 몇 가지 사안에 대해 먼저 언급하고 있습니다. 우선 그들의 믿음에 대해 감사하며(8절), 그가 로마의 교인들을 위해 쉬지 않고 기도하며 특히 그들을 방문할 길을 얻게 해주시기를 간구하였으나 당시까지 길이 열리지 않았음을 밝히고(9-10, 13절), 또한 자신이 그들을 방문하여 함께 그리스도의 은혜와 신령한 교제를 나눔으로써 서로 간에 위로를 얻고자 했음을 언급합니다(11-12절). 그리고 이어서 복음에 매인 바 되어 모든 부류의 사람들에게 빚진 자로서 로마의 성도들에게도 복음을 전하고자 하는 그 자신의 간절한 생각을 토로하는 것입니다(14-15절).

로마 교회에 대한 감사

바울은 대개의 경우 교회들에 보내는 서신들에서 해당 교회들의 성도들에 대하여 하나님께 감사하는 마음을 표현합니다(참조. 고전 1:4; 엡 1:16; 빌 1:3; 골 1:3; 살전 1:2; 살후 1:3 등). 여기 로마서에서도 그는 자신이 로마의 성도들에 관하여 하나님께 감사하고 있음을 먼저 밝힙니다. "먼저 내가 예수 그리스도로 말미암아 너희 모든 사람에 관하여 내 하나님께 감사함은 너희 믿음이 온 세상에 전파됨이로다"(8절). 로마의 성도들의 "믿음이 온 세상에 전파됨"에 대해 감사하고 있는데, 이것에 대해 바울이 그저 의례적으로 인사치레를 하는 것처럼 생각해서는 안 될 것입니다. "다른 여러 지역의 교회들에 대해서도 비슷하게 감사하는 뜻을 전하고 있으니, 이것이 그저 예의상 형식적으로 그들을 추켜세우는 것일 수도 있지 않을까?"라는 식의 논지는 오늘날 우리의 관행을 근거로 하여 바울을 판단하는 것으로, 절대로 바울에게는 해당하지 않습니다.

결코 인사치레나 빈말이 아닙니다. 바울이 "감사"의 뜻을 표했다면 반드시 그럴만한 충분한 이유가 있었다고 보는 것이 옳습니다. 우선 그는 "예수 그리스도로 말미암아…내 하나님께" 감사를 올립니다. 다른 분도 아닌 사도 바울이, 더욱이 그가 그렇게도 높이 기려마지않는 예수 그리스도와 하나님을 거론하며, 또한 그 하나님을 "내 하나님"이라 부르며 감사를 표하는데, 어떻게 그 감사를 형식적인 인사치레로 볼 수 있겠습니까? 적어도 바울은 로마의 성도들을 생각하며 여러 경로를 통해서 전해 들은 그들의 믿음에 관한 내용에 대해 마음을 다하여 진정으로 하나님께 감사를 드리고 있는 것입니다.

여기 "내 하나님"이라는 표현에서 우리는 하나님을 향한 바울의 간절하고도 마음에서 우러나는 애틋한 마음을 잘 볼 수 있습니다. 그는 이처럼 하나님과의 개인적인 친밀한 교제의 관계를 보여주는 표현을 잘 사용합니다(참조. 고후 12:21; 빌 1:3; 4:19; 몬 4 등). 그리고 9절에서는 "내 심령으로 섬기는 하나님"이라는 표현을 쓰기도 합니다. 바울에게 있어 하나님은 멀리 하늘에 계시는 분이 아니었습니다. 그리스도를 박해하던 그를 구원하셨을 뿐 아니라, 실질적인 삶의 현장에서 은혜로 섭리하시고 언제나 인도하시는 분이셨던 것입니다. 우리 역시도 죄와 허물 가운데서 구원하시고 성령과 말씀으로 우리를 이끄시며 구체적인 삶의 현장에서 간섭하시고 섭리하시는 하나님을 경험하고 깨달으며, 그를 과연 "내 하나님"으로 고백하는 체험적인 신앙이 있어야 할 것입니다.

이처럼 바울이 하나님께 드리는 감사는 결코 형식적인 인사치레가 아니었습니다. 만일 교회에 보내는 서신마다 예외 없이 항상 그런 감사가 일률적으로 나타난다면, 혹시 그것을 그저 형식적인 인사로 볼만한 이유가 조금이라도 있겠습니다만, 그렇지가 않습니다. 갈라디아서의 경우는 그 교회에 관하여 하나님께 감사를 올린다는 언급이 전혀 없습니다. 그 대신 인사말에 이어 곧바로 "다른 복음"에 대한 통렬한 저주가 언급되고 있습니다(갈 1:6-9). 그 교회에 대해 감사가 없는 이유는 십중팔구, 가장 중요한 복음의 본질이 훼손되는 극히 본질적인 문제점이 그 교회에 나타나고 있기 때문이었을 것입니다. 다른 교회들의 경우에도 갖가지 문제점들이 없었던 것이 아닙니다. 그럼에도 불구하고 바울은 그 교회들에 보내는 서신들에서 감사를 빠뜨리지 않습니다. 그런데 유독 이 갈라디아 교회에 대해 감사가 빠져 있다는 것은 그리스도의 복음을 순결하게 선포하고 가르치는 문제가 얼마나 중요한 것인지를 여실히 보여줍니다.

바울에게 있어 가장 중요한 관심사는 언제나 바로 그것이었습니다. 다른 모든 것들이 아무리 좋게 보여도, 그리스도의 복음이 훼손되고 변질된다면 이것은 교회의 생명을 앗아가는 극심한 오류이었으니, 결코 묵과할 수가 없었습니다. 그러나 반대로 온갖 부정적인 면들에도 불구하고 그리스도의 복음이 올바로 전파된다면, 바울로서는 그 사실 하나만으로도 기뻐하고 찬송할 이유가 충분했던 것입니다. 이러한 그의 자세는 빌립보서에서도 명확히 드러납니다.

> 어떤 이들은 투기와 분쟁으로, 어떤 이들은 착한 뜻으로 그리스도를 전파하나니, 이들은 내가 복음을 변증하기 위하여 세우심을 받은 줄 알고 사랑으로 하나, 그들은 나의 매임에 괴로움을 더하게 할 줄로 생각하여 순수하지 못하게 다툼으로 그리스도를 전파하느니라. 그러면 무엇이냐? 겉치레로 하나 참으로 하나 무슨 방도로 하든지 전파되는 것은 그리스도니, 이로써 나는 기뻐하고 또한 기뻐하리라(빌 1:15-18).

로마 교회의 "믿음"(헬. "피스티스"[πίστις])이란 과연 무엇을 가리킬까요? 본문에 명확히 언급되지 않으니 정확히는 알 수 없습니다. 일부 학자들은 로마에 그리스도인들이 있다는 사실을 지칭하는 것으로 이해합니다. 특히 칼 바르트는 이렇게 말합니다. "그는 로마에 그리스도인들이 있다는 사실에 대해 감사한다. 특별한 은사들이나 놀라운 행위들보다는 거기에 [그리스도의] 깃발이 세워졌다는 것이, 주의 이름을 선포하고 받아들이며 하나님의 나라를 기다리며 선포한다는 것이, 훨씬 더 중요한 일이다"(Barth, *Romans*, 32; 참조. Morris, *Romans*, 57; Cranfield, *Romans*, I, 75). 로이드 존스 역시 이를 바울이 감사하는 몇 가지 이유 중의 하나로 이해합니다(참조. Lloyd-Jones, *Romans*, I, 178-179).

그러나 이런 일반론보다는 좀 더 구체적인 내용을 가리키는 것으로 보이며, 로마서의 마지막 장에서 미약하게나마 그 실마리를 찾을 수 있다고 여겨집니다. "너희의 순종함이 모든 사람에게 들리는지라 그러므로 내가 너희로 말미암아 기뻐하노니"(16:19). 앞의 제8강에서 "믿음의 순종"(5절)에 관하여 말씀드린 바 있습니다만, 로마 교회의 성도들이 말로만 "믿음"을 논한 것이 아니라 순종의 삶을 통하여 실질적으로 그들의 믿음을 드러내 보였다는 사실을 여기서 감지할 수 있습니다. 글라우디오 황제의 칙령으로 인하여 로마의 유대인들이 추방되었는데(AD 40년대 후반), 그 과정에서 그들은 분명 혹독한 박해를 당하였을 것이고 그런 쓰라린 상황 속에서 하나님을 향한 그들의 믿음과 순종의 자세가 더 확고해졌을 것이라 여겨집니다. 또한 그 추방 사건으로 인하여 유대인 그리스도인들이 사방으로 퍼져나가게 되면서 자연스레 그들의 "순종"의 모습이 지중해 연안의 각 교회들에서 드러나게 되었을 것이고, 그리하여 과연 그들의 믿음에 대한 소문이 온 교회의 성도들 사이에 퍼지게 되었을 것이라 여겨집니다.

사도 바울도 로마서를 기록하기 약 7년 전쯤인 AD 49-50년경, 제2차 선교 여행 중에 고린도에 머물며 복음을 전할 때에, 당시 로마로부터 추방되어 온 브리스길라와 아굴라를 만나 함께 교제를 나누었습니다(행 18:1-3). 아마도 그때의 그 교제를 통해 바울이 그들의 믿음과 순종의 모습을 실제로 접했을 것이며, 또한 그들에게서 로마의 성도들의 사정에 대해 전해 들음으로써 로마의 성도들의 "믿음"에 관한 사실들을 알게 되었을 것이라 여겨집니다. 어쨌거나 그들의 믿음과 순종의 모습이 "온 세상", 즉 지중해 연안에 흩어진 그리스도인들 사이에 익히 잘 알려져 있었던 것이 분명하다고 봅니다. 위대한 성경 강해자 매튜 헨리(Matthew Henry, 1662-1714)는 이 점에 대해 다음과 같이 상당히 설득력 있게 설명하고 있습니다.

> 글라우디오 황제가 칙령을 내려 모든 유대인들을 로마에서 추방시켰을 때에 [로마의 유대인 그리스도인들이] 사방에 흩어졌었는데, 이제는 그들이 인근의 모든 교회들에 매우 좋은 평판을 남기고 다시 귀환한 상태였다. 이것은 그들이 당한 고난으로 인하여 얻어진 귀한 결과였다. 박해를 받지 않았다면 그들이 그렇게 유명해지지 않았을 것이니 말이다....그리하여 로마의 그리스도인들의 믿음이 [모든 교회들 사이에] 회자되었으니, 그 믿음이 훌륭했기 때문이기도 하거니와 그 [추방되는] 상황을 통해서 그것이 아주 현저하게 드러났기 때문이었다. 로마는 "산 위에 있는 동네"[마 5:14]와 같아서 거기서 일어나는 일이 모든 사람의 주목을 끌기 마련이었다(Henry, *Romans*, 295).

여기서 한 가지 주목해야 할 점은 바울이 로마 성도들의 믿음에 대하여 "예수 그리스도로 말미암아...하나님께" 감사를 드린다는 사실입니다. 곧 예수 그리스도께서 우리로 하여금 하나님께 나아가도록 해주시는 중보자이심을 바울은 명확히 인식하고 있습니다. 그분을 통하지 않고서는 결코 하나님께 나아갈 수 없는 것입니다. 호주 앵글리칸 교회의 신약학자인 폴 바넷(Paul Barnett)의 다음과 같은 설명은 매우 적절합니다.

> 하나님께 나아가는 일은 우리 자신의 권리에 의하여 직접 이루어지는 것이 아니다. 오직 우리의 중보자이신 예수 그리스도—그분은 하나님께는 아들이시요 우리에게는 주(主)이시다—로 말미암아서만 하나님께 나아갈 수 있는 것이다. 우리는 이 사실—우리는 본디 거룩하시고 선하신 하나님께 감히 나아갈 수 없는 무가치한 존재라는 사실—로 인하여 낮아지게 되며, 동시에 그리스도의 이름으로 우리가 환영받을 것을 상기함으로 확신을 갖게 된다. 우주의 하나님이 우리의 하나님이신 것은 바로 그의 아들 예수께서 우리의 주(主)이시기 때문이다 (Barnett, *Romans*, 32).

바울은 디모데에게 말씀하기를, "하나님은 한 분이시요 또 하나님과 사람 사이에 중보자도 한 분이시니 곧 사람이신 그리스도 예수라"고 합니다(딤전 2:5). 예수님도 요한복음에서 친히 이 사실을 분명히 가르치십니다. "내가 곧 길이요 진리요 생명이니 나로 말미암지 않고는 아버지께로 올 자가 없느니라"(요 14:6). 또한 히브리서는 예수 그리스도께서 우리를 하나님께로 나아가게 하시는 "대제사장"이심을 가르치기도 합니다. 우리의 대제사장이신 예수님이 계시므로 우리가 그의 중보 사역에 의지하여 하나님 아버지의 "은혜의 보좌" 앞에 나아가는 것이라는 것입니다.

> 우리에게 큰 대제사장이 계시니 승천하신 이 곧 하나님의 아들 예수시라....그러므로 우리는 긍휼하심을 받고 때를 따라 돕는 은혜를 얻기 위하여 은혜의 보좌 앞에 담대히 나아갈 것이니라(히 4:14, 16).

하나님의 보좌는 무엇보다 무한한 존귀와 위엄과 거룩하심의 보좌입니다. 그러므로 결코 아무도 그곳을 범할 수가 없습니다. 하나님의 위엄과 거룩하심을 침해하면 그 결과는 오로지 죽음밖에는 없습니다. 아론과 그의 자손들은 성소에서 여호와를 섬길 때 극도로 삼가야 했습니다. 자칫 그의 거룩하심을 침해했다가는 죽음을 면치 못하기 때문이었습니다(출 28:35, 43; 30:20, 21; 레 10:1-3 등). 하나님의 임재 앞에서는 오직 완전한 순결만이 허용되며, 따라서 그의 임재란 본래 그토록 무섭고 처절한 것입니다. 그런데 우리가 오직 큰 대제사장이신 하나님의 아들 예수로 말미암아 "긍휼하심을 받"음으로써 그 보좌가 우리에게 "은혜의 보좌"가 되는 것이요, 그리하여 우리가 그 앞에 "담대히" 나아갈 수 있게 되는 것입니다.

그러니 결코 혼동해서는 안 됩니다. 오늘날 마치 우리 자신이 개인 자격으로 하나님 앞에 "담대히" 나아가 요구 사항을 당당하게 요청할 권리가 있기라도 한 것처럼—마치 하나님께서 우리에게 무슨 빚을 지기라도 하신 것처럼—착각하는 경우가 허다합니다.[55] 아닙니다! 절대로 그렇지 않습니다. 오직 완전하신 우리의 대제사장 예수 그리스도 안에서만—우리의 중보자 되신 그분을 통해서만—그 보좌가 "은혜의 보좌"가 되며, 우리가 "은혜"를 기대하며 그 앞에 "담대히" 나아가는 것입니다. 여기서 "담대히"라는 말을 오해해서는 안 됩니다. 그 보좌가 우리에게 "은혜의 보좌"이지만, 여전히 하나님의 위엄과 높으심과 거룩하심이 충만한 보좌입니다. 그러니 마치 우리가 하나님과 대등한 존재이기라도 한 것처럼 그의 앞에 당당히 서고자 하는 태도는 가증한 것일 수밖에 없습니다. 하나님 앞에서는 오직 무릎을 꿇고 엎드려 경배하는 자세만이 합당한 것입니다. 이 점과 관련하여 우리는 무엇보다 전도서의 다음과 같은 엄숙한 경고의 말씀을 항상 유념해야 마땅할 것입니다.

_55 프랑스의 무신론 철학자 볼테르(Voltaire, 1694-1778)는 하나님을 조롱하며 불경스럽게도 다음과 같이 말했다고 합니다. "하나님은 반드시 용서하신다. 그게 그의 임무이니까!(Dieu pardonnera, c'est so metier!)"(Boice, *Whatever Happened to the Gospel of Grace*, 94에서 재인용).

> 너는 하나님의 집에 들어갈 때에 네 발을 삼갈지어다....너는 하나님 앞에서 함부로 입을 열지 말며 급한 마음으로 말을 내지 말라 하나님은 하늘에 계시고 너는 땅에 있음이니라(전 5:1-2).

이 문제와 관련하여 19세기 영국 런던의 위대한 설교자 찰스 스펄전(Charles H. Spurgeon, 1834-1892)의 다음과 같은 권면은 정말 가슴에 새길 필요가 있습니다.

> 은혜의 보좌 앞에 올려드리는 우리의 말은 경박스럽거나 형식적이거나 무관심해서는 안 되고 엄숙하고도 겸손해야 합니다. 우리의 일상적인 어법을 여호와 앞에서 쓰는 것은 격에 맞지 않습니다. 높이 우러르는 자세와 깊은 경외심으로 고개를 숙여야 마땅합니다. 하나님께 담대하게 말할 수도 있으나, 여전히 하나님은 하늘에 계시고 우리는 땅 위에 있습니다. 그러니 허세를 부려서는 안 됩니다. 간구할 때에는 특히 우리가 무한하신 하나님의 보좌 앞에 있는 것이요, 따라서 왕궁에서 섬기는 신하가 왕 앞에서는 동료 신하들과 함께할 때와는 전혀 다른 태도와 모습을 보이듯이 우리도 그렇게 해야 하는 것입니다(Miller, *C. H. Spurgeon on Spiritual Leadership*, 25-26에서 재인용).[56]

_56 스펄전은 또한 다음과 같이 말합니다. "하나님 아버지와의 친밀함이 있을 수 있지만, 그러나 그것은 거룩한 친밀함입니다. 담대함이 있을 수 있지만, 그 담대함은 은혜로부터 샘솟아나는 것이요 또한 성령의 역사하심입니다. 왕의 존전에서 고개를 뻣뻣하게 드는 그런 반역자의 담대함이 아니라, 사랑하기 때문에 두려워하고 두려워하기 때문에 사랑하는 그런 어린아이의 담대함입니다. 절대로 허세를 부리는 식의 오만방자한 말을 하나님께 내뱉는 일이 없도록 해야 합니다. 하나님을 향하여 싸움을 거는 식으로 공격해서는 절대로 안 되고, 어디까지나 우리의 주님이요 하나님으로 인정하고 그에게 간청하는 것이어야 합니다. 우리의 마음이 온유하고 겸손해야 합니다. 기도도 바로 그런 자세로 해야 하는 것입니다"(스펄전, 『스펄전 설교론』, 89). 그는 이렇게도 말씀합니다. "하나님을 친근하게 여길 수는 있지만 경망스러워서는 안 되고, 담대함이 있을 수 있지만 무례하거나 건방져서는 안 됩니다"(Spurgeon, *Twelve Sermons*, 59).

우리의 중보자 예수 그리스도로 말미암아 하나님의 존전에 나아가지만—또한 그리스도의 대제사장 사역으로 말미암아 우리가 "긍휼하심"을 받아 그 높으신 하나님의 영광의 보좌가 우리에게 "은혜의 보좌"가 되지만—하나님은 여전히 "하늘에" 계신 분이시요 우리는 "땅에" 있는 존재들입니다. 선지자 이사야의 말씀처럼, 여호와 하나님은 "땅 위 궁창"에 좌정하신 분이시요 "땅에 사는" 우리 사람들은 그의 앞에 "메뚜기" 같은 존재들입니다(사 40:22). 이 사실을 잊어서는 안 됩니다. 예수 그리스도의 은혜를 진정 누리는 자는 이와 같은 하나님과 우리 사이의 무한한 간극을 직시하고, 언제나 하나님 앞에서 옷깃을 여미고 그를 높이 우러르며 그에게 경배하는 법입니다.

로마 교회를 위한 기도

바울은 이어서 자신이 기도할 때마다 언제나 로마의 성도들을 언급하고 있음을 말씀합니다. 여기서 그는 특이하게도 하나님을 증인으로 거론하기까지 하면서 자신이 기도하고 있다는 사실을 지극히 강조하고 있습니다. "하나님이 나의 증인이 되시거니와 항상 내 기도에 쉬지 않고 너희를 말하며"(9절). 어쩌면 로마의 교인들은 상당히 오랫동안 사도의 방문을 기대하고 기다려왔을지도 모르고, 더욱이 바울도 여러 경로를 통해서 그들의 그런 사정을 접하고서 그들에게 자신의 방문을 약속했었는지도 모릅니다. 그리하여 그는 실제로 여러 번 로마를 방문하려고 시도했으나 그때마다 갖가지 사정으로 길이 막혀서 뜻을 이루지 못했습니다(13절). 바울은 이런 사정들에 대해 인간적으로 큰 안타까움이 있었고, 무엇보다 이처럼 자신의 방문이 지체되는 것 때문에 로마의 성도들이 혹 오해하지나 않을까 하는 일말의 초조함도 있었을 것으로 보입니다. 더욱이 로마서를 기록할 당시, 바울은 로마가 아니라 예루살렘을 향하여 정반대 방향으로 나아가는 중이었으니(참조. 15:25), 로마의 성도들에 대한 인간적인 미안함이 더했을 것이라 여겨집니다.

그리하여 그는 여기서 지극히 강한 표현들을 써서 자신의 진정성을 변호합니다. 자신이 로마의 성도들을 무시하거나 소홀히 여기는 것이 아니요, 오히려 그 반대로 자신은 그들을 위해 끊임없이 기도해오고 있으며, 어떻게 하든지 그들을 방문할 길을 열어주시기를 위해 항상 기도하며 그 일을 시도해 왔음에도 불구하고 아직까지 길이 열리지 않았다는 것입니다. 그리고 그 사실을 확증하고자 다른 누구도 아닌 하나님을 증인으로 삼아 말씀하는 것입니다. "하나님이 나의 증인이 되시거니와." 이것은 사실상 맹세와 동일한 것입니다. 하나님을 증인으로 불러 확증하는 사례는 바울 서신에 몇 차례 나타납니다(고후 1:23; 갈 1:20; 빌 1:8, 등). 히브리서 기자도 "사람들은 자기보다 더 큰 자를 가리켜 맹세하나니 맹세는 그들이 다투는 모든 일의 최후 확정이니라"라고 말씀합니다(히 6:16).

예수님은 거짓 맹세나 헛된 맹세를 금하셨습니다만(마 5:34; 23:16, 18, 20, 21, 22 등), 여기 언급되는 바울의 맹세는 그런 거짓되고 헛된 맹세와는 거리가 멉니다. 존 머리의 설명처럼, 바울은 "그 자신이 로마의 신자들에 대하여 강렬한 관심…을 갖고 있다는 것과, 더 구체적으로, 자신의 로마 방문이 지금까지 지체된 것은 그 자신이 열의나 관심이 없어서가 아니라…섭리적인 간섭의 결과였다는 것을 지극히 엄숙한 맹세의 언어를 써서 그들에게 확신을 주고자 하는 목적"이었던 것입니다(Murray, *Romans*, I. 20).

바울은 하나님을 증인으로 불러 맹세하면서, 그분을 가리켜 "내가 그의 아들의 복음 안에서 내 심령으로 섬기는 하나님"(9절)으로 묘사합니다. 곧 자신이 예수 그리스도에 관한 복음을 선포하고 전하고 가르치는 일에 온 마음을 다하여 임하고 있으며 그 일이 바로 하나님을 섬기는 길이라는 것입니다. 여기의 "섬기는"(헬. "라트레우오"[λατρεύω])이라는 동사는 구약성경의 헬라어 역본인 70인역(LXX)에서 십계명의 제2계명에 사용되는 동사입니다.

> 너를 위하여 새긴 우상을 만들지 말고…그것들에게 절하지 말며 그것들을 섬기지 말라(출 20:4-5; 신 5:9; 참조. 출 7:16; 8:1).

그러므로 이 동사에는 "예배하다"라는 의미가 내포되어 있습니다. 곧 바울은 그리스도의 복음을 전하는 자신의 사역을 마음을 다하여 하나님께 예배드리는 자세로 행하고 있음을 엿볼 수 있습니다. 이는 또한 뒤의 15:16의 진술과도 곧바로 연결됩니다. "이 은혜는 곧 나로 이방인을 위하여 그리스도 예수의 일꾼이 되어 하나님의 복음의 제사장 직분을 하게 하사 이방인을 제물로 드리는 것이 성령 안에서 거룩하게 되어 받으실 만하게 하려 하심이라." 자신이 이방인에게 복음을 전하는 것이 마치 제사장이 제물을 드려 하나님을 예배하는 것과도 같다는 의미가 아니겠습니까?

그렇습니다. 그리스도의 복음을 전하는 일과, 주를 위하여 행하는 갖가지 사역들이 모두 하나님께 드리는 예배와 동등한 것임을 깨닫고, 사도 바울처럼 "심령으로", 곧 마음을 다하여, 진정으로 행하여야 마땅할 것입니다. 더 나아가 주일마다 회중이 함께 모여서 드리는 공적 예배(public worship)는 물론, 우리의 삶의 모든 방면에서 행하는 갖가지 일들도 모두 하나님께 드리는 예배의 행위임을 기억해야 하겠습니다. "너희가 먹든지 마시든지 무엇을 하든지 다 하나님의 영광을 위하여 하라"(고전 10:31)는 사도 바울의 말씀을 유념해야겠습니다. 우리가 무슨 일을 하든지, 그 하나하나에 "하나님의 영광"의 문제가 개입되는 것이요, 다시 말해 그 모든 일이 하나님을 예배하고 그를 높이는 일과 직결된다는 사실입니다.

10절에서 바울은 보다 구체적인 기도 제목을 언급하고 있습니다. "어떻게 하든지 이제 하나님의 뜻 안에서 너희에게로 나아갈 좋은 길 얻기를 구하노라." 곧 어찌해서든지 하나님이 뜻하시는 대로 로마의 성도들에게 나아갈 선한 길이 열리기를 간구해오고 있다는 것입니다. 여기서 로마서가 바울이 말로 불러준 내용을 대필자가 그대로 받아 적은 것이라는 점을 암시하는 또 한 가지 사례를 접할 수 있습니다. 곧 "어떻게 하든지"라는 표현이 그것입니다. 개역개정 성경에는 나타나지 않으나, 헬라어 원문 성경으로는 비슷한 의미를 지닌 4개의 부사(副詞)를 줄지어 나열한 것으로, 정상적인 문어체에서는 거의 찾아볼 수 없는 참으로 어눌한 구어체의 어법이므로, 그 의미를 다 살려 번역하기가 도무지 불가능합니다. 구태여 문자적으로 번역하자면 "만일 어찌어찌하여 이미 어느 때에"라고 해야 할 텐데, 정확히 의미가 통할 수가 없습니다.[57] 그럼에도 불구하고 우리는 바울 사도의 안타까운 심정과 애절하기까지 한 간절함이 여기에 묻어 있음을 감지할 수 있습니다. 그는 로마의 성도들을 직접 만날 기회를 얻기를 위하여 그토록 간절하게 하나님께 간구하였던 것입니다.

바울은 13절에서, "내가 여러 번 너희에게 가고자 한 것을 너희가 모르기를 원치 아니하노니"라고 말씀합니다. 바울은 그저 기도만 하고 가만히 기다리고 있었던 것이 아니라, 기도와 함께 동시에 그 일을 이룰 방도를 찾고자 스스로 노력하였습니다. 이러한 사실은 기도와 관련하여 오늘날 우리에게 아주 중요한 교훈을 줍니다. 곧 하나님의 주권을 믿고 그의 인도하심에 모든 것을 맡기는 참된 하나님의 성도는 하나님께 기도하는 동시에 그가 기도로 구하는 그 일을 이루기 위해서 스스로도 노력을 아끼지 않는다는 것입니다. 이 문제

_57 헬. "에이 포스 에데 포테"(εἴ πως ἤδη ποτὲ). "에이"="만일"(if); "포스"="어찌어찌하여"(somehow); "에데"="이미"(already); "포테"="어느 때에"(at some time). KJV 성경은 이를 거의 문자 그대로 취하여, "if by any means now at length"로 번역합니다. 참조. Morris, *Romans*, 59.

와 관련하여 할데인의 다음과 같은 교훈을 마음에 새겨야 할 것입니다.

> 기도와 노력이 반드시 함께 가야 한다. 노력 없이 기도하는 것은 하나님을 조롱하는 것이요, 기도 없이 노력하는 것은 하나님의 영광을 가로채는 것이다. 이 두 가지가 함께 가지 않으면 복음의 역사가 성공을 거두지 못한다....하지만 이렇게 말하는 이들도 있을 것이다. "모든 사건이 영원 전부터 하나님의 작정하심과 지혜 속에 이미 정해져 있는데, 기도가 무슨 소용인가? 이미 정해져 있는 하나님의 영원한 작정들을 과연 기도가 바꿀 수 있단 말인가?" 그럴 수 없다는 것은 분명하다. 그러나 하나님은 우리더러 기도할 것을 명하고 계시며, 심지어 그의 백성의 기도들까지도 그의 작정 속에 포함되어 있는 것이다. 하나님은 그가 베풀어주기로 정하신 것을 그 백성들의 기도에 대한 응답으로 주시는 예가 자주 나타난다. 그러므로 기도는 결코 헛된 것이 아니요, 하나님께서 그의 작정하신 바를 시행해 가기 위해 사용하시는 수단 중의 하나인 것이다(Haldane, *Romans*, 48).

바울의 이 기도는 우리가 보기에 응답될 만한 조건을 두루 갖추었습니다. 우선 다른 누구도 아닌 그리스도의 사도인 바울의 기도였습니다. 그것도 바울 개인의 사사로운 목적을 위한 것이 아니라, 로마 성도들의 영적 성장과 안위를 위한 지극히 정당한 기도였습니다. 적어도 사람의 판단으로는 이 기도야말로 하나님이 응답해주실 만한 기도였습니다. 그런데도 로마서를 기록할 당시까지 그 기도가 이루어지지 않았습니다. "지금까지 길이 막혔도다"(13절). 그러나 바울의 이러한 기도는 결국 그의 예상과는 전혀 다른 방식으로 이루어지게 됩니다. 훗날 그가 예루살렘에서 유대인들에 의해 사로잡혀 죄인의 몸으로 압송되어 결국 로마에까지 당도하게 되고, 그리하여 비록 가택연금 상태였지만 만 2년 동안 로마의 성도들과 만나 "어떤 신령한 은사"를 함께 나누며 은혜를 누리게 되는 것입니다(행 28:30-31).

이 사실은 우리에게 큰 교훈을 줍니다. 죄악된 사람들은 심지어 하나님께 간구할 때조차도 그 바라는 일들이 자기들의 뜻대로, 자기들의 계획한 시기에, 자기들이 예상하는 방식대로, 이루어지기를 기대합니다. 그러나 하나님의 기도 응답은 우리 사람의 생각이나 예상대로 이루어지는 것이 아닙니다. 하나님의 생각은 미천한 우리의 생각과는 전혀 다르니 말입니다(사 55:8). 그의 은밀한 뜻과 의도는 우리에게는 철저히 감추어져 있습니다(신 29:29). 그러니 피조물에 불과한 우리로서는 감히 그것을 알 수도 없고, 예측할 수는 더더욱 없는 것입니다. 결코 그럴 수 없습니다. 칼빈 선생의 다음과 같은 가르침은 이 문제에 관하여 탁월한 길잡이가 되어줍니다.

> 주께서 친히 자기 자신 속에 감추어 두기를 원하신 일들을 사람이 무절제하게 마구 찾아 헤매고, 그리하여 그의 지극히 숭고한 지혜 그 자체를 영원 전부터 밝히려 한다는 것은 절대로 옳지 않은 일이다. 하나님께서는 우리가 그 지혜를 이해하기를 원하시는 것이 아니라 그 지혜를 높이 기리고 받들기를 바라시며, 그리하여 우리 속에 경이와 놀라움으로 가득 채우기를 바라시는 것이다(칼빈, 『기독교강요』, 중, 512-513; III.21.1).

그러므로 우리는 어떠한 문제에 대해 기도할지라도 언제나 하나님께서 그의 은밀하신 섭리에 따라, 그가 정하신 때에, 그가 정하신 방식으로 이루실 것임을 명심하고서, 그를 신뢰하고 그에게 모든 것을 맡기는 자세를 가져야 할 것입니다. 야고보 선생의 다음과 같은 교훈처럼 말입니다.

> 들으라. 너희 중에 말하기를 오늘이나 내일이나 우리가 어떤 도시에 가서 거기서

> 일 년을 머물며 장사하여 이익을 보리라 하는 자들아…너희가 도리어 말하기를 주의 뜻이면 우리가 살기도 하고 이것이나 저것을 하리라 할 것이거늘(약 4:13, 15).

로마 성도들과의 교제

바울이 로마 방문을 그토록 간절히 원한 것은 서로 직접 대면하여 "어떤 신령한 은사"를 함께 나누어 그들을 견고하게 하여(11절) "열매를 맺게 하"기 위함이요(13절), 그리하여 서로 간에 위로를 얻게 하고자 함이었습니다(12절). 여기서 "신령한 은사"가 과연 무엇을 뜻하는가 하는 문제가 있습니다. 로마서 12:6-8이나 고린도전서 12-14장에 언급되는 각종 영적인 "은사들"을 뜻하는 것으로 보기는 어렵습니다. 왜냐하면 그런 은사들은 "성령"께서 베풀어주시는 것인데 반하여(고전 12:11), 여기서는 바울 자신이 그것들을 나누어 주는 것으로 말씀하고 있기 때문입니다: "어떤 신령한 은사를 너희에게 나누어 주어…." 본문에서 바울은 "신령한 은사"를 구체적으로 특정하지 않고 그저 "어떤"(헬. "티"[τι]) 신령한 은사라고만 말씀합니다. 그러므로 이를 일반적인 의미로 이해하여, 가르침, 격려, 경고, 위로, 책망 등, 그리스도인의 영적인 생활을 강건하게 해주는 모든 교제 활동을 포괄하는 것으로 이해하는 것이 합당하다고 여겨집니다.[58]

"어떤 신령한 은사를 너희에게 나누어 주어"라고 할 때 바울은 어쩌면 밀레도에서 에베소의 장로들에게 전한 다음과 같은 말씀의 내용과 유사한 것들을 염두에 두고 있었을지도 모릅니다.

_58 Hodge, *Romans*, 26; Morris, *Romans*, 60; Cranfield, *Romans*, I. 79; Stott, *Romans*, 57 등이 일반적인 의미로 이해합니다. 던은 다음과 같이 설명합니다. "은사(헬. '카리스마'[χάρισμα])란 은혜(헬. '카리스'[χάρις])가 구체화된 것, 즉, 사람을 향한 하나님의 자비로우신…관심의 구체적인 표현이므로, 신적인 은혜의 수단이 되는 특정한 행위나 말을 총칭하는 뜻으로도 사용될 수 있다"(Dunn, *Romans* 1-8, 30).

> 지금까지 내가 항상 여러분 가운데서 어떻게 행하였는지를 여러분도 아는 바니 곧 모든 겸손과 눈물이며…주를 섬긴 것과 유익한 것은 무엇이든지 공중 앞에서나 각 집에서나 거리낌이 없이 여러분에게 전하여 가르치고 유대인과 헬라인들에게 하나님께 대한 회개와 우리 주 예수 그리스도께 대한 믿음을 증언한 것이라(행 20:18-21).

그렇습니다. 바울은 자신이 직접 로마에 가서 성도들을 만나, 온 힘과 정열을 기울여 그들에게 "하나님께 대한 회개와 우리 주 예수 그리스도께 대한 믿음"을 증언할 기회를 갖게 되기를, 그리하여 그들 중에 믿음의 "열매", 곧 빌립보서에서 말씀하는 "믿음의 진보와 기쁨"(1:25) 같은 것이 그들에게 있기를 간절히 사모하였습니다. 그는 그리스도의 복음을 전하여 회심자들을 얻는 일만이 아니라, 회심한 자들이 그리스도 안에서 "믿음의 진보"를 이루고 강건해지며 성숙해지도록 돕는 일에도 동일한 관심을 기울이고 있는 것입니다. 오늘날 외형적이며 양적인 팽창을 교회 성장이라 여기고 오로지 그 방면에만 관심을 쏟고, 영적 성숙에 대해서는 외면하는 일이 만연해 있는 현대 교회의 현실에서 이 점은 우리에게 시사해주는 바가 많습니다. 레이먼드는 이에 대해 다음과 같이 말씀합니다.

> 그리스도께서 그의 교회에게 주신 모든 은사들은 "그리스도의 몸을 세우려 하심"(엡 4:12)이요, 또한 그 목표는 모두가 "하나님의 아들을 믿는 것과 아는 일에 하나가 되어 온전한 사람을 이루어 그리스도의 장성한 분량이 충만한 데까지 이르는" 것이다(엡 4:13). 바울은 그의 회심자들이…그리스도의 풍성함과 충만함으로 살고, 결국 지식에 넘치는 그리스도의 사랑의 차원을 깨닫게 되고, 그리하여 하나님의 모든 충만하심으로 충만하게 되며(엡 3:18-19), 서로 하나가 되

고 서로 사랑 안에서 자라기를 바라고 있었다(엡 4:3-6, 13-15; 골 2:2)(레이먼드, 『바울의 생애와 신학』, 614).

그뿐 아니라 바울은 자신이 일방적으로 로마의 성도들에게 영적 유익을 주는 것만을 기대한 것이 아닙니다. 그들에게 유익을 주는 동시에, 로마의 성도들이 믿음 가운데 행하는 모습을 몸소 눈으로 봄으로써 그 자신도 큰 위로와 유익을 함께 얻게 되기를 간절히 바라고 있었던 것입니다. "너희와 나의 믿음으로 말미암아 피차 안위함을 얻으려 함이라"(12절). 이것이야말로 참된 그리스도인의 교제의 전형이라 할 것입니다. 이처럼 "피차 안위함"을 얻는 문제는 오늘날 교회에서 행해지는 성도의 교제와 관련하여, 특히 목회자와 일반 신자들 사이의 교제와 관련하여, 매우 중요한 가르침을 줍니다.

오늘날 다수의 신자들은, 목회자는 신자들에게 영적인 유익을 주기만 하고 신자는 그 유익을 받기만 하는 것으로 생각합니다. 그러나 성경이 가르치는 것은 이런 식의 일방통행이 아닙니다. 목회자든 일반 신자들이든 구별 없이 모두가 "서로" 돌아보아 사랑과 선행을 격려하는 것입니다(히 10:24). 목회자는 그의 말씀의 은사를 발휘하여 신령한 유익을 신자들에게 베풀어주는 것이요, 또한 신자들 역시 믿음과 섬김의 삶을 통해 목회자에게 신령한 유익과 위로를 주는 것입니다. 목회자와 신자들 간의, 또한 신자와 신자 간의, 이러한 친밀한 나눔이 그리스도인의 교제의 필수적인 요소라는 점을 유념해야 할 것입니다. 이 점에 대한 칼빈의 다음과 같은 교훈은, 특히 목회자들에게는, 경청할 만한 가치가 있습니다.

경험이 일천한 초신자들을 통해서 자신이 강건해지는 것을 마다하지 않는 사도 바울의 모습이 얼마나 겸손한지를 주목하여야 할 것이다. 그는 진정으로 그렇게

> 되기를 바라고 있다. 그리스도의 교회에 속한 사람 중에 우리의 영적 진보에 도움을 줄 만한 은사가 조금도 없는 사람은 하나도 없기 때문이다. 그런데도 우리는 서로에게서 유익을 얻으려 하지 않으니, 이는 악의와 교만 때문이다. 우리가 우월감과 어리석은 교만에 취한 나머지, 내게 있는 것만으로도 충족하다고 여기면서 다른 모든 이들을 멸시하고 무시하고 있는 것이다(Calvin, *Romans*, 24).

복음에 빚진 자

14절에서 바울은 "헬라인이나 야만인이나 지혜 있는 자나 어리석은 자에게 다 내가 빚진 자라"라고 말씀합니다. 여기서 "유대인과 헬라인에게"라고 하지 않고 "헬라인이나 야만인이나 지혜 있는 자나 어리석은 자에게"라고 말하고 있는 것은 무엇보다도 이방인들을 향하여 부르심을 받은 바울 자신의 사명(행 9:15; 갈 1:16)을 절감하는 데에서 나오는 발언일 것입니다. "헬라인이나 야만인"은 헬라어를 쓰는 자들과 그 외에 외국어를 쓰는 자들을 구분하는 것이요, "지혜 있는 자나 어리석은 자"는 지적 능력과 교양을 갖춘 사회의 지도층과 그런 것이 없는 무식한 하층 계급을 함께 일컫는 것이며, 따라서 "헬라인이나 야만인이나 지혜 있는 자나 어리석은 자"는 이방 세계의 모든 부류의 사람들을 다 포함하여 일컫는 것입니다. 바울은 이방의 모든 계층의 사람들에게 스스로 "빚진 자"라고 말씀하고 있는 것입니다.

그는 자신이 모든 이방인을 향하여 "빚진 자"임을 의식하며, 그리스도께로부터 받은 사명을 언제나 가슴에 품고 그것을 실현하는 일을 위해 최선의 노력을 경주해오고 있습니다. 이는 다음과 같은 고린도전서의 진술에서도 여실히 드러납니다. "내가 복음을 전할지라도 자랑할 것이 없음은 내가 부득불 할 일임이라 만일 복음을 전하지 아니하면 내게 화가 있을 것이로다"(9:16). 그뿐 아니라 이러한 그의 강렬한 사명감은 단순한 의무감 때문이 아니고, 그리스도께서 그를 향하여 베푸신 사랑을 절절히 깨닫고 인식하는 데서 비롯된 것이었습니다.

> 우리가 만일 미쳤어도 하나님을 위한 것이요 정신이 온전하여도 너희를 위한 것이니 그리스도의 사랑[59]이 우리를 강권하시는도다(고후 5:13-14).

본문의 "빚진 자"라는 말은 강렬한 의무감을 시사합니다만, 그런 의무감은 그리스도께서 베푸신 사랑을 강렬하게 깨달음으로써—혹은 그리스도께서 베푸신 사랑을 깨달은 결과 그 자신의 속에서부터 그를 향한 강렬한 사랑이 솟아오르는 것을 도저히 감당할 길이 없는 데에서—생겨나는 것입니다.

여기서 한 가지 생각할 것은, 복음을 들어야 할 대상에 차별이 없다는 사실입니다. "헬라인이나 야만인이나 지혜 있는 자나 어리석은 자"나 모두 순전한 그리스도의 복음을 들어야 합니다. 다른 곳에서 바울은 "헬라인이나 유대인이나 할례파나 무할례파나 야만인이나 스구디아인이나 종이나 자유인이 차별이 있을 수 없"다고 합니다(골 3:11). 그 어떠한 부류의 사람도 모두 참된 복음을 들어야 할 대상이라는 점을 바울은 명확히 인식하고 있었던 것입니다. 인종이나, 피부색이나, 언어나, 지식의 유무나, 재물이나 권력의 유무나, 전혀 관계가 없습니다. 모든 사람이 죄 가운데 있고 하나님의 진노 아래 있습니다. 그러므로 하나님의 심판을 받지 않을 사람은 아무도 없습니다. 그리고 그 진노와 심판을 면할 길은 오직 예수 그리스도의 복음을 받아들이고 그를 믿는 길 하나밖에는 없습니다. 그 누구도 예외가 없습니다. 또한 "복

_59 "그리스도의 사랑"은 "그리스도께서 우리에게 베푸시는 사랑"(주격 소유격)으로도, 또한 "그리스도를 향한 우리의 사랑"(목적격 소유격)으로도 이해될 수 있습니다. 참조. Hughes, *2 Corinthians*, 192.

음"은 바울이 전한 순전한 그리스도의 복음 하나밖에는 없습니다. 그러므로 우리가 구원받은 자라면, 모든 부류의 사람들을 향하여 "내가 빚진 자"라는 거룩한 의무감이, 그리스도의 참된 사랑을 진정 깨닫는 데서부터 생겨나는 "강권하심"에 대한 자각이, 속에서부터 우러나와야 합니다.

로이드 존스는 1941년 옥스퍼드 대학교의 학생들이 가득 모인 한 전도 집회에서 말씀을 전하던 때에 겪은 일을 다음과 같이 술회하고 있습니다.

> [집회가 끝나고 질의응답을 위한 자리에서] 사회자가, 혹시 설교자에게 질문할 것이 있는지를 청중에게 물었습니다....한 젊은 학생이 일어나더니…내 설교를 듣고 나서 마음속에 한 가지 혼란이 생긴다고 했습니다. 그 설교는 마치 농장의 인부들에게나 할 만한 설교 같다는 것이었습니다....청중들이 박장대소를 했습니다....나는 늘 하던 대로…나로서는 질문자가 느낀 어려움을 잘 이해하지 못하겠다고 했습니다. 왜냐하면…나는 옥스퍼드의 대학생들과 대학원생들을 다른 모든 사람과 똑같이 그저 흙으로 지은 인간이요 비참한 처지에 있는 죄인들로 보았고, 그러니 농장의 인부들에게 필요한 것이 그들에게도 똑같이 필요하다는 생각을 지니고 있었기 때문에, 늘 해오던 대로 설교한 것이라고 말이지요. 그러자 또다시 청중들의 폭소가 터져 나왔습니다. 하지만 그들은 내 말의 의도를 알아들었고 그때부터 나의 발언을 매우 주의 깊게 들었습니다. 특별한 부류의 사람들에게 맞는 특별한 종류의 복음이 필요하다는 식의 생각처럼 그릇된 것은 없습니다"(Iain Murray, *David Martyn Lloyd Jones: The Fight of Faith 1939-1981*, 77).

그뿐 아니라 사도 바울의 이러한 "내가 빚진 자"라는 인식은 복음 그 자체의 고귀한 가치를 분명하게 깨닫는 데서 비롯된 것이기도 합니다. 그리스도의 복음이 너무도 귀하고 값어치 있는 것임을 몸소 깨닫고 보니, 그것을 알지 못하는 주위의 사람들에 대한 안타까움이 속에서부터 솟아나 사람들에게 그것을 전하지 않고는 견딜 수 없는 심정이 된다는 것입니다. 내가 복음의 빚진 자라는 강렬한 인식이 없다는 것은, 곧 내가 복음의 그 고귀한 진가를 아직 진정으로 깨닫지 못했다는 반증이라 할 것입니다. 복음을 진정 깨달은 사람은 반드시 그 귀한 것을 사람들에게 전해야 한다는 강렬한 사명감을 갖게 되는 법입니다.

이어서 바울은 15절에서, "로마에 있는 너희에게도 복음 전하기를 원하노라"라고 말씀합니다. 바울은 "너희에게도", 즉 로마의 성도들에게도 "복음 전하기를" 원한다고 말씀하는데, 이를 의아하게 여길 수도 있으리라 생각됩니다. 로마의 성도들은 이미 복음을 들은 자들이요, 이미 예수 그리스도를 믿고 순종하는 사람들이 아닙니까? 그런데 이미 신자가 된 그들을 향하여 다시 복음을 전하다니, 이것이 과연 합당한 일인가 하고 말입니다. 이미 "복음"을 들어 익히 잘 알고 있는 사람들에게, 구태여 또다시 그것을 전할 필요가 있을까? 하는 생각입니다. 이런 이유 때문에 여러 주석은 이 문구를, 복음을 이미 듣고 회심한 자들의 영적 성장을 위해 필요한 후속적인 갖가지 가르침을 전해준다는 의미 등으로 봅니다.[60]

그러나 "복음을 전하다"라는 단어(헬. "유앙겔리조마이"[εὐαγγελίζομαι])는 복음을 전하는 행위가 아니라 그 전하는 내용에 초점을 맞추는 것으로, 문자 그대로 그리스도의 십자가의 복음을 전하고 해명한다는 뜻으로 이해해야 옳을 것입니다(Griffiths, *Preaching in the New Testament*, 20). 그렇습니다. 바울은 여기서 자신이 로마의 신자들을 향하여—불신자들에게 복음을 전하

_60 참조. Barnett, *Romans*, 1. 36; Moo, *Romans*, 63; Osborne, *Romans*, 39.

는 것과 똑같이—"복음 전하기를" 원한다는 뜻을 밝히고 있는 것입니다. 적어도 바울에게는 기성 신자들에게 다시 복음을 전하는 것이 전혀 이상한 일이 아니었습니다. 그것은 오히려 이미 신자 된 사람들에게 영적인 유익을 주는(11절) 중요한 수단이던 것입니다. 고린도의 성도들에게 그는, "내가 너희에게 전한 복음을 너희에게 알게 하노니 이는 너희가 받은 것이요 또 그 가운데 선 것이라"라고 말씀합니다(고전 15:1). 그들은 이미 바울이 전하는 복음을 들었을 뿐만 아니라 그것을 받아들였고 또한 그 가운데 든든히 서 있는 상태였습니다. 그런데도 그는 그들에게 다시 그 복음을 "알게 하"고 있는 것입니다. 그리스도의 복음은 불신자들이나 초신자들에게만 필요한 기독교의 초보적인 메시지가 결코 아닙니다.

복음은 기독교의 심장이요 뼈대를 이루는 메시지입니다. 비유적으로 말하자면, 우리가 매일 먹는 "밥"과도 비슷하다 하겠습니다. 어제 밥을 먹었다 해도, 오늘도 똑같은 밥이 우리에게 필요합니다. 매일 먹어도 질리지 않습니다. 이처럼 그리스도의 복음 역시 아무리 반복하여 전하고 들어도 결코 지나침이 없습니다. 구원받은 참된 성도라면, 날마다 그리스도의 구원의 복음을 들어도 날마다 감격과 기쁨이 샘솟는 법입니다. 아니, 날마다 듣고 되새겨야 합니다. 이것이 영적 성장의 비결입니다. 복음을 듣기가 지겹다니요! 구원받은 참된 신자에게는 결코 그런 일이 있을 수가 없는 것입니다.

여러분은 어떠하십니까? 복음 듣기를 사모하며 그 일을 위하여 항상 진력하고 있습니까? 아니면 복음이 지루하여 그것 이외에 무언가 새로운 것이 듣고 싶습니까? 이것이야말로 우리의 영적인 현주소를 밝혀주는 중요한 테스트라 할 것입니다.

제10강.
"내가 복음을 부끄러워하지 아니하노니"(1:16)

"16 내가 복음을 부끄러워하지 아니하노니 이 복음은 모든 믿는 자에게 구원을 주시는 하나님의 능력이 됨이라 먼저는 유대인에게요 그리고 헬라인에게로다."

이제 우리는 로마서 전체의 핵심이라 할 만한 중요한 진술을 다룰 차례가 되었습니다. 제임스 보이스는 1:16-17의 몇 문장이야말로 로마서에서—어쩌면 모든 문헌 중에서—가장 중요한 문장들이라고 단언합니다(Boice, *Romans*, I. 103).[61] 이러한 발언이 다소 과장된 것처럼 여겨질 수도 있겠습니다만, "구원을 주시는 하나님의 능력"을 몸소 경험한 사람이라면 이 본문의 중요성을 인정하고도 남을 것입니다. 로마서 전체의 주제가 여기에 제시되며, 기독교의 복음에 대한 핵심적인 선언을 여기서 접하게 된다고 할 것입니다.

이 본문은 바로 앞의 15절과 곧바로 연결되는 것입니다. 바울은 15절에서, "나는 할 수 있는 대로…너희에게도 복음 전하기를 원"한다고 말씀했습니다만, 16-17절은 바로 그 이유를—곧 어째서 그가 복음 전하기를 원하는

_61 또한 로이드 존스는 이 본문의 "두 절보다 성경에서 더 중요한 두 절은 없다"고 말합니다(Lloyd-Jones, *Romans*, I, 258).

지를—논리적으로 제시하는 것입니다. 한글 성경에는 반영되어 있지 않으나, 이유를 설명해주는 "왜냐하면"(혹은 "~때문에")이라는 뜻의 접속사(헬. "가르"[γάρ])가 이 두 절에 세 차례나 반복되어 나타나기 때문입니다. 이 점을 살려서 15-17절의 줄거리를 다시 정리하면 다음과 같습니다.

> 내가 할 수 있는 대로 로마에 있는 너희에게도 복음 전하기를 원하니, 이는 내가 복음을 부끄러워하지 않기 때문이요, 그 이유는 그것이 모든 믿는 자에게 구원을 주시는 하나님의 능력이기 때문이며, 그 이유는 그것에 하나님의 의가 계시되기 때문이라.

사도 바울의 질서정연한 논리 전개의 일면을 여기서 볼 수 있습니다. 그가 복음 전하기를 원하는 데에는 명확한 이유가 있었습니다. 그것은 바로 그가 그리스도의 복음을 부끄럽게 여기지 않기 때문이었습니다. 그가 어째서 복음을 부끄러워하지 않습니까? 그 이유는 복음이 모든 믿는 자에게 구원을 주시는 하나님의 능력이 되기 때문이라는 것입니다. 어째서 그것이 하나님의 능력이 되냐구요? 그 이유는 바로 하나님의 의(義)가 그 복음에 계시되기 때문이라는 것입니다. 로이드 존스의 지적처럼, 질서와 논리야말로 바울의 매우 두드러진 특징입니다(Lloyd-Jones, *Romans*, I, 257).

"복음을 부끄러워하지 아니하노니"

자, 여기서 앞으로 로마서에서 상세하게 전개되고 해명될 핵심적인 주제들이 하나씩 줄지어 요점적으로 제시되고 있습니다. 먼저 바울은 "내가 복음을 부끄러워하지 아니하노니"(헬. "우 에파이스퀴노마이 토 유앙겔리온"[Οὐ ἐπαισχύνομαι τὸ εὐαγγέλιον])라고 말씀합니다. 일부 학자들은 이것을 일종의 반어법(反語法)으로 이해합니다(Bird, *Romans*, 40; Bruce, *Romans*, 79, 등). 곧 "내가 복음을 부끄러워하지 아니하노니"라는 말씀은 "내가 복음을 매우 자랑스럽게 여기노니"라는 의미를 강조하는 것이라는 것입니다. 그러나 이는 다소 어색한 이해가 아닐까 싶습니다. 그런 뜻을 전달하려 했다면 "내가 복음을 매우 자랑스럽게 여기노니"라고 그대로 진술하면 될 일이었을 텐데, 어째서 구태여 그런 반어적인 어법을 썼을까 하는 것이 의문스럽습니다. 물론 바울이 복음을 지극히 자랑스러워한 것은 틀림없는 사실입니다. 갈라디아서에서는 "내게는 우리 주 예수 그리스도의 십자가 외에 결코 자랑할 것이 없으니"라고 강력히 선언하기도 하니 말입니다(갈 6:14). 그러나 본문을 단순히 반어법의 의미로만 보는 것은 무언가 부족한 점이 있다 싶습니다.

"내가 복음을 부끄러워하지 아니하노니"라는 사도의 말씀은 오히려 복음을 부끄러워할 수밖에 없는 현실을 암시해 준다고 할 것입니다. 곧 "복음을 부끄러워할 수밖에 없는 것이 현실이지만, 나는 복음을 부끄러워하지 않는다"라는 의미가 깔려 있다는 것입니다. 그렇습니다. 바울이 전하는 복음의 메시지는 일반 사람들의 종교적인 상식에 맞지 않는 것이었습니다. 그들의 예상과 기대와는 전혀 거리가 멀었습니다. 복음의 내용이 무엇입니까? 하나님의 아들 예수 그리스도입니다(2-3절). 고린도전서 1:23의 표현에 의하면, "십자가에 못 박힌 그리스도"입니다.

좀 더 구체적으로 말씀하자면, 복음이란 "성경대로 그리스도께서 우리 죄를 위하여 죽으시고 장사 지낸 바 되셨다가 성경대로 사흘 만에 다시 살아나"셨다는 메시지입니다(고전 15:3-4). 이것이 성경적 복음의 핵심 내용입니다. 그러나 이런 메시지는, 바울이 뼈저리게 체험하고 확증해온 대로 "유대인에게는 거리끼는 것이요 이방인에게는 미련한 것"입니다(고전 1:23). 유대인이든 이방인이든 어떤 부류의 사람이든, 상식적으로 받아들일 수 있을 만한 내용이 결코 아니라는 것입니다. 영국의 신약학자인 찰스 크랜필드(Charles E. B. Cranfield, 1915-2015)는 이 점에 대해 다음과 같이 설득력 있게 설명합니다.

> 복음의 본질 그 자체로 인하여 그리스도인들은 언제나 세상에서 복음을 부끄러워할 유혹을 받기 마련이다....한편으로는 세상이 항상 하나님을 대적하고 있고 다른 한편으로는 복음의 본질 그 자체가 세상에 전혀 감동을 주는 것이 아니기 때문에, 그리스도인들이 복음을 부끄러워할 유혹을 받을 수밖에 없다는 사실을 바울은 잘 알고 있는 것이다(Cranfield, *Romans*, I. 86).

그러므로 복음을 전하고자 할 때에 그 복음을 부끄러워할 유혹을 당하게 되고 뒤로 움츠러드는 것은 지극히 당연하고 자연스런 일입니다. "아아, 내가 복음을 전해야 하는데 과연 사람들이 이것을 받아들일까? 필경 반대하거나 조롱할 텐데…오오 하나님, 저로서는 아무것도 할 수 없나이다. 주께서 함께 하옵소서. 주께서 친히 이 메시지를 통하여 구원의 역사를 이루어 주옵소서!"라는 간절한 심정으로 나아가는 것입니다. 복음을 부끄러워한 적이 한 번도 없고 언제나 담대하게 나아가 뿌듯한 마음으로 자랑스럽게 복음을 전해왔다고 자부하는 사람이 있다면, 로이드 존스의 말처럼 그것은 "그가 정말 훌륭한 신자이기 때문이 아니고, 오히려 복음을 명확히 이해한 적이 전혀 없기 때문"이라 할 것입니다. 그는 계속해서 이 문제에 대해 이렇게 설명합니다.

> 그리스도인이 때때로 복음을 부끄러워하게 되는 경향이 있는데, 이는 세상이 언제나 그것을 유치함과 어리석음의 극치로 규정하고 멸시하기 때문입니다. 초기 교회 당시도 과연 그랬습니다....그런데 어째서 세상이 복음을 그렇게 손가락질

> 하며 멸시하는 걸까요? 그것은 복음이 전달하는 메시지 때문입니다. 복음을 전하는 자들이면 누구나 반드시 선포해야 합니다만, 복음은 처절한 빈곤 가운데서 출생한 한 사람을 선포하는 것입니다. 여관에 방이 없어 구유에서 출생한 한 사람이, 조그만 마을에서 자라나 목수의 훈련을 받은 한 분이 바로 우리가 선포하는 그 분입니다. 이분이야말로 우리가 세상을 향해 제시하는 분이시니, 곧 극히 무기력하게 십자가에 달리신 분입니다! 그분은 자신에 대해 고상한 주장을 하신 후에 완전히 무기력한 처지에 처하셨습니다. 나무 위에 못을 박혀 달리셨고, "그가 남은 구원하였으니 만일 하나님이 택하신 자 그리스도이면 자신도 구원할지어다"라고 외쳐대는 수많은 군중의 조롱 소리를 들으시며 십자가에서 죽으셨습니다. 이것이 바로 우리가 선포하는 메시지입니다. 우리는 가련한 삶을 사시고 십자가에서 죽으신 그분을 선포하는 것입니다. 그러니 세상이 그분에 대해 조롱하고 무시하는 것은 당연한 일입니다. 왜요? 바로 그분이 세상의 구주시요 하나님의 아들이심을 우리가 강력히 단언하기 때문입니다. 이 메시지는 유대인에게는 거치는 돌이요 헬라인에게는 미련한 것입니다. 그러니 우리가 전하는 그 메시지의 그런 성격 자체로 인해 이런 조롱과 비웃음이 생기게 되는 것입니다. 그리고 분명히 말씀드리지만, 사람은 누구나 본성적으로 조롱받는 것을 좋아하지 않습니다. 그러니 이 복음을 부끄러워하는 것입니다(Lloyd-Jones, *Romans*, I, 260-261).

복음이 무엇인지를 명확히 깨달은 사람은, 그 복음이 죄인들에게 얼마나 역겹고, 어리석고, 거부감을 주는 것인지를 분명히 압니다. 그래서 복음을 들고 나아갈 때마다, 자기 자신으로서는 아무 것도 할 수 없고, 그 복음을 통하여 구원의 역사를 이루시는 것은 오직 하나님이시라는 것을 항상 절감하는 것입니다.

복음이 이처럼 "유대인에게는 거리끼는 것이요 이방인에게는 미련한 것" 이므로, 복음을 전하는 자는 갖가지 반대와 조롱과 크고 작은 환난을 당할 수밖에 없는 것이 현실입니다. 오늘날도 그렇습니다만, 그 옛날 사도 바울의 시대에는 복음에 대한 사회의 적대적인 자세가 우리의 상상을 초월할 만큼 심각했습니다. 그러므로, 그리스도인들은 복음으로 인하여 온갖 고난을 당할 수밖에 없었고, 복음을 부끄러워하고 숨기고자 하는 내적인 유혹과 심각한 싸움을 벌일 수밖에 없는 처지였습니다. 사도 바울 자신도 복음을 전하는 과정에서 유대인들과 이방인들로부터 혹독한 박해를 당하는 일이 다반사였습니다. 예를 들어 고린도후서에서 그는 복음을 위하여 자신이 당한 고난에 대해 다음과 같이 진술하고 있습니다.

> 그리스도의 고난이 우리에게 넘친 것 같이 우리가 받는 위로도 그리스도로 말미암아 넘치는도다. 우리가 환난 당하는 것도 너희가 위로와 구원을 받게 하려는 것이요 우리가 위로를 받는 것도 너희가 위로를 받게 하려는 것이니, 이 위로가 너희 속에 역사하여 우리가 받는 것 같은 고난을 너희도 견디게 하느니라....형제들아 우리가 아시아에서 당한 환난을 너희가 모르기를 원하지 아니하노니, 힘에 겹도록 심한 고난을 당하여 살 소망까지 끊어지고 우리는 우리 자신이 사형 선고를 받은 줄 알았으니, 이는 우리로 자기를 의지하지 말고 오직 죽은 자를 다시 살리시는 하나님만 의지하게 하심이라(1:5-9).

> 내가 수고를 넘치도록 하고 옥에 갇히기도 더 많이 하고 매도 수없이 맞고 여러 번 죽을 뻔하였으니, 유대인들에게 사십에서 하나 감한 매를 다섯 번 맞았으며, 세 번 태장으로 맞고 한 번 돌로 맞고 세 번 파선하고 일 주야를 깊은 바다에서 지냈으며, 여러 번 여행하면서 강의 위험과 강도의 위험과 동족의 위험과 이방인의 위

험과 시내의 위험과 광야의 위험과 바다의 위험과 거짓 형제 중의 위험을 당하고, 또 수고하며 애쓰고 여러 번 자지 못하고 주리며 목마르고 여러 번 굶고 춥고 헐벗었노라(11:23-27).

이처럼 복음을 적대시하는 험악한 현실 속에서 항상 고난을 당하면서도 그는 절대로 복음을 부끄러워하지 않았고 오히려 그 복음을 극히 자랑스럽게 여겼으며, 기회가 주어지는 대로 그 복음을 선포하는 일에 최선을 다한 것입니다. 이러한 정황에 대해 할데인은 다음과 같이 설명합니다.

그는 복음이 사방에서 당하는 반대를 개인적인 경험을 통해 익히 잘 알고 있었다. 이교도들은 그것을 무신론(無神論)으로 취급했고, 유대인들은 그것이 율법을 뒤집어엎고 방종을 조장한다며 혐오했고, 그런가 하면 유대인들과 이방인들이 합세하여 그리스도인들을 공공의 평화를 방해하는 세력으로…매도하였다. 게다가 십자가에 달리신 구주 예수님은 유대인에게는 거리끼는 것이요 이방인에게는 미련한 것이었다....바울의 이 선언은, 실제로 복음을 부끄러워하여야 할 정당한 이유가 전혀 없으나, 사람들이 합당치 않게 여겨 전반적으로 미워하고 멸시하게 되는 무언가가 그 복음에 있다는 것을 시사한다. 죄악된 사람은 하나님의 성령의 일들을 받아들이지 않으니, 이는 그들에게는 그것들이 어리석어 보이기 때문이다(Haldane, *Romans*, 53).

이러한 멸시와 박해의 현실을 처절하게 경험해온 바울이 여기 로마서 초두에서, "내가 복음을 부끄러워하지 아니하노니"라고 강력히 선언하고 있습니다. 이것은 로마의 성도들에게도 복음 전하기를 원하는 이유를 제시하는 발언이자 그 자신의 고백이기도 하며, 동시에 자신과 비슷하게 고난받고 있을 로마의 성도들을 격려하여 그들 역시 "복음을 부끄러워하지" 않게 되기를 바라는 마음을 담은 것이기도 했을 것이라 봅니다. 혹독한 박해의 상황 속에서 불이익과 환난이 두려워, 복음을 부끄러워하며 그것을 숨기고 싶은 유혹이 얼마나 강력한지를 자신이 몸소 겪어오고 있기 때문에, 그 자신과 비슷한 상황에 처하여 있는 로마의 성도들에게 용기를 주고자 한 것이라 여겨집니다.[62]

기독교 신앙을 맹렬히 대적하는 이교도들이 주도하는 사회 속에서—특히 반기독교적 정치 문화 경제의 중심인 로마에서—참된 신앙을 지켜나간다는 것이 얼마나 힘든 일이었겠습니까? 더욱이 7년 전 글라우디오 황제 때의 유대인 박해와 추방 사건 이후 로마의 일반 대중이 그리스도인들을 멸시하며 주시하고 있던 처지였을 것이니, 그들의 어려움이 얼마나 컸겠습니까? 사도 바울은 그런 힘겨운 상황 속에서 고군분투하는 로마의 성도들을 생각하며, 복음을 위해 담대히 나아가도록 그들에게 용기를 주고 있는 것입니다.

오늘날도 복음은 여전히 일반 사람들에게서 반대와 멸시를 당하고 있습니다. 이런 현실에 대해 교회의 반응이 두 갈래로 나뉘어 나타납니다. 한쪽에서는 하나님께 모든 것을 의탁하고, 사도 바울이 전한 그리스도의 복음을 부끄러워하지 않고 그것을 생명처럼 붙잡고 고난을 감수하는 자세로 나아갑니다. 그러나 안타깝게도 다른 한쪽에서는 교회 지도자들과 교인들이 사도 바울과는 전혀 다른 방향으로 생각하고 일을 추진하는 경향이 뚜렷하게 드러납니다.

"복음에 대해 반대와 멸시와 환난이 있습니다! 어떻게 하면 이런 현실을

_62 "너희는 복음을 부끄러워하지 말라"라고 명령조의 어법을 쓸 수도 있었겠으나, 오히려 바울 자신의 개인적인 결연한 의지를 피력함으로써—"내가 복음을 부끄러워하지 아니하노니"—"너희도 복음을 부끄러워해서는 안 된다"라는 자신의 요점을 더욱 강렬하게 전달하고 있다고 여겨집니다.

타개할 수 있을까요? 그런 반대나 멸시나 환난을 제거하고, 오히려 환영하게끔 만들어야죠! 어떻게요? 사람들에게 알맞고 사람들이 환영하도록 메시지를 전하면 되죠!" 그리하여 바울이 전한 그 "부끄러운" 복음을 내던지고, 사람들이 좋아할 만한 메시지로 그 내용을 바꾸어 버리는 것입니다. 세상이 복음을 환영하지 않으니, 세상의 환영을 받기 위해 순전한 복음을 내던지고 교회를 세상과 똑같이 만드는 방향으로 일을 도모하는 것입니다. 이것이 앞에서도 언급한 바 있는 "종교적 실용주의"(religious pragmatism)의 핵심입니다. 오늘날 교회 안에 유행처럼 번지고 있는 소위 "교회 성장의 복음," "건강과 부귀의 복음," "상담과 심리 치료의 복음," "가정 행복의 복음," "소원 성취의 복음," "꿈과 비전의 복음," "삼박자 축복의 복음" 같은 것들이 바로 그 결과로 생겨난 것들입니다. 여러분, 이것이 바로 오늘날 수많은 교회에서 벌어지고 있는 현상입니다.

예수 그리스도께서는 "누구든지 이 음란하고 죄 많은 세대에서 나와 내 말을 부끄러워하면 인자도 아버지의 영광으로 거룩한 천사들과 함께 올 때에 그 사람을 부끄러워하리라"고 말씀하셨습니다(막 8:38). 이 말씀의 심각성을 깨닫는다면, 그리스도께서 "아버지의 영광으로 거룩한 천사들과 함께 올 때"를 기억하며 그때를 사모하며 인내로 기다리는 자세가 우리에게 있다면, 예수님 자신과 그의 말씀을 부끄러워하여 그것을 마음대로 뜯어고치고 왜곡시키는 것이 얼마나 위중한 일인지를 깨닫고도 남을 것입니다. 교회들이 예수님과 그의 말씀을 부끄러워하여 그 부끄러운 요소들을 제거하여 세상의 구미에 맞도록 마구 변질시키는 일이 다반사로 일어나는 오늘날의 현실 속에서, 어느 때보다도 영적 분별이 우리에게 반드시 필요한 것입니다.

할데인의 말씀처럼 "복음이 부패할수록, 그리고 오류로 인하여 복음의 고유한 특질들이 희미해질수록, 복음으로 인하여 당하는 부끄러움이 줄어드는 법"(Haldane, *Romans*, 54)이라는 사실을 직시하여야 합니다. 교회가 생명처럼 여기며 수호해야 할 참된 복음이 무엇인지를 똑똑히 알아야겠습니다. 복음을 부끄러워하여 그 내용을 변질시켜 "다른 복음"을 생산해내는 교회는 더 이상 교회가 아니요, 사도 바울이 선언한 통렬한 저주(갈 1:8-9)의 대상일 뿐이라는 사실을 직시해야겠습니다.

"구원을 주시는 하나님의 능력"

이어서 바울은 자신이 복음을 부끄러워하지 않는 이유를 설명합니다. 온갖 부정적인 요인에도 불구하고 그가 복음을 부끄러워하지 않고 오히려 담대하게 전하는 것은, 그 복음이야말로 "모든 믿는 자에게 구원을 주시는 하나님의 능력"이기 때문이라는 것입니다. 복음이 무엇입니까? 하나님의 아들 예수 그리스도에 관한 복된 소식이요(2-4절), 좀 더 구체적으로 말하면 "성경대로 그리스도께서 우리 죄를 위하여 죽으시고 장사 지낸 바 되셨다가 성경대로 사흘 만에 다시 살아나"셨다는 소식입니다(고전 15:3-4). 그런데 이 복음이 "구원을 주시는 하나님의 능력"이라고 말씀합니다. 본문은 크게 세 가지 사실을 말씀해줍니다. 첫째는, 죄인들을 구원하는 일은 오직 하나님이 행하시는 능력의 역사라는 사실이요, 둘째는, 이처럼 구원을 이루는 하나님의 능력의 역사는 오직 복음을 통해서만 이루어진다는 것이요, 셋째는, 구원을 주시는 하나님의 능력의 역사는 "모든 믿는 자에게" 적용된다는 사실입니다.

1. 첫째로, 죄인들을 구원하는 일은 오직 하나님이 행하시는 능력의 역사라는 사실입니다. 구원이 전적으로 하나님이 행하시는 일이라는 사실은 성경 전체에서 너무나도 명확하게 드러납니다: "구원은 여호와께 있사오니 주의 복을 주의 백성에게 내리소서"(시 3:8; 참조. 시 37:39; 렘 3:23; 욘 2:9; 계 7:10 등). 구원의 역사는 이적 중의 이적입니다. 사람의 일상적인 능력으로는 절대

로 불가능하며, 하나님께서 친히 "능력"을 베푸셔야만 일어나는 일이기 때문입니다. 죄인이 구원받는 일이 일어났다면, 이는 사람으로서는 도저히 이룰 수 없는 지극히 큰 하나님의 능력이 베풀어졌다는 뜻입니다. 그 하나님의 능력에 대해 사도 바울은 에베소서에서 다음과 같이 말씀합니다.

> 그[하나님]의 힘의 위력으로 역사하심을 따라, 믿는 우리에게 베푸신 능력의 지극히 크심이 어떠한 것을 너희로 알게 하시기를 구하노라. 그의 능력이 그리스도 안에서 역사하사, 죽은 자들 가운데서 다시 살리시고 하늘에서 자기의 오른편에 앉히사(엡 1:19-20).

"믿는 우리에게 베푸신 능력", 즉 죄인인 우리에게 베풀어져서 우리를 구원하는 하나님의 능력이 바로 예수 그리스도를 죽은 자들 가운데서 다시 살리시고 하나님의 오른편에 앉게 하실 때 그에게 베풀어진 능력과 동일하다는 사실입니다. "신자를 영적 죽음의 상태에서 살려내는 능력과, 그리스도를 무덤에서 살아나게 한 능력이 동일한 능력"이라는 것입니다(Hodge, *Romans*, 57; 참조. Haldane, *Romans*, 55). 여러분과 제가 예수 그리스도를 믿어 하나님의 백성이 되게 하는 일에 바로 그리스도 자신을 무덤에서 일으키신 바로 그 엄청난 "하나님의 능력"이 개입되었다는 사실을 생각해 보십시오. 이 얼마나 놀라운 역사입니까? 모든 신자 개개인에게 이미 이러한 "하나님의 능력"의 역사가 베풀어진 것입니다.

우리는 "허물과 죄로 죽"어 있는 상태에서—하나님을 모르고, 그를 영화롭게 하는 것이 인생의 최고의 목적이라는 것(웨스트민스터 소요리문답 1문답)도 알지 못하는 상태에서—"이 세상 풍조를 따르고 공중의 권세 잡은 자…곧 지금 불순종의 아들들 가운데서 역사하는 영"을 따르며, "우리 육체의 욕심을 따라 지내며 육체와 마음의 원하는 것을 하"는 것을 인생의 최고의 목적으로 알고 지내고 있었고, 따라서 "본질상 진노"를 받을 수밖에 없는 처지였습니다. 그런데 "긍휼이 풍성하신 하나님이…허물로 죽은 우리를 그리스도와 함께 살리셨고"—그리스도를 살리신 그 놀라운 하나님의 능력이 이때 우리에게 역사하였습니다—"그리스도 예수 안에서 함께 하늘에 앉히"신 것입니다(엡 2:1-6). 하나님이 그의 능력으로 우리를 살리셨고, 하늘에 앉히셨다고 말씀합니다. 바로 이것이 성경이 가르치는 하나님의 구원의 역사입니다.

2. 둘째로, 이처럼 구원을 이루는 하나님의 능력의 역사는 오직 복음을 통해서만 이루어진다고 말씀합니다. 바울은 이 사실을 강조하고자 "복음은 구원을 주시는 하나님의 능력"이라고 말씀합니다. 영적 죽음의 상태에서 사람을 살려내는 구원의 역사를 이루는 하나님의 능력이 오직 예수 그리스도의 복음을 통해서만 일어난다는 사실입니다. 왜 그렇습니까? 하나님께서 그렇게 정하셨고 그것을 기뻐하시기 때문입니다. 바울은 다른 곳에서 이렇게 말씀합니다. "하나님께서 전도의 미련한 것으로 믿는 자들을 구원하시기를 기뻐하셨도다"(고전 1:21). 여기서 "전도"(헬. "케뤼그마"[κήρυγμα])란 복음을 선포하는 행위가 아니라, 그 선포되는 메시지의 내용, 곧, 복음을 의미합니다.[63] 복음의 메시지가 비록 사람의 눈에는 미련해 보이고 유치해 보이지만, 하나님은 그런 복음의 메시지를 통해서 그의 백성들을 구원하시기를 기뻐하시는 것입니다. 또한 바울은 이렇게도 말씀합니다.

십자가의 도가 멸망하는 자들에게는 미련한 것이요 구원을 받는 우리에게는 하

_63 ESV 성경은 이 부분을 "It pleased God through the folly of *what we preach*(우리가 전하는 내용) to save those who believe"로 번역합니다(참조. NIV: "through foolishness of *what was preached*[전해지는 내용] to save…"; NASB: "through the foolishness of *the message preached*[전해지는 메시지] to save…").

나님의 능력이라....오직 부르심을 받은 자들에게는 유대인이나 헬라인이나 그리스도는 하나님의 능력이요 하나님의 지혜니라(고전 1:18, 24).

여기서 바울은 "복음"을 "십자가의 도",[_64] "그리스도" 등으로 바꾸어 말씀하고 있습니다. 곧 예수 그리스도의 십자가의 복음이야말로 구원을 주시는 하나님의 능력이요, 그리스도께서 바로 그러한 복음을 수단으로 하여 구원의 능력을 베푸시는 것임을 천명하고 있는 것입니다. 그렇습니다. 죽은 영혼을 살려내사 구원의 역사를 이루는 하나님의 능력은 오직 순전한 복음을 통해서만 발휘됩니다. 죄악된 인간의 상식으로는 이 복음이 어리석기 그지없는 것처럼 보이고, 도저히 복음으로는 효과가 없을 것 같아서 온갖 그릇된 방법들을 만들어내는 현상이 만연해 있지만, 이처럼 사람의 눈에 미련하게 보이는 바로 그 복음이야말로 참된 구원을 누리게 하는 "하나님의 지혜"라는 사실을 확고히 믿어야 할 것입니다.

그 옛날 여호와께서는 광야에서 불뱀에 물려 죽을 위기에 처한 이스라엘 백성들을 위하여 "놋뱀"을 만들어 장대 끝에 매달게 하시고, "물린 자마다 그것을 보면 살리라"라고 말씀하셨습니다(민 21:8). 그리고 그 말씀이 그대로 이루어졌습니다: "모세가 놋뱀을 만들어 장대 위에 다니, 뱀에게 물린 자가 놋뱀을 쳐다본즉 모두 살더라"(21:9). 불뱀에 물려 죽을 위기에 처했는데, 놋뱀을 쳐다보면 살게 된다니요? 이는 사람의 상식으로는 도무지 받아들일 수 없는 허무맹랑한 사설(邪說)이요, 그야말로 "미련한" 논리였습니다. 무언가 다른 그럴 법한 치유법이라면 모를까, 그냥 쳐다보는 것만으로 치유를 받는다

_64 여기서 "도"(道)로 번역된 헬라어 "로고스"(λόγος)는 "말씀"이란 뜻입니다. 한글 새번역 성경은 "십자가의 말씀"으로 번역하며, 또한 영어 ESV, NASB 성경도 이 부분을 "the word of the cross"로 번역합니다.

니요? 그러나 불뱀에 물린 사람이 살 수 있는 길은 오직 하나, 바로 그처럼 미련해 보이는 여호와의 말씀을 신뢰하고 순종하여 놋뱀을 바라보는 것뿐이었습니다. 그리고 그렇게 놋뱀을 쳐다본 사람은 모두 치유를 받고 살아났습니다. 이것이 여호와 하나님의 구원 역사였습니다.

예수님은 요한복음에서 이 사건을 거론하시며 말씀하십니다. "모세가 광야에서 뱀을 든 것 같이 인자도 들려야 하리니 이는 그를 믿는 자마다 영생을 얻게 하려 하심이니라"(3:14-15). "놋뱀"은 예수님의 십자가를 미리 보여주는 하나의 모형이었음을 여기서 잘 볼 수 있습니다. 예수님 자신이 마치 그 옛날 모세가 장대 끝에 매단 "놋뱀"처럼 십자가에 달리실 것인데, 이는 그를 믿는 자마다 영생을 얻게 하기 위한 것이라는 말씀입니다. 십자가에 달리신 그리스도를 믿는다는 것은, 죄악 가운데 있는 인간의 눈에는, 마치 "놋뱀"을 쳐다보는 것만큼이나 터무니없고 "미련한 것"입니다. 그러나 바로 십자가에 달리신 그리스도야말로 영생을 얻게 하는 "하나님의 능력"이요 "하나님의 지혜"입니다.

오늘날 교회 안에 "복음"의 능력을 신뢰하지 않는 불신앙적인 정서가 가득 차 있습니다. 어찌 보면 이는 당연한 일일 수도 있습니다. 죄 중에 있는 자연인의 눈에는 그것이 "미련한 것"일 수밖에 없기 때문입니다. 그러나 복음이야말로 과연 하나님께서 지정하여 장대 끝에 세워두신 오늘날의 놋뱀이라 할 것입니다. 사람의 상식으로는 결코 신뢰할 수 없는 방도이지만 그것을 정하시고 구원의 방도로 세우신 분이 바로 하나님 자신이시기에 그것이야말로 능력입니다.

3. 마지막 셋째로, 구원을 주시는 하나님의 능력의 역사는 "유대인에게"든 "헬라인에게"든 오직 "모든 믿는 자에게" 적용된다는 사실을 말씀합니다. 복음이 구원을 주시는 하나님의 능력이 된다는 말씀은 모든 사람에게 다 보

편적으로 해당되는 것이 아닙니다. 오직 모든 "믿는 자"에게만 해당되는 말씀입니다. 오늘날 교회 일각에서, 믿음의 여부와 관계없이 결국 세상의 모든 사람이 다 구원을 얻게 된다는 식의 소위 보편구원론(universalism)을 주장하는 자들이 있습니다만, 본문은 그것이 허구임을 명확히 보여줍니다.[65] 복음이 구원의 능력이 되는 것은 모든 "믿는 자"에게만–곧 복음에 대해 믿음으로 반응하는 자들에게만–해당되는 것입니다. 그리고 한 개인이 믿음으로 반응하는지 여부는 그 개인에게가 아니라, 오직 하나님의 주권에 달려 있는 것입니다.

어떤 사람들은 마치 복음을 받아들이고 믿는 능력이 본성적으로 사람에게 있는 것처럼 생각합니다. 그리하여 자신에게 있는 그 본성적인 능력을 발휘하여 복음을 받아들이고 믿는 사람은 구원을 얻고, 그 능력을 발휘하지 않는 사람은 구원을 받지 못한다는 식으로 주장합니다. "하늘은 스스로 돕는 자를 돕는다"(Heaven helps those who help themselves)라는 주장이 이런 식의 사고의 전형적인 표현입니다. 이를 펠라기우스(Pelagius, 360-481)라는 교회사의 인물을 따서 펠라기우스주의(Pelagianism)라 부릅니다만, 이것은 철저히 비성격적인 이단 사상입니다.[66]

사람이 본성적으로 믿음의 능력을 지닌 것이 결코 아닙니다. 아담의 타락 이후 모든 사람은 전적으로 타락한 상태요, 구원에 이를 그 어떠한 능력도 없는 처지입니다. 하나님을 향하여 그 어떠한 적극적인 반응을 보일 능력이 원천적으로 결핍된 상태요, 성경은 이를 영적 죽음의 상태로 묘사하고 있습

_65 "보편구원론"에 대해서는 다음을 참조하십시오. Nicole, "Universalism: Will Everyone Be Saved?" in *Standing Forth*, 477-489; Packer, "The Problem of Universalism Today" in *Shorter Writings*, I. 169-178; idem, "Universalism: Will Everyone Ultimately Be Saved?" in Morgan & Peterson, eds., *Hell under Fire*, 170-194.

_66 "펠라기우스주의"에 대해서는, Sproul, *Willing to Believe*, 33-45를 참조하십시오.

니다(엡 2:1, 5; 골 3:3). 그런데 이처럼 구원의 가능성이 원천적으로 결핍된 영적 죽음의 상태에 있는 사람들 가운데 일부에게 하나님의 은혜의 역사가 임합니다. 이 은혜의 역사를 성경은 여러 각도에서 다양하게 묘사하고 있습니다. 그들을 부르시는 것으로 표현하기도 하고(참조. 고전 1:24; "오직 부르심을 받은 자들에게는"), 영적 부활로 표현하기도 하고(엡 2:1, 5-6; 골 3:1), 거듭남 혹은 중생(重生)으로 표현하기도 하며(요 3:3, 5, 딛 3:5), 또한 본문의 경우처럼 믿음으로 표현하기도 하는 것입니다. "모든 믿는 자에게."

"복음은 모든 믿는 자에게 구원을 주시는 하나님의 능력이 됨이라." 하나님께서는 그의 택하신 백성들로 하여금 "복음"을 듣게 하심으로써 믿음을 얻게 하시고 그 믿음을 수단으로 하여 구원을 베푸십니다. 사도 바울은 다른 곳에서, "믿음은 들음에서 나며 들음은 그리스도의 말씀으로 말미암았"다고 말씀합니다(롬 10:17). 믿음은 "그리스도의 말씀",[_67] 즉 복음을 들음으로써 생겨난다는 것입니다. 우리가 믿음으로 복음에 반응하는 것은 사실이지만, 그 믿음은 우리 자신에게서 난 것이 아닙니다. 복음을 들음으로써 생겨나는 그 구원 얻는 믿음은 하나님이 베풀어주시는 선물입니다. "너희는 그 은혜에 의하여 믿음으로 말미암아 구원을 받았으니 이것은 너희에게서 난 것이 아니요 하나님의 선물이라"(엡 2:8). 하나님께서 선물로 주시는 이 믿음이 바로 하나님이 베푸시는 구원의 은혜를 받아 누리는 수단이요 도구입니다. 이 점과 관련하여 미국의 조직신학자인 존 프레임(John Frame)은 다음과 같이 적절히 설명합니다.

_67 여기서 "그리스도의 말씀"은 바로 15절의 "좋은 소식"과 16절의 "복음"과 동일한 의미로, "그리스도에 관한 말씀"의 뜻으로 보아야 합니다(참조. 1:9 "그의 아들의 복음"). 참조. Morris, *Romans*, 392.

> 믿음은—비록 그 자체로는 불완전하고 무가치한 것이지만—우리가 하나님께로 나아가 그의 은혜를 받는 수단이다. 어떤 이들은 믿음을, 무언가를 받으려고 내미는 빈손에 비유하기도 했다. "만세 반석 열리니"(Rock of Ages)라는 찬송가의 가사처럼, 우리는 "아무것도 가진 것이 없이 그저 빈손으로 주의 십자가를 붙들 뿐"인 것이다(Frame, *Systematic Theology*, 955).

믿음은 하나님의 은혜의 선물이므로 아무도 자기의 믿음에 대해 자화자찬(自畵自讚)할 수가 없습니다. "행위에서 난 것이 아니니 이는 누구든지 자랑하지 못하게 함이라"(엡 2:9). 그러므로, 마치 믿음이 자기가 행한 큰 공적(功績)이기라도 한 것처럼–믿음의 발걸음을 내디딘 것이 전적으로 자신의 훌륭한 결정이기라도 한 것처럼–여기며 자랑하는 일은 참된 성도에게는 있을 수 없는 그야말로 터무니없는 일입니다. 사실 우리가 누리는 모든 것이 다 하나님께로부터 받은 은혜의 선물입니다. 우리를 구원하시는 모든 일이 처음부터 마지막까지 하나님께서 행하시는 일이니, 우리로서는 자랑할 것이 아무것도 없는 것입니다. "네게 있는 것 중에 받지 아니한 것이 무엇이냐? 네가 받았은즉 어찌하여 받지 아니한 것 같이 자랑하느냐?"(고전 4:7).

여기서 또 한 가지 명확히 이해해야 할 것은, 우리의 믿음 그 자체는 구원을 얻게 해주는 능력이 전혀 없으며, 구원의 능력은 오직 예수 그리스도께 있다는 사실입니다. 워필드 박사는 이에 대해 다음과 같이 설명해줍니다.

> 구원을 얻게 하는 믿음의 능력은 믿음 그 자체에 있는 것이 아니고, 그 믿음이 의지하는바 전능하신 구주님께 있는 것이다....그냥 아무 믿음이 아니라 '예수 그리스도를 믿는 믿음'이 구원을 얻게 하는 것이다....또한 엄밀히 말하면, 그리스도를 믿는 믿음이 구원해주는 것이 아니라, 그리스도께서 그 믿음을 통해서 구원하

시는 것이다. 구원을 얻게 하는 능력은 믿는 행위나, 믿는 자세, 혹은 믿음의 본질에 있는 것이 아니라, 오직 그 믿음의 대상에게 있는 것이다. 성경 전체가 바로 이것을 중심적인 가르침으로 제시하므로, 구원의 능력이—성경은 이 능력이 오직 그리스도께 있다고 말씀한다—티끌만큼이라도 믿음에 있다고 말한다면 이보다 더 큰 오해는 없는 것이다"(Warfield, *Biblical Doctrines*, 504).

결론

구원의 모든 것이 오직 하나님께로부터 비롯된 은혜의 역사입니다. "복음"을 마련하신 것도 하나님이시요, 복음을 선포하게 하시는 이도 하나님이시요, 그 선포되는 복음을 들음으로 믿음이 생기게 하시는 이도 하나님이시요, 또한 그 믿음을 도구로 구원을 얻게 하시는 분도 하나님이신 것입니다. 구원받은 성도는 이처럼 모든 것이 하나님께로부터 베풀어지는 것임을 명확히 깨닫고서, 오로지 그 하나님께 영광을 돌리며 그를 찬양할 뿐입니다. 바울이 이스라엘의 구원과 관련한 하나님의 경륜을 다룬 후에 다음과 같이 하나님께 영광을 돌리듯이, 구원 얻는 하나님의 백성 역시 동일하게 그를 찬송하는 것입니다. "이는 만물이 주에게서 나오고 주로 말미암고 주에게로 돌아감이라 그에게 영광이 세세에 있을지어다 아멘"(롬 11:36).

제11강.
"복음에는 하나님의 의가 나타나서"(1:17)

"17 복음에는 하나님의 의가 나타나서 믿음으로 믿음에 이르게 하나니 기록된 바 오직 의인은 믿음으로 말미암아 살리라 함과 같으니라."

마르틴 루터와 같은 위대한 종들을 통한 16세기 유럽 종교개혁의 영적 유산을 물려받은 우리에게 이 본문은 매우 중요한 의미를 지닙니다. 앞서 제1강("로마서의 가치와 중요성: 그 역사적 실증")에서 살펴본 바 있습니다만, 바로 이 본문에 나타나는 "하나님의 의"의 참된 의미를 발견한 일이 루터의 종교개혁의 시발점이 되었기 때문입니다. 그 내용을 다시 말씀드릴 필요는 없겠습니다만, 루터는 "하나님의 의"가 하나님 자신이 소유하시는 "의"–또한 하나님이 사람에게 요구하시는 "의"–가 아니라 하나님이 구원받는 자들에게 베풀어주시는 "의"를 뜻한다는 것을 깨달은 것입니다. 하나님이 베풀어주시는 "의"가 복음에 나타나 있으며, 그 복음을 믿음으로써 그 "의"가 우리의 것으로 전가(轉嫁)되어 그것을 근거로 우리가 하나님 앞에 의로운 자들로 인정함을 받게 된다는 것입니다. 이것이 바로 우리가 누리는 종교개혁의 근본 도리요, 로마서에서 가장 중요하게 가르치는 이신칭의(以信稱義), 혹은 "오직 믿음으로 말미암아 의롭다 하심을 받는 도리"(Justification by faith alone)의 핵심입니다. 루터는 이 교리를 가리켜, "다른 모든 교리를 다스리는 주인이요 왕이요 군주요 재판장"이라 부르며, 또한 이렇게도 말씀합니다.

> 칭의의 교리를 상실하면, 그와 동시에 기독교의 모든 교리를 상실하고 만다....오직 이것만이 하나님의 교회를 낳고 양육하고 세우고 보존하고 지킨다. 이것이 없이는 하나님의 교회가 단 한 시간도 존재할 수 없다(Boice, *Romans*, I. 126에서 재인용).

또한 칼빈 선생은 "[칭의에 대한] 지식이 사라지는 곳마다 그리스도의 영광이 꺼지며, 신앙이 제거되고, 교회가 파괴되며, 구원의 소망이 철저하게 무너져 내린다"라고 말씀합니다(레이먼드, 『바울의 생애와 신학』, 574에서 재인용).

유럽의 종교개혁이 일어난 지 벌써 오백여 년이 지났습니다만, 우리는 여전히 그 신앙적 유산을 누리고 있습니다. 아니, 그것을 누리고 가꾸고 보존해 나가는 것이 우리의 특권이요 사명인데, 이를 망각하거나 왜곡시키거나 부인하고 온갖 허탄한 것에 눈을 돌리며 어지러이 각종 교리를 만들어내는 현실이 우리 앞에 다가와 있음을 고백하지 않을 수 없습니다. 더욱이 지난 1960년대부터 영어권에서 일어나 현대의 복음적 교회에 악영향을 끼치고 있는 소위 "바울에 대한 새 관점"(New Perspective on Paul)이라 불리는 하나의 신학적 견해가 바로 이 "칭의," 혹은 "의롭다 하심"의 교리를 정면으로 부인함으로써, 영어권의 교회들에 심각한 영적 파장을 불러일으키고 있고, 또한 한국교회에도 그 영향이 미쳐오고 있는 현실입니다.[68] 이런 갖가지 우려스러운 상황 속에서 본문의 말씀을 다시 새롭게 새긴다는 것은 참으로 중요

_68 이에 대해 좀 더 상세한 내용은 본서 제24강("새 관점 신학")을 참조하기 바랍니다.

한 의미를 지니는 일이라 할 것입니다.

복음에 나타나는 하나님의 의

한글 성경에는 반영되어 있지 않으나, 17절에도 16절의 경우처럼 헬라어 원문에 이유를 나타내는 접속사 "가르"(γάρ, "왜냐하면"이라는 뜻)가 붙어 있어서, 17절이 16절 하반절의 이유를 설명하는 것임을 보여줍니다. 곧 복음이 구원을 주시는 하나님의 능력이 되는 것은 바로 그 복음에 하나님의 의가 나타나기 때문이라는 것입니다. "복음에는 하나님의 의가 나타나서"라는 문구는 과연 무슨 의미일까요? 이를 이해하기 위해서는 우선 본문이 말씀하는 "하나님의 의"가 무슨 의미인지부터 살펴보아야 할 것입니다.

"하나님의 의"(헬. "디카이오쉬네 테우"[δικαιοσύνη θεοῦ]; 영어로는 "righteousness of God")는 주로 로마서에 많이 언급되는데(1:17; 3:5, 21, 22, 25, 26; 10:3; 참조. 고후 5:21), 그 의미에 대해 크게 세 가지 견해가 제시됩니다. 첫째는, 이를 주격 소유격의 의미로 보아 "하나님 자신이 소유하시는 의", 곧 하나님의 속성(屬性) 중의 하나인 "의"(義)를 뜻하는 것으로 보는 견해입니다(Kruse, *Romans*, 80). 이를 뒷받침하는 근거 중 가장 설득력 있는 것은, 16-18절에 "하나님"과 소유격으로 연결되는 문구가 각 절마다 하나씩 나타나는데(16절, "하나님의 능력"; 17절, "하나님의 의"; 18절, "하나님의 진노"), 그중 "하나님의 능력"과 "하나님의 진노"가 각기 "하나님 자신의 능력"과 "하나님 자신의 진노"를 뜻하므로, 그 중간에 나타나는 "하나님의 의" 역시 "하나님 자신의 의"의 뜻으로 보는 것이 지극히 자연스럽다는 논지입니다. 또한 3:5("그러나 우리 불의가 '하나님의 의'를 드러나게 하면 무슨 말 하리요 내가 사람의 말하는 대로 말하노니 진노를 내리시는 하나님이 불의하시냐?")에서 "하나님의 의"가 하나님 자신이 소유하시는 의를 뜻하는 것이 명백하므로, 여기서도 동일한 의미로 이해할 수 있다는 것입니다.

둘째로, 이 "하나님의 의"를 "하나님의 구원 활동" 전체를 포괄하는 의미를 지니는 것으로 보기도 합니다. 시편 98:2("여호와께서 그의 구원을 알게 하시며 그의 공의를 뭇 나라의 목전에서 명백히 나타내셨도다") 등에서 "구원"과 "공의"(즉, "의")가 동일한 의미로 서로 연결되므로, "의"라는 개념을 "구원"의 의미로 이해할 수 있다는 것입니다. 또한 후기 유대교 묵시 문학에서는 "하나님의 의"가 언약과 창조에 대한 하나님의 주권적인 신실하심, 그의 용서하시는 긍휼 등을 지칭하므로, 사도 바울 역시도 이러한 이해의 영향을 받아 동일한 의미로 사용하였을 것이라는 주장도 제기된 바 있습니다(참조. Cranfield, *Romans*, I. 96-97).

셋째는, 마르틴 루터가 이해했던 것처럼, "하나님의 의"를 목적격 소유격으로 이해하여 "하나님이 베풀어주시는 의"를 뜻하는 것으로 보는 견해인데, 지난 오백여 년 동안 개신교회는 이를 정통 교리로 받아들여 왔습니다. 사도 바울은 여러 곳에서, "하나님의 의"라는 문구를 "하나님이 베풀어주시는 의"의 뜻으로 사용합니다. 예를 들어, 로마서 10:3("하나님의 의를 모르고 자기 의를 세우려고 힘써 하나님의 의에 복종하지 아니하였느니라")과 빌립보서 3:9("내가 가진 의는 율법에서 난 것이 아니요 오직 그리스도를 믿음으로 말미암은 것이니 곧 믿음으로 하나님께로부터 난 의라")에서는 "하나님의 의"가 "하나님이 베풀어주시는 의"임이 명확히 드러납니다. 또한 예수 그리스도께서 "우리에게… 의로움…이 되셨"다는 말씀(고전 1:30)이나 "의의 선물"(롬 5:17) 등의 표현들에서, 그리스도의 "의"를 성도들이 선물로 받아 그것을 근거로 하나님 앞에서 의로운 자로 인정받는 것임이 암시되고 있습니다. 이는 또한 고린도후서 5:21에서도 확인됩니다.

하나님이 죄를 알지도 못하신 이를 우리를 대신하여 죄로 삼으신 것은 우리로 하여금 그 안에서 하나님의 의가 되게 하려 하심이라.

그러므로 이러한 이해를 본문에 적용하여 "하나님의 의"를 "하나님이 베풀어주시는 의"로—구체적으로는 칭의(稱義)의 "의"로, 즉 죄인이 예수 그리스도의 "의"를 자신의 것으로 전가(轉嫁)받아 그것을 근거로 하나님 앞에서 의로운 자로 인정받을 때 그 죄인이 소유하게 되는 그 그리스도의 "의"로—이해하는 것이 얼마든지 가능하며, 또한 이것이 문맥상 가장 자연스럽게 어울리는 것입니다. 또한 그 뒤에 "믿음으로 믿음에"라는 문구가 곧바로 이어져 그 "하나님의 의"가 어떤 식으로든 "믿음"과 관계된다는 것이 나타나는데, 이는 그 "의"가 하나님 자신의 의가 아니라, 하나님이 "믿음"을 수단으로 하여 죄인에게 베풀어 주시는 바 그리스도의 "의"를 뜻한다는 것을 강력히 시사해줍니다.[69]

이어서 사도 바울은 이 "하나님의 의"가 복음에 "나타나서"라고 말씀합니다. "나타나서"로 번역된 헬라어 동사("아포칼립테타이"[ἀποκαλύπτεται], 영어로는 "is revealed")는 "계시(啓示)되다"라는 의미를 함축하고 있습니다. 이는, 하나님께서 죄인들에게 베푸시는 의가 모든 사람이 알 수 있도록 일반적인 방식으로 복음에 나타난다는 뜻이 아니고, 그 나타나는 일에 하나님의 특별한 계시의 섭리가 개입된다는 것을 의미하는 것입니다. 사람의 입술을 통해 복음이 선포되지만, 하나님께서 그 일에 개입하셔서 그의 택하신 백성들로 하

_69 크랜필드는 이에 대한 갖가지 논지들을 다룬 후에 다음과 같이 결론짓습니다. "'θεοῦ'('테우': 헬. 소유격: '하나님의')를 출처(出處)를 의미하는 소유격으로, 또한 'δικαιοσύνη θεοῦ'('디카이오쉬네': '의')를 하나님께서 베푸시는 의로운 지위(地位)를 가리키는 것으로 보는 해석이 훨씬 더 개연성이 높다"(Cranfield, *Romans*, I. 98). 더글러스 무는 "하나님의 의"를, "하나님이 그의 백성으로 하여금 그 자신과의 올바른 관계 속에 있게 하시는 행위"로 정의하며(Moo, *Romans*, 74), 스토트는 "불의한 자들을 의롭게 하시는 하나님의 의로운 길이요…죄인들에게 그가 베푸시는 의로운 지위"로 정의합니다(Stott, *The Cross of Christ*, 210).

여금 그 선포되는 복음을 받아들이게 하시고 그리하여 그 칭의의 의를 누리도록 하신다는 사실을 말씀하는 것입니다.[70]

수많은 사역자들이 복음을 전하고 또한 수많은 사람들이 그 전해지는 메시지를 듣지만, 오직 구원을 얻도록 하나님께 택하심을 받은 사람들만이 그것을 진정 깨닫고 받아들이고 "하나님의 의"를 누리게 된다는 것입니다. 그뿐 아니라, 본문에서 "나타나서"라는 헬라어 동사("아포칼립테타이")가 현재형이라는 점도 큰 의미가 있습니다. 이는 그 계시의 역사가 반복적이며 지속적으로 일어난다는 점을 시사하는 것입니다. 곧 복음이 선포될 때마다 하나님께서 구원하시기로 정하신 특정한 죄인들에게 칭의의 의가 계시되는 역사가 반복적으로 지속적으로 일어난다는 것을 나타냅니다. 이는 하나님께서, 인간이 보기에 미련하기 짝이 없는 복음의 메시지를 사용하셔서 "믿는 자들을 구원하시기를 기뻐하셨"다는 말씀과 정확히 일치하는 것입니다(고전 1:21).

옛날 한 청교도 설교자는, 피리가 아무리 엉터리로 고장이 나 있다고 할지라도 하나님께서는 그 피리를 통해 그가 원하시는 아름다운 음악을 연주하신다고 말씀했다고 합니다. 여러분, 우리가 예수 그리스도의 복음을 있는 그대로 신실하게 선포하고 전할 때에, 우리의 입술이 아무리 둔하고 어눌하다 할지라도 하나님께서 우리가 선포하는 복음의 메시지 속에 친히 역사하셔서 구원의 능력을 행하신다는 것입니다. 복음의 메시지를 듣는 특정한 사람들에게 그의 칭의의 "의"가 계시되어, 예수 그리스도를 믿음으로 그 의를 받아 그것을 근거로 하나님 앞에 서게 하심으로써, "모든 믿는 자에게 구원

_70 레온 모리스는 다음과 같이 논평합니다. "이것은 사람들이 자연적으로 알거나 스스로 찾아낼 수 있는 것이 아니다. 하나님께서 알게 해주시지 않는 한 사람들은 절대로 그것을 발견하지 못한다"(Morris, *Romans*, 69-70). 참조. Cranfield, *Romans*, I. 92; Murray, *Romans*, I. 29-30; Moo, *Romans*, 69.

을 주시는 능력"(16절)을 시행하신다는 사실입니다!

나의 복음 전도를 통해 누군가가 구원을 얻는 역사가 일어난다면, 그것은 나의 목소리가 좋기(?) 때문도, 나의 말이 지혜롭거나 마음을 움직일 만큼 감동적이기 때문도, 나의 전도 방법 자체가 효과적이기 때문도 아닙니다. 오직 하나님께서 나의 미련한 전도의 메시지를 사용하셔서 그의 택한 백성을 구원하시기로 정하셨고, 또한 그가 친히 그 일을 행하셨기 때문이라는 것입니다. 그러므로 복음을 전하는 우리는 긍정적인 결과에 대해 우쭐하여 우리 자신을 자랑할 이유도 없고, 혹은 부정적인 결과로 인하여 실망하여 뒤로 움츠러들 이유도 없습니다. 오직 하나님이 우리의 전도 메시지를 사용하여 구원의 역사를 이루시기로 정하셨다는 분명한 확신을 갖고서, 모든 결과를 하나님께 맡겨드리고 우리에게 맡겨진 소임을 다 해나가야 하는 것입니다.

"믿음으로 믿음에 이르게 하나니"

개역개정 성경에는, "복음에는 하나님의 의가 나타나서" 다음에 "믿음으로 믿음에 이르게 하나니"(헬. "에크 피스테오스 에이스 피스틴"[ἐκ πίστεως εἰς πίστιν], 즉 "믿음으로부터 믿음에로"[from faith to faith]의 뜻. "이르게 하나니"는 원문에 없습니다)라는 문구가 이어집니다. 이 문구는 "하나님의 의"를 서술하는 것인데, 그 정확한 의미를 확정하는 일이 무척이나 어렵습니다. 필자가 파악한 것만도 역사적으로 교회 내에서 크게 다음과 같은 여섯 가지의 서로 다른 견해들이 제시되어오기 때문입니다.

1. "믿음으로 믿음에"를, 믿음으로 말미암는 하나님의 의가 우리의 믿음에 계시된다는 뜻으로 보는 견해가 있습니다.[71] 이는 앞의 "믿음"을 칭의의

_71 Boice, *Romans*, I. 118; Bruce, *Romans*, 79; Lloyd-Jones, *Romans*, I, 307-308; Haldane, *Romans*, 57; Murray, *Romans*, I. 32.

수단이 되는 믿음을 뜻하는 것으로 보고, 뒤의 "믿음"을 신자의 믿음으로 보아, 본문을 "복음에는 믿음에 근거하는 하나님의 의가 믿음에 계시되나니"의 의미로 이해하는 것입니다. 그러나 이것은 아무래도 어색합니다. 특히 하나님의 의가 죄인에게나 혹은 사람에게가 아니고 우리의 "믿음"에 계시된다는 논지는 매우 어색하여 납득하기가 어렵습니다.

2. 루터와 칼빈 등 종교개혁자들은 이를 믿음의 성장을 뜻하는 것으로 이해합니다(Luther, *Romans*, 41; Calvin, *Romans*, 28). 곧 "믿음으로 믿음에"는 한 단계의 믿음에서 그보다 나은 단계의 믿음으로 나아가는 것을 상정한다는 것입니다. 루터는, "'믿음으로 믿음에'라는 문구는 신자가 점점 믿음에서 성장하며, 의롭다 하심을 얻는 자가 더욱더 의로워지는 것을 뜻한다"라고 설명합니다(Luther, *Romans*, 41). 그러나 본문에서는 믿음의 성장을 시사하는 그 어떠한 요인도 찾아볼 수가 없습니다.

3. 중세 교회의 스승인 아우구스티누스 등은 이를 "복음 선포자의 믿음으로부터 [선포되는 복음을] 듣는 자의 믿음으로"라는 의미로 이해합니다.[72] 그러나 이는 "복음 선포자"와 "듣는 자"를 본문에 임의로 첨가하여 이해하는 것으로, 본문에서는 그것들을 첨가해야 하는 근거를 전혀 찾을 수가 없습니다.

4. 이를 "유대인의 믿음으로부터 이방인의 믿음으로"의 의미로 이해하는 이들도 있습니다.[73] 그러나 이것 역시 임의로 "유대인"과 "이방인"을 "믿음"의 주체로 본문에 첨가하여 이해하는 것입니다. 만일 바울이 이런 의미를 나타내고자 했다면 "유대인의 믿음으로부터 이방인의 믿음으로"라는 식으로 얼

_72 Moo, *Romans*, 76; 참조. Barnett, *Romans*, 39.

_73 크루즈(Kruze)는 이러한 논지를 매우 구체적으로 상세히 제시하며(*Romans*, 72, 75-81). 초기 교부 크리소스토모스(Chrysostom, AD 354-407)도 이 견해를 피력했음을 언급합니다(77).

마든지 선명하게 진술할 수 있었을 것인데(그는 "유대인"과 "이방인"을 대비시키는 표현들을 즐겨 사용했습니다. 참조. 롬 1:16; 2:9; 3:9,29; 10:12; 고전 1:22-24; 10:32; 갈 3:28 등), 어째서 이렇게 모호하게 표현했는지 그 이유를 알기가 어렵습니다.

5. 이를 "하나님의 신실하심으로부터 인간의 믿음으로"라는 의미로 이해하기도 합니다.[_74] 뒤의 "믿음"은 인간의 믿음을 뜻하는 것으로, 앞의 "믿음"은 하나님의 "신실하심"을 뜻하는 것으로 보는 것입니다. 물론 "믿음"(faith)을 의미하는 헬라어 단어 "피스티스"(πίστις)가 "신실함"(faithfulness)을 뜻하기도 하지만(참조. 롬 3:3, "하나님의 미쁘심"), 동일한 문구에 속한 앞뒤의 "믿음"을 이처럼 서로 다른 의미로 보아야만 하는 명확한 근거를 찾을 수가 없습니다. 그뿐 아니라 동일한 "피스티스"의 주체에 대해서도 앞의 경우는 하나님으로, 뒤의 경우는 인간으로, 이해하는 것도 지극히 주관적이며 임의적인 이해로서 무리가 있다고 여겨집니다. 본문이 이에 대해 그 어떠한 실마리도 제공해주지 않기 때문입니다.

6. 다수의 학자들은 "믿음으로 믿음에"를 "처음부터 끝까지 믿음으로"의 뜻으로 보는 견해를 지지합니다.[_75] 이 견해에 따르면, 본문은 "처음부터 끝까지 믿음으로 말미암는 하나님의 의가 복음에 계시되나니"라는 뜻으로서, 하나님께서 베푸시는 의가 오직 믿음을 수단으로 하는 것임을 강조하는 것으로 이해할 수 있을 것입니다. 또한 이는 "모든 믿는 자에게" 구원을 주신다

_74 Barth, *Romans*, 41; Henry, *Romans*, 297; Longenecker, *Romans*, 178-180. 해그너는 이것이 "그리스도의 신실하심으로부터 사람의 믿음으로"의 의미일 수도 있다고 봅니다(Hagner, *The New Testament*, 386).

_75 Barrett, *Romans*, 31; Bird, *Romans*, 44; Cranfield, *Romans*, I. 100; Denny, "*Romans*," 591; Hodge, *Romans*, 32; Horton, *Justification*, 2, 129, 375; Moo, *Romans*, 76; Morris, *Romans*, 70; Osborne, *Romans*, 43; Shedd, *Romans*, 18; Schreiner, *Romans*, 72; Stott, *Romans*, 65. 참조. NIV: "a righteousness that is by faith from first to last(처음부터 마지막까지 믿음으로 말미암아)."

는 16절의 가르침과도 일치하며, 3장의 다음과 같은 진술과도 일치합니다. "이제는 율법 외에 하나님의 한 의가 나타났으니…곧 예수 그리스도를 믿음으로 말미암아 모든 믿는 자에게 미치는 하나님의 의니…"(롬 3:21-22). 그러므로, "의미가 모호한 문구에 대해서는 그 문구에 다른 이질적인 의미를 가장 적게 덧붙이는 해석을 우선적으로 취해야 한다"는 실바(Moisés Silva)의 발언(Schreiner, *Romans*, 72에서 인용)이 조금이라도 신빙성을 지닌다면, 이 여섯 번째의 견해야말로 다른 내용을 임의로 첨가하지 않고 본문을 있는 그대로 이해하고자 하는 것으로, 가장 설득력이 있다고 볼 수 있을 것입니다.

이렇게 볼 때, 사도 바울은 뒤의 3장 이하에서 본격적으로 전개될 "이신칭의" 교리의 핵심 내용을 여기서 먼저 요점적으로 제시하고 있다고 하겠습니다. 하나님께서는 모든 믿는 자들에게 그리스도의 "의"를 선물로 베풀어 주시고, 그 "의"를 근거로 그들을 의로운 자로 인정하셔서 그들과 하나 된 교제 속으로 들어가십니다. 그리고 이 일은 전적으로 하나님의 은혜의 역사요, "처음부터 끝까지 오직 믿음으로 말미암아" 이루어지는 것입니다.

"의인은 믿음으로 말미암아 살리라"

이어서 바울은 "처음부터 끝까지 믿음으로 말미암는 하나님의 의"에 대한 자신의 논지를 하박국 선지자의 말씀을 통하여 입증합니다. "기록된 바 오직 의인은 믿음으로 말미암아 살리라 함과 같으니라." 말하자면, 믿음으로 말미암아 하나님 앞에서 의로운 지위를 얻는다는 도리가 바울 개인이 임의로 지어낸 것이 아니라 이미 구약 선지자의 예언을 통해 확증되는 것임을 말씀하는 것입니다. 이 말씀은 하박국 2:4을 인용한 것인데, 오늘날의 독자들로서는 의문을 가질만한 약간의 문제점이 나타납니다. 곧 바울의 인용문이 히브리어 원문과는 물론 바울 당시에 통용되던 헬라어 칠십인역과도 약간의 차이가 있다는 점입니다.

히브리어 원문: "의인은 그의 믿음(혹은 신실함)으로 말미암아 살리라"

헬라어 70인역: "의인은 나의 믿음(혹은 신실함)으로 말미암아 살리라"

사도 바울의 인용문: "의인은 믿음으로 말미암아 살리라"

바울은 히브리어 원문과 헬라어 70인역의 본문 모두에 나타나는 소유격 인칭대명사("그의", "나의")를 삭제하여 인용하고 있습니다. 바울이 인칭대명사를 삭제하고 인용한 것은, 어쩌면 크레이그 키너의 설명처럼, 인칭대명사가 바울 자신의 주된 관심사와는 전혀 상관없었기 때문이었는지도 모릅니다(Keener, *IVP Background Commentary*, 415). 바울은, "그의 믿음"(히브리어 원문)이냐 "나의 믿음"(헬라어 70인역)이냐 하는 세부적인 내용보다는, 의인이 믿음으로 말미암는다는 하박국서 말씀의 요지가 그 자신이 제시하는 "믿음으로 말미암아 의롭다 하심을 받는다"라는 논지와 일치한다는 점을 제시하는 것이라 여겨집니다. 그는 갈라디아서에서도 동일한 본문을 동일하게 인용하여 자신의 논지를 뒷받침하고 있습니다. "또 하나님 앞에서 아무도 율법으로 말미암아 의롭게 되지 못할 것이 분명하니 이는 의인은 믿음으로 살리라 하였음이라"(갈 3:11).

여기서 바울의 구약 인용과 관련하여 한 가지 유념해야 할 점은, 신약의 저자들이 "기록된 바", "기록되었으되" 등의 문구를 써서 구약의 본문을 "인용"하는 경우들을 잘 살펴보면, 오늘날 우리가 갖고 있는 상식적인 인용의 사고로는 납득할 수 없을 만큼 그 융통성의 범위가 넓다는 점입니다. 현대의 과학적이고 수학적인 개념을 가진 우리가 보기에는 구약의 본문이 말씀하는 그대로를 철저하고도 정확하게 제시하는 것이 옳을 것이나, 그들의 경우는 오늘날 우리보다도 "인용"의 개념이 훨씬 더 자유롭고 폭넓고 융통성이 매우 크다는 사실입니다. 그러므로 신약 저자들의 구약 인용문들을 바라볼 때, 오늘날 현대적인 사고를 본문에 투영하여 그것을 판단 기준으로 삼아서 섣불리 그 진위(眞僞) 여부를 판단하려 해서는 안 된다는 것입니다.[76] 여기 로마서 1:17의 하박국서 2:4 인용 문제 역시, 현대인의 상식으로는 바울의 인용에 다소 의문이 있다고 볼 수도 있습니다. 인칭대명사를 제외하고 인용하였으니 말입니다. 그러나 바울의 관점에서는, 하박국서 진술의 요지가 자신의 논지를 뒷받침한다는 점을 보여준다는 것으로 족하며, 따라서 굳이 인칭대명사까지 언급하지 않아도 무방했던 것이라 하겠습니다.

하박국 선지자는 남왕국 유다의 패망(주전 586년) 직전에 활동했던 선지자로 알려져 있습니다. 그는 당시 유다 백성들의 심각한 영적 상태에 대해 탄식하며 여호와께 아룁니다.

> 내가 강포로 말미암아 외쳐도 주께서 구원하지 아니하시나이다. 어찌하여 내게 죄악을 보게 하시며 패역을 눈으로 보게 하시나이까 겁탈과 강포가 내 앞에 있고 변론과 분쟁이 일어났나이다. 이러므로 율법이 해이하고 정의가 전혀 시행되지 못하오니 이는 악인이 의인을 에워쌌으므로 정의가 굽게 행하여짐이니이다(합 1:2-4).

이러한 선지자의 탄식에 대해 여호와께서는, 갈대아 사람들을 일으켜 타락한 유다 백성들을 심판하실 것임을 말씀하십니다(합 1:5-11). 이런 여호와의 응답은 하박국으로서는 전혀 예상치 못했던 것이요 지극히 충격적인 것이었

_76 신약성경 저자들의 구약성경 인용 문제에 대해서는 다음의 문헌들을 참고하십시오. Beale & Carson, "Introduction," *Commentary on the New Testament Use*, xxiii–viii; Nicole, *Standing Forth*, 223–242; Silva, "The New Testament Use of the Old Testament," in Carson & Woodbridge, eds. *Scripture and Truth*, 147–165.

습니다. 유다 백성들이 아무리 타락상을 보인다고 할지라도 갈대아 사람들보다는 나은데, 어떻게 더 악독한 그들을 들어서 그들보다 선량한 유다 사람들을 징벌하게 하실 수 있느냐는 것이었습니다.

> 주께서는 눈이 정결하시므로 악을 차마 보지 못하시며 패역을 차마 보지 못하시거늘 어찌하여 거짓된 자들을 방관하시며 악인이 자기보다 의로운 사람을 삼키는데도 잠잠하시나이까?(합 1:13).

하박국 선지자의 이러한 항변에 대해 여호와께서 은혜로이 응답하시는 말씀 중에 바로 바울이 인용하는 이 말씀이 나타납니다. "보라 그의 마음은 교만하며 그 속에서 정직하지 못하나 의인은 그의 믿음으로 말미암아 살리라"(합 2:4). 이 말씀은 이런 의미일 것입니다. "이제 갈대아인들이 공격하여 유다 백성들이 징계를 받게 될 것인데, 그때 교만하지 않고 나 여호와를 믿고 의지하며 신뢰하는 '의인들'은 구원을 받게 될 것이다."

바울은 이러한 하박국 선지자의 말씀을 그리스도께서 베푸시는 구원의 역사에 비추어 적용하며, 이를 통하여 "이신칭의"의 가르침을 확증하고 있습니다. 그런데 여기서 또 한 가지 해석상의 문제점이 제기됩니다. 곧 본문에서 "믿음으로 말미암아"는 과연 무엇을 수식하는가? "의인"인가, 아니면 "살리라"인가 하는 것입니다. 다시 말하면, 본문은 "믿음으로 말미암는 의인은 살리라"라는 뜻인가, 아니면 한글 번역처럼 "의인은 믿음으로 말미암아 살리라"라는 뜻인가 하는 것입니다. 이에 대해 학자들의 견해가 크게 세 갈래로 나눠집니다.[77] 현재의 문맥에서 드러나는 대로 바울의 의도가 믿음으로 말

_77 ① "믿음으로 말미암는 의인은 살리라"로 보는 견해 - Barrett, *Romans*, 32; Bruce, *Romans*, 81; Cranfield, *Romans*, I. 102; Lloyd-Jones, *Romans*, I, 309; Moo, *Romans*, 78; Morris, *Romans*, 71-72 등. ② "의인은 믿음으로 말미암아

미암아 의롭다 하심을 얻는 도리를 입증하고자 하는 것이므로, 본문을 "믿음으로 말미암는 의인은 살리라"로 이해하는 첫 번째의 견해가 설득력이 있다 하겠습니다. 그러나 물론 이것만을 지나치게 고집해서는 안 될 것입니다. 이에 대한 존 스토트의 다음과 같은 매우 지혜로운 발언을 심사숙고하는 것이 유익하리라 여겨집니다.

> 어느 쪽으로 이해하든, 두 번역 모두 "의인이 살리라"는 것과 또한 믿음이 필수적이라는 것을 인정한다. 유일한 문제는 "믿음으로 말미암는 의인은 살리라"가 맞는가, 아니면 "의인은 믿음으로 말미암아 살리라"가 맞는가 하는 것이다. 하지만 둘 다 사실이 아닌가? 의와 삶이 모두 믿음으로 말미암는 것이다. 믿음으로 말미암아 의인이 된 자들이 또한 믿음으로 말미암아 사는 것이다. 믿음에서 시작했으니, 계속해서 동일한 길을 걸어가는 것이다(Stott, *Romans*, 65).

본문의 "살리라"(헬. "제세타이"[ζήσεται])는 하박국 2:4의 문맥에서는 일차적으로 "(갈대아 사람들의 침략 전쟁에서 해를 입지 않고) 살아남으리라"라는 의미로 사용됩니다. 그러나 바울은 이를 그리스도께서 베푸시는 궁극적인 구원에 적용합니다. 하박국서가 말씀하는 전쟁으로부터 살아남는 것(물리적인 의미의 구원)이 그리스도로 말미암아 얻는 영적인 구원을 예표하는 것으로 이해하는 것입니다. 그러므로 그는 "살리라"라는 동사를, 믿음으로 말미암아 의롭나 하심을 입는 그리스도인이 얻는 "구원"과(참조. "구원을 주시는 하나님의 능력"[16절]; 롬 5:6, 10; 8:24; 9:27; 10:1, 9, 10, 13; 11:11, 14, 25; 13:11 등), 또한 구원

살리라"로 보는 견해 – Murray, *Romans*, I. 33; Schreiner, *Romans*, 74 등. ③ 두 가지 의미가 동시에 가능하다는 견해 – Dunn, *Romans* 1–8, 45; Kruse, *Romans*, 81; Stott, *Romans*, 65 등.

얻은 그리스도인들이 누리는 영원한 "삶", 혹은 "생명"을 지칭하는 의미로 사용하고 있다 하겠습니다. 로마서 5장의 다음과 같은 진술에서 이러한 바울의 이해가 잘 드러납니다.

> 한 사람의 범죄로 말미암아 사망이 그 한 사람을 통하여 왕 노릇 하였은즉 더욱 은혜와 의의 선물을 넘치게 받는 자들은 한 분 예수 그리스도를 통하여 생명 안에서 왕 노릇 하리로다. 그런즉 한 범죄로 많은 사람이 정죄에 이른 것같이 한 의로운 행위로 말미암아 많은 사람이 의롭다 하심을 받아 생명에 이르렀느니라"(롬 5:17-18; 참조. 6:4; 8:6).

브루스는 이에 대해 다음과 같이 적절히 설명하고 있습니다(Bruce, *Romans*, 81).

> 바울에게 있어서 "살리라"라는 것은 구원을 의미하는 것이요, 그것은 칭의와 더불어 시작되어 그 이후에까지 이어지는 것으로(참조. 5:9f.), 성화(聖化; 로마서 6-8장의 주제)를 포함하며, 결국 마지막 영광에서 완성되는 것이다(5:2; 8:30).

그뿐 아니라 이러한 사도 바울의 진술은 "하나님이 세상을 이처럼 사랑하사 독생자를 주셨으니 이는 그를 믿는 자마다 멸망하지 않고 영생을 얻게 하려 하심이라"(요 3:16)라는 말씀을 비롯하여 요한복음과 요한 서신에 나타나는 "생명" 혹은 "영생"에 대한 여러 진술과도 일치하는 것입니다(요 3:15, 36; 4:36; 5:24, 29, 39, 40; 6:33, 35, 40, 47, 48, 51, 54, 68; 10:10, 28, 25, 50; 11:25; 14:6; 17:2, 3; 20:31; 요일 2:24; 3:14, 15; 5:11, 12, 16 등).

결론

자 여러분, 여기 16절과 17절의 말씀에서 우리는 무엇을 가슴에 새겨야 하겠습니까? 가장 중요한 것은 절대로 복음을 부끄러워해서는 안 된다는 것입니다. 그렇습니다. 복음의 메시지는 세상 사람들의 사고에는 거리낌을 주는 메시지임이 분명합니다. 오늘날처럼 하나님을 우습게 알고 인간의 이성과 합리적인 추론을 떠받드는 세상에서, 복음은 말도 안 되는 지극히 어리석은 소리일 수밖에 없습니다. 그러니 가능한 대로 그들의 사고와 수준에서 이해하고 납득할 수 있는 방식으로 복음의 내용을 제시하는 것은 중요한 일일 것입니다.

그러나 이 복음의 내용 그 자체를 양보하거나 타협의 대상으로 삼아서는 안 됩니다. 그처럼 복음을 물타기 하고 싶은 유혹이 언제나 우리에게 닥칠 것입니다. 그러나 오직 이 예수 그리스도의 십자가의 복음만이 "구원을 주시는 하나님의 능력"이라는 사실을 한시도 잊어서는 안 될 것입니다. 하나님께서 오직 이 "복음"의 메시지만을 사용하셔서 그의 택하신 자들을 구원하시는 역사를 행하신다는 사실을 확신하고서 하나님께 모든 것을 내어 맡기고, 사도 바울처럼 이 복음을 "나의 복음"으로 삼아(롬 2:16) 가슴에 새기고 굳게 붙잡고 나아가야 할 것입니다.

십자가의 복음을 붙들지 않고서는 건강한 교회도 있을 수 없고, 순전한 영적 각성과 부흥의 역사도 있을 수가 없는 것입니다. 우리 모두 바울의 모범을 따라 오직 그리스도의 복음의 능력에 의지하여 나아가기를 힘써야 할 것입니다. "처음부터 끝까지 믿음으로 말미암아 얻는 하나님의 의"가 바로 복음에 계시되며, 또한 하박국 선지자의 말씀처럼 누구든지 오직 믿음으로 말미암아 하나님 앞에서 의롭다 인정받는 것이요, 그 믿음을 기반으로 그리스도의 영원한 생명을 누리는 것이며, 바로 이것이 성경이 가르치는 구원의 핵심이기 때문입니다.

III. 로마서 1:18-3:20:
죄와 하나님의 심판

"죄를 올바로 깨닫는 것이 구원을 얻는 기독교 신앙의 뿌리라는 것 - 이것이야말로 지극히 명확한 사실이다"

존 라일
(John Charles Ryle. 1816-1900)

제12강.
"하나님의 진노가 나타나나니"(1:18-20)

"18 하나님의 진노가 불의로 진리를 막는 사람들의 모든 경건하지
않음과 불의에 대하여 하늘로부터 나타나나니
19 이는 하나님을 알 만한 것이 그들 속에 보임이라 하나님께서 이를
그들에게 보이셨느니라
20 창세로부터 그의 보이지 아니하는 것들 곧 그의 영원하신 능력
과 신성이 그가 만드신 만물에 분명히 보여 알려졌나니 그러므로 그
들이 핑계하지 못할지니라"

이제 1:18에서 새로운 단락이 시작되어 3:20까지 길게 이어집니다. 이 단락에서 바울은 하나님의 진노를 촉발시키는 인류의 보편적인 죄악성을 제시합니다. 첫째로, 기본적으로 하나님의 존재를 알면서도 이를 무시하고 제멋대로 행하는 인류의 부패한 죄악성을 말씀하고(1:18 32), 둘째로, 이방인이든 유대인이든 스스로 도덕적 표준을 지킨다고 자처하며 자기를 높이는 자들의 죄악성을 말씀하고(2:1-16), 셋째로, 율법을 의지하며 스스로 의롭다고 여기는 유대인들의 죄악성을 말씀하며(2:17-3:8), 넷째로, 결론적으로 온 인류가 죄악 가운데 있어 하나님의 진노의 심판을 면할 수 없는 가련한 처지임을 말

씀합니다(3:9-20). 이리하여 바울은, "온 세상"이 "하나님의 심판 아래에 있"으며(3:19), 하나님 앞에서 "의롭다 하심을 얻을 육체가 없"음을 선언합니다(3:20).

그러면, 여기서 첫째 단락인 1:18-32 가운데 18-20절의 말씀을 살펴보기로 하겠습니다. 18절에서 사도는 "하나님의 진노가…하늘로부터 나타나나니"라고 말씀합니다. 여기서 우선 눈에 띄는 것이 있습니다. 곧 16-17절과 마찬가지로 18절, 19절에도 각기 "왜냐하면"이라는 뜻의 접속사 "가르"(γάρ)가 사용된다는 점입니다. 이는 사실상 15절부터 내용이 계속해서 고리처럼 연결된다는 것을 보여줍니다. 이 점에 초점을 맞추어 이 다섯 절의 개략적인 줄거리를 정리하면 다음과 같습니다.

> 내가 할 수 있는 대로 로마에 있는 너희에게도 복음 전하기를 원하니(15절) 이는 내가 복음을 부끄러워하지 않기 **때문이요**(16절), 내가 복음을 부끄러워하지 않는 것은 그것이 모든 믿는 자에게 구원을 주시는 하나님의 능력이기 **때문이며**(16절), 복음이 구원을 주시는 하나님의 능력인 것은 그 복음에 하나님의 의가 나타나기 **때문이며**(17절), 복음에 하나님의 의가 나타나는 것은 하나님의 진노가 나타나기 **때문이며**(18절), 하나님의 진노가 나타나는 것은 하나님을 알 만한 것이 그들 속에 보이기 **때문이라**(19절).

그런데 이렇게 정리하고 보니 18절과 19절의 흐름이 선뜻 잘 드러나지 않습니다. "복음에 하나님의 의가 나타나는 것은 하나님의 진노가 나타나기 때문이라니?", 그리고 "하나님의 진노가 나타나는 것은 하나님을 알 만한 것이 그들 속에 보이기 때문이라니?" 이게 대체 무슨 뜻인지, 선명하지 않습니다. 이해를 돕기 위해 좀 더 상세히 말씀하자면, 하나님께서 친히 자신이 베푸시는 의(곧, 온전히 믿음으로 말미암아 얻는 의로운 지위)를 복음에 계시하시는 것은, 바로 사람들의 "경건하지 않음과 불의에 대하여" 하나님의 진노가 모든 사람에게 임하기 때문이라는 것입니다. 온 인류가 하나님의 맹렬한 진노에 노출되는 처지가 되었으나, 긍휼이 풍성하신 하나님이 그 필연적인 참혹한 상황을 역전시켜 그의 택한 백성들을 위하여 구원을 이루기 위한 유일한 은혜의 방도로 친히 그가 베푸시는 의를 복음에 계시하셨다는 것입니다(17-18절).[78]

그런데 과연 무엇 때문에 하나님의 진노가 온 인류에게 나타나게 되었습니까? 그것은 하나님께서 그 자신을 알 만한 것을 선명히 보이셨으므로 사람들이 당연히 그를 알고 그에게 경배해야 마땅함에도 불구하고, 그들이 그것을 가로막고 하나님을 거역하기 때문이라는 것입니다. 온 인류가—이방인들은 물론 유대인들까지도—죄 가운데서 "진리"를 가로막으며 불경(不敬)과 불의(不義)로 하나님을 거부하므로, 하나님께서 그들을 향하여 친히 진노를 발하시는 것이라는 말씀입니다(18-19절).

자 여러분, 이 단락에서 분명히 드러나는 세 가지 중요한 사실들이 있습니다. 첫째는, "하나님의 진노"가 죄악된 온 인류에게 나타난다는 사실입니다. 둘째는, "하나님의 진노"가 나타나는 것은 인류가 하나님을 거역하기 때문이라는 것입니다. 그리고 셋째는, 복음 전도는 "하나님의 진노"라는 이 위중한 현실을 배경으로 행하는 것이라는 사실입니다. 자, 이제 이 세 가지 중요한 사실들을 하나씩 살펴보도록 하겠습니다.

_78 "인류의 죄악성과 또한 그 결과로 하나님의 진노에 노출된 상태로 인하여, 하나님의 의가 복음을 통하여 계시되는 일이 반드시 필요하게 된 것이다"(Kruse, *Romans*, 86. 참조. Denny, "*Romans*," 591-592; Shedd, *Romans*, 19; Stott, *Romans*, 69).

"하나님의 진노"

첫째로, 바울은 "하나님의 진노"(헬. "오르게 테우"[ὀργὴ θεοῦ])가 죄악된 온 인류에게 나타난다는 사실을 선언합니다. "하나님의 진노가…하늘로부터 나타나나니." 사실 "하나님의 진노"라는 주제는 오늘날의 교회들에서 거의 잘 다루어지지 않습니다. 그도 그럴 것이 이 주제는 께름칙하고 부정적이고 위압적이라서, 현대인들에게 거부감을 불러일으키기 일쑤이기 때문입니다. 오늘날처럼 편안하고 안락한 것을 누리고 추구하는 것이 이상적인 삶의 모습이 되어 있는 현실에서는 더더욱 거부감이 큽니다. 제임스 패커 박사는 편안함과 안락함을 추구하는 현대의 대중적인 정서와 또한 그런 정서에 편승하는 교회의 그릇된 모습에 대해 다음과 같이 지적합니다.

> 오늘날 많은 교회들과, 전도자들과, 설교자들은 이미 뜨거운 욕탕에 버금가는 기분 좋은 느낌을 가질 수 있는 거리들을 제공해 주고 있다. 걱정에서 벗어난 즐거운 모임들과 정말 유쾌한 시간들을 모든 사람에게 제공하고 있는 것이다....현대의 삶은 긴장의 연속이고, 현란한 자극을 수없이 받는다. 인간관계가 단절되고, 부부 관계가 깨어지고, 가정들이 파탄에 이르는 일이 비일비재하고, 사업상의 경쟁도 상상을 초월하며, 최고의 자리에 있지 않은 자들은 자기 자신이 다른 사람의 기계의 톱니바퀴에 불과하다고 느낀다....그러니 현대인들이 종교에 바라는 것이 가려운 데를 긁어주는 가벼운 휴식이요, 단번에 기분을 풀어주는 것이요, 힘과 용기를 주는 것이라는 것도 무리는 아니다. 한 마디로 기분 좋고 훈훈한 욕탕 식의 종교(hot-tub religion)를 바란다는 말이다(Packer, *God's Plan for You*, 48-49).

그러니 이런 상황에서 과연 "하나님의 진노"가 가당키나 하겠습니까! 현대 교인들이 원하는 하나님은, 아무것도 요구하는 것이 없이 그저 그들을 사랑으로 용납하고 안아주며 소망을 이루어주는 능력 있고 마음씨 좋고 편안한 이웃집 아저씨 같은 분일 것입니다. 하지만 이런 하나님 상(象)은 성경이 제시하는 것과는 전혀 다른 것입니다. 성경은 명확하게 말씀합니다. "하나님의 진노가…하늘로부터 나타나나니."[79] 현대식 종교를 추구하는 이들에게 이는 어불성설입니다. 하나님이 진노를 발하시다니요? "아니, 사랑의 하나님이 어떻게 '진노'를 발하실 수가 있단 말인가?"라는 반응을 보입니다. 우선 "진노"라는 말부터가 거부감을 줍니다. 고집스럽고 신경질적이며 안하무인인 사람이 자기보다 힘없는 누구에겐가 터뜨리는 부당한 "화"나 "분노"의 모습 같은 것을 당장 떠올리게 되는 것이지요. 힘 있는 자가 힘없는 자에게 습관적으로 터뜨리는 분풀이, 혹은 요즘 사회의 부조리를 지적하며 흔히 쓰는 용어로 하면 "갑질" 같은 것이라 여기는 것입니다. "아니, 사랑의 하나님이 그처럼 어처구니없이 분노를 나타내신다니! 전혀 어울리지 않는다! 도무지 어불성설이다!"라는 식입니다. 이것이 현대인의 일반적인 정서입니다.

크로아티아(Croatia) 출신의 개신교 신학자 미로슬라브 볼프(Miroslav Volf)는 이런 일반적인 정서와 관련한 자신의 경험을 다음과 같이 기술하고 있습니다.

> 나는 진노란 하나님께는 전혀 가당치 않다고 생각했었다. 하나님은 사랑이 아니신가? 하나님의 사랑이라면 당연히 진노를 넘어서야 되지 않겠는가? 하나님은 사랑이시고, 모든 사람과 모든 피조물 하나하나를 사랑하는 분이 아니신가?...

_79 이와 관련하여 무는 다음과 같이 설명합니다. "['하늘로부터'라는 문구는] 진노하시는 하나님의 위엄과, 만물을 보시는 그의 눈(眼), 그리고 그의 진노의 광대한 범위를 시사해준다. 하늘 아래 속한 것들 중에 복음 아래 있지 않은 모든 것이 이 진노 아래 있다는 것이다"(Moo, *Romans*, 102).

> 하나님의 진노에 대한 나의 거부감이 완전히 깨어진 것은 나의 고향인 옛 유고슬라비아에서 일어난 전쟁에서 참혹한 희생자들을 대하고서였다. 일부 통계에 의하면 당시 20만 명이 사망했고 300만 명 이상이 실종되었다고 한다. 내 고향 마을도 완전히 폐허가 되었고, 내 동족들은 날마다 폭격을 당했으며, 일부는 상상을 초월하는 야만적인 학대를 당했다. 그러니 하나님이 진노하시지 않는다는 것을 도저히 상상조차 할 수가 없었다. 20세기 말의 르완다를 보라. 불과 백일 만에 80만 명이 잔인하게 죽임을 당하지 않았던가! 그런 야만적인 행태에 대해 하나님은 어떻게 대응하셨는가?...하나님의 진노라는 관념을 터무니없는 것으로 반대해온 나였지만, 그처럼 참혹한 세상의 악행에도 진노하지 않는 하나님이라면 누구보다 먼저 나부터 나서서 그에게 반기를 들어야 할 것 같은 생각이 들었다. 하나님은 사랑이심에도 불구하고 진노하시는 것이 아니다. 그가 사랑이시기 때문에 진노하시는 것이다(Wright, *The God I Don't Understand*, 131에서 재인용).

성경은 "하나님의 진노"를 명확히 가르치고 있습니다. 그렇다면 "하나님의 진노"란 대체 무엇일까요? 그것은 흔히 사람들에게서 보듯, 습관적으로 갑작스럽게 끓어오르는 격한 감정을 분출하는 것이 절대로 아닙니다. 그런 것은 사람의 부족함과 미성숙함을 드러내주는 것이지만, 하나님의 경우 "진노"는 그의 완전하심의 한 반응이라는 점을 잊지 말아야 할 것입니다. "하나님의 진노"란 한 마디로 "하나님의 거룩하심과 모순이 되는 것을 대적하시는 하나님의 거룩한 혐오"(Murray, *Romans*, I. 35)요, "모든 형태의 악과 또한 그것과 관련되는 모든 현상에 대한 하나님의 끈질기고도 지칠 줄 모르며 끊임없이 지속되는 타협 없는 적대의 자세"(Stott, *Cross of Christ*, 173)를 가리키는 것입니다. 미국의 조직신학자 마이클 호튼(Michael Horton)은 "하나님의 진노"에 대해 이렇게 설명합니다.

> 하나님의 진노란 임의적이거나 변덕스러운 것이 아니요, 그의 의, 거룩, 그리고 선하심을 침해하는 것에 대한 필연적인 반응이다. 하나님은 본질상 진노로 가득 차 계신 분이 아니요, 다만 죄의 존재에 대하여 화(禍)가 촉발되시는 것뿐이다. 하나님은 고대 이방 종교의 폭력적인 신들처럼 "피에 목마른"(blood-thirsty) 분이 아니시다. 그는 의로우시며, 또한 "죄의 삯이 사망"(롬 6:23)이 되어야 할 것을 그의 법이 요구하는 것이다(Horton, *Christian Faith*, 499).[_80]

그러므로 "하나님의 사랑"을 믿는 참된 복음적 신앙을 가진 성도들로서는 "하나님의 진노"도 믿지 않을 수가 없는 것입니다. 무엇보다도 성경이 그것을 명확히 가르치고 있으며, 또한 인간의 추한 양심이 하나님의 진노에 관하여 무언가를 느끼기 때문입니다. 그런데 심지어 오늘날 교회 안에 "하나님의 진노"를 믿지 않고 코웃음 치며 우습게 여기는 풍조가 날로 심화되어가고 있습니다.

18세기 아메리카의 영적 대각성 당시 조나단 에드워즈(Jonathan Edwards,

_80 J. I. 패커는 하나님의 진노에 대해 다음과 같이 논평합니다. "하나님께는 죄에 대한 거룩한 반감과 악에 대한 의로운 혐오가 있는데, 그의 법을 위반할 때마다 즉시 그것이 그에게서 정의로운 보응을 촉발시키게 된다는 것을 사람들이 믿으려 하지 않고, 인류가 죄 가운데서 하나님의 진노 아래 있다는 성경의 증언을 진지하게 대하지 않는 경우가 태반이다. 어떤 이들은 하나님의 진노라는 가르침을 바울이 저지른 또 하나의 실수로 간주하여 무시해버리기도 하고, 혹은 그것을 악이라는 비인격적인 원리가 그대로 보응을 받는 것으로 치부해버리는 등, 그 진노가 죄에 대한 하나님의 인격적인 반응이요 따라서 죄를 범함으로써 우리가 하나님을 원수로 만든다는 것을 인정하는 사람이 거의 없다. 그러나 종교개혁의 전통에 속한 신학자들은 언제나 이것을 믿어왔으니, 첫째는 성경이 그것을 가르치기 때문이요, 둘째는 책잡힐 것이 많은 그들 자신의 추한 양심 속에서 하나님의 진노에 관하여 무언가를 느껴왔기 때문이다"(Packer, "Justification: Introductory Essay," in *Shorter Writings*, I. 141).
또한 슈라이너는 이렇게 진술합니다. "하나님의 진노는 인격적으로 이해해야 한다. 하나님의 진노는 헬라의 신들에게서 특징적으로 나타나는 것과 같은 임의적이고 변덕스런 화(禍)가 아니다. 그것은 그를 하나님으로 섬기고 높이지 않는 자들을 향한 그의 거룩하고도 의로우신 반응인 것이다"(Schreiner, *Romans*, 93).

1703-1758), 조지 휘트필드(George Whitefield, 1714-1770), 길버트 테넌트(Gilbert Tennent, 1703-1764) 등이 하나님의 진노, 그리스도의 재림, 종말, 마지막 심판, 영원한 형벌 등을 설교하고 가르칠 때, 그들을 반대하던 자들은 그들의 가르침을 한마디로 "겁주는 신학"(a scare theology)이라 폄훼하며 무시하였습니다만(Sproul, *Truth We Confess*, I. 198), 오늘날도 그와 전혀 다르지 않은 풍조가 교회 안에서 감지되고 있습니다. 그러나 구원받은 참된 하나님의 백성은 "하나님의 진노"를 실질적으로 믿습니다. 그냥 머리로만 인정하는 것이 아니라 처절한 하나님의 노하심을 두려워하며, 언제나 예수 그리스도께 피하며 그의 안에서 평안을 누리는 것입니다. "하나님의 진노를 믿지 않는 것은 한 마디로 그 사람이 그리스도인이 아니라는 뜻"이라는 스프로울의 발언(Sproul, *Truth We Confess*, I. 195)이 결코 허언이 아님을 우리는 잘 알고 있는 것입니다.

여기서 바울은 하나님의 진노가 "나타나나니"(헬. "아포칼립 테타이"[ἀποκαλύπτεται])라고 말씀합니다. 이는 17절에 사용된 동사("복음에는 하나님의 의가 나타나서")와 동일합니다. 이 동사는 "계시되나니"의 뜻으로서 현재형인데, 이는 계속적인 진행을 의미합니다. 그렇다면 하나님의 진노가 아담의 타락 이후 계속해서 인류에게 나타나고 있음을 상정하는 것이라 하겠습니다. 마지막 종말에 있을 그 처절한 심판의 때에 결정적으로 처절하게 충만히 나타날 것입니다만(참조. 계 6:16, 17; 16:1, 19; 19:15), 아담의 타락 이후 현재까지도 하나님의 진노가 지속적으로 나타나고 있다는 것입니다. 또한 바울은 여기에 "하늘로부터"(헬. "아프 우라누"[ἀπ' οὐρανοῦ])라는 문구를 덧붙임으로써, 하나님의 진노의 엄중함을 강조하고 있습니다. 이는 하나님을 무시하고 대적하는 모든 죄악된 인류를 향하여 나타나는 하나님의 진노의 우주적인 성격을 강조해주는 표현이라 하겠습니다(Longenecker, *Romans*, 203). 다른 누구의 진노도 아니고 하늘의 하나님의 진노이니, 그것은 그야말로 우주적이고도, 처절하고, 완전한 것입니다.

위에서 언급한 18세기 아메리카의 위대한 신학자요 설교자인 조나단 에드워즈는 1741년 엔필드(Enfield)라는 곳에서 행한, "하나님의 진노의 손안에 있는 죄인들"이라는 유명한 설교에서 마지막 종말에 결정적으로 나타나게 될 하나님의 진노의 처절한 성격을 놀랍게 드러내 주고 있습니다. 그중 한 단락을 인용해보겠습니다.

> 그 진노가 누구의 진노입니까? 그것은 무한하신 하나님의 진노입니다....변덕이 심한 군주의 비위를 상하게 하는 신하는 인간이 당할 수 있는 가장 극단적인 고통을 당할 위험에 처하게 됩니다. 그런데 이 땅의 위대한 군주들이 아무리 위엄과 권세를 자랑하고 아무리 높은 보좌 위에 앉아서 호령할지라도, 천지를 지으신 전능하신 창조주 하나님에 비하면, 땅의 먼지와 가냘픈 벌레에 불과합니다. 아무리 화를 발하여 극한 처벌을 한다 해도, 그들이 할 수 있는 것은 사실 별로 없습니다. 땅의 모든 왕들은 하나님 앞에서 그저 메뚜기들에 불과합니다. 아무것도 아닙니다....
>
> 그러나 만왕의 왕이신 하나님의 진노는 땅의 왕들의 진노와는 비교할 수 없을 만큼 엄청납니다....지금 여러분이 하나님의 진노의 맹렬하심에 노출되어 있다는 사실입니다. 성경은 하나님의 맹렬한 진노에 대해서 여러 곳에서 말씀하고 있습니다....요한계시록 19:15도 "하나님 곧 전능하신 이의 맹렬한 진노의 포도주 틀"을 말씀하고 있습니다. 이 말씀들은 정말로 무시무시합니다. 그냥 "하나님의 진노"라고만 해도 그 말 속에 그 진노가 무한히 처절하고 무섭다는 것이 암시되어 있을 것입니다. 그런데 하나님의 "맹렬한" 진노라니요! 도대체 그것이 어느 정도이겠습니까! 하나님의 처절한 화(禍)요, 여호와의 맹렬한 진노라고 하니, 아아,

> 이 얼마나 끔찍합니까! 그런 표현이 담고 있는 사실을 과연 누가 말할 수 있으며 누가 감히 생각할 수 있겠습니까! 그런데 거기에 또 형용사를 붙여서 "전능하신" 하나님의 맹렬한 진노라고 합니다. 그의 맹렬한 진노를 발하는 그 일에서 그의 전능하신 능력이 확연히 드러나는 것으로 말씀하고 있습니다. 말하자면, 마치 사람이 화가 머리끝까지 나서 온 힘을 다하여 그 화를 폭발시키는 것처럼, 하나님의 전능하심이 그렇게 지극한 분노를 발한다는 것입니다. 아아, 그렇다면, 과연 그 결과가 어떻겠습니까! 그 처절한 진노를 당하면 과연 그 가련한 벌레들이 어떻게 되겠습니까! 과연 거기서 남아날 자가 누구며, 과연 그것을 견딜 만큼 강한 심장을 가진 사람이 누구겠습니까? 그런 처절한 진노를 당하니, 과연 가련한 피조물의 비참한 처지가 어떻겠습니까? 도저히 말로 표현할 수 없고 상상조차 할 수 없이 처절하며 끔찍하지 않겠습니까!(Edwards, *Works*, II. 10).

그러나 그 처절한 종말이 이르기 전에도, 아담의 타락 이후 하나님의 진노가 이미 온 세상에 나타나고 있습니다. 과연 이 진노는 어떠한 방면에서 나타나는 걸까요? 로이드 존스는 하나님의 진노가 "양심," "질병과 우환," "창조세계의 현 상태," "죽음의 보편적 사실," "인류의 역사," "그리스도의 십자가와 부활" 등에서 나타난다고 봅니다(Lloyd-Jones, *Romans*, I, 342-350). 슈라이너는 하나님의 진노가 "세상의 시초부터 있어온 인간 사회의 도덕적 황폐와 또한 계속해서 오늘날까지 그런 상태가 계속되어온 사실에서" 나타나는 것으로 봅니다(Schreiner, *Romans*, 85). 할데인은 이에 대해 다음과 같이 포괄적으로 이해합니다.

> [하나님의 진노는] 첫 사람 아담에게 죽음이 선고되고, 땅이 저주를 받고, 사람이 땅의 낙원에서 내어쫓기던 때에 나타났으며, 그 이후 대홍수의 형벌과 또한 평

지의 도시들이 하늘에서 내리는 불로써 멸망되는 형벌 등의 실례들을 통해 나타났으며, 특히 죽음이 온 세상을 통치하는 것에서 나타났다. 그것은 모든 범죄 하나하나에 대한 율법의 저주를 통해서 선포되었고, 희생제사 제도와 모세 시대의 모든 제도 속에서도 드러났다. 로마서 8장에서 사도는 온 창조세계가 허무한 데 굴복하여 고통을 겪으며 탄식한다는 사실에 주목할 것을 촉구한다. 하나님이 계신다는 것을 선포하며 그의 영광을 나타내는 이 창조세계가, 그 하나님이 죄의 원수시요 또한 사람들의 범죄들에 복수하시는 분이심을 증언하는 것이다. 그러므로 이 진노의 계시는 온 세상 전체를 통틀어 보편적으로 나타나므로, 아무도 그것을 모른다고 발뺌할 수 없는 것이다. 하지만 무엇보다도 하늘로부터 하나님의 진노가 결정적으로 나타난 것은, 하나님의 아들이 그의 신성을 드러내시기 위해 이 땅에 임하셨을 때요, 또한 죄에 대한 하나님의 혐오의 모든 증표가 그의 고난과 죽으심에서 유례없이 끔찍하게 드러났을 때였던 것이다(Haldane, *Romans*, 63-64).

자, 로이드 존스와 할데인이 언급하듯이 "하나님의 진노"가 가장 뚜렷하게 나타난 실례는 바로 예수 그리스도의 십자가의 죽으심입니다. 십자가의 죽으심이야말로 바로 이 "하나님의 진노"의 문제를 해결하시기 위해 그리스도께서 치르신 희생이었던 것입니다. 로마서 3:25은 하나님이 예수님을 "화목제물"(헬. "힐라스테리온"[ἱλαστήριον])로 세우셨음을 말씀합니다. 후에 제25강("화목제물")에서 좀 더 소상히 살펴보겠습니다만, 이 "화목제물"이라는 단어의 올바른 뜻을 정확히 아는 것이 매우 중요합니다. "화목제물"이란 말 그대로 서로 관계가 틀어져버린 양 당사자를 서로 화해시키는 제물이라는 뜻입니다. 여기서 그 제물이 어떻게 해서 화목과 화해를 이루어내느냐 하는 것이 중요합니다. "화목제물"이란 "진노를 가라앉히는 제물"(영어로는 "a propitiation")이라는 의미를 담고 있습니다.[81] 곧 예수 그리스도의 십자가의 대리적인 죽으심으로 말미암아 하나님의 진노가 가라앉게 되고, 그리하여 서로 소외된 하나님과 사람 사이의 관계가 회복되어 서로 화목하는 관계가 되었다는 것입니다. 미국의 신학자 데이비드 웰스(David F. Wells)는 이에 대해 다음과 같이 선명하게 설명하고 있습니다.

> 바울의 사고에서는, 사람은 죄로 인하여 하나님께로부터 소외되어있고 또한 하나님은 진노로 말미암아 사람에게서 소외되어 계신다. 그런데 그리스도의 대리적인 죽으심으로 죄가 제거되고 진노가 가라앉으므로, 하나님도 불쾌함 없이 사람을 바라보실 수 있게 되고 또한 사람도 두려움 없이 하나님을 바라볼 수 있게 되는 것이다. 죄가 제거되고 하나님의 진노가 가라앉는 것이다(Stott, *Cross of Christ*, 175에서 재인용).

한편 여러 주석가들은 "하나님의 진노가…나타나나니"의 문제에 대해, 로마서 1장의 본문 속에서 해답을 찾으려 합니다(Moo, *Romans*, 101; Stott, *Romans*, 75 등). 곧 "하나님의 진노"가 본문 24, 26, 28절에 세 차례 언급되는 하나님의 "내버려 두심"에서 나타난다고 보는 것입니다. 하나님께서 인류를 타락한 모습 그대로 내버려 두심으로써 그들로 하여금 더욱 악을 향하여 나아가게 하시고, "고집과 회개하지 아니한 마음을 따라" 계속 악을 행하도록 허용하심으로 "진노의 날 곧 하나님의 의로우신 심판이 나타나는 그 날에 임할 진노를" 스스로 쌓게 만드신다는 것입니다(롬 2:5). 예수님의 가라지 비

_81 "화목제물"에 대한 좀 더 상세한 내용을 위해서는 본서 539-542쪽과 아울러, 다음을 참조하십시오. Kruse, *Romans*, 188-191; Morris, *Apostolic Preaching*, 179-213; 레이먼드, 『바울의 생애와 신학』, 476-484.

유의 결론도 이 점에 대해 빛을 비추어줍니다.

> 주인이 이르되 "가만 두라. 가라지를 뽑다가 곡식까지 뽑을까 염려하노라. 둘 다 추수 때까지 함께 자라게 두라. 추수 때에 내가 추수꾼들에게 말하기를 가라지는 먼저 거두어 불사르게 단으로 묶고 곡식은 모아 내 곳간에 넣으라 하리라"(마 13:29-30).

로이드 존스는 이 "내버려 두심"에 관하여 이렇게 말씀합니다.

> 우리가 절대로 잊지 말아야 할 것은, 사람들이 한동안 자기들이 좋아하는 대로 살다가 나중에 그 결과물을 그대로 거두어들이도록 그냥 내버려 두시는 것이, 죄에 대하여 진노를 퍼부으시는 하나님의 방법 중의 일부라는 사실입니다. 바로 이런 일이 지금 현재 세상에서 벌어지고 있는 것이라고 저는 깊이 믿습니다(Lloyd-Jones, *Romans*, I, 347).

자, 이렇게 해서 "하나님의 진노"와 관련한 본문의 가르침을 대략 살펴보았습니다. 우리는 "하나님의 진노"가 아담의 타락 이후의 구원 역사 속에서 나타나며, 무엇보다 예수 그리스도께서 십자가에서 죽으심으로 하나님의 진노를 가라앉히신 사실에서 지극히 현저하게 나타나며, 또한 본문에서 진술하는 대로 사악한 사람들이 그 사악한 길로 계속 나아가도록 내버려 두시는 하나님의 역사하심에서도 나타나고 있으며, 그뿐 아니라 그 진노는 마지막 종말에 있을 마지막 대단원의 심판에서 극히 처절한 모습으로 나타나게 될 것임을 확고히 믿는 것입니다.

"모든 경건하지 않음과 불의에 대하여"

둘째로, "하나님의 진노"가 나타나는 원인은 바로 인류가 하나님을 거역하는 데 있다는 사실입니다. 본문 18절에서 바울은 하나님의 진노가 "불의로 진리를 막는 사람들의 모든 경건하지 않음과 불의에 대하여" 나타난다고 말씀합니다. 본문의 개역개정 성경의 번역은 다소 혼동을 일으킬 소지가 있습니다. 하나님의 진노가 "불의로 진리를 막는 사람들"에게 나타난다고 말씀하여, 마치 그렇지 않은 사람들도—즉 불의로 진리를 막는 일을 전혀 하지 않는 사람들도—있는 것 같은 인상을 갖게 만드는 것입니다. 그러나 이 본문은 모든 사람이 불의로 진리를 가로막으며 따라서 하나님의 진노가 모든 사람에게 나타난다는 사실을 말씀하는 것입니다. 본문을 다음과 같이 다시 번역하면 의미가 좀 더 선명해지지 않을까 생각됩니다: "하나님의 진노가 모든 사람의 경건하지 않음과 불의에 대하여 하늘로부터 나타나나니, 그들이 불의로 진리를 막음이라."_82

여기서 하나님의 진노가 모든 사람의 "경건하지 않음과 불의에 대하여" 나타난다고 말씀합니다. 여기의 "경건하지 않음"(헬. "아세베이아"[ἀσέβεια])과 "불의"(헬. "아디키아"[ἀδικία])는 어떤 의미일까요? 어떤 이들은 "경건하지 않음"이란 하나님을 향한 불경(不敬), 곧 십계명 전반부의 네 계명(하나님과의 관계에 관한)을 거역한다는 뜻으로, "불의"는 사람을 향한 부정의(不正義), 곧 십계명 후반부의 여섯 계명(사람들과의 관계에 관한)을 거역한다는 뜻으로 보기도 합니다(Osborne, *Romans*, 46). 그러나 이 두 단어를 동격(同格)으로 보아 하나

_82 NIV 성경은 개역개정 성경과 동일하게 번역하나("The wrath of God is being revealed from heaven against all the godlessness and wickedness of <u>men who</u> suppress the truth by their wickedness"), KJV, NASB, ESV 등은 필자가 제시한 번역과 일치합니다("For the wrath of God is revealed from heaven against all ungodliness and unrighteousness of <u>men, who</u> hold the truth in unrighteousness," KJV).

님을 거역하는 인간의 반역적인 정서 전체를 아우르는 의미로 보는 것이 오히려 합당하다고 봅니다.[83] 타락한 인간의 죄악성의 현저한 모습이 여기서 드러납니다. 스토트는 이 점과 관련하여 다음과 같이 말씀합니다.

> 성경은 죄의 본질이 불경(不敬; godlessness, 즉 "하나님 없음")에 있음을 분명히 제시한다. 사람들이 하나님을 제거하기를 시도하지만 그런 일이 불가능하므로, 마치 하나님을 성공적으로 제거한 것처럼 살기로 작정하는 것이다. "그들의 눈앞에 하나님을 두려워함이 없느니라"(롬 3:18)(Stott, *Romans*, 72).

이처럼 하나님을 거역하는 반역적인 정서는 "불의로 진리를 막는" 행위를 통해 그 사악함을 드러냅니다. 여기서 "막다"로 번역된 동사(헬. "카테케인"[κατέχειν])는 "억누르다", "눈앞에 나타나지 않도록 감추다", "기억 속에서 지워버리다" 등의 뜻입니다(Cranfield, *Romans*, I. 112). 곧 진리를 억누르고, 진리를 눈에 띄지 않도록 감추어버리고 기억 속에서 지워버리는 것을 뜻하는 것입니다. 예, 그렇습니다! 이것이야말로 사악함 그 자체입니다. 거룩하신 하나님의 진리를 그저 소극적으로 거부하기만 하는 것이 아니라, 그것을 저해하고 말살시키고자 적극적으로 행동에 옮기는 모습이 여기서 드러나니 말입니다. 본문에서 강조하는 사실은 "그들이 애초부터 하나님…을 위해서가 아니라 자기들 자신을 위하여 살기로 작정하였고, 그리하여 그 어떠한 진리라 할지라도 그들의 자기중심적인 시고에 도전을 제기할 경우 그것을 의도적으로 짓누르려 한다는 것"입니다(Stott, *Romans*, 72). 이것이야말로 죄악 가운데

_83 이는 바울이 "모든"(헬. "파산"[πᾶσαν])이라는 형용사로 "경건치 않음"과 "불의"를 하나로 묶고 있기 때문이며(참조. Longenecker, *Romans*, 203-204), 또한 앞의 "불의로 진리를 막는 사람들"에서는 "불의"만("경건치 않음"까지 포함하는 뜻으로) 언급하기 때문입니다(참조. Cranfield, *Romans*, I. 112).

있는 인류의 현저한 모습이 아닐 수 없습니다. 인정하든 하지 않든, 이것이야말로 거듭나지 않은 사람의 현저한 모습입니다.

그런데 여기서 말씀하는 "진리"란 구체적으로 어떤 것을 의미할까요? 바울 서신에 "진리"에 대한 언급이 자주 나타나는데, 대개의 경우 예수 그리스도의 복음의 진리를 지칭합니다.[84] 그러나 본문에 언급되는 "진리"는 그런 것과는 다소 성격이 다릅니다. 그 의미를 가늠할 수 있는 몇 가지 표현들이 본문에 나타납니다. 곧 "하나님을 알 만한 것", "그의 보이지 아니하는 것들", "그의 영원하신 능력과 신성" 등이 그것입니다. 하나님의 "영원하신 능력과 신성"이 비록 눈에 보이지는 않으나, 모든 사람이 그것을 인지하고 그를 향하여 시선을 돌리도록 해놓으셨으며, 이를 가리켜 "진리"라 표현하는 것입니다. 이것들은 그리스도를 믿는 신앙의 여부와는 관계없이 모든 사람이 창조세계를 경험함으로써 다 알고 인지하는 내용들입니다. 그렇습니다. 조직신학자들이 "자연계시"(natural revelation), 혹은 "일반계시"(general revelation)라 부르는 것이 바로 이것입니다. 사도 바울은 루스드라에서 복음을 전하는 중에 증언하는 다음과 같은 내용이 바로 본문이 말씀하는 "진리"에 관한 것임을 알 수 있습니다.

> 여러분에게 복음을 전하는 것은, 이런 헛된 일을 버리고 천지와 바다와 그 가운데 만물을 지으시고 살아 계신 하나님께로 돌아오게 함이라. 하나님이 지나간 세대에는 모든 민족으로 자기들의 길들을 가게 방임하셨으나, 그러나 자기를 증언하지 아니하신 것이 아니니 곧 여러분에게 하늘로부터 비를 내리시며 결실기를 주시는 선한 일을 하사 음식과 기쁨으로 여러분의 마음에 만족하게 하셨느니라(행

_84 예컨대 "그리스도의 진리"(고후 11:10), "복음의 진리"(갈 2:5, 14; 골 1:5), "진리가 예수 안에 있는 것"(엡 4:21) 등.

14:15-17).

하나님은 사람들이 그를 알고 그에게 경배를 드리도록 희미하게나마 "그의 영원하신 능력과 신성"을 "그가 만드신 만물"(자연) 속에 계시해 놓으셨습니다. 곧 하나님이 영원한 "능력"(헬. "뒤나미스"[δύναμις])과 영원한 "신성"(헬. "테이오테스"[θειότης])-[85]을 지니신 우주의 대주재(主宰)시라는 사실이 자연 속에 드러나 있다는 것입니다. 본문의 문맥 속에서 하나님이 우상숭배와 성적인 부도덕에 대해 진노를 발하신다는 사실을 볼 때, 하나님이 눈에 보이는 형체로 묘사되실 수 없는 분이시요 또한 유일한 분이시며, 인간의 도덕적인 삶에 관여하는 분이시라는 사실 등이 이러한 자연 계시 속에 드러나 있다고 여겨집니다.

이처럼 하나님이 그 자신에 대해 "알 만한 것"들을 자연 속에 계시해놓으신 것은, 바울이 아덴의 아레오바고에서 헬라의 이교도들에게 하는 말씀처럼 "사람으로 혹 하나님을 더듬어 찾아 발견하게 하려 하"시기 위함입니다(행 17:27). 그러므로 사람들은 얼마든지 그런 지식을 사용하여 하나님을 더듬어 찾고 발견할 수 있으며, 또한 그렇게 발견한 하나님을 참 하나님으로 인정하고 섬기고 경배해야 마땅한 것입니다. 동서고금을 막론하고 누구나 예외 없이 이러한 유일하신 하나님의 존재를 아는 신지식(神知識)을 지니고 있는 법입니다. 이러한 사실에 대해 로이드 존스는 다음과 같이 설명합니다.

> [지극히 높은 신에 대한 지각]이 인간 본성 속에 보편적으로 존재합니다. 심지어

_85 이는 신약성경에 단 1회만 나타나는 단어로, 신적인 특질, 곧 "하나님다우심"을 의미한다고 하겠습니다. 골 2:9에도 "신성"(헬. "테오테스"[θεότητος])이 언급되는데, 그것은 하나님의 인격성(personality)을 지칭하는 용어입니다. 참조. Cranfield, *Romans*, I. 115.

> 신(神)을 믿지 않는다고 말하거나 무신론자로 자처하는 사람조차도 신에 대한 지각을 지니고 있습니다. 그들이 그것을 부인하지만 그것과는 상관없이 그런 지각이 반드시 있는 법입니다. 그런 지각이 있으니 구태여 그것을 부정하고 그것을 조롱하고 그것을 무시하려고 안간힘을 씁니다만, 그것은 없어지지 않고 여전히 그대로 있습니다....신에 대한 보편적인 지각, 이것이 인간 존재의 의식 속 깊은 곳에서 드러나는 것입니다(Lloyd-Jones, *Romans*, I, 369).[_86]

그러므로 이러한 자연계시에 근거하여, 사람들은 마땅히 하나님의 "하나님다우심"을 인정하고 유일신론(唯一神論; monotheism)을 공고히 하고, 그것에 합당한 삶의 모습으로 그를 "영화롭게" 하고 그에게 "감사하"여야 옳았습니다(21절). 그런데 오히려 "그 생각이 허망하여지며 미련한 마음이 어두워"져서(21절) "모든 경건하지 않음과 불의"를 다 동원하여, 유일하신 하나님을 배척하고 다신론(多神論; polytheism)[_87] 등, 온갖 형태의 추악한 우상숭배와 갖가지 도덕적인 죄악을 범하는 처지가 되고 말았습니다. 그러니 도무지 핑계할 수가 없습니다. 오로지 "하늘로부터 나타나"는 "하나님의 진노"를 온전

_86 칼빈 선생은 이에 대해 이렇게 말씀합니다. "하나님께서는 아무도 복을 받는 데에서 제외되지 않도록 하시기 위하여…우주의 구조 전체 속에 자기 자신을 드러내셨고 또한 날마다 자신을 드러내시기를 기뻐하셨다. 그러므로 사람은 눈을 뜰 때마다 하나님을 바라보지 않을 수가 없다. 사실 하나님의 본성은 사람이 파악할 수가 없고 그의 신성은 인간 지각의 한계를 완전히 뛰어넘는다. 그러나 하나님께서 그의 지으신 만물들 속에 자신의 영광의 흔적들을 확실하고도 분명하게 새겨놓으셨으므로, 전혀 무식하고 어리석은 사람들조차도 무지(無知)를 핑계 삼을 수가 없는 것이다"(칼빈, 『기독교강요』, 상. 59; I.5.1).

슈라이너는 이렇게 설명합니다. "하나님이 그의 존재와 능력을 인간의 정신(mind)이라는 직물(織物)에 꿰매어놓으셨기 때문에, 창조세계를 바라볼 때 그것들을 본능적으로 감지하게 되는 것이다"(Schreiner, *Romans*, 85). 또한 스토트의 설명도 귀담아들을 가치가 있습니다. "바울이 여기서 말씀하는 것은, 사람들이 일반계시를 통하여 하나님의 능력과 신성과 영광을 알 수 있는데—물론 예수 그리스도로 말미암는 구원의 은혜까지는 알 수 없지만—이 지식은 그들을 구원하기에는 족하지 않으나 그들을 정죄하기에는 족하니, 이는 그들이 그 지식에 합당하게 살지 않기 때문이다"(Stott, *Romans*, 74).

_87 종교진화론의 영향으로, 인류의 종교적 사고의 발전이 물활론(物活論; animism) 등의 하등종교에서 출발하여 다신론의 단계를 거쳐 고등종교인 유일신론으로 귀결되었다는 식의 설명이 일반화되었으나, 최초의 종교의 형태는 유일신론이었고 그것이 부패하여 다신론 혹은 물활론 등의 타락한 종교 형태들이 발생하게 되었다는 사실이 1966년 로버트 브라우(Robert Brow)의 신빙성 있는 연구 조사를 통해 입증된 바 있습니다. 참조. Boice, *Romans*, I. 172-173.

히 당할 수밖에 없는 처지입니다.

하나님의 진노와 복음 전도

마지막으로, 복음 전도는 "하나님의 진노"라는 엄중한 현실을 전제로 하는 것이라는 사실입니다. 서두에서 살펴보았듯이, 17절과 18절은 "왜냐하면"이라는 의미의 헬라어 접속사 "가르"(γάρ)로 연결되어 있습니다. 하나님께서 그가 친히 베푸시는 "의"를 그리스도의 복음에 나타내시는 이유는 바로 하나님에 관한 기본적인 "진리"를 억누르고 가로막는 모든 사람을 향하여 "하나님의 진노"가 나타나기 때문입니다. 이러한 "하나님의 진노"라는 엄중한 사실을 전제로—그 진노를 피할 방도로—하나님이 "의"를 복음에 나타내신 것임을 여기서 알 수가 있습니다.

자, 여기서 특히 오늘날의 형편과 관련되는 지극히 중요한 한 가지 사실을 대하게 됩니다. 곧 복음 전도는 "하나님의 진노"가 나타나는 이 엄중한 현실을 전제로 한다는 것입니다. 그렇습니다. 이러한 엄중한 현실이 복음 전도의 출발점이 되어야 마땅합니다. "하나님의 진노"가 전제되지 않고서는 그리스도의 "복음"이 복된 소식이 될 수가 없습니다. 죄 사함도 무의미해지고, 구원도, 은혜도, 모두가 허망한 개념이 되고 마는 것입니다. 애초에 죄 사함을 받아야 할 만큼 심각한 죄를 범했다는 사실을 알지 못하고 인정하지도 않는데, 그런 자들에게 죄 사함이 무슨 의미가 있으며, 구원받아야 할 만큼 위기에 처했다는 의식이 없는데 구원이 무슨 의미가 있겠습니까? 구원 자체가 의미가 없는데 어떻게 구원을 베푸신 "은혜"에 대한 감사와 감격이 있겠습니까? 참된 영적 구원과 관련되는 모든 성경의 긍정적인 가르침 하나하나가 바로 "죄"와 "하나님의 진노"의 엄중한 현실을 전제로 한다는 사실을 명확히 깨달아야 마땅할 것입니다. 스프로울은 하나님의 진노와 복음의 상호 관계에 대해 다음과 같이 말씀합니다.

> 복음이 필요한 것은 하나님의 진노가 있기 때문이요, 오직…구원의 복음만이 그 진노로부터 구원을 얻게 해주기 때문이다….이 진노의 사실을 떠나서는 복음이 아무런 의미가 없다. 모든 죄에 대하여 하나님의 진노가 나타나고 있으므로, 그 죄의 문제를 처리해주는 복음의 길 이외에는 구원의 길이 있을 수 없는 것이다 (Sproul, *Romans*, 38).

그런데 오늘날 우리 주변에서 이루어지는 소위 복음 전도를 살펴보면, 이러한 "하나님의 진노"와 심판의 엄중한 현실에 대한 가르침이 명확히 제시되지 않는 경우가 태반입니다. 그 가장 주된 원인은 하나님의 "진노"나 "심판"이라는 개념이 현대인이 대하기에 너무 부정적이라 여기는 데 있을 것입니다. 그런 내용을 전했다가는 전도의 효과(?)는커녕 십중팔구 사람들이 아예 거부감을 갖게 될 것이라 보는 것입니다. 그리하여 이 중차대한 가르침을 슬쩍 언급만 하고(아니, 아예 언급하지 않는 경우도 허다합니다) 곧바로 예수 그리스도의 구원의 복음으로 넘어갑니다. 그러니 예수 그리스도가 여기서 왜 등장하시는지, 그분이 왜 죽으셔야만 하는지, 그분의 죽으심이 어째서 그토록 소중한 은혜인지, 등등에 대해 합당한 이해가 생길 리가 없습니다. 예수님에 관한 내용들이 생뚱맞게 느껴지는 것입니다. 그러니 점점 복음의 내용 자체도 변질시킬 수밖에 없습니다. 예수 그리스도에 관한 내용은 아주 피상적으로만 제시하고, 그 대신 죄악된 인간이 관심 가질 만한 내용들로 채우는 것입니다. 예를 들어 "하나님이 우리를 보살피시고 우리의 일을 책임져주신다"거나, "예수를 믿으면 하나님이 복주신다"거나, 사영리 전도법처럼 "하나님이 여러분을 사랑하시며 놀라운 계획을 갖고 계신다" 같은 것이 주된 내용이 되어 버리는 것입니다.

그러나 적어도 바울은 그렇게 하지 않습니다. 하나님의 거룩한 진노에 대한 엄중한 경고를 가장 먼저 명확히 제시합니다(롬 1:18). 이어서 그처럼 진노를 받아 마땅한 사람들의 보편적인 죄악성을—그들이 정말로 하나님의 진노를 받아 마땅하다는 사실을 보여주는 명확한 증거들을—조목조목 논리적으로 극히 상세히 제시합니다(롬 1:19-3:20). 그리고 그것을 배경으로 삼아 그다음에 그리스도의 십자가의 구원의 복음을 제시하는 것입니다(롬 3:21 이하). 미국의 설교자 존 맥아더(John MacArthur)는 이에 대해 다음과 같이 말씀합니다.

> [바울은] 하나님의 거룩하신 진노라는 절박한 현실과 또한 인간의 부패성의 그 처절한 사악함을 사람들에게 깨우치기로 단호히 결단하였다. 그런 주제를 소개한다는 것은 결코 유쾌한 일일 수가 없으나, 바울은 성령의 감동하심으로 그 문제를 상세히 다룬다....만일 의로운 진노가 없는 하나님이시라면 그는 참 하나님이실 리가 없다. 진노가 없다면 그의 사랑 역시 무의미해지고 말 것이다....하나님은 타락한 죄인들을 사랑하시는 것만큼이나 완전하고도 철저하게 죄를 미워하시는 것이다(MacArthur, *Ashamed of the Gospel*, 133).

전 세계의 대학들을 순회 방문하여 지성인들에게 그리스도를 전하며 기독교의 진리를 변증해온 인도 출신의 탁월한 전도자요 기독교 변증가인 라비 자카리아스(Ravi Zacharias, 1946-2020)는 이 문제에 대해 이렇게 말합니다.

> 제대로 이해하자면, 심판을 바라보는 것이야말로 우리 자신을 멸망에서 구해내는 일의 중요한 부분이다. 최근 해외의 한 대학교에서 공부하는 초신자에게서

> 편지를 받았는데, 그녀는 말하기를, 십자가에 대해 읽을 때마다 무릎을 꿇게 되고 그리스도의 사랑을 생각하며 눈물을 흘리게 되는데, 지옥에 대해서 읽을 때면 언제나 하나님께 대해 화가 난다고 했다....십자가에 대해 읽으면서도 거기에 지옥이 서려 있는 것을 보지 못한다면 그것은 전혀 십자가를 깨달은 것이 아니다 (Zacharias, "The Touch of Truth," 41).

20세기의 위대한 전도자요 변증가 중의 한 사람인 프란시스 쉐퍼(Francis Schaeffer, 1912-1984)는 이에 대해 다음과 같이 증언하고 있습니다.

> 무언가 긍정적인 메시지를 제시하기 전에 부정적인 메시지가 반드시 필요합니다. 반드시 먼저 심판의 메시지가 있어야 합니다....사람들이 가끔 제게 이렇게 묻습니다. "열차 안에서 사람을 만났는데 그에게 복음을 설명할 시간이 1시간 정도 있다면 어떻게 하겠느냐?"고 말입니다. 그때마다 저는 이렇게 말합니다. "45분 내지 50분은 부정적인 사실에 집중하여, 그 사람이 처해 있는 딜레마를 확실히 이해하도록 해주겠습니다. 그 자신이 완전히 죽어있는 처지라는 것을 설명해주겠습니다. 인간은 그저 20세기가 이해하는 의미에서—인생의 의미를 상실했다는 뜻에서—죽은 것이 아니고, 참으로 존재하시는 하나님께로부터 완전히 분리되어 도덕적으로 죽어있는 상태라는 것을 말입니다. 그리고 그다음 10분 내지 15분 정도를 할애하여 복음을 전해주겠습니다."...무엇이 잘못되어 있는지를 이해하지 못하면, 긍정적인 메시지를 듣고 이해할 준비가 전혀 되지 않은 것이기 때문입니다. 우리의 전도사역의 상당 부분이 명확하지 못한 이유는, 한마디로 우리가 사람이 하나님의 임재 앞에서 지니는 진정한 도덕적 죄의 책임—그저 심리적인 죄책감 정도가 아니라—의 문제를 깨닫도록 제대로 설명해주지도 않고, 무턱대고 해결책을 제시하는 데에만 급급하기 때문입니다(Schaeffer, *Complete*

Works, IV. 251).

결론

아담과 하와는 하나님의 명령을 어기고 범죄한 직후 "여호와 하나님의 낯을 피하여 동산 나무 사이에 숨"었습니다(창 3:8). "네가 반드시 죽으리라"(창 2:17)라는 하나님의 형벌 선언이 두려웠던 것입니다. 인류의 조상들의 이러한 모습은, 하나님의 진노와 형벌이라는 엄중한 현실로부터 도피하는 죄악된 인간의 전형적인 모습이 아닐 수 없습니다. 그렇습니다. 오늘날의 죄인들 역시 "하나님의 낯을 피하여" 도피행각을 벌입니다. 죄와 진노와 형벌을 고의로 부인합니다. 그 문제를 잊어버리려고 생각도 하지 않고, 가르치지도 않습니다. 그 지극히 본질적인 문제점을 외면하느라 안간힘을 쓰는 형국입니다. 여러분, 이러한 처지에 있는 분들에게 필요한 것은 얄팍한 위로나 사탕발림 식의 거짓된 메시지가 아닙니다. "죄"와 "하나님의 진노", "하나님의 심판"의 현실을 있는 그대로 제시하는 것이야말로 그들에게 필요한 것입니다. 그들의 절박한 곤경이 노골적으로 드러나야 합니다. 성령께서 역사하셔서 이러한 부정적인 말씀을 듣고 자신의 비극적인 처지를 깨달을 때 비로소 복음의 귀중함을 알게 되고, 그리스도의 십자가로 말미암는 구원의 빛이 환하게 비쳐오게 되는 법입니다.

시편 2편에서도 이러한 원리가 잘 드러납니다. "그의 아들에게 입 맞추라. 그렇지 아니하면 진노하심으로 너희가 길에서 망하리니 그의 진노가 급하심이라. 여호와께 피하는 모든 사람은 다 복이 있도다"(12절). 여러분, 여호와의 진노하심으로 인하여 망할 위기에 처한 사람들을 향하여 "그의 아들에게 입 맞추라"고 명령하고 있습니다. 속수무책으로 여호와의 처절한 진노를 당할 수밖에 없는 죄인들을 향하여 "그 진노를 피할 길이 있으니, 곧, 여호와의 아들에게 입 맞추는 것이다"라고 구원의 소식을 선포하고 있는 것입니다. 그렇습니다. 오직 이것만이 하나님께서 죄악된 인류를 위해 베푸시는 유일한 구원의 방도입니다. 그렇지 않으면 "진노하심으로 길에서 망하"는 것밖에는 달리 도리가 없습니다. "아들에게 입맞추"는 이 길을 따르는 자는 "다 복이 있"는 사람들입니다. 왜요? 여호와의 급한 진노를 피할 뿐 아니라, 아들로 말미암아 하나님과 화평을 누리는 자들이기 때문입니다. "우리가 믿음으로 의롭다 하심을 받았으니, 우리 주 예수 그리스도로 말미암아 하나님과 화평을 누리자"(롬 5:1).

제13강.
바보 같은 지혜자(1:21-25)

"21 하나님을 알되 하나님을 영화롭게도 아니하며 감사하지도 아니
하고 오히려 그 생각이 허망하여지며 미련한 마음이 어두워졌나니
22 스스로 지혜 있다 하나 어리석게 되어
23 썩어지지 아니하는 하나님의 영광을 썩어질 사람과 새와 짐승과
기어다니는 동물 모양의 우상으로 바꾸었느니라
24 그러므로 하나님께서 그들을 마음의 정욕대로 더러움에 내버려
두사 그들의 몸을 서로 욕되게 하게 하셨으니
25 이는 그들이 하나님의 진리를 거짓 것으로 바꾸어 피조물을 조
물주보다 더 경배하고 섬김이라 주는 곧 영원히 찬송할 이시로다
아멘."

하나님께서 그 자신의 "영원하신 능력과 신성"을 자연 속에 계시해 놓으셨으므로, 모든 사람은 그들에게 베풀어진 계시의 분량만큼 그를 인정하고 그를 경배해야 마땅했습니다. 그런데도 그들은 그를 경배하기는커녕 오히려 자기들의 불의로 진리를 가로막고 하나님을 대적하는 사악한 모습을 현저하게 드러내는 상태요, 이에 대해 "하나님의 진노"가 "하늘로부터 나타나"고 있

습니다. 이것이 1:18-20절의 개략적인 줄거리입니다.

이어지는 본문 21-32절에서는 이러한 하나님의 진리를 가로막는 인간의 추악한 현실과 또한 그들을 향하여 나타나는 하나님의 진노의 역사하심을 좀 더 상세히 다루고 있습니다. 여기서 우리는 온갖 사악한 세상의 현실을 보게 됩니다. 우상숭배의 참람한 죄의 모습과, 이성 간의 성적인 문란의 상황과, 남녀를 불문하고 동성애의 성적 타락의 추악한 모습과, 또한 죽음의 형벌에 해당하는 극심한 도덕적 악행들이 온 세상에 가득한 현상이 나타나는 것입니다. 정말이지 "사람의 죄악이 세상에 가득함과 그의 마음으로 생각하는 모든 계획이 항상 악할 뿐"이라는 창세기의 묘사에 꼭 들어맞는 현실의 모습입니다(6:5).

첫째로, 21-23절에서는 사람이 그 생각과 마음이 어두워져서 하나님의 진리를 가로막고, 하나님을 버리고 갖가지 모양의 우상들을 만들고 하나님 대신 그것들을 섬기는 사악한 범죄에 빠져온 현실을 말씀합니다.

둘째로, 24-25절에서는 사람들의 이러한 죄악된 상태에 대해 하나님께서 그들을 향하여 진노를 발하셔서 그 "마음의 정욕대로 더러움에 내버려 두"셨고, 그리하여 남녀 간의 추한 성적 문란이 성행하게 되었음을 말씀합니다.

셋째로, 26-27절에서는 한층 더 사악한 타락상이 제시됩니다. 하나님께서 그들을 "부끄러운 욕심에 내버려 두"심으로, 하나님이 남녀 간의 성적인 관계를 위해 창조 시에 베풀어주신 건전한 "순리"(順理)를 저버리고 추악한 "역리"(逆理)를 취하는 동성애(同性愛)가 사회에 만연되는 것입니다. 그리고 넷째로, 28-32절에서는 사람이 하나님을 마음에 싫어하여 하나님께서 그들을 그 "상실한 마음대로 내버려 두"심으로 온갖 사악한 행위들이 인간 사회 전체에 가득하게 되었음을 지적하고 있습니다. 이 네 가지 사실을 둘로 나누어, 여기서는 먼저 앞의 두 사실(21-25절)에 대해서 살펴보도록 하겠습니다.

"마음이 어두워졌나니"

"창세로부터", 곧 첫 사람 아담과 하와의 때로부터, 하나님은 모든 사람에게 그의 "영원하신 능력과 신성"을 인지할 정도의 제한적인 신지식(神知識)을 주셨습니다(20절).[88] 그 신지식의 내용은 곧 형체가 없으시고 유일하시며 참되시고 영원하신 하나님이 계시니, 오직 그분만을 하나님으로 높이고 그에게 경배하며 또한 그분께 합당한 도덕적인 삶을 통해 그를 영화롭게 해야 한다는 것이었습니다(참조. Schreiner, *Romans*, 88).[89] 그러므로 이방인은 물론 유대인까지 포함하여[90] 모든 사람이 하나님께로부터 받은 그 제한된 신지식을 적용하여 "하나님을 영화롭게" 하고, 또한 그에게 "감사하"는 것이 그들을 창조하신 하나님께 돌려야 할 의무요 특권이었습니다. 그리고 그것이야말로 하나님이 사람을 포함한 우주를 창조하신 궁극적인 목적이었습니다. 하나님이 온 우주를 창조하신 것은 결단코 그가 홀로 계시는 것이 만족스럽지 못하셨기 때문도 아니고, 혹은 그 자신의 부족하신 부분을 채우고자 하심도 아니

_88 본문이 아담의 타락과 직접적인 연관이 있다는 사실을 보여주는 몇 가지 증거를 제시하면 다음과 같습니다. ① 롬 1:20의 "창세로부터"라는 표현이 아담의 시대부터 그 일이 있었음을 강력히 뒷받침해주며; ② 본문 23절에 언급되는 "형상"(헬. "에이콘"[εἰκών]; 개역개정 성경은 이를 "우상"으로 번역함)과 "모양"(헬. "호모이오마"[ὁμοίωμα])이라는 두 단어가 창 1:26("우리의 형상을 따라 우리의 모양대로 우리가 사람을 만들고")을 반영하며; ③ 아담과 하와가 하나님을 섬기다가 피조물인 뱀을 섬기게 된다는 점에서 인류 최초의 우상숭배자였으며; ④ 우상숭배자들이 하나님을 알면서도 그릇된 "지혜"를 추구하였다는 사실이 창 3:5-6을 반영하는 것일 수도 있다는 점 등. 참조. Moo, *Romans*, 109. 주. 85; Beale, *We Become What We Believe*, 212.

_89 파이퍼는 이를 다음과 같이 이해합니다. "창조의 메시지는 바로, 이 놀라운 우주의 뒤에는 위대하신 영광과 권능과 자비의 하나님이 계시며 너희는 그의 소유이며, 너희가 반역의 삶을 도모할지라도 그가 인내로 너희의 삶을 유지시켜주시니, 돌이켜 그에게 소망을 두고 그의 안에서 기뻐하라는 것이다"(Piper, *Pleasures of God*, 87).

_90 여러 주석가들은 1:18-32을 이방인들을 묘사하는 내용으로 봅니다(Hodge, *Romans*, 34; Kruse, *Romans*, 82-83; Moo, *Romans*, 97; Murray, *Romans*, I, 35; Stott, *Romans*, 68 등). 그러나 크랜필드의 다음과 같은 견해가 타당해 보입니다. "18절에서는 '사람들'이라는 일반적인 호칭을 사용하며, '이방인'이나 '헬라인' 등의 호칭은 어디에도 나타나지 않는다. 23절은 사람들의 우상숭배를 묘사하면서 시 106:20과 렘 2:11의 언어를 반영하는데, 전자는 이스라엘의 금송아지 숭배를 가리키며 후자는 훗날 이스라엘이 여호와를 버리고 다른 신들을 좇아간 사실을 가리킨다.…바울은 이교도들의 명백한 죄악상을 지적함으로써 타락한 인간의 근본적인 죄악성을 묘사하는 것이요, 그는 여기서 이방인들 못지않게 이스라엘의 삶의 속사정도 함께 다루고 있는 것이다"(Cranfield, *Romans*, I. 105; 참조. Dunn, *Romans 1-8*, 53; Longenecker, *Romans*, 196; Beale, *We Become What We Believe*, 204-211; Seifrid, *Christ Our Righteousness*, 50).

었습니다. 하나님은 스스로 완전하시며 홀로 그 어떠한 부족함도 없는 분이십니다. 조직신학자들은 이를 가리켜 "하나님의 자존성"(自存性; the aseity of God)이라 부릅니다.[91] 그런 하나님께서 세상을 창조하신 목적은 하나님이 친히 영광을 받으시기 위함이었습니다. 다음의 본문들을 비롯하여 성경이 여러 곳에서 이 점을 잘 증거해줍니다.

> 내 아들들을 먼 곳에서 이끌며 내 딸들을 땅 끝에서 오게 하며, 내 이름으로 불려지는 모든 자 곧 내가 내 영광을 위하여 창조한 자를 오게 하라. 그를 내가 지었고 그를 내가 만들었느니라(사 43:6-7).

> 네 백성이 다 의롭게 되어 영원히 땅을 차지하리니, 그들은 내가 심은 가지요 내가 손으로 만든 것으로서 나의 영광을 나타낼 것인즉(사 60:21).

> 무릇 시온에서 슬퍼하는 자에게 화관을 주어 그 재를 대신하며 기쁨의 기름으로 그 슬픔을 대신하며 찬송의 옷으로 그 근심을 대신하시고 그들이 의의 나무 곧 여호와께서 심으신 그 영광을 나타낼 자라 일컬음을 받게 하려 하심이라(사 61:3).

> 모든 입으로 예수 그리스도를 주라 시인하여 하나님 아버지께 영광을 돌리게 하셨느니라"(빌 2:11).

> 너희 몸은 너희가 하나님께로부터 받은 바 너희 가운데 계신 성령의 전인 줄을 알

_91 하나님의 "자존성"에 대해서는 다음을 참조하십시오. Beeke & Smalley, *Reformed Systematic Theology*, 1:645-649; Frame, *Systematic Theology*, 405-406; Horton, *The Christian Faith*, 230-235.

> 지 못하느냐? 너희는 너희 자신의 것이 아니라. 값으로 산 것이 되었으니 그런즉 너희 몸으로 하나님께 영광을 돌리라....그런즉 너희가 먹든지 마시든지 무엇을 하든지 다 하나님의 영광을 위하여 하라(고전 6:20; 10:31).

18세기 아메리카의 위대한 신학자요 목회자인 조나단 에드워즈는 "하나님이 세상을 창조하신 목적"(The End for Which God Created the World)이라는 강론에서 이러한 성경의 명확한 가르침에 근거하여 다음과 같이 선명하게 제시합니다.

> 하나님이 세상을 창조하신 목적은 창조세계로 하여금 그를 영화롭게 하게 하기 위함이다. 하나님께로부터 드러나는 그 영광을 바라보며 즐거워하는 것이 아니면, 과연 그를 영화롭게 한다는 것이 무엇이겠는가?(Piper, *God's Passion*, 32에서 재인용).

또한 이러한 사실은 전 세계의 장로교회들이 가르쳐오고 있는 [웨스트민스터 소요리문답] 제1문답에서도 명확히 드러납니다.

> 문: 사람의 제 일 되는 목적이 무엇입니까?
> 답: 사람의 제 일 되는 목적은 하나님을 영화롭게 하고 영원토록 그를 즐거워하는 것입니다.

예, 과연 그렇습니다. "하나님을 영화롭게" 하고 그에게 "감사하"는 것이야말로 창조된 모든 사람의 가장 근본적인 임무요 그들의 존재 목적입니다. 하나님이 과연 영광을 받으셔야 마땅한 분이심을 그들이 인지하고 있었으니

(Morris, *Romans*, 83-84), 그들에게 주어진 신지식의 정도에 따라 만물에 나타나 있는 하나님의 "영원하신 능력과 신성"(20절)을 인지하는 만큼, 그를 유일하신 하나님으로 높이고 그에게 경배하여야 했습니다. 그가 유일하신 주권자 하나님이심을 인정하고 그를 영화롭게 하고 그에게 감사하며, 도덕적인 삶을 통하여 그 하나님의 창조하신 목적을 구현하는 방향으로 나아가야 옳았습니다. 온갖 우상들로 그 하나님을 형상화하고 그것들을 섬기는 따위의 행위는 그 유일하신 하나님을 거스르는 악(惡)임을 그들의 "생각"과 "마음"으로 인지하고 있었던 것입니다. 이것이 자연 계시에 근거하여 사람들이 "하나님을 영화롭게" 하고 그에게 "감사하"는 길이었습니다. "하나님을 하나님으로, 창조주로, 또한 생명의 주(主)로 인정하고 겸손히 그를 신뢰하며 그에게 순종하"는 것이 그들의 임무였던 것입니다(Cranfield, *Romans*, I. 117).

그런데 사람들은 그렇게 하지 않았습니다. "마음에 하나님 두기를 싫어" 했습니다(28절). "불의"로 유일하신 주권자 하나님에 관한 "진리"를 가로막았고(18절), 그들의 "생각이 허망하여지며 미련한 마음이 어두워졌"습니다.[92] 자연 계시를 통해서 알려지시는 그 유일하신 하나님을 인정하기를 거부하니, 그들의 사고가 전혀 허망하고 어둔 방향으로 치달아서 말도 안 되는 온갖 추악한 우상숭배의 행태로 귀결되고 맙니다. 그러면서도 그들은 언제나 스스로를 지혜롭다고 여기면서도 계속해서 그 어리석음의 구렁텅이로 더욱 깊이 빠져들어가니, 이 얼마나 어처구니없는 일인지 모릅니다.

_92 "생각"(헬. "디알로기스모스"[διαλογισμός])이란 "사고력", "추리력"을 뜻하나, 신약성경에서는 거의 언제나 나쁜 의미로 쓰이며, "악한 생각", 혹은 "허망한 생각"을 뜻합니다. "마음"(헬. "카르디아"[καρδία])은 "사람의 활동 방향을 결정짓는 내적인 삶의 중심"을 가리킵니다. 생각과 마음이 이처럼 허망해지고 미련해지고 어두워졌으니, 사람이 옳다고 판단하여 행동에 옮기는 모든 것들이 근원적으로 그릇된 것일 수밖에 없습니다. 참조. Morris, *Romans*, 84-85.

우상숭배

바울은 계속해서 이처럼 사람들의 우매한 모습을 적나라하게 묘사합니다. 22절에서는 그들이 "스스로 지혜 있다 하나 어리석게 되"었다고 말씀합니다. 여기의 "어리석게 되"었다는 한글개역성경의 번역은 다소 완곡한 것이고, 문자적으로는 "바보가 되었다"는 뜻입니다.[_93] 그렇습니다. 하나님을 인정하지 않고 거부하는 모든 사람의 처지를 정확하게 보여주는 표현이 아닐 수 없습니다. 그들 스스로는 그처럼 똑똑하고 지혜로울 수가 없습니다. 이 세상에 인간만큼 지혜로운 존재가 어디 있느냐는 식의 사고로 똘똘 뭉쳐있습니다. 그리고 실제로 그들의 지혜로 온갖 진기한 것들이 만들어져서 그들 편에서 자기들의 "지혜"를 자랑하는 것이 무리한 일이 아닌 것처럼 보이기도 합니다. 그러나 하나님의 관점에서 볼 때는, 이러한 죄인들같이 어리석은 존재가 없습니다. "여호와를 경외하는 것이 지식의 근본"이라는 잠언의 말씀처럼(1:7), 하나님을 인정하고 그를 섬기는 것이야말로 모든 삶의 근본인데, 그 근본을 부인하니 그 위에 아무리 그럴듯해 보이는 멋진 것들을 쌓아놓은들 무슨 가치가 있겠습니까? 이처럼 "바보 같은 지혜자"들의 "사악한 어리석음"[_94]은, 어처구니없게도 바로 각종 "썩어질 사람과 새와 짐승과 기어다니는 동물 모양의 우상"(23절)에서 확연히 그 모습을 드러냅니다.

어쩌면 바울은 이 대목에서 로마서를 기록하기 약 7년 전쯤 아덴(즉 아테네)에서 목격한 참혹한 우상숭배의 상황을 떠올렸을지도 모릅니다. 물론 당시 소아시아 지방의 모든 도시에서 우상숭배가 성행하여 곳곳마다 우상들

_93 헬. "에모란테산"(ἐμωράνθησαν). 영역 성경들은 보다 직설적입니다. "they became fools"(ESV, KJV, NASB, NIV 등).

_94 성경에서 "어리석음"이란 단순히 지적(知的)인 모자람만이 아니라 도덕적인 악(惡)과 결부되는 개념입니다. 시 14:1("어리석은 자는 그의 마음에 이르기를 하나님이 없다 하는도다 그들은 부패하고 그 행실이 가증하니")에서 나타나듯이, "어리석음", "미련함"은 하나님이 베푸시는 진리를 고의로 거부하는 데에서 비롯되는 사악함의 한 가지 양태입니다. 참조. Boice, *Romans*, I. 171-172; Sproul, *Romans*, 43-44.

과 신전들이 즐비했습니다만, 그중에서도 아덴은 그 상황이 극심했습니다. 아덴은 당시 헬라 문화의 중심지로서, "학문의 중심이었고, 오늘날의 언어로 말하자면 위대한 대학 도시라 할 수 있는 곳"이었습니다(Bruce, *Acts*, 376). 그런데 바울이 거기서 본 것은 고매한 "지혜"가 아니라, 사방에 넘쳐나는 각종 "우상"들과 신전들이었습니다. 그곳에 얼마나 우상들이 많았는지 한 고대의 작가는 "아덴에서는 사람을 만나기보다 주상(鑄像)을 만나기가 더 쉬웠다"라고 말할 정도였습니다(레이먼드, 『바울의 생애와 신학』, 206). 정말이지 바울은 이런 어처구니없는 모습에 마음속으로부터 분노가 치밀어 올랐습니다. "바울이 아덴에…우상이 가득한 것을 보고 마음에 격분하여…"(행 17:16). 죄악된 인간이 "스스로 지혜 있다 하나 어리석게" 되어버린 현실의 모습이 너무도 적나라하게 드러나고 있었으니, 안타까움과 더불어 극한 분노의 심정이 가득해졌을 것은 너무나도 분명합니다.

이처럼 "스스로 지혜 있다" 하는 자들이 자기들의 지혜의 산물로 자랑하며 내세우는 것이 겨우 "우상"이라니요? 정말 어처구니가 없습니다. 사람과 새와 짐승과 각종 동물이 모두 "썩어질" 것들이요, 더욱이 그것들의 "우상"이라면 이미 생명이 없는 허무한 것이니 결코 숭배의 대상이 될 자격이 없다는 것을 그들 스스로가 너무도 잘 알고 있습니다. 그런데도 그들은 "썩어지지 아니하는 하나님의 영광"을 의도적으로 거부하고 부인합니다. 자기들의 지혜와 모든 재능과 재물을 다 기울여 "사람과 새와 짐승과 기어다니는 동물 모양의 우상"을 만들어 세우고는, 그것들을 신격화하고 그것들에게 "하나님의 영광"을 부여합니다. 그리고 고도의 지혜를 동원하여 최대한도로 신적 위엄과 영광을 지닌 존재처럼 보이도록 꾸미고 장식하고 색칠을 해놓고는 갖가지 화려하고 엄숙한 예절과 예식을 통하여 신으로 떠받들어 모시는 것입니다. 오직 참되신 하나님만이 받으셔야 할 그의 영광을 그 생명 없는 "우상"들에게 부여하다니요! 이것이야말로 죄의 본질적인 성격을 잘 드러내 주는 것입니다. "썩어지지 아니하는 하나님 대신 썩어질 짐승들과 사람들을 예배하는 것은 창조 질서를 완전히 거꾸로 뒤엎어버리는" 극악무도한 죄악된 처사였던 것입니다(Schreiner, *Romans*, 94). 이사야 선지자는 이러한 우상숭배의 본질적인 어리석음과 허망함과 죄악성을 다음과 같이 적나라하게 묘사하고 있습니다.

> 신상을 만들며 무익한 우상을 부어 만든 자가 누구냐? 보라 그와 같은 무리들이 다 수치를 당할 것이라. 그 대장장이들은 사람일 뿐이라. 그들이 다 모여 서서 두려워하며 함께 수치를 당할 것이니라. 철공은 철로 연장을 만들고 숯불로 일하며 망치를 가지고 그것을 만들며 그의 힘센 팔로 그 일을 하나 배가 고프면 기운이 없고 물을 마시지 아니하면 피로하니라. 목공은 줄을 늘여 재고 붓으로 긋고 대패로 밀고 곡선자로 그어 사람의 아름다움을 따라 사람의 모양을 만들어 집에 두게 하며, 그는 자기를 위하여 백향목을 베며 디르사 나무와 상수리나무를 취하며 숲의 나무들 가운데에서 자기를 위하여 한 나무를 정하며 나무를 심고 비를 맞고 자라게도 하느니라. 이 나무는 사람이 땔감을 삼는 것이거늘 그가 그것을 가지고 자기 몸을 덥게도 하고 불을 피워 떡을 굽기도 하고 신상을 만들어 경배하며 우상을 만들고 그 앞에 엎드리기도 하는구나. 그중의 절반은 불에 사르고 그 절반으로는 고기를 구워 먹고 배불리며 또 몸을 덥게 하여 이르기를, "아하 따뜻하다 내가 불을 보았구나" 하면서 그 나머지로 신상 곧 자기의 우상을 만들고 그 앞에 엎드려 경배하며 그것에게 기도하여 이르기를, "너는 나의 신이니 나를 구원하라" 하는도다. 그들이 알지도 못하고 깨닫지도 못함은 그들의 눈이 가려서 보지 못하며 그들의 마음이 어두워져서 깨닫지 못함이니라. 마음에 생각도 없고 지식도 없고 총명도 없으므로, "내가 그것의 절반을 불사르고 또한 그 숯불 위에서 떡도 굽고 고

기도 구워 먹었거늘 내가 어찌 그 나머지로 가증한 물건을 만들겠으며 내가 어찌 그 나무토막 앞에 굴복하리요" 말하지 아니하니, 그는 재를 먹고 허탄한 마음에 미혹되어 자기의 영혼을 구원하지 못하며, "나의 오른손에 거짓 것이 있지 아니하냐?" 하지도 못하느니라"(사 44:10-20).

우상숭배는 결국 하나님을 배제한 인간의 죄악된 지혜의 총화(總和)요, 허망한 자기 성취를 향한 욕심의 현실화 이외에 아무것도 아닙니다. 인간이 생각하는 이상적인 "하나님"을 인간 스스로 만들어내고, 그것을 통해서 자기들만의 세상을 영속화하려는 시도입니다. 그러나 이런 행위는 유일하신 하나님을 부인하고 감히 그를 대적하고 그에게 도전하는 인간의 "사악한 어리석음"의 극치를 보여주는 것에 다름 아닙니다. 우상숭배의 이면에는 결국 이처럼 어리석은 인간 자신의 신격화(神格化)가 도사리고 있는 것입니다. 이와 관련해서 영국의 신약학자인 찰스 바레트(Charles K. Barrett)의 다음과 같은 설명은 극히 적절하다 할 것입니다.

여기에 악순환이 나타난다. 사람들이 자기들에게 있는 하나님에 대한 지식을 부인함으로써 더욱더 멀리 불신앙 속으로 빠져 들어가는 것이다. 하나님에 대해 무지해져서 스스로 그를 알 수 없게 되고 말았다. 그러나 그들의 무지(無知)는 죄악된 무지이니, 이는 그 뿌리가 반역에 있기 때문이다....이러한 반역의 직접적인 결과로 사람들이 더 이상 자기들 자신과 하나님을 구분하지 못하는 부패한 상태에서 우상숭배에 빠져 들어간 것이요, 따라서 우상숭배의 배후에는 온갖 형태의 자기 자신의 우상화가 있는 것이다(Barrett, *Romans*, 36-37).[95]

_95 우상숭배에 대한 다음 몇 분의 논의 역시 큰 도움을 줍니다. "인간의 본성 자체가, 말하자면 영구한 우상의 제조 공장이라

예수 그리스도를 믿는다고 고백하는 우리의 사정은 어떻습니까? 우리는 "썩어지지 아니하는 하나님의 영광"을 직시하는 사람들이요, 오직 하나님만을 영화롭게 하고 그에게 감사하는 것을 삶의 모토로 삼는 사람들입니다. 우리는 그저 자연 계시에만 의존하여 신지식을 얻는 일반 사람들과는 다릅니다. 무엇보다 우리는 "하나님의 영광의 광채시요 그 본체의 형상"이신 하나님의 아들 예수 그리스도를 아는 사람들이요(히 1:3), "예수 그리스도의 얼굴에 있는 하나님의 영광"을 아는 빛을 마음에 품고 있는 사람들입니다(고후 4:6). 그렇다면 우리는 우상숭배와 전연 상관이 없을까요? 사람이나 짐승이나 새 같은 우상을 만들어놓고 그것을 섬기는 따위의 일은 나와 전혀 무관한 일이 아닐까요? 아니요, 그렇지 않습니다. 비록 우리가 구원받은 하나님의 백성이라 할지라도 언제나 우상숭배의 위험이 우리 앞에 있으며, 따라서 항상

는 것을 알 수 있다.…이스라엘 백성들의 실례가 우상의 기원을 잘 보여준다. 곧 하나님께서 자신이 임재하여 계심을 무언가 형체로 보여주시지 않으면 사람들이 하나님이 자기들과 함께 계신다는 것을 믿지 않는 것이다.…인간은 무언가 자기를 닮은 허상(虛像)을 확보하여 그것을 하나님의 형상으로 알고 거기서 위안을 찾기 전에는 언제나 불안 가운데 있다는 것을 일상적인 체험에서 잘 배우게 되는 것이다. 세상이 시작된 이래 거의 모든 시대마다 사람들은 자기들의 어두운 욕심에 복종하기 위해, 상징물들을 세워놓고 그것을 보면서 하나님이 자기들의 눈앞에 나타나셨다고 믿어온 것이다"(칼빈, 『기독교강요』, 상, 127-128; I.11.8);

"우상숭배를 생겨나게 하는 본질적인 죄는 바로 이기심(selfishness)이다. 자기의 신(神)을 만들어놓으면 자기가 그 신을 통제할 수 있다. 그 신은 오로지 사람의 계획과 이익을 위해서만 존재하기 때문이다. 이런 유의 신은 아무런 윤리적 기준도 없고 도덕적 행실을 요구하지도 않는다. 그러므로 우상숭배는 궁극적으로 자기 자신을 섬기는 것이요, 결국 자기를 신격화하는 것이다. 우상숭배는 종교적 행위를 위장하는 것이므로 허용할만한 예배의 한 형태로 널리 인정받는다. 그러나 그것은 결국 하나님이 계시하신 목적을 흐리게 만드는 것이요, 그리하여 사람으로 하여금 하나님 대신 자기 자신을 섬겨도 무방하다는 우매한 결론에 이르도록 호도하는 것이다"(Mounce, *Romans*, 31);

"사람이 맨 처음 빠져 들어간 죄는 우상숭배의 죄요, 이로 인하여 하나님께서 사람들을 다른 형태의 죄들에 빠진 상태로 내버려 두신 것이다. 아담이 우상들을 숭배했다고 볼만한 내용이 창세기 기사에 나타나지 않는다며 반론을 제기할 수도 있을 것이다. 그러나…아담이 창조주가 아니라 피조물을 섬김으로 죄를 범하였다는 논지는 정당하게 제기할 수 있으며, 그처럼 하나님과 그의 지으신 피조물들을 서로 혼동하는 데에서 우상숭배가 생겨난 것이다.…아담은 뱀의 음성을 따름으로써, 창조세계에 대한 자신의 정당한 통치권을 시행하지 못했을 뿐 아니라 스스로 피조물에게 굴종(屈從)했고, 이로써 우상숭배의 길을 열어놓았다"(Morna Hooker의 진술. Beale, *We Become What We Believe*, 213에서 재인용);

"우상숭배는 화(禍)를 촉발시키는 것이니, 이는 오직 여호와께만 드려야 할 예배를 전혀 무가치한 것들에게 드리는 것이기 때문이다. 우상숭배는 여호와의 이름에 합당한 영광을 부인하는 것임은 물론이고, 또한 거기에 가담하는 자들을 부패하게 하고 망치게 만드는 것이다. 그러므로 여호와께서 진노하시는 것은 자기 자신을 향한 극한 사랑 때문이기도 하고, 동시에 그가 그의 백성의 선(善)을 바라시기 때문이기도 하다. 우상숭배는 반드시 사람을 부패하게 하고 망치고야 마는데, 그것을 징계하지 않고 그냥 무관심하기에는 여호와께서 너무도 의로운 분이신 것이다"(Hamilton, *God's Glory in Salvation through Judgment*, 181-182).

우상숭배를 경계하고 금하여야 하는 것입니다.[96]

사도 바울을 비롯하여 사도들은 서신서에서 그리스도를 믿는 신자들을 향하여 다음과 같이 우상숭배에 대해 강력하게 경고하고 있습니다.

> 너희는 우상 숭배하는 자가 되지 말라....사랑하는 자들아 우상숭배하는 일을 피하라(고전 10:7, 14).

> 음행하는 자나 더러운 자나 탐하는 자 곧 우상숭배자는 다 그리스도와 하나님의 나라에서 기업을 얻지 못하리니…그러므로 그들과 함께 하는 자가 되지 말라(엡 5:5-6).

> 땅에 있는 지체를 죽이라 곧 음란과 부정과 사욕과 악한 정욕과 탐심이니 탐심은 우상숭배니라 이것들로 말미암아 하나님의 진노가 임하느니라(골 3:5-6).

> 너희가 음란과 정욕과 술취함과 방탕과 향락과 무법한 우상 숭배를 하여 이방인의 뜻을 따라 행한 것은 지나간 때로 족하도다(벧전 4:3).

> 자녀들아 너희 자신을 지켜 우상에게서 멀리하라(요일 5:21).

이러한 사도들의 경고에 대해 우리는 두 가지 면으로 생각할 수 있습니다. 첫째로, 당시의 신자들에게는 우상숭배와 관련한 문제들이 날마다 실생활에서 닥치는 매우 구체적인 위협 거리였다는 점입니다. 도시마다 우상들

_96 우상숭배에 관한 성경적 가르침에 대해서는 다음을 참조하십시오. Beale, *We Become What We Believe*; Guinness, *No God But God*; Ortlund, *Whoredom*; Schaeffer, *Christian View of the Church*, 133–149.

과 그것들을 섬기는 신전들과 또한 그 일에 종사하는 이교도들이 가득했고, 또한 일반 시민들이 그런 우상숭배에 깊이 젖어 있었습니다. 그러니 신자들이 불신자들과 교류하기 위해서는 어떤 식으로든 우상숭배와 관련을 맺게 되어 있었습니다(고전 10:19-31). 또한 장터에서 거래되는 온갖 식재료들이 우상에게 바친 제물들이었으므로, 일상생활에서 신자들이 우상숭배의 영향에서 도무지 벗어날 수가 없는 처지였습니다(참조. 고전 8장). 또한 일상생활에서 우상숭배의 그 화려한 겉모습에 이끌려 유혹을 받을 위험이 항상 존재하고 있었던 것입니다. 그러니 우상숭배는 그들에게 지극히 현실적인 문젯거리였던 것입니다. 이러한 형편에 있는 신자들을 향하여 우상숭배의 위험성을 경각시키는 일은 사도들로서는 극히 적절한 처사였을 것입니다.

둘째로, 우상숭배의 내적인 본질을 깨달을 필요가 있다는 사실입니다. 비단 눈에 보이는 신상(神像)이나 주상(鑄像), 혹은 신전들(神殿)과 연루되는 것만이 우상숭배가 아니고, 마음에 "탐심"을 품는 것 자체가 우상숭배요, "이것들로 말미암아 하나님의 진노가 임"한다는 사실입니다(골 3:5-6). 바울은 또한 "탐하는 자"가 곧 "우상숭배자"임을 말씀합니다(엡 5:5). 이 두 본문의 "탐심"과 "탐하는 자"는 갖가지 형태의 탐욕을 다 포괄하는 것입니다. 탐욕은 자기만족(물질, 명예, 권력, 혹은 성적인 쾌락 등을 통한)을 하나님의 자리에 올려놓고 그것을 추구하는 것이니, 이는 "조물주 대신 피조물을 경배하고 섬기"는 처사요(25절) 따라서 진정한 의미에서 우상숭배가 아닐 수 없는 것입니다.

현대 사회에 "우상"이라는 이름으로 도처에 세워져 있는 우상들은 우리 신자들에게 별 영향을 미치지 못합니다. 불교의 사찰마다 석가모니 상들이 세워져 있지만, 우리는 그런 것들에게서 거의 영향을 받지 않습니다. 그러나 동시에 우리는 갖가지 유형, 무형의 우상을 섬기는 부패한 사회의 분위기와 정서에 언제나 직접적인 영향을 받고 살아가고 있습니다. 그러므로 이런 것들에 휩쓸리지 않도록 항상 조심해야 하는 것입니다. 그뿐 아니라, 우리의 죄악된 본성 속에 나의 욕구를 만족시키고자 하는 "탐심"이 있으며 이것이 온갖 그릇된 것을 탐닉하도록 우리를 이끌려 합니다. 그러나 이는 우상숭배입니다. 우리의 탐심이 무엇을 목표로 삼든 간에, 하나님이 계셔야 할 자리에 하나님 대신 그것을 올려놓고 그것을 섬기는 것에 다름 아니기 때문입니다. 그러니 우리 모두 조심해야 합니다. "탐심"이 힘을 발휘하도록 그냥 내버려 두어서는 절대로 안 됩니다. 다음과 같은 사도 바울의 말씀을 유념합시다. "그리스도 예수의 사람들은 육체와 함께 그 정욕과 탐심을 십자가에 못 박았느니라"(갈 5:24). 우리는 과연 우리의 "탐심"을 십자가에 못 박았습니까? 십자가에 달려서 마지막 숨을 고통스럽게 내쉬며 죽어가고 있는 그 "탐심"의 모습이 과연 우리의 시야에 들어옵니까? 그 모습을 똑똑히 바라보고 있습니까?

더러움에 내버려두심

24-25절에서는 하나님을 알면서도 그를 저버리고 오히려 우상숭배를 통하여 하나님을 욕되게 하는 사람들의 죄악된 행태에 대하여, 하나님께서 행하시는 진노의 역사하심을 거론합니다. "하나님께서 그들을 마음의 정욕대로 더러움에 내버려 두사 그들의 몸을 서로 욕되게 하게 하셨으니"(24절). 자, 본문 24절 맨 앞에 "그러므로"(헬. "디오"[διό])라는 접속사가 나타납니다. 곧 본문이 그 앞의 21-23절에서 말씀한 "우상숭배"의 죄악에 대한 하나님의 반응임을 보여주는 것입니다. 사람이 하나님을 버리고 하나님의 영광을 온갖 짐승들의 우상으로 바꾸어 그것들을 섬기는 사악한 어리석음에 빠졌으니, "그러므로" 하나님께서 이에 대하여 24-25절로써 응답하셨다는 것입니다. 어떻게요? 그들을 "마음의 정욕대로 더러움에 내버려 두"심으로써 그들로

하여금 "몸을 서로 욕되게 하게" 하셨다는 것입니다.

여기 24절의 "내버려 두사"(헬. "파레도켄"[παρέδωκεν])라는 동사는 이 문맥에서 두 차례 더 나타납니다. "부끄러운 욕심에 내버려 두셨으니"(26절); "상실한 마음대로 내버려 두사"(28절). 이 동사는 "포기하다", 혹은 "손을 떼다"는 등의 소극적인 의미가 아니고, 오히려 "넘겨주다"라는 적극적인 의미를 담고 있습니다. 사람들이 하나님을 저버리고 온갖 우상들로 그의 영광을 바꾸어버리고 그를 욕되게 하므로 하나님이 그들에 대해 포기하시고 그들을 완전히 버리셨다는 뜻이 아닙니다. 마치 판사에 의해 형(刑)을 언도받은 죄수들을 교도관에게 넘겨 형무소에 구금시키듯이, 하나님께서 그들을 "더러움"에게 넘겨주사 사람들이 그 "더러움" 속에 구금되어 그 "마음의 정욕대로" 행하여 그들 스스로 계속해서 죄를 가중시키도록 허용하셨다는 뜻입니다(참조. 엡 4:19). 찰스 하지는 이 점에 대해 다음과 같이 진술합니다.

> 하나님이 그를 저버리는 자들이 악에 빠지도록 허용하신다면, 그것은 과연 모든 것을 다 아시는 상태에서 의도적으로 그리하시는 것이다....배도(背道)에 대한 형벌로 사람들을 죄의 권세에 넘기시는 것이다....[악]을 억제하는 그의 섭리와 은혜의 손길을 악인들에게서 물리시고 그들을 죄의 다스림 아래 있도록 넘기시는 것이다(Hodge, *Romans*, 40).[97]

_97 또한 고데(Godet)와 쉐드(Shedd)는 각각 다음과 같이 설명합니다. "이것이 심판이요 정죄다. '너희가 나를 욕되게 하였으니, 너희가 스스로 너희 자신을 욕되게 하도록 내가 너희를 더러움에 넘겨주는 것이다'"(Godet, *Romans*, I. 178); "죄를 억제하는 두 가지 주된 요인은, 형벌에 대한 두려움—이는 죄를 범하기 전에 온다—과 또한 죄를 범한 후에 오는 후회인데, 이것들은 모두 하나님이 양심에 역사하시는 결과로 나타나는 것이다.…그런데 하나님이 한 개인을 '내어주실' 때에는 그런 느낌들을 일깨우는 일을 일시적으로 중단하시며, 그 결과 그 사람이 죄 가운데서 극히 무감각해지고 무자비해진다. 두려움이라는 억제 수단이 뒤로 물러나 있는 상태이니, 죄를 향한 그 사람의 결단이 전혀 방해받지 않고 또한 강렬해지며…여하한 두려움이나 후회도 없이 극히 냉소적으로 수치심도 없이 노골적으로 죄를 추구하는 것이다"(Shedd, *Romans*, 25-26).

"더러움"(헬. "아카타르시아"[ἀκαθαρσία])은 도덕적 부패를 뜻하며, 특히 현재의 문맥에서는 성적(性的)인 부도덕과 문란을 가리킵니다. 하나님의 영광을 우상으로 바꾸어버리는 더러운 죄에 대해 하나님은 성적 부도덕과 문란에 그들을 넘겨주사 "그들의 몸을 서로 욕되게 하게 하셨"습니다.[98] 곧 창조 시에 하나님께서 사람에게 베푸신 성(性)의 질서와 그 거룩한 목적을 저버리는 남녀 간의 온갖 부정한 타락의 모습이 일반화되어버린 것입니다. 사도 바울이 로마서를 기록할 당시 머물고 있었던 고린도에는 큰 신전 하나에만도 우상숭배와 결부되는 갖가지 음란한 예식들과 행사들을 위해 일하는 각급의 남녀 "성창"(聖娼; sacred prostitutes)들이 수천 명이나 있었다고 합니다(Morris, *Romans*, 89). 이런 상태 자체가 바로 죄악된 인류를 향한 하나님의 진노의 표현이요 또한 심판의 일환이었던 것입니다. 하나님을 버리고 우상숭배에 빠지니, 성적인 문란과 타락을 통해 하나님의 심판이 나타나는 것입니다. 이 둘은 서로 직결되는 문제입니다. 호주 출신의 신약학자인 데이비드 피터슨(David G. Peterson)은 이 점에 관하여 다음과 같이 설명합니다.

하나님을 바라보는 시각이 왜곡되니, 하나님의 형상으로 지음받은(창 1:26-27) 인간을 바라보는 시각도 왜곡된다. 곧 인간관계 속에서 우리 몸을 정당하게 사용

_98 다수의 학자들은 여기서 "그들의 몸을 서로 욕되게 하게 하였으니"를 26-27절에 언급되는 남녀 각각의 동성애를 지칭하는 것으로 봅니다. 곧 여기서는 일반론적으로 언급하고 26-27절에서 해당 사실을 좀 더 구체적으로 묘사한다고 보는 것입니다. 그러나 본문과 26-27절은 각기 다른 현상을 지칭한다고 보는 것이 합당하다고 봅니다. 세 차례 반복되는 "내버려 두사"라는 문구를 통해 인간의 타락상이 다양한 양상으로 나타나는 모습을—남녀 간의 성적 문란이 만연하는 상태와(24-25절), 그보다 더 심한 남녀 각각의 동성애의 상태와(26-27절), 또한 모든 방면에서 윤리와 도덕이 사라져버린 악독한 상태를(28-32절)—묘사한다 할 것입니다. 인류의 반역에 대한 하나님의 진노의 결과가 인류 사회 전면에 처절하게 드러나는 양상을 잘 보여준다 하겠습니다. 참조. Boice, *Romans*, I. 179-183; Peterson, *Romans*, 122, 126.

> 하는 일이 흐려지는 것이다. 성적인 난잡함과 우상숭배는 이방 종교들에서 서로 아주 밀접하게 연결되어 있다....바울의 근본적인 가르침은 하나님께로부터 소외(疏外)됨으로 말미암아 하나님의 진노가 날마다 실제적으로 나타나게 되었으니, 곧 그 소외의 결과로 나타나는 갖가지 성적인 부도덕과 온갖 파괴적인 인간관계가 그것이라는 것이다. 이는 인류에게 상시적으로 나타나는 하나님의 심판의 표현으로서, 과연 우리가 우리를 향하신 하나님의 목적에서부터 얼마나 타락해 있는지를 보여주는 것이다(참조. 3:23)(Peterson, *Romans*, 120).

25절에서는 24절의 하나님의 진노와 심판의 조치에 대한 이유를 덧붙입니다. 이미 23절에서 그 이유를 제시한 바 있지만("썩어지지 아니하는 하나님의 영광을 썩어질…우상으로 바꾸었"으므로), 표현을 달리하여 다시 이유를 제시함으로써—"이는 그들이 하나님의 진리를 거짓 것으로 바꾸어 피조물을 조물주보다 더 경배하고 섬김이라"—그 위중함을 극도로 강조하는 것이라 하겠습니다. 하나님의 영광을 갖가지 우상으로 바꾸어버렸는데, 이는 다름이 아니라 자연에 계시되는 "하나님의 진리"[99]를 부인해버리고 오히려 "거짓 것"을 진리로 믿고 따르는 "사악한 어리석음"이요, "조물주"이신 하나님을 버리고 "피조물"을 경배하고 섬기는[100] 극악무도한 죄악이며, 이 때문에 하나님께서

_99 이는 18절에 언급된 "진리"를 좀 더 선명하게 표현한 것입니다. 곧 그 "진리"가 다름 아닌 "하나님에 관한 진리"라는 것입니다. 이것은 "하나님을 알 만한 것"(19절), "그의 보이지 아니하는 것들 곧 그의 영원하신 능력과 신성"(20절), "썩어지지 아니하는 하나님의 영광"(23절) 등, 자연계시 혹은 일반계시에 속한 신지식의 내용을 가리키며, 전후 문맥을 종합하면 하나님이 눈에 보이는 형체로 묘사되실 수 없는 유일하신 "조물주"이시며 또한 그는 인간의 도덕적인 삶에 관여하는 분이시라는 사실 등을 의미한다 할 것입니다.

_100 개역개정 성경의 "피조물을 조물주보다 더 경배하고 섬김이라"는 마치 사람들이 조물주를 섬기기는 했으나 그보다는 피조물을 더 섬겼다는 의미인 것처럼 읽힙니다. 그러나 여기의 "조물주보다"(헬. "파라 톤 크티산타"[παρὰ τὸν κτίσαντα])는 "조물주 대신"의 뜻으로—곧 조물주는 전혀 섬기지 않고 그 대신 피조물을 섬겼다는 뜻으로—보는 것이 합당할 것입니다(참조. Moo, *Romans*, 113, 주. 106). KJV("Who…worshipped and served the creature more than the Creator")를 제외한 다수의 영역본들도 이를 취합니다. 참조. NIV, ESV, NASB, 등("They…worshiped and served created things rather than the Creator"). 공동번역 성경은 이 부분을, "창조주 대신에 피조물을 예배하고 섬겼습니다"로 번역합니다.

그들을 마음의 정욕대로 더러움에 넘겨주사 온갖 성적인 문란이 성행하게 하셨다는 것입니다.

사도 바울은 조물주이신 여호와 하나님을 무시해버리고 피조물을 그 자리에 올려놓고 경배하고 섬기는 사람들의 극악한 죄악을 묘사하면서, 그냥 넘어가지 않습니다. 그를 다시금 원위치로 올려드리고 그를 경배하며 그의 영광을 높이 기리지 않고서는 그냥 지나칠 수가 없었습니다. 그리하여 그는 "조물주"를 언급하고는 그 즉시 관계대명사(헬. "호스"[ὅς])를 사용하여 곧바로 가슴 벅찬 영광송으로 그를 높이 우러르며 찬송하는 것입니다. "주는 곧 영원히 찬송할 이시로다 아멘."

사람들이 타락한 상태에서 아무리 조물주 하나님을 끌어내리고 그 대신 다른 존재를 그 자리에 올려놓고 그를 욕되게 할지라도, 그렇다고 하나님이 그의 영광의 자리를 빼앗기실 리도 없고 다른 우상이 실제로 그 자리에 올라가는 일도 없습니다. 사람들 가운데서 어떠한 악이 자행되더라도 그는 언제나 그 영광의 자리에 좌정하고 계십니다. 바울은 이러한 확신과 감격으로 주 하나님께 영광을 돌리는 것입니다. 그렇습니다. 참된 성도들에게는 언제나 이러한 확신과 감격이 삶의 중심에 자리하고 있습니다. 그러므로 참된 성도는 하나님의 영광을 바라보며 감격에 젖는 사도 바울의 이러한 면모를 좇아, "먹든지 마시든지 무엇을 하든지" 그 어떠한 처지와 환경 가운데서도 언제나 "하나님께 영광을 돌리"는 것입니다(고전 10:31).

결론

우리의 모습은 어떠합니까? 사방에서 온갖 부패와 타락과 더러운 일들을 보면서, 그 가운데서도 여전히 홀로 높이 계신 우리 주 하나님을 바라보고 그에게 영광의 찬송을 올리고 있습니까? 시편 기자는 이방 나라들이 여호와와 그의 아들을 대적하여 분노하며 그들의 힘으로 온갖 수단을 동원하여 반역을 도모하는 참담한 모습을 바라보면서, "하늘에 계신 이가 웃으심이여! 주께서 그들을 비웃으시리로다!"라고 외칩니다(시 2:4). 세상의 온갖 반역과 타락과 부패의 모습에도 전혀 위축되거나 굴하지 않고, 오직 영원히 찬송 받으실 여호와 하나님과 그의 아들의 영광을 바라보는 참된 성도의 모습을 여기서 보게 됩니다. 바로 이것이 사도 바울이 가졌던 참된 의미의 "비전"(vision)이요 확신이었던 것입니다. 이런 참된 "비전"과 확신이 우리에게도 있어야 할 것입니다. 우리 하나님은 "조물주"이시니, "주는 곧 영원히 찬송할 이시로다 아멘."

제14강.
하나님을 대적하는 인류의 참상(1:26-32)

"26 이 때문에 하나님께서 그들을 부끄러운 욕심에 내버려 두셨으
니 곧 그들의 여자들도 순리대로 쓸 것을 바꾸어 역리로 쓰며
27 그와 같이 남자들도 순리대로 여자 쓰기를 버리고 서로 향하여
음욕이 불 일듯 하매 남자가 남자와 더불어 부끄러운 일을 행하여
그들의 그릇됨에 상당한 보응을 그들 자신이 받았느니라
28 또한 그들이 마음에 하나님 두기를 싫어하매 하나님께서 그들을
그 상실한 마음대로 내버려 두사 합당하지 못한 일을 하게 하셨으니
29 곧 모든 불의, 추악, 탐욕, 악의가 가득한 자요 시기, 살인, 분쟁,
사기, 악독이 가득한 자요 수군수군하는 자요
30 비방하는 자요 하나님께서 미워하시는 자요 능욕하는 자요 교만
한 자요 자랑하는 자요 악을 도모하는 자요 부모를 거역하는 자요
31 우매한 자요 배약하는 자요 무정한 자요 무자비한 자라
32 그들이 이같은 일을 행하는 자는 사형에 해당한다고 하나님께서
정하심을 알고도 자기들만 행할 뿐 아니라 또한 그런 일을 행하는
자들을 옳다 하느니라."

앞장에서 살펴보았습니다만, 인류가 영원하신 조물주 하나님을 버리고 생명 없는 "썩어질" 우상들을 숭배하는 사악한 범죄에 빠지자, 하나님께서는 그들을 그 "마음의 정욕대로 더러움에 내버려 두"셨고, 그리하여 남녀 간의 온갖 추한 성적 문란이 성행하게 되었습니다. 이는 과연 "하나님의 진리를 거짓 것으로 바꾸"고 "조물주 대신 피조물을 경배하고 섬기는"(25절) 사악한 반역 행위에 대한 하나님의 진노요 심판의 역사가 아닐 수 없습니다.

여기 26-32절에서도 그러한 하나님의 진노와 심판의 결과로 인류에게 일어나게 되는 처참한 타락상이 계속 제시되고 있습니다. 먼저 26-27절에서는 남녀 간의 추잡한 성적 문란의 상태에서 한 걸음 더 나아갑니다. 하나님께서 그들을 "부끄러운 욕심에 내버려 두"시니, 사람들이 하나님이 창조 시에 베풀어주신 건전한 "순리"(順理)를 저버리고 "역리"(逆理; "against nature"; "본성을 거스르는 것")를 취하여, 여자가 여자와 더불어, 남자가 남자와 더불어 성행위를 일삼는 동성애(同性愛)가 사회에 창궐하게 됩니다. 그리고 이어서 28-32절에서는 사람이 "마음에 하나님 두기를 싫어하"므로 하나님께서 그들을 그 "상실한 마음대로 내버려 두"사 온갖 사악한 파괴적인 행위들이 사회 전체에 가득하게 되었음을 말씀하고 있습니다.

순리를 역리로 바꾸는 죄악상

하나님이 사람들을 그 "마음의 정욕대로 더러움" 넘겨주시니, 사람들이 하나님이 주신 기본적인 성적(性的) 질서를 깨뜨리고 "그들의 몸을 서로 욕되게 하"는 현상이 만연됩니다(24절). 그런데 이것이 전부가 아닙니다. 26-27절에서는 하나님이 사람들을 "부끄러운 욕심"에 넘겨주시니 남녀 동성 간의 동성애(同性愛)가 창궐하게 되는 사실을 말씀합니다. 26절의 "이 때문에"(헬. "디아 투토"[διὰ τοῦτο])는 앞의 25절의 "하나님의 진리를 거짓 것으로 바꾸"고 "조물주 대신 피조물을 경배하고 섬기는" 악행이 그 직접적인 원인임을 보여줍니다. 하나님과 관계되는 모든 내용을 다 거꾸로 역전시켜[101] 하나님을 지극히 욕되게 하는 사람들의 악독한 처신에 대해 하나님은 그들을 "부끄러운 욕심에"[102] "넘겨주심"으로 진노와 심판을 나타내셨고, 그 결과 그들은 자기들의 "부끄러운 욕심"이라는 감옥에 갇힌 채, 끝없는 욕정을 채우기 위해 최소한의 부끄러움도 모르고 온갖 치욕스러운 일들을 자행하며 스스로를 파괴하는 것입니다.

본문은 "부끄러운 욕심"에 넘겨진 인간의 죄악된 생활방식의 현저한 실례로서 남녀 동성애(同性愛; homosexuality, homo-eroticism)를 언급합니다. 남녀 사이에 일어나는 온갖 비정상적인 성적 관계 역시 창조 시에 하나님이 주신 계시를 무시하는 것으로 이미 큰 죄악입니다. 하나님은 첫 사람 아담과 하와로 하여금 성적인 관계를 통하여 "둘이 하나 됨"을 누리는 복을 베푸셨고, 또한 이를 통하여 "생육하고 번성하여 땅에 충만하"도록 하셨습니다(창 1:28). 이러한 "하나 됨"은 어디까지나 부부로 연합한 남녀가 서로간의 관계에서만 누리는 배타적인 특권으로, 제삼자가 둘 사이에 끼어들어서도 안 되고,[103] 그 특권을 나누어 가질 수도 없습니다. 하나님은 이처럼 한계를 정해주심으로써 인간 사회가 일정한 질서와 규범을 유지하며 나아가도록 하신 것입니다. 이러한 남녀 간의 결혼은 일반계시의 중요한 요소 중 하나였던 것

_101 바울은 사람들이 "썩어지지 아니하는" 하나님의 영광을 "썩어질" 우상으로 바꾸었고, "하나님의 진리"를 "거짓 것"으로 바꾸었으며, "조물주"를 버리고 "피조물"을 그 자리에 앉히고 섬김으로써 하나님을 철저하게 짓밟았음을 드러냅니다(23-25절).

_102 "부끄러운 욕심"(헬. "파토스 아티미아스"[πάθος ἀτιμίας])은 문자적으로 "치욕의 욕정/격정"이라는 뜻으로, "치욕을 가져오는 욕정"을 의미합니다. 최소한의 이성적인 판단미지 흐려지고 순전히 육욕적인 격한 열정(특히 비뚤어진 성적 집착)에 사로잡혀 치욕스러운 결말을 맞게 되는 사람들의 추악한 모습을 생각하게 됩니다. 참조. Cranfield, *Romans*, I. 125; Peterson, Romans, 122.

_103 참조. "창녀와 합하는 자는 그와 한 몸인 줄을 알지 못하느냐? 일렀으되, '둘이 한 육체가 된다' 하셨나니"(고전 6:16).

입니다.

그러므로 이처럼 하나님이 정하신 성적인 관계의 테두리를 넘어서는 것부터가 이미 죄악입니다. 그것은 "하나님을 알되 하나님을 영화롭게도 아니하며 감사하지도 아니하"는 처사요(21절), 하나님의 일반적인 규범을 알면서도 고의로 그것을 거부하는 악한 정서의 실질적인 표현이기 때문입니다. 그런 죄악된 처신으로 인하여 온갖 고통과 파괴 현상이 나타나는 것은 물론입니다. 그러나 이러한 남녀 간의 비정상적인 성적 관계들이 비록 타락한 것이요 죄악된 것이긴 하지만, 그럼에도 불구하고 아직 "본성을 거스르는 것"_104은 아닙니다. 이성(異性)에게 끌리도록 지으심을 받은 사람의 본성적인 성향—"순리"—의 테두리 안에 속하는 것이기 때문입니다.

그러나 동성애는 일반적인 간음이나 매춘 행위 등 이성(異性) 간의 비정상적인 성적 관계와는 전혀 다르게, 하나님께서 창조 시에 사람에게 베풀어주신 원리에 준하는 "순리"가 아니요, 그것과 전혀 어긋나는 "역리"를 취하는 것으로서, 그야말로 반역적인 죄악입니다. 보이스의 설명처럼, 남녀 간의 부도덕한 성관계에 대해서는 하나님께서 특별계시를 통해 금지하시는 일이 필요했으나 동성애의 경우는 굳이 그런 특별계시나 금지 명령 자체가 필요 없었습니다. 그런 행위가 인간의 본성을 거스르는 극히 부자연스러운 일이라는 것은 누구나가 다 인지하는 사실이므로 굳이 주지시킬 필요조차 없는 문제였으니 말입니다(Boice, *Romans*, I. 180). 남녀의 해부학적인 신체 구조를 보아도, 또한 성행위의 주목적이 "생육하고 번성하여 땅에 충만하"게 하는 것

_104 26절의 "역리"(헬. "파라 퓌신"[παρὰ φύσιν])는 "본성을 거스름"(against nature)을 뜻합니다. 즉 하나님이 처음 남녀를 지으실 때 부여하신 고유한 성향을 거스르는—이성에 대해 성적인 호감을 갖고 끌리는 본성적인 성향을 거스르고 동성에게 끌리는—비정상적인 상태를 가리킵니다. 공동번역 성경은 본문의 "순리대로 쓸 것을 바꾸어 역리로 쓰며"를 "정상적인 성행위 대신 비정상적인 것을 즐기며"로 번역합니다.

(창 1:28)에 있다는 사실을 보아도, 누구든지 동성애가 비정상적이요 인간의 본성에 반(反)하는 행위임을 인정할 수 있는 것입니다.

26절에서 바울은 "역리"를 취하는 사례로, 여자들끼리 성적인 관계를 갖는 레즈비어니즘(Lesbianism), 곧 여성 동성애를 먼저 언급합니다. 그리스-로마 사회에서 여성 동성애는 허용되지 않았고 사회적인 혐오와 정죄의 대상이었습니다(Bird, *Romans*, 58; Peterson, *Romans*, 124). 사도 바울 역시 여성 동성애를 "부끄러운 욕심"("치욕을 불러오는 욕정")에서 비롯되는 크나큰 부패의 모습으로 정죄하고 있는 것입니다.

이어서 27절에서는 남성 동성애를 언급하며 정죄합니다. 남성 동성애는 고대로부터 일반적으로 허용되어오고 있었으나,[_105] 구약성경은 이를 철저하게 배격합니다(참조. 레 18:22; 20:13). 사도 바울 역시 이런 행위를 단호히 정죄하며, 남성 동성애자들이 "그들의 그릇됨에 상당한 보응을 그들 자신이 받았"음을 선언합니다. 이 말씀은 그들이 동성애로 인하여 당사자들에게 나타나는 각종 폐해와는 다른 별도의 보응(예컨대 AIDS나 "영원한 형벌" 등)을 받았다는 뜻이 아니라, 그들의 동성애적인 라이프스타일 자체가 이미 그들 자신을 파괴하는 것으로서, 하나님을 저버리고 또한 인간의 삶과 인간관계에 대한 하나님의 뜻을 저버린 것에 대한 합당한 형벌이라는 뜻이라 할 것입니다.[_106] "그릇됨"(헬. "플라네스"[πλάνης])이란 "생각이나 행동에 있어서 진리와 완

_105 고대 그리스 문화에서는 나이든 남성과 미소년 사이의 성적인 관계가 오랜 전통으로 내려오고 있었습니다. AD 1세기 지중해 연안의 사회에서는 남성 동성애가 일반적으로 용인되었으나, 반면에 사회적 약자에 대한 성적 학대와 착취의 도구로 이용되는 경우가 많았다고 합니다. 또한 심지어 정식 결혼을 통하여 평생토록 함께하는 남성 동성애 관계도 있었던 것으로 알려져 있습니다(Bird, *Romans*, 59, 61). 예컨대 저 악명 높은 로마 황제 네로(Nero, AD 37-68 재위)는 스포루스(Sporus)라는 소년을 거세시킨 후 성대하게 결혼식을 치르고 그를 아내로 맞이하여 동거하였다고 전해집니다(Barnett, *Romans*, 50).

_106 가뇽(Gagnon)은 "동성 간의 성관계야말로 우상숭배와 더불어, 자연에 나타난 [하나님의] 계시를 의식적으로 가로막고 억누르는 가장 분명한 사례라 할 것이다"라고 논평합니다(Peterson, *Romans*, 126에서 재인용).

전히 어긋나버린 심각한 상태"(Cranfield, *Romans*, I. 127)를 뜻합니다. 곧 인위적인 치료나 회복이 불가능할 정도로 이미 완전히 굳어져 버린 영적 중독(中毒) 상태, 혹은 영적 도착(倒錯) 상태를 시사하는 것입니다. 그들의 그런 위중한 처지가 그들이 받는 보응의 일환이라는 것입니다.

앞서 제4강("예수 그리스도의 종이요 사도인 바울")에서 언급한 바 있습니다만, 로마서의 첫 독자들인 로마의 그리스도인들 가운데는 노예들이 다수 포함되어 있었습니다(예. "아리스도불로의 권속"[롬 16:10], "나깃수의 가족 중 주 안에 있는 자들"[롬 16:11] 등[참조. Moo, *Romans*, 925]; 당시 로마 인구의 30퍼센트가 노예들이었음을 기억합시다[참조. Kruse, *Romans*, 1]). 다른 누구보다도 이들이야말로 남녀 동성애의 가장 극심한 피해자들이었을 것입니다. 그들은 상전들의 갖가지 성적인 모욕과 학대에 대해 한마디 항의도 못 하고 그 모든 악행을 고스란히 당할 수밖에 없는 처지였고, 게다가 그런 비참한 처지가 대물림되는 깊고 깊은 고뇌와 아픔도 그들의 몫이었을 것입니다. 그러므로 사도 바울의 이러한 발언에서 그들은 큰 위로와 소망을 얻었을 것이요, 어쩌면 바울이 동성애의 문제에 대한 논의를 기록한 배경에 그런 의도가 깔려 있었는지도 모릅니다. 이 점과 관련하여 미국의 신약학자인 로버트 주이트(Robert Jewett)의 다음과 같은 설명에 주목할 필요가 있다고 봅니다.

> 지금까지 동성애와 노예제도의 상호 관계에 대해서는 거의 주목한 바가 없었다. 노예들과 자유인들(즉 노예였다가 자유를 얻은 사람들)에게 성적(性的)인 봉사를 요구할 수 있는 권리가 그 상전들에게 있었으니, 이 점이 바울의 말씀의 영향을 감지하는 데에 중요한 요인이 된다....성적 학대와 착취를 경험하면서 그것에 대해 분개해온 그리스도인 노예들과 자유인들의 편에서는 바울의 언사(言辭)가 그들의 암울한 경험에 대해 공감을 표시하는 것으로 여겨졌을 수도 있다고 본다....

로마의 교회에 속한 이들 중 여전히 상전들에게서…성적 학대와 착취를 당하는 처지에 있던 자들로서는, 동성애 행위는 물론 부부 사이 이외의 모든 성관계에 대해 도덕적으로 정죄하는 바울의 가르침을 통해, 자신들에게 부당한 성적 학대를 가하는 자들이 형벌을 받게 될 것이라는 믿음을 갖게 되었고, 그리하여 그렇게 착취와 학대를 당하는 자신들이 아무런 소망이 없이 그저 속수무책으로 그런 억울한 일을 당하고만 있는 가련한 처지가 아니라…는 것을 확신하게 되었을 것이다"(Kruse, *Romans*, 104-105에서 재인용).

오늘날 21세기에 들어서 동성애 관련 문제가 한국 사회를 포함하여 전 세계에서 중요한 이슈가 되고 있고, 따라서 한국교회 역시 이런 사회적 분위기에 영향을 받지 않을 수 없는 처지에 있습니다. 동성애가 인간의 정당한 대안적 라이프스타일(an alternative lifestyle)이라고 주장하며 동성애 합법화를 부르짖는 사람들의 활동이 날로 적극적이며 공격적인 방향으로 나아가고 있으니 말입니다.

필자가 거주하는 시드니에서도 현재 뉴사우스웨일즈 주 의회에 소위 "평등법안"(Equality Act)이라는 이름으로 동성애 관련 법안이 상정되어 2024년 8월 16일 의회의 결의를 앞두고 있습니다. 이 "평등법안"은 동성애를 옹호하는 극히 불평등한 법안으로서, 동성애를 사회 전체에 만연하도록 조장하는 갖가지 시행 규칙을 포함하고 있습니다. 그중에 충격적인 것 한 가지는 "어린이를 포함하여 사람들이 언제든지 자신의 출생증명서의 성별을 변경할 수 있도록 허용한다"라는 것인데, 남성이든 여성이든, 심지어 16세 이하의 어린 아이도 부모의 동의 없이 자신의 의사에 따라 성별 기록의 변경을 청구할 수 있도록 하는 것입니다. 그리고 매매춘에 대한 제한 사항의 완전 철폐, 상업적 대리모의 허용, 교회 등 종교단체의 종교적 보호 수단의 철폐 등도 그 법안에 포함되어 있습니다. 이 법안이 통과되면, 그리스도인들에게는 엄청난 불이익과 심지어 박해까지도 감내해야 하는 상황이 벌어지게 될 것이라 예상되고 있습니다. 그리하여 특히 기독교계는 이에 대해 반대 운동을 전개하고 있고, 필자가 소속된 호주 장로교회에서는 7월 21일을 특별 기도일로 정하여 이를 위해 전교회가 합심하여 기도하도록 계획하고 있습니다. 동성애 문제가 더 이상 강 건너 불구경할 문제가 아니고, 당장 그리스도인의 일상생활에 중대한 영향을 미치고 또한 큰 변화를 가져오는 주요 문제가 된 것입니다.

충분히 예상할 수 있는 일이지만, 이러한 동성애를 조장하는 사회적 분위기에 편승하여 성경의 가르침을 동성애와 조화시키려는 시도들이 나타나기도 했습니다. 특히 로마서 1:26-27절의 말씀의 의미를 할 수 있는 만큼 축소하여 이해하려는 시도들이 있어 왔습니다. 어떤 학자는 로마서의 현재 본문은 애초에 이성애적(異性愛的)인 성향을 타고난 사람이 자신의 본성적인 이성애적 정체성을 저버리고 동성애를 행하는 것을 정죄하는 것이요, 따라서 "본성적으로" 동성애적인 성향을 타고난 사람은 본문의 가르침과는 상관이 없다고 주장하기도 합니다(Boswell, *Homosexuality*, 109-112; 참조. Kruse, *Romans*, 110; Schreiner, *Romans*, 95). 그러나 사람의 본성적인 성향을 이런 식으로 구분하는 것은 확증된 것이 아닐뿐더러 어디까지나 동성애를 변호하기 위한 현대 심리학의 하나의 가설(假設)에 지나지 않으며, 또한 사도 바울이 이런 현대적인 구분법을 염두에 두었을 리도 만무한 것입니다.

또한 일각에서는 본문 27절이 동성애 전체에 대한 전면적인 정죄가 아니고, 남성 동성애 중에서도 소년을 상대로 하는 항문성교(pederasty)만을 정죄하는 것이며—헬라파 유대인들에게는 이것이 특히 혐오의 대상이었으므로 사도 바울 역시 그런 시각을 반영하고 있다고 주장합니다—따라서 그처럼 혐오스러운 특정한 행위를 제외한 나머지 형태의 동성애는 문제

될 것이 없다는 식의 주장도 제기되어왔습니다. 그러나 이 역시 그 어떠한 근거도 없는 지극히 주관적인 가설에 지나지 않습니다(Kruse, *Romans*, 111; Longenecker, *Romans*, 218; Schreiner, *Romans*, 95). 대다수의 현대의 주석가들은 26-27절이 지극히 명확하게 모든 동성애 행위를 전면적으로 정죄하고 있다는 데에 의견의 일치를 보이고 있습니다.[107]

2003년, 영국 성공회(the Church of England)는 동성애 문제와 관련한 교회 안팎의 갖가지 논란에 관한 입장을 명확히 하기 위하여, 본문 26-27절을 비롯한 동성애에 관한 성경의 여러 가르침을 면밀히 재검토하고 이에 대한 학자들의 견해들을 전면적으로 조사 수렴하여, 주교단의 이름으로 "인간의 성에 관한 이슈들"(Some Issues in Human Sexuality)이라는 보고서를 출간했는데, 거기서 주교들은 이렇게 결론을 내리고 있습니다.

> 교회의 전통적인 견해는, 로마서 1:26-27이…남녀 각각의 동성애 행위들이 극심한 수치요 하나님이 세우신 본연의 질서에 어긋나는 것임을 분명히 가르친다고 보는 것이었는데, 주석가들의 일치된 견해는 여전히 그것이 본문에 대한 바른 이해라는 것이다(Thiselton, *Romans*, 88에서 재인용).

성경이 정확무오한 하나님의 말씀임을 믿고 고백하는 우리로서는, 하나님의 말씀이 동성애 문제에 대해 이토록 명확하게 정죄하고 있으며, 따라서 동성애를 옹호하는 그 어떠한 해명도 하나님 말씀의 가르침에 어긋난다는

_107 동성애를 정죄하는 성경적 가르침에 관한 해설을 위해서는 다음을 참조하십시오. Bahnson, *Homosexuality*; Gagnon, *Bible and Homosexual Practice*; Stott, *Issues*, 301-324; Davis, *Evangelical Ethics*, 106-128; Collins, *Christian Counselling*, 278-294; Frame, *Doctrine of Christian Life*, 757-768; MacArthur, *Vanishing Conscience*, 67-75 등. 또한 성경이 동성애를 용인한다는 주장에 대해서는 다음을 참조하십시오. Boswell, *Christianity, Social Tolerance*; Scroggs, *NT and Homosexuality*.

점을 분명히 인식하여야 할 것입니다. 존 스토트는 다음과 같이 논평합니다.

> 하나님은 인류를 남자와 여자로 창조하셨으며, 이성(異性) 간의 연합을 결혼으로 제정하셨다. 그러므로 하나님이 그렇게 연합시키신 것을 분리시킬 자유가 우리에게는 없다. 하나님의 이러한…역사하심을 볼 때에, "한 몸"을 이루는 일을 위해 그가 의도하시는 유일한 상황은 바로 이성 간의 결혼이며, 따라서 동성(同性) 간의 파트너십은—아무리 서로 사랑하고 서로 헌신하는 사이라고 주장할지라도—"역리"이므로 절대로 결혼의 정당한 대안(代案)으로 인정되어서는 안 된다는 것이 확실해지는 것이다(Stott, *Romans*, 78).[_108]

동성애에 대한 성경의 가르침은 이처럼 단호히 동성애를 정죄하는 것입니다. 그렇다면 동성애자들에 대해 우리 성도들은 어떤 입장을 취해야 할까요? 흔히 동성애에 대한 성경의 분명한 정죄를 인식하고서, 동성애자들을 하나님을 거역하는 철천지원수처럼 대하는 경우들이 있는 것을 봅니다. 동성애자라는 사실만으로도 이미 구원의 가능성이 원천적으로 차단된 버림받은 처지라는 식으로 단정해 버리고, 용서받지 못할 죄인의 낙인을 찍어버리는 것입니다. 그러나 이런 자세는 극히 잘못된 것입니다.

_108 또한 다음 몇 분들의 진술도 매우 선명합니다. "동성애 행위에 연루되는 것은 하나님께 대해 죄를 범하는 것이며 동시에 인간의 본성을 거스르는 것이기도 하다. 오늘날, 동성애 행위가 과연 후천적인가 아니면 선천적인 유전적 요인에 의한 것인가에 관해 온갖 논란들이 있으나, 바로 이 본문이 이 문제에 대해 정답을 제시해준다. 하나님의 말씀은, 그런 행위가 본성에 부합하지 않으며 하나님이 창조하신 대로의 본성을 거스르는 것임을 명확히 가르치고 있는 것이다"(Sproul, *Romans*, 51);
"동성애적인 행동은 하나님을 향한 내적이며 영적인 반역을 겉으로 표출시키는 것으로서, 반역의 죄를 범하는 것이요, 인간의 디락(degradation)을 보여주는 명백한 증거다"(Fitzmyer의 진술. Thiselton, *Romans*, 88에서 재인용);
"동성애 관계는 인간의 성과 결혼에 결부되는 자녀 생산의 목적을 이룰 수가 없다. 그러나 자녀 생산이야말로 인류를 위한 하나님의 의도였다. '생육하고 번성하여 땅에 충만하라 땅을 정복하라'(창 1:28). 물론 자녀 생산의 측면이 결혼의 의미와 의의의 전부는 아니지만, 그것과 괴리되어서도 안 된다. 그러나 동성애 관계는 필연적으로 자녀 생산과 괴리될 수밖에 없는 것이다"(Davis, *Evangelical Ethics*, 114).

동성애는 "하나님의 진리"를 거역하는 갖가지 죄들 가운데 한 가지입니다. 동성애는 본문 29-31절에서 거론하는 갖가지 죄들—예컨대 "불의", "추악", "탐욕", "살인", "분쟁", "수군수군하는 자", "비방하는 자", "부모를 거역하는 자" 등—과 동일한 부류에 속하는 것이요, 동성애자들도 이러한 갖가지 죄의 모습을 지닌 자들 가운데 하나라는 점을 잘 인식하여야 할 것입니다(참조. Fesko, *Romans*, 39). 그러므로 동성애자들만을 별도로 구별하여 낙인찍고 욕하고 정죄하고 미워하는 것은 합당치 않은 처사입니다. 그들이 범하는 죄의 모습은 우리가 과거에 젖어 있던 갖가지 죄의 모습과 동등한 것입니다. 지금도 이따금씩 우리의 실생활 속에서 그런 추악한 죄의 모습들이 표출되기도 하지 않습니까? 그러므로 동성애자라는 이유만으로 그들 개개인을 혐오하는 것은 결코 합당하지 않으며, 바리새주의적인 외식(外飾)이라 아니할 수 없을 것입니다. 동성애자들도, 그렇지 않은 자들도, 모두 마찬가지로 예수 그리스도의 구원의 은혜가 필요한 죄인들입니다.

로사리아 샴페인 버터필드

2016년이 저물어가던 어느 날, 필자는 시드니의 한 기독교 서점에서 한 권의 책을 만났습니다. 로사리아 샴페인 버터필드(Rosaria Champagne Butterfield)라는 미국의 한 여류 영문학자가 쓴 자전적 에세이로, 『한 의외의 회심자의 은밀한 생각들』(*The Secret Thoughts of an Unlikely Convert*)이라는 표제에 "한 영문학 교수의 기독교 신앙에의 여정"(An English Professor's Journey into Christian Faith)이라는 부제가 붙어 있었습니다. 그 책은 놀랍게도 여성 동성애자요 여성해방 운동가였던 로사리아 샴페인 교수가 자신의 회심 이야기를 소개한 에세이였습니다. 샴페인은 28세에 영문학 박사학위를 취득하고 미국 뉴욕주의 시러큐스 대학교(Syracuse University)의 영문학과 교수가 되어, 여성학과 아울러 급진적 좌파 이념들을 연구하고 가르치고 있었고, 무엇보다 여성해방과 동성애를 열렬히 주창하는 레즈비언 운동가였습니다. 그러던 그녀가 하나님의 놀라운 섭리로 켄 스미스(Ken Smith)라는 노년의 한 개혁 장로교회 목사 부부를 만나, 그들과의 진지한 사랑의 교제를 통해 그리스도를 만나 참된 신앙을 찾았고, 37세가 되던 1999년 7월, 교회 앞에서 그리스도를 믿는 신앙을 공적으로 고백하고 교회의 일원이 되었습니다.

샴페인 박사는 그리스도인이 되면서 동성애와 완전히 결별했을 뿐 아니라 그녀의 강의 내용도 전혀 달라졌습니다. 여성해방론, 동성애 예찬론, 동성애자들의 권리 주장, 그리고 동성애를 반대하는 성경적 기독교에 대한 적대감으로 가득 차 있던 예전의 모습은 완전히 사라지고, 성경이 가르치는 참된 기독교 신앙의 변증이 강의의 주요 내용이 되었습니다. 그리고 활발한 대외적인 강연 활동을 통하여 예수 그리스도의 복음의 고귀함을 전하였고, 과거에 함께 동성애 시위에 참여했던 옛 동료들의 조롱과 비난에도 불구하고 그들을 향해 그리스도를 전하였습니다. 그리고 2001년, 개혁교회의 목사인 켄트 버터필드(Kent Butterfield)와 결혼하였고, 그녀의 자서전이 출간될 당시 미국의 노스 버지니아(North Virginia)에서 목회자의 아내로서 교회를 섬기며, 동성애자들을 향한 전도와 강연으로 헌신하고 있었습니다.[_109] 버터필드 사모가 그 저서에서 진술하는 내용을 몇 군데 인용해 봅니다.

> 그리스도 바깥의 삶은 힘들고 또한 끔찍하다. 그리스도 안의 삶에도 역시 힘든 모서리들과 어두운 골짜기들이 있다. 그러나 그 삶에는—심지어 큰 고통 중에 있을 때조차도—분명한 목적이 있다(Butterfield, *Secret Thoughts*, 5).

_109 참고. 인터넷 "유튜브"에 로사리아 버터필드 사모의 인터뷰와 강연들이 다수 올라와 있습니다.

최근…한 동료는 내게 레즈비언으로 산다는 것은 정체성 오류의 한 사례(a case of mistaken identity)라고 말했다. 이 말이 내게는 매우 흥미로운 중요한 하나의 패러다임이 되었다. 이제 나는 레즈비언이 아니지만 여전히 죄인이다. 구속함을 받았으나 여전히 부패한 상태다. 그리고 죄는 어디까지나 죄다. 과거 레즈비언일 때의 삶에서 지은 죄보다 지금 나의 삶에서 범하는 죄들이 주님을 더욱 근심하게 하는 것이라고 믿는다. 주님이 어떻게 나를 치유하셨던가? 언제나 사용해 오신 그 방식 그대로 하셨다. 곧 내 속에서 하나님의 말씀이 나 자신보다 점점 더 커지도록 만드시는 방식으로 말이다. 나의 본성적인 성향은 그 말씀에 저항하는 것이었고, 마치 공이 튕겨 나가듯이 나는 그렇게 저항했었다. 하나님의 백성들이 내 주위를 감싸고 있었다. 나를 세뇌시키거나 나를 괴롭히기 위해서가 아니라, 나를 사랑하고, 내 말을 들어주고, 나를 돌보고, 함께 기도하기 위해서였다. 그리고 결국 나는 저항을 포기하고 굴복하였다(24-25).

그렇다. 동성애는 죄악이다. 그러나 동성애자 혐오(homophobia) 역시 죄악이다….LGBT(레즈비언[Lesbian], 게이[Gay], 양성애자[兩性愛者; Bisexual], 성전환자[Transgender]의 약어) 사회에 속한 사람들은 너무나도 죄가 많아 도저히 하나님의 부르심에 응답할 수 없다고 믿거나, 그 부류에 속한 사람들은 이미 본성적으로 고착되어 있어서 하나님의 명령이나 그의 권능으로도 절대로 바뀌지 않는다고 믿는 것—이는 근거도 없고 무정하기 짝이 없는 세속 심리학의 선전이다—이야말로 동성애자 혐오다. 그러나 하나님이 무엇을 변화시키시는가? 우리의 마음이다. 마음에서 모든 일이 시작되는 것이다"(169).

하나님이 내 인생을 통째로 바꾸어놓으셨다….예수님만을 최고로 사랑하기는커녕 그를 박해하고 있었던 것이 나의 죄였다. 그 밖의 모든 이슈는 다 그 죄의 그림

> 자요 모형들이다. 지금 나는 친구들도 잃어버렸고 함께 어울리던 공동체까지 다 잃어버렸다. 그러나 예수님이 나의 영혼을 보존시키셨고, 나의 소망을 새롭게 하셨으며, 심지어 크나큰 탄식의 소용돌이 속에서도 내 인생의 의미와 목적을 회복시키신 것이다. 하나님을 사랑하고 순종하도록 그가 창세로부터 나를 구별하셨으므로 내가 도무지 저항할 수가 없다는 것을 똑똑히 보게 되도록, 그렇게 나를 인도하신 것이다....성경은 죄가 우리를 속인다고 말씀한다. 죄가 전혀 해롭지 않다고 믿게끔 우리를 속이는 것이다. 이것은 우리 모두에게 해당하는 사실이다. 우리 모두 똑같고, 우리의 처지도 동일하다. 죄가 악한 이유는 그것이 하나님을 불쾌하시게 하기 때문이다(172).

버터필드 사모의 자전적 에세이를 읽으면서 필자는, 영적 죽음의 상태에 있는 한 개인을 불러내셔서 거룩한 교제 속으로 인도하시는 하나님의 섭리가 얼마나 귀하고 오묘한지를 다시 한 번 깨닫게 되었습니다. 동시에 그러한 섭리를 위하여 쓰임 받는 사역자들(신자 한 사람 한 사람이 모두 그런 사역자입니다)의 헌신이 얼마나 귀한지를 보게 되었습니다. 우리 자신의 교만한 아집을 떨쳐버려야겠습니다. 우리는 모두 우리를 구원하신 그리스도의 그 고귀한 은혜를 알고 믿으며 고백하고 찬송하며 살아왔다고 생각할지도 모르겠습니다. 하지만 과연 그 귀한 그리스도의 복음을 위해 얼마나 헌신해왔습니까? 그리스도의 복음을 깨닫지 못하고 영적 죽음의 상태에서 헤매는 주위의 사람들을 보면서 얼마나 가슴 아파했습니까? 그들을 얼마나 사랑했으며 또한 그들과 얼마나 씨름하며 얼마나 고민했습니까? 그들을 위해 얼마나 기도했고, 그들의 구원을 위해 얼마나 나를 드려왔습니까? 또한 하나님을 얼마나 신뢰해왔습니까? 구원이 오직 하나님의 주권적인 역사로 말미암는다는 성경의 가르침(시 3:8; 렘 3:23; 욘 2:9 등)을 얼마나 확신해왔습니까? 필자 자신을 비롯하여 우리 모두가 깊이 각성해야 할 문제일 것입니다.

상실한 마음과 그 사악한 결과들

이어서 28-31절에서 바울은 사람들이 이렇듯 하나님을 향하여 반역하므로 하나님께서 그들을 "상실할 마음"에 넘겨주신 결과로 인간 사회에 가득하게 되는 온갖 죄와 악의 모습들을 구체적으로 제시하고, 마지막 32절에서 이 모든 내용에 대해 결론을 짓습니다. 그런 모든 악한 삶의 패턴들이 죽음에 해당하는 과오임을 잘 알면서도 고의로 그런 일들을 행할 뿐 아니라 서로를 부추겨 그런 삶이 보편화하도록 힘쓰고 있는 모습을 보게 되는 것입니다.

28절에서 세 번째로 하나님이 사람들을 "넘겨주시는" 모습이 나타납니다. 곧, 사람들이 "마음에 하나님 두기를 싫어하매 하나님께서 그들을 그 상실한 마음대로 내버려 두사 합당하지 못한 일을 하게 하셨"다는 것입니다. 이 말씀의 구체적인 뜻이 무엇인지를 하나씩 차근차근 살펴보겠습니다. 우선 "마음에 하나님 두기를 싫어하매"[110]는 문자적으로 "지식 속에 하나님을 두는 일을 적절하지 않게 여기므로"라는 의미입니다. "생각이 허망하여지며 미련한 마음이 어두워"진 상태에서(21절) 사람들이 하나님을 어떻게 대했는지를 여실히 보여주는 대목이라 하겠습니다. 조물주이신 하나님에 대한 생각이나 논의 자체를 부적절한 것으로(혹은 있어서는 안 될 것으로) 간주하여 그

_110 헬. "우크 에도키마산 톤 테온 에케인 엔 에피그노세이"(οὐκ ἐδοκίμασαν τὸν θεὸν ἔχειν ἐν ἐπιγνώσει). "우크 에도키마산"은 "적절하다고 여기지 않았다"라는 뜻이며("우크"는 부정[not]의 의미), "톤 테온 에케인"은 "하나님을 소유하는 것", 혹은 "하나님을 두는 것"이라는 뜻이며, 또한 "엔 에피그노세이"는 "지식 속에"라는 뜻입니다. 여기의 "에피그노세이"(ἐπιγνώσει; 개역개정은 "마음"으로 번역함)는 21절의 "하나님을 알되"에서 일컫는 지식과 같은 유의 그저 일반적인 지식, 혹은 이론적인 지식("그노시스")이 아니라, 거기에 "에피"가 덧붙여져서("에피그노세이"/"에피그노시스") 실천적인 지식, 즉, 삶에 적용되는 지식, 혹은 체험적인 지식이나 "도덕적 지식"을 뜻합니다(참조. Moo, *Romans*, 117). 이처럼 사람들이 실질적인 지식 속에 하나님을 두는 것 자체를 부적절하게 여겼으니, 이는 하나님을 대면하고 진지하게 그와 교류하는 일 자체를 총체적으로 무시하고 거부하는 자세를 지칭하는 것이라 하겠습니다(참조. Cranfield, *Romans*, I. 128).

런 생각이나 논의를 그들의 실질적인 도덕적 지식의 범주에서 완전히 지워버리고, 그와의 관계를 원천적으로 부정하는 태도입니다. 오늘날 소위 무신론자들에게서 나타나는 태도가 바로 이것입니다.

오늘날 "무신론"(無神論; atheism)을 "유신론"(有神論; theism)의 상대 개념으로 얼마든지 가능한 하나의 이성적인 대안적 사고로 인정하는 태도가 심지어 기독교계 안에서도 나타납니다. "무신론"과 "유신론"을 서로 대등한 위치에 세워놓고, 이를 전제로 "유신론"을 변증하는 식입니다. 그러나 이런 사고는 결코 합당한 것이 아닙니다. 진정한 의미의 무신론자는 이 세상에 단 한 사람도 없습니다. 무엇보다 본문의 문맥이 그 점을 명확히 가르치고 있습니다. 그러므로 "무신론"은, 사도의 말씀처럼 사람들이 하나님의 존재를 알면서도(19, 21절) 그들의 "지식 속에 하나님 두기를 고의로 거부하며" 강제로 그를 배제하고 그에 대한 논의 자체를 부당하게 여기는 것으로서, 사실은 "무신론"이 아니라 "반신론"(反神論; anti-theism)이라고 해야 옳을 것입니다. 레이먼드는 이와 관련하여 이렇게 말합니다.

> 무신론자로 자처하는 사람들이 있지만 오로지 유신론자밖에는 없다. 하나님의 말씀이 이러한 자칭 "무신론자들"이 진정한 무신론자들이 아님을 선언하고 있으니 말이다. 그들은 마치 하나님이 없는 것처럼 그렇게 살려고 애쓰고 있는 것뿐이며, 갖가지 불의한 방식으로 자기들의 신지식(神知識)을 억누르려 하는 것일 뿐이다. 그러나 마음속으로는 하나님이 "거기" 계신다는 것을 알며, 그가 언젠가는 자기들의 죄에 대해서 심판하실 것임을 알고 있다....그들이 기독교에 대해서 갖고 있을지 모르는 "지성적인 문제점들"은 모두 사실상 하나님에 대한 그들의 혐오를—그리고 죄에 대한 애착과 죄에 종노릇 하는 상태를—감추는 가면(假面)이나 자기 합리화에 지나지 않는 것이다(레이먼드, 『바울의 생애와 신학』,

693-694)_[111].

사람들의 이처럼 죄악된 처신에 대해 하나님은 그들을 그 "상실한 마음"_[112]에 넘겨주셔서 그들로 하여금 온갖 "합당하지 못한 일을 하게 하셨"_[113]습니다. 하나님께서 지극히 부패하여 아무짝에도 쓸모없고, 도덕적인 판단을 하는 데에 전혀 도움이 되지 못하는 그런 무익한 사고에 그들을 넘겨주셨다는 것입니다. 크랜필드의 다음과 같은 설명은 매우 적절하다 하겠습니다.

> 그들이 하나님을, 생각할 가치조차 없는 존재로 여겨 거부했으므로, 하나님은 그들을 오로지 무가치하고 아무짝에도 쓸모없고 흉측한 것으로 거부당하기에만 합당한 그런 사고를 갖는 처지에 넘겨주신 것이다(Cranfield, *Romans*, I. 128).

21절에서는 사람들의 "생각이 허망하여지며 미련한 마음이 어두워졌"다고 말씀하는데, 바로 그러한 상태가 하나님께서 그들을 "상실한 마음", 즉 전혀 가치가 없는 무익한 사고에 넘겨주심으로 생겨난 결과라는 것입니다. 사람들의 생각과 사고 자체가 그처럼 전혀 무가치한 상태가 되니, 그들이 "합

_111 앞서 제12강에서 소개한 바 있습니다만(참조. 본서 261-262쪽), 여기서 로이드 존스의 다음과 같은 발언이 유용합니다. "신(神)을 믿지 않는다고 말하거나 무신론자로 자처하는 사람조차도 신에 대한 지각을 지니고 있습니다. 그들이 그것을 부인하지만 그것과는 상관없이 그런 지각이 반드시 있는 법입니다. 그런 지각이 있으니 구태여 그것을 부인하고 그것을 조롱하고 그것을 무시하려고 안간힘을 쓰는 것입니다. 그러나 신에 대한 지각은 없어지지 않고 여전히 그대로 있습니다.…신에 대한 보편적인 지각, 이것이 인간 존재의 의식 속 깊은 곳에서 드러나는 것입니다"(Lloyd-Jones, *Romans*, I, 369).

_112 12. 헬. "아도키몬 눈"(ἀδόκιμον νοῦν). "아도키몬"이라는 형용사는 같은 절 앞부분에 언급된 "에도키마산"과 어근이 동일하며, "테스트에 불합격한", "자격 없는", "무익한", "쓸모없는", "버려진" 등의 뜻을 지닙니다. "눈"/"누스"(νοῦς)는 "마음"/"정신"/"생각"/"사고" 등을 뜻합니다. 결국 이 문구는 "무익한 사고", "쓸모없는 생각" 등을 뜻하며, 좋은 것은 나쁘다고 여기고 나쁜 것은 좋다고 여기는 식의 완전히 부패한 사고를 지칭합니다(Boice, *Romans*, I. 182).

_113 "합당하지 못한 일"(헬. "타 메 카테콘타"[τὰ μὴ καθήκοντα])은 "도덕적으로 그릇된 일"을 뜻합니다.

당하지 못한 일", 즉 도덕적으로 그릇된 처신들이 나올 수밖에 없게 되는 것입니다.

29절부터 31절까지 바울은 "합당하지 못한 일"들, 곧 그처럼 도덕적으로 그릇된 처신에 해당하는 21가지의 사례들을 열거합니다. 즉 사람이 하나님을 부인하고 거부하고 그를 외면한 결과 허망하고 미련하며 아무런 가치 없는 사고에 빠짐으로써 인류 사회의 도덕적 표준이 사라지고 사회의 질서가 허물어지는 과정에서 나타나는 대표적인 악행의 사례들입니다. 이 모든 악행은 하나님 앞에서 죽음의 형벌에 합당한 죄목들입니다("이같은 일을 행하는 자는 사형에 해당한다"; 32절). 그런데 이 21가지의 악행이 어떻게 분류되는지에 대해 학자들의 의견이 다양하게 나타나므로, 그 중 어느 한 가지로 확정하기가 어렵습니다. 필자의 소견으로는, 피터슨의 제안을 취하여 정리하는 것이 가장 합당하리라 여겨집니다. 그는 총 21가지의 악행들을 크게 다음 네 가지로 분류합니다(참조. Peterson, *Romans*, 128-129).

1) "가득한 자"(헬. "페플레로메누스"[πεπληρωμένους], 29절)라는 용어로 묶이는 4가지 악행들을 열거합니다. 곧 삶이 온통 "불의"(헬. "아디키아"[ἀδικία]; 참조. 18절), "추악",[114] "탐욕",[115] "악의"[116] 등의 악으로 가득한 사람들을 가리킵니다.

2) "가득한 자"(헬. "메스투스"[μεστούς], 29절)라는 용어로 묶이는 5가지 악행을 열거합니다. 곧 "시기"(헬. "프토누"[φθόνου]), "살인"(헬. "포누"[φόνου]),

_114 헬. "포네리아"(πονηρία). 마음의 사악한 본능을 뜻합니다(Godet, *Romans*, I. 183).

_115 헬. "플레오넥시아"(πλεονεξία). 재물에 대한 극심한 욕심으로서, 이웃의 재물을 탈취하는 일에도 전혀 거리낌이 없을 만큼의 극심한 소유욕을 가리킵니다(Godet, *Romans*, I. 183).

_116 헬. "카키아"(κακία). 의도적으로 악행을 즐기며, 거기서 쾌감을 느끼는 사악함을 지칭합니다(Godet, *Romans*, I. 183).

"분쟁"(헬. "에리도스"[ἔριδος]), "사기",-[117] "악독"-[118] 등의 악으로 가득한 사람들을 가리킵니다.

3) 8가지 유형의 악독한 성향을 지닌 사람들(다음과 같이 세분됩니다).

① 말로 사람들을 이간시키는 자들: "수군수군하는 자"(헬. "프시튀리스타스"[ψιθυριστάς]), "비방하는 자."-[119]

② 행실이 극히 건방진 자들: "하나님을 미워하는 자",-[120] "능욕하는 자",-[121] "교만한 자",-[122] "자랑하는 자."-[123]

③ 윤리적 악행의 습관에 젖은 자들: "악을 도모하는 자",-[124] "부모를 거역하는 자."-[125]

_117 헬. "돌루"(δόλου). 자기의 이익을 위하여 의도적으로 남을 속이는 일이 습관처럼 굳어진 상태를 뜻합니다(Godet, *Romans*, I. 184).

_118 헬. "카코에테이아스"(κακοηθείας). 자기의 이익을 위하여 의도적으로 남을 지독하게 학대하는 것을 뜻합니다(Godet, *Romans*, I. 184; Cranfield, *Romans*, I. 130).

_119 헬. "카탈랄루스"(καταλάλους). "수군수군하는 자"와 "비방하는 자"는 헛된 말로 남을 헐뜯는 자들을 뜻하며, 전자는 은밀하게 헐뜯는 자들을, 후자는 좀 더 공개적으로 헐뜯는 자들을 지칭합니다(Cranfield, *Romans*, I. 130-1; 참조. Morris, *Romans*, 97).

_120 헬. "테오스튀게이스"(θεοστυγεῖς). 고전 헬라어에서는 이 단어가 "하나님께 미움받는 자"의 의미로 쓰이나, 본문에서는 능동의 의미로 보는 것이 자연스럽습니다. "하나님을 미워하는 것은 모든 죄인의 공통적인 특징이지만, 아마 바울은 하나님을 미워하는 자들 가운데서도 특별히 유별나게 거슬리는 언행을 일삼는 자들을 지칭할 것이다"(Cranfield, *Romans*, I. 131).

_121 헬. "휘브리스타스"(ὑβριστάς). 자기의 우월한 권력이나 재물이나 사회적 지위나 육체적 완력에 기대어 다른 사람들을 함부로 난폭하게 대하는 자를 뜻합니다(Cranfield, *Romans*, I. 131).

_122 헬. "휘페레파누스"(ὑπερηφάνους). 자기의 우월한 권력이나 재물이나 사회적 지위 등을 뽐내며 우쭐하는 자를 뜻합니다(Shedd, *Romans*, 32).

_123 헬. "알라조나스"(ἀλαζόνας). 자기가 가진 조그만 권력이나 재물이나 사회적 지위 등을 크게 부풀리며, 혹은 아무 것도 없이 겉모양으로 허세를 부리는 자를 뜻합니다(Shedd, *Romans*, 32).

_124 헬. "에페우레타스 카콘"(ἐφευρετὰς κακῶν). 다른 사람들을 해치거나 파멸시키기 위해 악의를 품고 항상 새로운 길을 모색하는 악한 사람을 뜻합니다(Cranfield, *Romans*, I. 132).

_125 헬. "고네우신 아페이테이스"(γονεῦσιν ἀπειθεῖς). 고대의 유대인들과 로마인들은 부모에게 불순종하는 자들을 극히 위험한 자들로 인식하였습니다(Kruse, *Romans*, 106). 특히 신명기에서는 부모를 거역하는 자들을 죽일 것을 명하고 있습니다. "사람에게 완악하고 패역한 아들이 있어 그의 아버지의 말이나 그 어머니의 말을 순종하지 아니하고 부모가 징계하여도 순종하지 아니하거든, 그의 부모가 그를 끌고 성문에 이르러 그 성읍 장로들에게 나아가서 그 성읍 장로들에게 말하기를 '우리의 이 자식은 완악하고 패역하여 우리 말을 듣지 아니하고 방탕하며 술에 잠긴 자라' 하면, 그 성읍의 모든 사람들이 그를

④ "없음"(無)을 뜻하는 접두어(헬. "아"[ἀ])로 시작하는 용어들로 묘사되는 자들: "우매한 자",-[126] "배약하는 자",-[127] "무정한 자",-[128] "무자비한 자."-[129]

자, 바울은 이처럼 추악한 악행과 악행자들을 길게 열거한 후에, 32절에서 결론을 맺습니다. "그들이 이 같은 일을 행하는 자는 사형에 해당한다고 하나님께서 정하심을 알고도 자기들만 행할 뿐 아니라 또한 그런 일을 행하는 자들을 옳다 하느니라." 여기의 "정하심"(헬. "토 디카이오마"[τὸ δικαίωμα])이란 법적인 용어로서, "[의로운] 판결" 혹은 "[의로운] 선고"를 의미합니다. 곧 위의 21가지의 악행에 해당하는 죄인들에 대해 하나님께서 의롭게 사형을 판결하시고 선고하셨는데, 이 사실을 알면서도 그들 스스로 그런 악행들을 저지를 뿐 아니라 다른 사람들에게도 그러한 악행들을 부추기고 장려하고 박수를 보냄으로써, 하나님을 대적하는 태도를 주위에 계속 퍼뜨려간다는 것입니다. 이 부분에 대해서는 모리스의 다음과 같은 설명을 인용하는 것이 가장 좋으리라 여겨집니다.

돌로 쳐죽일지니 이같이 네가 너희 중에서 악을 제하라 그리하면 온 이스라엘이 듣고 두려워하리라"(21:18-21).

_126 헬. "아쉬네투스"(ἀσυνέτους). "이해/깨달음이 없는 자"라는 뜻이므로, 결국 우매한 자/미련한 자를 의미합니다(참조. 본문 21절의 "미련한").

_127 헬. "아쉰테투스"(ἀσυνθέτους). "약속이 없는 자"라는 뜻으로, 약속/계약/언약을 가벼이 여겨 깨뜨리기를 습관처럼 행하여 신의와 신뢰가 깨어진 사람을 의미합니다(Cranfield, *Romans*, I. 132).

_128 헬. "아스토르구스"(ἀστόργους). "사랑—특히 가족 간의 사랑(헬. '스토르게'[στόργή])—이 없는 자들"이라는 뜻입니다. 특히 바울 당시의 그리스-로마 사회에서는, 영/유아가 허약하거나 기형아여서 부모가 원치 않을 경우 내버리거나 실제로 살해하는 일들이 만연해 있었는데, 특히 이런 악행을 범하는 자들을 지칭하는 것으로 보입니다(참조. Cranfield, *Romans*, I. 132-133). 오늘날 뜨거운 논쟁의 대상이 되는 낙태 역시 이에 해당할 것입니다. 스토트는 현대의 무자비한 낙태의 현황을 상세히 지적하고 나서 다음과 같이 진술합니다. "로마 제국 부패의 주요 증표 중의 하나는 원치 않는 영아들을 유기하고 죽이는 것이었다. 원치 않는 태아들을 병원 소각실에 버리는 현대 서구 사회가, 영아들을 쓰레기더미에 버리던 로마 사회보다 과연 덜 부패하다고 주장할 수 있는가? 현대에는 낙태가 상업화되어 있고, 또한 일부 의사들과 병원들은 낙태를 이윤이 남는 사업으로 여겨 범죄 행위를 자행하고 있으니, 이는 고대의 사례보다도 훨씬 더 악독한 처사라 할 것이다"(Stott, *Issues*, 283).

_129 헬. "아넬레모나스"(ἀνελεήμονας). 온정이나 자비가 전혀 없는 비정한 자라는 뜻입니다.

이 죄인들은 무지하여 그런 악행을 저지르는 것이 아니다. 이 행악자들 가운데 자기가 행하는 그릇된 일의 함축된 의미를 전부 이해하는 이들은 없으나, 그렇더라도 자기가 저지르는 짓이 그릇된 것이라는 점은 충분히 알고 있다. 무엇이 옳고 무엇이 그른지를 분명히 알 수 있을 만큼 하나님께서 사람들에게 충분히 계시해주셨다는 것이야말로 이 문맥에서 바울이 계속 강조해온 요점이다....그들이 어떤 방식으로 그런 지식을 갖게 되었는지, 혹은 그들의 그런 지식이 얼마나 정확했는지는 여기서 바울의 관심사가 아니다. 그는 오로지 그들이 행하고 있는 일이 잘못된 것이며 그렇게 해서는 안 된다는 것을 그들 스스로 충분히 알고 있다는 사실에만 관심을 갖는 것이다. 그런 일을 행하면 "사형에 해당한다"라는 것을 그들이 잘 알고 있다는 것이다...."죄"에 대해 다루는 많은 본문에서 죽음을 마치 죄인들을 다스리는 폭군(暴君)처럼 묘사하고 있다. 그러나 여기서 말씀하는 것은 다만 죄의 결과가 바로 죽음이라는 사실이다. 어떤 이들은 육체적인 죽음을 지칭한다고 생각하기도 하고…다른 이들은 영적 죽음을 상정한다. 그러나 여기서 바울의 의도는 죽음을 세세하게 정의하고자 함이 아니라, 단순히 죽음이 끔찍한 공포임을 주지시키는 것이라 할 것이다. 죽음이 인류를 압제하고 있고, 이 세상에서든 내세에서든 참된 생명을 누리지 못하도록 가로막고 있다는 것이다(Morris, *Romans*, 99-100).

결론

여러분, 지금까지 열거된 21가지 악행/악행자들의 목록을 살펴보면서, 어떤 생각이 드십니까? "아아, 사람들이 참으로 악하구나. 내게는 이런 모습이 없으니 이 얼마나 다행한 일이냐?"라는 심정이십니까? 하지만 여러분, 이 목록이야말로 우리 자신의 참모습을 들여다보도록 하나님께서 바울을 통해 우리 앞에 가져다 놓으신 정말 투명하고 깨끗한 거울이라는 사실을 기억하시기 바랍니다. 비록 겉으로 잘 드러나지 않기 때문에 우리가 우리 자신에게 남아있는 이러한 악행/악행자의 모습을 인정하지 않게 될 수도 있습니다만, 사실은 우리 속에 여전히 그러한 죄악의 모습이 분명하게 남아 있습니다. 이 말씀의 거울에 비추어보십시오. 그리고 거기에 비치는 우리 자신의 얼룩지고 흉한 모습을 보시기 바랍니다(참조. 약 1:22-25). 우리 중에 어느 한 사람도 이 문제에서 완전히 자유로운 사람은 없습니다. 특히 다음에 이어지는 로마서 2장의 첫 말씀이 이를 여지없이 보여줍니다. "그러므로 남을 판단하는 사람아, 누구를 막론하고 네가 핑계하지 못할 것은 남을 판단하는 것으로 네가 너를 정죄함이니 판단하는 네가 같은 일을 행함이니라"(2:1).

성령께서 우리의 심령에 빛을 비추어주셔서, 우리의 악한 모습, 추한 죄의 모습이 여지없이 우리의 양심에 드러나 우리를 내리치도록 해주시기를 바랍니다. 그리고 우리가 이처럼 추악한 죄인임에도 불구하고, 그의 놀라운 은혜로 죄 사함을 받아 그리스도로 말미암아 감히 그의 보좌 앞에 나아가 경배하며 그와의 참된 교제를 누리게 해주신 하나님의 무한한 사랑과 긍휼을 찬송하게 되기를 바랍니다.

> 우리는 그리스도 안에서 그의 은혜의 풍성함을 따라 그의 피로 말미암아 속량 곧 죄 사함을 받았느니라. 이는 그가 모든 지혜와 총명을 우리에게 넘치게 하사…우리가 그리스도 안에서 전부터 바라던 그의 영광의 찬송이 되게 하려 하심이라(엡 1:7 8, 12).

제15강.
"남을 판단하는 사람아"(2:1-5)

"1 그러므로 남을 판단하는 사람아, 누구를 막론하고 네가 핑계하지
못할 것은 남을 판단하는 것으로 네가 너를 정죄함이니 판단하는
네가 같은 일을 행함이니라
2 이런 일을 행하는 자에게 하나님의 심판이 진리대로 되는 줄 우리
가 아노라
3 이런 일을 행하는 자를 판단하고도 같은 일을 행하는 사람아, 네
가 하나님의 심판을 피할 줄로 생각하느냐
4 혹 네가 하나님의 인자하심이 너를 인도하여 회개하게 하심을 알
지 못하여 그의 인자하심과 용납하심과 길이 참으심이 풍성함을 멸
시하느냐
5 다만 네 고집과 회개하지 아니한 마음을 따라 진노의 날 곧 하나님
의 의로우신 심판이 나타나는 그 날에 임할 진노를 네게 쌓는도다."

앞의 로마서 1장 마지막 단락(18-32절)에서 사도 바울은, 인류가 조물주이신 하나님이 베풀어주신 일반계시를 저버리고 적극적으로 반역을 꾀하여 모든 방면에서 그를 배제했고 그 결과 온갖 죄와 악의 모습이 가득하여, "하

나님의 진노"를 피할 "핑계"를 찾을 수가 없다는 사실(참조. 1:18-20)을 말씀한 바 있습니다. 그런데 이제 2장으로 넘어오면서도 동일한 논지가 계속 이어집니다. 우선 1-16절에서는, 이방인이든 유대인이든 스스로 도덕적 표준을 지킨다고 자처하며 자기를 높이는 자들의 죄악성을 말씀하며, 이어서 율법에 의지하여 스스로 의롭다고 여기면서도 순종하지 않는 유대인들의 죄악성을 지적하며(2:17-3:8), 또한 결론적으로 유대인과 이방인 모두를 포함하여 온 인류가 죄악 가운데 있어 하나님의 진노의 심판을 면할 수 없는 가련한 처지임을 말씀합니다(3:9-20).

2:1-16을 다시 세분하면, 1-5절에서는 2인칭 단수 대명사를 사용하여 유대인들과 이방인들 가운데 스스로 질서와 도덕을 지킨다고 여기는 자들을 향하여 책망합니다. 앞의 1:18-32에 속하는 추악한 죄인들과 동일하게, 이들도 하나님의 심판을 피할 수 없는 것입니다. 이어서 6-11절에서는 3인칭 복수 대명사를 사용하여, 하나님의 심판이 의로우며 아무도 그것을 피할 수 없음을 말씀합니다. 그리고 12-16절에서는 하나님의 심판이 "율법이 없는 이방인"에게나 "율법이 있는 유대인"에게나 불편부당하게 이루어지리라는 사실을 말씀합니다.

본문의 내용을 다루기 전에, 먼저 학자들 사이에 의견이 나눠는 한 가지 문제를 언급할 필요가 있으리라 봅니다. 곧 1-16절이 과연 어떤 부류의 사람들에 관한 내용인가 하는 것입니다. 다시 말하면 유대인에 관한 내용인가 아니면 스스로 의롭다고 자부하는 이방인에 관한 내용인가, 그것도 아니면 두 부류 모두에 관한 내용인가 하는 것입니다. 17절부터는 유대인에 관한 내용인 것이 분명합니다. 17절에 "유대인"이 언급되고 있기 때문입니다. 그러나 1-16절에는 그런 선명한 묘사가 나타나지 않으므로, 다양한 이견이 제시되는 것입니다. 대다수의 학자들은 1-16절을 유대인에 관한 말씀으로 간주합니다.[130] 또한 칼빈을 비롯한 일부 학자들은 이를 이방인에 관한 내용으로 보며,[131] 반면에 유대인과 이방인 모두를 염두에 두는 것으로 보는 이들도 있습니다(Barrett, *Romans*, 41). 필자의 개인적인 의견은 본문 1-16절을 유대인과 이방인 모두를 염두에 둔 말씀으로 보는 것이 타당하지 않겠느냐는 것입니다. 우선 9, 10절의 "먼저는 유대인에게요 그리고 헬라인에게"라는 문구가 그 주변의 내용이 유대인과 이방인 모두에게 해당하는 것임을 암시해주며, 또한 12절 이하에서도 "율법 없이 범죄한 자", "율법 없는 이방인" 등의 표현이 나타나는 등, 이방인과 관련된 내용이 언급되고 있기 때문입니다. 존 머리는 본문이 유대인에 관한 내용이라는 논지를 지지하면서도 다음과 같이 이방인들에 대해서도 여지를 남겨둡니다.

> 사도는 구체적으로 유대인들을 염두에 두면서도, 유대인에게만이 아니라 스스로 도덕적으로나 종교적으로 앞의 구절들에서 제시한 그런 내용에 해당할 만큼 타락한 상태는 아니라고 여기는 다른 이들에게도 와 닿도록, 좀 더 일반적인 어조로 강론을 이어간다고 할 수 있을 것이다(Murray, *Romans*, I. 55; 참조. Seifrid, *Christ, Our Righteousness*, 51).

미국의 한 설교자는 로마서 1:18-32이 요한복음 4장과 같다면, 로마서 2:1-16은 요한복음 3장과 같다고 말씀하기도 합니다. 요한복음 4장에는 남편이 다섯인 부정한 사마리아 여인이 등장하고, 요한복음 3장에는 유대인의

_130 Barnett, *Romans*, 54; Bird, *Romans*, 73-75; Cranfield, *Romans*, I. 137-139; Haldane, *Romans*, 80; Hodge, *Romans*, 47; Moo, *Romans*, 127; Morris, *Romans*, 107; Murray, *Romans*, I. 55; Osborne, *Romans*, 59; Peterson, *Romans*, 132; Schreiner, *Romans*, 105-106; Sproul, *Romans*, 58; Thielman, *Romans*, 118-119 등.

_131 Calvin, *Romans*, 50; Boice, *Romans*, I. 203; Bruce, *Romans*, 86-87; Stott, *Romans*, 80; Witherington(참조. Kruse, *Romans*, 119, n. 123) 등.

지도자인 니고데모가 등장합니다. 이 두 사람은 서로 판이하게 다릅니다. 한 사람은 유대인들에게서 멸시받는 "사마리아" 사람 중에서도 부정한 여인으로 손가락질을 받는 자요, 다른 한 사람은 모든 유대인에게서 칭찬과 존경을 받는 사람입니다. 그러나 요한복음은 이 두 사람 모두 구원을 받아야 할 죄인들임을 여실히 보여주고 있습니다. 여기 로마서의 경우도 1장에서는 도덕적으로 추악한 자들을 거론하고, 2장에서는 스스로 도덕적으로 큰 문제가 없다고 여기는 일반 사람들을 거론하면서, 두 부류 모두 똑같이 하나님의 진노 아래 있음을 말씀하고 있는 것입니다.

자, 이제 본문으로 들어가 봅시다. 여기서는 특이하게도 "네가", "너를" 등의 2인칭 단수 대명사를 사용하여 말씀하고 있습니다. "남을 판단하는" 특정한 가상의 인물을 상정하여, "사람아!"(헬. "안트로페"[ἄνθρωπε], 호격[呼格])라고 하며 그를 불러내고 그에게 직설적인 책망을 쏟아놓는 것입니다. 언뜻 보면 이것이 마치 로마서의 수신자인 당시의 로마 성도들을 직접 거론하는 것처럼 보입니다만, 그렇게 볼 필요는 없습니다. 당시 헬라 문화권에서는 흔히 이처럼 2인칭 단수를 사용하여 비판이나 책망을 표현하는 어법(이를 "diatribe"[꾸짖음, 책망] 형식이라 부릅니다)을 사용했는데, 바울이 여기서 그러한 어법을 채용하고 있다는 것이 다수 학자의 견해입니다.[132] 사도 바울은 앞의 1:18-32에서 죄악된 인류의 악한 모습들을 제시하며 강력하게 정죄한 바 있습니다만, 여기서는 2인칭 단수를 사용하는 아주 생생한 책망의 어법을 사용하여, 스스로 그런 부류에 속하지 않는다고 자부하며 그런 자들을 판단하는 소위 도덕적이며 양심적인 이방인들과 유대인들의 외식적인 자세

_132 Kruse, *Romans*, 119; Moo, *Romans*, 125; Longenecker, *Romans*, 245. 야고보서에도 비슷한 어법의 실례가 나타납니다. "네가 하나님은 한 분이신 줄을 믿느냐? 잘하는도다. 귀신들도 믿고 떠느니라. 아아, 허탄한 사람아, 행함이 없는 믿음이 헛것인 줄을 알고자 하느냐?"(약 2:19-20).

를 지적하며, 그들 역시 결코 그러한 정죄에서 제외되는 것이 아님을 강조하고 있는 것이라 하겠습니다. 본문의 말씀은 크게 두 가지로 나누어 살펴보는 것이 유익하리라 봅니다. 첫째, "네가 같은 일을 행함이니라"(1절); 둘째, "그 날에 임할 진노를 네게 쌓는도다"(5절).

"같은 일을 행함이니라"

사도는 1절에서 "남을 판단하는 사람"을 상정하여 말씀을 이어갑니다. 이는 특정한 개인을 지목하는 것이 아니고, 보통의 일반적인 이방인과 유대인을 다 대표하는 사람입니다. 이 사람의 가장 두드러진 특징은 바로 "남을 판단하는" 것입니다. 여기서 "남"(헬. "톤 헤테론"[τὸν ἕτερον])이란 1:18-32에서 묘사하는 추악한 죄인들을 총칭하는 것입니다. 곧 사도는 앞에서 묘사한 그런 몹쓸 죄인들을 정죄하는 보통 사람들의 일반적인 태도를 특징적으로 제시하는 것이라 하겠습니다. 이들은 그 추악한 죄인들을 향하여 손가락질하며 정죄합니다. "아니, 사람이 어떻게 저렇게 악할 수가 있을까? 우리 사회에 저렇게 악한 사람들이 있다니, 정말 큰일이로다. 저런 사람들은 모두 엄벌에 처해야 마땅하다!"

인간적인 관점에서 보면 이런 태도는 지극히 당연한 반응일 것입니다. 그런 추악한 죄의 모습을 대하면서, 이처럼 분개하지 않을 사람이 어디 있겠습니까? 이성적인 사고와 그저 보통의 도덕성을 지닌 사람이라도 누구나 의분(義憤)이 일어나고, 그런 사람들을 엄벌에 처해야 한다며 목소리를 높일 것입니다. 오늘날 보이스피싱이니, 아동학대니, 장애인 학대니, 성폭력이니, 조직폭력이니, 연쇄 살인이니, 마약 밀거래니, 일일이 거론하기도 어려운 온갖 흉악한 범죄 사건들이 매스컴을 가득 메우는 시절을 살아가는 우리로서는, 그런 사회 병리적 현상에 대해 분개하는 것이 어찌 보면 당연한 일이라 하겠습니다. 그처럼 흉측한 악행에 대해 분개하지 않는 것이 오히려 이상한 일이 아닐까 싶기도 합니다.

그런데, 사도 바울은 이런 처신에 대해서 우리의 예상과는 전혀 다른 말씀을 합니다. "네가 핑계하지 못할 것은 남을 판단하는 것으로 네가 너를 정죄함이니 판단하는 네가 같은 일을 행함이니라"(1절). 그런 추악한 범죄들을 판단하는 우리의 처신이 큰 잘못이므로 모두지 달리 핑계할 수가 없다는 것입니다. 그것이 어째서 잘못입니까? 우리 자신도 그와 똑같은 범죄를 저지르면서 그것을 판단하고 있으니, 그것이 우리 자신을 정죄하는 것이 아니고 무엇이냐는 것입니다. 여러분은 바울의 이런 말씀이 납득 되십니까? 아마 우리들 대부분은 이런 바울의 말씀에 고개를 갸우뚱하며 의문을 표시하지 않을까 싶습니다. 최소한 두 가지 의문이 있을 것이라 여겨집니다. 첫째는, "우리가 언제 그런 추악한 범죄자들과 같은 죄를 범했단 말인가?"라는 것이고, 둘째는, "그렇다면 아무리 잘못된 일을 보더라도 아예 비판도 판단도 하지 말아야 한단 말인가?"라는 의문일 것입니다.

우선 둘째 질문부터 답하고 넘어갑시다. 이 본문은 추악한 범죄를 보고서 도 아무런 비판도 하지 않고 그냥 모른 척 외면하고 지나쳐야 한다는 뜻이 아닙니다. 비판이나 분별의 자세를 가지지 말라는 뜻이 아니라는 점을 확실히 알아야겠습니다. 본문의 "판단하다"(헬. "크리노"[κρίνω])라는 동사는 "판단하다"의 뜻도 있지만, 여기서는 "재판하다", "판결하다" 혹은 "정죄하다"(헬. "카타크리노"[κατακρίνω], 1절)와 동일한 의미로 이해해야 합니다. 다시 말하면, 이성적으로 사리를 분별하고 판단력을 발휘하여 악한 범죄에 대해 비판이나 책망하는 것을 금하는 것이 아니고(이처럼 책망하고 비판하는 사례가 신약성경에서 무수히 나타납니다), 우리 자신을 재판관의 자리에 올려놓고 특정한 개별적인 사안에 대해 최종적인 의미로 판결하고 정죄하는 자세를 취해서는

안 된다는 것입니다.[133]

바울은 같은 로마서 뒷부분에서, "네가 어찌하여 네 형제를 비판하느냐(헬. "크리노"[κρίνω]) 어찌하여 네 형제를 업신여기느냐 우리가 다 하나님의 심판대 앞에 서리라"라고 말씀합니다(14:10). 곧 우리 스스로 재판관의 자리에 올라서서 형제를 업신여기고 그를 심판하는 자세는 결코 온당치 않다는 말씀입니다. 왜요? 하나님이 심판주이시며 우리 모두가 다 똑같이 그의 심판대 앞에 서게 될 존재들이기 때문이라는 것입니다. 이에 대해 칼빈은 "주께서 형제들과의 교제를 허락하셨다면 서로 간에 평등성(equality)을 준수해야 한다. 그러므로 누구든 재판관처럼 행하면 이는 오만방자한 처사다"라고 말합니다(Morris, *Romans*, 483에서 재인용). 또한 스토트는 다음과 같이 설명합니다.

> **이 말씀은 다른 사람들에 대한 우리의 비판적인 기능들을 유보해야 한다거나 아예 비판이나 책망을 삼가야 한다는 뜻이 아니다. 오히려 이는 우리 스스로 다른 사람들을 재판하는 자리에 올라가서 그들을 정죄하는 것을 금하는 것이다. 인간인 우리에게는 그럴 권리가 없다(Stott, *Romans*, 82).**

예수님이 산상수훈 중에서 하신 다음의 말씀도 이와 동일한 맥락에서 이해해야 할 것입니다.

> **비판을 받지 아니하려거든 비판하지 말라. 너희가 비판하는 그 비판으로 너희가 비판을 받을 것이요 너희가 헤아리는 그 헤아림으로 너희가 헤아림을 받을 것이**

_133 야고보서도 다음과 같이 말씀합니다. "입법자와 재판관은 오직 한 분이시니 능히 구원하기도 하시며 멸하기도 하시느니라. 너는 누구이기에 이웃을 판단하느냐"(약 4:12).

> 니라. 어찌하여 형제의 눈 속에 있는 티는 보고 네 눈 속에 있는 들보는 깨닫지 못하느냐? 보라, 네 눈 속에 들보가 있는데 어찌하여 형제에게 말하기를 나로 네 눈 속에 있는 티를 빼게 하라 하겠느냐? 외식하는 자여 먼저 네 눈 속에서 들보를 빼어라 그 후에야 밝히 보고 형제의 눈 속에서 티를 빼리라(마 7:1-5).[134]

예수님의 이 산상수훈의 가르침에 대한 로이드 존스의 설명도 본문의 가르침에 동일하게 적용된다 할 것입니다.

> 주의 말씀은, 전혀 판단하거나 평가를 해서는 안 된다는 뜻이 아니라 정죄(定罪)의 문제에 대해 말씀하시는 것입니다....그리스도인의 삶은 언제나 균형이 있는 것입니다. 믿음으로 행하는 것은 마치 칼날 위를 걷는 것과도 같다는 말들을 합니다만, 이는 상당히 의미 있는 말입니다. 이쪽에 빠지기도 쉽고 저쪽에 빠지기도 쉽습니다. 언제나 진리의 중심을 지켜야 하고, 이쪽저쪽의 오류를 다 피해야 하는 것입니다. 그러므로 우리는 이 말씀이 분별이나 생각이나 판단을 행해서는 안 된다는 뜻이 아니라고 말하면서도, 또한 이 말씀은 다른 사람을 정죄하고 최종적인 의미의 심판을 선언해 버리는 그런 무서운 위험에 대해 경고하는 말씀이라는 사실을 반드시 덧붙여야 하는 것입니다(로이드 존스, 『산상수훈 강해』, 하, 669).[135]

자, 그러면 이제 첫째 의문을 다룰 차례가 되었습니다. 곧 "우리가 언제 그

---

134 개역개정 성경 본문의 "비판하지 말라"(헬. "메 크리네테"[μὴ κρίνετε])는 "정죄하지 말라"로 번역하는 것이 오해를 줄이는 데 도움이 될 듯합니다.

135 스톰스는 이에 대해 다음과 같이 설명합니다. "[예수님은] 우리가 다른 사람의 영적 건강과 안위가 걱정되어 하는 비판이 아니라, 우리 자신의 의로움을 사람들 앞에서 과시하고자 하는 동기에서 다른 사람들에게 행하는 그런 유의 비판을 금지하고 계신 것이다(Storms, *Tough Topics*, 77).

런 추악한 범죄자들과 같은 죄를 범했느냐?"라는 의문입니다. 우리의 안목으로만 보면, 우리가 그런 추악한 죄인들과 동일한 죄를 범한 것이라는 성경의 판결이 도무지 납득되지 않습니다. 그러나 이 문제를 하나님의 안목으로 바라보아야 합니다. 이것이 사람의 판결이 아니라 하나님의 판결이기 때문입니다. 하나님의 안목이란 어떤 것입니까? 그는 한 치의 오차나 불확실한 점이 없이 모든 것을 완전무결하게 사실 그대로 보시는 분이십니다. 2절에서 바울은 "하나님의 심판이 진리대로 되는 줄 우리가 아노라"라고 말씀합니다. 11절에서는 "하나님께서 외모로 사람을 취하지 아니하"신다고도 말씀합니다. 구약 사무엘서에서는 여호와께서, "내가 보는 것은 사람과 같지 아니하니 사람은 외모를 보거니와 나 여호와는 중심을 보느니라"라고도 말씀합니다(삼상 16:7).

본문 2절의 "진리대로"(헬. "카타 알레테이안"[κατὰ ἀλήθειαν])는 "진리에 따라", "진리를 좇아"의 의미이기도 하지만, 문맥에 따라서는 "진실대로"를 의미하기도 합니다. 여기서는 후자를 취하는 것이 문맥상 합당할 것입니다. 그렇다면 이는 "있는 그대로 100퍼센트의 진실에 따라서"라는 뜻이요, 사무엘상의 말씀에 준하여 말하면, "마음 중심의 상태 그대로"라는 의미입니다. 무슨 말입니까? 하나님은 사람의 마음 중심의 정확한 진실을 완전하게 바라보시는 분이시요, 그것을 기준으로 모든 것을 정확무오하게 판단하신다는 사실입니다.

사람의 판단은 어떻습니까? 속마음의 중심을 알 수 없으니, 겉으로 드러나는 "외모"만으로 판단할 수밖에 없습니다. 그러나 겉으로 드러나는 모습과 속마음의 진실이 항상 일치하지 않고 서로 어긋날 뿐 아니라, 그 속마음을 사람이 알 수도 없으니 정확히 판단할 수가 없습니다. 그렇기 때문에 오늘날 우리 사회에서는 재판의 오류의 가능성을 줄이고자, 원고와 피고 양측

이 변호사를 내세워 서로 치열하게 공방을 벌이고, 게다가 삼심제(三審制)가 시행되고 있는 것 아니겠습니까? 그러나 하나님의 경우는 전혀 그렇지 않습니다. 그는 마음의 중심을 있는 그대로 다 보시며, 그것을 기준으로 판단하십니다. 그러므로 그의 평결은 언제나 "진리대로 되는" 것이요, 참된 것입니다. 그렇다면 마음속 중심에 대한 하나님의 판결 기준은 무엇입니까? 로마서 1:21에 비추어 말하자면, 그것은 바로 "하나님을 영화롭게 하고 그에게 감사하는 것"이 과연 마음의 중심에 자리 잡고 있느냐의 여부라 할 수 있을 것입니다. 바로 이것이 조물주 하나님으로 말미암아 창조함을 받은 모든 피조물에 합당한 상태인 것이요, 하나님은 바로 이것을 기준으로 판단하시고 평결하시는 것이라 할 것입니다.

자, 이러한 하나님의 기준을 전제해 놓고서 1장의 그 추악한 범죄자들의 상태와 일반적인 보통 사람을 서로 비교해봅시다. 그러면 어떻게 됩니까? 겉으로 나타나는 양상은 다를지 몰라도 속사람의 중심은 모두 똑같지 않습니까? 로마서 1장에 언급되는 부류의 사람들이나, 도덕적인 이방인이나 유대인이나—혹은 오늘을 사는 보통 사람이나—이 점에서는 다를 게 하나도 없습니다. 겉으로 드러나는 양태에 있어서는 차이가 있을지 몰라도, 하나님을 거스르고 배척하며 죄악된 욕심을 추구하는—하나님을 영화롭게 하고 감사하는 것이 전혀 없는—마음속 중심의 처지는 1장의 죄인들이나 그 이외의 다른 사람들이나 모두 동일한 것입니다. 말하자면, 겉을 둘러싼 포장지는 다를지 모르지만, 그것을 벗겨내고 속을 들여다보면 두 부류 모두 내용물이 동일하다는 것입니다. 모두가 똑같이 "하나님을 알되 하나님을 영화롭게도 아니하며 감사하지도 아니하"(1:21)는 것이고, 그렇기 때문에 하나님 보시기에는 모두가 결국 "같은 일을 행"하는 것입니다.

이처럼 사람의 중심을 보시는 실례는 하나님의 아들 예수님의 다음과 같은 가르침에서도 여실히 드러납니다.

> 옛 사람에게 말한 바 살인하지 말라 누구든지 살인하면 심판을 받게 되리라 하였다는 것을 너희가 들었으나 나는 너희에게 이르노니 형제에게 노하는 자마다 심판을 받게 되고 형제를 대하여 라가라 하는 자는 공회에 잡혀가게 되고 미련한 놈이라 하는 자는 지옥 불에 들어가게 되리라(마 5:21-22).

> 또 간음하지 말라 하였다는 것을 너희가 들었으나 나는 너희에게 이르노니 음욕을 품고 여자를 보는 자마다 마음에 이미 간음하였느니라(마 5:27-28).

사람들의 판단으로는 살인하는 것과 사람을 미워하고 욕하는 것, 그리고 간음하는 것과 음욕을 품는 것은 비교조차 할 수 없을 정도로 서로 현격한 차이가 있습니다. 전자는 명백한 범죄이지만, 후자는 죄가 아니라고들 생각합니다. 살인과 사람을 미워하고 욕하는 것이 어떻게 같을 수 있으며, 실제로 간음을 행하는 것이 그저 음욕을 품는 것과 어떻게 같을 수 있단 말입니까? 이것이 보통 사람의 판단이요, 외모로 사물을 가늠하는 사람의 사고방식입니다. 마음의 중심이 어떤지를 도무지 알 수 없으니 겉으로 드러나는 행동을 판정의 기준으로 삼을 수밖에는 없습니다. 이것이야말로 피조물인 사람의 한계입니다. 그러나 사람의 중심을 아시는 하나님이 보시기에는, 미워하는 것이나 욕하는 것은 살인과 동일하며, 마음에 음욕을 품는 것은 간음과 동일한 것입니다. 왜요? 두 경우 모두 하나님을 영화롭게 하는 것이나 그에게 감사하는 것이 전혀 없는 상태에서 비롯되는 것들이기 때문입니다. 그러므로 하나님은, 그리고 하나님의 아들 예수님은 바로 그러한 중심의 진실에 따라서 심판하시는 것입니다.

3절에서 바울은 이런 보통 사람을 향하여 "네가 하나님의 심판을 피할 줄로 생각하느냐?"라고 묻습니다. 이는 "아니다. 너는 하나님의 심판을 피할 수 없다"라는 답변을 전제해놓고서 제기하는 수사적인 질문입니다. 모두 자기는 그래도 좀 괜찮은 편이니 하나님의 심판을 피할 것이라고들 막연히 생각합니다. "저 흉악한 범죄자들은 당연히 심판을 받아야지. 하지만 나는 괜찮아. 내가 심판을 받을 짓을 크게 저지른 적이 없지 않은가?"라는 식입니다. 그러나 결단코 그렇지 않습니다. 사람의 마음 중심에 하나님을 영화롭게 하는 것이 없는 이상, 모두가 하나님의 심판을 받아 마땅한 자들입니다. 예수 그리스도를 알고 그분을 믿어 죄사함 받고, 성령으로 말미암아, 하나님을 영화롭게 하고자 하는 신령한 동기와 의지를 부여받아 그것이 마음의 중심에 자리 잡게 되기 이전의 본성적인 죄인의 처지가 바로 이러한 것입니다.

"진노를 쌓는도다"

사도는 4-5절에서 이들의 터무니없는 사고를 여지없이 무너뜨립니다. 이들은 "하나님의 심판" 자체에 대해서는 막연하게나마 인정하면서도, 그 심판을 자기들과 관련짓는 일은 전혀 하지 않습니다. 그 심판은 오로지 저 흉악한 범죄자들을 위한 것이지, 자기들에게는 해당하지 않는다고만 생각합니다. 자기들은 심판을 받을 만한 극심한 죄를 지은 일이 없다는 식입니다. 그리고는 적반하장격으로 하나님이 그 흉악한 자들을 심판하지 않으신다고 그를 덧하고 멸시합니다. 이를테면, "저런 악인들이 심판을 받지 않고 그냥 버젓이 활보하고 다니다니, 도대체 하나님은 무엇하고 계신단 말인가?"라는 식입니다. 우리 자신도 혹독한 현실을 만날 때에 간혹 이런 심정이 되는 경우도 있고, 또한 주변에서도 이런 식으로 불평하는 사람들을 자주 만나지 않습니까?

바울은 이러한 교만한 태도에 대하여 "진리대로"(2절) 행해지는 하나님의 공의로운 심판이 반드시 있을 것이며, 다만 그 심판이 아직 일어나지 않은 것은 하나님이 심판을 행하는 분이 아니시기 때문이 아니라, 하나님의 "인자하심과 용납하심과 길이 참으심이 풍성함" 때문임을 천명합니다(4절). 곧 하나님이 아직 심판을 행하지 않으시는 것은 "너"를 위한 것이니, 곧 "너"를 인도하여 회개하게 하셔서 네가 심판을 당하지 않게 하기 위함이라는 것입니다. 하나님의 심판이 아직 유보 상태에 있는 것은, 사람들을 회개시켜서 그들을 구원하고자 하시는 하나님의 인자하심 때문이라는 것입니다. 그런데도 이러한 하나님의 인자하신 목적을 깨닫지 못하고, 교만하여 계속 불평하며 회개하지 않고 하나님의 그러한 배려를 멸시하고 있으니(4절) "고집과 회개하지 아니한 마음"을 가진 지금의 상태 그대로 계속 나아간다면 그것은 "진노의 날" 곧 "하나님의 의로우신 심판이 나타나는 그 날"에 받을 그 엄청난 진노를 계속 쌓아가는 것일 뿐이라는 것입니다(5절).

여기서 살펴보고자 하는 것은, 첫째로 하나님의 심판이 반드시 있을 것이라는 사실과, 둘째로 회개가 필수적이라는 사실, 그리고 셋째로 "인자하심과 용납하심과 길이 참으심이 풍성"하신 하나님이 친히 회개에 관여하신다는 사실입니다.

"심판"

첫째로, 먼저 하나님의 심판이 반드시 있을 것이라는 사실에 대해 살펴봅시다. 본문에서 바울은 심판이 있을 것을 당연한 사실로 말씀합니다. "네가 하나님의 심판을 피할 줄로 생각하느냐"(3절), "하나님의 의로우신 심판이 나타나는 그 날"(5절) 등의 말씀에서 심판을 반드시 일어날 사실로 제시하는 것을 보게 됩니다. 하나님의 심판은 성경 전체에서 매우 강조되어 나타나는 주제 중의 하나입니다. 다음에 이어지는 6-11절과 12-16절을 다루면서 이 주제를 좀 더 상세히 살펴보겠고, 여기서는 심판이 반드시 있을 것이라는 점만을 지적하고 넘어가도록 하겠습니다. 심판에 대한 본문의 말씀은 명확합니다. 하나님의 심판이 반드시 있을 것이며, 그 심판은 의로운 심판이요, 아무도 피해갈 수 없다는 사실입니다. 바울은 또한 아덴에서 전도하는 중에 다음과 같이 선포합니다.

> 알지 못하던 시대에는 하나님이 간과하셨거니와 이제는 어디든지 사람에게 다 명하사 회개하라 하셨으니 이는 정하신 사람으로 하여금 천하를 공의로 심판할 날을 작정하시고 이에 그를 죽은 자 가운데서 다시 살리신 것으로 모든 사람에게 믿을 만한 증거를 주셨음이니라(행 17:30-31).

예수 그리스도의 부활이 "천하를 공의로 심판할 날"이 작정되어 있다는 증거라는 것입니다. 그러므로 예수님의 부활을 믿는 사람이라면 심판 날도 똑같이 동일하게 믿는 것입니다. 그리스도의 역사적 부활이야말로 기독교 신앙의 토대이며, 구원의 도리를 떠받치는 기반입니다. 그리고 그의 부활은 마지막 심판의 확실성을 보장해주는 증거가 되기도 하는 것입니다. 다메섹 근방에서 부활하신 주님을 몸소 만난 바울로서는 마지막 심판에 대해서도 확신을 갖고 이교도들을 향해 선포한 것입니다. 또한 사도 요한은 계시록에서 이 마지막 심판에 대해 그가 받은 계시를 다음과 같이 선명히게 기록하고 있습니다.

> 또 내가 크고 흰 보좌와 그 위에 앉으신 이를 보니 땅과 하늘이 그 앞에서 피하여 간 데 없더라. 또 내가 보니 죽은 자들이 큰 자나 작은 자나 그 보좌 앞에 서 있는데 책들이 펴 있고 또 다른 책이 펴졌으니 곧 생명책이라. 죽은 자들이 자기 행위를

> 따라 책들에 기록된 대로 심판을 받으니, 바다가 그 가운데에서 죽은 자들을 내주고 또 사망과 음부도 그 가운데에서 죽은 자들을 내주매, 각 사람이 자기의 행위대로 심판을 받고 사망과 음부도 불못에 던져지니, 이것은 둘째 사망 곧 불못이라. 누구든지 생명책에 기록되지 못한 자는 불못에 던져지더라(계 20:11-15).

그런데 정말로 안타까운 현실은 오늘날 교회들에서 하나님의 심판과 영원한 형벌과 지옥에 대해 경고하는 설교와 가르침이 점점 사라져가고 있다는 사실입니다. 필자의 중고등학생 시절을 기억해보더라도, 당시 교회에서는 심판과 영벌과 지옥에 대한 설교와 가르침이 왕성했었습니다. 사경회나 부흥회 때에도 이와 관련된 주제들이 빈번하게 다루어졌습니다. 물론 지금 기억을 되돌려 보면 그 당시의 가르침들이 반드시 성경적으로 충실하고 건전했다고 할 수는 없습니다만, 그럼에도 불구하고 그런 주제들이 교회 안에서 빈번히 선포되고, 가르쳐지고, 토론되었다는 점은 분명히 말할 수 있습니다. 그런데 요즘은 교회의 강단에서 "심판, 영벌, 지옥" 등의 주제 자체가 거의 사라지고 있는 것 같습니다.

지금은 세상을 떠난 영국 왕실의 한 어른이 성공회에 속한 한 대성당의 수석 사제에게 과연 지옥이 있는지를 물었다고 합니다. 그 사제는 "예, 우리 주님과 사도들이 지옥을 가르쳤고, 우리의 신조(信條)들이 지옥을 말씀하고 있고, 또한 교회가 지옥을 믿고 있습니다"라고 담담하게 대답했답니다. 그러자 그분은 이렇게 책망했다고 합니다. "그런데 도대체 그대는 어째서 그것을 우리에게 말씀해주지 않는가?"(Ferguson, "Pastoral Theology," 226).

그렇습니다. 이런 현실이 오늘날 한국교회에서도 그대로 일어나고 있습니다. 심판과 지옥에 관한 설교와 가르침이 교회에서 사라지고 있습니다. 여러분 자신도 이런 현실을 확인할 수 있습니다. 우선 여러분 자신이 이 주제에 대해 무엇을 알고 또한 깨닫고 있는지를 생각해보십시오. 그리고 지나간 수년 동안 여러분이 출석하는 교회의 정기 예배에서나 성경공부 등에서 이 주제를 몇 차례나 다루었는지(그저 지나가면서 한두 마디 언급하는 것 말고, 중심 주제로 다룬 경우)를 헤아려 보시면 금방 확인할 수 있습니다. "심판, 영벌, 지옥"에 대한 가르침이 일반 사람들에게 거리낌을 주고 또한 교회에 속한 많은 사람의 기대에 어긋난다는 데 그 원인이 있기도 할 것입니다. 그러나 이것은 결코 사소한 문제가 아니요, 교회가 과연 그리스도의 교회로서 생명력 있게 나아가고 있느냐를 가늠하는 중대한 문제입니다. 계속 이런 상태로 나아가면, 한 세대 두 세대만 지나가도, 이에 관한 모든 내용이 교회에서 완전히 사라지지 않을까 하는 염려와 걱정이 생겨납니다.

사실 오늘날 심판과 영원한 형벌과 지옥이라는 주제가 교회의 확고부동한 성경적 가르침으로서의 지위를 상실해가고 있고, 어쩌면 이미 상실해 버렸을지도 모른다는 징후들이 곳곳에서 드러나고 있는 현실입니다. 각 지교회의 강단에서 관련 메시지가 사라지고 있는 것은 물론이고, 교회의 지도자들과 신학자들 사이에서도 동일한 현상이 나타나고 있으니 말입니다. 로마 가톨릭교회는 전통적으로 고백해온 그들의 공식적인 가르침을 저버리고 그것을 부인해 버렸습니다.[136] 성경의 초자연주의를 공공연히 부인하는 자유주의적인 신학을 가르치는 교회나 지도자들의 경우는 옛날부터 그것을 부인해오고 있으니 언급할 필요조차 없을 것입니다. 그런데 참으로 안타까운

_136 로마 가톨릭교회의 요리문답서는 "교회는 지옥 형벌이 영원하다는 교리를 엄숙히 확인해왔다"라고 명시하고 있습니다(Lawler, ed., *The Teaching of Christ*, 521). 그러나 1999년 교황 요한 바오로 2세는 이 가르침에 다음과 같이 새로운 해석을 붙이고 있습니다. "지옥은 하나님이 위형적으로 부과하시는 형벌이 아니라, 사람들이 이생에서 취하는 태도들과 행동들의 결과로 오는 하나의 상태다.…지옥은 어떤 물리적인 장소가 아니라 모든 생명과 기쁨의 근원이신 하나님께로부터 자의적으로 스스로를 결정적으로 분리시키는 사람들이 처하게 되는 상태다. 그러므로 영원한 심판은 하나님이 하시는 일이 아니라 실제로 우리 자신이 행하는 것이다"(R. Albert Mohler Jr., "Modern Theology: The Disappearance of Hell," in Morgan & Peterson, eds., *Hell under Fire*, 27에서 재인용).

것은 세계적으로 영향력 있는 복음적 지도자들 가운데서도, 하나님의 심판과 영원한 형벌과 지옥에 대해 재해석을 시도하며 사실상 그것을 부인하는 경향이 증가하고 있다는 사실입니다.[_137] 이처럼 점점 현저하게 드러나는 교리적 이완현상에 대해 우리는 극히 경각심을 가져야 마땅할 것입니다. 무엇보다도 주께서 은혜를 베푸사 오늘날의 성도들에게, 특히 설교자들과 신학자들에게, 하나님의 말씀과 성경의 중요한 교리들에 대하여 새로운 각성을 갖게 하시기를 간절히 바라고 이를 위해 전심으로 기도해야 마땅할 것입니다.

"매일성경 읽기표"로 우리에게 낯익은 19세기 스코틀랜드의 경건한 목회자 로버트 맥체인(Robert M'Cheyne, 1813-1843)은 어느 날, 동료인 앤드루 보나(Andrew Bonar, 1810-1892)를 만난 자리에서 그 전 주일의 설교 주제가 무엇이었는지를 물었고, 보나는 지옥에 대해 설교했다고 대답했습니다. 그러자 맥체인은 "그렇다면 자네, 눈물로 설교했겠군!"이라고 말했답니다(Ferguson, "Pastoral Theology," 234). 여러분, 지옥에 대해 설교하고 가르치려면 용기가 필요하고, 눈물이 필요하고, 마음의 간절함이 필요합니다. 그런 설교를 듣는 사람 역시 마찬가지입니다. 그런데 우리에게서 눈물이 말라가고 있습니다. 성경의 모든 가르침을 그냥 무덤덤하게 아무런 열정이나 간절함도 없이, 그렇게 가르치고 배우는 현실이야말로 우리의 영혼을 망치고, 교회를 망치는 첩

_137 영국의 존 웬함(John Wenham), 필립 휴스(Philip Hughes), 그리고 존 스토트 등이 실례라 하겠습니다. 특히 스토트는 1988년, 비록 잠정적인 견해라는 단서를 붙이기는 했지만, 악인의 영원한 형벌이라는 전통적인 견해를 버리고, 구원받지 못한 영혼이 영원한 형벌을 당하지 않고 멸절된다는 주장(annihilation)을 제기하여, 복음주의 신학계에 상당한 파장을 일으켰습니다(Stott & Edwards, *Essentials*, 314-319). 카슨은 이러한 스토트의 견해에 대해 다음과 같이 애석한 마음을 토로합니다. "존 스토트의 성경 해석에 대해 견해를 달리하는 것은 유쾌하지 않은 일이다. 일반적으로 그의 해석은 명료함과 건전함의 모범이기 때문이다. 그러나 이 부분[악인의 멸절에 대한 견해]은 전혀 그렇지 못하다고 말할 수밖에 없다"(Carson, *Gagging of God*, 527). 또한 참조. R. Albert Mohler Jr., "Modern Theology: The Disappearance of Hell," in Morgan & Peterson, eds., *Hell under Fire*, 30-33; Reymond, "Dr. John Stott on Hell," in *Contending for the Faith*, 339-362; Packer, "Evangelicals and the Way of Salvation," in *Celebrating the Saving Work of God*, 191-193.

경이라는 것을 명심해야겠습니다. 하나님의 심판과 지옥에 관한 더글러스 켈리의 다음과 같은 간절한 호소에 귀를 기울이기 바랍니다.

> 악의로 복음을 거부하는 결과가 얼마나 무서운지 모릅니다! 성경은 그것들을 숨기지 않습니다. 어린양의 피가 죄를 덮지 못하도록 그것을 거부한 자들이 모두 자기의 모든 죄를 그 머리에 이고 온 인류 앞에 벌거벗은 채로 서 있는 것입니다. 많은 이들이 진정한 자기 모습을 숨긴 채로 삶을 살지만, 그날에는 그 모든 것이 백일하에 드러납니다. 술, 마약, 성(性), 물질적인 쾌락을 이용하여 그 양심을 짓누르며 사는 사람들도 있지만, 그러나 저 위엄의 보좌 앞에 모든 사람이 모여 심판을 받을 때 그 모든 사람의 양심이 얼마나 또렷하게 되살아나는지 모르는 것입니다....은혜를 거부하는 것이야말로 심판을 스스로 자초하는 일입니다. 그리고 그 심판은 그들이 땅에서 행한 그대로 정확하게 베풀어집니다. 은혜를 거부한 것에 대해서는 물론이고, 이 땅에서 사는 동안 행한 모든 생각과 말과 행동 하나하나에 대해서, 또한 선을 행할 기회를 놓친 것에 대해서까지, 일일이 심판을 받게 됩니다. 한마디로 말해서, 마지막까지 은혜를 거부하는 사람들은, 그 살아온 삶의 과정 그대로 지옥에서 처하게 될 그들의 자리가 결정되는 것입니다(Kelly, *Revelation*, 393).

"회개"

둘째로, 하나님의 의로운 심판과 영벌과 지옥을 면하기 위해서는 반드시 회개하여야 한다는 사실입니다. 4절에 앞서 먼저 5절부터 살펴봅시다. 여기서 사도는 스스로 도덕적이라 생각하는 안일과 교만에 빠진 사람들(1-3절)을 향하여, 그들이 하나님의 심판이 나타나는 날에 그의 처절한 진노를 스스로 자초하고 있음을 말씀합니다. 사도는 여기서 이들의 영적인 태도를 "고집"과 "회개하지 아니한 마음"의 두 가지로 묘사하고 있습니다. 그들은 스스로를 도덕적이라 보며 자기들은 심판과는 거리가 멀다고 생각하고 있었으나, 사실은 "고집"과 "회개하지 아니한 마음"이 그들 속에 가득한 것이요, 이런 상태가 계속해서 나아가니 이는 하나님의 심판 날에 진노를 스스로 가중시키는 것일 수밖에 없는 것입니다.

"고집"(헬. "스클레로테스"[σκληρότης])은 사람이 자기의 사고방식과 고정관념을 좀처럼 바꾸려 하지 않고 끝까지 지키며 버티는 완강한 자세를 나타내는데, 이것은 죄악 가운데 있는 사람의 현저한 영적 특징 중의 하나입니다. 그 옛날 이스라엘 백성이 여호와를 향하여 드러낸 죄악된 반응 가운데 가장 특징적인 것이 바로 "완악함"이었는데(예. 신 9:27, "이 백성의 완악함과 악과 죄"), 그것이 바로 "고집"입니다. 그리고 이런 완강한 자세는 "회개하지 아니한"(헬. "아메타노에토스"[ἀμετανόητος]; "회개 없는") "마음"과 직결됩니다. 아니 이 둘이 동일한 것이라 해도 무방할 것입니다. 이런 상태는 도무지 요지부동이요 인간적인 설득이 통하지 않습니다. 하나님의 처절한 진노를 받고야 마는 그릇된 방향으로, 초지일관의 자세로 달려 나아가는 상태입니다. 이것이 죄인의 처절한 모습입니다.

"회개"(헬. "메타노이아"[μετάνοια])란 이처럼 진노를 향하여 달려가는 상태로부터의 방향 전환을 의미합니다. 스펄전은 회개에 대해 이렇게 말씀합니다. "회개란, 사물을 보는 여러분의 관점과, 또한 문제를 평가하는 가치관의 근본적인 변화를 의미합니다. 또한 여러분 목표가 변하고 여러분의 사고와 행동도 변화하는 것을 의미합니다"(스펄전, 『로마서』, 45). 또한 모리스는 다음과 같이 진술합니다.

> [회개란] 죄인이 자신의 그릇된 행실에 더 이상 매력을 갖지 않고 그것을 정죄받을 몹쓸 것으로 볼 때 그에게 일어나는 변화를 일컫는 것이다. 그는 그런 죄악된

상태로부터 돌아서는 것이요, 이는 곧 옛 방식을 신뢰하던 것을 버리는 것을 뜻한다. 회개에 대한 하나님의 요구는, 안정감을 주는 온갖 것들을 버리고 그를 온전히 신뢰하라는 것이다. 신약성경에서 회개는 그저 부정적인 것만이 아니라, 그리스도 안에 있는 새로운 삶, 곧 능동적으로 하나님을 섬기는 삶으로 돌아서는 것을 의미하는 것이다(Morris, *Romans*, 113).

바울이 여기서 말씀하는 "회개"란 사람에게 일어나는 유일회적인 결정적 변화의 사건이요, 죄와 허물로 죽어 있던 영혼이 살리심을 얻는 사건이며(엡 2:1, 5), 곧 조직신학자들이 말하는 회심(回心; conversion)을 의미합니다.[138] 하나님의 심판 날에 진노를 피하려면 누구나 바로 이러한 회개가, 회심이, 삶의 결정적인 방향 전환이, 반드시 필요한 것입니다. 로이드 존스는 이러한 회개의 필수성에 대해 다음과 같이 강조합니다.

모두가 반드시 회개해야 합니다. 이것은 근본적이며 필수적인 진리입니다....이것이 유일한 출발점입니다. 모두가 여기서 출발해야만 하는 것입니다....그러므로 지극히 분명하게, 기독교 신앙은 회개와 더불어 출발한다고 말할 수 있습니다....회개가 없이는 하나님의 나라에 들어갈 수도 없고, 여러분을 향한 하나님의 사랑도 없고, 구원도 없으며, 오로지 그 처절한 진노의 재난밖에는 기다리는 것이 없는 것입니다"(Lloyd-Jones, *Evangelistic Sermons*, 119, 129-130).

이처럼 회개의 역사가 일어나지 않으면 그 사람은 결국 하나님의 심판이

_138 이런 의미의 "회개" 혹은 "회심" 이외에 또 다른 의미의 "회개"가 성경에 언급됩니다. 곧 이미 회심하여 그리스도께로 돌아온 신자들이 그들 속에 남아 있는 죄성(罪性)과 갖가지 연약함으로 인하여 범하게 되는 죄와 허물을 고백하고 용서를 구하고 돌이키는 것을 뜻하는 반복적인 의미의 "회개"가 있습니다. 참조. 고후 7:9, 10; 12:21; 딤후 2:25; 계 2:5 등.

임하는 날에 처절한 진노를 당할 수밖에 없고, 회개할 기회를 고의로 물리친 사악함에 비례하여 그 진노도 계속 쌓여가는 것입니다. 이처럼 회개는 필수적인 요건입니다. 누구든지 반드시 회개해야만 하나님의 그 결정적인 진노를 피할 수 있는 것입니다.

"하나님의 인자하심"

마지막 셋째로 살펴볼 것은, 하나님이 친히 회개에 관여하신다는 사실입니다. 바울은 4절에서 "네가 하나님의 인자하심이 너를 인도하여 회개하게 하심을 알지 못하"느냐? 라고 반문합니다. 곧 하나님께서 사람을 인도하사 회개하게 하신다는 것입니다. 여러분, 본문 4절과 5절에서 서로 상반되는 것처럼 보이는 두 가지 진리가 제시됩니다. 앞에서 살펴본 것처럼, 5절에서 바울은 회개하지 않으면 결코 하나님의 처절한 진노를 피할 수 없음을 분명히 가르칩니다. 그런데 4절에서는 회개는 사람의 손에 달린 것이 아니고 하나님의 역사하심에 달려 있는 것이라는 점 또한 명확히 가르치고 있습니다. 5절에서는 회개가 사람이 행하는 일이라는 것이 암시되어 있습니다. 그런데 4절에서는 그 일이 하나님이 그의 인자하심으로 행하시는 일이라는 것을 선명히 가르치는 것입니다. 이것은 명백한 모순이 아니냐? 하고 반문할 수도 있을 것입니다.

여기서 우리는 하나님의 주권과 인간의 책임이라는 서로 이율배반처럼 보이는 두 가지 주제가 동시에 나타나는 것을 보게 됩니다.[139] 그렇다면 회개는 누구의 행위인가? 사람의 행위입니다. 사람이 자기의 의지로 하나님을 향

_139 하나님의 주권과 인간의 책임에 대한 상세한 해설에 대해서는 다음의 문헌을 참조하십시오. Alcorn, *Hand in Hand*; Carson, *Divine Sovereignty and Human Responsibility*; Christensen, *What about Free Will?*; Packer, *Evangelism & the Sovereignty of God*.

하여 돌아서는 것입니다. 사람의 지(知), 정(情), 의(意)가 함께 발휘되는 상태에서 회개가 이루어지는 것이요, 그 일에 전인(全人)이 개입되는 것입니다. 한마디로 회개는 100퍼센트 사람의 행위입니다. 이것은 너무도 분명한 사실입니다. 그러므로 회개하지 않는다면 그 책임은 전적으로 그 사람 자신에게 있고, 그로 인하여 그 사람은 하나님의 진노를 받게 됩니다.

그러나 이것이 전부가 아닙니다. 성경은 이에 못지않게 또 다른 면을 명확히 가르치고 있으니, 곧 사람이 행하는 그 회개가 전적으로 하나님의 역사하심의 결과물이라는 사실입니다(참조. 행 11:18; 딤후 2:25). 사람이 전혀 의식하지 못하지만, 사실 사람의 회개의 전(全) 과정 속에 눈에 보이지 않는 하나님의 인자하신 개입이 있는 것이요, 그러한 하나님의 개입하심의 결과로 그 사람이 회개에 이르게 되는 것입니다. 그러므로 하나님의 편에서의 역사하심 또한 100퍼센트입니다. 사람의 행위 50퍼센트와 하나님의 역사하심 50퍼센트가 합쳐져서 100퍼센트가 된다는 식의 이해는 전형적인 반(半)펠라기우스주의(semi-Pelagianism)의 가르침이요, 결단코 성경의 바른 가르침이 아닌 것입니다.[140]

우리는 이러한 성경의 가르침의 양면성을 바라보면서, 최선을 다하여 기회가 주어지는 대로 성실하게 복음을 전해야 할 것이요, 특히 회개의 필수성을 강력하게 전하고 가르쳐야 할 것입니다. 하나님께서 그러한 선포를 도구로 사용하실 것을 기대하고 그의 도우심을 구하면서 말입니다. 그리고, 맥체인의 말처럼 "눈물로" 간절하게 그 일을 감당해야 할 것입니다. 그러나 여기까지입니다. 우리로서는 성경의 구원의 도리를 있는 그대로 간절한 마음으로 전하고 가르치는 것일 뿐, 우리를 사용하셔서 사람들을 회개에 이르게 하시

_140 반(半)펠라기우스주의에 대해서는 참조. Sproul, *Willing to Believe*, 69-84.

는 분은 오직 하나님 자신이십니다. 그러므로 마치 우리가 다른 사람을 회개에 이르게 할 수 있기라도 한 것처럼, 우리 스스로 사람에게 적합하다고 여겨지는 갖가지 방법론을 개발하거나 사람의 비위를 맞추려 하는 일은 결코 있어서는 안 됩니다. 이러한 균형을 잘 지키는 것이 성도로서, 설교자로서, 교사로서, 전도자로서, 필수적인 사항이라는 점을 잊지 말아야 하겠습니다.

이제 한 가지만 더 살펴보고, 본 강을 마무리하도록 하겠습니다. 바울은 4절에서, 사람을 인도하여 회개하게 하시는 일에 하나님의 "인자하심과 용납하심과 길이 참으심이 풍성함"이 개입된다는 점을 말씀합니다. "인자하심"(헬. "크레스토테스"[χρηστότης])이란 "선하심" 혹은 그의 백성들을 향하여 나타나는 하나님의 자비하심을 뜻하며, "용납하심"(헬. "아노케"[ἀνοχή])은 죄인들을 향한 심판을 유보(留保)시키심으로써 사람들로 하여금 회개하여 그 심판을 면하도록 여유를 베푸심을 뜻합니다. 그리고 "길이 참으심"(헬. "마크로튀미아"[μακροθυμία])은 죄인들을 향하여 오래 참으시며 기다리시는 "인내"를 뜻합니다. 이 세 단어를 통해서도 죄인들을 향한 하나님의 너그러우심이 충족히 표현되고도 남습니다. 그런데 거기에다 이 세 가지 속성의 "풍성함"(헬. "플루토스"[πλοῦτος])을 첨가하고 있으니, 과연 죄인들을 향한 하나님의 자비와 긍휼이 얼마나 큰지 우리로서는 헤아릴 길이 없는 것입니다.

하나님은 죄인들이 회개하도록 인도하시면서, 그야말로 무한정으로 자비와 관용과 긍휼을 베풀고 계시는 것입니다. 그런데, 이 엄청난 은혜를 "알지 못하여" 하나님의 그 모든 배려하심을 멸시한다면, 이는 과연 심판과 진노를 받아 마땅한 죄일 것입니다. 이러한 사실과 관련하여 로이드 존스의 다음과 같은 말씀은 우리에게 새로운 감사와 용기와 소망을 줍니다.

오로지 우리의 회개만으로 만족하시다니, 하나님의 사랑이 얼마나 크고 무한한

> 지 모릅니다. 우리더러 그를 대적하여 저지른 모든 악행에 대해 완전히 보상하라고 요구하신다면, 대체 어쩔 뻔했습니까? 하나님은 얼마든지 그렇게 하실 자격과 권리가 있으십니다. 혹 우리를 향하여, '지금은 내가 너희를 벌하지 않겠다. 하지만…내가 너희를 돌려보낼 테니, 돌아가서 사환이나 종이 되어 너희가 과거에 내게 끼친 해악들을 다 갚도록 해라'라고 말씀하신다면 어쩌시겠습니까? 그 누구도 불평을 제기할 수가 없을 것입니다. 하지만, 아아! 하나님의 사랑이 얼마나 놀라운지 모릅니다! 하나님은 그저 겸손히 돌이키고 회개하는 마음 이외에는 그 어떠한 것도 우리에게 요구하시지 않습니다. 우리더러 죄를 깨닫고, 그것을 시인하고, 고백하며, 그것을 내어버리고, 그가 베푸시는 죄 사함을 받으라고만 말씀하시는 것입니다....여러분, 생각해보세요! 우리가 회개하면 마치 평생 한 번도 죄를 지은 일이 없는 것처럼 그렇게 하나님 앞에 서게 되는 것입니다!(Lloyd-Jones, *Evangelistic Sermons*, 130).

결론

성도 여러분, 하나님의 "인자하심"을 입버릇처럼 내뱉으면서도 그것을 그저 당연한 것으로 치부하는 그런 영적 배은망덕이 오늘날 교회 안을 너무도 어지럽히고 있습니다. 그러나 우리가 우리 자신의 죄악성과 그로부터 나오는 온갖 추악한 것들과 불경한 것들을 조금이라도 인정하고 깨닫는다면, 결코 하나님의 "인자하심과 용납하심과 길이 참으심"을 그렇게 가볍게 "멸시"힐 수는 없을 것입니다. 여러분, 저를 포함하여 우리 모두가 자신을 돌아보아야 하겠습니다. 하나님의 그런 "인자하심과 용납하심과 길이 참으심"이 과연 어떤 것인지, 조금이라도 감지하고 계십니까? 여러분의 삶 속에서 그것을 체험하고서, 그것에 감격하여 감사와 찬송으로 화답한 일이 과연 있습니까? 지금은 어떠십니까?

제16강.
하나님의 심판의 대 원칙(2:6-10)

"6 하나님께서 각 사람에게 그 행한 대로 보응하시되
7 참고 선을 행하여 영광과 존귀와 썩지 아니함을 구하는 자에게는
영생으로 하시고
8 오직 당을 지어 진리를 따르지 아니하고 불의를 따르는 자에게는
진노와 분노로 하시리라
9 악을 행하는 각 사람의 영에는 환난과 곤고가 있으리니 먼저는 유
대인에게요 그리고 헬라인에게며
10 선을 행하는 각 사람에게는 영광과 존귀와 평강이 있으리니 먼저
는 유대인에게요 그리고 헬라인에게라."

바울은 5절에서 "하나님의 의로우신 심판이 나타나는 그 날"을 언급한 다음, 이제 6절부터 그날에 하나님이 하실 일들에 대해 말씀을 이어갑니다. 여기서 우리는 신자들과 불신자들에 대한 하나님의 마지막 심판이 어떻게 시행될 것인지에 대해 명확한 가르침을 얻게 됩니다. 사도 바울은 6절에서 "각 사람에게 그 행한 대로"라는 하나님의 심판의 원칙을 명확하게 제시하고, 이어서 그 원칙을 보다 구체적으로 설명합니다. 하나님의 의(義)의 기준

에 부합하는 자들에게는 "영생"(7절)과 "영광과 존귀와 평강"으로(10절) 보응하시고, 또한 그 기준에 부합하지 않는 자들에게는 "진노와 분노"(8절), 그리고 "환난과 곤고"로(9절) 보응하시리라는 것입니다. 이 심판은 "진리대로"(2절) 이루어질 것이며, 그때에는 "유대인"이나 "헬라인"의 차별이 없을 것입니다(9, 10절). 왜냐하면 하나님은 사람의 "외모"에 따라 편파적으로 심판하시는 분이 아니기 때문입니다(11절).

심판의 대원칙

사도 바울은 6절에서 하나님의 심판의 대원칙을 공포합니다. 곧 "하나님께서 각 사람에게 그 행한 대로 보응하"신다는 것입니다. 그는 또한 다른 여러 본문에서도 이 원칙을 거듭 밝히고 있습니다(고후 5:10; 11:15; 갈 6:7-9; 엡 6:8; 골 3:24-25; 딤후 4:14). 이러한 원칙은 사도 바울 개인이 창안해낸 것이 아니라, 구약성경에서부터 계속 천명해온 것입니다(예. 욥 34:11; 잠 24:12; 전 12:14; 사 3:10-11; 렘 17:10; 호 12:2 등). 사실 6절의 바울의 진술은 시편 62:12("주여 인자함은 주께 속하오니 주께서 각 사람이 행한 대로 갚으심이니이다")의 헬라어 70인역(LXX)의 문구를 그대로 인용한 것입니다.

예수님도 친히 이 원칙을 여러 차례 말씀하신 바 있습니다. "인자가 아버지의 영광으로 그 천사들과 함께 오리니 그때에 각 사람이 행한 대로 갚으리라"(마 16:27; 참조. 마 7:21; 25:31-46; 요 5:28-29 등). 또한 예수님의 가르침을 직접 받은 베드로(벧전 1:17)와 요한(계 2:23; 20:12-13; 22:12)도 이 동일한 원칙을 그대로 반복하여 선언하고 있습니다. 구약성경과 신약성경이 하나의 줄거리로 연결되어 있습니다만, 이 점은 이처럼 동일한 심판의 원칙을 구약성경과 신약성경 모두 일관성 있게 제시하고 있다는 사실에서도 볼 수 있습니다. 바꾸어 말씀하면, 이러한 심판의 원칙은 시대를 초월하여 변함없이 선포되어온 항구적인 진리라 할 것입니다. 무엇보다도, 우리 주 예수께서 그 원칙을 확정적으로 선포하셨으며 베드로와 요한, 그리고 바울 등의 사도들이 그것을 명확히 증언하고 있으니, 이에 대해 의심한다는 것은 조금도 용납될 수가 없는 것입니다.

무엇보다 이 심판은 "각 사람"을 대상으로 하는 것입니다. 모든 사람이 각기 하나님의 심판을 받게 된다는 것입니다. 오늘날 교회 일각에서 "각 사람"이 아니라 "민족들"(nations)이 심판을 받게 될 것이라고 가르치는 이들이 있습니다만,[141] 본문을 비롯한 성경의 증거들은 그런 가르침이 오류임을 분명히 보여줍니다. 아닙니다. 과거와 현재와 미래의 모든 사람이 예외 없이 개별적으로 하나님의 심판을 받게 될 것입니다. 그야말로 우주적이며 보편적이며 또한 개별적인 심판이 반드시 있게 될 것입니다. 그리고 그 심판의 기준은 "그 행한 대로"(헬. "카타 타 에르가 아우투"[κατὰ τὰ ἔργα αὐτοῦ]; "그의 행위에 따라") 입니다. 즉 사람의 행위—사람이 평생을 살면서 행한 모든 행위—가 그 심판의 기준입니다. 하나님은 그의 거룩하시고 완전하신 기준에 근거하여 각 사람의 모든 행위 하나하나를 있는 그대로("진리대로", 2절) 보시고 그에 따라 보응하신다는 것입니다.

이어서 7-10절에서는 하나님의 심판의 원칙—"각 사람에게 그 행한 대로"—을 보다 상세하게 제시합니다. 곧 "참고 선을 행하여 영광과 존귀와 썩지 아니함을 구하는 자에게는 영생으로" 갚으실 것이요, 따라서 "선을 행하

_141 세대주의자들은 마 25:31-46의 "양과 염소의 비유"가 이방 "민족들"에 대한 심판을 가르치는 것이라고 주장합니다. "모든 민족을 그 앞에 모으고"(32절)라는 단서가 붙어 있다는 점에 착안하여—또한 그들의 다른 주장들(예. 휴거 등)과 연계시켜서—그 본문이 이방 "민족들"이 유대인들을 비롯한 다른 민족들에게 행한 처신들에 대해 하나님의 심판을 받게 될 것임을 가르친다고 주장하는 것입니다(예. MacArthur & Mayhue, *Biblical Doctrine*, 867-868; Robert N. Wilkin, "Christians Will Be Judged according to Their Works at the Rewards Judgment, But Not at the Final Judgment," in Stanley, ed., *Four Views on the Role of Works*, 38-40). 그러나 이런 해석은 극히 임의적이고 끼워 맞추기식이어서 받아들일 수가 없습니다. 참조. Carson, "Matthew," 520; Grudem, *Systematic Theology*, 1141-1142.

는 각 사람에게는 영광과 존귀와 평강이 있"을 것입니다(7, 10절). 반면에 "당을 지어 진리를 따르지 아니하고 불의를 따르는 자에게는 진노와 분노로" 갚으실 것이요, 따라서 "악을 행하는 각 사람의 영에는 환난과 곤고가 있"으리라고 합니다(8-9절). 그리고 이러한 심판의 원칙은 "유대인에게"나 "헬라인에게"나 차별이 없이 동일하게 적용된다는 것입니다(9, 10절). 창세 이후 세상을 살았고 현재 살고 있고 또한 미래에 살게 될 모든 사람이 이러한 원칙에 따라 심판을 받게 될 것이요, 또한 그 심판의 결과 두 갈래로―"영생"을 얻을 부류와 "진노와 분노"를 당할 부류로―나뉘게 될 것입니다. 결과는 오직 두 가지뿐입니다. 성경은 언제나 오직 두 가지 결과만 제시합니다. "의인들의 길"과 "악인들의 길"이 있고(시 1:6), "멸망으로 인도하는 문"과 "생명으로 인도하는 문"이 있으며(마 7:13-14), 영생을 얻게 될 "양"이 있는가 하면 영벌(永罰)을 받게 될 "염소"들이 있는 것입니다(마 25:31-46). 그렇습니다. 이도 저도 아닌 중간의 결과는 없습니다. 이쪽이냐 아니면 저쪽이냐, 둘 중의 하나일 수밖에 없는 것입니다.

그런데, 본문의 이러한 엄정한 심판의 원칙을 기준으로 놓고 보면, "영생"을 얻을 부류에 속할 자격을 갖춘 사람은 단 하나도 없습니다. 단 한 사람의 예외도 없이 온 인류가 "진노와 분노"를 받을 후자에 속할 수밖에는 없습니다. 하나님이 "각 사람에게 그 행한 대로 보응하"신다는 이 원칙에 따르면 그럴 수밖에는 없는 것입니다. 본문이 말씀하는 심판은 그 원칙을 완전무결하게 준수하는 것을 전제로 하는 것인데, 동서고금을 막론하고 이 세상의 그 어떠한 사람도 출생 시부터 마지막 사망 시까지 단 한 치의 비뚤어짐이나 모자람이 없이 시종일관 본문의 원칙을 좇아 "참고 선을 행하여 영광과 존귀와 썩지 아니함을 구"한 경우는 없고, 또한 그렇게 할 수도 없기 때문입니다.

"유대인"의 경우는 하나님이 이스라엘에 베푸신 율법을 완전무결하게 지켜야만 이 요건을 충족할 수 있습니다. 야고보서의 말씀처럼 "누구든지 온 율법을 지키다가 그 하나를 범하면 모두 범한 자가 되"고 마는 것입니다(약 2:10). 또한 하나님의 율법이 없는 "헬라인"의 경우는 "본성으로 율법의 일"(14절)을 평생토록 이행하여야만 합니다. 즉 그들에게 주어진 신지식(神知識)의 범위 내에서 평생토록 전적으로 "그를 영화롭게 하고 그에게 감사하는"(1:21) 삶을 살아야 하고, 그러한 삶의 기조에서 한 치도 벗어나는 일이 있어서는 안 됩니다. 그래야만 하나님의 심판의 요건을 충족시키게 되고, 그 결과 "영생"(7절)과 "영광과 존귀와 영광"(10절)을 누리게 되는 것입니다. 그러나 "유대인"이든 "헬라인"이든, 죄 아래 있는 인간으로서는 이것이 결코 불가능한 일입니다. 하나님의 심판의 요건을 결코 충족시킬 수가 없습니다. 그러므로 온 인류가 "진노와 분노"(8절)와 "환난과 곤고"(9절)를 당할 처지에 있는 것입니다.

바울은 이처럼 준엄한 사실을 직시하고서 3장에서, "유대인이나 헬라인이나 다 죄 아래에 있다"고도 말씀하고(9절), "율법이 말하는 바는…온 세상으로 하나님의 심판 아래에 있게 하려 함"이라고도 말씀하는 것입니다(19절). 그러니 온 인류에게는 조금도 소망이 없습니다. 온 인류가 그 어떠한 예외도 없이 이처럼 처절한 하나님의 심판 아래 놓여 있는 것이요, 현재의 본문은 바로 그러한 엄숙한 사실을 명확히 보여주고 있는 것입니다.[142] 로이드 존스는 이에 대해 이렇게 설명합니다.

142 찰스 하지는 다음과 같이 설명합니다. "사도는 여기서 칭의(稱義; 의롭다 하심)의 방법을 가르치는 것이 아니라, 하나님의 일반적인 정의(正義)의 원칙들을 제시하고 있다. 곧 복음이 아니라 율법을 해명하는 것이다.…본문이 가르치는 것은 복음과는 무관하게…율법이 하나님의 심판의 원칙이 될 것이라는 것이다"(Hodge, *Romans*, 50). 다음의 여러 주석가들이 이에 동의합니다. Haldane, *Romans*, 91–92; Moo, *Romans*, 140–142; Thielman, *Romans*, 130–131; Pate, *Romans*, 47; Fesko, *Romans*, 47, Longenecker, *Romans*, 268–272 등.

> 이 단락 전체에서 바울은 우리가 어떻게 의롭다 하심을 받는가, 혹은 우리가 어떻게 구원을 받는가 하는 문제를 제기하는 것이 전혀 아닙니다. 이 단락의 주제는 그것과는 전혀 다릅니다. 여기서 바울이 다루고 있는 것은, 과연 우리를 정죄하는 것이 무엇이며 우리를 망하게 하는 것이 무엇인가 하는 것입니다. 본문의 주제는 하나님의 진노입니다....그는 이 점을—곧 온 세상이 하나님 앞에 죄를 범한 상태에 있으며 의인은 단 한 사람도 없다는 사실을—입증하고 있는 것입니다. 그러므로 그가 여기서 보여주는 것은 오로지 심판과 정죄의 근거 혹은 요건들입니다....오로지 그 진노의 날에 있게 될 그 심판의 요건들을 다루고 있는 것입니다....사도의 궁극적인 목표는, 사람이 행위로는 결코 구원받을 수 없다는 사실을 보여주는 것이요, 행위로는 오히려 사람이 정죄를 받을 수밖에 없다는 것을 확실히 보여주는 데 있는 것입니다(Lloyd-Jones, *Romans*, II, 93-94).

그렇습니다. 로마서 2장의 단락에서 사도 바울은 하나님의 율법이 요구하는 심판의 원칙이 그처럼 엄정하므로 그 기준에 따라 심판을 통과하여 "영생"을 얻을 사람이 세상에 아무도 없고, 모두가 "진노와 분노"로 보응 받을 처지에 있다는 점을 말씀하고 있는 것입니다. 무엇보다 먼저 이 점을 명확히 해두는 것이 중요할 것입니다.

그런데 다른 한편으로 또 한 가지 고려할 요건이 있다고 여겨집니다. 4절에서 언급한 바 있는 하나님의 "인자하심과 용납하심과 길이 참으심의 풍성함"이 그것입니다. 바울은 6-11절에서 하나님의 엄정한 심판의 원칙을 분명히 밝히고 있지만, 동시에 죄인들을 인도하여 "회개"하게 하시는 하나님의 은혜로운 역사하심이 거기에 개입되고 있음을 미리 4절에서 암시해놓은 것입니다. 그러므로 6-10절에서 거론되는 하나님의 심판에 대해 상고할 때에, 우리는 이러한 4절의 사실을—하나님의 "인자하심"을 좇아 "회개"하는 죄인들의 경우에는 과연 그 심판에서 어떻게 보응받게 될 것인지를—함께 고려해야 할 것입니다. 이렇게 본다면 결국 후에 3:21 이하의 단락에서 명확히 가르치는 대로, 회개하고 예수 그리스도를 믿어 그로 말미암아 "값없이 의롭다 하심을 얻은 자"(3:24)들이 그 이후로 성령의 도우시는 역사하심에 힘입어, 평생토록 "참고 선을 행하여 영광과 존귀와 썩지 아니함을 구하"는 성화(聖化)의 삶을 살게 되고, 훗날 그들이 "예수 그리스도를 믿음으로 말미암아 모든 믿는 자에게 미치는 하나님의 의"(3:22)를 근거로 하여, 마지막 심판 때에 "영생"과 "영광과 존귀와 평강"으로 보응받게 될 것임을 본문이 암시하고 있다고 보는 것이 합당할 것입니다.[_143]

결국 신자가 마지막 심판에서 이처럼 영생"으로 보응받게 되어 "영광과 존귀와 평강"을 누리게 되는 것이 전적으로 하나님의 은혜임이 여기서도 명백히 드러나는 것입니다. "너희는 그 은혜에 의하여 믿음으로 말미암아 구원을 받았으니 이것은 너희에게서 난 것이 아니요 하나님의 선물이라"(엡 2:8). 아무도 자기 개인의 행위로는 하나님의 심판대 앞에 서서 "영생"을 얻게 될 수가 없습니다. 그런데 오직 하나님의 은혜로 말미암아, 우리를 회개하게 하

_143 다수의 주석가들이 본문에 이런 의미가 함축, 혹은 전제된 것으로 이해합니다. 참조. 레이먼드, 『바울의 생애와 신학』, 654; Boice, *Romans*, I. 225-232; Cranfield, *Romans*, I. 153; Hendricksen, *Romans*, 92-93; Kruse, *Romans*, 142-144; Lloyd-Jones, *Romans*, II, 78-89; MacArthur, *Romans 1-8*, 128-130; Murray, *Romans*, I. 63; Osborne, *Romans*, 64-65; Peterson, *Romans*, 143-144; Schreiner, *Romans*, 114-115 등.
리처드 개핀 박사는 미래의 심판과 행위의 관계에 대해 다음과 같이 진술합니다. "행위에 따라 이루어지는 미래의 심판과 오직 믿음으로 말미암아—또한 그리스도 안에 나타난 전가된 하나님의 의를 유일한 근거로 하여—이미 베풀어진 칭의의 현실에 대한…명확한 가르침을 서로 어떻게 관련지어야 하는가?…이에 대한 해답은…믿음으로 말미암는 그리스도와의 연합의 '이미'(이미 성취된 면)와 '아직'(아직 완성되지 않은 면)의 구조에서, 또한 그 믿음의—특히 '사랑으로써 역사하는 믿음'(갈 5:6)의—본질에서 찾아야 한다.…그리스도인의 경우, 행위에 따라 이루어지는 미래의 심판은 믿음으로 말미암아 이미 칭의를 받았다는 사실 이외에 별다른 원리에 근거하여 이루어지는 것이 아니다. 다만 차이가 있다면, 마지막 심판은 이미 받은 현재의 칭의를 공개적으로 드러내는 것이요, 그 심판 때에 신자들이 '공개적으로 사면받게' 된다는 것이다. 그 미래의 심판에서 그들의 행위가 그들의 사면의 근거와 기초가 되는 것이 아니다.…오히려 그 행위들은…'살아 있는 참된 믿음의 순전한 열매들과 증거들'인 것이다"(Gaffin, *By Faith Not By Sight*, 111-112). 파이퍼와 호튼 역시 이에 동의합니다. 참조. Piper, *Future of Justification*, 116; Horton, *Justification*, 2. 389-390.

시는 하나님의 인자하심으로 말미암아, 예수 그리스도를 믿음으로 그리스도의 의(義)를 우리의 것으로 전가(轉嫁)받아 그 의를 근거로 하여, 그 처절한 하나님의 심판대를 통과하게 된다는 것입니다. 그러니 이 사실을 깨달은 자로서 어찌 찬양하지 않을 수가 있겠습니까? 구원받은 성도라면 언제나, 어떠한 처지에서도, 이러한 감격과 감사와 찬양이 있는 것입니다.

영생을 얻을 자들

사도는 "영생"을 얻게 될 신자들을 가리켜 "참고 선을 행하여 영광과 존귀와 썩지 아니함을 구하는 자"라고 묘사합니다(7절). 하나님의 인자하심에 힘입어 회개한 이후(4절) 성령으로 말미암아 거룩한 삶을 향하여 나아가는 이른바 성화(聖化)의 단계에 있는 참된 신자의 전반적인 모습을 그렇게 묘사하는 것입니다. 그런 모습이 참된 신자들의 삶에서 현저하게 드러나는 그들의 라이프스타일이라는 것입니다. 본문의 이러한 묘사와 관련해서 세 가지를 지적할 수 있습니다.

첫째로, 참된 신자는 "영광과 존귀와 썩지 아니함"을 삶의 목표로 삼고 마지막까지 그것들을 지속적으로 추구해 나가는 모습[144]을 보인다는 사실입니다. "영광"(헬. "독사"[δόξα])과 "존귀"(헬. "티메"[τιμή])는 신약성경에서 짝을 이루어 자주 언급되며(딤전 1:17; 히 2:7; 벧전 1:7; 벧후 1:17; 계 4:9, 11; 5:13 등), 둘이 의미가 매우 비슷합니다. 본문이 말씀하는 "영광"이란 무엇을 뜻할까요? 예수님은 유대인들이 "서로 영광을 취하고 유일하신 하나님께로부터 오는 영광은 구하지 아니"한다고 책망하신 바 있습니다만(요 5:44), 여기서 바울은

_144 본문의 "구하는"(헬. "제투신"; ζητοῦσιν, 현재 분사형)은 지속적인 행위의 패턴을 나타냅니다. 곧 일시적으로 한 번 구하고 그만두는 것이 아니라 지속적으로 그 일을 추구해 나간다는 의미를 담고 있습니다.

바로 그 "하나님께로부터 오는 영광"을 지칭한다 할 것입니다. 그는 또한 빌립보서 3장에서 그리스도께서 "우리의 낮은 몸을 자기 영광의 몸의 형체와 같이 변하게 하시리라"(21절)고 말씀합니다. 그리고 로마서 8장에서는, "생각하건대 현재의 고난은 장차 우리에게 나타날 영광과 비교할 수 없"(18절)다고 말씀합니다. 여기서 바울은 참된 신자들에게 "나타날 영광," 곧, 장차 그리스도의 "영광의 몸의 형체와 같이" 변화될 때에 신자들이 누리게 될 찬란한 영광을 말씀하는 것입니다. 이러한 "영광"이야말로 우리 성도들이 지향하는 지극히 귀한 목표입니다. 고린도후서에서는 다음과 같이 말씀합니다.

> 우리가 잠시 받는 환난의 경한 것이 지극히 크고 영원한 영광의 중한 것을 우리에게 이루게 함이니 우리가 주목하는 것은 보이는 것이 아니요 보이지 않는 것이니 보이는 것은 잠깐이요 보이지 않는 것은 영원함이라(4:17-18).

그렇습니다. "지극히 크고 영원한 영광"은 이 세상에서는 "보이지 않는 것"입니다. 그러나 참된 성도는 믿음으로 그 영원한 가치를 진정으로 깨닫고 믿음으로 그것을 "주목하"며 그것을 목표로 삼아 "잠시 받는 환난"을 이기며 전진해 나아가는 것입니다.

1981년 2월 말, 로이드 존스 목사는 투병 생활 끝에 임종이 가까워 오는 상태였습니다. 그의 가족들은 안타까운 심정으로 그의 생명을 연장시켜 주시기를 기도하였습니다. 그러나 그는 그런 가족들을 만류하며 "나의 병 낫기를 위해 기도하지 말라. 이제야 드디어 내가 영광에 들어가려 하니, 나를 붙잡지 말라"고 당부했다고 합니다.[145] 평생토록 하나님께서 베푸시는 그 "영

_145 Iain Murray, *David Martyn Lloyd-Jones: The Fight of Faith* 1939–1981, 747.

광"에 들어가기를 간절히 사모해온 신실한 하나님의 종의 진지한 모습을 접하고 눈시울이 뜨거워지지 않을 수 없습니다. 과연 "영원을 사모하는 마음"(전 3:11)으로 가득한 참 성도의 모습이 아닐 수 없습니다. 여러분, 과연 우리의 삶의 최종의 목표는 무엇입니까? 우리가 마음을 쏟아 "주목하는 것"은 과연 무엇입니까? 잠깐 있다가 사라지는 "보이는 것"입니까? 아니면 영원토록 있게 될 "보이지 않는 것"입니까? 주의 성령께서 우리를 일깨우시고 각성하게 해주시기를 바라마지 않습니다.

"존귀"를 구태여 구별하여 설명하자면, 그것은 하나님께서 신자들을 인정하시고 승인하시는 것에 초점을 맞추는 의미를 지닌다 하겠습니다(Murray, *Romans*, I. 64). 이를테면 "잘하였도다 착하고 충성된 종아 네가 적은 일에 충성하였으매 내가 많은 것을 네게 맡기리니 네 주인의 즐거움에 참여할지어다"(마 25:21)라는 등의 말씀으로 그들을 칭찬하시며 귀히 대하시는 것과 같다 할 것입니다. 또한 참된 성도는 "썩지 아니함"[146]을 목표로 삼고 나아갑니다. 바울은 고린도전서 15장에서 "나팔 소리가 나매 죽은 자들이 썩지 아니할 것으로 다시 살아나고 우리도 변화되리라 이 썩을 것이 반드시 썩지 아니할 것을 입겠고 이 죽을 것이 죽지 아니함을 입으리로다"(52-53절)라고 말씀합니다. 과연 그렇습니다. 이는 마지막 성도의 부활과 그 이후에 영원토록 지속되는 복락의 삶을 염두에 두는 것이라 하겠습니다. 레온 모리스는 이러한 신자의 모습에 대해 다음과 같이 설명합니다.

이들이 신뢰하는 것은 하나님이지, 자기들 자신의 성취가 아니다. 바울은 삶이

_146 헬. "아프타르시아"[ἀφθαρσία]). 이는 "불멸"(不滅)을 뜻하며, 마지막 종말에 있을 부활 이후에 이어지는 불멸의 상태를 뜻합니다. 참조. Kruse, *Romans*, 125.

> 한 가지 일정한 목표를 지향하는 자들을 지칭하는 것이다. 이들이 마음을 두는 것은 물질적인 번영이나 행복 따위…가 아니다. 그들은 오히려 영광과 존귀와 썩지 아니함, 곧 하나님과의 친밀한 동행(同行)에서 비롯되는 특질들에 마음이 집중되어 있다. 이들의 삶은 하늘의 것들에게로 기울어져 있는 것이다(Morris, *Romans*, 116-117).

둘째로, 참된 신자는 자신이 이처럼 영원한 최종의 목표를 지향하고 있다는 사실을 "참고 선을 행"하는 모습을 통해 드러내 보입니다. 곧 마지막까지 인내로 꾸준히 선을 행하며 나아가는 모습이야말로 "영생"을 얻을 참된 신자에게서 드러나는 현저한 특징이라는 것입니다. 바울은 갈라디아서에서 "우리가 선을 행하되 낙심하지 말지니 포기하지 아니하면 때가 이루매 거두리라"고 말씀합니다(갈 6:8-9; 참조. 살후 3:13; 골 1:22-23). 히브리서 기자는, "우리가 시작할 때에 확신한 것을 끝까지 견고히 잡고 있으면 그리스도와 함께 참여한 자가 되리라"(히 3:14; 참조. 7:25)고 말씀합니다. 예수님께서도 "끝까지 견디는 자는 구원을 얻으리라"(마 24:13)고 말씀하시며, 또한 이렇게도 말씀하십니다.

> 아버지께서 내게 주시는 자는 다 내게로 올 것이요 내게 오는 자는 내가 결코 내쫓지 아니하리니…나를 보내신 이의 뜻은 내게 주신 자 중에 내가 하나도 잃어버리지 아니하고 마지막 날에 다시 살리는 이것이니라 내 아버지의 뜻은 아들을 보고 믿는 자마다 영생을 얻는 이것이니 마지막 날에 내가 이를 다시 살리리라(요 6:37, 39-40).

그렇습니다. 참된 믿음은 일시적인 것이 아니요, 반드시 그 영원한 최종의 목표를 향하여 마지막까지 인내로 나아가는 모습을 보이는 것입니다. 웨스트민스터 신앙고백서 제17장("성도의 견인[堅忍]에 대하여") 1, 2항의 다음과 같은 진술을 우리는 아멘으로 받아들입니다.

1. 하나님이 그의 사랑하시는 자 안에서 용납하시고 그의 영으로 말미암아 효력 있게 부르시고 거룩하게 하신 자들은, 완전히는(totally), 또한 최종적으로는(finally), 그 은혜의 상태에서 떨어져 나갈 수 없으며 마지막까지 견디며 영원토록 구원을 받게 될 것이 확실하다.
2. 이러한 성도들의 견인은 그들 자신의 자유 의지에 달려 있는 것이 아니라, 아버지 하나님의 값없는 변함없는 사랑에서 나오는바 선택의 작정의 불변함과, 예수 그리스도의 공로와 중보의 효력과, 또한 성령과 하나님의 씨가 성도들 속에 함께 거하심과, 은혜 언약의 본질에 달려 있는 것이니, 성도의 견인의 확실성과 무오성은 이 모든 것들에서 연유한다.

신자가 마지막까지 "참고 선을 행"하며 나아가게 되는 것은, 그의 믿음이 완전하고 흠결이 없기 때문이 아닙니다. 구원 얻은 신자라 할지라도 그 본성적인 죄성과 연약함으로 인하여 때때로 시험과 침체에 빠지기도 하고 일시적으로 죄를 범하는 일이 다반사로 일어납니다. 그러나 그럼에도 불구하고 구원의 은혜를 누리는 상태로부터 완전히, 최종적으로 떨어져 나가서 다시는 회복할 수 없는 처지가 되는 일은 결코 없습니다. 반드시 회개하고 본연의 모습으로 돌아옵니다. 어째서 그렇습니까? 그 원인은 사람에게 있는 것이 아니라 영원하신 하나님께 있습니다. 성삼위 하나님의 은혜로우신 구원의 역사가 완전하고도 불변하기 때문입니다. 신자의 견인(堅忍)은 오직 성부 하나님의 "선택의 작정의 불변함"과, 성자 하나님의 "공로와 중보의 효력"과, 성령

하나님의 "함께 거하심"에서 비롯되는 것입니다.

셋째로, 이러한 삶을 사는 신자에게 하나님께서 "영생"(헬. "조에 아이오니온"[ζωὴ αἰώνιον])으로 보응하십니다. "영생"이란 문자적으로는 "다가오는 시대—곧 내세(來世)—에 속한 생명"이라는 뜻인데, 이는 단순히 영원히 지속되기만 하는 생명이 아니라("진노와 분노" 역시 영원히 지속되는 것이니 말입니다) 하나님의 임재 속에서 누리는 지극히 영화롭고도 고귀한 삶이며(Morris, *Romans*, 117), 이는 그리스도를 믿는 믿음에 대하여 미래에 베풀어지는 상급이요 또한 그 최종적인 귀결이기도 합니다(Kruse, *Romans*, 126). 그리고 10절과 연결시켜 보면, "영생"이란 좀 더 구체적으로 "영광과 존귀와 평강", 그리고 "썩지 아니함"을 모두 합쳐놓은 상태로 이해할 수 있을 것입니다.

참된 신자는 이미 하나님과의 교제 속에서 원칙적으로 "영생"을 맛보고 부분적으로 그것을 누리는 상태에 있습니다. 왜냐하면 예수님의 말씀처럼, "영생"이란 본질적으로 "유일하신 참 하나님과 그가 보내신 자 예수 그리스도를 아는 것"이기 때문입니다(요 17:3). 참된 신자는 누구나 "참 하나님"과 "예수 그리스도"를 알고 또한 성령 안에서 그분들과의 실질적인 교제를 누리며, 따라서 이미 "영생"을 소유하고 있는 것입니다. 비록 지금은 부족하고 연약한 상태에서 맛보고 누리지만, 구원이 최종적으로 완성될 때에는 그 "영생"의 완전한 상태를 한껏 누리게 될 것입니다. 사도 바울의 말씀처럼 "지금은 거울로 보는 것 같이 희미하나 그때에는 얼굴과 얼굴을 대하여 볼 것이요 지금은 내가 부분적으로 아나 그때에는 주께서 나를 아신 것 같이 내가 온전히 알"게 될 것입니다(고전 13:12).

"악을 행하는 각 사람"

그런데 이와는 대조적으로 "악을 행하는 각 사람"(9절)이 있으니, 곧 "당을 지어 진리를 따르지 아니하고 불의를 따르는 자"들입니다(8절). 이들은 스스로 "진노를…쌓는"(5절) 자들이요, 따라서 이들에게는 "진노와 분노"(8절), 곧 "환난과 곤고"가 베풀어질 것입니다(9절). 바울은 먼저 이들의 라이프스타일을 세 가지로 묘사합니다. "당을 지어 진리를 따르지 아니하고 불의를 따르는 자"라는 구절에서 "당을 지어"(헬. "엑스 에리테이아스"[ἐξ ἐριθείας])의 정확한 의미에 대해 갖가지 논란이 있으나, 이것을 "자기 추구"(self-seeking), "이기심"(selfishness), 혹은 "이기적 야망"(selfish ambition)을 뜻하는 것으로 보는 것이 적절하다는 것이 학자들의 중론입니다._147

이렇게 본다면, 이들은 모든 일에서 자기를 우선시하고 자기의 이기적인 뜻을 좇는 자들이며, 또한 결국 거룩하신 하나님의 "진리를 따르지 아니하고" 거역하며 "불의를 따르는" 특징을 삶 속에서 현저히 드러내 보이는 자들이라 하겠습니다. 이것이 이들의 현저한 라이프스타일입니다. 앞의 1장에서 바울은 "불의로 진리를 막는 사람들"에 대해 언급하면서, 이들이 불경(不敬; "경건치 않음")과 "불의"(不義)를 드러내며(18절), "하나님을 알되 하나님을 영화롭게도 아니하며 감사하지도 아니하고 오히려 그 생각이 허망하여지며 미련한 마음이 어두워졌나니 스스로 지혜 있다 하나 어리석게" 되었으며(21-22절), "하나님의 진리를 거짓 것으로 바꾸어 피조물을 조물주 대신 피조물을 경배하고 섬"겼다고 말씀하는데(25절), 본문은 바로 그런 사람들을 지목하여 말씀하는 것입니다.

이런 사람들은 철저하게 자기중심적이어서 모든 일에서 자기를 우선시합니다. "마음에 하나님 두기를 싫어하"(1:28)므로 하나님의 "진리"에 대해서

_147 참조. Cranfield, *Romans*, I. 148; Kruse, *Romans*, 126-127; Moo, *Romans*, 138; Morris, *Romans*, 118; Thiselton, *Romans*, 93 등. 공동번역 성경은 이 부분을, "자기 이익만을 생각하면서 진리를 물리치고 옳지 않은 것을 따르는 사람들"로 번역합니다.

도 오히려 적개심과 역심을 품습니다. "악인은 그의 교만한 얼굴로 말하기를 여호와께서 이를 감찰하지 아니하신다고 하며 그의 모든 사상에 하나님이 없다 하나이다"라는 시편 기자의 말씀(시 10:4; 참조. 시 14:1; 53:1)이 바로 이런 사람을 일컫는 것입니다. 하나님이 마음에 없으니 그의 진리가 무슨 의미가 있겠습니까? 오히려 불의가 마음에 와닿으니 진리를 버리고 불의를 좇는 것입니다. 진리를 진리로 인정하지 않게 되면, 그다음 모든 것을 판단하는 기준은 바로 자기 자신이 되어버립니다. 자기 자신의 생각, 자기 자신의 느낌이 언제나 우선이요, 그것이 전부입니다.

오늘날 포스트모더니즘 시대의 특징이 바로 이것 아닐까요? 영원한 진리 따위는 인정하지 않습니다. 오직 자기 마음에 믿어지는 바를 진리로 받아들이는 것입니다. 자기 자신이 모든 판단의 기준인 것이지요. 성경 말씀의 진리 역시 자기 자신의 잣대로 판단하고 배척하고 거부하는 것입니다. 16세기 유럽의 종교개혁자 마르틴 루터는 동시대의 인문주의자였던 에라스무스(Desiderius Erasmus, 1466-1536)에게 다음과 같이 말했다고 하는데, 에라스무스의 그런 자세야말로 본문이 말씀하는 악한 자기중심주의의 현저한 실례라 할 것입니다.

> **에라스무스여, 그대는 성경 위에 올라앉아서 그대 자신이 성경을 판단하려 하지만, 나는 성경 아래에 앉아서 성경이 나를 판단하게 하니, 이것이 그대와 나의 차이일세!(Stott & Edwards, *Essentials*, 105에서 재인용).**

그러나 예수님은 이와 정반대의 자세를 제자들에게 가르치십니다. "누구든지 나를 따라오려거든 자기를 부인하고 자기 십자가를 지고 나를 따를 것이니라"(마 16:24; 막 8:34; 눅 9:23). 여러분, 그렇습니다! 주님은 우리에게 자기를 주장하라고 가르치시지 않습니다. 오히려 자기를 부인하고 죽음의 십자가를 지고서, 그 십자가를 먼저 지신 주님 자신을 따를 것을 가르치고 계신 것입니다. 20세기의 탁월한 설교자 토저는 "옛 십자가"와 "새 십자가"를 상정하여 이 문제에 관하여 예리하게 지적합니다. 내용이 다소 길지만 인용해보겠습니다.

> 오늘날 대중적인 교회들에 새 십자가가 등장했습니다. 그것은 옛 십자가와 겉으로 보기에는 매우 흡사하지만 전혀 다릅니다. 겉모양은 비슷하지만 본질은 근본적으로 다른 것입니다. 그리고 이 새 십자가로부터 새로운 기독교 인생 철학이 나왔고, 그 새로운 철학에서 새로운 전도의 기법과 새로운 형태의 집회, 새로운 종류의 설교가 나왔습니다. 이 새로운 전도법은 예전의 전도법과 동일한 언어를 사용하되, 내용이 전혀 다르고 또한 강조점도 그 이전 것과는 같지 않습니다.
>
> 새 십자가는 인류와 반목(反目)하지도, 세상과 등지지도 않습니다. 오히려 세상에 대해 대단히 우호적입니다. 이 새 십자가는 사람들로 하여금 아무런 거리낌 없이 살게 해줍니다. 퇴폐적인 노래나 술을 피하고 그 대신 찬양의 노래를 부르고 종교 영화를 즐겨 하도록 만들어줄 뿐, 삶의 동기도 목적도 똑같습니다. 결국은 사람으로 하여금 자기 자신의 쾌락을 위해 살게 만드는 것입니다. 쾌락의 도덕적인 수준을 높여주기는 하지만, 여전히 즐기는 것에 강조점이 가 있는 것입니다....
>
> 새 십자가는 죄인을 죽이지 않습니다. 그 대신 죄인에게 새로운 지침을 제시합니다. 더 깨끗하고 더 유쾌한 삶의 방법을 도모하게 해주고 그리하여 스스로 존엄성을 유지하도록 유도합니다....현 시대의 유행의 방향에 맞추어 기독교의 메시지를 살짝 바꾸어놓습니다. 그리고 그렇게 해서 대중에게 호소력을 갖게 만드는 것입니다....
>
> 옛 십자가는 죽음의 상징입니다. 그것은 한 개인에게 갑작스런 폭력을 가하여 강

제로 그 목숨을 끊어 생을 마감하게 만드는 것입니다. 로마 시대에는 십자가를 지고 가는 사람이라면 누구든 이미 오래전에 친구들과 마지막 작별인사를 다 마친 사람입니다. 이제 가면 결코 다시 돌아올 수가 없고 모든 것이 다 끝나버리는 것입니다. 그 십자가는 절대로 타협 불가능한 것이었고, 정정(訂正)도 할 수 없고, 남겨두는 것도 없었습니다. 사람의 전부를 완전하게 영원토록 죽이는 것이었습니다. 십자가를 지고 가는 희생자와 사이좋게 사귀는 따위의 일은 시도하지도 않았습니다....아담의 후손인 인류는 사형 선고 아래 있습니다. 감형(減刑)도 사면(赦免)도 없습니다. 사람의 눈에는 아무리 순진무구하고 아름답게 보여도, 하나님은 그 어떠한 죄의 열매도 용인하실 수가 없습니다. 하나님은 개개인을 완전히 죽이시고 그다음 새 생명을 향해 다시 살게 하십니다. 이것이 사람을 구원하시는 하나님의 방법입니다. 그러니 하나님의 길과 사람의 길을 서로 우호적인 것으로 제시하는 식의 전도 방법은 성경과 어긋난 그릇된 것일 수밖에 없고, 전도를 받는 사람들의 영혼에도 잔인한 결과를 초래할 수밖에 없습니다. 그리스도를 믿는 믿음은 절대로 세상과 나란히 가는 것이 아닙니다. 오히려 세상을 거스르는 것이요, 세상과 반목하는 것이요, 세상과 정반대의 방향으로 나아가는 것입니다.
그리스도께로 나아오면 우리의 옛사람이 한 차원 높은 수준으로 올라가는 것이 아닙니다. 그리스도께로 나아오는 것은 오히려 옛사람을 십자가에 매달아 죽이는 일입니다. 밀알이 땅에 떨어져 죽어야만 합니다. 복음을 전하는 우리는, 마치 그리스도와 세상을 서로 사이좋게 만드는 것이 우리 자신의 임무인 것처럼 생각해서는 절대로 안 됩니다....우리는 외교관이 아니라 선지자들입니다. 우리가 전하는 메시지는 타협의 메시지가 아니라, 오히려 최후통첩(最後通牒)의 메시지입니다. 하나님은 새 삶을 베푸십니다. 하지만 옛 삶을 좀 더 낫게 개선하는 방식으로 하시지 않습니다. 그가 베푸시는 삶은 과연 죽음을 통과한 후에 얻는 것이요, 언제나 십자가 너머에 있는 것입니다. 그 삶을 소유하고자 하는 자는 누구든지 십자가의 죽음을 통과해야만 하는 것입니다(Tozer, *Best of Tozer*, 175-176).

진노와 분노-환난과 곤고

이처럼 "당을 지어 진리를 따르지 아니하고 불의를 따르는 자"들과 "악을 행하는 각 사람"에게 하나님께서는 "진노와 분노"(8절)로, 또한 "환난과 곤고"(9절)로 보응하실 것이라고 합니다. "진노"(헬. "오르게"[ὀργή])와 "분노"(헬. "튀모스"[θυμός])는 의미상 서로 큰 차이가 없습니다. 여기서 바울이 서로 거의 흡사한 두 단어를 반복함으로써 그 "진노" 혹은 "분노"의 맹렬함을 크게 강조하고 있다는 것이 학자들의 일반적인 이해입니다.[148] 또한 "환난과 곤고"[149]는 하나님이 쏟아 부으시는 맹렬한 "진노와 분노"를 그대로 받을 때 악인이 당하게 되는 무한히 처참한 상태를 시사한다 할 것입니다. 그렇다면 무엇입니까? 우리의 상상을 뛰어넘는 맹렬하고도 극한 하나님의 진노하심이 "악을 행하는 각 사람"을 기다리고 있으며, 그리하여 그들이 무한히 위중한 환난과 곤고를 겪게 되리라는 것입니다. 신약성경은 "맹렬한 불"(히 10:27), "맹렬한 진노의 포도주 잔"(계 16:19), "맹렬한 진노의 포도주 틀"(계 19:15) 등의 여러 가지 표현들을 통해서 이 마지막 진노의 형벌의 극한 위중함을 묘사합니다.

_148 스코틀랜드의 신학자 제임스 데니(James Denny, 1856-1917)는 "오르게"는 마음속에 있는 화(禍)를, 또한 "튀모스"는 그것이 겉으로 맹렬히 분출되는 상태를 뜻하는 것으로 봅니다(Denny, "*Romans*," 596). 모리스는 이러한 이원적인 차이를 인정하면서도, "본문에서는 (두 단어가) 의미상 서로 큰 차이가 없고…두 단어를 함께 언급함으로써 죄인들에게 퍼부어질 그 진노의 실상을 극히 강조하는 것"이라고 보며(Morris, *Romans*, 119), 또한 다수의 학자들이 이 견해를 견지합니다(참조. Cranfield, *Romans*, I, 149; Thielman, *Romans*, 132, 등). "진노"에 관한 더 상세한 내용에 대해서는 본서 258-266쪽을 참조하십시오.

_149 "환난"(헬. "틀립시스"[θλῖψις])은 "외부로부터 가해지는 극심한 괴로움"을 나타내고, "곤고"(헬. "스테노코리아"[στενοχωρία])는 "내적인 고통과 고뇌"를 뜻하는 것으로 이해하기도 합니다. 그러나 이 두 단어를 미세하게 구별하기보다는, 이 둘을 함께 언급함으로써 괴로움과 고통의 위중함과 무게를 크게 강조하는 의미를 나타낸다고 보는 것이 자연스럽다 하겠습니다(참조. Morris, *Romans*, 119-120, 주61).

그뿐 아니라 또한 이러한 극심한 진노와 분노가 영원히 계속될 것이라는 사실도 다양한 어법들을 통해 가르칩니다. 특히 예수님께서는 다음과 같은 표현들을 사용하셔서 이에 대해 극히 심각하게 경고하십니다. “영원한 불”(마 25:41), “영벌”(마 25:46), “지옥 곧 꺼지지 않는 불”(막 9:43), “거기에서는 구더기도 죽지 않고 불도 꺼지지 아니하느니라”(마 9:48). 요한계시록은 이 무시무시한 진노를 다음과 같이 생생하게 묘사하고 있습니다.

> 그도 하나님의 진노의 포도주를 마시리니 그 진노의 잔에 섞인 것이 없이 부은 포도주라 거룩한 천사들 앞과 어린 양 앞에서 불과 유황으로 고난을 받으리니 그 고난의 연기가 세세토록 올라가리로다 짐승과 그의 우상에게 경배하고 그의 이름표를 받는 자는 누구든지 밤낮 쉼을 얻지 못하리라(14:10-11).

사도 바울은 이러한 진노로 인하여 악인이 당하게 될 그 엄청난 “환난과 곤고”에 대해 데살로니가후서에서 다음과 같이 엄중히 경고하고 있습니다.

> 너희로 환난을 받게 하는 자들에게는 환난으로 갚으시…는 것이 하나님의 공의시니 주 예수께서 자기의 능력의 천사들과 함께 하늘로부터 불꽃 가운데에 나타나실 때에 하나님을 모르는 자들과 우리 주 예수의 복음에 복종하지 않는 자들에게 형벌을 내리시리니 이런 자들은 주의 얼굴과 그의 힘의 영광을 떠나 영원한 멸망의 형벌을 받으리로다(살후 1:6-9).

하나님의 말씀의 엄중한 경고를 가벼이 여기는 태도는 절대로 금물입니다. 우리도 모르는 사이에 “진노와 분노”가 우리에게 임하게 되고, 그리하여 말할 수 없는 “환난과 곤고” 속에서 “슬피 울며 이를 갈”(마 24:51)게 되는 일이 발생할 수도 있습니다. 이와 관련하여 칼빈의 다음과 같은 생생한 가르침은 오늘날 우리에게 큰 경고가 되고도 남습니다.

> 악인을 향한 하나님의 형벌의 엄중함은 사람의 언어로는 온전히 묘사할 수가 없기 때문에, 그들이 당할 고통과 괴로움을 물리적인 것들을 빌려서 비유적으로 표현하고 있다. 즉 어둠과 슬피 울며 이를 가는 것(마 8:12; 22:13), 꺼지지 않는 불(마 3:12; 막 9:43; 사 66:24), 그리고 죽지 아니하며 갉아먹는 벌레(사 66:24) 등이다. 이런 표현들을 통해서 성령께서는 우리의 모든 감각을 두려움과 끔찍함으로 떨게 하고자 하신 것이 분명하다....특히 하나님과의 교제에서 끊어진다는 것이 얼마나 비참한 것인가 하는 것에 우리의 생각을 고정해야 마땅할 것이다. 그뿐 아니라 하나님의 주권적인 능력이 악인을 대적하고 있다는 것을 느끼고 있어서 도저히 그 압박을 피할 길이 없는 것도 정말로 비참한 처지가 아닐 수 없다. 첫째로, 하나님의 진노는 마치 맹렬하게 타오르는 불과 같아서 거기에 닿는 모든 것을 삼키고 빨아들이기 때문이다. 그리고 둘째로, 모든 피조물이 하나님을 섬겨 그의 심판을 실행에 옮기므로 공개적으로 주의 진노를 받는 자들은 하늘과 땅과 바다와 생물들과 모든 존재하는 것들이 그들에 대해 끔찍한 화를 쏟아내며 그들을 멸하려고 무장하고 있는 것을 느낄 것이기 때문이다....하나님께로 말미암아 영원토록 끊임없이 포위를 당한다는 것이 얼마나 엄청난 것인지 모른다(칼빈, 『기독교강요』, 중, 626-627; III.25.12).

여기서 마지막으로 한 가지 우리 자신에게 적용해야 할 교훈이 있습니다. 바울은 "먼저는 유대인에게요 그리고 헬라인에게"(9, 10절)라는 문구를 반복합니다. 유대인들은 스스로 하나님의 택한 백성이라 여겨서 누구보다 먼저 자기들이 하나님이 베푸시는 복락에 들어갈 것이고, 또한 심판은 자기들이 아니라 이방인들에게만 해당하는 것이라는 식의 사고를 갖고 있었습니다. 그러나 바울은 여기서 분명히 말씀하고 있습니다. 유대인이 영생에 관해서 우선권이 있다면, 진노와 형벌에 있어서도 동일하게 우선권을 지닌다는 사실입니다. 하나님은 "외모로 사람을 취하지 아니하"(11절)시며, 따라서 유대인이냐 헬라인이냐 라는 것은 영생과 영벌에 전혀 중요한 요인이 아니라는 것입니다. 더글러스 무는 이에 대해 다음과 같이 설명합니다.

> 약속의 말씀이 "먼저" 유대인에게 베풀어졌듯이, 그 말씀에 부응하지 못한 것에 대한 형벌도 "먼저" 유대인에게 베풀어진다. 유대인들은 자기들이 선택된 민족이므로 구원에서는 "먼저"요 심판에서는 "나중"이 될 것이 보장되어 있다고 여겼으나, 바울은 그들의 우선권이 구원과 심판 모두에 똑같이 적용된다는 점을 강변하고 있는 것이다(Moo, *Romans*, 139).

결론

우리도 유대인들과 같은 식의 안일한 사고에서 자유롭지 못합니다. 교회에 소속되어 있고 정기적으로 예배를 드리며 양심적으로 살고 있으니 나는—혹은 우리는—괜찮을 거라는 식의 안일한 사고가 암암리에 우리에게 퍼져서, 심판, 진노, 환난 등의 가르침에 대해 별로 개의치 않고 무덤덤하게 받아들이는 경우가 허다합니다. 하나님의 진노와 환난, 처절한 형벌 등의 말씀을 접하면서도, "설마 내게 그런 일이 실제로 닥치랴!"라는 식으로 그냥 흘려듣고 넘어가는 것이지요. 이러한 안일한 자세를 버려야 합니다. "선 줄로 생각하는 자는 넘어질까 조심하라"(고전 10:12)는 사도의 경고를 절대로 흘려들어서는 안 됩니다. 바울은 그리스도의 사도이면서도, "내가 남에게 전파한 후에 자기가 도리어 버림이 될까 두려워"하여 "내가 내 몸을 쳐 복종하게" 한다고 말씀합니다(고전 9:27). "내가 과연 영생을 얻을 자로다!"라는 확신이 우리에게 있다면, 그와 동시에 나의 육신적인 연약함과 죄성을 직시하고서, 언제나 나를 낮추고 하나님의 말씀의 각양 경고들을 통해 나 자신을 살펴서 나의 허물과 그릇된 것들을 끊어내고, 그리스도를 닮아가는 방향으로 전진해야 할 것입니다. 이처럼 한 걸음씩 전진해가는 모습이야말로 구원 얻는 참된 신자에게서 나타나는 특징입니다.

제17강.
두 종류의 범죄자(2:11-16)

"11 이는 하나님께서 외모로 사람을 취하지 아니하심이라
12 무릇 율법 없이 범죄한 자는 또한 율법 없이 망하고 무릇 율법이
있고 범죄한 자는 율법으로 말미암아 심판을 받으리라
13 하나님 앞에서는 율법을 듣는 자가 의인이 아니요 오직 율법을
행하는 자라야 의롭다 하심을 얻으리니
14 율법 없는 이방인이 본성으로 율법의 일을 행할 때에는 이 사람
은 율법이 없어도 자기가 자기에게 율법이 되나니
15 이런 이들은 그 양심이 증거가 되어 그 생각들이 서로 혹은 고발
하며 혹은 변명하여 그 마음에 새긴 율법의 행위를 나타내느니라
16 곧 나의 복음에 이른 바와 같이 하나님이 예수 그리스도로 말미
암아 사람들의 은밀한 것을 심판하시는 그 날이라."

6-10절에서 바울은 "진리대로 되는"(2절) 하나님의 심판의 원칙을 제시한 바 있습니다. 곧 "선을 행하는 각 사람"에게는 "영생"으로, "악을 행하는 각 사람"에게는 "진노와 분노"로 심판하신다는 것입니다. 그리고 이어지는 11-16절에서는 그 원칙을 좀 더 구체적으로 설명하고 있습니다. 하나님의 심

판이 이러한 원칙대로 이루어지는 것은 바로 "하나님께서 외모로 사람을 취하지 아니하"시기 때문입니다(11절). 그리고 그렇기 때문에 "율법 없이 범죄한 자"(곧, 이방인)나 "율법이 있고 범죄한 자"(곧, 유대인)나 상관없이 모두가 하나님의 심판을 받게 될 것이며(12절), 또한 바울이 그의 선포한 복음에서 거론하듯이 하나님께서 예수 그리스도로 말미암아 사람을 심판하시는 바로 그날에 그 일이 이루어질 것이라고 합니다(16절). 문맥을 살펴보면 12절이 16절과 곧바로 연결되며, 중간의 13-15절은 일종의 괄호(括弧)와 같은 것으로서 12절의 진술을 확충 설명하는 것으로 보는 것이 가장 자연스러울 것입니다.[150]

12절은 누구든지 "범죄한 자"는 율법의 유무(有無)와는 상관없이 모두 하나님의 심판을 받을 것임을 공포합니다. 이어 13절에서는 "율법이 있고 범죄한" 유대인들이 심판을 받게 되는 이유를 설명합니다. 그들이 심판을 받는 이유는 "율법을 듣는 자"가 아니라 "오직 율법을 행하는 자"라야 하나님 앞에서 "의롭다 하심"을 얻기 때문이라는 것입니다. 14, 15절에서는 12절의 이방인에 관한 진술("율법 없이 범죄한 자는 또한 율법 없이 망하고")의 근거를 좀 더 상세히 풀어서 설명합니다.[151] "율법 없이-[152] 범죄한 자"란 모세의 율법에 대

_150 12-16절의 논리적 흐름에 대해서는 크게 세 가지 서로 다른 견해들이 제시되고 있습니다. ① 개역개정 성경과 영어 NIV 성경처럼, 14-15절을 괄호로 묶고 13절과 16절을 연결시키는 견해(Dunn, *Romans 1-8*, 105-106; Johnson, *Romans*, 56; Moo, *Romans*, 148; Stott, *Romans*, 87); ② 영어 KJV 성경처럼, 13-15절을 괄호로 묶고 12절을 16절과 연결시키는 견해(Haldane, *Romans*, 96; Hodge, *Romans*, 56-57; Lloyd-Jones, *Romans*, II, 103; Longenecker, *Romans*, 280-281; Osborne, *Romans*, 70). ③ 괄호를 인정하지 않고 12-16절까지 순서대로 연결되는 것으로 보는 견해(Morris, *Romans*, 124; Schreiner, *Romans*, 125). 필자의 개인적인 소견으로는, 12절의 "심판"에 대한 논의가 13-15절에서 사라졌다가 16절에서 다시 이어지는 점과, 13-15절이 12절을 확충 설명하는 점으로 보아 ②의 견해가 가장 적절하다 여겨집니다.

_151 2:12, 13, 14절 모두 각기 "왜냐하면"이라는 뜻의 헬라어 접속사 "가르"(γάρ)로 서로 연결되고 있습니다.

_152 로마서에서 72회에 걸쳐 언급되는 "율법"(헬. "노모스"[νόμος]. 여기서는 "율법 없는"이란 뜻의 형용사 "아노모스"[ἀνόμως]의 형태로)이 여기서 처음 언급됩니다. 무는 "바울 서신에 나타나는 '노모스'에 대한 언급 중 90퍼센트 이상이 '모세의 율법'을 지칭한다"고 지적하며(Moo, *Romans*, 145, 주7), 다수의 학자들이 동일한 견해를 제시합니다(참조. Hodge, *Romans*, 53; Longenecker, *Romans*, 264; Morris, *Romans*, 143-134; Rosner, *Paul and the Law*, 27; Schreiner, *40 Questions*, 21 등). 맥아더는 이에 대해 다음과 같이 진술합니다. "(노모스는) 때로는 부정적인 의미로 율법주의—자기

해 전혀 무지한 이방인을 지칭합니다. 바울의 논지는, 이방인이 율법을 모른다 해서 그것을 하나님 앞에 핑계거리로 내세울 수가 없다는 것입니다. 비록 모세의 율법은 알지 못한다 해도 "그 양심이 증거가 되어 그 생각들이 서로 혹은 고발하며 혹은 변명하"여(15절) 결국 그들이 "본성으로 율법의 일을 행"하는 것이므로, "율법이 없어도 자기가 자기에게 율법"이 된다는 것입니다(14절).

외모로 사람을 취하지 아니하심

바울은 누구든지(유대인이든 헬라인이든 예외 없이) 악을 행하는 자에게는 "환난과 곤고"가, 선을 행하는 자에게는 "영광과 존귀와 평강"이 있을 것임을 선포하고(9, 10절), 이어 11절에서 그 이유를 설명합니다. "이는 하나님께서 외모로 사람을 취하지 아니하심이라."[153] 곧 하나님은 결코 편파적인 분이 아니고 "진리대로" 심판하는 분이시므로(2절), 유대인이라고 해서 특별히 대우하거나 헬라인이라고 해서 차별하는 일이 결코 없으시다는 것입니다. 칼빈의 설명처럼 "하나님은 사람들이 보통 중요시하는 출신 가문, 출신 민족, 지위, 재물 따위가 아니라, 마음의 순결함 혹은 내적인 진실함을 보시는 것"입니다(Calvin, *Romans*, 46). 바울은 다른 여러 서신에서도 이 사실을 천 명합니다만(갈 2:6; 엡 6:9; 골 3:25), 이는 구약성경의 가르침과도 정확히 일치합니

의 노력으로 신적인 도덕성의 수준에 맞도록 행할 수 있다는 식으로 자기를 신뢰하고 의지하는 것—를 가리키며, 때로는 구약에서 모세를 통하여 하나님이 주신 계명들과 각종 의식(儀式)과 의례(儀禮)를 가리키며, 때로는 단순히 일반적인 신적 표준들을 가리키고, 때로는 그리스도 이전에 하나님이 계시하신 구약성경 전체를 가리키며, 때로는 일반적인 원리 혹은 법칙의 동의어로 쓰이기도 한다"(MacArthur, *Romans 1-8*, 201–202). 크루즈에 의하면, 로마서에서 "노모스"가 74회 사용되는데 그 대부분이 "모세의 율법"을 지칭하고, 한 번은 '구약성경'을 지칭하며(7:1), 일반적인 '원리'를 지칭하는 예도 일곱 번(3:27; 7:21, 23[3회], 25; 8:2[2회]) 나타난다고 합니다(Kruse, *Romans*, 195).

_153 "외모로 사람을 취"함(헬. "프로소포렘프시아"[προσωπολημψία])이란 문자적으로 "얼굴을 취함"이라는 뜻으로, 얼굴 생김새나 혹은 사회적 지위나 출신 따위를 근거로 사람을 판단하는 편파적인 자세를 뜻합니다.

다. 구약성경은 하나님께서 외모를 기준으로 사람을 취하지 아니하시며(참조. 레 19:15; 신 10:18; 16:19) 따라서 그의 백성들 역시 외모를 기준으로 사람을 취하는 불의를 행해서는 안 된다는 것을 명확히 가르칩니다(참조. 신 1:17; 삼상 16:17; 욥 34:19). 바울은 가말리엘의 문하에서 율법교육을 받은 철저한 바리새인으로서 회심 이전부터 이러한 구약성경의 가르침을 익히 잘 알고 있었을 것이며, 회심한 이후에도 여전히 이러한 구약성경의 가르침을 권위 있는 하나님의 말씀으로 받아들이고 있는 것입니다.

사도 베드로도 한 가지 극적인 사건을 통해서 "외모로 사람을 취하지 아니하"시는 하나님의 면모를 절실하게 깨닫게 됩니다(행 10장). 욥바에 머물던 그는 어느 날 환상을 보았습니다(9-16절). 그 환상 중에 온갖 부정한 짐승들이 담긴 큰 그릇이 땅에 드리워졌고, 그것들을 잡아먹으라는 음성이 들렸습니다. 그러나 그는 "속되고 깨끗하지 아니한 것을 내가 결코 먹지 아니하였나이다"(14절)라고 대답했습니다. 그러자 "하나님께서 깨끗하게 하신 것을 네가 속되다 하지 말라"(15절)라는 음성이 들렸습니다. 이런 일이 세 번 반복되어, 과연 이 환상이 무슨 의미인지 극히 궁금해하고 있던 차에, 전에 한 번도 만난 일이 없는 이방인 백부장 고넬료라는 자가 보낸 사람들이 그를 찾아왔습니다. 베드로는 그들의 요청을 받고 그들과 함께 가이사랴로 가서 고넬료를 만나게 됩니다. 그리고 환상 중에 베드로 자신을 찾으라는 하나님의 지시를 받았었다는 말을 그에게서 듣고서 이렇게 말합니다. "내가 참으로 하나님은 사람의 외모를 보시 아니하시…는 줄 깨달았도다"(34-35절).

베드로의 유대인 중심의 편협한 종교적 사고가 완전히 깨어지는 순간이었습니다. 이를테면 그는 아마도 이런 심정이었을 것입니다: "아, 여태까지 우리가 그릇된 유대인 우월주의에 빠져서, 하나님이 오직 유대인들에게만 구원의 복음을 베푸시는 줄로 잘못 생각하고 있었구나! 이방인들도 역시 하나님의 구원 경륜 속에 함께 포함되어 있는 것이었구나!" 베드로는 "사람들을 향한 하나님의 태도가 외모나 인종, 민족, 사회적 계급 등 겉으로 드러나는 기준에 의해 결정되는 것이 아님"을 결정적으로 깨달은 것입니다(Stott, *Acts*, 189-190). 어쩌면 그는 "너희가…예루살렘과 온 유대와 사마리아와 땅 끝까지 이르러 내 증인이 되리라"라고 하신 주님의 말씀의 참된 의미를 이때 비로소 선명하게 깨닫게 된 것인지도 모릅니다. 훗날 베드로는 다음과 같이 말씀합니다.

> 외모로 보시지 않고 각 사람의 행위대로 심판하시는 이를 너희가 아버지라 부른즉 너희가 나그네로 있을 때를 두려움으로 지내라(벧전 1:17).

하나님은 결코 외형적인 조건을 기준으로 사람을 피상적으로 판단하는 분이 아니십니다. 그는 언제나 의로우시며 언제나 "진리대로"(2절) 판단하시는 분이십니다. 시편 기자들은 여호와의 이러한 의롭고 공명정대한 판단에 대해 거듭거듭 찬송합니다.

> 여호와 나의 하나님이여 주의 공의대로 나를 판단하사 그들이 나로 말미암아 기뻐하지 못하게 하소서(시 35:24).

> 그가 의로 세계를 판단하시며 공평으로 그의 백성을 심판하시리로다(시 98:9).

> 여호와여 주는 의로우시고 주의 판단은 옳으니이다(시 119:137).

여호와 하나님 자신이 이런 분이시므로, 그는 자기 백성들에게도 그의 모범을 좇아서 삶 속에서 동일하게 행할 것을 명하십니다. 유다 왕 여호사밧이 재판관들에게 당부한 다음의 말씀은 오늘을 사는 우리 그리스도인들에게도 그대로 적용됩니다.

> 너희가 재판하는 것이 사람을 위하여 할 것인지 여호와를 위하여 할 것인지를 잘 살피라 너희가 재판할 때에 여호와께서 너희와 함께 하심이니라 그런즉 너희는 여호와를 두려워하는 마음으로 삼가 행하라 우리의 하나님 여호와께서는 불의함도 없으시고 치우침도 없으시고 뇌물을 받는 일도 없으시니라(대하 19:6, 7).

하나님의 은혜에 의하여 예수 그리스도를 믿음으로 구원받은 성도라면 모름지기 "외모로 사람을 취하"는 일이 있어서는 안 됩니다. 사도 바울은 "형제들아 너희를 부르심을 보라 육체를 따라 지혜로운 자가 많지 아니하며 능한 자가 많지 아니하며 문벌 좋은 자가 많지 아니하도다"라고 말씀합니다(고전 1:26). 하나님이 "외모로 사람을 취하지 아니하"는 분이시기에 우리 같은 사람들이 하나님의 부르심을 받는 영광을 누리는 것 아니겠습니까? 외모나 조건을 따진다면 우리 중에 과연 구원을 누릴 자격을 갖춘 사람이 누가 있겠습니까? 그런데 이처럼 크나큰 은혜를 누리는 우리가 "외모로 사람을 취"하다니요? 이는 큰 죄입니다. 그런데도 우리가 이따금 알게 모르게 "외모로 사람을 취"하는 죄악을 범하는 예가 다반사입니다.

교회 내에서도 지식이나 교양의 유무, 재물의 유무, 사회적 지위의 높고 낮음을 기준으로 사람을 대하는 예가 허다합니다. 특히 출신 지방이나 출신 학교 등을 따져서 사람을 대하는 한국 사회의 고질적인 병폐가 교회 내에서도 드러나는 일이 없지 않은 현실은 정말 안타깝기 그지없습니다. 예컨대 경상도 출신 목사가 전라도 내에서, 전라도 출신 목사가 경상도 내에서 목회하기가 매우 어려운 것이 현실입니다. 이처럼 "외모로 사람을 취하"는 예가 다방면에서 현저하게 드러나고 있으니, 이는 과연 타락한 인간의 죄악성의 현저한 모습이요, 마땅히 철저하게 배격해야 할 일일 것입니다. 이와 관련해서 야고보 선생의 다음과 같은 실천적인 교훈을 가슴에 새겨야 할 것입니다. 말씀을 조명하시는 역사를 통해 성령께서 우리를 계속 바꾸어 가시기를 바랍니다.

> 내 형제들아, 영광의 주 곧 우리 주 예수 그리스도에 대한 믿음을 너희가 가졌으니 **사람을 차별하여 대하지 말라.** 만일 너희 회당에 금가락지를 끼고 아름다운 옷을 입은 사람이 들어오고 또 남루한 옷을 입은 가난한 사람이 들어올 때에, 너희가 아름다운 옷을 입은 자를 눈여겨보고 말하되, "여기 좋은 자리에 앉으소서" 하고, 또 가난한 자에게 말하되, "너는 거기 서 있든지 내 발등상 아래에 앉으라" 하면, 너희끼리 서로 차별하며 악한 생각으로 판단하는 자가 되는 것이 아니냐? 내 사랑하는 형제들아 들을지어다. 하나님이 세상에서 가난한 자를 택하사 믿음에 부요하게 하시고 또 자기를 사랑하는 자들에게 약속하신 나라를 상속으로 받게 하지 아니하셨느냐? 너희는 도리어 가난한 자를 업신여겼도다 부자는 너희를 억압하며 법정으로 끌고 가지 아니하느냐? 그들은 너희에게 대하여 일컫는 바 그 아름다운 이름을 비방하지 아니하느냐? 너희가 만일 성경에 기록된 대로 네 이웃 사랑하기를 네 몸과 같이 하라 하신 최고의 법을 지키면 잘하는 것이거니와, 만일 **너희가 사람을 차별하여 대하면 죄를 짓는 것이니** 율법이 너희를 범법자로 정죄하리라(약 2:1-9).

율법이 있고 범죄한 유대인

이어 12절 이하에서 바울은 "율법 없이 범죄한" 이방인의 경우와 "율법이 있고 범죄한" 유대인의 경우를 서로 구별하여 설명을 이어갑니다. 이방인이든 유대인이든 모두가 하나님께서 그들에게 베푸신 계시에 어떻게 반응하느냐에 따라 심판을 받게 되리라는 사실을 12절에서 명확히 제시하고 있습니다. 먼저 유대인의 경우부터 살펴보도록 합시다. 이들은 기록된 "율법"을 하나님께로부터 받았고, 또한 안식일마다 그 "율법"의 말씀을 들어오고 있습니다. "율법을 듣는 자"란 "안식일에 공적으로 시행되는 율법 독회에 참석하는 유대인 예배자들을 일컫는 말"입니다(Peterson, *Romans*, 145, 주 41). 당시 대다수의 유대인들은 안식일마다 회당에서 낭독되는 율법을 듣는 일에 아주 익숙하게 참여했고 또한 그 일에 큰 관심을 기울였으나, 정작 그 율법을 실천하는 일에 대해서는 거의 관심을 갖지 않았습니다(참조. Dunn, *Romans 1-8*, 97). 에스겔 선지자는, 여호와의 말씀을 듣고도 그것을 가볍게 여겨 실천하지 않으므로 패망한 유다 백성들의 안일하고도 완악한 자세를 꾸짖는 중에 다음과 같이 말씀합니다.

> 인자야 네 민족이 담 곁에서와 집 문에서 너에 대하여 말하며 각각 그 형제와 더불어 말하여 이르기를 자, 가서 여호와께로부터 무슨 말씀이 나오는가 들어 보자 하고 백성이 모이는 것 같이 네게 나아오며 내 백성처럼 네 앞에 앉아서 네 말을 들으나 그대로 행하지 아니하니 이는 그 입으로는 사랑을 나타내어도 마음으로는 이익을 따름이라 그들은 네가 고운 음성으로 사랑의 노래를 하며 음악을 잘하는 자 같이 여겼나니 네 말을 듣고도 행하지 아니하거니와 그 말이 응하리니 응할 때에는 그들이 한 선지자가 자기 가운데에 있었음을 알리라(겔 33:30-33).

여기 32절의 말씀이 특히 예리하게 우리의 심령을 찌릅니다. "그들은 네가 고운 음성으로 사랑의 노래를 하며 음악을 잘하는 자 같이 여겼나니…."

선지자가 선포하는 하나님의 말씀을 "사랑 노래"나 "음악"처럼 여긴다는 것입니다. "사랑 노래"나 "음악"은 실천을 요구하지 않습니다. 진지하게나 심각하게 받아들일 필요도 없습니다. 그냥 듣고 즐기면 그만이고, 혹 마음에 와닿지 않으면 무시해버려도 상관없습니다. 그런데 선지자를 통해 선포되는 하나님의 엄중한 말씀을 그 백성이 그런 식으로 한가롭게 여겨 그 "말을 듣고도 행하지 아니하"였다는 것입니다. 이 얼마나 어처구니없는 일입니까! 이게 과연 하나님의 백성으로서 합당한 처사입니까? 그런데 오늘날 우리에게도 이런 죄악된 행태가 허다하게 나타납니다. 하나님의 말씀 성경 그 자체도 별생각 없이 한가하게 대하고, 설교자를 통해 선포되는 하나님의 말씀도 그처럼 가벼운 자세로 흘려들으면서 그저 유희(遊戲)나 오락(娛樂)의 대상으로 여기는 경우가 얼마나 많습니까! 또한 일반 교인들이 그런 죄악된 자세로 설교에 반응하므로 그들의 기대에 부응하고자, 설교자들이 말씀 선포를 무슨 개그맨들의 코미디나 만담(漫談)처럼 만들어버리는 그릇된 행태도 얼마나 많습니까!

사도 바울은 여기서 바로 그러한 유대인들의 안이한 관행이 크나큰 잘못임을 지적하는 것입니다. "율법을 듣는 자"가 아니라 오직 "율법을 행하는 자"라야 하나님 앞에서 "의롭다 하심을 얻"는 것인데, 그런 기준에 합당한 사람은 하나도 없으며, 따라서 온 유대인들이 심판 아래에 있다는 것입니다. 유대인들의 일반적인 통념과는 달리, 바울은 여기서 율법을 소유하고 있다고 해서 유대인이 심판을 면제받는 것이 아님을 강조합니다. 왜냐하면 율법을 소유하고 있다는 사실이 중요한 것이 아니고, 그 율법을 그대로 순종하는 것이 중요하기 때문이었습니다(Stott, *Romans*, 86). 야고보서의 다음과 같은 가르침에서도 동일한 사상을 볼 수 있습니다.

> 너희는 말씀을 행하는 자가 되고 듣기만 하여 자신을 속이는 자가 되지 말라 누구든지 말씀을 듣고 행하지 아니하면 그는 거울로 자기의 생긴 얼굴을 보는 사람과 같아서 제 자신을 보고 가서 그 모습이 어떠했는지를 곧 잊어버리거니와 자유롭게 하는 온전한 율법을 들여다보고 있는 자는 듣고 잊어버리는 자가 아니요 실천하는 자니…누구든지 온 율법을 지키다가 그 하나를 범하면 모두 범한 자가 되나니(약 1:22-25; 2:10).

바울의 이러한 논지에 대하여 칼빈은 다음과 같이 적절히 설명하고 있습니다.

> 바울은 여기서 유대인들이 제기할 수 있는 반론을 예상하고 있다. 그들은 자기들이 율법에 대해 고유한 지식을 갖고 있다는 것을 자랑스럽게 여기고 있었다....바울은 그와 같은 그릇된 사고를 깨뜨리고자, 율법을 듣는 것이나 아는 것으로는 의(義)를 이룰 수가 없고 "사람이 이를 행하면 그로 말미암아 살리라"(레 18:5)는 말씀처럼 반드시 행위가 있어야만 한다는 것을 강변하는 것이다. 그러므로…율법에 준하여 의를 이루려면 율법을 반드시 준행하여야 하는 것이다. 율법의 의는 행위의 완전함에 있는 것이니 말이다(Calvin, *Romans*, 47).[154]

_154 또한 할데인은 이렇게 설명합니다. "율법을 받았다는 것이나 그 율법을 듣는 것만으로는 하나님 앞에서 의롭다 하심을 얻을 수 있으며, 빈드시 율법을 준수하고 실친해야만 한다. 이것은 괴연 의심의 여지없는 명확한 진리다. 율법은…그저 호기심을 만족시키거나 명상을 위해서가 아니라 순종하게 하기 위해서 베풀어진 것이다. 그러므로 율법을 들으면서도 그것을 실천할 생각을 하지 않는다는 것은 그야말로 율법을 모욕하는 것임은 물론 그 율법을 제정하신 하나님까지도 극히 모욕하는 처사인 것이다. 그러므로 유대인이 아무리, '나는 율법을 듣는 자요…하나님의 언약에 속한 자다'라고 말해도 전혀 소용이 없었던 것이다"(Haldane, *Romans*, 97).

율법 없이 범죄한 이방인

그렇다면 이방인의 경우는 어떻습니까? 이들은 하나님의 언약의 범주 바깥에 처하여 있으므로 하나님께로부터 율법을 받은 바도 없고 율법을 알지도 못합니다. 그러니 이들의 경우는 유대인들과는 달리 율법을 지키지 않았다고 탓할 수는 없을 것으로 보입니다. 적어도 우리의 일반적인 사고로는 그렇습니다. 율법을 받은 일도 없고 율법 그 자체를 알지도 못하는데, 그것을 지키지 않았다고 책임을 묻고 벌한다면 그것이 과연 합당한 일이겠습니까? 그러나 바울은 이방인들 역시 율법이 없는 상태 그대로 망하게 될 것이라고 말씀합니다. "율법 없이 망하고"(12절). 왜냐하면 14절의 말씀처럼 이들이 "본성으로 율법의 일을 행할 때에는-[155]…율법이 없어도 자기가 자기에게 율법이 되"기 때문이라는 것입니다. 이방인들은 모세의 율법을 받지 않았음에도 불구하고 이따금 율법이 요구하는 일들을 본성적으로 행하기도 하는데, 이 경우 "자기가 자기에게 율법이 되"어서-[156] 그렇게 행하는 것이므로 이들에게

_155 일부 학자들은 "본성으로 율법의 일을 행"하는 이방인이 "이방인 그리스도인"을 지칭한다고 보기도 합니다(Barth, *Romans*, 66; Cranfield, *Romans*, I. 157; Kruse, *Romans*, 131-132; Peterson, *Romans*, 147-148 등). 곧 오직 그리스도인만이 성령으로 말미암아 본성적으로 율법이 요구하는 일들을 행하므로, 본문의 이방인은 분명 이방인 중에서 그리스도인이 된 자들을 가리킬 수밖에 없다고 보는 것입니다. 특히 본문을 렘 31:33의 새 언약에 관한 예언("내가 나의 법을 그들의 속에 두며 그들의 마음에 기록하여…")을 인용하는 것으로 이해하면 더더욱 그렇게 보아야 한다고 합니다. 새 언약은 그리스도인에 관한 것이기 때문이라는 것입니다. 그러나 이에 대해 다른 여러 학자들은 우선 본문이 렘 33:31의 인용이라는 주장을 지나친 확대 해석으로 보아 반대하며(참조. Moo, *Romans*, 152; Stott, *Romans*, 87; Thielman, *Romans*, 138), 또한 본문의 "이방인"을 "이방인 그리스도인"으로 이해할 합당한 필연적인 근거를 찾을 수가 없다고 봅니다(Barrett, *Romans*, 50). 필자의 부족한 소견으로는, 만일 바울이 그리스도인을 염두에 두었다면 보다 명확하게 "이방인 그리스도인"이라고 말씀했을 것이라는 논지가 설득력이 있어 보입니다. 그리고 무엇보다 유대인과 이방인(그리스도인이든, 아니든 상관없이)의 두 부류 모두 하나님의 심판에 노출되어 있음을 말씀하는 것이 본문의 흐름임을 볼 때도 "이방인 그리스도인"을 지칭한다는 주장은 설득력이 떨어집니다(Moo, *Romans*, 149; 참조. Piper, *Future of Justification*, 106-108). 이에 대해 롱네커는 본문의 이방인을 이방인 그리스도인으로 보는 견해는 "순종하는 이방인들이 불순종하는 유대인들을 부끄럽게 한다는 바울의 논지의 핵심을 망가뜨리는 것"이라고 결론짓습니다(Longenecker, *Romans*, 275-276).

156 할데인은 이에 대해 다음과 같이 설명합니다. "이방인들이 아무리 타락하여 버린 바 된 상태에 있고 또한 아무리 기록된 율법의 도움이 전혀 없는 처지에 있다 할지라도, 그들의 마음속에 율법이 기록되어 있어서 그들이 그들 자신에게 율법이 되는 것이다. 선과 악, 덕행과 악행, 정직과 부정직을 분별하기에 충족한 빛이 여전히 그들에게 있으며, 또한 죄를 범하기 전이나 죄를 범하는 중에—혹은 죄를 범한 후에라도—그들의 양심이 그것들을 분별하도록 충족히 역사하는 것이다. 그뿐 아니라 그들이 그 저지르는 범죄들로 인하여 후회하게 되며, 이로써 모종의 한 하나님(a God)이—그 앞에서 그들의 행위에 대

전혀 율법이 없다고 말할 수가 없다는 것입니다. 그렇습니다. 다음의 설명에서 드러나듯이, 율법을 전혀 모르는 이방인들도 이성적으로 옳고 그름을 판단하여 스스로 행동을 제어하는 경우가 허다하게 나타나니 말입니다.

> 이방인들 역시 옳고 그름을 판단하는 특정한 감각을 타고나며, 그런 감각을 통하여 때때로 하나님의 율법이 요구하는 바를 행하기도 한다. 비록 하나님을 알지 못하지만, 하나님 보시기에 그릇 행할 때 그 사실을 지각하게 해주는 하나의 내적인 가늠자가 그들에게 있는 것이다(Osborne, *Romans*, 69).[_157]

그리고 바울은 이어지는 15절에서 "자기가 자기에게 율법이" 된다는 말씀의 의미를 좀 더 상세히 설명합니다. "이런 이들은 그 양심이 증거가 되어 그 생각들이 서로 혹은 고발하며 혹은 변명하여 그 마음에 새긴 율법의 행위를 나타내느니라." 비록 모세의 율법은 알지 못하지만, 이방인들은 그들에게 있는 "양심"의 증언과 또한 갖가지 "생각들"의 상호 작용을 통해서 그 마음속에 "율법의 행위"[_158]가 새겨져 있음을 드러낸다는 것입니다. 이처럼 이

해 직고하게 될 한 분의 심판주(a Judge)가—계신다는 것을 상기하게 되는 것이다. 그러니 그들이 그들 자신에게 하나의 율법이 되는 것이다. 율법의 행위(the work of the law)가 그들의 마음속에 기록되어 있으니 말이다"(Haldane, *Romans*, 100).

_157 스토트는 이에 대해 다음과 같이 말씀합니다. "바울의 말씀은 그저, 이방인 중에도 때때로 율법이 요구하는 일들을 부분적으로 행하는 이들이 있다는 뜻이다. 이 점은 인류학자들이 도처에서 발견해온 것으로서, 관찰과 입증이 가능한 사실이다. 모든 인간이 다 사기꾼이나 불량배나 도둑이나 간음하는 자나 살인자인 것은 아니다. 오히려 그 반대로 부모를 공경하고, 인간 생명의 존엄성을 인정하며, 배우자에게 신의를 지키며, 정직을 행하고, 진실을 말하며, 평화를 추구하는 등, 제6계명부터 제10계명이 명하는 바대로 행하는 사람들도 있는 것이다"(Stott, *Romans*, 86).

_158 여기 "율법의 행위"(헬. "토 에르곤 투 노무"[τὸ ἔργον τοῦ νόμου; "the work of the law"])의 "행위"는 단수형으로, 로마서와 갈라디아서에 여러 차례 등장하는 복수형의 "율법의 행위[들]"(헬. "에르가 노무"[ἔργα νόμου; "works of the law"]. 롬 3:20, 28; 갈 2:16; 3:2, 5, 10 등)과 구별해야 합니다. 복수형 "율법의 행위[들]"은 모세의 율법이 요구하는 개별적인 의무들 전체를 가리키며 주로 부정적인 의미로 사용되는 반면에(참조. 롬 3:20), 본문에 나타나는 단수형 "율법의 행위"는 중립적인 의미로 율법이 의도하고 이루고자 하는 바 목표를 지칭하는 것으로 보입니다(참조. Thielman, *Romans*, 137). 영어 NIV와 NEB 성경은 각각 이 단수형을 "the requirements of the law"("율법의 요구사항들")와 "the effect of the law"("율법의 효과")로 번역하여 복수형 "율법의 행위[들]"과 구별합니다.

방인의 마음속에서 일어나는 일들에 관해서 스토트는 이렇게 적절히 설명합니다.

> 그들의 양심이—특히 그들이 잘못을 행했을 경우에는 그것을 비난하는 부정적인 목소리를 내어—증거하며, 그리하여 그들의 생각들이…마치 법정에서 원고와 피고가 각자의 논지들을 변론하듯이, 때로는 고발하고 때로는 심지어 변호하기도 한다. 바울은 여기서 다음의 세 당사자가 개입되는 논쟁을 상정하고 있는 것이다: **우리의 마음**(율법의 요구사항들이 거기에 기록되어 있다), **우리의 양심**(우리를 찌르기도 하고 책망하기도 한다), 그리고 **우리의 생각들**(대개 우리를 비난하지만 때로는 우리를 변명하기도 한다)"(Stott, *Romans*, 87).

사도는 여기서 로마서에서는 처음으로 "양심"이라는 용어를 사용하는데,[159] 그 정확한 의미가 무엇일까요? 더글러스 무는 다음과 같이 설명하고 있습니다.

> "양심"이라는 단어는…헬라로부터 유래한 것이다. 이 단어는 스토아 철학에서 매우 중요한 전문적인 역할을 했고, 바울의 사고 역시 이러한 당시의 일반적인 용법을 넘어서지 않는다. 양심은 [오늘날의 일반적인 용법의 경우처럼] 도덕적 규범들의 근원일 수도 있으나, 대개는 사람들로 하여금 자기들이 규범에 맞게 처신하고 있는가를 가늠하고 반추하게 해주는 하나의 장치(a reflective mechanism)라고 본다(Moo, *Romans*, 152).[160]

_159 바울은 롬 9:1; 13:5; 고전 10:23-11:1; 고후 1:12; 4:2; 5:11; 딤후 1:3 등, 여러 곳에서 "양심"(헬. "쉬네이데시스"[συνείδησις])이라는 용어를 사용합니다.

_160 또한 롱네커는 다음과 같이 설명합니다. "[양심이란] 자기 자신의 행위의 옳고 그름을—대개는 지나간 과거의 일을 후에 뒤

사람들은 "양심"에 대해 다양한 태도를 견지합니다만, 그중에서도 "양심"을 마치 완전무결한 최고의 재판관처럼 여겨서 만사를 자신의 양심에만 의존하여 판단하는 경향을 보이며, 스스로를 양심적이라고 여기는 사람들이 매우 많습니다. "다른 사람들이 아무리 무어라고 비판하고 욕해도, 내가 양심적으로 아무런 거리낌이 없다면 아무 상관이 없다"는 식입니다. 심지어 그리스도를 믿는다고 고백하는 신자들 가운데서도 이런 식의 사고를 갖는 예가 허다합니다. 이것이 과연 올바른 자세일까요? 과연 그리스도인은 "양심"에 대해 어떤 자세를 가져야 하겠습니까?

결론을 말씀하자면, 사람의 "양심"은 그리 신빙성 있는 근거가 될 수 없다는 것입니다. 사도 바울은 사람의 양심이 결코 신뢰할만한 것이 못 된다는 점을 지적합니다. 가령 우상숭배가 지극히 악한 것이지만, 평생을 우상숭배에 젖어 지내온 사람은 그 "양심이 악하여지고 더러워"진 상태이므로 우상숭배를 자행하면서도 아무런 가책을 느끼지 못한다는 것입니다(고전 8:7; 참조. 히 10:22 "악한 양심"). 또한 바울은 자신의 양심에 아무런 거리낌이 없다고 해서 그로 인하여 자신의 그런 판단이 의로운 것이 아니며 오직 자신을 판단하시는 분은 "주" 그리스도뿐이심을 고백합니다. "내가 자책할 아무것도 깨닫지 못하나 이로 말미암아 의롭다 함을 얻지 못하노라 다만 나를 심판하실 이는 주시니라"(고전 4:4).

결코 "양심"이 우리의 오류 없는 최종적 판단 근거가 될 수는 없습니다. 만일 오로지 "양심"의 인도만 받는다면, 누구든지 지옥으로 향하게 될 수밖에 없습니다. 참된 신자라면 언제나 자신의 양심의 그릇됨과 오류의 가능

돌아보는 방식으로—판단하는 인간의 정신적 역량이다"(Longenecker, *Romans*, 278). 또한 브루스는 이렇게 설명합니다. "[양심이란] 사람이 자신의 행동을 점검하고 판단하는바 마음속의 독자적인 증인이다"(Bruce, *Romans*, 91).

성을 인정하고, 언제나 하나님의 말씀을 근거로 자신의 양심을 교정시키고 제어하며 훈련시켜 나아가야 하는 것입니다. 미국의 조직신학자 존 프레임은 "우리의 양심이 진정 선한 것을 즐거워하고 또한 진정 악한 것을 정죄하게 되도록 그 양심을 훈련시켜 가야 할 필요가 있다"(Frame, *Doctrine of the Christian Life*, 363)라고 지적합니다. 이 "양심"의 문제와 관련하여, 레온 모리스의 다음과 같은 가르침은 우리에게 아주 좋은 지침을 제공해 준다고 하겠습니다.

> 그리스도인의 삶에 있어서 양심은 철저히 제한적이고 임시적인 위치를 차지한다. 개인의 양심을 최고의 자리에 올려놓고서, 마치 양심에만 저촉되지 않으면 그 어떠한 행동이라도 다 허용되는 것처럼 여기는 것이 다반사인 오늘날의 시대에는 특히 이 점을 깊이 생각해야 한다. 물론 양심을 무시해도 좋다고 주장하는 사람은 아무도 없다....그러나 우리가 온전한 행실을 추구한다면, 성경은 개인의 어떤 주관적인 결정 과정이 아니라 하나님이 베풀어주신 계시를 우리의 안내자로 삼아야 할 것을 가르친다는 사실을 주지해야 할 것이다(Morris, *Romans*, 127).

복음과 심판

이제 16절로 넘어가겠습니다. 앞에서 말씀드린 대로 13-15절을 중간에 삽입된 하나의 괄호로 보고, 16절이 12절의 논지를 이어받는 것으로 보는 것이 합당할 것이라 봅니다. 12절에서 바울은 "심판"을 언급한 바 있는데, 이제 여기 16절에서 그 "심판하시는 날"에 대해 좀 더 상세한 내용을 덧붙이고 있습니다. 그런데 여기서 한 가지 흥미로운 사실은 바울이 이 "심판하시는 날"에 관한 내용을 자신이 선포하는 "복음"에 속하는 것으로 말씀하고 있다는 점입니다. "곧 나의 복음에 이른 바와 같이 하나님이 예수 그리스도로 말미암아 사람들의 은밀한 것을 심판하시는 그 날이라." 특히 복음을 심판과 반대되는 개념으로 이해하는 경우가 많은 오늘날의 현실에서는 이 점이 의아스럽기까지 합니다. 복음이란 복되고 좋은 소식인데 그런 복음을 전하면서 어떻게 심판을 거론할 수가 있는가? 하는 것입니다.

그러나 복음은 하나님의 심판을 전제로 하는 것입니다. 하나님의 심판이라는 처절한 사실이 있기 때문에 기독교의 복음이 기쁜 소식입니다. 모든 인류가 하나님의 심판을 당할 처지에 있는데, 그 심판을 면하는 길을 복음이 제시해주기 때문입니다. 이 점은 앞의 1장의 문맥에서도 감지할 수 있습니다. 1:16-17에서 사도는 "복음"을 말씀하고, 이어서 하나님의 진노의 사실을 거론하고 있으니 말입니다(18절). 그러므로 복음은 심판의 사실과 불가분리의 관계로 엮어져 있는 것입니다. 심판의 사실이 없다면, 복음도 없습니다. 적어도 신약성경이 가르치는 복음이라면 그럴 수밖에 없습니다.

오늘날 심판의 유무와 전혀 관계없고, 심판이 없이도 얼마든지 성립할 수 있는 그런 유의 갖가지 소위 "복음"들이 교회 안에서 전해지고 가르쳐지고 있습니다. 소위 "건강과 부귀의 복음", "번영의 복음", 같은 것들이 그것입니다. 심판의 사실과는 전혀 상관없이 그런 "복음"들을 선포하고 믿는 것이 오늘날의 세태입니다. 그러나 이런 것들은 결코 참된 복음이 아니요, 바울이 갈라디아서에서 통렬히 배격하고 저주하는 "다른 복음"(참조. 갈 1:6-9) 이외에 아무것도 아닙니다. 참된 복음이라면 반드시 "사람들의 은밀한 것을 심판하시는" 하나님의 역사를 전제로 하는 것이요, 무엇보다 그 심판의 문제를 완전히 해결해주는 것입니다. 이 문제와 관련하여 모리스의 설명을 인용해보겠습니다.

이 두 가지(즉 복음과 심판)가 마치 서로 대적하며 서로 배타적인 것처럼 생각하는 경우가 많으나, 복음은 심판을 배제하는 것이 아니고, 사실 심판을 전제하는 것이다. 만일 심판의 처절한 현실이 아니라면 죄인들이 구원받아야 할 이유가 없고, 따라서 "복된 소식"도, "복음"도 없는 것이다(Morris, *Romans*, 129).

또 한 가지 본문의 특이한 점은 바울이 그 복음을 가리켜 "나의 복음"이라고 말씀하고 있다는 것입니다(참조. 16:25). 여기서 1인칭 소유격을 사용한 표현("나의")은 무슨 의미일까요(참조. 본서 제5강, "하나님의 복음")? 그 복음의 소유권이 바울 자신에게 있다거나, 복음의 기원이 그 자신에게 있다는 뜻은 전혀 아닐 것입니다. 오히려 이는 과연 그 복음을 깨달아 그것을 진리로 여기고 그것을 선포하며 그것에 자신의 모든 것을 걸고 있는 사도 바울 자신의 간절한 심정을 담은 표현이라 하겠습니다. 그저 형식적으로가 아니라 마음 깊은 곳으로부터 전적으로 그 복음의 능력과 그 영광과 그 유일성과 가치를 인정하고 있음이 이 표현에서 드러나는 것입니다.

이러한 사실은 오늘날 우리 신자들에게 큰 도전을 줍니다. 나는 과연 신약성경이 선포하고 가르치는 예수 그리스도의 복음을 "나의 복음"으로 여겨 그것을 소중히 간직하고, 그 가치와 능력과 영광을 높이 기리며, 감사함으로 그 복음을 전하고 있습니까? 예수 그리스도의 복음을 감히 "나의 복음"으로–내가 반드시 전하고 가르쳐야 할 복음으로–여기며, 오직 그 복음을 신실하게 선포하고 전하고자 하는 그런 자세가 우리 속에 가득해야 할 것입니다. 주의 성령께서 우리 속에 역사하셔서 그런 확신이 우리 속에 확고히 자리를 잡게 해주시기를 간절히 바랍니다.

바울은 여기서 그 마지막 심판이 "예수 그리스도로 말미암아" 이루어질 것이라고 말씀합니다. 이는 유대교의 가르침과는 구별되는 기독교의 독특한 가르침입니다. 예수님도 친히 이를 가르치신 바 있습니다(요 5:27, "또 인자됨으로 말미암아 심판하는 권한을 주셨느니라"). 다른 누구도 아닌 우리의 사랑하는 구주 예수 그리스도께서 그 심판을 시행하시는 심판주시라는 사실은 큰 위로와 아울러 엄숙함을 갖게 해줍니다. 이에 관하여 모리스는 다시 다음과 같이 적절히 설명해주고 있습니다.

> 어떤 의미에서 이 점(즉 심판이 그리스도로 말미암아 행해진다는 점)은 그 심판을 완화해 준다고 할 것이다. 우리를 위해 죽으신 그분께서—우리를 사랑하는 쪽으로 완전히 기울어져 계신 분이—우리의 심판주가 되신다는 것이니, 그분은 죄인들을 위해 하실 수 있는 모든 일을 다 하실 것임이 분명하다. 그러나 이 점은 그 심판의 지엄함을 한층 더 높여주기도 한다. 그분이 우리를 위해 그처럼 많은 일을 행하셨으니, 우리가 이룬 보잘것없는 업적들로나 우리가 건성으로 행하거나 핑계를 대며 회피해온 갖가지 임무들로는 도무지 그 심판을 면할 가망이 없는 것이다(Morris, *Romans*, 129).

또한 바울은 그 심판의 때에 "사람들의 은밀한 것"이 심판받을 것임을 말씀합니다. 이에 대해서는 할데인의 다음과 같은 설명을 듣는 것이 좋을 듯합니다.

> 이는 그 심판이 얼마나 정확하게 시행될 것인지를 보여주고자 함이다. 지극히 은밀하고 깊이 감추어져 있는 것들까지 세밀하게 다 다루게 될 것이니 말이다. 속마음과 생각까지 파헤치지는 못하는 인간의 심판과는 다르다. 하나님은 겉으로 드러나는 것만이 아니라 속마음까지도 다 아시며, 따라서 깊이깊이 감추어진 각 사람의 생각들까지도 그의 앞에 다 드러나는 것이다....그런데 여기서 "은밀한 것"들이 심판받을 것임을 꼬집어 말씀하는 것은, 그런 것들은 인간의 재판에

> 서는 결코 심판할 수 없는 것들이기 때문이다. 인간의 재판에서는 사람들이 얼마든지 자기들의 악행을 숨길 수도 있다. 그러나 그 큰 날 심판주 앞에서는 결코 그럴 수가 없다. 지극히 은밀한 죄들까지 낱낱이 드러나고 형벌을 받게 될 것이다 (Haldane, *Romans*, 101).

결론

이렇듯 "복음"과 "심판"이 하나로 엮어져 있다는 사실은 여전히 죄악성을 지니고 있는 연약한 우리에게는 크나큰 은혜의 수단이 되기도 할 것입니다. "복음"이라는 놀라운 기쁨과 환희의 소식이 우리에게 있고, 동시에 하나님의 "심판"의 처절한 사실이 우리 앞에 있습니다. 우리가 그리스도로 말미암아 이미 "영생을 얻었고 심판에 이르지 아니하며 사망에서 생명으로 옮"긴 것은 사실입니다(요 5:24). 그러나 그렇다고 해서 안일함과 나태에 빠질 수는 없습니다. 동시에 "우리가 다 반드시 그리스도의 심판대 앞에 나타나게 되어 각각 선악 간에 그 몸으로 행한 것을 따라 받"게 되리라는(고후 5:10) 정반대의 사실이 또한 우리 앞에 있으니 말입니다. 그러므로 참된 하나님의 백성은 구원받은 놀라운 감격을 누리는 가운데서도 다른 한 편으로 이 심판의 사실을 직시하고 경계를 늦추지 않으며, 언제나 자신을 쳐 복종시키며(고전 9:27), 자신의 연약함과 죄악된 것을 내어버리며, 하나님을 영화롭게 하는 거룩한 삶을 향하여 전진하는 것입니다. 나는 과연 이 서로 반대되는 두 가지 사실을 직시하고 있습니까?

제18강.
유대인과 율법(2:17-24)

"17 유대인이라 불리는 네가 율법을 의지하며 하나님을 자랑하며
18 율법의 교훈을 받아 하나님의 뜻을 알고 지극히 선한 것을 분간
하며
19 맹인의 길을 인도하는 자요 어둠에 있는 자의 빛이요
20 율법에 있는 지식과 진리의 모본을 가진 자로서 어리석은 자의
교사요 어린 아이의 선생이라고 스스로 믿으니
21 그러면 다른 사람을 가르치는 네가 네 자신은 가르치지 아니하
느냐 도둑질하지 말라 선포하는 네가 도둑질하느냐
22 간음하지 말라 말하는 네가 간음하느냐 우상을 가증히 여기는
네가 신전 물건을 도둑질하느냐
23 율법을 자랑하는 네가 율법을 범함으로 하나님을 욕되게 하느냐
24 기록된 바와 같이 하나님의 이름이 너희 때문에 이방인 중에서
모독을 받는도다."

바로 앞의 12-13절에서 사도는 이방인을 "율법 없이 범죄한 자"로, 또한 유대인을 "율법이 있고 범죄한 자"로 각기 지목하였습니다. 이방인과 유대인

이 서로 "율법"이 없느냐 있느냐의 차이만 있을 뿐 모두가 "범죄한 자"들이며, 따라서 두 부류 모두 "심판을 받으리라"고 단언한 바 있습니다. 유대인이라고 해서 이방인보다 나을 것이 전혀 없습니다. 왜냐하면 하나님 앞에서 중요한 것은 율법을 행하는 것인데, 결국 둘 다 율법을 행하지 못하기 때문입니다. 이방인은 율법이 없고 율법에 무지하여 행하지 못하며, 또한 유대인은 율법이 있으나 듣기만 할 뿐 실제로 그 들은 바를 실천하지 않으니, 둘 다 "범죄한 자"일 수밖에 없고, 따라서 "심판을 받"을 처지입니다.

바울은 본문에서 "유대인"이 "범죄한 자"들인 근거를, 그들이 자랑스러워하며 의지하는 두 가지 것들—곧 율법과 할례—과 관련지어 조목조목 제시합니다. 먼저 17-24절에서는 율법에 대한 그들의 자세와 처신을 다루고, 이어서 25-29절에서는 할례에 대한 그들의 자세와 처신을 다룹니다. 여기서 그는 유대인들이 율법과 할례에 대해 자부심과 자긍심이 가득하나, 그것이 전혀 근거가 없는 터무니없는 것이라는 점을 통렬하게 지적합니다. 그들이 율법을 자랑스럽게 여기지만, 오히려 "하나님의 이름"이 그들 때문에 "이방인 중에서 모독을 받"고 있으며(24절), 그들이 자기들이 받은 "표면적 육신의 할례"를 자랑스러워하지만 그것이 참된 할례가 아님을 천명합니다. 속마음과 영이 부합되지 않으면 "표면적 육신의 할례"가 "무할례"와 전혀 다를 바 없다는 것입니다. 먼저 17-24절의 내용을 살펴보기로 합시다.

유대인의 특권

17-24절에서 바울은 유대인이 어째서 "율법이 있고 범죄한 자"요 따라서 하나님의 심판을 받게 될 처지에 있는지(12절), 그 이유를 조목조목 제시하고 있습니다. 그는 먼저 17-18절에서 유대인들이 스스로 날 때부터 부여받은 자기들만의 고유한 특권이라고 믿고 자랑하는 다섯 가지 요인을 열거합니다.

"유대인이라 불리는 네가 율법을 의지하며 하나님을 자랑하며 율법의 교훈을 받아 하나님의 뜻을 알고 지극히 선한 것을 분간하며…."

첫째로, 그들은 "유대인이라 불리는" 것을 큰 특권으로 여겼습니다. 여기의 "유대인"(헬. "유다이오스"; Ἰουδαῖος)이라는 호칭은 1세기 지중해 연안에서 이스라엘 사람, 혹은 히브리인을 지칭하는 데 사용된 호칭이었으며, 그들은 그 호칭을 지극히 자랑스러워했습니다. 그것이야말로 그들이 하나님의 택한 백성으로서의 자기 정체성과 자부심을 강화해주는 호칭이었던 것입니다.

둘째로, 그들은 "율법을 의지하"였고(17절), 또한 "율법을 자랑하"였습니다(23절). 이들에게 율법은 실천의 대상이 아니라, 그저 귀로 듣는 대상이요 뿌듯한 자부심과 자긍심을 갖게 해주는 자랑거리일 뿐이었습니다. 사실 이들은 끊임없이 "율법을 범함으로 하나님을 욕되게 하"고 있었습니다(23절). 안식일마다 낭독되는 율법을 정기적으로 들으면서, 그 듣는 일로써 율법에 대한 의무를 다했다고 여깁니다. "이렇게 안식일마다 율법을 듣고 있으니 이 얼마나 자랑스러운 일이냐! 그러니 하나님이 우리를 기뻐하시고 우리와 함께하시는 것이다!"라고 생각합니다. 그러나 정작 일상생활에서는 번번이—의식적으로, 무의식적으로—"율법을 범함으로 하나님을 욕되게" 하는 일을 반복하며, 일말의 양심의 가책이나 회개도 없이 계속해서 그런 모습으로 나아가는 것입니다. 이런 행태는 비단 바울의 시대에만 있었던 것이 아닙니다. 여러 세기 전 유다의 우두머리들과 통치자들의 동일한 외식적인 행위에 대해 미가 선지자는 다음과 같이 통렬하게 책망한 바 있습니다.

> 야곱 족속의 우두머리들과 이스라엘 족속의 통치자들 곧 정의를 미워하고 정직한 것을 굽게 하는 자들아 원하노니 이 말을 들을지어다. 시온을 피로, 예루살렘을 죄악으로 건축하는도다. 그들의 우두머리들은 뇌물을 위하여 재판하며 그들

> 의 제사장은 삯을 위하여 교훈하며 그들의 선지자는 돈을 위하여 점을 치면서도 여호와를 의뢰하여 이르기를, "여호와께서 우리 중에 계시지 아니하냐? 재앙이 우리에게 임하지 아니하리라" 하는도다(미 3:9-11).

그뿐 아니라 예수님도 당시 종교지도자들의 바로 그런 모습에 대해 다음과 같이 신랄하게 꾸짖으셨습니다.

> 눈 먼 바리새인이여 너는 먼저 안을 깨끗이 하라 그리하면 겉도 깨끗하리라. 화 있을진저 외식하는 서기관들과 바리새인들이여 회칠한 무덤 같으니 겉으로는 아름답게 보이나 그 안에는 죽은 사람의 뼈와 모든 더러운 것이 가득하도다. 이와 같이 너희도 겉으로는 사람에게 옳게 보이되 안으로는 외식과 불법이 가득하도다(마 23:26-28).

셋째로, 그들은 "하나님을 자랑하"였습니다. 물론 하나님을 자랑하는 일 자체는 전혀 문제가 되지 않습니다. 신자라면 누구나 하나님을 자랑하고 찬송하며 그에게 영광 돌리는 일을 최고의 목적으로 알고 실천해야 마땅합니다. 에베소서의 다음과 같은 말씀처럼, 창세 전에 신자들을 택하시고 예정하사 하나님의 아들들이 되게 하신 궁극적인 목적이 바로 그의 은혜의 영광을 찬송하게 하기 위함이기 때문입니다.

> 창세 전에 그리스도 안에서 우리를 택하사 우리로 사랑 안에서 그 앞에 거룩하고 흠이 없게 하시려고 그 기쁘신 뜻대로 우리를 예정하사 예수 그리스도로 말미암아 자기의 아들들이 되게 하셨으니 이는 그가 사랑하시는 자 안에서 우리에게 거저 주시는 바 그의 은혜의 영광을 찬송하게 하려는 것이라(엡 1:4-6).

그러나 본문에서 유대인이 "하나님을 자랑"한다는 것은 그런 의미가 아니라, 하나님과 관계를 맺고 있다는 것을 빌미로 자기를 과시하는 자기중심적 자세를 뜻합니다.[_161] "나는 적어도 하나님과 관계를 맺고 있는 사람이고, 하나님이 언제나 내 편이시고 그가 내 뒤에 계신다"라는 식의 생각으로 스스로 우쭐해져서, 하나님과 관계가 없는 이방인들을 멸시하는 배타적 자세를 취하는 것입니다. 사도 바울은 바로 이러한 유대인의 오만한 자세를 지적하는 것입니다. 롱네커는 이에 대해 다음과 같이 적절히 논평합니다.

> 자랑하는 것이 과연 옳은가 그른가 하는 것은 그 자랑의 본질—즉 그 자랑이 자기 교만이나 자기 영광의 표현인가, 아니면 하나님이…행하신 일에 대한 응답으로 그에게 신뢰와 기쁨과 감사를 드리는 표현인가—에 달려 있다. 하나님의 율법에 대한 자랑도 그 자체로는 정당할 뿐 아니라 칭찬할 만한 것일 수도 있다. 그러나 자기가 하나님의 율법을 소유했다거나 그것을 안다는 것을 빌미로 다른 사람들에 대해 우월감을 갖고 자기를 자랑한다면—혹은 다른 사람들이 하나님의 율법을 갖고 있지 않다거나 그것을 모른다고 해서 그들을 열등하게 대하고 말한다면—그것은 성경적 신앙을 왜곡하는 것이요, 따라서 정죄 받아야 마땅한 것이다 (Longenecker, *Romans*, 310).

오늘날 그리스도를 믿는다는 신자들 가운데서도 이런 식의 그릇된 자세를 흔히 볼 수 있습니다. 하나님의 택하심과 구원의 은혜를 높이 기리며 오직

_161 크랜필드는 이에 대해 다음과 같이 논평합니다. "진정 겸손히 하나님의 선하심과 긍휼을 자랑하는…것은 과연 선한 일이다. 그러나 만일 자기 자신의 중요성을 과시하고자 하는 자기중심적 자세로 하나님을 자랑한다면 그것은 전혀 다른 문제다"(Cranfield, *Romans*, I, 164).
또한 하지는 다음과 같이 말합니다. "유대인들은 하나님이 자기들의 하나님이시며, 다른 모든 민족은 그의 원수들이요, 오로지 자기들만이 그의 사랑을 독점하고 있다는 식으로 자랑하였다"(Hodge, *Romans*, 60).

그분께 감사하고 찬송하며 그분을 자랑해야 마땅한데, 하나님은 안중에 없고 오히려 자기가 구원받았다는 것만을 자랑하며 자기 자신을 치켜세우며 자화자찬하는 것입니다. “과연 우리가 얼마나 고귀한 존재이기에, 하나님이 우리의 구원을 위해 그의 아들 예수 그리스도를 십자가에서 죽게 하기까지 하셨는가! 우리가 그만큼 고귀한 존재이니, 우리 자신의 그런 값어치를 잘 알고 스스로를 귀하게 여겨야 한다. 우리는 적어도 하나님이 구원하셔야 할 만큼 값진 존재들이다”라는 식입니다.

그러나 이런 식의 사고는 성경이 명확히 가르치는 바 인간의 전적 부패성을 부인하는 것이요, 우리를 구원하신 하나님의 은혜를 부인하는 것입니다. 우리가 구원받을만한 값진 존재이기 때문에 하나님이 우리를 구원하신 것이라면, 우리가 우리 자신의 값진 가치 덕분에 구원받은 것이니 결코 “하나님의 은혜”가 성립될 수가 없습니다. 마이클 호튼(Michael Horton)은 이 점과 관련하여 “오늘날 교회의 가장 큰 문제점 중의 하나는, 교회가 하나님의 은혜를 극히 당연한 것으로 여기는 지경까지 와 있다는 것이다”라고 탄식합니다(Horton, *Putting Amazing Back into Grace*, 91).

우리는 구원받아야 할 당위성도 가치도 전혀 없는 오로지 하나님을 배반한 죄인일 뿐입니다. 그런 우리가 구원을 받았으니, 그 놀라운 구원의 사실에 대해 오직 하나님을 자랑하고 오직 그의 은혜를 높이 기려야 마땅합니다. 그 은혜로 얻은 구원에 근거하여 오히려 우리 자신이 우쭐해진다니요! 이는 결코 있을 수 없는 일입니다. 그런데 거기서 한 걸음 더 나아가 구원받지 못한 다른 사람들을 업신여기며 멸시하기까지 한다면 이는 정말 어처구니없는 태도입니다. 참된 구원을 누리는 백성에게는 결코 있을 수도 없고 있어서도 안 되는 일입니다. 우리에게 매우 친숙한 찬송가 “어메이징 그레이스”(Amazing Grace)의 작자인 존 뉴튼(John Newton, 1725-1807)의 다음과 같은 말처럼, 참된 신자는 결코 자신의 구원을 빌미로 다른 사람들을 멸시하는 법이 없는 것입니다.

> 몇 사람이 구덩이에 빠졌는데 지나가는 사람이 그중 한 사람을 꺼내주었다 하자. 그렇게 그곳에서 건짐을 받은 사람이 아직 그 구덩이에서 빠져나오지 못하고 허우적거리는 다른 사람들을 보며 "나는 거기서 나왔는데, 너희는 왜 거기서 나오지 못하고 있느냐?"라고 하며 그들을 향해 화를 내는 일은 결코 있을 수 없을 것이다. 그들을 욕하는 대신 그들을 안타까이 여기는 것이 정상일 것이다....맹인 바디매오가 눈을 뜬 다음, 지팡이를 들고 다니며 만나는 맹인마다 책망하고 때리는 식으로 처신하지 않았던 것처럼, 참으로 영적 조명을 받은 사람도 결코 그런 식으로 처신하지 않는 법이다(Piper, *Roots of Endurance*, 73에서 재인용).

넷째와 다섯째로, 유대인들은 "하나님의 뜻을 알"며 또한 "지극히 선한 것을 분간"한다는 것에 자부심을 가졌습니다. 이는 그들이 "율법의 교훈을 받"은 덕분이었습니다. 이방인들과는 달리 유대인은 안식일마다 정기적으로 "율법의 교훈을 받"고 있었고,[162] 이를 통해서 그들은 "하나님의 뜻"이 무엇인지를 잘 알고 있었습니다. 하나님이 요구하시는 바가 무엇이며 금지하시는 것이 무엇이며, 그가 기뻐하시는 것이 무엇이며 그가 극히 혐오하시는 것이 무엇이며, 그가 상 주시는 것이 무엇이며 그가 벌하시는 것이 무엇인지를 익히 잘 알고 있었습니다. 또한 그들은 율법교육을 통해 "지극히 선한 것"[163]을

_162 "교훈을 받아"(헬. "카테쿠메노스"[κατηχούμενος])는 구두로 전해지는 가르침을 들음으로써 이루어지는 교육을 뜻하며. 이는 안식일마다 행해지는 율법 낭독에 참여함으로써 율법 교육을 받은 사실을 지칭한다 할 것입니다. "요리문답"을 뜻하는 영어의 "catechism"이라는 단어가 이 단어에서 파생되었습니다.

_163 헬. "타 디아페론타"(τὰ διαφέροντα); "중요하고도 필수적인 것." "지극히 선한 것을 분간"한다는 것은 "애매한 상황에서 어찌 처신하는 것이 하나님의 편에서 최선인지를 분별하는 것"을 뜻합니다(Thielman, *Romans*, 148).

잘 분별하고 있었습니다. 이것은 유대인이 지닌 크나큰 이점(利點)이었습니다. 그러나 문제는 그들이 "하나님의 뜻"과 "지극히 선한 것"을 그저 알고 분간하기만 하는 것으로 그쳐버렸다는 것입니다. "하나님의 뜻"을 알고 "지극히 선한 것"을 분간했으면 순종을 통해 거기에 합당한 결과를 드러내야 마땅한데, 그들은 전혀 그렇지 못했습니다. 그저 지극히 선한 하나님의 뜻을 자기들이 알고 분별하고 있다는 사실 자체만을 뿌듯하게 여기며 스스로 교만에 빠지는 모습을 보입니다. 칼빈이 지적한 대로 "유대인들은 다른 사람들의 행실을 판단할 정도로 율법을 잘 알고 있었으나 정작 율법을 기준으로 자기들의 삶을 이어가는 데에는 전혀 관심이 없었"던 것입니다(Calvin, *Romans*, 52).

유대인의 외식

바울은 17-18절에서 유대인들의 다섯 가지 종교적 특권을 말씀한 다음, 이어서 19-23절에서 그런 특권을 사용하여 이방인들을 선도할 책임을 진 그들이 오히려 "율법을 범함으로 하나님을 욕되게 하"고 있음을 통렬하게 지적합니다. 그는 유대인들이 스스로 "맹인의 길을 인도하는 자", "어둠에 있는 자의 빛"(19절), "어리석은 자의 교사", "어린 아이의 선생"(20절)이라고 믿고 있음을 지적하여, 이방인들을 올바로 이끌 책임이 그들에게 있음을 시사합니다. 유대인의 주장대로 그들이 과연 "율법의 교훈"을 받아 "하나님의 뜻을 알"며 또한 "지극히 선한 것을 분간"한다면, 이는 곧 그것에 무지한 이방인과 이교도들을 가르치고 선도해야 할 사명과 책임이 그들에게 있음을 의미하기 때문입니다. 그러나 그들은 이방인들을 선도하여 하나님께로 이끌기는커녕, 오히려 외식적인 행실로써 자기들의 "율법에 있는 지식과 진리의 모본"을 다 부인해버리고, 또한 겉으로는 "율법을 자랑하"면서도 속으로는 그 "율법을 범함"으로써 "하나님을 욕되게" 하며(23절), 결국 그들의 거짓된 행실로 인해 "하나님의 이름"이 "이방인 중에서 모독을 받"는(24절) 참담한 사태가 벌어지고 있다는 것입니다.

19-20절에서 바울은 유대인이 자기 자신을 "맹인", "어둠에 있는 자", "어리석은 자", "어린 아이"—즉 하나님과 참된 구원의 길에 대해 무지한 이방인들[164]—을 선도할 책임을 진 "길을 인도하는 자", "빛", "교사", "선생"으로 여기고 있음을 지적합니다. 그들이 자기들 자신을 그렇게 우월하게 여긴 이유는 바로 "율법에 있는 지식과 진리의 모본"이 그들에게 있기 때문이었습니다. 세상의 참된 근원적 원리를 깨우쳐주는바 "지식"(혹은 "지혜")과 "진리"의 "모본"[165]이 모세의 율법 속에 있기 때문에, 그 율법을 소유하고 안식일마다 그 율법을 접하고 있던 유대인들로서는 당연히 자기들이 이방인보다 월등한 위치에 있다는 사고를 갖기 마련이었습니다. 찰스 하지(Charles Hodge)는 이 점에 대해 다음과 같이 말합니다.

> 그들은 자기들 자신을 다른 모든 민족을 가르칠 능력이 있고 세상의 인도자와 빛이 될 수 있을 만큼 극히 우월한 존재로 여겼다....자기들이 다른 민족들의 교사 역할을 감당할 자격을 충족히 갖춘 것으로 간주한 것이다(Hodge, *Romans*, 61).[166]

164 참조. "이방인들을 가리켜 여기서 맹인이라 부르는 것은 그들이 철학, 법, 예술 등 온갖 빛을 지녔으나 참된 신앙의 빛을 소유하지 못했기 때문이다. 그러나 참된 신앙의 빛 이외에는 참된 구원의 빛이 세상에 없는 것이다"(Haldane, *Romans*, 104).

_165 헬. "모르포시스"[μόρφωσις]. "구체적 표현"(embodiment), 혹은 "완전한 표현"(complete expression), "요체(要體)" 등을 의미합니다.

_166 또한 모리스는 다음과 같이 말합니다. "근본적 지식과 진리의 요체인 율법을 지니고 있다는 것이야말로 유대인의 자랑거리였다. 유대인은 자기에게 있는 지식과 진리가 그저 당대의 갖가지 다양한 철학들에 뒤지지 않는다는 정도로만 생각한 것이 아니다. 오히려 자기 자신이 하나님의 진리인 율법 책을 들고서—하나님이 친히 알게 해주신 그런 참된 지식을 갖고서—세계 앞에 서 있다고 여겼으며, 자기 자신이 최고의 위치에 서 있다고 생각하고 있었던 것이다"(Morris, *Romans*, 134).

이어서 21-22절에서 바울은 어리석은 어린아이 같은 이방인에 비하여 스스로를 교사요 선생으로 여기는 유대인을 향하여 다음과 같이 네 가지 칼날 같은 질문을 제기합니다. "다른 사람을 가르치는 네가 네 자신은 가르치지 아니하느냐? 도둑질하지 말라 선포하는 네가 도둑질하느냐? 간음하지 말라 말하는 네가 간음하느냐? 우상을 가증히 여기는 네가 신전 물건을 도둑질하느냐?" 이 네 가지 질문들 모두가 외식(外飾)에 관한 것입니다. 외식의 문제야말로 유대인의 가장 두드러진 문젯거리였고, 또한 "하나님을 욕되게 하"는 가장 위중한 악행이었습니다. 슈라이너는 이에 대해 다음과 같이 지적합니다.

> 율법에 의지하는 유대인들의 태도 그 자체는 그릇된 것이 아니었고…오히려 구약과 잘 어울리는 것이었다. 하나님을 자랑한다는 것은 분명 좋은 일이요, 또한 유대인들은 모두 율법교육을 받은 자들로서 하나님의 뜻과 길을 잘 알고 있었다. 인도자, 빛, 선생으로서의 이스라엘의 역할은 모두 구약의 가르침과 일치한다(참조. 사 42:6-7; 49:6). 하나님께서 아브라함과 유대인을 지명하셔서 만민에게 복이 되게 하셨기 때문이다(창 12:1-3; 참조. 출 19:5-6; 사 42:6). 그런데 유대인의 문제점은 바로 외식이었다. 그들은 율법을 고이 받들며 가르치면서도 자기들 스스로 그것을 범하고 있었던 것이다(Schreiner, *Handbook*, 61).

첫째로, 그는 "다른 사람을 가르치는 네가 네 자신은 가르치지 아니하느냐?"라고 묻습니다. 유대인이 스스로를 "어리석은 자의 교사"요 "어린 아이의 선생"이라 여기고 있으니(20절), 그렇다면 자기가 가르치는 그 내용을 먼저 자기 자신에게 가르치고 그것을 지키며 준수하는 것이 당연한 일인데, 그들이 전혀 그렇게 하고 있지 못하다는 것입니다. 이러한 죄악된 모습에 대해 시편 50편도 비슷하게 묘사하고 있습니다.

악인에게는 하나님이 이르시되, 네가 어찌하여 내 율례를 전하며 내 언약을 네 입에 두느냐? 네가 교훈을 미워하고 내 말을 네 뒤로 던지며, 도둑을 본즉 그와 연합하고 간음하는 자들과 동료가 되며, 네 입을 악에게 내어 주고 네 혀로 거짓을 꾸미며, 앉아서 네 형제를 공박하며 네 어머니의 아들을 비방하는도다. 네가 이 일을 행하여도 내가 잠잠하였더니, 네가 나를 너와 같은 줄로 생각하였도다. 그러나 내가 너를 책망하여 네 죄를 네 눈 앞에 낱낱이 드러내리라 하시는도다(16-21절).

우리 주 예수님 역시 외식의 문제를 통렬하게 지적하신 바 있습니다. 공관복음에서 흔히 나타나듯이, 그는 유대인들(특히 바리새인들과 서기관들을 비롯한 종교지도자들)의 심각한 "외식"의 문제를 지적하시고, 심지어 그들을 일컬어 "외식하는 자"라고 규정하기까지 하십니다(참조. 마 6:2, 5, 16; 7:5; 15:7 등). 그들은 "외식"이 몸에 밴 자들이요, 그들에게서는 "외식" 밖에 드러나는 것이 없다는 뜻이 거기에 담겨 있습니다. 이처럼 당시의 종교지도자들이 외식에 빠져 있는 상태에서, 과연 그리스도를 따르는 참된 제자들은 어떻게 처신해야 했을까요? 이에 대해 주님은 "서기관들과 바리새인들이…말만 하고 행하지 아니"한다는 점을 지적하시면서, "그들이 말하는 바는 행하고 지키되 그들이 하는 행위는 본받지 말라"고 가르치셨습니다(마 23:2-3).

이러한 주님의 가르침은 외식에 사로잡혀 있는 현대의 교회에 속한 그리스도인들에게 극히 중요한 교훈을 줍니다. 교회 내의 가르치는 자들과 교역자들로서는 설교와 가르침을 베풀기 전에 먼저 자신에게 그 내용을 적용해야 마땅합니다. 우리가 연약하여 자신도 모르는 사이에 "외식"에 빠지는 일이 흔히 발생하기 때문입니다. 바울은 베드로 사도가 "외식"을 행하는 것을 보고서 "복음의 진리를 따라 바르게 행하지 아니함"을 책망하였습니다(갈 2:11-14). 그리스도의 사도인 베드로가 순식간에 외식을 행하고 말았다면, 우리들이야 얼마나 더하겠습니까? 그러므로 필자 자신을 포함하여 복음 사역자라면 누구나 본문의 바울의 말씀의 요지를 가슴에 새겨야 할 것입니다. 로이드 존스의 다음과 같은 말씀은 그야말로 우리의 폐부를 찌르고도 남습니다.

> 다른 이들에게 설교하기 전에 먼저 그 내용을 자기 자신에게 선포하지 않는 설교자는 스스로를 외식의 위험에 노출시키는 것이요, 결국 극히 위험한 처지에 있는 것입니다. 자기 자신에게 말씀을 선포하거나 가르친 적이 없는 사람은 그 가르치는 모든 내용이 헛되고 무용지물일 수밖에 없습니다. 그런데 외식하는 사람은 절대로 자기 자신을 가르치지 않습니다. 다른 사람들에게는 진리를 적용하지만, 절대로 자기 자신에게는 적용하지 않습니다. 그에게는 아무것도 필요치 않습니다. 그 자신은 완전하니까요(Lloyd-Jones, *Romans*, II, 146).

또한 설교자들에게 가르침을 받는 신자들의 자세 역시 매우 중요합니다. 주님은 "그들이 말하는 바는 행하고 지키되 그들이 하는 행위는 본받지 말라"고 말씀하시는데, 사실 이 말씀을 그대로 지키기란 극히 어렵습니다. 가르치는 자와 지도자들의 외식이 드러나게 되면, 흔히 실망에 빠진 나머지 그들의 가르치는 내용까지도 의심하고 내던져버리게 되는 것이 우리의 연약한 모습이니 말입니다. 이런 점 때문에 실족하는 사람들이 얼마나 많은지 모릅니다. 그러나 주님은 외식하는 지도자들과 그들의 가르침을 분리하여 처신할 것을 주문하고 계십니다. 그들의 행위는 본받지 말되, "그들이 말하는 바는 행하"라는 것입니다.

하지만 과연 그렇게 하는 것이 가능할까요? 외식하는 자들의 말과 그들의 행위를 분리하여 판단하고 처신한다는 것은 죄악된 우리 자신의 의지만으로는 불가능합니다. 그러나, 말씀 속에서 일하시는 성령께서 역사하시면 얼마든지 그렇게 할 수 있고, 또한 행하게 됩니다. 실상 주님의 이 말씀은 성령의 역사하심을 전제로 하는 것으로 보아야 할 것입니다. 인간적으로 보면, 설교자나 교사에 대한 실망 때문에 그들이 가르치는 내용을 도무지 받아들일 수 없지만, 그럼에도 불구하고 그런 상황 속에서 모든 장애 요소들을 극복하고 진리를 깨닫도록 일깨우시는 성령의 도우심이 참된 성도에게 있는 법입니다. "보혜사 곧 아버지께서 내 이름으로 보내실 성령 그가 너희에게 모든 것을 가르치"리라(요 14:26).

이어서 바울은 십계명의 여덟 번째와 일곱 번째 계명을 실례로 들어 질문합니다. "도둑질하지 말라 선포하는 네가 도둑질하느냐? 간음하지 말라 말하는 네가 간음하느냐?" 도둑질과 간음은 하나님이 친히 계명을 통해 명확히 금지하신 것이요, 따라서 유대인들이 흔히 범하는 죄목은 아니었습니다. 우리로서는 이 대목을 예수님의 산상수훈의 윤리적 가르침에 준하여 이해할 필요가 있을 것입니다.

> 또 간음하지 말라 하였다는 것을 너희가 들었으나 나는 너희에게 이르노니 음욕을 품고 여자를 보는 자마다 마음에 이미 간음하였느니라....또 일렀으되 누구든지 아내를 버리려거든 이혼 증서를 줄 것이라 하였으나 나는 너희에게 이르노니 누구든지 음행한 이유 없이 아내를 버리면 이는 그로 간음하게 함이요 또 누구든지 버림받은 여자에게 장가드는 자도 간음함이니라(마 5:27-28, 31-32).

바울도 십중팔구 예수님의 이러한 가르침을 잘 알고 있었을 것이고,[167]

_167 바울이 예수님의 가르침을 잘 알고 있었다는 사실에 대한 심도 있는 논의를 위해서는 참조. Seyoon Kim, "Jesus, Sayings of," in Hawthorne, Martin, Reid, eds., *Dictionary of Paul and His Letters*, 474-492; J. M. G. Barclay, "*Jesus and Paul*," ibid., 492-503.

여기서 그는 예수님의 가르침의 기조를 좇아 말씀하고 있는 것이라 여겨집니다. 문자 그대로 현저히 드러나는 도둑질과 간음은 유대인들 사이에 크게 두드러지지 않았으나, 그렇다고 해서 그들이 이방인들보다 나을 것이 없었습니다. 마음으로 남의 것을 탐내는 행태나 마음으로 범하는 심리적 간음의 행태가 그들에게 만연해 있었으니 말입니다. 예수님은 서기관들이 "과부의 가산을 삼키"는 행위를 일삼는 것을 꾸짖으시는데(막 12:40; 눅 20:47), 이는 잔인한 "도둑질"이 아닐 수 없었습니다. 시편 기자는 이스라엘 중의 "악인"을 향하여, "도둑을 본즉 그와 연합하고 간음하는 자들과 동료가 되"는 그들의 악한 처신을 책망합니다(시 50:18). 구약의 여러 선지자들도 하나님의 언약 백성들의 "도둑질"을 책망하고 있습니다.

이사야는 유다 백성의 지도자들을 "개"(犬)라 부르면서, 그들이 "탐욕이 심하여 족한 줄을 알지 못하는 자들이요…다 제 길로 돌아가며 사람마다 자기 이익만 추구"하는 것을 통렬히 책망합니다(사 56:11). 에스겔 선지자도, 유다 백성 중에 "뇌물을 받는 자"도 있고, "이익을 탐하여 이웃을 속여 빼앗"는 자도 있음을 통렬히 지적합니다(겔 22:12). 아모스 선지자는 백성이 "거짓 저울로 속이"는 일에 혈안이 되어 있음을 책망합니다(암 8:5). 심지어 말라기 선지자는 하나님의 것을 도둑질하는 뻔뻔스러운 행태를 다음과 같이 책망합니다.

> 사람이 어찌 하나님의 것을 도둑질하겠느냐? 그러나 너희는 나의 것을 도둑질하고도 말하기를, "우리가 어떻게 주의 것을 도둑질하였나이까" 하는도다. 이는 곧 십일조와 봉헌물이라 너희 곧 온 나라가 나의 것을 도둑질하였으므로 너희가 저주를 받았느니라(말 3:8-9).

그러므로 겉으로 잘 드러나지 않는 은밀하고도 교묘한 형태의 "도둑질"과 "간음"이 유대인들 사이에 횡행하고 있었음을 부인할 수 없습니다. 그러나 바울의 이러한 말씀은 비단 유대인들에게만 해당되는 것이 아닙니다. 오늘날 우리 역시 유대인들을 향한 이 말씀에서 자유로울 수 없습니다. 불신자들에게서는 그런 악행이 비일비재하게 나타나지만, 그리스도를 믿는다고 하는 교회원들과, 심지어 목사와 장로 등 교회의 지도자들에게서조차 "도둑질"과 "간음"이 드러나 온 세상을 어지럽히는 것이 현실이니, 겉으로 드러나지 않는 "도둑질"과 "간음"의 행위는 얼마나 많겠습니까? "나는 괜찮아!"라는 식의 안이한 자세를 가져서는 안 됩니다. 사탄은 우리의 약점을 정확히 파악하고 있고 바로 그 약점을 공격하기 때문에, 언제나 경계를 게을리 해서는 안 될 것입니다. "선 줄로 생각하는 자는 넘어질까 조심하라"(고전 10:12).

이어서 22절에서 바울은 "우상을 가증히 여기는 네가 신전 물건을 도둑질하느냐?"[168]라고 질문하는데, 이는 유대인들이 앞에서는 율법의 금지명령(참조. 신 7:25)에 따라 우상을 가증스럽게 여겨 혐오하면서도, 뒤에서는 이방 신전에서 약탈해온 각양 우상들을 돈을 주고 사들이고 다시 되팔아 이득을 취하는 외식적인 행태를 지목하는 것이라 여겨집니다. 우상은 본래 존재하지 않는 것이니 그것을 경배하거나 절하지만 않는다면, 그것들을 이용하여 이윤을 취한다 해도 무방하다는 식의 이완된 태도가 유대인들에게 만연해 있었다 할 것입니다. 바울은 유대인들의 그러한 아전인수 격의 외식을 지적하고

_168 "신전 물건을 도둑질하다"(헬. "히에로쉴레오"[ἱεροσυλέω])는 "신전을 약탈하다", "성물(聖物)을 훼손하다" 혹은 "신성모독을 범하다" 등의 뜻을 지니는데, 본문의 정확한 의미에 대해 학자들 사이에 논란이 있습니다. 1세기에는 신전을 약탈하여 얻은 물건들을 불법으로 거래하는 일이 빈번했는데, 여기서는 "신전을 약탈하다" 또는 "성물을 훼손하다"의 의미로서(참조. 행 19:37 "신전의 물건을 도둑질하지도 아니하였고"), 그처럼 이방인의 신전들에서 약탈해온 물건들을 이용하여 이윤을 챙기는 유대인들의 행위를 두고 하는 말로 여겨집니다(참조. Dunn, *Romans 1-8*, 114–115; Kruse, *Romans*, 150; Morris, *Romans*, 136, Schreiner, *Romans*, 133 등).

있는 것입니다. 오늘을 사는 우리 신자들 역시 이러한 말씀의 지적에서 자유로울 수 없습니다. 칼빈의 다음과 같은 발언을 마음에 새겨야 할 것입니다.

> 정말 조심하지 않으면 이 말씀이 지금 우리에게 해당할 수도 있다. 사실 이 말씀은 복음에 대한 특별한 지식을 자랑하면서도 마치 복음이 생활의 규범과는 전혀 상관이 없는 것인 양 온갖 방탕한 모습에 빠져 있는 많은 이들에게 적용될 것이다. 그러므로, 우리는 온갖 수다스러운 말장난으로 하나님의 말씀을 가볍게 자랑하는 그런 행위에 대해 과연 어떠한 심판이 베풀어질 것인가를 마음에 새기고서, 주님을 그처럼 함부로 대하지 않도록 조심해야 할 것이다....여기서 경계하는 것은, 첫째 우리 스스로 우쭐해져서도 안 되고, 율법의 일부만을 행하고서 그것을 빌미로 다른 이들을 멸시해서도 안 되며, 둘째 우리 마음 깊은 곳에 자리 잡은 불경(不敬)을 없애고 제거하는 일에 힘쓰지 않으면서 그저 외형적인 우상숭배를 제거한 것만을 자랑거리로 삼는 일이 절대로 있어서는 안 된다는 것이다(Calvin, *Romans*, 53).

하나님을 욕되게 하는 유대인

23절에서 바울은 "율법을 자랑하는 네가 율법을 범함으로 하나님을 욕되게 하"는도다[169]라고 진술하여 17절부터 이어지는 소단락에서 제시해온

_169 23절을 개역개정 성경의 경우처럼(참조. NIV: "…do you dishonor God by breaking the law?") 의문문으로 이해할 수도 있고(Thielman, *Romans*, 150; Morris, *Romans*, 137, 주139; Longenecker, *Romans*, 309), 반면에 "율법을 자랑하는 네가 율법을 범함으로 하나님을 욕되게 하는도다"(참조. ESV: "You who boast in the law dishonour God by breaking the law")처럼 하나의 진술로 이해하는 것도 가능합니다(Barrett, *Romans*, 54; Cranfield, *Romans*, I, 170; Dunn, *Romans 1-8*, 113; Kruse, *Romans*, 151; Moo, *Romans*, 165-166; Peterson, *Romans*, 158; Seifrid, "*Romans*," 612). 필자의 소견으로는 이를 하나의 진술로 이해하는 후자의 견해를 취하여, 바울이 23절에서 하나의 소결론을 제시하고 이어지는 24절에서 구약 본문을 인용하여 그 소결론을 뒷받침하여 확증하는 것으로 이해하는 것이 문맥상 더 적절하다고 여겨집니다.

논지를 결론짓고, 이어서 24절에서 구약을 인용하여 그 논지를 확증합니다. "기록된 바와 같이 하나님의 이름이 너희 때문에 이방인 중에서 모독을 받는도다." 곧 17절에서부터 계속 말씀해온 바와 같이 유대인은 외식으로 "율법을 자랑하"면서도 속으로는 "율법을 범"하여, 결국 하나님을 영화롭게 하는 것이 아니라 오히려 "하나님을 욕되게 하"고 있다는 것이며, 구약성경 이사야 52:5과 에스겔 36:20-23이 이를 뒷받침한다는 것입니다.

부패한 유대인은, 뒤에서는 "율법을 범"하면서도 앞에서는 "율법을 자랑"함으로써 자신의 본 모습을 감추는 일을 훌륭하게 수행했습니다. 그러면서 자기들이 하나님께 영광을 돌리고 있다고 자부했습니다. 그러나 그들의 외식의 초라한 실체가 겉으로 드러나는 순간, 그들을 믿어온 만큼이나 실망이 더 커지기 마련입니다. 할데인은 이 점에 대해 다음과 같이 잘 설명하고 있습니다.

> 사도는 여기서 외식자의 모습을 지극히 생생하게 그리고 있다. 유대인이 자기의 참모습을 감추기 위해 겉에 쓴 것만큼 멋진 휘장이 과연 있었을까? 그는 고백과 찬송과 감사의 사람이요, 율법을 신뢰하며 하나님을 자랑하며, 그의 뜻을 알고 고귀한 것들을 깨닫는 사람이요, 스스로를 어둠 속에 있는 자들의 빛이요 맹인의 인도자요 무지한 자의 교사요 어린아이의 선생이라 칭하며, 다른 사람들을 지도하며, 도둑질과 간음과 우상숭배를 격렬히 배격하는 사람의 모습을 보인다. 한마디로 그는 여호와의 계명을 자랑스러워하는 사람이다. 과연 그 누가 이 사람을 가리켜 인간의 모습을 한 천사라고—땅에 빛을 비추기 위해 가까이 내려온 하늘의 별이라고—말하지 않겠는가? 그런데 그런 멋진 가면 뒤에 감추어진 그의 실제의 모습을 관찰해보면, 이 사람은 아무런 가르침도 받지 않는 자요, 도둑이요, 음행자요, 흉악한 신성모독자와 다름없으며, 한 마디로, 끊임없이 하나님의 율법을

> 어김으로 자기의 하나님을 욕되게 하는 추악한 악인이다. 겉으로 드러나는 정말 멋진 모습과 이런 흉측한 내면의 진실이 이토록 끔찍하게 서로 다르니, 과연 이런 일이 어떻게 가능하단 말인가?(Haldane, *Romans*, 106).

그런 이율배반적인 처신은 하나님을 영화롭게 하기는커녕 오히려 "하나님을 욕되게 하"는 처사일 수밖에 없습니다. 그 사람의 추한 모습이 잠시 동안은 감추어질 수 있으나, 영원히 감추어질 수는 없으니 말입니다. 반드시 사람들 앞에서 본색을 드러내게 되어 있습니다. 그리고 그 추악한 본색이 드러나는 순간, 사람들은 그를 욕하게 되고, 결국 그가 섬기는 하나님께로 그 욕이 돌아가게 되는 것입니다. "하나님의 이름이 너희 때문에 이방인 중에서 모독을 받는도다."

오늘날 그리스도를 믿는 우리 신자들과 교회의 각양 직분자들 역시 마찬가지입니다. 우리는 "하나님의 이름"을 믿는 자들이요, 세상 사람들이 다 우리를 그런 눈으로 바라봅니다. 그들 앞에서 우리는 혼자가 아닙니다. 그들은 우리가 믿는 하나님을 우리의 모습을 근거로 판단하기 때문입니다. 이러한 점에서도 우리는 "하나님의 형상"이라 할 수 있습니다. 그러므로 우리가 범하는 갖가지 잘못이나 허물이 모두 하나님께로 향하게 되고, 그로 인하여 그들이 하나님을 욕되게 하니, 결국 우리로 인하여 하나님의 영광이 가려지는 끔찍한 일이 발생하는 것입니다. 맥아더는 이 점에 대해 다음과 같이 경고하고 있습니다.

> 여기서 제시되는 원리는 그리스도인들에게 더욱더 강력하게 적용된다. 이는 그들이 신약성경을 통해 더 밝은 영적인 빛을 지니고 있기 때문이요, 또한 성령의 내주하심으로 말미암아 그 빛에 순종할 더 큰 영적 재원을 보유하고 있기 때문이다.

신자가 죄에 빠지면, 그가 해온 증언이 무효가 되어버리고 그가 믿는 주 하나님의 이름이 세상 앞에서 더럽혀지고 만다. 그리스도인이라 하면서도 죄악된 삶을 고수하는 자는 그리스도의 이름을 헛되이 지니고 있다는 증거를 스스로 드러내는 것이다. 그들의 삶의 기준이 세상의 기준과 전혀 차이가 없으니 하나님의 이름이 모독을 받는 것이다(MacArthur, *Romans 1-8*, 158).

결론

본 강에서 사도 바울의 가르침을 통해 우리는 유대인이 가졌던 그릇된 특권 의식과 교만, 그리고 그들의 외식 등, 하나님을 욕되게 하는 그들의 온갖 죄악된 모습을 살펴보았습니다. 그런데 이런 죄악된 모습은 그들에게만 있었던 문제가 전혀 아닙니다. 오늘날 우리에게도 이러한 외식과 교만, 하나님을 향한 불경의 죄악이 얼마든지 끼어들 수 있습니다. 그러니 유대인들의 경우를 반면교사로 삼아 우리 자신을 돌아보아야만 합니다. 그리스도를 믿노라고 하는 나는 과연 어떤 모습입니까? 외식으로 나의 겉모습을 가리는 점은 없습니까? 외식과 교만의 문제가 결코 가볍거나 사소한 문제가 아니라는 것을 깊이 인식해야 하겠습니다. 오 주여, 나의 추악한 외식을, 나의 그릇된 교만을 제거하여 주옵소서! 나의 죄악으로 인하여 하나님의 높으신 영광이 가려지지 않도록, 나를 정결하게 하옵소서. "우슬초로 나를 정결하게 하소서 내가 정하리이다. 나의 죄를 씻어 주소서 내가 눈보다 희리이다"(시 51:7).

제19강.
유대인과 할례(2:25-29)

"25 네가 율법을 행하면 할례가 유익하나 만일 율법을 범하면 네 할
례는 무할례가 되느니라
26 그런즉 무할례자가 율법의 규례를 지키면 그 무할례를 할례와
같이 여길 것이 아니냐
27 또한 본래 무할례자가 율법을 온전히 지키면 율법 조문과 할례
를 가지고 율법을 범하는 너를 정죄하지 아니하겠느냐
28 무릇 표면적 유대인이 유대인이 아니요 표면적 육신의 할례가
할례가 아니니라
29 오직 이면적 유대인이 유대인이며 할례는 마음에 할지니 영에 있
고 율법 조문에 있지 아니한 것이라 그 칭찬이 사람에게서가 아니요
다만 하나님에게서니라."

앞의 17-29절의 큰 단락에서 바울은 유대인이 스스로 자부심을 갖고 이방인들을 멸시하도록 만드는 유대인들 자신의 큰 자랑거리 두 가지, 즉 "율법"과 "할례"의 문제를 다룹니다. 17-24절에서 살펴본 바와 같이 바울은 유대인이 자신이 "율법"을 보유하고 있음을 자랑하며 그것에 근거하여 자부심

을 갖는 것이 얼마나 허망한 것인지를 말씀합니다. 이어서 25-29절에서는 "율법" 외에 유대인들의 또 하나의 자랑거리인 "할례"에 대해서 동일한 논지를 제시하고 있습니다.

바울의 논지는, 유대인들은 그들이 받은바 "표면적 육신의 할례"(28절)를 자랑스러워하지만, 율법을 지키는 온전한 순종이 그 할례에 뒤따르지 않으면 그 할례가 무효가 되어 "무할례"와 전혀 다를 바 없이 되어버리며, 반대로 "무할례자"라 할지라도 하나님께 순종하며 살면 그들이 오히려 하나님 앞에서 인정받는 "할례자"라는 것입니다. 곧 하나님 앞에서 중요한 것은 표면적 할례의 유무가 아니라 속사람의 상태이며, 따라서 육체에 할례의 표를 지닌 "표면적 유대인"이 아니라 그 할례가 의미하는 대로 순종의 삶을 드러내 보이는 "이면적 유대인"이 하나님이 인정하시는 참된 "유대인"이라는 것입니다. 더 나아가서 사도는 "표면적 할례"가 아니라 오직 성령께서 마음에 베푸시는 할례("할례는 마음에 할지니 영에 있고", 29절)가 하나님이 인정하시는 참된 할례요, 또한 그것이야말로 "사람에게서가 아니요 다만 하나님에게서" 칭찬을 받는 할례임을 공언합니다. 이제 이 단락의 내용을 좀 더 상세히 살펴보도록 하겠습니다.

할례의 의미

할례에 대한 바울의 가르침을 살피기 전에, 구약 시대에 이스라엘 백성에게 베풀어진 "할례"의 본래의 의미를 먼저 살펴볼 필요가 있을 것입니다. "할례"란 남자의 생식기 끝의 피부를 잘라내는 종교적인 의식이었는데(오늘날의 포경수술과 유사함), 사실 이스라엘 백성만의 전유물은 아니었고, 그 외에 다른 종족들에게서도 할례를 시행한 예가 나타납니다. 예레미야 9:25-26은 이스라엘 외에 "애굽과 유다와 에돔과 암몬 자손과 모압" 사람들이 육체에 할례를 받았음을 진술하고 있습니다.[170] 20세기 성경신학의 아버지로 일컬어지는 게할더스 보스(Geerhardus Vos, 1862-1949)는 이에 대해 다음과 같이 증언하고 있습니다.

> 할례는 에돔, 암몬, 모압 등, 이스라엘과 긴밀하게 접촉했던 여러 셈족들만이 아니라, 셈족이 아닌 민족들 가운데도 광범위하게 행하였다, 애굽 사람들 가운데도 할례가 존재했고, 아메리카의 부족들 가운데서도, 남태평양의 섬들에서도 할례가 발견되었다. 할례는 아브라함 시대 이전에 이미 존재한 것이 분명하다. 그러므로, 우리는 할례가…기존에 존재하고 있던 하나의 의식이 그[아브라함]의 가문에 제시되면서 새로운 의의를 지니게 되었다고 보아야 할 것이다(보스, 『성경신학』, 127).

그런데, 다음 말씀에서 보듯이 여호와께서는 "아브라함 시대 이전에 이미 존재한" 할례를 굳이 아브라함과 그 후손에게 명하셨고, 그 이후 할례는 여호와의 언약 백성이 반드시 지녀야 할 하나의 증표가 되었습니다.

> 너희 중 남자는 다 할례를 받으라. 이것이 나와 너희와 너희 후손 사이에 지킬 내 언약이니라 너희는 포피를 베어라. 이것이 나와 너희 사이의 언약의 표징이니라.

_170 "보라 날이 이르면 할례 받은 자와 할례 받지 못한 자를 내가 다 벌하리니, 곧 애굽과 유다와 에돔과 암몬 자손과 모압과 및 광야에 살면서 살쩍을 깎은 자들에게라 무릇 모든 민족은 할례를 받지 못하였고 이스라엘은 마음에 할례를 받지 못하였느니라 하셨느니라"(렘 9:25-6). 개역개정 성경의 이러한 번역은 다소 불분명한 점이 있습니다. 이를 다음과 같이 좀 더 선명하게 번역할 수 있을 것입니다. "보라 날이 이르면, 육체로만 할례를 받은 모든 자들, 곧 애굽, 유다, 에돔, 암몬, 모압, 그리고 먼 곳 광야에 거하는 모든 자들을 내가 벌하리니, 이 모든 민족들은 실상 할례 받지 아니한 자들이요, 이스라엘의 온 집도 마음에 할례 받지 아니하였도다 하셨느니라." 참조. 영어 NIV: "The days are coming…when I will punish all who are circumcised only in the flesh—Egypt, Judah, Edom, Ammon, Moab and all who live in the desert in distant places. For all these nations are really uncircumcised, and even the whole house of Israel is uncircumcised in heart."

너희의 대대로 모든 남자는 집에서 난 자나 또는 너희 자손이 아니라, 이방 사람에게서 돈으로 산 자를 막론하고 난 지 팔 일 만에 할례를 받을 것이라. 너희 집에서 난 자든지 너희 돈으로 산 자든지 할례를 받아야 하리니, 이에 내 언약이 너희 살에 있어 영원한 언약이 되려니와, 할례를 받지 아니한 남자 곧 그 포피를 베지 아니한 자는 백성 중에서 끊어지리니, 그가 내 언약을 배반하였음이니라(창 17:10-14).

기왕에 다른 민족 중에서도 시행되고 있던 할례를 여호와께서 굳이 그의 백성 이스라엘에게 명하신 의도는 무엇이었을까요? 이스라엘의 할례의 고유한 의미는 무엇이었을까요? 그들의 할례에는 다른 이방 민족들의 할례에서는 볼 수 없던 새롭고도 특별한 의미가 개입되었으니, 죄를 죽이고, 육체의 더러움을 벗고, 속사람을 정결하게 한다는 의미가 바로 그것이었습니다.[171] 여호와께서 거룩하시므로 그와 언약을 맺어 그의 백성이 되는 이스라엘 역시 거룩해야만 했고(참조. 레 11:44; 19:2; 20:7; 참조. 벧전 1:15, 16), 할례란 바로 그들의 내적인 거룩함, 즉 "마음의 할례"를 겉으로 드러내는 하나의 표(標; a sign)요 인(印; a seal)이었습니다. 바울의 설명에서도 이를 확인할 수 있습니다. 로마서 4장에서 그는 아브라함이 할례받은 경우를 설명하는 중에, "그가 할례의 표를 받은 것은 무할례시에 믿음으로 된 의를 인친 것"(롬 4:11)이라고 말씀합니다. 여기서 그는 할례를 "믿음으로 된 의"(곧 칭의)의 사실을 겉으로 드러내어 보증해주는 "표"와 "인"으로 규정하고 있는 것입니다.

그러나 표나 인은 어디까지나 속에 감추어져 있는 내용물을 겉으로 드러

_171 미국의 개혁주의 신학자인 로레인 뵈트너(Loraine Boettner, 1901-1990)는 이 점에 대해 이렇게 설명합니다. "구약성경의 신생아 할례 의식…은 사람이 죄악된 상태로 이 세상에 왔다는 것과 또한 타락한 인간 본성이 그 근원에까지 부패한 상태라는 것을 가르치기 위함이었다"(Boettner, *Reformed Doctrine of Predestination*, 87).

내고 확인시켜주는 하나의 형식에 지나지 않고, 중요한 것은 그 형식에 걸맞은 내용물이었습니다. 그 내용물—"마음의 할례"—곧 내적인 거룩함과 정결함이 없다면, 그들이 받은 할례는 가짜일 수밖에 없었습니다. 그러므로 할례를 받은 이스라엘 백성으로서는 할례받은 것을 자랑할 것이 아니라, 과연 자기들에게 내적인 거룩함과 정결함이 있는지를 확인하며 여호와 앞에서 자신을 가다듬는 일이 필수적이었던 것입니다. 죄를 죽이고, 육체의 더러움을 벗어버리고, 속사람을 새롭게 하는 일을 지속해가는 면이 그들에게 반드시 있어야만 했습니다. 그리고 이것이야말로 여호와께서 이스라엘에게 할례를 요구하신 중요한 의도였던 것입니다. 다음의 본문들에서 이 점을 잘 볼 수 있습니다.

> 그러므로 너희는 마음에 **할례**를 행하고 다시는 목을 곧게 하지 말라(신 10:16).

> 네 하나님 여호와께서 네 마음과 네 자손의 마음에 **할례**를 베푸사 너로 마음을 다하며 뜻을 다하여 네 하나님 여호와를 사랑하게 하사 너로 생명을 얻게 하실 것이며(신 30:6).

> 유다인과 예루살렘 주민들아 너희는 스스로 할례를 행하여 너희 **마음 가죽을 베고** 나 여호와께 속하라 그리하지 아니하면 너희 악행으로 말미암아 나의 분노가 불 같이 일어나 사르리니 그것을 끌 자가 없으리라(렘 4:4).

미국의 구약학자 팔머 로버트슨(O. Palmer Robertson)은 이러한 할례의 의의에 대해 다음과 같이 설명하고 있습니다.

> [할례라는] 외형적인 표징은 하나님을 향한 순종과 사랑의 삶에 필수적인 내적 정결(inner purification)을 상징하는 것이었다....애초에 하나님이 할례의 의식을 통해 의도하신 바는 곧, 거룩하신 창조주와 거룩하지 않은 피조물 사이에 합당한 관계가 이루어지도록 하는 데에 필수적인 요건인 내적인 정결을 상징하고자 하는 것이었다. 할례의 의식을 통해 그들이 하나님의 거룩한 백성이라는 사실이 온 세상 앞에 드러나는 것이었다. 그러므로…그들의 마음이 거룩에 합치되지 않으면, 할례는 오히려 그들의 수치가 되는 것이었다(Robertson, *Christ of the Covenants*, 153-154).[_172]

육체의 할례 그 자체는 결코 하나님 백성임을 보증하는 증표도 아니요, 유대인의 우월함을 드러내 보이는 근거는 더더욱 아니었습니다. 그러므로 할례를 받은 유대인으로서는 "할례를 받았으니 나는 하나님의 백성이요 하나님이 보호하시고 지키시는 자다!"라며 자기를 자랑할 것이 아니라, "할례를 받았으니 이제 내가 할례에 합당한 삶을 살아서 하나님의 거룩한 백성의 모습을 드러내야겠구나!"라고 생각하고 그렇게 살아가야 마땅했습니다. 그러므로 바울은 다른 곳에서 할례를 받은 각 사람은 "율법 전체를 행할 의무"가 있음을 말씀합니다(갈 5:3). 영국의 구약학자인 크리스토퍼 라이트(Christopher Wright)는 앞에서 언급한 예레미야 9:25-26에 대해 논하는 중에 다음과 같이 진술하고 있습니다.

_172 또한 핑크는 할례에 대해 이렇게 설명합니다. "할례는 죄를 죽이는 일(the mortification of sin), 곧, 육체의 더러움을 벗어 버리는 일에 관한 것입니다.…모든 신자는 법적으로 그리스도 안에서 할례를 받았습니다. 할례가 미리 그림자로 보여준 것은 죄의 오염의 제거였고, 신자들의 머리이신 그리스도의 죽음으로 말미암아 그들을 위하여 그 일이 법적으로 이루어진 것입니다. 할례는 죄의 전적인 제거를 상징하는 것인데, 그것은 그의 백성을 위한 그리스도의 죽으심의 결과요 열매입니다"(Pink, *Gleanings in Joshua*, 125-126).

> 하나님은 여기서…겉모양의 육체적 할례의 표시를 지녔다는 것 자체가 언약에 충성을 다하고 있다는 증거도 아니요, 다른 민족들에 비해 그들의 우월함을 자랑할 만한 사유도 아니며, 또한 그 땅에 계속 살아남아 있을 권리를 그들에게 보장해주는 것도 아니라는 사실을 지적하시는 것이다(Wright, *Message of Jeremiah*, 134).

할례의 무효화

자, 이제 본문으로 돌아갑시다. 25절에서 바울은 유대인이 "율법을 행하면" 그들이 받은 "할례가 유익하나", "만일 율법을 범하면" 그들의 "할례는 무할례가 되"어 버린다고 단언합니다. 당시의 유대인들에게 이런 바울의 말은 결코 있을 수 없는 터무니없는 발언으로 들렸을 것입니다. 그들은 한 번도 그렇게 생각해본 일이 없습니다. 오늘날 흔히 쓰는 식으로 표현하자면, 그들은 "한번 할례는 영원한 할례!"라는 식의 사고에 철저하게 젖어 있었습니다. 할례가 무효가 되다니요? 결코 그럴 수 없습니다. 그런 일은 적어도 그들의 사고에서는, 불가능한 일이었습니다. 할례받은 유대인은 결코 하나님의 진노를 받을 일도, 지옥에 들어갈 일도, 없다는 것이 유대인 랍비들의 전통적인 가르침이었기 때문입니다.[173]

그러나 바울은 분명히 단언합니다. "네가 율법을 행하면 할례가 유익하나 만일 율법을 범하면 네 할례는 무할례가 되느니라." 바울의 강력한 논지는 할례가 그들이 하나님 앞에서 누리는 무조건적인 특권이 결코 아니며, 거기에는 명확한 단서가 붙어 있다는 것입니다. 곧 그들이 "율법을 행하면" 할

_173 유대인 랍비들은 다음과 같이 가르쳤습니다. "할례자는 게헨나(지옥)에 내려가지 않는다"; "마지막에 아브라함이 게헨나의 입구에 서서 할례자가 그리로 내려가지 못하도록 막을 것이다"; "할례가 이스라엘을 게헨나로부터 구할 것이다"(Cranfield, *Romans*, I, 172, 주1에서 재인용).

례가 할례로서의 가치를 지니지만, "율법을 범하면" 그들이 받은 할례가 무효가 되고 "무할례"가 되어버린다는 것입니다. 할례라는 형식이 아무리 중요하다 해도, 그것이 나타내는 실질적인 내용—즉 "율법을 행하"는 것—이 없다면, 할례는 무효라는 것입니다.[174] 제임스 던은 이러한 바울의 가르침에 대해 다음과 같이 지적합니다.

> 하나님이 요구하시는 할례는 눈에 보이는 식으로 겉의 살을 잘라내는 것이 아니다. 율법이 그런 차원에서 성취된다고 생각해서는 안 된다. 하나님이 요구하시는 할례는 마음의 할례이니, 이는 선지자들이 촉구했고(신 10:16; 렘 4:4) 또한 약속한 바 있는(신 30:6; 겔 36:26-27) 그런 할례로서…오직 하나님의 성령을 통해서만 충만히 이룰 수 있는 것이다....바울은, 육체에 행하는 [할례] 의식을 그저 보완하는 정도가 아니라 그것을 완전히 대체시키는 마음의 할례를 말씀하는 것이요, 유대인들이 모세의 권위를 등에 업고 근본으로 떠받드는 율법—의식법—과는 완전히 별개로 이루어지는 그런 의미의 율법 준수를 말씀하는 것이다 (Dunn, *Romans 1-8*, 127).

이러한 바울의 논지는 앞에서 살펴본 할례에 관한 구약성경의 가르침과 일치하는 것입니다. 할례에 대한 유대인의 전통적인 사고는 겉으로 드러나는 형식에만 주의를 기울이는 편향된 시각을 지녔으나, 바울은 할례의 형식과 더불어 그 윤리적이며 영적인 의의를 함께 중요하게 다루는 구약성경의 전체적인 가르침을 그대로 견지하는 것이었습니다. 이 점과 관련하여 게할

_174 스토트는 이러한 바울의 논지를 수학 공식에 빗대어 표현합니다. "할례 - 순종 = 무할례"; "무할례 + 순종 = 할례"(Stott, *Romans*, 93).

더스 보스는 다음과 같이 지적하고 있습니다.

> 하나님의 의도는 그 할례 의식이 윤리적 영적 진리를 가르치는 일을 돕도록 하는 데 있었다....이러한 윤리적이며 영적인 해석이 율법과 선지자의 글들로부터 신약에게로 전수되었고, 우리는 바울에게서 그것을 다시 접하게 되는 것이다(롬 2:25-29; 4:11; 엡 2:11; 빌 3:3; 골 2:11-13)(보스, 『성경신학』, 128-129).

마음의 할례

이어지는 26-27절에서 바울은 동일한 논지를 할례받지 않은 이방인의 경우에 적용하여 말씀을 이어갑니다. "무할례자가 율법의 규례를 지키면 그 무할례를 할례와 같이 여길 것이 아니냐? 또한 본래 무할례자가 율법을 온전히 지키면 율법 조문과 할례를 가지고 율법을 범하는 너를 정죄하지 아니하겠느냐?" 이는 수사적인 질문의 형식을 취하고 있으나, 사실상 긍정의 뜻을 내포하는 진술로 보아야 할 것입니다. 곧 "무할례자인 이방인이 율법의 규례를 지키면 그 무할례가 할례와 같이 여겨지는 것이요, 또한 할례받지 않은 이방인이 율법을 온전히 지키면 율법 조문과 할례를 갖고서도 율법을 범하는 유대인을 정죄할 것"이라는 것입니다. 결국 바울의 논지는 할례의 유무와는 상관없이 유대인과 이방인이 하나님 앞에서 동등한 위치에 서 있다는 것입니다. 중요한 것은 할례의 여부가 아니라, "율법의 규례를 지키"는 것이요, "율법을 온전히 지키"는 것이라는 것입니다. 이러한 가르침은 고린도전서에서도 잘 나타납니다.

> 할례자로서 부르심을 받은 자가 있느냐? 무할례자가 되지 말며 무할례자로 부르심을 받은 자가 있느냐? 할례를 받지 말라. 할례받는 것도 아무것도 아니요 할례

받지 아니하는 것도 아무것도 아니로되, 오직 하나님의 계명을 지킬 따름이니라 (고전 7:18-19).

할례자로서 부르심을 받은 유대인은 굳이 무할례자가 되려 하지 말고, 반대로 무할례자로서 부르심을 받은 이방인은 굳이 할례를 받으려 할 이유가 없다고 합니다. 중요한 것은 할례의 유무가 아니라 하나님의 계명을 지키는 삶을 사는 것이요, 따라서 "각각 부르심을 받은 그대로"—유대인이면 유대인으로서, 이방인이면 이방인으로서, 종이면 종으로서, 자유인이면 자유인으로서—"하나님과 함께 거하라"(고전 7:20, 24)고 말씀하는 것입니다.

본문에서 바울은 "무할례자"가 "율법의 규례를 지키"며 또한 "율법을 온전히 지"키는 경우를 가정하여 말씀합니다. 여기서 한 가지 문제가 제기됩니다. 여기서 말하는 "무할례자"가 과연 누구를 가리키는가 하는 것입니다. 이 사람은 이방인으로서 "율법의 규례"를 지키고 "율법"을 온전히 지키는 사람입니다. 그런데 과연 이런 경우가 가능할까요? 결코 가능하지 않습니다. 이방인은 율법을 지키기는커녕 그것 자체를 알지도 못합니다. 그러므로 일부의 해석자들은 이를 가정적인 의미로 취합니다.[175] 그런 이방인이 실제로는 없으나, 바울이 여기서 이론적으로 그런 사람이 있는 것으로 가정하여 말씀하고 있다고 보는 것입니다.

또한 다수의 해석자들은 여기서 "무할례자"를 예수 그리스도를 믿는 이방인 "그리스도인"을 지칭하는 것으로 이해합니다.[176] 오로지 이방인 그리스도인 외에는 "무할례자"로서 "율법의 규례를 지"키고 "율법을 온전히 지"

_175 Hodge, *Romans*, 64; Lloyd-Jones, *Romans*, II, 15; Thielman, *Romans*, 154 등.

_176 Cranfield, *Romans*, I, 173; Kruse, *Romans*, 155; Murray, *Romans*, I. 86; Peterson, *Romans*, 161; Schreiner, *Romans*, 139-141 등.

키는 자가 있을 수 없기 때문입니다. 그리스도인은 예수 그리스도의 완전한 순종을 자신의 것으로 전가(轉嫁)받음으로써, 그 자신이 "율법을 온전히 지"킨 것으로 인정받고 이를 근거로 하나님 앞에서 의롭다 하심을 받으므로, 결국 그의 "무할례"가 "할례와 같이" 여겨지게 되기 때문이라는 것입니다. 또한 바울은 로마서의 뒷부분에서 "육신을 따르지 않고 그 영"—곧 성령—"을... 따라 율법의 요구가 이루어"진다는 것을 말씀하기도 합니다(롬 8:4).

이 후자의 견해가 상당히 설득력이 있어 보이고 또한 여러 학자들이 이를 뒷받침하는 논지를 상세히 제시하므로, 이를 쉽게 거부할 수가 없습니다. 그러나 이미 앞에서도 언급한 바 있습니다만, 만일 바울이 이방인 그리스도인을 거론하는 것이었다면 어째서 그 점을 분명하게 적시하지 않고 이처럼 모호하게 "무할례자"라고만 언급하고 있는지 그 이유가 석연치 않습니다. 또한 본문의 전후 문맥은 유대인의 문제를 다루는 것으로, "그리스도인"과 관련이 있다는 어떠한 흔적도 찾을 수가 없습니다. 이런 점들을 볼 때, 필자의 짧은 소견으로는 전자의 견해가 합당하다고 봅니다. 바울은 유대인의 그릇된 할례관을 논박하고자 여기서 실제로는 불가능한 가상의 상황을 설정하여 말씀하고 있다고 보는 것이 차라리 무리가 없다고 여겨집니다.[177]

로이드 존스의 설명처럼, 바울은 여기서 할례받지 않은 사람이 실제로 율법을 지킬 수 있다거나 혹은 율법을 지킨 적이 있다는 것을 말씀하는 것이 아닙니다. 그의 의도는 할례자에게든 무할례자에게든, 하나님이 원하시는 것은 율법의 의를 지키는 것이라는 점을 분명히 하는 데 있었습니다. "하나

_177 틸만은 이와 관련하여 이렇게 진술합니다. "바울은 할례 없는 이방인 그리스도인이 실제로 하나님의 백성의 일원으로 인정될 만큼 율법의 의로운 요구사항들을 충실히 잘 지킨다고 말씀하는 것이 아니고, 그저 그런 일이 일어나는 상황을 상상하는 것뿐이다"(Thielman, *Romans*, 154).
또한 롱네커는 이렇게 설명합니다. "그가 말씀하는 것은 그리스도인들에 대한 알레고리 식의 은밀한 메시지가 아니다. 바울은 오히려 본문에서 유대인들의 영적 도덕적 실패를 말씀하는 것이다"(Longenecker, *Romans*, 323).

님은 거룩한 백성을 원하십니다. 그러므로 사람이 거룩하다면, 할례를 받았느냐 받지 않았느냐는 전혀 중요치 않습니다"(Lloyd-Jones, *Romans*, II, 153).

28-29절에서 바울은 "표면적 유대인"[178]과 "이면적 유대인"[179]이라는 표현을 도입하여 지금까지의 논지를 결론짓습니다. 곧 겉으로 할례의 흔적을 지녔다고 해서 참된 유대인이라 할 수 없고, 오직 속마음에 할례를 받은 은밀한 유대인이 하나님이 인정하시는 참된 유대인이요, 또한 육체의 흔적으로 증거를 드러내는 "육신의 할례"—혹은 "율법 조문"에 근거하는 형식적인 할례—는 하나님께서 인정하시는 참된 할례가 아니며, 마음에 받은 할례가 참 할례라는 것입니다.

바울은 여기서 마음의 할례와 관련하여 한 가지 중요한 사실을 가르칩니다. 곧 "할례는 마음에 할지니 영에 있고 율법 조문에 있지 아니한 것"이라는 것입니다. 다시 말해서, 하나님이 인정하시는 참된 할례는 마음에서 이루어지는 것이요, 그것은 오직 "영", 곧 성령[180]께서 행하시는 일이라는 사실입니다. 마음의 할례란 사람이 자기의 결심이나 의지로 행할 수 있는 것이 아니라, 오직 하나님의 영이 사람의 마음에 베푸시는 새로운 역사라는 사실이 여기서 암시되고 있는 것입니다.

이는 구약성경의 가르침과도 일치합니다. 신명기에서는 여호와께서 이스

_178 헬. "호 엔 토 파네로 유다이오스"(ὁ ἐν τῷ φανερῷ Ἰουδαῖός). "겉으로 나타나는 상태에서 유대인인 사람."

_179 헬. "호 엔 토 크륍토 유다이오스"(ὁ ἐν τῷ κρυπτῷ Ἰουδαῖος). "감추어진 상태에서 유대인인 사람."

_180 "영에 있고"(헬. "엔 프뉴마티"[ἐν πνεύματι])의 "영"은 사람의 영이 아니라 "성령"을 가리키는 것이 확실합니다. 사람의 영을 뜻하는 것으로도 보기도 하나(참조. 개역개정판, 영어 KJV["the spirit"]; Barrett, *Romans*, 58; Haldane, *Romans*, 113), 그렇게 이해하면 그 앞의 "마음"과 의미상 중복됩니다. "마음"과 "영"의 의미가 거의 유사하기 때문입니다. 대다수의 학자들이 이해하는 대로, 이를 "성령"의 의미로 보는 것이 합당하다 여겨집니다(참조. 영어 NIV, ESV, NASB 성경["the Spirit"]; Cranfield, *Romans*, I, 175; Fee, *God's Empowering Presence*, 489–493; Hodge, *Romans*, 66; Kruse, *Romans*, 156; Longenecker, *Romans*, 318; Moo, *Romans*, 174–175; Murray, *Romans*, I. 89; Osborne, *Romans*, 78; Peterson, *Romans*, 164; Schreiner, *Romans*, 143; Stott, *Romans*, 94; Thielman, *Romans*, 156 등).

라엘 백성에게 마음의 할례를 요구하시면서도—"너희는 마음에 할례를 행하고 다시는 목을 곧게 하지 말라"(신 10:16)—다른 한편으로는 그가 친히 마음의 할례를 베푸신다는 사실을 말씀합니다.

> 네 하나님 여호와께서 네 마음과 네 자손의 마음에 할례를 베푸사 너로 마음을 다하며 뜻을 다하여 네 하나님 여호와를 사랑하게 하사 너로 생명을 얻게 하실 것이며(신 30:6).

하나님이 마음의 할례를 요구하시고, 또한 동시에 그 자신이 친히 성령으로 말미암아 그의 요구하시는 바를 그 백성의 마음속에서 행하신다는 것입니다. 그렇습니다! 하나님이 요구하시는 마음의 할례는 곧 하나님이 친히 성령으로 말미암아 베푸시는 은혜의 역사입니다. 에스겔서에서는 하나님이 친히 마음에 베푸시는 할례가 "성령"으로 말미암아 베풀어질 것을 다음과 같이 예언하고 있습니다.

> [내가] 또 새 영을 너희 속에 두고 새 마음을 너희에게 주되 너희 육신에서 굳은 마음을 제거하고 부드러운 마음을 줄 것이며 또 내 영을 너희 속에 두어 너희로 내 율례를 행하게 하리니 너희가 내 규례를 지켜 행할지라(겔 36:26-27).

본문의 가르침을 통해서 우리는 유대인이든 이방인이든 자기의 의지나 노력으로는 하나님 앞에 합당한 "마음의 할례"를 결코 행할 수 없으며, 오직 성령께서 개입하셔서 개개인에게 "새 마음"을 주시고 그들에게서 "굳은 마음"을 제거하고 "부드러운 마음"을 주실 때에야 비로소 참된 마음의 할례가 행해지는 것이요, 그 이후로도 그 성령께서 그들에게 지속적으로 역사하셔서 그들로 하여금 하나님의 "율례를 행하게" 하시는 것임을 다시 한번 확인하게 됩니다. 그러므로 본문에서 바울이 유대인과 관련하여 말씀하는 "마음의 할례"란 그 자신이 뒤의 4장에서 아브라함의 경우를 언급하면서 말씀하는 대로 "믿음으로 된 의", 곧 믿음으로 말미암는 칭의를 뜻하며(롬 4:11), 또한 게할더스 보스의 진술을 빌어 말하자면, "칭의(稱義)와 중생(重生), 그리고 성화(聖化)를 의미하는 것(롬 4:19-12; 갈 2:11-13)"이라 하겠습니다(보스, 『성경신학』, 130).

마지막으로, 바울은 이처럼 마음의 할례를 받은 참된 유대인—또한 오늘날의 참된 그리스도인—은 "사람에게서가 아니라 하나님에게서" 칭찬을 받는다고 말씀합니다. 우선 그들이 받은 "마음의" 할례가 눈앞에 드러나지 않고 감추어져 있는 것이므로, 다른 사람이 그것을 확인할 수가 없습니다. 바라보고 흠모할 수도 없습니다. 그러니 "사람에게서" 칭찬을 받을 수도 없는 것입니다. 그러나 그런 사람은 애초부터 다른 사람의 칭찬을 구하지 않습니다. 자기 자신의 공로로 마음의 할례를 받은 것이 아니라, 오직 하나님의 은혜로 성령으로 말미암아 자신이 마음의 할례를 받았음을 그 누구보다 선명하게 깨닫고 알기에, 결코 다른 사람의 칭찬에 마음을 빼앗기는 일이 없습니다.

그처럼 성령으로 마음에 할례를 받은 자에게는 오히려 언제나 하나님의 은혜에 대한 감격과 기쁨, 하나님의 영광을 사모하고 바라보는 즐거움이 가득한 것입니다. 오로지 장차 하나님께서 그에게 주실 "칭찬"을 사모하고 그것을 기대하고 바라며 오늘의 어려움과 시험거리들을 이기며 전진하는 것입니다. 이런 사람, 곧 유대인이든 이방인이든, 성령으로 말미암아 마음에 할례를 받은 참된 신자들에게, 하나님께서 다음과 같은 칭찬을 해주실 것입니다.

잘 하였도다 착하고 충성된 종아 네가 적은 일에 충성하였으매 내가 많은 것을 네

> 게 맡기리니 네 주인의 즐거움에 참여할지어다(마 25:21, 23).

그렇습니다. 구원 얻는 성도는 모름지기 이러한 하나님의 칭찬을 최후의 영광스러운 목표로 삼고 하루하루를 살아가는 것입니다. 예! 환난과 어려움이 있을 것입니다. 사람이 알아주지 않아 억울하기도 할 것입니다. 그러나 우리의 "칭찬이 사람에게서가 아니라 하나님에게서" 베풀어지는 것을 확고히 알고서, 언제나 정도(正道)를 걷기를 힘쓰는 것입니다. 성령께서 이미 그 정도를 걷는 거룩한 성향을 마음에 심어주셨고, 또한 언제나 마음속에 내주하셔서 바른길을 걷도록 일깨워주시는 그분의 역사하심이 마지막 종말이 이르기까지 함께 하므로, 반드시 그 최종의 목표에 이르게 될 것입니다. 그리고 드디어 그 최종의 목표에 이르는 그날, 다음과 같은 예언의 말씀이 현실로 이루어지는 것을 보게 될 것입니다.

> 하나님의 장막이 사람들과 함께 있으매 하나님이 그들과 함께 계시리니 그들은 하나님의 백성이 되고 하나님은 친히 그들과 함께 계셔서 모든 눈물을 그 눈에서 닦아 주시니 다시는 사망이 없고 애통하는 것이나 곡하는 것이나 아픈 것이 다시 있지 아니하리니 처음 것들이 다 지나갔음이러라(계 21:3-4).

할례와 세례

할례는 그리스도 안에서 거듭난 오늘의 신자들과 어떤 관계가 있을까요? 유대인이 받았던 육체의 할례는 오늘날 우리들에게 해당하지 않습니다. 앞에서 인용한 고린도전서의 말씀을 다시 한번 인용해보겠습니다.

> 할례자로서 부르심을 받은 자가 있느냐? 무할례자가 되지 말며, 무할례자로 부

> 르심을 받은 자가 있느냐? 할례를 받지 말라. 할례받는 것도 아무것도 아니요, 할례받지 아니하는 것도 아무것도 아니로되, 오직 하나님의 계명을 지킬 따름이니라. 각 사람은 부르심을 받은 그 부르심 그대로 지내라(고전 7:18-20).

곧 사람마다 각자 "부르심을 받은 그 부르심 그대로" 지내는 것이 합당하므로, 무할례자로서 예수 그리스도를 믿어 구원받은 오늘날의 우리로서는 할례에 연연할 필요가 없고, 우리가 해야 할 일은 "하나님의 계명을 지"키는 것이라는 것입니다. 그렇습니다. 유대인이 받았던 육체의 할례는 더 이상 우리의 관심사가 아닙니다. 그것은 과거 이스라엘이 하나님과 맺은 옛 언약에 속하는 것으로서 이미 폐기된 사항이요, 따라서 이제 그리스도께서 오셔서 구원의 모든 것을 성취하심으로 이루어진 새 언약에 속한 오늘날의 우리로서는 이미 폐기된 것에 관심을 가질 이유가 없는 것이 분명합니다.

그러나 다른 한편으로 사도 바울은 할례가 오늘날의 신자들과 전혀 무관한 것만은 아니며 또 다른 차원에서 우리가 관심을 가져야 할 부분이 있다는 점도 암시하고 있습니다. 그는 골로새서에서 다음과 같이 말씀합니다.

> 그 안에서 너희가 손으로 하지 아니한 할례를 받았으니 곧 육의 몸을 벗는 것이요 그리스도의 할례니라 너희가 세례로 그리스도와 함께 장사되고 또 죽은 자들 가운데서 그를 일으키신 하나님의 역사를 믿음으로 말미암아 그 안에서 함께 일으키심을 받았느니라(골 2:11-12).

여기서 그는 그리스도를 믿어 구원받은 신약 시대의 그리스도인 역시 "손으로 하지 아니한 할례"를 받았다고 말씀합니다. 유대인처럼 손으로 행하는 육체의 할례는 받지 않았으나, "손으로 하지 아니한 할례"를 받았으니, "곧 육의 몸을 벗는 것", 곧 죄성(罪性)을 결정적으로 벗어버리는 것이 바로 그것이며, 이는 이를테면 "그리스도의 할례", 즉 그리스도께서 친히 베푸시는 할례라는 것입니다. 이렇게 볼 때, 참된 그리스도인은 비록 육체의 할례는 받지 않았으나 진정한 의미에서 "할례자"라 할 수 있습니다. 왜요? 그리스도께서 베푸시는 할례를 받았기 때문입니다.

이어서 그는 곧바로 "세례"에 대해 논합니다. "너희가 세례로 그리스도와 함께 장사되고…그 안에서 함께 일으키심을 받았느니라." "할례"에 대해 말씀한 직후에 곧바로 "세례"에 대해 말씀하고 있다는 점이 의미심장합니다. "그리스도의 할례"가 곧바로 "세례"와 연결된다고 생각하는 것이 무리일까요? 우리 그리스도인은 손으로 하는 할례는 받지 않았으나, 그럼에도 불구하고 "육의 몸을 벗"어버리고 그리스도로 말미암아 할례를 받아 진정한 의미의 "할례자"가 되었으니, 바꾸어 말하면 "세례로 그리스도와 함께 장사되고 그의 안에서 함께 일으키심을 받"은 것입니다.

그렇습니다. 구약 시대의 할례는 폐지되었고, 그리스도께서 직접 명령하신 "세례"가 오늘날 우리에게 적용되는 것입니다. 유대인에게 육체의 할례가 마음의 할례의 "표"와 "인"이었듯이, 오늘날 우리에게는 "세례"가 죄악된 우리의 옛사람이 죽어 그리스도와 함께 장사되었고 우리가 그리스도 안에서 다시 일으키심을 받은 새사람이 되었다는—말하자면, 우리가 "그리스도의 할례"를 받은 자들이라는—"표"와 "인"이라는 사실입니다. 게할더스 보스는 이에 대해 다음과 같이 설명하고 있습니다.

> 새 언약 아래에서 행해지는 세례는, 지극히 충만한 의미에서, 옛 언약 아래에서 시행된 할례가 나타내는 모든 것을 다 이루는 것이다. 세례를 받음으로써 그리스도인 신자는 깨끗하게 씻는 할례 의식과 동등한 것을 경험하는 것이다(Horton,

The Christian Faith, 790에서 재인용).

또한 조직신학자인 존 프레임은 할례와 세례의 문제에 대해 다음과 같이 설명합니다.

> 구약에서 할례가 이스라엘의 일원이 되는 의식이었듯이, 지금은 세례가 눈에 보이는 지상 교회의 일원이 되는 의식이다. 하나님은 이스라엘 사람들에게 출생한 지 8일 된 남자아이에게 할례를 행할 것을 명하셨다. 할례 의식이 하나님의 약속을 그 백성에게 인 치는 것이었듯이, 그리스도인들에게는 세례가 그 약속들을 인 치는 것이다(Frame, *Systematic Theology*, 1065).

비록 공식적인 신앙고백서나 요리문답에서는 할례와 세례의 상호 관계에 대해 명확히 언급하는 예가 드물지만, 개혁교회는 전통적으로 이러한 가르침을 믿고 고백해오고 있습니다. 예를 들어 1561년 제정된 벨기에 신앙고백서(Belgic Confession) 제34조는 신약 시대에는 구약 시대의 할례가 폐기되고 그 대신 세례가 제정되었음을 다음과 같이 진술하고 있습니다.

> 피로써 행해졌던 할례를 [예수 그리스도께서] 폐하시고 그 대신 세례의 성례를 제정하셨으니, 이로써 우리가 하나님의 교회로 영접받으며 또한 다른 모든 사람과 이상한 종교들로부터 분리되며…."

로마 가톨릭교회와 세례

그런데 여기서 육체의 할례에 대한 유대인의 사고와 관련하여 한 가지 지적할 사실은, 세례에 대한 로마 가톨릭교회의 가르침이 그것과 매우 유사하다는 것입니다. 유대인들이 전통적으로 할례 자체를 구원의 근거로 삼았듯이, 로마 교회도 세례 자체를 구원의 근거로 간주한다는 것입니다. 유대인들이 "마음의 할례"에 대해 아예 관심조차 없었던 것처럼, 로마 교회 역시 세례의 정당한 본질과 의미는 무시해버리고 세례라는 예식 그 자체에 모든 관심을 기울이고 그것만을 중요하게 다룹니다. "한번 할례는 영원한 할례"가 유대인의 사고였다면, 로마 교회의 사고는 "한번 세례는 영원한 세례"라고 할 수 있을 것입니다. 내적인 믿음이나 거룩함은 전혀 따지지 않고 오직 세례의 여부만을 중요시합니다. 세례 의식 그 자체가 중생에 이르는 요건이 된다고 믿기 때문입니다. 곧 "세례로 말미암는 중생"(a baptismal regeneration)을 믿고 또한 가르치는 것입니다. 로마교회의 요리문답은 세례에 대해 다음과 같이 진술합니다.

> 거룩한 세례는 그리스도인의 삶 전체의 기반이요, 성령 안의 삶으로 들어가는 입구(入口)요…다른 성례들을 접하는 문(門)이다. 세례를 통하여 우리가 죄로부터 자유하게 되고, 하나님의 자녀들로 거듭나며, 그리스도의 지체들이 되며, 교회의 일원이 되고, 그 사명에 참여하게 되니, "세례야말로 말씀 속의 물(水)을 통해 중생을 얻는 성례다"(Allison, *Roman Catholic Theology & Practice*, 260에서 재인용).

로마교회의 교인들에게 있어서 세례란 그들을 "죄로부터 자유하게 하고 하나님의 자녀들로 거듭나며 그리스도의 지체들이 되며 교회의 일원이 되고 그 사명에 참여하게 해주는" "문"이요 통로입니다. 그리스도를 믿는 순전한 믿음이 있든 없든, 세례를 받는 데에 아무런 걸림돌이 되지 않습니다. 속마음의 영적 실상이 어떻든 간에 누구든지 세례를 받을 수 있으며, 세례를 받기만 하면 그리스도인으로서 누리는 모든 영적인 축복을 보장받는다는 식의 사고입니다. 심지어 로마교회는 비기독교인이라도 세례 예식을 거행할 수 있다고 가르칩니다. 로마 가톨릭교회의 성인(成人) 요리문답은 다음과 같이 진술합니다.

> 누구든, 심지어 비기독교인(non-Christian)이라 할지라도, 교회의 뜻에 준하여 진지하게 세례를 베풀 의도를 갖고서 예식을 행함으로써 이 성례(즉 세례)를 정당하게 시행할 수 있다. 위급한 상황이 요구할 경우에는 모든 가톨릭 신자가 이 성례를 시행할 수 있어야 한다. 그런 경우들에 대비하여 교회는 적절한 약식 의례를 마련해 두고 있다(Lawler, *Teaching of Christ*, 453).

이 얼마나 어처구니없는 발상인지 모릅니다. 그러나 어찌 보면 그들로서는 이것이 자연스러운 조치가 아닐까 생각됩니다. 그리스도를 믿는 순전한 믿음의 유무와는 상관없이 "세례" 의식 그 자체가 구원에 필수적인 요건이라고 믿으니, 그 어떠한 형편에서도—심지어 세례를 시행할 적절한 사역자가 없을 경우에도—세례를 받을 수 있도록 하기 위한 적절한 조치가 필요하게 되고, 이를 위해 로마 교회 신자라면 누구든지—아니, 심지어 불신자까지도—세례를 거행할 수 있도록 합법적으로 장치를 마련해 두는 것이 그들에게는 필수적인 조치일 것입니다. 정말이지 그들의 교리적 타락이 얼마나 깊은지를 잘 볼 수 있습니다. 헛된 형식의 허상에 사로잡힌 죄악된 인간의 허망한 모습이 여기서 적나라하게 드러난다고 하겠습니다.

자 여러분, 할례의 내용은 완전히 상실해버리고 할례의 껍데기 형식만 남아있는 처지에서 그것을 자랑하는 유대인의 허탄한 종교적 교만을 본문에서 살펴보았습니다. 또한 그처럼 허탄한 유대인의 종교적 무지와 교만을 공식적으로 그대로 답습하는 로마 가톨릭교회의 어처구니없는 실상도 잠시 살펴보았습니다. 그러면 예수 그리스도를 믿어 구원을 누리고 있다고 자부하는 우리의 모습은 과연 어떻습니까?

어쩌면 이 본문을 읽으면서 이런 생각이 들지도 모르겠습니다. "유대인들이 참으로 교만했었구나! 참, 어처구니없는 구제 불능의 사람들이었구나!", "로마교회는 참 어쩔 수 없구나! 아니, 불신자에게 세례를 베푸는 것도 모자라서, 세례를 거행하는 일까지도 그들에게 허용하다니, 어떻게 이런 일이 있을 수 있는가?" 그들에게 손가락질하고, 그들을 폄훼하고픈 유혹을 받을 수도 있을 것입니다. 그러나 이 본문은 교만한 유대인들에게나 로마 가톨릭 교도에게만 아니라, 오늘을 살아가는 소위 그리스도인이라 자칭하는 우리 신자들에게도 똑같이 적용되는 것입니다. 성경 말씀 중에 우리에게 해당하지 않는 것이 있을까요? 우리가 발뺌할 수 있는 것이 과연 있을까요? 없습니다!

바울은 출애굽 당시 이스라엘 백성 중의 다수가 광야에서 죽임을 당한 사실을 주지시키면서, "그들에게 일어난 이런 일은 본보기가 되고 또한 말세를 만난 우리를 깨우치기 위하여 기록되었느니라"(고전 10:11)라고 말씀합니다. 오래전 옛날 출애굽 시대에 일어난 일이 구약성경에 기록된 것이 1세기를 사는 초기 그리스도인들에게 본보기가 되어 그들을 깨우치게 하기 위함이었음을 말씀하는 것입니다. 그렇습니다! 성령께서 사도 바울로 하여금 유대인들의 어처구니없는 과오를—할례를 받았다는 사실을 근거로 헛되이 스스로를 높이고 이방인을 멸시한 과거 유대인들의 그릇된 모습을—여기 로마서의 본문에 기록하도록 하신 것은 오늘을 사는 우리 그리스도인들을 "깨우치게 하기 위함"입니다.

유대인들이 스스로 "할례자"라 칭하며 "무할례자"를 멸시하고 조롱했던 것처럼, 또한 로마 교인들이 "세례"를 근거로 무사안일주의에 빠져 모든 신앙적 행위를 형식으로 포장하기에만 급급한 것처럼, 세례 그 자체를 기계적으로 혹은 미신적으로 신뢰하고 자랑하는 어처구니없는 모습이 우리 속에 없는지를 살펴야 마땅할 것입니다. 칼빈 선생의 다음과 같은 경고에 귀를 기울입시다.

> 누구든지 마치 물세례 자체를 통해 거룩해지기라도 하는 것처럼 생각하고서 물세례를 받은 사실에만 의지하여 스스로 의롭다 하심을 받았다고 여기는 자가 있다면, 우리는 그런 자를 배격하고 세례의 목적을 명확히 제시해야 할 것이다. 세례를 통하여 주께서는 우리를 거룩한 삶으로 부르시는 것이니 말이다. 세례가 증언하고 보증해주는 은혜와 약속이 그들에게는 해당하지 않는다. 그들은 그저 세례의 공허한 그림자로만 만족하고 세례에 담겨 있는 정말 중요한 것을 돌아보지 않기 때문이다(Calvin, *Romans*, 55).

결론

우리 자신을 살펴보십시다. 자칫 잘못하면 우리도 이들과 똑같은 잘못을 범할 수밖에 없습니다. 이미 구원받았다 할지라도, 이미 결정적으로 "육의 몸" 곧 죄성을 버렸다 할지라도, 여전히 우리 자신은 하나님 앞에서 죄인임을 잊지 말아야 합니다. 죄인이니 언제든 시험과 유혹에 넘어져 과오를 범할 소지가 다분한 것입니다. 그러므로 우리는 언제나 바울 사도의 다음과 같은 명령을 마음에 새기고 우리 자신을 점검해야 할 것입니다.

> 너희는 믿음 안에 있는가 너희 자신을 시험하고 너희 자신을 확증하라. 예수 그리스도께서 너희 안에 계신 줄을 너희가 스스로 알지 못하느냐? 그렇지 않으면 너희는 버림 받은 자니라(고후 13:5).

그렇습니다. 우리가 관심 가져야 할 대상은 우리 자신이 구원받았다는 사실만이 아닙니다. 그보다 오히려 바울의 말씀처럼, "예수 그리스도께서 우리 안에 계신다는 사실"에 온통 관심이 기울여져야 합니다. 성령께서 주의 백성들에게서 행하시는 중요한 사역 중의 하나가 바로 이 일입니다. 저와 여러분의 가장 주된 관심사는 무엇입니까? 예수 그리스도께서 내 속에 계신다는 것을 과연 알고 있습니까? 이것이야말로 저와 여러분의 현 상태를 가늠해주는 결정적인 문제입니다. 사도께서는 말씀하십니다. "그렇지 않으면 너희는 버림받은 자니라." 예수 그리스도께서 내 속에 거하신다는 구체적인 인식이 내게 없다면, 그것은 내가 버림받은 증거라는 것입니다. 이 무서운 경고의 말씀에 귀를 기울입시다. 이 말씀의 거울에 나 자신을 비추어 보십시다. 성령께서 긍휼을 베푸사, 내 안에 계신 예수 그리스도를 아는 밝은 빛을, 하나님의 영광을 아는 빛을, 나의 심령 속에 환히 비추어주시기를 구합니다.

어두운 데에 빛이 비치라 말씀하셨던 그 하나님께서 예수 그리스도의 얼굴에 있는 하나님의 영광을 아는 빛을 우리 마음에 비추셨느니라!(고후 4:6).

제20강.
"유대인의 나음이 무엇이냐?"(3:1-8)

"1 그런즉 유대인의 나음이 무엇이며 할례의 유익이 무엇이냐
2 범사에 많으니 우선은 그들이 하나님의 말씀을 맡았음이니라
3 어떤 자들이 믿지 아니하였으면 어찌하리요 그 믿지 아니함이 하
나님의 미쁘심을 폐하겠느냐
4 그럴 수 없느니라 사람은 다 거짓되되 오직 하나님은 참되시다 할
지어다 기록된 바 주께서 주의 말씀에 의롭다 함을 얻으시고 판단
받으실 때에 이기려 하심이라 함과 같으니라
5 그러나 우리 불의가 하나님의 의를 드러나게 하면 무슨 말 하리요
내가 사람의 말하는 대로 말하노니 진노를 내리시는 하나님이 불의
하시냐
6 결코 그렇지 아니하니라 만일 그러하면 하나님께서 어찌 세상을
심판하시리요
7 그러나 나의 거짓말로 하나님의 참되심이 더 풍성하여 그의 영광
이 되었다면 어찌 내가 죄인처럼 심판을 받으리요
8 또는 그러면 선을 이루기 위하여 악을 행하자 하지 않겠느냐 어떤
이들이 이렇게 비방하여 우리가 이런 말을 한다고 하니 그들은 정죄
받는 것이 마땅하니라."

바울은 2장에서 율법과 할례에 기대어 스스로를 추켜세우는 교만한 유대인들을 향하여 그들이 하나님 앞에서 이방인보다 나은 처지에 있는 것이 아님을 말씀한 다음, 3장에서도 그러한 자신의 논지를 계속 이어나갑니다. 그는 우선 자신의 논지에 대해 유대인들의 편에서 제기할 수 있는 반론들을 상정하고 그것들에 대해 강력하게 논리적으로 반박합니다(1-8절). 그리고 이어서 유대인과 이방인을 포함하여 모든 인류가 하나님 앞에서 범죄한 상태임을 구약성경의 명확한 진술들을 통해 입증하고, 결국 모든 사람이 하나님의 의로운 심판 아래 있으며 하나님 앞에서 의인으로 인정받을 자가 아무도 없는 절박한 처지에 있다는 결론으로 이끌어갑니다(9-20절). 그리고 곧바로 이어서 드디어 하나님이 예수 그리스도로 말미암아 펼치시는 구원의 위대한 역전 드라마가 펼쳐지기 시작하는 것입니다(3:21-8:39).

본문 1-8절은 바울 자신의 논지에 대하여 유대인들이 제기할만한 반박 혹은 반대의 성격을 띠는 네 가지 질문들과 그 질문들에 대한 사도의 반론으로 이루어져 있습니다. 바울은 예리한 사고력을 지닌 인물로 논쟁에 능했던 것으로 여겨집니다. 그는 소아시아 지방을 다니며 전도할 때에 흔히 유대인의 회당에 들어가서 유대인들과 토론하기도 하고(참조. 행 9:22; 17:2-3; 18:4, 28; 19:8), 당시 헬라 철학의 중심이었던 아덴에서도 그곳의 학자들과 토론하며 전도하기도 했습니다(참조. 행 17:17-34). 그의 토론의 전모(全貌)는 찾아보기 어려우나, 바로 여기에 기록된 몇 가지 질문들에서 바울의 예리한 사고와 토론의 일면이 잘 드러난다 하겠습니다(참조. Boice, *Romans*, I. 282).

이 단락은 그 논리적 일관성에 대한 논란 때문에 일부 학자들 사이에서 다루기 어렵고 난해한 부분으로 알려져 있기도 합니다만,_[181] 그 중심 주제는

_181 영국의 신약학자인 찰스 도드(Charles H. Dodd, 1884-1973)는 이 단락에 대해 이렇게 말합니다. "3:1-8의 논지 전체가

명확합니다. 하나님이 과연 신실하시고 참되시고 의로우신 분이냐 하는 것이 그것입니다. 곧 "유대인이라는 사실이 아무런 유익이 없고 또한 하나님이 그의 언약 백성인 그들을 거부하실 수도 있다면, 과연 하나님이 그의 언약의 약속들을 성실히 지키신다고 말할 수 있는가?"(Osborne, *Romans*, 79)라는 것입니다. 자, 이제 그 내용을 하나씩 살펴보겠습니다.

"범사에 많으니"

1절에서 바울은 "그런즉 유대인의 나음이 무엇이며 할례의 유익이 무엇이냐?"라고 질문합니다. 이는 바울 자신이 유대인 편에서 제기할 수 있는 반박을 예상하여 제기하는 것으로 보입니다.[182] "그런즉"이란, 말하자면 "앞의 2장에서 말씀한 내용을 전제할 때에"라는 의미입니다. 곧 유대인이 "율법"과 "할례"를 보유하고 있음에도 불구하고 그들이 하나님의 심판을 면제받지 못한다고 주장하니, 그렇다면 과연 유대인이 이방인보다 나은 것이 무엇이며 할례가 무슨 유익이 있겠느냐는 것입니다. 자, 바울이 2장에서 유대인과 관련하여 구체적으로 어떻게 말씀했는지 기억을 되살려 봅시다.

> 율법 없이 범죄한 자는 또한 율법 없이 망하고 무릇 율법이 있고 범죄한 자는 율법으로 말미암아 심판을 받으리라 하나님 앞에서는 율법을 듣는 자가 의인이 아니요 오직 율법을 행하는 자라야 의롭다 하심을 얻으리니(12-13절).

아주 희미하고 허약하다.…바울은 '하나님께는 편파성이 없음'을 입증하고자 애쓰면서도 유대인의 우월함이 '범사에 많'다고 한다. 그는 당황하고 있고, 결국 그 문제를 아주 어색하게 처리해버린다. 차라리 이 단락 전체를 삭제해버리면 이 서신서의 논지가 훨씬 더 부드러워질 것이다"(Longenecker, *Romans*, 330에서 재인용).

_182 1-8절의 질문들은 실제로 유대인들이 바울에게 제기한 질문들이라기보다는, 바울 자신이 유대인들의 반대 심리를 예상하여 그 스스로 제기하는 질문인 것으로 보입니다. "바울 자신이 풍부한 유대주의적 유산을 지녔음을 기억할 때에, 심지어 이를 유대인 바울과 그리스도인 바울 사이의 대화로 여길 수도 있을 것이다"(Moo, *Romans*, 181; 참조. Stott, *Romans*, 95).

> 네가 율법을 행하면 할례가 유익하나 만일 율법을 범하면 네 할례는 무할례가 되느니라 그런즉 무할례자가 율법의 규례를 지키면 그 무할례를 할례와 같이 여길 것이 아니냐…무릇 표면적 유대인이 유대인이 아니요 표면적 육신의 할례가 할례가 아니니라 오직 이면적 유대인이 유대인이며 할례는 마음에 할지니 영에 있고 율법 조문에 있지 아니한 것이라(25-26, 28-29절).

바울이 이렇게—또한 "하나님께서 외모로 사람을 취하지 아니하심이라"(11절)라고도—말씀한 바 있으니, 결국 유대인이 이방인들보다 유리한 점이 하나도 없는 것이고 또한 그들이 그렇게 자랑스러워하는 할례도 아무런 소용이 없는 것이 아니냐는 질문입니다. 아마도 바울은 자신이 회심하기 전 바리새인으로서 굳게 가졌던 사고를 떠올리고서 이런 질문을 하는 것일지도 모릅니다. 유대인으로서는 당연히 이러한 의문을 가질 수밖에 없습니다. "율법"과 "할례"야말로 하나님의 심판을 면하게 해주는 자기들만의 소중한 보배와도 같은 것이라고 철석같이 믿어오고 있었으니, 한 번도 들어본 적이 없는 바울의 생소한 논지에 유대인들이 곧바로 반론을 제기하리라는 것은 너무도 분명했습니다. "그런즉 유대인의 나음이 무엇이며 할례의 유익이 무엇이냐?"

그런데 이 질문에 대해 바울은 "범사에 많으니"[183]라고 답변합니다. 이런 바울의 대답은 유대인들의 일반적인 예상을 완전히 빗나가는 것이었습니다. 지금까지 바울은 유대인이 이방인보다 나을 것이 없다는 취지로 말씀했으니, "유대인의 나음이 무엇이며 할례의 유익이 무엇이냐?"라는 질문에 대해, "전혀 없다"라고 대답하는 것이 가장 자연스러웠을 것입니다. 그런데 바울

_183 헬. "폴루 카타 판타 트로폰"(πολὺ κατὰ πάντα τρόπον). "모든 면에서 많다"는 뜻입니다.

은 유대인의 나은 점이 그저 한두 가지 정도가 아니라 "모든 면에서 많다"고 까지 말씀합니다. 그러면서 본문에서는 그중에서 특별히 두드러지는 한 가지 유익만을 꼬집어 언급합니다. "우선은 그들이 하나님의 말씀을 맡았음이니." 구태여 다른 유익들을 언급하지 않더라도[184] "하나님의 말씀"이 그들에게 맡겨졌다는 이 한 가지 유익만으로도 유대인은 이방인과는 비교할 수 없을 만큼 유리한 위치에 있다는 것입니다.

"하나님의 말씀"[185]이라는 용어는 문자적으로 "하나님이 구두(口頭)로 하신 말씀"이라는 뜻으로, 비단 하나님께서 선지자들을 통해 선포하신 약속이나 명령들뿐 아니라 구약성경 전체를 지칭하는 것입니다(Moo, *Romans*, 182; Osborne, *Romans*, 80; Stott, *Romans*, 96 등). 바울은 구약성경 전체가 하나님께서 친히 입으로 말씀하신 것임을 믿고 있었고, 이는 구약성경이나 예수님 자신의 증언과도 일치합니다. 모세는 하나님의 말씀을 가리켜 "여호와의 입에서 나오는 모든 말씀"(신 8:3)이라 칭하며, 예수님도 모세의 이러한 진술을 그대로 인용하여 말씀하신 바 있습니다(마 4:4). 그뿐 아니라 구약의 선지자들 역시 "여호와의 입의 말씀" 혹은 "여호와의 입이 말씀하셨다" 등의 표현을 사용하고 있습니다(사 1:20; 34:16; 40:5; 58:14; 62:2; 렘 9:12; 23:16; 미 4:4). 자, 구약성경 전체가 "여호와의 입"에서 나오는 말씀이요 하나님이 직접 구두로 그 백성에게 베풀어주신 말씀이라는 사상이 로마서의 이 대목에서 선명하게 나타나는 것입니다. 이 점에 관하여 존 머리는 다음과 같이 설명합니다.

_184 바울은 뒤의 9장에서 유대인에 관한 문제를 집중적으로 다루면서, 유대인이 누리는 여덟 가지 유익을 상세히 열거합니다. "그들에게는 양자 됨과 영광과 언약들과 율법을 세우신 것과 예배와 약속들이 있고 조상들도 그들의 것이요 육신으로 하면 그리스도가 그들에게서 나셨으니"(4-5절).

_185 헬. "타 로기아 투 테우"(τὰ λόγια τοῦ θεοῦ). "로기아"(복수)는 신약성경에서 4차례 사용되는 용어로서(참조. 행 7:38; 히 5:12; 벧전 4:11), 문자적으로 "입으로 발설된 말(言)들", "구두로 전한 말들"이라는 뜻이며, 엄밀히 말하면 "문자로 기록된 말씀"과는 구별되며, 흔히 "신탁"(神託)으로, 또한 영어로는 "oracles"(참조. KJV, NASB, ESV) 등으로 번역됩니다.

> 사도는 성경을 하나님이 직접 "구두로 하신 말씀"(oracular words)으로 간주한다. 선지자들이 하나님의 입으로부터 직접 받아 전한 신적인 말씀들이 그렇거니와, 성경 전체가 하나님이 직접 입으로 발설하여 베풀어주신 말씀이다....이것이 유대인에게 맡겨진 성경에 대한 바울의 사고다....바울은 성경숭배(bibliolatry)라는 비난을 무릅쓰면서까지 기록된 말씀의 성격을 그렇게 정리하고 있는 것이다(Murray, *Romans*, I. 93).

그렇습니다! 유대인은 이방인과 비교할 수 없이 높은 위치에 있었습니다. 그들은 진리의 보고(寶庫)를 맡은 자들이었고, "하나님의 순전한 자기 계시를 위탁받아 그것을 전수하고 온 인류에게 증거하고 선포할 임무를 부여받"은 자들이었습니다(Cranfield, *Romans*, I, 179). 이는 다른 어떠한 특권이나 임무보다도 더 귀하고 높은 것이었습니다. 로이드 존스의 설명을 빌려 말하자면,

> 이것은 유대인이 소유한 가장 큰 유익이요, 할례자가 누린 최고의 이점(利點)이었고, 이스라엘 민족에게 속한 특권 중 가장 놀라운 것이었습니다. 홍해를 건넌 일이나 바로의 군대가 그들을 뒤쫓다가 수장(水葬)된 사실보다도 훨씬 더 중요하고, 만나를 공급받은 일 등 그들이 경험한 갖가지 이적들보다도, 이적적으로 걸어서 요단강을 건넌 일이나 여리고성 주위를 행진하여 성을 함락시킨 일보다도, 그들에게 무한히 더 귀중한 일은 바로 그들이 "하나님의 말씀"을 맡았다는 사실이었던 것입니다(Lloyd-Jones, *Romans*, II, 168).

그러니 제아무리 자신들의 불순종으로 인하여 하나님의 심판을 면할 수 없게 되었다 할지라도, 유대인은 이방인과는 전혀 다른 특별한 위치에 있었습니다. 그런데 안타깝게도 그들은 그런 고귀한 자신들의 특권을 완전히 망

각한 채, 하나님이 직접 구두로 말씀하신 그 "하나님의 말씀"을 철저하게 무시하고 이방인과 다름없는 삶을 살고 있었던 것입니다.

여러분, 우리 그리스도인들은 유대인들과 동일한—아니 그들보다 더 높고 고귀한—특권을 누리는 사람들입니다. 왜냐하면 유대인들이 위탁받았던 "하나님의 말씀"은 아직 완성되지 않은 구약성경의 계시였던 반면에, 우리 그리스도인들은 구약성경의 계시는 물론 예수 그리스도로 말미암아 완성된 신약성경 계시까지 합하여 "하나님의 말씀"으로 받아 누리기 때문입니다. 자, 그러니 이것이 어디 보통 특권이겠습니까? 얼마나 놀라운 일입니까? 하나님께서 직접 입을 열어 계시의 말씀을 내리시고, 그것을 문서의 형태로 영구히 보존하게 하셔서 모든 시대의 성도들로 하여금 그가 직접 "입으로 하신 말씀"을 대하도록 하셨다니 말입니다.

그 고귀한 "하나님의 말씀"을 보유하고 있다는 사실은 성도들 모두의 엄청난 특권인 동시에, 의무이기도 합니다. 하지만 오늘날 교회의 전반적인 형편을 볼 때, 이러한 특권을 특권으로 확실히 인식하고, 의무를 의무로 깨닫고, 그것을 신앙과 삶의 준칙(準則)으로 알아 진지하게 읽고 공부하며 꾸준히 지켜나가는 분들을 만나기가 쉽지 않음을 토로하지 않을 수가 없습니다. 전반적인 영적 쇠락의 증표입니다. 아모스 선지자의 가슴 절절한 선포가 마음에 와닿습니다.

> 보라 날이 이를지라. 내가 기근을 땅에 보내리니, 양식이 없어 주림이 아니며 물이 없어 갈함이 아니요 여호와의 말씀을 듣지 못한 기갈이라. 사람이 이 바다에서 저 바다까지, 북쪽에서 동쪽까지 비틀거리며 여호와의 말씀을 구하려고 돌아다녀도 얻지 못하리니, 그날에 아름다운 처녀와 젊은 남자가 다 갈하여 쓰러지리라(암 8:11-13).

필자의 중학생 시절, 소속 교회의 목사님은 설교 중에 주기적으로 "훅탁 교인" 이야기를 하시곤 했습니다. 무슨 이야기냐구요? 한 주간 내내 성경책을 선반 위에 올려놓고 있다가, 주일 아침 예배 참석을 위해 집을 나서기 직전에 선반에서 내려다가 입으로 "훅!" 불고 손으로 "탁!" 쳐서 먼지를 없앤 다음, 손에 들고 교회당으로 가는 교인을 "훅탁 교인"이라 부른다면서, 한 주간 내내 한 번도 성경을 읽지 않고 선반 위에 모셔두었다가 주일날이면 들고 가서 교회 예배 시에만 잠시 읽고 살피는 게으른 "훅탁 교인"이 되어서는 절대로 안 된다고 외치셨습니다. 그뿐 아니라 "하루에 세 끼 밥을 먹듯이 성경도 하루에 최소한 석 장은 읽어야 합니다!"라고 거듭거듭 강조하시곤 하던 그 목사님에 대한 기억이 지금도 생생합니다. 당시 교인들이—당시 중학생이었던 필자도 마찬가지였습니다만—얼마나 성경을 읽지 않았으면, 그렇게라도 해서 성경을 읽게 하려고 애를 쓰셨겠습니까! 그 시절 필자도 목사님의 진정어린 권고를 무시하고 얼마나 게으름을 피웠었는지요! 지금에 와서 생각해보면 정말 후회되는 일입니다.

여러분, 똑똑히 알아야 합니다. 그리스도인의 첫째가는 의무는 바로 성경을 하나님의 말씀으로 확실히—체험적으로(experientially), 실증적으로(experimentally)—믿고 받아들이고 읽고 부지런히 공부하는 것입니다. 이 일이 우리 사람의 의도대로 되는 것이 아니고 성령께서 행하시는 역사라는 점에서, 이는 또한 참된 그리스도인만이 누리는 놀라운 특권이기도 합니다. 19세기 영국의 위대한 복음적 지도자였던 존 라일(John C. Ryle, 1816-1900)은 이렇게 말씀합니다.

> 성경 읽기를 무시하거나 성경적인 설교를 가볍게 여기는 사람이 있습니까? 분명히 단언하건대, 그런 사람은 아직 "거듭나지 않은" 사람입니다....성경을 어떻게

> 대하고 있는지를 알려주면, 저는 그 사람이 과연 어떤 상태인지를 말해드릴 수 있습니다. 성경을 대하는 자세야말로, 그 사람의 마음의 진정한 상태를 알려주는 중요한…바로미터입니다"(Ryle, *Practical Religion*, 87).

또한 스펄전 목사는 신학생들과 목회자들을 위해 행한 연례 강좌에서 다음과 같이 감동적으로 권면하고 있습니다.

> 형제 여러분, 젊은 시절의 성경 읽기로 돌아가시기 바랍니다. 말씀의 약속이 마치 맛있는 음식처럼 여러분의 혀 속에서 녹아 들어가곤 하던 그 시절로 돌아가십시오. 아! 이 성경책을 펼칠 때마다 수많은 기억이 깨어납니다. 그 페이지들이 도저히 말로 설명할 수 없는 빛으로 찬란하게 빛납니다. 그 속에 별들이 가득 박혀 있어서, 어두운 시절을 당할 때마다 제 영혼에 빛을 비추어주었기 때문입니다. 그 당시는 설교 본문을 찾기 위해서 성경책을 읽은 것이 아닙니다. 주님께서 제 마음속에 말씀하시는 것을 듣기 위해서 읽은 것입니다(스펄전, 『스펄전 목회론』, 164).

여러 해 전 필자는 다음과 같은 미국의 한 성도의 이야기를 접하고서 큰 감동을 받았습니다. 눈시울이 뜨거워지고, 필자 자신의 영적 게으름에 크나큰 부끄러움을 느꼈었습니다. 미국의 순회 전도자 로버트 섬너(Robert Sumner, 1922-2016)는 캔자스시티(Kansas City)에 거주하는 한 남성에 관한 이야기를 전해줍니다. 그는 폭발 사고를 당해 얼굴이 심하게 일그러졌고 양손도 시력도 모두 잃어버린 상태였습니다. 사고 직전 그리스도인이 된 그는 그 사고 이후 더 이상 성경을 읽을 수 없다는 사실 때문에 극도의 좌절을 겪었습니다. 얼마 후 그는 영국의 한 부인이 입술로 점자책을 읽는다는 이야기를 접하고 자신도 그 방법으로 점자 성경 읽기를 시도해보기로 했습니다. 그러나 그는 한 번 더 실망하게 됩니다. 자신의 경우, 입술의 말초신경이 심하게 손상되어 글자를 구별하여 인식할 수 없다는 것을 알게 된 것입니다. 그러던 어느 날, 여느 때처럼 입술로 점자 성경 읽기를 시도하던 중 우연히 혀가 점자에 닿았고, 그는 그것을 느낌으로 인지하게 되었습니다. 순간 갑자기 생각이 스쳐 지나갔습니다. "혀를 잘 이용하면 성경을 읽을 수 있겠구나!"라는 것이었습니다. 로버트 섬너 자신이 그에게서 그 이야기를 전해 들었던 시점까지 그 남성은 그렇게 혀를 이용하여 점자 성경 전체를 무려 네 번이나 읽었다는 것입니다(Whitney, *Spiritual Disciplines*, 30-31).

여러분, 과연 성경 말씀을 어떻게 대하고 있습니까? 그 말씀에 대한 목마름, 갈증, 배고픔을 절실하게 느끼고, 시시때때로 그 말씀으로 향하고 계십니까? 이런 갈증과 배고픔이 없고 그저 무덤덤하다면 결코 성경 말씀을 사모할 수가 없을 것이요, 이는 중생하지 못한 사람의 전형적인 모습이라 할 수밖에 없습니다. 과연 여러분은 어떠하십니까? 성경 말씀이 과연 하나님께서 그의 입으로 직접 주신 말씀이라 여기십니까? 그 말씀을 사모하십니까? 성령께서 오늘날을 사는 우리에게 역사하셔서 "하나님의 말씀"인 성경을 향한 갈증과 배고픔이 항상 속에서부터 솟아나게 하시고, 시편 기자와 더불어, "주의 말씀의 맛이 내게 어찌 그리 단지요! 내 입에 꿀보다 더 다니이다!"(시 119:103)라고 고백하며 주께 감사 찬송을 올리는 일이 삶 속에서 계속되게 해주시기를 진정 바라고 또 바랍니다.

"결코 그렇지 아니하니라"

1-2절의 변론에 이어서, 3절에서 바울은 유대인 편에서 제기할만한 후속적인 추론을 제시합니다. "어떤 자들이 믿지 아니하였으면 어찌하리요? 그

믿지 아니함-[186]이 하나님의 미쁘심을 폐하겠느냐?" 이 질문에 담긴 뜻을 좀 더 상세히 설명하면, 이런 뜻이라 하겠습니다. "앞의 2장의 논지에 따르면 바울은, 유대인이 율법과 할례 자체에 의존하여 하나님 앞에서 특별한 권리를 주장하나 그것은 잘못된 것이요, 그들은 자기들의 불신앙과 불순종으로 인하여 이방인과 마찬가지로 하나님 심판을 받아 마땅한 처지가 된 것이라고 주장하는데, 과연 '어떤 자들'-[187]—곧 유대인들—이 불신앙이나 불순종의 모습을 보였다고 해서 하나님이 그들을 그렇게 저버리셨다면, 결국 그는 자신의 '미쁘심'(신실하심, 성실하심)과 모순되게 처신하신 것이 아닌가? 옛날 아브라함에게와 그 이후 이스라엘 백성에게 하나님은 자신이 영원토록 그들의 하나님이 되실 것임을 거듭거듭 약속해오지 않으셨던가? 그런데도 그가 그 백성을 저버리시고 그들을 이방인과 똑같이 심판하신다면, 과연 이를 어떻게 이해해야 하겠는가? 하나님이 그의 '미쁘심'을 저버리신 것으로 볼 수밖에는 없는데, 과연 그런 일이 있을 수 있는가?"

이러한 유대인의 반론을 제시한 다음, 바울은 4절에서 그 반론에 대해 이렇게 답변합니다. "그럴 수 없느니라.-[188] 사람은 다 거짓되되 오직 하나님은 참되시다 할지어다. 기록된 바 주께서 주의 말씀에 의롭다 함을 얻으시고 판

_186 헬. "아피스티아"(ἀπιστία). "믿지 아니함." "불신앙"("unbelief"), 혹은 "불성실"("unfaithfulness")의 두 가지 의미 모두 가능한데, 다수의 학자들이 여기서는 문맥상 "불성실"의 의미로 보아야 한다는 논지를 지지합니다(Bruce, *Romans*, 95; Dunn, *Romans* 1-8, 139; Hodge, *Romans*, 70; Longenecker, *Romans*, 342-343; Moo, *Romans*, 184; Peterson, *Romans*, 170; Schreiner, *Romans*, 150; Stott, *Romans*, 96; Thielman, *Romans*, 167). 또한 참조. 공동번역 성경("신의를 저버림"), 새번역 성경("신실하지 못함"). 그러나 둘 사이의 차이가 크지 않으므로, 어느 쪽으로 이해해도 무방할 듯합니다(참조. Morris, *Romans*, 154).

_187 7. 헬. "티네스"(τινες). 유대인 중의 일부를 뜻합니다. 이는 유대인의 과오의 무게를 되도록 줄이고자 하는 의도로 쓴 어법으로서, 뒤의 9-11장에서 나타나는 대로 실제로는 유대인의 일부가 아니라 전체에 적용되는 내용("유대인이나 헬라인이나 다 죄 아래에 있다고 우리가 이미 선언하였느니라", 9절)으로 보아야 할 것입니다(참조. Moo, *Romans*, 184).

_188 헬. "메 게노이토"(μὴ γένοιτο). 절대로 일어나지 않기를 바라고 또한 일어나지 않게 하리라는 강력한 부정적 맹세의 뜻을 나타내는 표현으로(참조. NASB: "may it never be"), 6절에서는 "결코 그렇지 아니하니라"로 번역됩니다. 이 표현은 로마서에서 10회에 걸쳐 나타납니다(3:4, 6, 31; 6:2, 15; 7:7, 13; 9:14; 11:1, 11).

단 받으실 때에 이기려 하심이라 함과 같으니라." 사도는 "하나님의 미쁘심을 폐하겠느냐?"라는 유대인의 반문에 대해 숨 돌릴 틈을 주지 않고 곧바로 "그럴 수 없느니라"—혹은 "결코 그렇지 아니하니라"(6절)—라고 단호히 대답합니다. 그처럼 하나님을 망령되이 일컫는 언사에 대한 바울의 뼛속 깊은 반대의 자세를 여기서 감지할 수 있을 것 같습니다. 모든 일에서 하나님의 영광을 최고로 높이는 사도로서는 "하나님의 미쁘심을 폐하겠느냐?"라는 질문은 그야말로 신성모독에 버금가는 것으로 도저히 묵과할 수 없었던 것입니다.

하나님의 "미쁘심"이란 영원부터 영원까지 변치 않는 그의 고유한 속성(屬性) 중의 하나로서, "하나님이 언제나 자신이 말씀하신 바를 행하시고 또한 자신이 약속하신 바를 이루시는 분이심을 지칭하는 것"입니다(Grudem, *Systematic Theology*, 195). 그런 하나님이 스스로 "미쁘심"을 폐하신다니, 그런 일이 어떻게 가능하겠습니까? 만일 그런 일이 발생한다면—결코 그런 일은 있을 수 없습니다만—그것은 하나님이 스스로 하나님이기를 포기하시는 것과도 같이 천부당만부당한 일입니다. 다른 곳에서 바울이 증언하듯이, "우리는 미쁨이 없을지라도 주는 항상 미쁘시니 자기를 부인하실 수 없으"신 것입니다(딤후 2:13).

바울은 이어서 그의 단호한 반대를 뒷받침하는 이유를 제시합니다. 하나님의 미쁘심이 폐하여질 수 없는 이유는 "사람은 다 거짓되"지만 "하나님은 참되"시기 때문이라는 것입니다. 사람은 본성적으로 거짓되어, 어제 한 말을 오늘 뒤집는 식으로 처신하는 예가 다반사이지만, "하나님은 참되시"므로 결코 그렇게 하시는 법이 없다는 것입니다. 여기서 바울은 "하나님은 미쁘시다"라고 하지 않고, 용어를 달리하여 "하나님은 참되시다"[189]라고 표현하고

_189 헬. "알레테스"(ἀληθής). 형용사로 "참되다", "진실하다"라는 뜻입니다.

있습니다. 이는 하나님의 "미쁘심"이 그의 "참되심"과 서로 긴밀하게 연결되는 것임을 보여줍니다. "미쁘심"은 "참되심"을 전제하며, 또한 "참되심"은 필수적으로 "미쁘심"을 필요로 한다 할 것입니다. 만일 "참되심"이 전제되지 않으면 "미쁘심"이 마치 죄악된 사람에게서도 나타나는 상대방을 향한 의리(義理)나 신의(信義)처럼 절대적인 정의의 원칙에 근거하지 않을 수도 있고, 반대로 "미쁘심"이 없다면 "참되심"이 그 한결같은 지속성을 잃어버릴 수도 있지 않겠습니까? 창조주이신 우리 하나님께서 이 두 가지를 모두 소유하고 계신다는 것이 얼마나 든든한지 모릅니다.[_190]

바울은 계속해서 구약 시편 51:4을 인용하여 하나님의 "미쁘심"과 "참되"심을 논증합니다. "기록된 바 주께서 주의 말씀에 의롭다 함을 얻으시고 판단 받으실[_191] 때에 이기려 하심이라 함과 같으니라." "다윗의 시, 인도자를 따라 부르는 노래, 다윗이 밧세바와 동침한 후 선지자 나단이 그에게 왔을 때"라는 그 부제(副題)에서 드러나듯이,[_192] 시편 51편은 다윗이 하나님 앞에서 자신의 범죄를 통회하는 시입니다. 바울은 그중 4절(히브리어 성경으로는 6절)의 일부를 인용하여 하나님의 "미쁘심"과 "참되"심을 증명하고자 하는 것입니다. 다윗이 의도한 본문의 요지는 "주께서 나의 범죄에 대해 무슨 말씀을 하시든 그의 말씀은 의로우며, 그가 어떠한 판단을 하시든 그의 판단이 올바른 것으로 드러난다"는 것입니다. 모리스는 이렇게 결론짓습니다. "바울의

_190 그루뎀은 "미쁘심"(faithfulness)과 "참되심"(truthfulness)을 동일한 하나님의 속성의 다른 면으로 봅니다(Grudem, *Systematic Theology*, 195-197). 참조. Heppe, *Reformed Dogmatics*, 98; Beeke & Smalley, *Reformed Systematic Theology*, 1:805-813.

_191 "판단 받으실"(헬. "크리네스타이"[κρίνεσθαί])은 오히려 능동의 의미로 보아 "판단하실"로 번역하는 것이 합당하다 할 것입니다(참조. NIV: "when you judge"; 시 51:4, "심판하실 때에 순전하시다 하리이다"; Moo, *Romans*, 188; Thielman, *Romans*, 169).

_192 이 시편의 부제(副題) 역시 영감된 성경 본문에 속하는 것으로 보아야 합니다. 히브리어 원문 성경(마소라 본문)이 이를 본문의 일부로 다루기 때문입니다(히브리어 성경에는 이 부제가 이 시편 본문의 1-2절을 이루고, 본문은 3절에서 시작됩니다).

하나님은 '자신의 대의의 의로움을 입증하기 위해 고군분투하는' 분이 아니시다. 그는 지극히 높은 분이시며, 심지어 땅의 모든 사람이 다 거짓되다 할지라도 그 홀로 참된 분이시다"(Morris, *Romans*, 157).

"마땅하니라"

5-8절에서도 바울은 유대인들이 흔히 제기할만한 반론을 제시하고 또한 그것에 대해 반박합니다. 곧 사람의 불의나 거짓말로 인해서 오히려 하나님의 의로우심과 영광이 드러난다면, 그런 사람의 악을 처벌하는 것이 어떻게 정당하겠느냐는 논지입니다. 방법이 불법하고 악하다 할지라도 그로 말미암아 결국 하나님의 영광을 드높이는 결과가 생긴다면 이는 정당한 일이며, 따라서 그 일을 행한 사람에 대해 진노를 내리시는 하나님이 오히려 불의하신 것이 아니겠느냐는 것입니다. 이런 식의 사고는 오늘날 교회 일각에서 유행처럼 퍼지고 있는 "종교적 실용주의"(Religious Pragmatism)[_193]와 흡사합니다. 흔히 "목적이 수단을 정당화한다"라고 주장하며, 목적을 이룰 수 있다면 어떠한 수단을 사용하든 상관없다는 식의 자세입니다. 하나님께 영광 돌리는 목적을 위해서라면 불법과 악행도 전혀 문제 될 것이 없다는 식의 자세요, 이는 본문의 유대인들의 반론과 일치하는 것입니다.

구약 전도서 기자는 "해 아래 새것이 없나니"라고 말씀합니다만(전 1:9), 바울 당시의 유대인들이 보였던 사고가 그 형태만 다를 뿐, 이천 년이 지난 오늘날 현대 교회 안에서도 그대로 나타납니다. 그러나 바울은 이런 사고를 단호히 배격합니다. "결코 그렇지 아니하니라"(6절), "그들은 정죄 받는 것이 마땅하니라"(8절). 이제 본문을 좀 상세히 살펴봅시다.

_193 "종교적 실용주의"에 대해서는 본서 175-179쪽을 참조하십시오.

5절에서도 바울은 유대인의 반론을 이렇게 제시합니다. "그러나 우리 불의가 하나님의 의를 드러나게 하면 무슨 말 하리요?" 사람의 불의로 인하여 하나님의 의로우심이 밝히 드러난다면 어떤가? 이 경우도 하나님이 벌하시겠는가? 방법이나 의도가 불의하든 어찌 되었든 결국 그로 인하여 하나님의 의로우심이 드러났다면, 그것에 대해 하나님이 진노하시거나 벌하실 수는 없지 않겠느냐는 것입니다. 바울은 2장에서, 하나님께서 진노를 발하시는 그 "진노의 날 곧 하나님의 의로우신 심판이 나타나는 그 날"을 언급한 바 있는데(5절), 그러한 하나님의 진노와 심판 자체가 부당한 것이 아니냐는 논지입니다.

이에 대한 바울의 답변은 명확합니다. "진노를 내리시는 하나님이 불의하시냐?…만일 그러하면 하나님께서 어찌 세상을 심판하시리요?"(6절). 그들의 반론이 성립한다면, 유대인을 향한 하나님의 진노 자체가 불의한 것이 되며, 그렇다면 하나님이 이방인을 포함하여 온 세상을 심판하신다는 것도 불가능해지는 것이 아니냐는 것입니다. 그러면서 바울은 "내가 사람의 말하는 대로 말하노니"-[194]라고 덧붙입니다. "나로서는 '진노를 내리시는 하나님이 불의하시'다는 식의 언사를 도저히 용납할 수가 없으나 그들의 그런 언사를 그대로 인용할 수밖에 없으니, 그렇게 하겠다"라는 뜻이 담겨 있습니다. 하나님에 대해 감히 그런 논지를 떠벌린다는 것 자체를 하나님께 극심한 불경을 저지르는 것으로 인식하는 그의 자세가 암시되어 있다 하겠습니다(갈 3:15; 고전 9:8 등에도 이런 표현이 등장합니다). 언제나 하나님의 영광을 최고로 높이고자 하는 영적인 자세로 가득 차 있는 사도의 모습을 여기서 볼 수 있다는 말입

_194 헬. "카타 안트로폰 레고"(κατὰ ἄνθρωπον λέγω). 다우베(Daube)는 이에 대해 이렇게 설명합니다. "바울의 유대주의의 배경에서 이것은 '그런 변명의 표현이 없이는 도저히 발설할 수 없는 불경에 가까운 대담한 진술임'을 나타내는 어구다"(Fee, *First Epistle to the Corinthians*, 406, 주47에서 재인용; 참조. Kruse, *Romans*, 162).

니다. 우리 자신의 모습은 어떠합니까? 어떤 상황에서든 하나님께 영광을 돌리고자 하는 열정이 우리에게 있습니까? 또한 반대로 우리 자신에게 혹 하나님의 영광을 저해하는 행동이나 언사가 있을까 염려하여 항상 옷깃을 여미는 진지한 자세가 과연 우리에게 있습니까? 이 대목에 나타나는 사도의 영적인 자세를 가슴에 새겨야 마땅할 것입니다.

7절에서는 5절의 유대인들의 논지가 표현을 달리하여 더 확연하게 제시됩니다. "나의 거짓말로 하나님의 참되심이 더 풍성하여 그의 영광이 되었다면 어찌 내가 죄인처럼 심판을 받으리요?" 그 요점은 이렇습니다. "만일 죄가 하나님의 참되심과 그의 영광을 풍성하게 드러내는 일을 위해 적극적으로 사용된다면, 그 죄를 범하는 사람은 형벌이 아니라 오히려 칭찬을 받아야 마땅할 것이다. 만일 사람의 거짓이 하나님의 참되심을 돋보이게 한다면, 그 거짓은 선한 것이다.…하나님의 영광이야말로 모든 사람이 추구할 최고의 가치이니, 나의 죄가 실제로 하나님께 영광이 된다면 내가 어떻게 심판의 대상이 되겠느냐는 것이다"(Osborne, *Romans*, 84).

"선을 이루기 위하여 악을 행하자"

이어서 8절에서 바울은 선명하고도 대담한 진술을 제시합니다. "선을 이루기 위하여 악을 행하자." 이는 앞의 5, 7절의 유대인들의 주장의 논리적 귀결을 명확히 한마디로 정리하는 것으로, 그 사악함을 여지없이 드러내는 것입니다. "선을 이루기 위하여 악을 행하자"니요! 결코 인정할 수 없는 터무니없는 주장입니다. 칼빈의 다음과 같은 설명에서 드러나듯이, 이는 불경한 자들의 사악한 핑계에 지나지 않습니다.

> 불경한 자들의 핑계는 한 마디로 이것이니, 곧 만일 우리의 악으로 인하여 하나님

이 영광을 받으신다면—또한 만일 하나님의 영광을 드높이는 것이야말로 사람이 삶 속에서 가장 절실하게 행해야 할 일이라면—그의 영광을 드높이기 위해 죄를 짓자는 것이다. 이에 대한 우리의 대답은 간단하다. 곧 악 그 자체로는 악 이외에 다른 어떠한 것도 이루어낼 수 없다는 것이다. 우리의 죄로 인해 하나님의 영광이 더 환히 빛나게 된다면, 이는 사람이 하는 일이 아니요, 하나님이 하시는 일이다. 그는 무한히 훌륭한 기술자이시므로, 어떻게 하면 우리의 악을 극복하고, 우리의 의도와 정반대되는 쪽으로 그 악을 바꾸어서 그 자신의 영광을 드높이게끔 할 수 있는지를 잘 알고 계신다. 하나님은 경건이 그의 말씀에 순종하는 데에 있도록 정해놓으셨고, 오직 그 경건을 통해서 그에게 영광을 돌리도록 해놓으셨다. 그러므로, 그 경건의 경계를 범하는 사람은 하나님을 존귀하게 하는 것이 아니라 오히려 하나님을 욕되게 하기 위해 힘쓰는 자인 것이다(Calvin, *Romans*, 63-64).

하나님은 결코 죄인의 악행을 그 자신의 영광을 증진시키는 일에 이용하시는 분이 아닙니다. 죄인의 악행은 그저 악을 목표로 하는 것일 뿐, 그 이상도 그 이하도 아닙니다. 오직 하나님의 영광을 위하는 구체적인 목표를 의식하고서, 그가 정하신 방식에 준하여 경건하게 그 일을 행하는 것이 하나님 앞에서 인정받는 것이요, 그것만이 하나님의 영광을 위해 가치 있는 것임을 알아야 할 것입니다.

여기서 한 가지 살펴보아야 할 점이 있습니다. 바울은 여기서 자신이 "선을 이루기 위하여 악을 행하자"라는 말을 한다며 비방하는 자들이 유대인들 가운데 있다는 것을 증언하고 있다는 것입니다. "어떤 이들이 이렇게 비방하여 우리가 이런 말을 한다고 하니"(8절). 바울에 대해 악의를 갖고, 그가 전하는 은혜의 복음의 본질을 그렇게 왜곡시키고서 그것이 마치 극단적으로 악을 조장하는 메시지인 것처럼 비방하는 자들이 유대인들 가운데 있었다는 것입니다. 바울이 전하는 그리스도의 은혜의 복음이 율법과 할례를 폐하므로, 유대인들 편에서는 그것이 마치 "선을 이루기 위하여 악을 행하자"는 자세인 것처럼 보였을 것입니다. 더욱이 바울이 열렬한 율법주의자에서 예수를 믿는 이단(?)으로 변신했다는 갖가지 소문들로 인해 그에 대해 거부감이 강하게 퍼져갔을 것이고, 그런 상황에서 그가 전하는 복음에 대한 그릇된 비방과 그로 인한 각종 오해들로 인하여 반발의 정서가 더욱 심화되었을 것입니다.

사도행전에서 보듯이, 그는 지중해 연안을 다니며 전도하는 중에 유대인들로부터 늘 공격을 받았으며, 항상 신변의 위협을 당했습니다. 그를 대적하는 유대인들은 물론 심지어 예루살렘의 일부 유대인 그리스도인들까지도 그가 "모세를 배반하고 아들들에게 할례를 행하지 말고 또 관습을 지키지 말라"고 가르친다고 여기고 있었습니다(행 21:21). 로마서의 뒷부분에서 그는 로마의 성도들에게 자신이 "유대에서 순종하지 아니하는 자들(즉, 그리스도를 믿지 않는 유대인들)로부터 건짐을 받게" 해주시기를 위해 기도해 달라고 당부하는데(15:31), 이 점 역시 바울이 복음을 위하여 당하고 있던 어려움을 잘 보여줍니다.

여기서 바울은 그렇게 자신을 비방하는 자들을 단호히 정죄하고 있습니다. "그들은 정죄 받는 것이 마땅하니라." 이는 그들이 바울 개인에 대해 비방했기 때문이 아니라, 그가 전하는 그리스도의 순전한 복음을 왜곡시키고 진리를 파괴하고자 하는 사악한 의도가 그들의 행위에 담겨 있었기 때문입니다. 그리스도의 복음의 순수성을 지키고자 하는 사도의 열정이 여기서도 드러납니다. 갈라디아서에서 그가 "다른 복음"을 전하는 자들을 향하여 "저주를 받을지어다"라며 유례없이 극도의 강한 어조로 배격한 사실(갈 1:6-9)과 동일한 맥락이라 할 것입니다. 비단 바울만이 아니라, 유다서 역시 교회 안에서 참된 복음을 흐트러뜨리려는 자들을 단호히 배격하는 것을 봅니다.

> 이는 가만히 들어온 사람 몇이 있음이라 그들은 옛적부터 이 판결을 받기로 미리 기록된 자니 경건하지 아니하여 우리 하나님의 은혜를 도리어 방탕한 것으로 바꾸고 홀로 하나이신 주재 곧 우리 주 예수 그리스도를 부인하는 자니라(유 4).

이는 오늘날의 현실에서도 우리가 그대로 따라야 할 자세라 할 것입니다. 오늘날 "사랑"이라는 미명하에 교회 안에서 행해지는 갖가지 그릇된 행위들을 그대로 용납하고 지나쳐버리는 현상이 날로 보편화 되어가고 있습니다. 도덕적이며 윤리적인 문제에 대해서는 물론, 특히 교리적인 문제에서는 그 점이 더욱 현저하게 드러납니다. 성도 간의 사랑과 평화, 화합을 최고의 가치로 여겨서, 심지어 성경의 중요한 교리를 포함하여 모든 것을 다 희생시키고 서라도 오직 평화와 화합을 이루고자 하는 자세가 만연해가고 있는 것입니다. 그러나 이런 것은 참된 그리스도인의 바른 태도가 아닙니다. 무엇보다도 그리스도의 순전한 복음을 훼손시키는 이론이나 행위에 대해서는 양보나 관용이 결코 미덕이 아닙니다. 그것은 오히려 교회의 영적 타락을 불러일으키는 극히 위험한 것으로, 사탄의 교묘한 공작이 뒤에 숨어 있는 것입니다.

바울은 디도서에서 "이단에 속한 사람을 한두 번 훈계한 후에 멀리하라"고 가르칩니다(딛 3:10). 그리스도의 순전한 복음을 훼손시키는 일을 고의로 지속하는 자는 누구든 "이단"입니다. 이들을 "한두 번 훈계"할 필요는 있습니다. 그러나 그 이후에도 듣지 않는다면 단호히 그들을 "멀리하"여야 하고, 그렇게 복음의 순결성을 지속해 나가야 합니다. 이런 바울의 가르침은 다음의 예수님의 가르침과 그대로 일치합니다.

> 네 형제가 죄를 범하거든 가서 너와 그 사람과만 상대하여 권고하라 만일 들으면 네가 네 형제를 얻은 것이요 만일 듣지 않거든 한두 사람을 데리고 가서 두세 증인의 입으로 말마다 확증하게 하라 만일 그들의 말도 듣지 않거든 교회에 말하고 교회의 말도 듣지 않거든 이방인과 세리와 같이 여기라(마 18:15-17).

결론

우리는 언제나 깨어 있어야 합니다. 예! 성도 간의 사랑과 평화, 그리고 덕을 세우는 일이 매우 중요하고도 필수적입니다. 그러나 그것들이 아무리 중요하다 해도, 그리스도의 참된 복음을 순전하게 지키고 전수하는 것보다 중요할 수는 없습니다. 무엇보다 성도 간의 "사랑", "화평", "자비" 등이 성령의 열매라는 점을 기억해야 하겠습니다(갈 5:22-23). 성령의 열매라면, 과연 그것들이 그리스도의 복음을 훼손시키는 일을 조장하겠습니까? 성령의 열매가 그리스도의 복음을 훼손시킨다고요? 대체 어떻게 그런 일이 가능하단 말입니까? 결코 그럴 일은 없습니다. 성령님은 "그리스도의 영"이시므로, 누구보다도 그리스도의 참된 복음이 순전히 전파되고 가르쳐지는 일을 위해 역사하시는 것입니다. 성도들 간의 사랑과 화평이라면 모름지기 인위적인 것이어서는 안 되고, 반드시 성령의 역사하심의 결과로 생겨나는 것이어야 합니다. 그리고 그것들이 성령의 역사하심이라면 언제나 그리스도의 복음을 섬기는 방향으로 열매가 맺어지는 법입니다. 예수님의 말씀처럼 "열매로 그 나무를 아는 것"입니다(마 7:16; 12:33; 눅 6:44).

제21강.
인간의 근원적 부패성(3:9-18)

"9 그러면 어떠하냐 우리는 나으냐 결코 아니라 유대인이나 헬라인
이나 다 죄 아래에 있다고 우리가 이미 선언하였느니라
10 기록된 바 의인은 없나니 하나도 없으며
11 깨닫는 자도 없고 하나님을 찾는 자도 없고
12 다 치우쳐 함께 무익하게 되고 선을 행하는 자는 없나니 하나도
없도다
13 그들의 목구멍은 열린 무덤이요 그 혀로는 속임을 일삼으며 그 입
술에는 독사의 독이 있고
14 그 입에는 저주와 악독이 가득하고
15 그 발은 피 흘리는 데 빠른지라
16 고생이 그 길에 있어
17 평강의 길을 알지 못하였고
18 그들의 눈 앞에 하나님을 두려워함이 없느니라 함과 같으니라."

사도 바울은 1:18 이후 줄곧 인간이 하나님 앞에 도저히 의인으로 설 자격이 없음을 논증해왔습니다. 먼저 하나님의 진리에 대한 고대 이방 세계의

철저한 무지와 불의를 증명했고(1:18-32), 이어서 유대인 중에서나 이방인 중에서나 도덕군자라 칭하는 이들의 가식과 외식을 드러냈으며(2:1-16), 또한 율법과 할례에 기대어 스스로 하나님 앞에서 의인임을 자랑하는 유대인들의 어처구니없는 교만과 거짓을 폭로했습니다(2:17-3:8). 그리고 이제 이 단락에 이르러, 구약성경 여러 곳의 진술들을 인용하여 인간이 하나님 앞에서 처하여 있는 비극적인 상태에 대해 말씀하고 있습니다. 곧 "유대인이나 헬라인이나"—사악한 범죄자나 도덕군자나 종교인이나 가릴 것 없이—온 인류가 "다 죄 아래 있"다는 것입니다(9절). 그리고 이는 다음 19-20절의 최종적인 결론으로 곧바로 이어집니다. "온 세상"이 "하나님의 심판 아래에" 있으며(19절), "율법의 행위로"는 하나님 앞에 "의롭다 하심을 얻을 육체가 없"다는 것입니다(20절). 또한 23절에서는 다시 "모든 사람이 죄를 범하였으매 하나님의 영광에 이르지 못"한다고 표현하고 있습니다. 교리적으로 말하면, 인간의 "전적 부패"(total depravity)의 현실이 여기서 지극히 선명하게 선포된다 할 것입니다.

다 죄 아래 있음

9절에서 바울은 지금까지의 유대인과 관련된 모든 논의를 한마디로 정리합니다. "그러면 어떠하냐? 우리는 나으냐? 결코 아니라. 유대인이나 헬라인이나 다 죄 아래에 있다고 우리가 이미 선언하였느니라." 곧 "지금까지의 논의가 도무지 반박할 수 없는 분명한 사실이라면 그 결론은 무엇인가? 과연 우리 유대인이 이방인보다 더 나은 처지인가? 결코 그렇지 않다. 지금까지의 논의를 통해 유대인이나 이방인이나 똑같이 죄 아래 있다는 것을 이미 선언하지 않았는가?"라는 것입니다. 여기서 한 가지 문제점이 제기됩니다. 바울은 "우리-[195]는 나으냐? 결코 아니라"라고 단언하고 있는데, 이것이 앞의 1-2절의 진술("유대인의 나음이 무엇이며 할례의 유익이 무엇이냐? 범사에 많으니")과 모순을 일으킨다는 점입니다. 앞에서는 유대인의 나은 점이 "범사에 많"다고 말씀하고는, 여기서 다시 유대인이 나은 것이 "결코 아니라"-[196]고 말씀하니 말입니다. 이 문제에 대해 스토트는 다음과 같이 매우 선명하게 정리해주고 있습니다.

> 앞에서는 유대인이라는 사실이 크게 유리하다고 말씀하고는 여기서 다시 유리한 점이 전혀 없다고 하니, 바울이 스스로 모순을 일으키는 것처럼 들린다. 이런 모순을 어떻게 해결하면 좋을까? 오로지 그가 어떤 종류의 "나은 점"을 염두에 두고 있는지를 명확히 하는 길밖에는 없다. 만일 특권과 책임을 뜻한다면, 유대인에게는 유리한 점이 많을 것이다. 왜냐하면 하나님이 그들에게 계시의 말씀을 맡기셨기 때문이다(1-2절). 그러나 만일 편애(偏愛; favouritism)를 뜻한다면, 유대인은 편애를 받는 것이 전혀 없다. 왜냐하면 그들 역시 하나님의 심판을 면할 수가 없기 때문이다(9절)(Stott, *Romans*, 99).

그렇습니다. 하나님은 "각 사람에게 그 행한 대로 보응하시"는 분이시며(2:6), 결코 "외모로 사람을 취하지 아니하"십니다(2:11). 그에게 "편애"란 있

_195 여러 주석가들은 본문의 "우리"를 "바울 자신을 포함한 유대인"의 의미로 이해합니다(Haldane, *Romans*, 122; Longenecker, *Romans*, 353; Moo, *Romans*, 199-200; Murry, *Romans*, I:102; Cranfield, *Romans*, I. 188-9; Schreiner, *Romans*, 163; Stott, *Romans*, 99, 등). 반면에 "우리"를 8절의 "우리"(이를 유대인들에게 비방을 받는 "바울 자신" 혹은 "바울과 그의 그리스도인 조력자들"을 지칭하는 것으로 보고)와 연결하여 "우리 그리스도인들"의 의미로 이해하는 이들도 있습니다(MacArthur, *Romans 1-8*, 180; Morris, *Romans*, 164-5, 등). 그러나 필자의 소견으로는, 문맥상 본문 9절에서도 여전히 유대인의 문제를 다루고 있다고 보아야 하므로, 전자의 견해를 취하는 것이 합당하고 봅니다. 후자의 견해를 취하면, 유대인과 관련되는 앞의 문맥과는 달리 바울이 갑자기 "그리스도인"의 문제를 거론하는 것이 되어, 매우 어색한 면이 있습니다.

_196 헬. "우 판토스"(οὐ πάντως). "아니다"를 크게 강조하는 표현으로, "모든 점에서 아니다", "전혀 아니다"라는 의미입니다.

을 수 없습니다. 유대인들은 "율법"과 "할례"를 하나님이 자기들을 특별히 예우하시는 증거로 여겨 이방인들을 멸시하였으나, 실상 그들 역시 이방인들보다 나은 바 없었습니다. 이방인들이 율법이 없는 처지에서 "불의로 진리를 막"는 불경을 저질렀다면(1:18), 유대인들은 율법 조문과 할례의 특권을 지니고서도 이방인에 못지않게, 아니 오히려 그들보다 더 악하게, 불경을 저지른 것입니다(2:27). 그러므로 사도는 이 단락에서 "유대인이나 헬라인이나 다 죄 아래에 있"으며(9절), 따라서 "온 세상이"—인류에 속한 각 사람이 모두—"하나님의 심판 아래에"(19절) 있다고 공포합니다.

9절에 의하면, "유대인이나 헬라인이나" 가릴 것 없이 모든 사람이—예수 그리스도를 제외하고는(히 4:15) 단 한 사람의 예외도 없이—"다 죄 아래에 있"습니다. 여기서 "죄 아래에"(헬. "휘프 하마르티안"[ὑφ' ἁμαρτίαν])라는 표현은 자연인의 영적인 상태를 지적해주는 것으로, 지극히 중요한 의미를 지닙니다. 여기서 "죄"(단수형)란 우리가 흔히 생각하듯 사람이 하나님 앞에서 수시로 저지르는 각종 개별적인 실수나 과오, 잘못된 행위를 일컫는 것이 아닙니다. 오히려 그런 온갖 실수나 과오, 그릇된 행위들의 근본적인 원인이 되는 바 온 인류에게 공통적인 하나의 근원적인 상태를 뜻하는 것으로 보아야 합니다.[197] 독일의 개신교 신학자인 발터 그룬트만(Walter Grundmann, 1906-1976)은 이 점에 대하여, "바울에게 있어서 '죄'란 개별적인 행위에만 있는 것이 아니다. '죄'란 온 인류 전체를 아우르는 하나의 상태다"라고 적절히 지적합니다(Longenecker, *Romans*, 354에서 재인용). 이러한 인류 공통의 근원적인 죄의 상태를 신학자들은 "원죄"(Original Sin), 혹은 "근원적 부패"(Original

_197 거스리는 다음과 같이 설명합니다. "'죄'가 단수형으로 사용될 경우는 거의 언제나, 개별적인 죄의 행위가 아니라 '죄악된 상태'(a state of sinfulness)를 뜻한다"(Guthrie, *New Testament Theology*, 201).

Corruption),_198 혹은 "전적 부패"(Total Depravity)_199 등의 용어를 사용하여 설명합니다. 예컨대 칼빈은 이에 대해 다음과 같이 설명합니다.

> 원죄란 영혼의 모든 부분에 퍼져 있어서 우리를 하나님의 진노 아래 있게 만들고 또한 성경이 말씀하는 "육체의 일"(갈 5:19)을 우리 속에 일으키는바, 우리 본성의 유전적 타락성과 부패성이라 정의할 수 있을 것 같다. 그리고 이것을 가리켜 바울은 자주 "죄"(단수형)라 부른다(칼빈, 『기독교강요』, 상, 306; II.1.8).

이 "죄", 즉 "원죄"나 "근원적 부패성" 혹은 "전적 부패성"이 사람이 저지르는 모든 실질적인 범죄들의 원인입니다. 흔히 사람들은 정상적인 사람이 온갖 어려운 환경 속에서 각종 잘못과 죄를 저지르다 보니 결국 죄인이 되는 것이라는 식으로 생각합니다. 그러나 성경이 가르쳐주는 근본 원리는 이

_198 웨스트민스터 신앙고백서는 "근원적 부패성"이라는 용어를 사용하여 다음과 같이 진술합니다. "이 근원적인 부패성으로 말미암아 우리가 전적으로 병들었고 불구가 되었으며, 모든 선을 대적하며 모든 악을 향하여 기울어지는데, 이 근원적인 부패성에서 모든 실제의 범죄가 나온다"(6장 4항).

_199 "전적 부패"는 1618-1619년 도르트 회의(Synod of Dort)가 아르미니우스주의 5대 강령을 배격하여 정리한 칼빈주의의 5대 강령—"전적 부패"(Total Depravity), "무조건적 선택"(Unconditional Election), "제한 속죄"(Limited Atonement), "불가항력적 은혜"(Irresistible Grace), "성도의 견인"(Perseverance of the Saints)—중 하나인데, 오해의 소지가 없도록 그 개념을 명확히 이해하는 것이 중요하다고 봅니다. 전적 부패를 "완전 부패"(Utter Depravity, 혹은 Absolute Depravity)와 혼동하는 경우가 있기 때문입니다. 전적 부패란 인간의 모든 면이 더 이상 더 부패할 수 없을 정도로 완전히 부패해 있다는 뜻이 아니고(이는 "완전 부패"입니다), 부패성이 인간의 모든 부분에 다 퍼져 있어서 그것이 인간 존재의 모든 면에 영향을 미친다는 의미입니다. 이는 비유컨대 물이 가득 들어 있는 병에 검정색 잉크 방울을 떨어뜨리면 그 잉크 방울이 병 전체에 골고루 다 퍼져서 병 전체에 엷은 검정색이 골고루 퍼지는 것과도 같다 할 것입니다. 반면에 "완전 부패"란 마치 검정색 잉크병 자체처럼 모든 부분이 완전하게 부패해 있는 상태로, 사탄이 이에 해당할 것입니다(이 비유적인 설명은 필자의 은사이신 최낙재 목사님의 다음 문헌에서 빌려온 것입니다. 참조. 최 낙재, 『소요리문답강해 I』, 309).
또한 다음의 설명도 아주 적절합니다. "['전적 부패'에서] '전적'(全的)이라는 형용사는 모든 죄인이 각기 행위와 사고에 있어서 그에게 가능한 만큼 완전히 부패해 있다는 뜻이 아니다. 오히려 사람의 존재의 '전 부분'이 죄에 영향을 받았음을 나타내는 것이다.…죄가 정신과 의지 등 사람의 모든 기능에 영향을 미쳤다는 뜻이다"(Steele, Thomas, Quinn, *Five Points of Calvinism*, 18-19, 또한 참조. Johnson, *Romans*, 70, 주 37). 이처럼 "전적 부패"라는 용어가 오해를 야기할 수 있으므로, 그 대신 "급진적 부패"(Radical Corruption), 혹은 "전면적 부패"(Pervasive Depravity) 등의 용어를 사용하기도 합니다(Nicole, *Standing Forth*, 430. 참조. Nicole, *Our Sovereign Saviour*, 47-49; Sproul, *Heart of Reformed Theology*, 121-122; Beeke, *Living for God's Glory*, 51; Grudem, *Systematic Theology*, 497, 주13, 등). 웨스트민스터 신앙고백서는, 앞의 주198에서에서 지적한 바와 같이, "근원적 부패성"이라는 용어를 동일한 의미로 사용합니다.

와 정반대입니다. 성경의 원리는 "그런 것이 아니다! 사람이 본래부터 죄인으로서, 죄를 범하는 쪽으로 기울어지는 근본적인 성향—즉 '원죄' 혹은 '근원적 부패성'—을 지니고 있기 때문에 실생활에서 각종 잘못과 죄들을 범하는 것이다"라고 가르치는 것입니다. 스프로울 박사는 이러한 차이를 다음과 같이 선명하게 정리해줍니다. "우리가 죄를 범하기 때문에 죄인들인 게 아니라, 죄인들이기 때문에 죄를 범하는 것이다"(Sproul, *Heart of Reformed Theology*, 122). 그는 또 이렇게도 설명합니다.

> 원죄란 우리가 처해 있는 도덕적 상태를 가리키는데, 이것에서 각종 실제적인 행동들이 비롯된다. 성경이 우리를 죄인이라 부르는 것은 우리가 갖가지 죄들을 범하기 때문만이 아니라, 우리가 본성적으로 죄악되며 죄를 향하여 기울어지는 성향을 지녔기 때문이다(Sproul, *Truth We Confess*, I, 186).

또한 위의 인용문에서 드러나듯이 칼빈은 "원죄"를 "인간 본성의 유전적 타락성과 부패성"으로 규정한 다음, 그것에서부터 각종 실제적인 "죄들"이 비롯되는 것임을 설명합니다.

> 그는 그것에서부터(즉 원죄로부터) 나오는 것들—음행, 더러운 것, 호색, 우상숭배, 주술, 원수 맺는 것, 분쟁, 시기, 분냄, 당 짓는 것, 분열함과 이단 등(갈 5:19-21)—을 가리켜 "죄의 열매들"이라고 부르는데, 성경은 이것들을 "죄들"이라 부르고 바울 자신도 그렇게 부른다(칼빈, 『기독교강요』, 상, 306; II.1.8).

성경은 이처럼 인간의 "원죄"나 "근원적 부패성," 혹은 "전적 부패성"의 상태를 뜻하는 단수형의 "죄"(sin)와, 또한 그것에서 비롯되어 실생활에서 다양한 방식으로 나타나는 갖가지 "죄의 열매들"—즉 복수형의 "죄들"(sins)—을 서로 구별 짓고 있습니다. 그러므로 우리는, 인간의 죄악된 처지에 대한 근본적인 치유는 갖가지 "죄들"을 해결하는 데에 있지 않고 오직 근원적인 "죄"의 문제를 해결하는 데에 있음을 인식해야 할 것입니다.

바울은 여기서 "죄 아래에" 있다는 표현을 사용하여, 마치 온 인류가 "죄"라는 악독한 상전(上典)의 지배 아래에서 짓눌림을 당하는 것처럼 그리고 있습니다. 마치 군인이 상관의 명령체계 아래에 있듯이, 신하가 임금의 절대적인 통제권 아래에 있듯이, 또한 노예가 주인의 절대적인 소유권 아래에 있듯이, 모든 사람이 근원적인 부패 혹은 원죄의 영향력 "아래에"서 짓눌려 있는 상태라 할 것입니다.[_200] 로마서 6장에서 그는 이러한 상태를 "죄에게 종노릇"하는 상태로(6절), 혹은 "죄의 종"인 상태로도(16-17, 20절) 묘사합니다. 이 점에 관하여 스토트는 다음과 같이 설명합니다.

> 바울은 죄를 거의 인격화시켜서, 인류를 죄책(罪責) 속에—또한 심판 아래에—가두어 두는 잔인한 폭군으로 묘사한다. 죄가 위에서 짓누르고 있으니, 그것이야말로 우리를 내리누르며 압박하는 무거운 짐이다(Stott, *Romans*, 99).[_201]

_200 N. T. 라이트는 이에 대해 다음과 같이 설명합니다. "'죄'는 그 자체가 사악한 생명을 지니고서 개인과 사회에 영향력을 행사한다. 바울은 '죄'라는 단어로 마치 성경의 다른 곳들에서 '사탄'이라 칭하는 그것을 지칭하는 듯 보이기까지 한다(물론 직접 그 단어를 사용하기도 하지만; 예. 16:20). 이 점은 특히 7:7-25에서 충격적으로 드러난다"(Kruse, *Romans*, 164, 주289에서 재인용).
아우구스티누스는 죄에 종노릇 하는 자들의 처지를 다음과 같이 생생하게 묘사합니다. "사람의 종이 된 자는 주인의 매정한 명령에 지치면 주인으로부터 도망치기라도 한다. 그러나 죄의 종은 대체 도망칠 곳이 어디란 말인가? 어디로 도망치든 자기 자신은 데리고 갈 수밖에 없으니, 자기의 악한 양심이…언제나 자기를 따라가는 것이다.…자기 자신에게서는 도망칠 수가 없고, 자기가 저지르는 죄가 항상 자기 속에 있기 마련이나. 육제의 쾌락을 얻고자 죄를 범했는데, 쾌락은 잠시 있다가 사라지지만, 죄는 그대로 남는다. 즐거움을 주던 것은 사라지고 예리한 가시만 남아 찔러대니, 아아, 정말 고약한 종살이다"(Morris, *John*, 406, 주70에서 재인용).

_201 또한 던과 무는 각각 다음과 같이 설명합니다. "한 가지 중요한 사실은, 사람이—의식적으로나 무의식적으로나—자기 속

구약성경의 증언

이어지는 10-18절의 단락에서 바울은 구약성경의 증언들을 줄지어 제시함으로써, "유대인이나 헬라인이나 다 죄 아래에 있다"는 것이 바울 개인의 사사로운 주장이 아니라, "하나님의 말씀"(2절), 곧 "하나님이 친히 입으로 하신 말씀"의 권위 있는 선언임을 밝힙니다. 그는 10절에서 "기록된바"(헬. "카토스 게그라프타이"[καθὼς γέγραπται])라는 문구를 사용하여 성경적 근거를 제시합니다. 마치 재판관이 법전(法典)의 구절들을 근거로 제시하여 자신의 판결에 대한 모든 의구심을 잠재우듯이, 여기서 바울도 그렇게 하고 있다 하겠습니다. 하나님의 말씀에 기록되어 있는 사안이라면 더 이상 이의를 제기할 수가 없고, 그것으로 모든 논쟁이 종결됩니다. 그것이 최고의 권위이기 때문입니다. 적어도 유대인들의 경우는 그렇습니다. 예수님도 갖가지 논쟁에서 흔히 이와 동일한 문구를 사용하여 구약성경의 권위에 근거하여 상대방의 논지를 반박하신 바 있습니다(마 4:4, 7, 10; 눅 10:26; 요 6:45; 8:17 등). 이러한 사실은 오늘날 우리에게 극히 중요한 교훈을 줍니다. 바울과 예수님의 이런 모습을 본받아 언제나 하나님의 말씀에 철저하게 근거하여 판단하고 말하며, 또한 그 권위에 순복하는 법을 배우고 실천해가야 한다는 것입니다. 이런 점에서 사도 베드로의 말씀의 의미가 뚜렷하게 다가옵니다. "만일 누가 말하려면 하나님의 말씀을 하는 것 같이 하고…"(벧전 4:11). 여기서 칼빈 선생의 다음과 같은 권면에 귀를 기울일 필요가 있을 것입니다.

에서 역사하여 자기를 죽음의 상태와 부패한 성향에 얽어매며, 하나님에 대한 모든 지식이나 그의 뜻을 행하고자 하는 의지를 무기력하게 하고, 자신이 하나님의 피조물이라는 사실을 망각하게 하고, 그저 동물적인 욕구들만을 부추기는 모종의 영향력(power)을 경험한다는 것인데, 바울은 그것을 가리켜 '죄'라 부른다"(Dunn, *Romans* 1-8, 148-149);
"사람들의 문제는 그들이 그저 죄를 범하기만 하는 것만이 아니라 죄의 종이 되어 있다는 것이다. 그러므로 그들에게 필요한 것은 죄를 깨뜨리고 들어가 사람들을 죄로부터 자유하게 할 수 있는 새로운 능력이요, 이 능력은 오직 예수 그리스도의 복음 안에만 있는 것이다"(Moo, *Romans*, 201).

> 바울은 이제 그리스도인들에게 가장 강력한 증거가 되는 권위—즉 오직 하나님의 말씀에서 비롯되는 권위—에 근거하여 논증을 시작한다. 교회의 가르치는 자들은 이런 모범에서 그들의 책무의 성격을 배워야 할 것이다. 바울이 여기서 오직 성경의 확실한 증언을 통해서 확인되는 가르침만을 제시하고 있다면, 바울 등을 통해서 받은바 복음을 선포하는 것 외에 다른 사명을 받은 것이 없는 자들은 더욱더 그렇게 해야 할 것이다(Calvin, *Romans*, 66).

바울은 구약성경에서 인용한 본문들을 통해 어떤 내용을 말씀하고 있을까요? 그 대략적인 주제들을 정리하자면 다음과 같습니다. 1) 죄의 보편성(10-12절); 2) 일상적인 언어생활에서 드러나는 죄의 악독한 모습(13-14절); 3) 폭력적인 행위들에서 표출되는 죄의 모습(15-17절); 4) 죄의 근본이 하나님을 향한 불경에 있음(18절). 자, 이제 이 내용들을 하나씩 간단하게나마 살펴보기로 합시다.

첫째, 먼저 10-12절에서 바울은 죄가 인류 전체에 보편적으로 만연해 있음을 제시하기 위해 시편 14:1-3(10절의 경우, 전도서 7:20의 인용일 가능성도 있습니다)을 인용합니다. 그러나 그 내용 전체를 다 정확히 인용하지 않고, 필요한 핵심적인 사항들만을 간결하게 인용하여 진술합니다. 바울 자신이 구약성경 두루마리를 펼쳐놓고 일일이 찾아서 인용한 것으로 볼 수는 없고, 어쩌면 시편의 해당 본문의 주된 내용을 평상시의 기억에 의존하여 대략적으로 제시하는 것이 아닐까 추측해 봅니다.[202] 이 인용문에서는 특히 "없나"(헬. "우크

_202 일부 학자들은, 당시에 유대인 그리스도인들이나 이방인 그리스도인들 사이에 구약성경(혹은 시편) 발췌문집 같은 것이 통용되었을 것으로 보고, 바울이 그런 자료를 인용하는 것으로 추정하기도 하고(참조. Longenecker, *Romans*, 356; Moo, *Romans*, 202), 혹은 바울 자신이 만든 그런 유의 자료를 인용하는 것으로 추정하기도 합니다(참조. Thielman, *Romans*, 184).

에스틴"[οὐκ ἔστιν]; "있지 않다"; "there is not")라는 표현을 반복 사용하는 점(10-12절에서 5회, 18절에서 1회)이 두드러집니다. 하나님과의 신실한 교제에 합당한 거룩하고 의로운 삶의 모습이 모든 점에서 결핍되어 있다는 것입니다. 웨스트민스터 소요리문답 제18문답에서 언급하는바 "원시의 의(혹은 "근원적 의"; "original righteousness")가 없는 것"이 바로 이러한 사실을 잘 표현해준다 하겠습니다.[203]

삶 속에서 "의인"과 "깨닫는 자"와 "하나님을 찾는 자"와 "선을 행하는 자"의 모습을 꾸준히 지속적으로 드러내 보이는[204] 사람이어야 하나님이 인정하시고 받아주시는 사람입니다만, 그런 범주에 해당하는 사람이 단 "하나도 없"습니다. 그렇습니다. "죄 아래에"서 죄의 지배를 받는 사람으로서는 결코 그러한 거룩한 특징을 보일 능력 자체가 없습니다. "육신의 생각은 하나님과 원수가 되나니 이는 하나님의 법에 굴복하지 아니할 뿐 아니라 할 수도 없"다는 사도의 말씀(롬 8:7)이 이와 일맥상통한다 하겠습니다. "원죄" 혹은 "근원적 부패성"의 사악함이 그의 존재 전체에 퍼져 있으므로, 하나님이 받아주실 만큼의 의로움을 삶 가운데서 온전히 드러낼 수도 없고, 진리를 깨달을 수도 없으며, 하나님을 찾지도 않고 찾을 수도 없으며, 하나님이 인정하실 만한 "선"을 행하지도 않습니다. 오히려 모든 사람이 "다 치우쳐 함께 무익하게 되었"다고 합니다(12절). 즉 참되신 하나님으로부터 돌아서서 무가치한 것들을 찾으며 그것들을 섬기는 모습을 상정하는 것입니다. 바로 1:21-23에서 보여주는 죄악된 모습과 동일하다 하겠습니다. 루터는 이에 대해 다음과 같

_203 웨스트민스터 소요리문답 제18문답은 다음과 같이 기술하고 있습니다. "문: 사람이 타락한 그 처지에서 죄악된 것이 무엇입니까? / 답: 사람이 타락한 처지에서 죄악된 것은, 아담의 첫 범죄의 죄책과, 원시의 의가 없는 것과, 온 성품이 부패한 것인데, 이것을 보통 원죄라 부르며, 또한 이 죄로 말미암아 나타나는 모든 자범죄가 있습니다."

_204 본문의 "깨닫는"(헬. "쉬니온"[συνίων]), "찾는"(헬. "에크제톤"[ἐκζητῶν]), "행하는"(헬. "포이온"[ποιῶν])은 모두 현재 분사들로서, 지속적이며 반복적인 행동을 나타냅니다.

이 지적하고 있습니다.

> 이들 중 일부는 왼편 길로 치우쳐서 돈과 명예와 쾌락과 세상의 영광을 섬기고, 또 다른 일부는 오른편 길로 치우쳐서 자기들 자신의 의와 덕과 지혜를 추구한다. 그러나 이들 중 어느 누구도 하나님의 의에 관심을 갖지도 않고 그를 섬기지도 않으며, 오히려 모두가 영적인 교만으로 무장한 초라한 모습으로 하나님의 진리를 대적하여 싸우는 것이다(Luther, *Romans*, 71).

둘째, 13-14절에서는 시편의 세 본문(5:9; 140:3; 10:7)을 자유로이 인용하여 "목구멍", "혀", "입술", "입" 등, 사람의 언어생활과 관련된 기관들을 차례로 묘사함으로써, 모든 사람의 일상적인 언어생활에서 드러나는 특징적인 악한 모습들을 통해 그들이 "죄 아래에" 있음을 여실히 보여줍니다. 사람의 악한 언어생활만큼 사람의 본성적인 "죄"의 상태를 쉽게, 그리고 적나라하게, 드러내는 것은 없습니다. 야고보 선생의 말씀처럼, "혀는 곧 불이요 불의의 세계"이며 또한 "쉬지 아니하는 악이요 죽이는 독이 가득한 것"이니 말입니다(약 3:6, 8).

먼저 바울은 "죄 아래에" 있는 모든 인류의 "목구멍은 열린 무덤"이라고 합니다. 예수님은 외식하는 서기관들과 바리새인들을 향하여 "회칠한 무덤" 같다고 책망하셨습니다(마 23:27). 속에는 썩은 시체가 있는데도 겉에 회(灰)를 칠해서 그 추한 것을 다 감추고 깨끗한 체한다는 뜻이었습니다. 그런데 바울은 거기서 한 걸음 더 나아가, "죄 아래에" 있는 사람의 "목구멍"이 "열린 무덤"이라고 말씀합니다. 무덤이 열려 있다니요! 무덤이 활짝 열려 있어서 속에 있는 시체의 끔찍한 모습이 그대로 드러나는 상태와 같다는 것입니다. 그 추악한 광경은 물론이고, 거기서 풍겨 나오는 악취는 또 얼마나 역겹겠습니까? 인간의 언어생활에서 "죄 아래에" 있는 그 본연의 모습이 그처럼 추하고 역하게 드러난다는 것입니다. 그뿐만 아니라 "혀로는 속임을 일삼으며 그 입술에는 독사의 독이 있고 그 입에는 저주와 악독이 가득"하다고 말씀합니다. 사람의 근원적인 부패성이 드러나는 모습을 그리고 있습니다. 혹시라도 "혀"로 무슨 좋은 말을 할 때면 거기에는 항상 "속임"이 도사리고 있으며, 그들의 실상을 정직하게 발설하면 온통 "독사의 독"과 "저주와 악독"만 가득 드러난다는 것입니다. 과연 이런 모습을 상상이나 할 수 있겠습니까? 하지만 이것이야말로 "죄"에 사로잡혀 있는 온 인류의 본연의 모습이라는 것입니다.

셋째, 15-17절에서는 이사야 59:7-8을 인용하여 폭력적인 행위들에서 "죄 아래에" 있는 인류의 실상이 드러나고 있음을 말씀합니다. "그 발은 피 흘리는 데 빠른지라 파멸과 고생이 그 길에 있어 평강의 길을 알지 못하였고." 바울은 이제 입의 말로부터 발로 퍼져가는 폭력으로 옮아갑니다. 여기서 묘사되는 내용은 인류의 역사상 끊이지 않고 이어지는 상호 간의 분쟁과 갈등과 전쟁의 참혹한 모습을 그리는 것이라 하겠습니다. 갈등과 전쟁의 극심한 참상만큼 인류의 근원적인 부패성을 잘 보여주는 것이 없습니다. 할데인은 이 문제에 대해 다음과 같이 말씀하고 있습니다.

> 이것이야말로 가족과 이웃들 간의 증오와 분쟁과 미움으로—또한 민족 간의 혁명과 전쟁과 살인으로—온 세상을 가득 채우는 인간의 만행을 제대로 묘사하는 것이라 하겠다. 아무리 사나운 맹수들이라도 자기들의 주린 배를 채우기 위해, 사람이 자기의 야망이나 복수심, 혹은 탐욕을 채우기 위해 자기 동료들을 파괴시키는 것만큼, 그렇게 자기 동료들을 많이 죽이지는 않는다(Haldane,

Romans, 128).-[205]

정말 아이러니입니다. 사람들이 급하게 "발"을 움직여 이리저리 바삐 다니며 싸움과 전쟁을 일으켜 수많은 다른 사람들을 파멸시키고 "피"를 흘리는 것이 오직 자기들의 "평강"(혹은 "평화")을 추구하기 위함인데, 영원한 참된 "평강"은 맛보지 못하고 언제나 피비린내 나는 "파멸과 고생"만 가득하니 말입니다. 참된 "평강"은 오직 "하나님을 두려워"하는 데에서 비롯되며 이는 그의 백성들에게 베풀어지는 은혜의 선물인데(참조. 시 29:11; 125:5; 128:6; 잠 3:17; 사 26:12 등), 그 참된 "평강의 길"—즉 그러한 참된 "평강을 얻는 길"—을 알지 못하니 결코 "평강"을 얻을 수가 없는 것입니다.

넷째, 마지막으로 바울은 18절에서 시편 36:1을 인용하여, 이런 모든 악의 근본적인 뿌리가 "하나님을 두려워함이 없"는 데에 있음을 말씀합니다. "그들의 눈앞에 하나님을 두려워함이 없느니라." "죄 아래에" 있는 사람의 모든 악한 삶의 모습들—입의 말로 범하는 갖가지 악행들과 발로 짓밟으며 범하는 참혹한 폭력들—의 근본 원인은 그들에게 "하나님을 두려워함이 없"는 데에 있습니다. "눈"으로 가장 우선적으로 보아야 할 대상을 보지 못하는 것이 모든 비참의 원인입니다. 하나님을 보지 못하니 그를 두려워하지 않는 것

205 또한 핑크는 이 문제에 대해 다음과 같이 말씀합니다. "인류 역사를 잘 아는 사람들은, 인간이 정글의 맹수들보다 더 잔인하다는 서글픈 증거들이 가득하다는 것을 잘 압니다. 사자와 호랑이는 굶주림을 채우기 위해 먹잇감들을 죽이지만, 사람들은 끝없는 탐욕과 야망을 채우기 위해 동료들을 제거합니다. 지난 여러 세기를 통틀어 야생 짐승들이 수천 명의 사람을 죽였지만, 사람은 불과 지난 몇 년 동안만도 수백만이 넘는 동료들을 죽였습니다. 자기들의 탐욕을 채우기 위해 무수한 사람들을 희생시키기를 주저하지 않는 자들의 무지막지한 사악함으로 인해 그렇게 많은 이들이 희생된 것입니다.…이 '개화된' 세기[즉 20세기]에 일어난 사건들만으로도 타락한 인간 본성의 전면적인 부패성에 대한 성경의 가르침이 분명히 확증되고도 남습니다.…그러나 마치 우리 자신은 의로워서 예외이기라도 한 것처럼, 교만한 자세로 동료들의 무자비함과 사악함을 정죄해서는 안 될 것입니다. 우리 역시도 그들과 똑같은 진흙 덩이임을 겸손히 인정해야 합니다. 혹 자비의 마음이 우리를 다스린다 해도 그것은 바로 우리를 변화시키는 하나님의 주권적인 은혜 덕분이기 때문입니다"(Pink, *Gleanings in Joshua*, 316-317).

이요, 그를 두려워하지 않으니 모든 삶이 비극으로 얼룩질 수밖에 없는 것입니다. 그런데 이보다 더 비참한 사실은 그처럼 비극으로 얼룩진 삶 전체를 그저 그러려니 하며 당연한 것으로 받아들인다는 것입니다. 그러므로 다음과 같은 우리 주님의 말씀은 과연 진리입니다. "눈은 몸의 등불이니 그러므로 네 눈이 성하면 온몸이 밝을 것이요 눈이 나쁘면 온몸이 어두울 것이니…"(마 6:22-23). 존 머리는 다음과 같이 말씀하고 있습니다.

> "눈"은 보는 기관이며, "하나님을 두려워함"을 우리 눈앞에서 이루어지는 것으로 표현하는 것은 지극히 적절하다. 하나님을 두려워한다는 것은 하나님이 언제나 우리의 생각과 지각의 중심에 계신다는 뜻이요, 또한 하나님께 의존하며 그에게 책무를 다하는…삶에 대한 의식이 명확하게 있다는 뜻이기 때문이다. 하나님에 대한 두려움이 없다는 것은, 우리의 생각의 중심에서는 물론이요, 우리의 시야에서 그가 완전히 사라졌음을 의미한다….비유적으로 말하면, 하나님이 우리 눈앞에 안 계시는 것이요, 이것이야말로 불경 그 자체인 것이다(Murray, *Romans*, I. 105).

그렇습니다. "눈앞에 하나님을 두려워함"이 없다는 것, 이것이야말로 죄의 특징적인 성격을 적나라하게 드러내 줍니다. 눈앞에 하나님이 안 계시니, 그 대신 온갖 다른 것들이 눈을 가득 채웁니다. 그리고 그 모든 것들 중심에 바로 "자기 자신"이 그 "하나님"을 대체하는 존재로 자리 잡고 있습니다. 자기가 하나님이 되어, 자기 눈을 가득 채우는 그 온갖 것들을 통제하려 하는 것입니다. 이것이 하나님을 두려워하지 않는 자들의 삶의 본질이요, 이것이야말로 "죄 아래에" 있는 자들의 본 모습입니다. 호주의 신학자 마이클 버드는 이 점을 다음과 같이 설득력 있게 지적합니다.

> 장례식에서 자주 듣는 노래 중에 프랭크 시내트라(Frank Sinatra)의 "마이 웨이"(My Way)가 있다. 그 노래의 제목 "I Did It My Way"("내 식대로 했다", "내 식대로 살았다")가 여러 가지 점에서 죄의 본질을 아주 적절히 정리해준다. 죄는 하나님을 끌어내리고 나 자신을 신격화하려는 시도와 욕구로 표출된다. 인간이 창조주를 거역하고, 하늘을 향하여 보잘것없는 주먹을 내저으며, "내 식대로 할 거야!"라고 외치는 식이다. 죄는 하나님의 고유한 특권들을 찬탈하고....심판을 받아 마땅할 일들을 저질러놓고서도 그런 결과들에 대해 무죄를 주장하는 식의 뻔뻔한 자세를 보인다. "마이 웨이"를 부르짖는 것은 하나님과는 상관없이 나 홀로 옳고 그름, 선과 악을 규정하겠다고 고집하는 것과도 같다. 하나님을 대적하여 난동을 부리고 거부하고 반역하며, 게다가 자기 자신을 신격화(神格化)하기까지 하는 것, 이것이 죄의 본질이다(Bird, *Romans*, 103).

자, 10-18절의 내용을 이렇게 대강 살펴보았습니다만, 이 단락에서 바울은 지극히 부정적인 어조로 "죄 아래에" 있는 인간의 "근원적인 부패" 혹은 "원죄"의 적나라한 모습을 묘사하고 있습니다. 이 때문에 많은 사람이―심지어 기독교 교회의 지도자로 자처하는 자들 가운데서도―이러한 성경의 가르침을 거부합니다. 예를 들어 소위 "적극적인 사고방식"(Positive Thinking)의 메시지로 20세기 후반 전 세계에 큰 영향을 미쳤던 미국의 저명한 설교자 로버트 슐러(Robert Schuller, 1926-2015)는 이러한 성경의 가르침을 "비기독교적인 전략"이라고 폄훼하며 다음과 같이 노골적으로 반대합니다.

> 기독교의 깃발 아래 그리스도의 이름으로 행해온 그 어떠한 일도, 사람의 버림받은 죄악된 처지를 일깨워주려는…비기독교적인 전략보다 더 인간성을 파괴하고 전도 사업에 역효과를 가져온 것은 없다고 생각한다(Dever, *Nine Marks*,

112에서 재인용).

그러니 여러분, 이런 바울의 부정적인 가르침에 대해 마음이 불편하여, "바울의 언사가 좀 지나치지 않은가"라는 의구심을 가질 수도 있습니다. "불신자를 포함하여 오늘날 보통 사람의 기준에서 보면 이것은 너무 지나치다! 누구나 다 그처럼 악한 모습은 아니지 않은가! 물론 그런 악한 사람들도 있지만, 그렇지 않은 사람들도 많지 않은가!"라고 생각할 수도 있습니다. 그러나 분명히 알아야 할 것은, 이런 모습이 성경이 명확히 가르치는 죄악된 인간의 본연의 모습이라는 것입니다. 곧, 모든 자연인의 생각과 사고에 영향을 미쳐서 그들을 부드럽고도 온화하게 길들이시는 하나님의 은혜의 섭리의 역사하심을 전제하지 않을 때 사람들에게서 나타나는바 그 본래의 죄악된 모습을 성경이 묘사하는 것이라는 점을 기억할 필요가 있을 것입니다. 20세기 초 중반에 걸쳐 신실한 복음적 강해 설교 사역을 감당했던 미국의 도널드 그레이 반하우스(Donald Grey Barnhouse, 1895-1960)의 다음과 같은 비유적인 가르침이 이 점과 관련하여 매우 유익하다 싶습니다.

> 하나님께 죄를 고백하면 해결될 일인데도 사람은 완악한 자기의 자존심 때문에 그것을 거부합니다. 사람이 오늘날 하나님 앞에 서 있는 모습은, 마치 잼이 든 통 근처에는 간 일조차 없다고 울며 맹세하는 어린 소년의 모습과도 같습니다. 자신의 무죄를 증명하고자 소리를 질러보지만, 입고 있는 셔츠의 목 아랫부분에 잼을 흘린 자국이 너무나 선명히 드러나는데, 오로지 그 자신만 그것을 보지 못하는 것입니다(MacArthur, *Romans 1-8*, 179에서 재인용).

비유컨대, 10-18절에서 사도 바울이 구약성경을 인용하여 제기하고 있는 논지는, 마치 모든 인류를 향하여, "네 셔츠의 목 아랫부분에 잼을 흘린 자국이 너무도 선명히 드러나 있다!"라고 선포하며 그 자국을 친히 보여주는 것과도 같다 하겠습니다. "자, 여기 네 셔츠를 자세히 보아라! 죄의 자국이 선명히 보이지 않느냐? 그런데도 네가 무죄라고 항변할 테냐?"라는 것입니다. 또한 칼빈 선생의 다음과 같은 설명이 이에 대해 바른 시각을 갖는 데에 유익하리라 봅니다.

> 여기서 우리는 인간 본성의 부패한 상태 속에 하나님의 은혜가 개입하고 있다는 점을 생각해야 할 것이다. 부패한 본성을 깨끗이 씻어내는 은혜가 아니라, 내적으로 그 부패성을 억제하는 은혜 말이다. 만일 주께서 각 사람의 심령이 그 욕심에 따라 마구 행하도록 그냥 내버려 두셨다면, 바울이 사람의 본성을 정죄하며 지적하는 갖가지 악행들이 모두 자기 속에 정말로 있다는 것을 스스로 행동을 통해 드러내 보이지 않을 사람이 아무도 없을 것이다....사도께서 담대히 선포하는 그런 가증한 것들에게 각 심령이 모두 굴복해 있다면, 주께서 만일 인간의 욕심이 이끌리는 대로 마구 방황하도록 허락하실 경우 과연 어떤 일이 일어날 것인지를 확실히 보게 된다. 아무리 미친 짐승도 그처럼 마구 날뛰지는 않을 것이고, 아무리 거세게 흘러 내려가는 강물도 그처럼 미친 듯이 홍수로 돌변하지는 않을 것이다....주께서는…그들이 마구 날뛰지 못하도록 그들에게 족쇄를 채워서 억제하기만 하시는 것이다. 그들을 억제하는 것이 모든 것을 보존시키는 데 유익하다는 것을 미리 보시기 때문이다. 그리하여 어떤 이들은 부끄러움 때문에 피렴치한 짓을 하지 못하게 억제를 받기도 하고, 어떤 이들은 법에 대한 두려움 때문에 억제를 받기도 한다....결국, 하나님께서는 그의 섭리로써 인간 본성의 사악함을 억제하셔서 그것이 행동으로 터져 나오지 않도록 하시…는 것이다(칼빈, 『기독교강

요』, 상, 355-356; II.3.3).[206]

결론: 죄의 심각성

지금까지 "죄 아래에" 있는 인류 한 사람 한 사람의 절박한 처지에 대한 사도 바울의 선언을 살펴보았습니다. 이미 본문에서 명확히 다룬 바 있습니다만, 죄의 문제는 결코 가벼이 넘길 사안이 아닙니다. 21세기를 사는 현대인들로서는 죄의 문제가 자신들과는 상관없는 아득히 먼 과거의 옛이야기처럼 여겨지기도 할 것입니다. 그러나 죄의 문제는 결코 어느 한 시대나 어느 한 지역에만, 또한 어느 한 개인에게만, 해당하는 국지적인 문제나 개인적인 문제가 아닙니다. 이것은 온 인류가 안고 있는 보편적인 숙제 중의 숙제요, 그 중에서도 가장 심각한 숙제입니다. 이 숙제를 완결 짓지 않고서는 결코 하나님과의 친밀한 교제가 이루어질 수 없습니다. 죄는 하나님을 정면으로 대적하기 때문입니다. 잉글랜드의 청교도 목회자 랄프 베닝(Ralph Venning, 1621-1674)의 다음과 같은 발언은 이러한 죄의 심각성을 명확히 지적해줍니다.

> 하나님이 거룩하시고, 완전히 거룩하시고, 오로지 거룩하시며, 전혀 거룩하시고, 항상 거룩하시듯이, 죄는 죄악되고, 완전히 죄악되고, 오로지 죄악되며, 전혀 죄악되며, 항상 죄악되다....하나님께 악(惡)이 전혀 없듯이, 죄에게는 선(善)이 전혀 없다(Venning, *Sinfulness of Sin*, 31).[207]

_206 칼빈은 또한 이렇게도 말씀합니다. "인간의 본성을 이런 말들로 묘사하는 것이, 사람이 오롯이 자기 자신에게 맡겨질 때 그 사람의 모습이 어떠한가를 보게 하고자 함이라는 것은 의심의 여지 없는 사실이다. 하나님의 은혜로 중생하지 않은 모든 사람이 이러한 상태에 있음을 성경이 증언하고 있으니 말이다. 이런 부패성이 교정되지 않는 한, 성도들의 상태도 이보다 전혀 나을 바 없을 것이다"(Calvin, *Romans*, 67).

_207 신대륙 아메리카의 청교도 지도자 코튼 매더(Cotton Mather, 1663-1728)는 이렇게 말씀합니다. "죄가 사람을 마귀로 바꾸어놓으니 모든 죄 하나하나를 다 경계해야 한다. 오오! 악독한 죄여, 무서운 죄여, 저주받은 죄여…오오! 죄악된 죄여, 네가 사람의 영혼에게 어찌 그리도 사악하단 말이냐!"(Carden, *Puritan Christianity in America*, 50에서 재인용).

여러분, 죄의 심각성을 얼마나 인식하고 있습니까? 이것이 현재 우리의 영적 상태를 진단하는 한 가지 가늠자가 됩니다. "죄 가운데에" 있는 사람은 그 사실을 인식하지 못합니다. 그것이 괴롭지도 않고, 즐겁고 유쾌하기까지 합니다. 자기가 온 우주의 중심이요, 자기가 모든 것을 다스리며, 모든 것을 자기 마음대로 할 수 있는데, 어찌 즐겁지 않겠습니까? 그러나 하나님의 구원의 역사가 개입하면, 더 이상 그런 것이 즐겁기만 하지 않습니다. 자신이 "죄 가운데에" 있고, 죄의 영향력에 지배를 받아왔다는 사실이 어렴풋하게나마 인지되기 시작합니다. 영혼의 고뇌가 일어납니다. 그리고 "죄를 범하는 자마다 죄의 종이라"고 하신 예수님의 말씀(요 8:34)이 자신의 심령을 찌릅니다. 이러한 변화, 곧 성령께서 우리의 심령 속에서 일으키시는 이런 세미한 역사야말로 결국 우리를 변화시키는 동력이 됩니다. "죄 가운데에" 있는 인류에게 유일한 소망은, 이처럼 하나님이 값없이 베풀어주시는 주권적인 은혜의 역사 외에는 없는 것입니다.

> 긍휼이 풍성하신 하나님이 우리를 사랑하신 그 큰 사랑을 인하여 허물로 죽은 우리를 그리스도와 함께 살리셨고…또 함께 일으키사 그리스도 예수 안에서 함께 하늘에 앉히시니(엡 2:4-6).

제22강.
하나님의 심판 아래에 있는 인류(3:19-20)

"19 우리가 알거니와 무릇 율법이 말하는 바는 율법 아래에 있는 자
들에게 말하는 것이니 이는 모든 입을 막고 온 세상으로 하나님의
심판 아래에 있게 하려 함이라
20 그러므로 율법의 행위로 그의 앞에 의롭다 하심을 얻을 육체가
없나니 율법으로는 죄를 깨달음이니라."

바울은 1:18 이후 줄곧 인류의 죄악성과 부패성의 현실을 조목조목 논증해왔습니다. 하나님에 대한 이방인들의 참담한 무지와 불경을 입증했으며(1:18-32), 도덕적으로 상대적인 우월감에 젖어있는 자들의 외식을 드러냈고(2:1-16), 또한 율법과 할례에 걸맞은 참된 거룩한 영적 실체가 없이 그 겉껍데기만을 의지한 채 스스로 교만에 빠져 있는 유대인들의 터무니없는 교만과 거짓도 적나라하게 폭로했으며(2:17-3:8), 구약성경의 진술들을 연이어 제시하여, "유대인이나 헬라인이나" 모두가 "죄 아래에" 있음을 증명한 바 있습니다(3:9-18). 이 모든 일을 마치고 이제 이 단락에 들어서서 지금까지의 모든 논의에 결론을 제시합니다. 그 결론은 너무도 선명하고 단호합니다. 곧, 온 세상 사람들이 아무 말도 하지 못하고 모두가 다 "하나님의 심판 아래에" 있

을 수밖에 없다는 것이요, 또한 "율법의 행위"를 통해서는 그 어떠한 사람도 하나님 앞에서 "의롭다 하심을 얻을" 수 없다는 것입니다.

"율법 아래에 있는 자들에게"

이제 19절의 말씀을 먼저 살펴보기로 합시다. 바울은 "무릇 율법이 말하는 바는 율법 아래에 있는 자들에게 말하는 것이니"라고 말씀합니다. 앞의 10-18절에서 구약성경의 여러 곳을 인용하여 "유대인이나 헬라인이나 다 죄 아래에 있다"는 것(8절)을 밝히 증명한 다음, "무릇"—즉 모든—"율법"[208] 의 말씀들이 "율법 아래에 있는 자들",[209] 곧 유대인들에게 말씀하는 것임을 선언합니다. 그는 첫머리에서 "우리가 알거니와"라고 말씀합니다. 곧 율법의 모든 말씀이 유대인들에게 해당한다는 것은 새삼스러운 것이 아니라, 이미 로마의 유대인 그리스도인들과 이방인 그리스도인들 모두가 바울과 더불어 알고 인정하는 사실이라는 것입니다. 유대인들은 구약의 모든 부정적인 경고의 말씀들이 율법이 없고 할례도 받지 않은 이방인들에게만 주로 적용되는 것이요, 자기들 자신과는 전연 상관이 없다는 식의 자세를 갖고 있었습니다. 율법이 아무리 경고해도 소용이 없었습니다. 그 말씀을 이방인들에 관한 내용으로 치부해버리고 그 말씀의 화살을 회피해버리는 것이 그들의 일상이었으

_208 바울이 앞의 10-18절에서 시편과 이사야, 전도서 등을 인용하고서, 그 전체를 "율법"(헬. "호 노모스"[ὁ νόμος])이라 고 표현합니다. 대다수의 학자들은 여기서 "율법"을 구약성경 전체를 지칭하는 것으로 이해합니다. 앞의 3절에서 유대인들이 "하나님의 말씀"을 맡았다고 말씀하는 것과 같은 맥락이라 하겠습니다.

_209 "율법 아래에 있는 자들"이란 곧 "율법의 영역에 속한 자들"이라는 의미인데, 대다수의 학자들은 이를 유대인을 지칭하는 것으로 이해합니다(Barrett, *Romans*, 66; Bruce, *Romans*, 97; Calvin, *Romans*, 68; Cranfield, *Romans*, I. 196; Kruse, *Romans*, 170; Longenecker, *Romans*, 358; Moo, *Romans*, 205; Stott, *Romans*, 102; Thielman, *Romans*, 188, 등). 참조. "그들[유대인]은 삶 전체의 중심이 율법에 가 있다. 율법이 말씀하는 바는 율법의 영역 바깥에 속한 누구에게가 아니라 바로 그들에게 주는 것임이 분명하다.…율법은 하나님께로부터 주어진 것으로, 분명 온 인류 전체에게 해당하는 것이다. 그러나 바울이 여기서 말씀하고자 하는 바는, 유대인으로서는, 이방인은 하나님의 심판 아래 있게 될 것이지만 자기 자신은 안전하다는 식의 헛된 생각에 안주해서는 안 된다는 것이다"(Morris, *Romans*, 169-170). 그러나 머리는 이를 이방인들을 포함한 온 인류 전체를 지칭하는 것으로 봅니다(Murray, *Romans*, I. 106).

니 말입니다. 영적 안일함과 나태함에 다름 아닙니다.

바울은 10-18절에서 구약성경의 무서운 선언들을 제시하여 온 인류의 죄악성을 증명한 다음, 유대인들의 그런 아전인수(我田引水)식의 사고를 교정하기 위해서 그 말씀들이 모두 "율법 아래에 있는" 유대인들에게 해당하는 것임을 명시하고 있는 것입니다. 즉 자신이 지금껏 제기한 논지가 결코 그 자신의 개인적인 사견(私見)이나 편견이 아니고, 하나님이 유대인들에게 주신 구약성경의 객관적인 판결로서 유대인들에게 우선적으로 적용되는 내용임을 명확히 하는 것입니다. 브루스는 이 점에 대해 다음과 같이 말씀합니다.

> 이 인용문들은 유대인의 성경에서 취한 것이요 따라서 우선적으로 유대인들을 염두에 둔 것이다. 율법에 기록된 내용—즉 히브리어 성경 전체—는 자연히 율법을 받은 사람들에게 적용되는 것들일 수밖에 없다. 그러나 율법은 사람들의 죄악성을 폭로하기만 할뿐 아무것도 치유해주지는 않는다. 그러므로 유대인이나 이방인이나 도덕적으로 완전히 파산한 상태임을 고백할 수밖에 없다. 이들에게 소망이 있다면 오로지 하나님의 자비하심에 기대는 것밖에는 없는데, 죄라는 보편의 사실로 인해 하나님이 우리의 의의 행위들에 근거하여 우리를 받아주실 길이 이미 닫혀버린 것이다. 이를테면 "이쪽에는 길이 없음"(No Road This Way)이라는 확실한 안내판이 세워져 있는 셈이다(Bruce, *Romans*, 97-98).

오늘날 교회에서도 유대인들의 이러한 처신과 유사한 현상을 흔히 접하게 됩니다. 성경 말씀 중에 내게 위로와 용기를 주는 부분들은 하나님의 말씀으로 받아 즐겨 묵상하고 암송하면서도, 책망과 경고의 내용을 담은 부분들은 왠지 묵상하기를 꺼려하는 경우가 많습니다. 이런 현상은 설교자의 말씀을 듣는 자세에서 더 두드러집니다. 설교를 듣는 중에, 듣기 좋은 칭찬이

나 축복의 내용은 기꺼이 자기 자신에게 적용하며 감사하면서도, 책망이나 경고의 성격을 지닌 말씀들은 자신들에게 적용하고 받아들이기를 꺼려합니다. 혹 설교자가 그런 책망과 경고를 하는 다른 숨겨진 의도가 있는 것은 아닌지 의심하며 시험에 빠지는 경우들도 심심치 않게 나타납니다. 이는 교회에서 결코 있어서는 안 될 불상사요 결국 교회를 망가뜨리게 될 중대한 요인 중의 하나이므로, 반드시 해결해야 합니다. 설교를 담당하는 자나 설교를 듣는 자나 모두 자신을 돌아보아야 하겠습니다. 그런 불상사의 주된 원인은 설교자와 청중 사이에 반드시 있어야 할 신뢰가 없다는 데 있을 것입니다. 설교를 듣는 신자들 편에서 설교자의 영적 자세에 대한 신뢰가 없을 수도 있고, 또한 설교자 편에서는 신자들이 겸손히 말씀을 받아들일 자세가 되어 있지 않다고 여길 수도 있습니다.

사도 바울은 "우리는…하나님의 말씀을 혼잡하게 하지 아니하고 곧 순전함으로 하나님께 받은 것 같이 하나님 앞에서와 그리스도 안에서 말하노라"(고후 2:17)라고 말씀합니다. 설교자들의 편에서는 이러한 영적 기조를 유지하는 것을 생명처럼 여기고 올곧게 나아가야 할 것이고, 또한 설교 이외의 일상적인 삶의 교제에서도 말씀을 선포하는 자로서 합당한 순전한 삶의 풍모를 일관되게 드러내 보여야 할 것입니다. 그리고 동시에 말씀을 선포할 때에도 언제나 "사랑으로 진리를 말하"(엡 4:15, 새번역)여야 할 것입니다. 사랑이 없는 말씀 선포는 진리의 화살에 독(毒)을 묻혀서 쏘는 것과도 같은 법이니 말입니다.

한편, 설교를 듣는 자들 편에서도 하나님이 설교자의 공적인 말씀 사역을 통해서 성도들에게 역사하신다는 확고한 믿음을 갖는 것이 매우 중요합니다. 설교자에 대한 인간적인 불신이 생길만한 시험거리가 있다고 해서, 그 때문에 그가 전하는 순전한 하나님의 말씀을 그렇게 비뚤어진 시각으로 대한다면, 그것이야말로 자신의 영적 삶을 황폐화시키는 것 외에 아무런 유익이 없을 것입니다. 설교자의 부족한 점이나 약점이 보인다 해도 그것을 불평의 기회로 삼지 말고, 올바른 말씀 사역이 교회 안에 이루어지도록 주께서 간섭해주시기를 구하는 간절한 간구의 기회로 삼아야 할 것입니다.

"하나님의 심판 아래에"

이어서 바울은 "이는 모든 입을 막고 온 세상으로 하나님의 심판 아래에 있게 하려 함이라"고 말씀합니다. 곧 10-18절에서 율법을 인용하여 말씀한 모든 내용이 "율법 아래에 있는 자들—곧 유대인들—에게 말하는 것"이므로, 결국 유대인이든 이방인이든 모두가 "입을 막고…하나님의 심판 아래에 있"을 수밖에 없다는 것입니다. 이방인들의 경우는 이미 앞에서 그들이 "하나님의 심판 아래에 있"다는 것이 너무도 명확하게 증명되었고(참조. 1:18-2:16), 이제 유대인들 역시 율법의 선언에 따라 "죄 아래에" 있다는 것이 밝혀졌으니, 결국 모든 사람이 "하나님의 심판 아래에 있"다는 것입니다. 할데인의 다음과 같은 설명에 귀를 기울여봅시다.

> 하나님이 율법에 따라 판단하시면, 유대인들은 그의 엄정한 정의 앞에 감히 서 있을 수가 없다. 다윗처럼, "여호와여 주께서 죄악을 지켜보실진대 주여 누가 서리이까?"(시 130:3)라고 고백할 수밖에 없다. 일부 사람들에게 경건과 거룩한 모습이 있다손 치더라도 그것은 율법의 효력에 의한 것이 아니라 복음의 효력에 의한 것이요…따라서 율법 아래에 있는 모든 사람이 죄 아래에 있다는 것이 여전히 진실인 것이다….사람이 율법을 이행했다면, 하나님의 심판대 앞에서 공의의 요구에 대해 무언가 반론을 제기할 수 있을 것이다. 그러나 죄인으로 정죄를 받을 때 모두 그저 침묵할 수밖에 없다. 자기에 대한 정죄의 선언에 대해 아무런 반

> **박할 말이 없기 때문이다....그러므로 이 침묵은 고백의 침묵이요 놀람과 가책의 침묵이다. 성경 다른 곳에서 "얼굴의 수치"로 표현하는 것이 바로 이것이다. "주여 공의는 주께로 돌아가고 수치는 우리 얼굴로 돌아옴…이니이다"(단 9:7) (Haldane, *Romans*, 130).**

"온 세상으로 하나님의 심판 아래에 있게 하려 함"-[210]이라고 말씀하는데, 여기서 우리는 모든 사람이 하나님의 심판대 앞에서 자신의 죄와 허물에 대한 증거가 너무도 선명하게 드러나 꼼짝 못하고 하나님의 정죄의 선고를 기다리는 광경을 연상하게 됩니다(참조. Cranfield, *Romans*, I. 197). 처절한 하나님의 심판대 앞에 아직 서지는 않았으나 장차 그 앞에 서게 될 날을 예상하고서, 자기 자신이 허물과 죄로 인하여 하나님을 얼마나 욕되게 했는지, 그로 인하여 하나님께 얼마나 엄청난 형벌을 받게 될지를 생각하며 두려워 떠는 인간의 불안한 모습을 상정한다 할 것입니다(참조. Morris, *Romans*, 170-171, 주88). 그렇습니다. 이것이 "죄 아래에" 있는 "온 세상" 사람들의 처절한 현실입니다. "하나님의 심판 아래에"—즉 인간이 자신이 저지른 모든 과오에 대해 하나님께 책임을 져야 할 처지에—있다는 것이야말로 얼마나 처절한 사실인지 모릅니다. 요한계시록의 다음과 같은 말씀에서 인간의 이러한 비극적인 처지를 아주 생생하게 접하게 됩니다.

_210 "하나님의 심판 아래에 있게 하려 함"(헬. "휘포디코스 게네타이…토 테오"[ὑπόδικος γένηται…τῷ θεῷ])에서, "휘포디코스"는 신약성경 중 여기에만 유일하게 나타나는 형용사로서 "책임이 있는", "책임을 지는"(영어로 "accountable")이라는 의미이며, 따라서 이 문구는 "하나님께 대해 책임이 있게 하려 함" 혹은 "하나님 앞에서 책임을 지게 하려 함"이라는 뜻입니다(참조. NIV, ESV: "held accountable to God"). 독일의 루터교 신학자 케제만(Ernst Käsemann, 1906-1998)은 이를 "변명의 가능성이 완전히 사라진 상태로 기소(起訴)를 당하는 처지"로 이해합니다(Stott, *Romans*, 102에서 재인용). 여기서 하나님은 인간의 죄와 허물로 인하여 해(害)를 받는 피해자이시며(창조주로서 마땅히 받으셔야 할 존귀와 영광을 인간에게서 받지 못하시므로), 또한 동시에 그런 인간을 심판하는 심판자이시기도 합니다(참조. Morris, *Romans*, 170, 주87).

> 땅의 임금들과 왕족들과 장군들과 부자들과 강한 자들과 모든 종과 자유인이 굴과 산들의 바위틈에 숨어 산들과 바위에게 말하되, "우리 위에 떨어져, 보좌에 앉으신 이의 얼굴에서와 그 어린 양의 진노에서 우리를 가리라. 그들의 진노의 큰 날이 이르렀으니 누가 능히 서리요?" 하더라(계 6:15-17).

하나님의 마지막 심판의 날에, "죄 아래에" 있는 각양각색의 사람들이—임금들, 왕족들, 장군들, 부자들, 강한 자들, 종, 자유인 등, 세상의 모든 사람들이—하나님의 처절한 진노가 두려워 "굴과 산들의 바위틈에 숨어" 있으면서, 산들과 바위더러 자기들 위에 떨어져서 그들이 하나님의 그 끔찍한 처절한 진노의 심판에서 피할 수 있게 해달라고 절규하는 모습입니다. 그 진노가 얼마나 무섭고 처절하면, 그 진노를 당하는 것보다 차라리 산과 바위 밑에 깔리는 편을 택하겠습니까! 그 마지막 심판과 진노와 형벌의 날을 당할 때 이러한 무서운 상황이 "죄 아래에" 있는 모든 사람에게 실제로 벌어질 것임을 생생하게 경고하고 있는 것입니다. 사도 바울 자신도 이러한 심판의 사실을 다음과 같이 증언하고 있습니다.

> 우리는 몸으로 있든지 떠나든지 주를 기쁘시게 하는 자가 되기를 힘쓰노라. 이는 우리가 다 반드시 그리스도의 심판대 앞에 나타나게 되어 각각 선악간에 그 몸으로 행한 것을 따라 받으려 함이라. 우리는 주의 두려우심을 알므로 사람들을 권면하거니와…"(고후 5:9-11).

여기서 특히 "우리는 주의 두려우심을 알므로"(11절)라는 문구가 두드러집니다. 곧 그리스도의 심판대 앞에서 자신의 삶 전체가 환히 드러나 "몸으로 행한 것을 따라" 보응을 받게 되리라는 사실에 대한 공포와 두려움을 사도가 잘 알고 있다는 의미입니다. 그런 두려움을 잘 알고 있기 때문에 열심을 다해 "사람들을 권면"한다는 것입니다.

아메리카의 역사상 위대한 설교자 중의 한 분으로 일컬어지는 새뮤얼 데이비스(Samuel Davies, 1723-1761)는 사도행전 17:30-31을 본문으로 한 "우주적 심판"(The Universal Judgment)이라는 제목의 설교에서 이 마지막 심판을 대하는 사람들의 공포와 두려움을 극히 상세하고도 생생하게 묘사합니다. 그중의 한 대목을 짧게나마 소개해 보겠습니다.

> 사람들 앞에 드러나지 못하도록 꼭꼭 감추어둔 수치스러운 일들과 어둠의 행위들과 부정직한 처신들과, 배신과 외식과 협잡 등의 각양 사악한 행위들과, 온갖 무시무시한 시커먼 죄악된 짓들이 그 지옥의 색깔을 그대로 드러내어 죄인을 당황케 하고, 온 우주를 깜짝 놀라 공포에 떨게 만듭니다! 과연 그때에는 인류의 역사 전체가 마치 지옥의 역사나 마귀들의 일대기(biography)와도 같다는 것이 드러날 것입니다! 그때에는 모든 은폐의 가면이 다 벗겨질 것이요, 구름에 싸여있던 사람들의 진면목이 백일하에 드러날 것입니다....그런 일을 앞에 두고 있으니 그 공포가 어떠하겠습니까? 온갖 행위들과 생각들이 밝은 빛을 견디지 못하고 완전히 발가벗겨진 채로 다 드러날 것이니 말입니다....그 추한 것들이 하나님과 천사들과 사람들 앞에서 남김없이 그대로 다 드러나니 이를 도대체 어떻게 견딜 수 있겠습니까?(*Sermons of the Rev. Samuel Davies*, 536).

그런데 정말 안타까운 일은, "온 세상"이 자기들이 당할 이러한 처절한 현실을 보지도 못하고, 보려고도 하지 않는다는 사실입니다. 그럴 수밖에 없습니다. "온 세상" 사람들이 영적인 죽음의 상태에 있으므로(엡 2:1, 5; 골 2:13), 거룩한 하나님의 진리에 대해 무지(無知)와 몽매(蒙昧) 이외에는 다른 반응을 보일 수가 없습니다. 그러므로 성령의 특별하신 개입 이외에는 이들을 영적으로 살려낼 다른 방도가 없습니다. 오직 성령께서 역사하셔서 이들의 죽은 심령을 일깨워주셔야만 그것을 깨닫게 되는 것입니다. 사도 바울은 다음의 말씀에서 이 점을 명확히 가르치고 있습니다.

> 오직 하나님이 성령으로 이것을 우리에게 보이셨으니 성령은 모든 것 곧 하나님의 깊은 것까지지도 통달하시느니라....하나님의 일도 하나님의 영 외에는 아무도 알지 못하느니라 우리가…하나님으로부터 온 영을 받았으니 이는 우리로 하여금 하나님께서 우리에게 은혜로 주신 것들을 알게 하려 하심이라....영적인 일은 영적인 것으로 분별하느니라 육에 속한 사람은 하나님의 성령의 일들을 받지 아니하나니 이는 그것들이 그에게는 어리석게 보임이요, 또 그는 그것들을 알 수도 없나니 그러한 일은 영적으로 분별되기 때문이라(고전 2:10-14).

죽은 영혼을 살리시는 성령의 역사가 임할 때야 비로소 하나님의 높고 크시고 위대하심을 깨닫게 되고, 또한 그 높으신 하나님 앞에서 자신이 저지른 모든 죄과에 대해 책임을 져야 한다는 사실에 대해 영적 각성이 생기게 됩니다. 그리고 이러한 영적 각성이야말로 그리스도께로 마음을 돌이키는 이른바 회심(悔心; conversion)의 중요한 요소입니다. 그리고 그런 때에 다음과 같은 유의 고백들이 사람에게서 일어나게 됩니다.

> 보소서 나는 비천하오니 무엇이라 주께 대답하리이까? 손으로 내 입을 가릴 뿐이로소이다(욥 40:4).

> 화로다 나여 망하게 되었도다 나는 입술이 부정한 사람이요 나는 입술이 부정한

백성 중에 거주하면서 만군의 여호와이신 왕을 뵈었음이로다(사 6:5).

주여 나를 떠나소서 나는 죄인이로소이다(눅 5:8).

칼빈 선생은 "자기 자신의 재난과 빈곤과 벌거벗음과 치욕을 깨달아 철저히 무너져 내리는 사람이야말로 자기 자신을 아는 지식에서 가장 진보한 것"이라고 말합니다(칼빈, 『기독교강요』, 상, 324; II.2.10). 이렇듯, 하나님의 심판대 앞에서 적나라하게 드러나게 될 자신의 죄악된 모습의 실체를 직시하는 것이 영적 각성의 중요한 요소 가운데 하나입니다.

아메리카 뉴잉글랜드 지방의 농부였던 루크 쇼트(Luke Short)라는 노인은 100세가 되던 어느 날 하루의 일과를 마치고 해 저무는 들판에 앉아 지나간 긴 세월을 회상하던 중, 문득 85년 전 자신이 15세의 어린 나이에 잉글랜드에서 들었던 존 플라벨 목사(John Flavel, 1628-1691)의 설교 내용이 떠올랐고, 이제 곧 자신이 하나님의 진노의 심판대 앞에 서야 한다는 사실에 큰 두려움이 밀려와 회심하여 그리스도를 믿게 되었다고 합니다(Flavel, *Mystery of Providence*, 11).

여러분, 하나님의 심판의 사실에 대해 어떤 생각을 갖고 있습니까? 그것에 대해 진지하게 고민해본 일이 있습니까? 심판의 사실을 직시해야 합니다. 참된 그리스도인은 항상 장차 있을 하나님/그리스도의 심판을 직시하고, 그것에 준하여 현재의 삶을 살아가는 법이라는 것을 깨달아야겠습니다. 앞에서 인용한 고린도후서 5:9-11 말씀처럼, 우리가 "주를 기쁘시게 하는 자가 되기를 힘쓰"고, 또한 "사람들을 권면하"기를 힘쓰는 한 가지 중요한 동기는, 바로 그 처절한 마지막 심판을 직시하는 데에 있는 것입니다. "우리가 그리스도의 심판대 앞에 나타나게 되어…주의 두려우심을 알므로…."

"의롭다 하심"

이어지는 20절에서 바울은 지금까지의 논의에 대한 최종적인 결론을 제시합니다. "그러므로 율법의 행위로 그의 앞에 의롭다 하심을 얻을 육체가 없나니." 곧 인간 스스로의 노력으로는 결코 하나님 앞에 의인으로 인정받을 수 없다는 선언입니다. "그러므로"[211]가 앞의 19절과 연결해 줍니다.곧 "모든 사람이 하나님 앞에서 말문이 막히고 온 세상이 그의 심판 아래에 있게 되니" 결국 "율법의 행위로 그의 앞에 의롭다 하심을 얻을 육체가 없"다는 것입니다. 바울은 다른 곳에서 이에 대해 좀 더 소상히 진술한 바 있습니다.

> 사람이 의롭게 되는 것은 율법의 행위로 말미암음이 아니요 오직 예수 그리스도를 믿음으로 말미암는 줄 알므로 우리도 그리스도 예수를 믿나니 이는 우리가 율법의 행위로써가 아니고 그리스도를 믿음으로써 의롭다 함을 얻으려 함이라 율법의 행위로써는 의롭다 함을 얻을 육체가 없느니라(갈 2:16).

여기서 "의롭다 하심을 얻"는다는 단어에 유념해야 합니다. 이것은 바울이 구원을 묘사하기 위해 중요하게 사용하는 여러 핵심적인 표현들[212] 중의

_211 "그러므로"(헬. "디오티"[διότι])는 본래 "왜냐하면"의 뜻을 지니는데, 이에 대해 크게 3가지 서로 다른 설명이 제시됩니다. ① 롬 1:19, 8:7 등에서는 "디오티"가 "왜냐하면"이라는 의미이므로(개역개정 성경은 "이는"으로 번역), 본문에서도 동일한 의미로 이해해야 한다는 설명입니다. 곧 19절을 지금까지의 논의의 결론으로 보고 20절을 그 결론의 근거를 제시하는 것으로 보아야 한다는 것입니다(Hodge, *Romans*, 81; Murray, *Romans*, I. 107; Schreiner, *Romans*, 169, 등). 영어 성경 중 ESV("for"), NASB("because") 등이 이를 취합니다. ② 여기의 "디오티"를 "왜냐하면"의 뜻으로 보면서도, 이를 구약의 인용문을 도입하는 의미로 이해하기도 합니다. 즉 "왜냐하면 [구약성경이] '그의 앞에 의롭다 하심을 얻을 육체가 없다'(이를 시 143:2하의 간접 인용으로 봄)고 말씀하므로"의 뜻으로 보는 것입니다(Peterson, *Romans*, 180). ③ 반면에 "디오티"의 용법을 신축성 있게 이해하여, 본문에서는 "그러므로"의 뜻을 지니는 것으로 보기도 합니다(Cranfield, *Romans*, I. 197; Longenecker, *Romans*, 360; Moo, *Romans*, 206, 등). 개역개정성경, 새번역, 공동번역 등의 한글 성경들과 영어 KJV, NIV 성경("therefore")이 이를 취합니다. 필자는 개인적으로 ③의 견해를 취합니다.

_212 성경, 특히 바울은 "거듭남", "양자 삼음", "거룩하게 하심", "그리스도와의 연합", "하나님과의 화목", "의롭다 하심" 등, 갖가지 다른 용어들을 통해서 신자의 구원의 다양한 면들을 묘사합니다. 존 프레임은 이러한 다양한 면들에 대해 다음과 같이 설명합니다. "타락한 인간인 우리에게는 세 가지가 절실하게 필요한데, 새로운 법적 지위, 새로운 가족, 새로운

하나이기 때문입니다. “의롭다 하다”(헬. “디카이오오”[δικαιόω])라는 동사는 재판관이 무죄한 피고에 대해 죄가 없이 “의롭다”고 법적으로 선언하는 것을 의미합니다.[213] 그러므로 “의롭다 하심을 얻”는다는 것은 사람이 의로운 재판장이신 하나님께로부터 “의롭다”라는 선언을 받는다는 뜻으로, 구원의 법적인 면을 다루는 것입니다. 하나님이 누군가를 “의롭다”라고 선언하시기 위해서는 그런 선언에 합당한 완전한 “의”가 그 사람에게 반드시 있어야합니다. 그런데 그 사람에게 그런 완전한 “의”가 없으니, 이것이야말로 크나큰 문제입니다.

바로 이 대목에서 “전가”(轉嫁; imputation)라는 성경적 교리가 등장합니다. 그 당사자에게는 그런 완전한 “의”가 없으나, 그리스도를 믿음으로써 그리스도와 연합하게 되고 그리하여 그리스도의 완전한 “의”가 그의 것으로 “전가”되며,[214] 재판장이신 하나님께서 그 “전가”받아 그의 것이 된 그리스도

생명이 그것이다. ‘의롭다 하심’(칭의[稱義]; justification)은 그 중 ‘새로운 법적 지위’에 관한 것이고, ‘양자 삼음’(입양; adoption)은 ‘새로운 가족’에 관한 것이고, ‘거듭남’(중생[重生]; regeneration)과 ‘성화’(聖化; sanctification, 거룩하게 하심)는 ‘새로운 생명’에 관한 것이다. ‘의롭다 하심’이란 하나님께서 우리를 의로운 자들로 인정해주신다는 권위 있는 법적인 선언으로서, 우리의 죄책을 제거하고 우리에게 새로운 법적 지위를 가져다주는 것이다.…‘양자 삼음’이란 하나님께서 우리를 사탄에게 속한 상태에서 옮기사 그의 아들과 딸들로 삼아주시며, 그리하여 우리를 위하여 새로운 환경과 새로운 상황을 창조하시는 것이다.…‘거듭남’과 ‘성화’를 통해서는 하나님께서 우리의 죄악된 불순종의 마음을 제거하시고 그에게 순종하는 새로운 마음, 새로운 정서, 새로운 삶, 새로운 열정을 주시는데, ‘거듭남’은 그 일의 시작이요, ‘성화’는 그 일이 계속 진행되는 과정이다”(Frame, *Salvation Belongs to the LORD*, 200–201).

_213 로마 가톨릭교회는 이 동사를 “의롭다 하다”가 아니라 “의롭게 하다”, 혹은 “의롭게 만들다”의 의미로 이해하여, “의롭다 하심”을 법적인 선언이 아니라 실질적으로 개인을 의롭게 만드는 것으로 봅니다. 그러나 성경의 용법에 의하면, “의롭다고 선언하다”가 올바른 이해임이 명확히 드러납니다. 예컨대 다음의 본문들의 경우 “의롭게 하다”(혹은 “의롭게 만들다”)는 전혀 의미가 통하지 않고, 반드시 “의롭다 하다”의 의미로 보아야 합니다(개역개정 성경은 모두 후자의 의미로 번역하고 있습니다). “모든 백성과 세리들은…하나님을 **의롭다 하되**”(눅 7:29, 하나님을 의롭게 만든다는 것은 어불성설입니다); “지혜는 자기의 모든 자녀로 인하여 **옳다 함을 얻느니라**”(눅 7:35, 지혜가 그 결과물들로 인하여 의롭게 만들어지는 것이 아닙니다); “주께서 주의 말씀에 **의롭다 함을 얻으시고**”(롬 3:4); “그들은 뇌물로 말미암아 악인을 **의롭다 하고** 의인에게서 그 공의를 빼앗는도다”(사 5:23); “악인을 **의롭다 하고** 의인을 악하다 하는 이 두 사람은 다 여호와께 미움을 받느니라”(잠 17:15). 참조. Hoekema, *Saved by Grace*, 153–155.

_214 롬 4:5-8이 “전가”의 교리를 뒷받침해줍니다. 다음에서 볼드체로 강조한 부분이 “전가”의 의미를 담고 있음을 알 수 있습니다. “일을 아니할지라도 경건하지 아니한 자를 의롭다 하시는 이를 믿는 자에게는 **그의 믿음을 의로 여기시나니** 일한 것이 없이 하나님께 의로 여기심을 받는 사람의 복에 대하여 다윗이 말한 바 불법이 사함을 받고 **죄가 가리어짐을 받는** 사람들은 복이 있고 주께서 그 **죄를 인정하지 아니하실** 사람은 복이 있도다 함과 같으니라.” 또한 참조. 고후 5:21, “하나님이

의 완전한 "의"를 근거로 그 사람을 "의롭다"고 선언하시고 그의 백성으로 인정하신다는 것입니다.[215] 오늘날 우리가 흔히 경험하는 은행 계좌 이체와 견주어 생각하면 이를 손쉽게 이해할 수 있을 것입니다. 그러므로 우리에게 전가되는 그 "의"는 본래 우리의 것이 아니고, 그리스도의 "의"입니다. 이 점을 분명히 하기 위하여 그 "의"를 가리켜 "외부(外部)의 의"("alien righteousness" 혹은 "foreign righteousness")라 부르기도 합니다. 마르틴 루터는 의롭다 하심을 받은 신자를 가리켜 라틴어로 "시물 유스투스 에트 페카토르"("*simul iustus et peccator*"), 즉 "의인인 동시에 죄인"이라 불렀습니다(Sproul, *Heart of Reformed Theology*, 59). 곧 구원받은 신자 자신은 여전히 갖가지 죄와 허물들이 있으므로 본질상 여전히 "죄인"이지만, 동시에 그리스도의 의를 전가받아 자신의 의로 취하였으니 이를 근거로 하나님 앞에서 "의인"으로 인정받는다는 것입니다. 이것이 성경적 기독교 신앙의 뼈대를 이루는 "의롭다 하심"(혹은 칭의[稱義]; justification)의 교리의 핵심입니다. 칼빈의 『기독교강요』 중의 다음과 같은 설명은 이를 올바로 깨닫는 데에 큰 유익을 줍니다.[216]

죄를 알지도 못하신 이를 우리를 대신하여 죄로 삼으신 것은 우리로 하여금 그 안에서 하나님의 의가 되게 하려 하심이라."

_215 로마 가톨릭교회는 "전가"(轉嫁; imputation)가 아니라 "주입"(注入; infusion)의 개념을 가르칩니다. 곧 사람이 세례를 받음으로써 그 이전의 모든 죄를 용서받고 그리스도의 "의"라는 은혜를 영혼 속에 주입받게 되는데, 그 후에 갖가지 사소한 죄들로 인하여 그 은혜의 효력이 손실되므로, 마치 자동차에 연료가 고갈될 때에 주유소에서 채워 넣듯이, 주기적으로 고해성사(告解聖事; penance)를 통해 죄를 사함 받고 보상의 행위를 통하여 다시 그리스도의 은혜의 효력을 주입받아 의로운 상태로 회복되어야 한다는 식으로 가르치는 것입니다. 정말 어처구니없는 비성경적인 그릇된 가르침이 아닐 수 없습니다. 참조. Hoekema, *Saved by Grace*, 163-169; Sproul, *Truths We Confess*, II. 41-46.

_216 스토트의 다음과 같은 설명 역시 큰 도움을 줍니다. "[의롭다 하심은] 행위로가 아니라 은혜로 말미암는 것이요, 율법으로가 아니라 믿음으로 말미암는 것이며, 우리의 의로운 행위들로가 아니라 하나님의 긍휼하심으로 얻어지는 것이다. 여기서 하나님과 우리 사이의 협력이란 결코 있을 수 없다.…더 나아가 여기서 반드시 강조해야 할 것은 의롭다 하심을 얻게 하는 믿음이 또 하나의 행위가 결코 아니라는 것이다. '믿음으로 말미암는 의롭다 하심'이란 곧 '그리스도로 말미암는 의롭다 하심'의 또 다른 표현일 뿐이다. 믿음 그 자체는 절대로 아무 가치도 없다. 오직 그 믿음의 대상이신 그리스도만이 가치 있으실 뿐이다. 믿음은 그저 그리스도를 바라보는 눈이요, 그를 붙잡는 손이요, 생명수를 마시는 입에 지나지 않는다"(Stott, *The Cross of Christ*, 187).
또한 바빙크는 다음과 같이 설명합니다. "의롭다 하심의 문제에서 우리의 위안은, 우리에게 필요한 그 의가 전부 우리 바깥에서—즉 그리스도 안에서—온다는 사실에 있다. 그 의를 생겨나게 해야 하는 것이 우리가 아니라는 것이다.…[이는] 그리스도를 믿는 믿음으로 말미암아 베풀어지는 하나님의 의다. 그 의는…우리의 선행에 의존하는 것이 아니요, 전적으로 완전

> 행위로는 의가 없으나 믿음으로 말미암아 그리스도의 의를 붙잡고 그 의로 옷 입어서 하나님 보시기에 죄인이 아니라 의인으로 나타나는 사람이 바로 "믿음으로 말미암아 의롭다 하심을 받은" 사람이다. 그러므로 의롭다 하심이란 한마디로 하나님께서 우리를 의인으로 인정하사 그의 사랑 속으로 받아들이시는 것이라고 말할 수 있다. 그리고 그 일은…그리스도의 의를 우리에게 전가(轉嫁)시키는 일에 있다고 말할 수 있는 것이다.…우리가 하나님 앞에서 의롭다 하심을 얻는 것이 오직 그리스도의 의의 중보로 말미암는 일이라는 사실이다. 이 말은 곧 사람이 스스로 의로운 것이 아니라 전가(轉嫁)에 의하여 그리스도의 의가 그에게 전달되었기 때문에 그가 의로운 것이라는 말과도 같다.…사람이 자기 바깥에서 의를 구하도록 가르침을 받으니, 그 사람 자신에게는 의가 없는 것이 분명한 사실이다.…보다시피 우리의 의는 우리 속에 있는 것이 아니라 그리스도 안에 있는 것이다(칼빈, 『기독교강요』, 중, 252, 284-5; III.11.2,23).

율법의 행위들[217]

바울은 "율법의 행위로 그의 앞에 의롭다 하심을 얻을 육체가 없"다고 말씀합니다. "율법의 행위"들(헬. "에르가 노무"[ἔργων νόμου]; 복수형 참조. 본서 367쪽 주158)로는—즉 율법 조문들을 지키기 위해 행하는 모든 인간의, 특히 유대인들의, 수고와 노력으로는—결코 하나님 앞에서 의로운 자로 인정받을 수가 없음을 명확히 선언하고 있습니다. 이 선언은 성경적 기독교의 구원 도리

하고도 충족한 하나님의 선물이요 값없이 베풀어지는 은혜의 선물이다(빌 3:9; 딤후 1:9; 딛 3:5).…요컨대, 그리스도 자신이 '의'이시요(고전 1:30), 우리는 오직 그리스도 자신의 '의'로만 하나님 앞에 설 수 있는 것이다"(바빙크, 『개혁교의학 개요』, 564).

_217 "율법의 행위"와 "의롭다 하심"의 의미에 대해 종교개혁 시대 이후 교회 내에서 전수되어온 핵심적인 가르침을 정면으로 부정하고 새로운 이해를 주장하는 소위 "바울에 대한 새 관점"("New Perspective on Paul")이라 불리는 주장이 신학계에 제기되어 교회 내에 퍼지고 있고, 그로 인한 혼란이—특히 목회자와 신학생들 사이에—적지 않은 실정입니다. 이 문제에 대해서는 제23강("새 관점 신학")을 참조하기 바랍니다.

가 유일무이한 진리임을—적어도 그 가르침이 세상의 여타 다른 종교들의 그것과 근본적으로 차이가 있음을—잘 보여줍니다. 물론 세상의 다른 모든 종교가 서로 각기 다르나, 그 모두가 한 가지 근본적인 공통점을 지니고 있습니다. 곧 세부적인 내용에서 서로 간에 분명한 차이들이 존재하지만, 그럼에도 불구하고 그 모든 종교가 동일하게 인간의 선행과 수고를 구원을 획득하는 근본 요건으로 제시한다는 점입니다. 세상의 모든 종교가 인간에 의해 만들어진 것이므로 선을 위한 인간의 노력을 존중할 수밖에는 없고, 그 노력의 역할과 가치를 어떻게든 반영하는 구원관을 제시할 수밖에는 없습니다. 바로 이것이 하나님의 계시에 근거한 참된 성경적 기독교 이외에 인간이 만들어낸 다른 모든 종교가 갖는 치명적인 한계입니다. 스위스 출신의 신학자 에밀 브룬너(Emil Brunner, 1889-1966)는 이 점과 관련하여 다음과 같이 매우 적절하게 진술하고 있습니다.

> 기독교 이외의 체계들은 신(神)을 향하여 "사람이 스스로 나아가는 것"을 상정한다....신비주의는 인간의 영혼이 신(神)을 향하여 높이 떠오를 수 있다고 상상하고, 도덕론도 철학도 그렇게 상상한다. 자기 자신을 신뢰하는 모든 비기독교적인 종교들의 낙관론도 이와 매우 비슷하다. 그러나 이 모든 것들은 거룩하신 하나님과 죄악된 인간 사이의 그 무한한 간격을 보지도 느끼지도 못한다. 희미하게나마 그 간격을 감지해야만 비로소 복음이 선포하는 사실의 절실한 필요성을 깨닫게 되고, 하나님 자신의 역사하심과 그의 값없는 은혜의 선제적 조치를—그 자신의 "강림하심"을, 자기를 낮추시고 내려오시는 그의 놀라운 역사를—보게 되는 것이다(Stott, *Romans*, 118에서 재인용).

참된 성경적 기독교는 "율법의 행위로 그의 앞에 의롭다 하심을 얻을 육체가 없다!"라고 외칩니다. 말하자면, "보잘것없는 인간의 행위에 의지하는 것으로는 그 어느 누구도 결코 구원을 얻을 수가 없다. 구원이란 그렇게 얻도록 되어 있는 것이 아니다"라고 공언하는 것입니다. 사실상 세상의 모든 종교의 기본 가치관을 근본적으로 뒤집어 엎어버리는 것입니다. 인간의 행위와 수고, 혹은 그것에 대한 교만한 자랑이 끼어들 틈을 조금도 허용하지 않습니다. 구원이란 오직 하나님의 무한하신 은혜로 말미암아, 그리스도 예수의 속죄의 공로에 근거하여, 하나님이 베푸신 믿음이라는 선물을 수단으로, 인간에게 값없이 베풀어지는 것임을 명확히 가르치는 것입니다.

세상의 모든 여타 종교들의 구원관이 이처럼 밑으로부터 위로 향하는 상향식(上向式)의 구도를 지닌다면, 참된 성경적 구원의 가르침은 그와 정반대로, 위에 계신 거룩하신 하나님으로부터 밑에 있는 죄인들을 향하여 베풀어지는 하향식(下向式)의 구도를 취한다 할 것입니다.[218] 사람이 자기 자신의 구원에 협력하는 것도, 공헌하는 것도 전혀 없습니다. 구원의 처음부터 마지막까지가 전부 하나님께로부터 죄인들에게 베풀어지는 것입니다. 다음의 두 본문은 참된 성경적 기독교의 이러한 구원관의 핵심을 명확히 보여주고 있습니다.

> 너희는 그 은혜에 의하여 믿음으로 말미암아 구원을 받았으니 이것은 너희에게서 난 것이 아니요 하나님의 선물이라 행위에서 난 것이 아니니 이는 누구든지 자랑하지 못하게 함이라(엡 2:8-9).

_218 맥아더는 이와 관련하여 이렇게 말합니다. "구원의 길에 관한 한, 세상이 알아 왔고 또한 알게 될 종교는 오로지 두 종류뿐이다. 그 하나는 하나님이 성취하시는 종교인 성경적 기독교요, 다른 하나는 인간이 성취하는 종교인데, 온갖 이름으로 불리는 세상의 다른 모든 종류의 종교들이 이에 해당한다"(MacArthur, *Romans 1-8*, 199).

> 누가 너를 남달리 구별하였느냐? 네게 있는 것 중에 받지 아니한 것이 무엇이냐? 네가 받았은즉 어찌하여 받지 아니한 것 같이 자랑하느냐?(고전 4:7).

바울은 이어서 "율법"의 용도에 대해 말씀합니다.[_219] "율법의 행위"들로 "의롭다 하심을 얻"지 못하고 구원을 얻지 못한다면, 하나님은 과연 무엇을 위해 "율법"을 주셨단 말입니까? 이에 대해 그는 "율법으로는 죄를 깨달음이니라"고 말씀합니다. 율법의 용도는 "죄를 깨달음"에—즉 죄를 알게 하는 데에, 사람이 어쩔 수 없는 죄인임을 확연히 알게 하는 데—있다는 것입니다. 율법은 구원을 얻게 하기 위해 베풀어진 것이 아닙니다. 오히려, 사람이 자기 노력으로 결코 구원을 얻을 수 없다는 것을 깨닫게 하기 위해, 사람으로 하여금 자기 자신에 대해 절망하게 하고, 자기 자신에게 의존하던 모든 것을 포기하도록 하기 위해, 그리하여 예수님의 말씀처럼 "자기를 부인하고" 그를 믿고 따르도록 하기 위해 베풀어진 것이라는 뜻입니다.

바울은 갈라디아서에서 이 점을 보다 선명하게 가르칩니다. 곧 "성경이 모든 것을 죄 아래에 가두었으니 이는 예수 그리스도를 믿음으로 말미암는 약속을 믿는 자들에게 주려 함이라"(갈 3:22)는 것입니다. 성경이 "율법"을 도구로 삼아 모든 것을—사람의 존재와 기능 모두를—"죄 아래에 가두었으"므로 사람이 결코 그 죄의 올무에서 빠져나올 수가 없습니다. 아무리 노력하고 수고해도 여전히 죄의 문제는 해결되지 않습니다. 구원의 약속을 얻는 유일한 길은 "예수 그리스도를 믿음으로 말미암는" 것입니다. 그를 "믿는 자들에게" 그 구원의 약속이 베풀어지는 것입니다. 오직 그를 믿는 자들만이 "죄 아래

_219 갈 3:19-25에서는 "율법의 용도"에 대해 2가지를 더 말씀합니다. (1) 죄 아래 가둠(22절); (2) 그리스도께로 인도하는 초등 교사의 역할을 수행함(24절).

에서" 벗어나고, 그들을 위해 약속된 그 영원한 구원을 얻고 누리는 복이 주어지는 것입니다. 여러분, 여러분 자신을 의지하지 말고, 믿음의 눈으로 예수 그리스도를 바라보시기 바랍니다. 한 복음송의 가사처럼, 오직 예수님 한 분만으로 만족하시기 바랍니다.

제23강.
새 관점 신학(3:20)

"그러므로 율법의 행위로 그의 앞에 의롭다 하심을 얻을 육체가 없나니 율법으로는 죄를 깨달음이니라."

오늘날 이른바 "바울에 대한 새 관점"("the New Perspective on Paul"; 혹은 약자로 "NPP"; 이후 "새 관점 신학"이라 칭함)이라 불리는 새로운 주장이 신학계에 등장하여 그 영향력이 꾸준히 확대되고 있으며, 한국교회에까지 그 영향이 서서히 미치고 있습니다. "새 관점 신학"은 종교개혁 시대 이후 교회 안에 정착되어온 "율법의 행위"와 "의롭다 하심"의 교리에 대한 이해를 전면적으로 부정하면서, 전혀 새로운 관점으로 그것을 바라볼 것을 주장합니다.[220] 물론 이는 주로 유대교와 사도 바울에 대한 신학적 이해와 관련된 문제에 대한 논의이므로, 일반 성도들의 실질적인 신앙생활과는 동떨어진 것처럼 보일 수도 있습니다. 그러나 만일 그것이 기독교 신앙의 뼈대가 되는 핵심적인 도리를

_220 "새 관점 신학"에 대해 필자는 로마서의 관련 본문들에 대한 여러 주석가들의 논평들과 더불어, 주로 다음의 2차적인 문헌들을 참조하였습니다. Beilby & Eddy, eds., *Justification*; Eveson, *The Great Exchange*; Horton, *Justification*, 2; Piper, *Future of Justification: Seifrid*, Christ, *Our Righteousness*; Waters, *Justification and the New Perspectives on Paul*. 아울러 스텐달이나 샌더스, 던, 라이트 등, 원저자들의 저작들을 직접 검토하여 다루는 일은 본서의 의도와는 거리가 있으므로 생략했음을 밝힙니다.

부인하는 것이라면, 이는 결코 가벼이 지나칠 문제가 아닐 것입니다. 신학자들 사이의 논쟁은 곧바로 목회자들과 목회 준비를 위해 훈련받는 목회자 후보생들의 사상과 영성의 문제로 이어지고, 그것은 다시 교회 전체의 영적 상황에 위중한 영향을 미치기 마련이기 때문입니다.[_221] 종교개혁자 마르틴 루터와 존 칼빈은 각각 다음과 같이 진술함으로써 "의롭다 하심"의 교리의 절대적인 중요성을 명확히 밝히고 있습니다.

> 의롭다 하심의 교리는 머리요 모퉁이돌이다. 오직 이것만이 하나님의 교회를 낳고 양육하고 세우고 보존하며 지킨다. 이것이 없이는 하나님의 교회가 단 한 시간도 존재할 수 없다(루터: Sproul, *Heart of Reformed Theology*, 57에서 재인용).

> [의롭다 하심]에 대한 지식이 사라지는 곳마다 그리스도의 영광이 꺼지며, 신앙이 제거되고, 교회가 파괴되며, 구원의 소망이 철저하게 무너진다(칼빈: 레이먼드, 『바울의 생애와 신학』, 574에서 재인용).

적어도 16세기의 종교개혁자들은 "의롭다 하심"이야말로 참된 교회의 사활을 판가름하는 성경의 지극히 중대한 핵심적 교리임을 천명하고 있습니다. 그러므로 "의롭다 하심" 혹은 "칭의"에 대한 성경적 가르침과 교회의 교리

_221 미국 개혁주의 교회의 지도자 중 한 분인 리건 던컨(Ligon Duncan, 1960-)은 다음과 같이 진술합니다. "[새 관점 신학]은 이미 여러 복음주의/개혁주의 신학교들의 성경신학 분야에 파고들어 와 있다. 그 결과 목사 후보생들 가운데 사도 바울과 칭의에 대한 이 새로운 견해에 설득되거나 최소한 그것에 영향을 받는 숫자가 늘어나고 있다.…이 새로운 현상들을 무시하게 되면, 목회자들과 신학생들과 일반 교인들이 복음 자체에 대한 역사적 개신교회의 올바른 이해를 경시하고 그것을 불신하는 사고를 갖게 될 위험이 크다"(Richard Philips, "The New Perspective on Justification," https://www.ligonier.org/learn/articles/new-perspective-justification/ 2020년 5월 30일 검색).

적 이해를 전면 부인하는 소위 "새 관점 신학"의 이슈는 정말 심각한 문제가 아닐 수 없습니다. 특히 "새 관점 신학"의 논지들이 본문을 비롯하여 로마서와 갈라디아서 여러 구절의 바른 가르침을 심각하게 왜곡시켜 혼란을 초래하므로, 여기서 그 중점적인 내용과 문제점들에 대해 간략하게나마 소개함으로써, 일선 목회자들과 성도들로 하여금 이에 대해 경계하고 대비하는 데에 조금이라도 도움을 드릴 필요가 있다는 생각입니다.

그러나 이런 문제 자체는 지금까지 해온 로마서 본문의 가르침을 깨닫고 살펴 가는 기조를 벗어나는 면들이 있습니다. 신학자들의 복잡한 논지들이 얽혀 있으므로, 평소 이런 문제에 관심을 가져오지 않은 분들에게는 복잡하고 이해하기 어려운 점들이 있을 것입니다. 그러므로 이에 대해 어려움을 느끼는 분들은, 이 장을 건너뛰고 곧바로 다음 장으로 넘어가셔도 로마서의 말씀을 이해하고 깨닫는 데에는 전혀 문제가 없을 것입니다.

"새 관점 신학"의 주요 주장자들

18세기의 계몽주의적 사조로부터 전통적인 성경관과 신앙관에 도전하는 기류가 형성되기 시작한 이래 20세기에 들어서면서 자유주의와 현대주의의 물결 속에서, 성경의 신적 권위를 부인하고 성경의 각양 가르침들을 시대에 맞게 새로이 해석해야 한다는 주장들이 신약학계에 밀물처럼 밀려들어 교회를 어지럽히고 부패시키는 결과들을 낳았다는 것은 주지의 사실입니다. 이 "새 관점 신학"의 주장 역시 그 뿌리 혹은 시발점이 바로 그러한 자유주의적 사조에 있다 할 것입니다. "새 관점 신학"은 1960년대 초 스웨덴 출신의 루터파 신학자 크리스터 스텐달이 그 단초를 제공한 이후, 그 뒤를 이어 1970년대에 미국의 샌더스가 유대교와 바울의 사상에 대해 새로운 주장을 제기함으로써 본격적으로 제시했고, 1980년대 후반 들어서 영국의 제임스 던이 그것을 발전시켰으며, 현재는 탁월한 언변가요 문장가인 영국의 N. T. 라이트가 각종 강연과 저술활동을 통해 그 대변자 격으로 활발히 활동하며 그 영향력을 전 세계의 교회들에 확대해가고 있습니다.

물론 세부적인 사안에 있어서는 이들 사이에 견해의 차이들이 나타나지만, 그럼에도 이들의 사상 전체를 큰 틀에서 "바울에 대한 새 관점"[_222] 혹은 "새 관점 신학"의 테두리 안에 한데 묶을 수 있을 것입니다. 그러면 스텐달과 샌더스, 던과 라이트의 논지들을 차례로 요점만 간략하게 살펴봅시다.

크리스터 스텐달(Krister Stendahl, 1921-2008)

스텐달은 1961년에 발표한 "사도 바울과 서구세계의 내성적 양심"(The Apostle Paul and the Introspect Conscience of the West)과 그 이후의 "유대인들과 이방인들 사이의 바울"(Paul Among Jews and Gentiles)이라는 두 편의 논문을 통해서, 기존의 바울 신학의 입장을 뒤집는 논지를 제시했습니다. 곧 마르틴 루터 이후 현대에 이르기까지 복음적 개신교회가, 본문을 비롯하여 바울 서신의 몇몇 구절들(롬 3:38; 갈 2:16 등)에 나타나는 바울의 주요 가르침에 근거하여 "율법의 행위"와 "의롭다 하심"에 대해 믿고 전수해온 복음적 신앙의 기본 교리가 애초부터 완전히 잘못된 것이었다는 것입니다. 그는 "율법의 행위로가 아닌 오직 믿음으로 말미암는 의롭다 하심"이라는 성경적 교리의 타당성을 부인하면서, 그 교리는 바울의 가르침이 아니며, 아우구스티누스의 과도한 자기 불신과 죄에 대한 지나친 "내성적(內省的) 양심"(introspective conscience)—그의 『고백록』(Confessions)에서 이 점들이 잘 드러납니다—에서

_222 이 용어는 1983년 제임스 던이 그의 논문에서 처음 사용했다고 알려져 있으나(Gaffin, *By Faith, Not by Sight*, 2), 정작 던 자신은 N. T. 라이트가 1978년에 최초로 그 용어를 사용했다고 진술합니다(Beilby & Eddy, eds., *Justification*, 57).

비롯된 것이요, 또한 루터가 아우구스티누스에게서 이어받은 그런 부정적 자기 성찰의 정서와, 로마 가톨릭교회와의 교리적, 정치적 갈등에서 겪은 압박감 등, 자기 자신의 개인적 상황을 바울 서신에 투영시켜 읽은 데서 기인하는 것인데, 정작 바울은 그런 가책이 전혀 없는 "건강한 양심"(robust conscience)을 지녔다고 주장했습니다. 스텐달은 이 점에 대해 다음과 같이 진술합니다.

> 종교개혁의 모델은 루터의 고유한 종교적 심리의 산물이었으니, 곧 루터의 아우구스티누스주의적 배경, 로마교회와의 갈등, 그리고 그의 예민한 양심이 한데 어우러진 것이었다. 그는 중세 후기의 경건의 틀 속에서 바울을 읽었던 것이다. 수세기 동안 서구세계는 성경 저자들이 우리와 동일한 문제점들과 씨름하고 있었다고 잘못 생각해왔으나, 성경 저자들의 의식 속에는 애초부터 그런 것이 전혀 없었던 것이다(Waters, *Justification and the NPP*, 24에서 재인용).

샌더스는 이러한 스텐달의 결론을 정리하여, "루터의 문제점은 바울의 문제점과는 달랐고, 따라서 루터의 눈으로 바울을 바라본다면 이는 그를 오해하는 것"이라고 말합니다.[223] 스텐달은 바울의 주요 관심사는 개개인이 하나님 앞에서 갖는 영적 죄책감의 문제가 아니라 이방인들을 받아들이는 문제와 결부되는 교회 공동체의 전체적인 이슈였다고 보았고, 그러므로 종교개혁 이후의 신학은 한 마디로 바울을 오해한 것이라고 주장했습니다. 그의 이러한 논지가 훗날 "새 관점 신학"의 중요한 요점으로 발전되는 것은 물론입니다. 스텐달은 이런 전제하에 로마서 1-8장은 로마서의 서론에 불과하며 로마서의 핵심은 오히려 유대인의 문제를 다루는 9-11장에 있고, 그 부분은 로

_223 주 221에서 인용한 Richard Philips, "The New Perspective on Justification"에서 인용.

마서는 물론 바울 사상 전체의 중심이라고 주장했습니다. 로마서에 나타나는 바울의 주요 관심사는 "유대인들과 이방인들 사이의 관계"의 문제였으며, "믿음으로 말미암는 의롭다 하심"은 "그런 관심사를 전개하는 과정에서 그가 사용한 여러 가지 부수적인 논지들 가운데 하나"에 불과했다는 것입니다(Waters, *Justification and the NPP*, 25).

샌더스(E. P. Sanders, 1937-)

샌더스는 "바울에 대한 기존의 해석의 다양한 흐름을 하나로 종합하고, 고대 유대교의 원자료들을 새롭게 읽어내어 그 결과로 하나의 설득력 있는 논지를 제시하는 것"으로써 독창성을 발휘했습니다(Waters, *Justification and the NPP*, 35). 그는 1977년 출간한 자신의 저서 『바울과 팔레스타인 유대교』(Paul and Palestine Judaism)를 통해 신약학계에 큰 파장을 불러일으켰습니다. 구약외경(外經; apocrypha)과 위경(僞經; pseudepigrapha), 사해 사본과 랍비 문서 등, 기원전 200년경부터 기원후 200년경까지의 고대 유대교의 문헌을 면밀히 검토하여, 유대교의 신학 사상과 사도 바울의 사상에 대해 그 당시까지 정설(正設)로 인정받아온 기존의 논지를 뒤집는 새로운 논지를 제시했기 때문입니다. 그의 주장은 한마디로 그 시대의 유대교 사상의 골자는 "율법을 순종하며 지킴으로써 하나님의 의에 이르러 구원을 받는다"고 믿은 "율법주의"(legalism)가 아니었고, 그가 사용하는 용어대로 "언약적 준법론(遵法論)"(covenantal nomism)[224]이었다는 것입니다.

_224 샌더스는 자신이 밝혀냈다고 주장하는 유대교의 사상 체계를 "covenantal nomism"이라 불렀습니다. 여기서 "nomism"이라는 단어는 "legalism"(율법주의)과 의미상 구별이 불가능한데, 아마도 그 자신이 밝혀낸 유대교의 사상을 기존의 "legalism"과 구별하기 위해 의도적으로 "nomism"이라는 동의어를 사용한 것으로 보입니다. 국내의 신학계에서는 "covenantal nomism"을 "언약적 율법주의", "언약적 신율주의" 등으로 번역하나, 필자는 개인적으로 "언약적 준법론"으로 번역하는 것이 좋겠다는 생각입니다. 하나님의 언약에 속하여 구원받은 자가 율법의 규정들을 준수함으로써 그 신분을

종교개혁 이후의 교회는 오백여 년 동안, 바울이 유대교의 "율법주의"를 완전히 배격하고 오직 하나님의 은혜에 의하여 예수 그리스도를 믿는 믿음으로 말미암는 구원론을 제시했다고 믿어왔습니다. 그러나 샌더스는 스텐달의 논지를 좇아, 이런 기존 교회의 가르침은 아우구스티누스와 루터의 안경을 쓰고 유대교와 바울을 바라보는 그릇된 논지라고 반박하고, 그 스스로 "언약적 준법론"이라는 개념을 제시함으로써 유대교와 바울의 구원론을 동일한 줄거리로 묶은 것입니다.

그가 제시한 소위 유대교의 "언약적 준법론"이란, ① 오직 하나님의 은혜로 말미암아 하나님과 언약을 맺으며, ② 이 언약을 통해 그의 백성의 일원이 됨("getting in")으로써 구원을 얻으며, ③ 그 이후 안식일 계명, 할례에 관한 율법, 기타 각종 의식법 등, 하나님이 정하신 특정한 규정들에 순종함으로써—또한 그 규정들을 어기고 범죄할 경우 회개함으로써—구원 얻은 하나님의 언약 백성의 신분을 유지해나간다("staying in")는 사고를 의미합니다. 한마디로 말하면, 유대인들은 "하나님의 은혜로 구원을 얻으며 율법의 특정한 규정들을 준수함으로써 그 백성의 지위를 유지한다"고 믿었고, 이것이 당시 유대교의 구원관이었다는 것입니다(Waters, *Justification and the NPP*, 61).

샌더스는 사도 바울의 구원관 역시 이러한 유대인의 구원관과 기본적으로 동일하다고 봅니다. 예수께서 그리스도이심을 믿는 새로운 믿음으로 인해 약간의 수정을 가할 수밖에 없었으나, 큰 틀에서는 그의 구원관이 여전히 유대교의 "언약적 준법론"에 포섭된다는 것입니다. 샌더스가 제시하는 바울의 변형된 "언약적 준법론"은 기본적으로 다음의 형식을 취합니다. ① 세례를 통해 언약 백성이 되며, ② 언약 백성이 되면 그 멤버십(membership)에 구

유지한다는 사상이니 말입니다.

거하여 구원이 베풀어지며, ③ "특정한 계명들"에 순종함으로써–혹은 자신이 저지른 범죄를 회개함으로써–언약 백성의 지위를 계속 유지해간다는 것입니다(Waters, *Justification and the NPP*, 61).

이처럼 바울이 유대교와 동일한 사상적 틀 속에 있었다면, 어째서 그가 그토록 유대교의 사고를 거부하고 탄핵했는가? 라는 의문이 생깁니다. 샌더스는 이에 대해, 이방인의 사도로 부르심을 받은 바울로서는 유대교의 사고에 대해 두 가지 근본적인 문제점을 갖고 있었다고 봅니다. 곧 그리스도를 믿는 믿음이 없다는 것과, 이방인들을 차별하며 유대인들과 동등하게 대하지 않는다는 것이 그것이었고, 바로 이 때문에 그가 유대인들의 신앙관을 거부하고 탄핵했다는 것입니다. 결국 샌더스는 "바울이 유대교를 그릇되다고 본 것은 그것이 기독교가 아니기 때문이었다"고 주장합니다(Beilby & Eddy, eds., *Justification*, 58).

샌더스에 의하면, 바울이 말씀하는 "의롭다 하심"이란 거룩하고 의로우신 하나님 앞에서 의인으로 인정받는다는 뜻이 아니라, 하나님의 언약 백성의 일원이 되는 것을 뜻하며, 또한 "의"란 곧 그 언약 백성의 멤버십(membership)을 뜻한다고 합니다. 이러한 샌더스의 주장은 바울의 "칭의"/"의롭다 하심"의 교리에 대한 기존 교회의 가르침과는 전혀 다른 이해일 수밖에 없습니다. 후에 N. T. 라이트는 샌더스의 이러한 주장을 더욱 발전시켜서 그의 핵심적인 논점으로 삼게 됩니다.

제임스 던(James D. G. Dunn, 1939-)

던의 경우는 로마서의 중요한 표현인 "율법의 행위"의 의미에 대한 주장을 통해 이목을 끌었습니다. 그의 주장에 의하면 "율법의 행위"란 구약의 율법에서 하나님이 요구하시는 갖가지 도덕적 요건들을 행하는 것이 아니라,

하나님의 언약 안에 있는 자가 "언약 안에 남아 있기 위해…필수적인 일을 행하는 것"(Dunn, *Romans*, 159)을 의미하며, "필수적인 일"을 행한다는 것은 곧, 할례와 안식일 법규와 기타 의식법 등, 유대인들의 정체성을 드러내는 요건들을 실천하는 것을 뜻합니다.

그리하여 던은 "율법의 행위"를 유대인의 "정체성의 표시"(identity marker), 유대인을 이방인과 구별 짓는 "경계의 표시"(boundary marker), 혹은 언약 백성의 "멤버십의 배지"(badge of membership)로 봅니다(Horton, *Justification*, 2, 106). 던에 의하면, 이방인들이 언약 백성이 되기 위해서는 "율법의 행위"들—할례와 안식일 법규와 기타 의식법 등—을 준수하여 그 "경계의 표시"를 지님으로써 유대인의 영역 속으로 들어와야 했고, 이는 결국 이방인의 정체성을 포기하고 유대인이 되는 것과 다를 바 없었습니다. 이방인의 사도인 바울은, 이방인이 유대인이 되지 않고 그들의 정체성을 그대로 유지하면서도, 그리스도를 주(主)로 받아들이고 믿는 "믿음"으로 하나님의 언약 백성이 될 수 있다는 확신을 가졌고, 그리하여 그처럼 이방인들을 원천적으로 분리하고 배척하는 유대인의 편협한 민족주의의 자세를 배격하였습니다. 그리고 "율법의 행위로 그의 앞에 의롭다 하심을 얻을 육체가 없나니"라는 선언을 통해서 그러한 자신의 확신을 표현하고 있다는 것입니다.

던에 의하면, 바울이 말씀하는 "의롭다 하심을 얻"는다는 것은 하나님 앞에서 의인으로 인정받는다는 의미가 아니라고 합니다. 그런 인식은 헬라적인 사고이며, 히브리적 사고를 지닌 바울의 이해에 따르면, "의롭다 하심을 얻"는다는 것은 오히려 하나님의 언약 안에 있다는 선언이며, 이러한 선언은 여러 차례—종교개혁자들의 가르침에 의하면 "의롭다 하심"은 오직 한 번만 있는 것인 데 반하여—반복된다는 것입니다. 그는 이렇게 말합니다.

> 하나님의 의롭다 하심이란 처음 이스라엘과 언약을 맺으시는 그의 행위나, 혹은 누군가를 처음 언약 백성의 일원으로 맞아들이는 것을 뜻하는 것이 아니다. 의롭다 하심이란, 누군가가 그 언약 내에 있다고 하나님이 인정(認定)하시는 것이며, 이 일은 처음에도 있고, 계속 반복되기도 하고, 혹은 그의 백성에 대해 최종적으로 행해지기도 한다(Waters, *Justification and the NPP*, 103-4에서 재인용).

그는 이렇게 말하기도 합니다. "바울의 '믿음으로 말미암는 의롭다 하심"의 신학에는 신자가 성령의 능력으로 이루는 바 믿음과 행위로 말미암는 최종적인 의롭다 하심이라는 단서가 붙어야 한다"(Beilby & Eddy, eds., *Justification*, 61).

던에 의하면, 바울은 유대교에 대한 열정은 버렸으나, 유대교 자체를 버리고 개종한 것은 아니었습니다. 그가 "율법의 행위"가 아닌, 예수 그리스도를 믿는 "믿음"을 언약 백성의 "경계의 표시"로 강조하였으나, 이는 전에 없던 새로운 것을 제안한 것입니다.

N. T. 라이트(N. T. Wright, 1948-)

스텐달, 샌더스, 던에 이어서, "새 관점 신학"을 복음주의/개혁주의적 신학생들과 목회자들에게는 물론 일반 교회들에까지 소개하고 유행시킨 인물은 바로 톰 라이트입니다. 그는 영국 성공회 주교로서 오랫동안 교구 목회에 몸담아 온 인물로, 왕성한 서술 활동은 물론 설교와 강론 등 목회 사역과 관련한 활동을 통해서 그동안 신학계라는 테두리 속에 머물러 있던 "새 관점 신학"의 영향력을 교회 전반에까지 확대하는 데 주도적인 역할을 담당했습니다. 이제 그가 주장하는 "새 관점 신학"의 요점들 가운데 교회의 영적 생명과 직결되는 중요한 몇 가지를 간단히 소개하고, 그 문제점들을 지적하기로 하겠습니다.

N. T. 라이트 주장의 요점들

(1) 1세기 유대교와 이에 대한 바울의 부정적 자세

1세기 팔레스타인의 유대교에 대해 라이트는 샌더스가 제시한 견해—그 당시의 유대교가 전통적인 견해대로 "율법주의"에 근거하는 "행위"의 종교가 아니라 샌더스 자신이 붙인 명칭대로 "언약적 준법론"을 따르는 "은혜"의 종교였다는—를 그대로 인정하고 채용합니다. 그는 "몇몇 비판들이 있기는 했으나, 내가 지금까지 본 바로는 그것[샌더스의 견해]이 1세기 유대교에 대한 묘사로서 완전히 옳은 것 같다"라고 말합니다(Eveson, *Great Exchange*, 127). 또한 그는 다음과 같이 진술하기도 합니다.

> 일상적으로 생각해오던 것과는 달리, 바울 당시의 유대교는 행위로 말미암는 의를 주장하는 율법주의적인 종교가 아니었다....바울이 그런 유대교를 공격했다고 상상한다면, 이는 유대교와 바울 모두를 크게 곡해하는 것일 것이다.[225]

라이트의 이러한 발언들은 매우 중요한 의미를 지닙니다. 샌더스의 새로운 주장이야말로 바울에 관한 라이트 자신의 모든 주장의 출발점이니 말입니다. 바울 당시의 유대교가 기존에 이해해오던 것처럼 율법주의가 아니었다면, 바울이 유대교를 배격한 것도 율법주의 때문이었다 할 수 없고, 그렇

_225 Jeffery Smith, "An Overview and Critique of the New Perspective on Paul's Doctrine of Justification," in *Reformed Baptist Theological Review* 3:1 (Spring, 2006), 88-89에서 재인용.

다면 이는 지난 5백여 년 동안 개신교가 가르쳐온 바울의 논지가 전혀 그릇된 것이었다는 뜻이 되며, 따라서 그와 관련한 바울의 가르침들을 전혀 새로운 관점에서 재조명해야 한다는 뜻이 되기 때문입니다.[226]

그러나 1세기 유대교에 대한 샌더스나 라이트의 새로운 주장이 과연 전적으로 옳은가? 하는 의문이 생깁니다. 만일 그들의 주장이 전적으로 옳다면, 바울에 대한 그들의 주장 역시 어느 정도 설득력이 있을 것입니다. 그러나 많은 학자들의 객관적인 평가에 의하면, 이 새로운 주장의 신빙성이 이들의 주장처럼 확고한 것이 아니라는 것입니다.[227] 미국의 원로 신약학자요 바울 신학의 권위자인 리처드 롱네커(Richard Longenecker, 1930-)는 샌더스의 주장에 대해 이렇게 발언합니다.

> 1세기 유대교에 대한 나의 분석은 샌더스…의 분석과는 다르며, 나는 계속해서 그와 다른 견해를 견지하는데…샌더스가 초기 유대교에 대한 자신의 이해를 뒷받침하기 위해 인용하는 동일한 랍비 문서들에는, "준법론"이 아니라 오로지 "율법주의"라고밖에는 볼 수 없는 유대교의 가르침들과…유대인의 처지들이 담겨 있다(Longenecker, *Romans*, 365).

그뿐 아니라 미국의 원로 신약학자인 도널드 해그너(Donald A. Hagner, 1936-)는 1세기 유대교에 대한 샌더스의 견해에 일부 동의하면서도 다음과

_226 미국의 원로 개혁주의 신학자인 리처드 개핀 박사는 이와 관련하여 다음과 같이 평가합니다. "바울에 대한 새 관점은…제2성전기의 유대교에 대한 새 관점이요, 그 시대의 유대교에 대한 기본적인 재평가에서 비롯된 바울에 대한 재평가라 할 것이다"(Gaffin, *By Faith, Not by Sight*, 2).

_227 다수의 주석가들이 1세기 유대교에 대한 샌더스의 주장에 의문을 제기합니다(참조. Longenecker, *Romans*, 362-370; Moo, *Romans*, 206-217; Stott, *Romans*, 24-31, 102-104; Thielman, *Romans*, 190-195; Kruse, *Romans*, 171-176; Schreiner, *Romans*, 171-174, 등). 예컨대 무는 다음과 같이 진술합니다. "내 생각에는 당시의 유대교가 샌더스가 생각한 것보다 더 '율법주의적'이었다고 결론짓는 것이 타당하다고 본다"(Moo, *Romans*, 216).

같이 말합니다.

> 균형 잡힌 시각을 가진 순전한 "언약적 준법론자"들이 1세기에 일부 있었던 것은 분명하지만, 율법이 은혜에 기초한다는 사실을 잊거나 무시하고서 율법에 충성을 다했던 사실상의 율법주의자들이 다수였던 것으로 보이며, 바울은 바로 이들을 향하여 율법과 상관없는 복음을 선포했을 것이다. 따라서 바울이 율법주의를 배격한 것이라는 전통적인 견해를 거부할 필요가 없다(Hagner, *New Testament*, 372-373).

또한 미국의 개혁주의 신약학자인 가이 워터스(Guy Waters)는 샌더스의 노력에 인정할만한 점이 있음을 시인하면서도, 그가 자신의 결론에 부합하지 않는 사료들을 너무 성급하게 무시해버림으로써 유대교에 대한 그의 이해가 자기 자신의 관심사에 따라 왜곡되었으며 또한 바울 시대의 유대교가 은혜의 종교였다는 것도 확실히 입증하지 못했다고 봅니다(Waters, *Justification and the NPP*, 55). 미국의 성경신학자 제임스 해밀턴(James M. Hamilton, Jr.)은 다음과 같이 진술합니다.

> 샌더스가 재구성한 팔레스타인 유대교 신앙에 기초를 둔 라이트의 웅장한 건축물이 내려앉고 있다. 당시의 기록들을 비교 검토한 결과, 우리는 라이트가 샌더스에게서 받아서 세운 건물의 기초석의 형태가 뒤틀려 있음을 보아왔다....바울의 회심의 본질과 의롭다 하심에 대한 그의 가르침에 관해 라이트가 제시하는 결론은, 그것이 샌더스의 유대교에 근거하는 정도만큼 그 모습이 뒤틀려진 것이다(Piper, *Future of Justification*, 145, 주1에서 재인용).

이처럼 신중하고도 비판적인 반대의 목소리들이 신학계에서부터 꾸준히 제기되는 점들을 볼 때에, 샌더스가 제시하는 유대교의 모습을 당시 유대교에 대한 정확하고도 오류 없는 이해로 간주하고 그 토대 위에 신학적 건물을 세우려 하는 라이트의 신학 작업은 매우 위태로울 수밖에 없습니다. 이러한 라이트의 주장을 그대로 채용하여 교회의 사역에 적용한다는 것은 "그 집을 모래 위에 짓는" 것과 다를 바 없습니다. "비가 내리고 창수가 나고 바람이 불어 그 집에 부딪치매 무너져 그 무너짐이 심"할 것이니 말입니다(마 7:26-7).

(2) "율법의 행위"

라이트는 "율법의 행위"에 대한 던의 주장을 그대로 채용합니다. 그것은 하나님이 율법에서 요구하시는 갖가지 도덕적인 요건들을 준수하는 것이 아니라, 하나님의 언약에 속한 자가 행함으로써 자기의 정체성을 드러내는 "표시"이며, 할례, 안식일 준수, 기타 의식법 등을 준수하는 것을 뜻한다는 것입니다. 바울이 이를 배격한 것은 "율법의 행위"들이 유대인 중심의 성격을 지니는 것으로서 이방인들을 제외하는 그릇된 표시였기 때문이었다고 합니다. 바울이 보기에는 "이스라엘이 오직 유대인만을 위한 '의'의 지위, 즉 언약 백성의 멤버십을 설정하려 함으로써 하나님의 의에 복종하지 않았"다는 것입니다(Piper, *Future of Justification*, 151). 그러나 이제 메시아이신 예수 그리스도께서 오셨으므로 그를 믿는 믿음이야말로—할례나 안식일이나 의식법 등의 "율법의 행위"가 아니라—하나님의 언약 백성에게 합당한 유일한 "표시"였다는 것입니다. 라이트에게 있어서 유대인의 문제는 율법주의적인 자세가 아니라 바로 "율법의 행위"를 이방인들에게 강요함으로써 그들을 적대시하고 배척한 배타주의적 사고였던 것입니다.

그러나 "율법의 행위"에 대한 이런 "새 관점 신학"의 견해는 근거가 매우 약할 수밖에 없습니다. "율법의 조항들을 만족시키기 위해 힘쓰는 행위들"로 이해하는 전통적인 견해가 훨씬 더 설득력이 있습니다. 사실 "율법의 행위"를 줄여서 "행위"로도 동일한 뜻을 나타내는데(롬 4:2-6; 9:32), 이러한 사실은 "'율법의 행위'가—'유대인에게만' 해당되는 토라(율법)에 대한 순종을 뜻하는 전문적인 의미가 아니라—일반적인 '행위'의 한 가지 특정한 양태임을 시사하는 것"입니다(Moo, *Romans*, 208).

(3) "의롭다 하심"

라이트는 의롭다 하심에 대한 이해에서도, 스텐달, 샌더스, 던 등이 제시하는 견해를 그대로 이어받아, 그것이 "한 개인이 어떻게 그리스도인이 되는가를 뜻하는 것이 아니고, 그 사람이 그리스도인이 되었다는 선언"이라고 봅니다(Piper, *Future of Justification*, 19).[228] 요컨대 "의롭다 하심이란 한 개인이 언약 가족에 속한다는 [하나님의] 선언"이라는 것입니다(*Future of Justification*, 39). 그러므로 그에게 있어서, 의롭다 하심은 "구원론이 아니라 교회론에 관한 문제이며, 구원에 관한 것이 아니라 교회에 관한 문제"입니다(*Future of Justification*, 19).[229] 그는 교회가 오랜 세월 동안 종교개혁의 영향 아래 "의롭다 하심"이라는 용어를 오해하여 잘못 사용해왔다고 주장하면서 다음과 같이 말합니다.

_228 그는 이렇게도 말합니다. "1세기에 있어서 '의롭다 하심'이란 사람이 어떻게 하나님과의 관계를 맺는가에 관한 것이 아니었다. 그것은 오히려 누가 그의 백성의 일원인가에 대해 미래와 현재에 주어지는 하나님의 종말론적 정의였다"(Piper, *Future of Justification*, 19).

_229 개핀은 이 점에 대해 다음과 같이 논평합니다. "새 관점 신학은, 종교개혁이 가르쳐온 것처럼, 믿음으로 말미암는 의롭다 하심에 대한 바울의 가르침을 죄인들 개개인의 구원의 결정적인 요인으로 보지 않고, 주로…유대인 신자와 이방인 신자의 동등한 지위에 초점을 맞추어 그들의 상호 관계에 관한 문제로 보며, 따라서 공동체적이며 교회론적인 관심사들을 반영하는 것으로 본다"(Gaffin, *By Faith, Not by Sight*, 3; 또한 참조. Schreiner, *Faith Alone*, 245-247).

> [내 말의] 요지는 "의롭다 하심"이라는 단어 그 자체가, 한 개인이 은혜로 불신앙, 우상숭배와 죄로부터 벗어나 믿음과 참 예배와 삶의 갱신으로 이끌림 받는 과정이나 그 사건 자체를 의미하지 않는다는 것이다. 그 과정과 사건에 대해서 바울은 모호하지 않고 명확하게 "부르다"라는 다른 단어를 사용한다. 여러 세기 동안 기독교가 "의롭다 하심"이라는 단어를 그릇 사용해왔으나, 바울은 그 단어를 부르심에 즉시 뒤따라 일어나는 일을 가리키는 뜻으로 사용한다. "부르신 그들을 또한 의롭다 하시고"(롬 8:30). 다른 말로 하면, 하나님은 복음을 듣고 믿음으로 반응하는 자들을 그의 백성이라, 그의 택한 자라, "할례당"이라, "유대인"이라, "하나님의 이스라엘"이라고 선언하시며, 바로 그런 자들에게 "디카이오-", 즉 "의롭다", "언약 안에 있다"는 지위를 부여하시는 것이다(*Future of Justification*, 41에서 재인용).

그러나 복음주의 신약학계의 권위인 도널드 카슨(Donald A. Carson)에 의하면, "의롭다 하심"을 언약 가족에 속한다는 선언과 연결 지으려는 시도는 특히 쿰란 문서 및 랍비 문서와는 잘 들어맞지 않는다고 합니다(Carson, "Atonement in Romans 3:21-26," 127). 그뿐 아니라 "의롭다 하심"에 대한 이런 이해는 사도 바울의 여러 본문의 용법과 어긋나는 경우들이 많습니다. 예를 들어, 로마서 3:4("주께서 주의 말씀에 의롭다 함을 얻으시고")의 경우는 "언약 백성의 일원임을 선언하다"라는 라이트의 정의가 전혀 들어맞지 않습니다. 또한 디모데전서 3:16("그는…영으로 의롭다 하심을 받으시고")의 경우도, 그리스도께서 의로우시다는 사실이 성령으로 말미암아 확인되고 선포된다는 뜻이지, 그리스도께서 언약에 속하신다는 것이 선언된다는 뜻이 결코 아닙니다. 또한 사도행전 13:38-39("그러므로 형제들아 너희가 알 것은…이 사람을 힘입어 믿는 자마다 의롭다 하심을 얻는 이것이라")의 경우는 "의롭다 하심"에 대한 기존의 교회의 이해를 전제해야만 그 의미가 분명히 드러납니다(참조. Piper, *Future of justification*, 40-41). 존 파이퍼 목사는 "의롭다 하심"에 대한 라이트의 견해를 반박하면서, 다음과 같이 명확히 반대 의사를 표명합니다.

> 톰 라이트의 설명이 힘을 발휘하는 곳에서 과연 의롭다 하심이라는 성경적 가르침이 번성할 것인가에 대해 나는 낙관적으로 보지 않는다. 사도 바울이 진정 말씀하는 바를 다시 확실히 제시하겠다는 그의 비전도 설득력 있어 보이지 않는다. 현 상태에서 그의 견해는, 선명한 가르침이 절실히 필요한 중요한 문제에 대해 오히려 교회 안에 혼란만 가중시킬 것이라 생각한다....내가 현 상황을 제대로 파악하고 있는 것이라면, 그런 혼란은 라이트 자신의 표현의 모호함 때문에 생기는 것이기도 하지만…의롭다 하심에 대해 그가 제시하는 패러다임이 성경의 여러 본문에 대한 일반적인 이해와 조화를 이루지 못하고, 그로 인해 많은 일반 사람들에게 무언가 반짝 깨달음을 얻는 특별한 경험("ah-ha" experience of illumination)을 주기는커녕 오히려 혼란만 더욱 부채질하기 때문이다(Piper, *Future of Justification*, 24).

(4) 그리스도의 의의 전가

더 나아가 라이트는 "의롭다 하심"에 개입되는 "그리스도의 의의 전가"(轉嫁; imputation)의 도리도 부인합니다. 그는 이에 대해 다음과 같이 비판합니다.

> 피고가 재판장의 "의"를 받는다는 상상은 한마디로 말해서 명백한 오류다. 언어가 그렇게 작동되는 것이 아니다....하나님이 그의 백성의 원한을 갚아주기 위해 행하실 때, 그의 백성이 비유적으로 "의"의 지위를 갖게 된다....그러나 그들이 갖

> 게 되는 그 "의"는 하나님 자신의 "의"가 아니다....법정의 언어로 이야기하자면, 재판장이 자기의 "의"를 원고나 피고에게 전가하고, 주입하고, 물려주고, 전달해준다는 것은 무슨 표현을 쓰든지 간에 말이 안 된다. "의"란 법정에서 주고받을 수 있는 대상이나 물건, 혹은 가스(gas) 같은 것이 아니다(Piper, *Future of Justification*, 79-80에서 재인용).

그러나 "전가"의 도리를 부인한다면, 예수 그리스도와 신자들 사이의 연결 고리가 모호해지고, 그리스도의 중보 사역이 희미해질 수밖에 없습니다. 실제로 이 부분에 대해서는 라이트의 입장이 아주 모호합니다(Waters, *Justification and the NPP*, 177). 위의 인용문에서도 그는 예수 그리스도의 "의"가 아닌 "재판장의 '의'"만을 언급합니다. 위의 인용문에서 라이트는 "피고"와 "재판장"만을 언급하지만, 바울이 전하는 핵심적인 도리는 "피고"인 죄인이 재판장 앞에 설 때 자기 자신의 죄가 아니라, 그리스도를 믿음으로 말미암아 그로부터 전가 받은 그의 "의"를 지니고서 "의인"의 자격으로 선다는 사실입니다. 고린도후서 5:21("하나님이 죄를 알지도 못하신 이[곧 그리스도]를 우리를 대신하여 죄로 삼으신 것은 우리로 하여금 그 안에서[곧 그리스도 안에서] 하나님의 의가 되게 하려 하심이라")이 이러한 사실을 명확히 가르치고 있습니다.

(5) 미래의 심판과 행위

라이트는 의롭다 하심, 즉 개인이 하나님의 언약 백성의 일원이라는 선언 외에, 미래의 심판 때에 이루어질 판결도 의롭다 하심이라 부릅니다. 현재의 의롭다 하심은 그 마지막 심판 때의 의롭다 하심을 올바로 예상하고서 이루어지는 것이라고 봅니다. "의롭다 하심이란, 마지막 날에—우리의 죄악된 본성의 남은 것들이 삼켜지고 우리가 부활하시고 영광을 입으신 하나님의 아들을 온전히 닮은 모습으로 하나님 앞에 서게 될 그 날에—이루어질 그 의로운 판결을 현재에 올바르고 적절하게 예상하는 것이다"(Eveson, *Great Exchange*, 120).

그리고 그 마지막 심판 때의 의롭다 하심은 전 생애를 "근거로"—즉 평생을 통해 이룬 행위를 "근거로"—이루어질 것임을 말씀하면서, 신자의 행위는 "우리가 그리스도 안에 있음을 보여주"는 것이요 또한 "성령께서 우리 속에서 일하신다는 증표"라고 합니다(Piper, *Future Justification*, 117). 그러나 이런 그의 가르침은 성경적인 가르침과 거리가 있습니다. 개핀 박사는 미래의 심판과 행위의 관계에 대해 다음과 같이 진술합니다.

> 그리스도인의 경우, 행위에 따라 이루어지는 미래의 심판은 믿음으로 말미암아 이미 의롭다 하심을 받았다는 사실 이외에 별다른 원리에 근거하여 이루어지는 것이 아니다. 다만 차이가 있다면, 마지막 심판은 이미 받은 현재의 의롭다 하심을 공개적으로 드러내는 것이요, 그 심판 때에 신자들이 "공개적으로 사면받게" 된다는 것이다. 그 미래의 심판에서 그들의 행위가 그들의 사면의 근거와 기초가 되는 것이 아니다....오히려 그 행위들은…"참되고 살아 있는 믿음의 순전한 열매들과 증거들"인 것이다(Gaffin, *By Faith Not By Sight*, 111-112).

개핀 박사의 설명처럼, 마지막 심판 때에 우리의 행위는 사면의 "근거와 기초"가 되는 것이 아니라, 그리스도의 의를 전가 받아 의롭다 하심을 얻는 수단이 된 우리의 "믿음"의 "순전한 열매들과 증거들"로서 제시되는 것입니다. 이에 비추어보면, 라이트의 주장은 오히려 율법주의적인 "행위 구원"의 개념에 더욱 가깝다는 느낌을 지울 수가 없습니다.

"새 관점 신학"의 위험성

톰 라이트 등이 주장하는 "새 관점 신학"의 영향이 종교개혁자들의 성경적 가르침을 신앙의 근본으로 삼는 교회들에 날로 거세게 밀려 들어와서 영적 혼란을 초래하고 있습니다. 이제 "새 관점 신학"이 건전한 교회에 끼치게 되는 위험성을 지적하는 것이 순서일 것입니다. 여기서는 간략하게 큰 줄거리 두 가지 점만 지적하도록 하겠습니다.

(1) 성경적인 기독교의 핵심 교리들을 부정함

"새 관점 신학"의 위험성은 무엇보다 성경적 구원의 도리의 핵심이 되는 "의롭다 하심"의 교리를 흐트러뜨림으로써 교회 내에 큰 혼란을 일으킨다는 점입니다. 무엇보다도, 서두에서 언급한 대로 의롭다 하심"에 대한 지식이 사라지는 곳마다 그리스도의 영광이 꺼지며, 신앙이 제거되고, 교회가 파괴되며, 구원의 소망이 철저하게 무너진다"라고 한 칼빈 선생의 발언이 참이라면, "새 관점 신학"의 주장들이야말로 "그리스도의 영광을 꺼뜨리고 신앙을 제거하며 교회를 파괴하고 구원의 소망을 철저하게 무너뜨리는" 지극히 심각한 오류일 수밖에 없습니다.

실제로 "새 관점 신학"은 신자의 구원과 직결되는바 바울 신학의 중심을 이루는 핵심적인 주제인 "의롭다 하심"의 문제를 "본질적이 아닌–최소한 중심적이 아닌–주제로 격하"시킵니다(Hagner, *New Testament*, 371-372). 그 문제를 구원론이 아니라 교회론에 속한 것으로 만듦으로써, 신자들로 하여금 그 문제가 더 이상 구원에 결정적으로 중요한 것이 아니라는 인상을 갖게 하고, 결국 기독교 신앙의 본질 자체를 흐트러뜨리는 위중한 결과를 초래하는 것입니다. "새 관점 신학"으로 인하여 "개인의 구원 문제가 점점 소멸되…는 경향이 생기게" 되었다는 개핀 박사의 지적처럼(Gafin, *By Faith, Not by Sight*,

23), 이미 그러한 현상이 교회 내에서 나타나고 있습니다.

또한 "새 관점 신학"은 죄의 심각성의 문제에 대한 인식을 현저하게 약화시킵니다. "새 관점 신학"은 유대인과 이방인 사이의 관계 회복이 바울의 주 관심사였다고 가르침으로써 기독교의 구원의 사회적인 면만을 크게 부각합니다. 사도 바울이 가르친 "의롭다 하심"의 도리란 바로 인간이 "죄를 범하여 하나님의 영광에 이르지 못하"게 되어버린 처절한 현실(롬 3:23)에 대해 하나님 편에서 마련하신 놀라운 구원의 방도인데, "의롭다 하심"을 그것과는 본질이 전혀 다른 것으로 만들어버림으로써, "죄"의 문제 자체를 시야에서 사라져버리게 만들고, 결국 사회적인 평등과 인간관계의 회복을 기독교가 말하는 구원으로 인식하도록 만들어 버리는 것입니다.

또한 "새 관점 신학"은 예수 그리스도에 대한 관심을 현저하게 약화합니다. "의롭다 하심"이 변질되고 "죄"가 시야에서 사라지니, 이 문제와 직결되는 구주 예수님의 역할과 그분의 지위가 시야에서 멀어질 수밖에 없고, 따라서 바울이 그렇게도 존귀하게 높이며 우러러 경배했던 하나님의 아들 예수 그리스도가 점점 잊힐 수밖에 없는 것입니다. "새 관점 신학"의 주장들이 옳다면, 결국 종교개혁 이후 교회가 가르쳐온 모든 핵심적인 교리들이 그릇되고 무익한 것이 되어버립니다. 루터도, 칼빈도, 청교도들도, 스펄전도, 웨스트민스터 신앙고백서도, 하이델베르크 요리문답도, 다 그릇된 것이요, 헛된 것일 수밖에 없습니다. 그러므로 이 문제는 결코 지엽적인 문제가 아니라 신자의 구원과 교회의 영적 생명이 달린 중대한 사안입니다. 존 파이퍼는 다음과 같이 다소 완곡하게 라이트의 주장을 비판합니다.

> 라이트에 대한 나의 확신은…복음과 의롭다 하심의 교리에 대한 그의 묘사가 너무도 일그러져있어서 성경에 충실하다고 인정하기가 힘들다는 것이다….내가 판

> 단하기에, 그가 저술한 내용은 필경 그리스도께서 주(主)이심을 죄인들을 위한 복된 소식으로 선명하게 전하지 않는 설교들을 유행시키는 데에 일조할 것이고, 죄 아래 갇힌 자들에게 하나님의 임재 속에서 의로운 자로 설 수 있는 길을 올바로 보여주지도 못할 것이라 본다(Piper, *Future of Justification*, 15).

그리고 미국의 구약학자인 데이비드 머리(David Murray)는 라이트의 "새 관점 신학"의 폐해에 대해 다음과 같이 강한 어조로 경고하는데, 필자 역시 이에 십분 공감합니다.

> 라이트는 믿음으로 말미암는 의롭다 하심에 대해 역사상 지극히 위험하고 파괴적인 정의를 제시하고 대중적으로 유포시킨 책임이 있다. 그가 퍼뜨린 왜곡된 가르침은 계속해서 교회들과 개인의 삶에 골칫거리가 될 것이다.[_230]

(2) 급진적인 재세례파적 정서를 조장함

"새 관점 신학"의 심각한 위험은, 현재까지 교회 안에서 구원의 놀라운 역사를 일으키시고 교회를 진리 가운데서 보존해오고 계시는 하나님의 섭리와 성령의 역사하심을 완전히 부정하는 오류에 빠진다는 것입니다. 교회의 역사를 통해서 지속적으로 전수되어온 핵심적인 교리들을 부인하고 새로운 주장을 하려면, 교회보다 상위(上位)의 권위인 하나님의 말씀 성경의 가르침의 전폭적인 뒷받침을 받아야 합니다. 로마 가톨릭교회의 그릇된 도그마를 깨뜨리고 참된 복음적 신앙을 확립한 종교개혁의 표어 중 "*Sola Scriptura*",

---

_230 http://headhearthand.org/blog/2013/10/23/is-n-t-wrights-book-on-the-psalms-a-dangerous-gateway-drug/ 2020년 6월 6일 검색.

즉 "오직 성경"의 핵심적인 원리가 바로 그것이었습니다.

그러나 여기서 중요한 사실은 "오직 성경"의 원리란 성경을 "최고의" 권위로—"유일한" 권위가 아니라—삼는 것이라는 점입니다. 교회의 전통을 존중하되, 성경 말씀을 기준으로 그중에서 그릇된 것들은 걸러내고 바른 것들은 수용하는 자세야말로 "오직 성경"의 자세입니다. 시대마다 그의 종들을 통하여 교회 안에서 일하시는 하나님의 인도하심과 성령의 역사를 깨닫고 인정하기 때문입니다. 루터와 칼빈 등 16세기 종교개혁자들의 자세가 정확히 그러했습니다. 예를 들어, 칼빈의 『기독교강요』에는 아우구스티누스(Augustine, 353-430)을 비롯하여, 키프리아누스(Cyprian, 200?-258), 크리소스토모스(Chrysostom, 354-407), 니사의 그레고리오스(Gregory of Nyssa, 335-94), 히에로니무스(Jerome, 345-419), 안셀무스(Anselm: 1033-1109), 베르나르두스(Bernard, 1090-1153) 등, 과거 시대 교회의 스승들의 가르침을 성경에 비추어 점검하여 보조적인 권위로 삼아 직간접적으로 인용하는 예가 총 1천회 이상 나타납니다. 영국의 알리스터 맥그라스(Alister E. McGrath) 교수는 종교개혁자들의 이러한 자세를 다음과 같이 설명합니다.

> 종교개혁자들은 개인주의의 위협을 뼈저리게 잘 체득하고 있었고, 그리하여 교회의 전통적인 성경해석이 올바르다고 인정되는 경우 그 전통적인 해석을 강조함으로써 그러한 위협을 피하고자 하였다....그들은 "교부(教父; 즉 교회의 스승)들의 증언"(patristic testimony)을 전반적으로 신뢰성 있는 것으로 인정하였다(McGrath, *Reformation Thought*, 145).

이것이 종교개혁자들이 가르친 "오직 성경"의 자세이며, 우리 역시 이를 본받아야 함은 물론입니다. 그런데 "새 관점 신학"은 지난 오백여 년 동안 교회가 성경을 통해 확인하여 지속적으로 고백하고 믿어온 핵심적인 성경적 교리를 전면 뒤집고 있습니다. 게다가 하나님의 말씀인 성경의 권위를 전혀 인정하지 않고 성경을 순전히 인간의 저작으로만 보는(복음적 신앙을 가진 이들을 제외한 모든 학자들이 기본적으로 이러한 자유주의적 자세를 취합니다만) 스텐달이나 샌더스 같은 학자들 개인의 주관적인 주장들을 근거로 해서 그런 엄청난 일을 벌이고 있으니, 과연 이것이 성경의 권위를 인정하고 따른다고 고백하는 하나님의 백성에게 합당한 일이겠습니까?

16세기 종교개혁 시대에 이와 비슷하게, 마치 자기들이 최초로 성경을 대하기라도 하는 것처럼 과거로부터 내려오는 교회의 전통을 무조건 내던져버리고, 독단적인 성경 이해를 통해 극단적 사상 체계를 형성하여 교회를 어지럽혔던 급진적인 재세례파(anabaptist)가 있었습니다. 맥그라스는 종교개혁자들과는 달리 교회의 전통을 전혀 인정하지 않는 재세례파의 실례를 다음과 같이 소개합니다.

> 급진주의자들은 "교부들의 증언"을 전혀 인정하지 않았다. 한 가지 실례로, 세바스티안 프랑크(Sebastian Frank, 1499-1543)는 1530년 다음과 같이 쓰고 있다. "어리석은 암브로시우스(Ambrose)여, 아우구스티누스(Augustine)여, 히에로니무스(Jerome)여, 그레고리오스(Gregory)여! 이들 중에 주를 아는 자도 없고, 가르치는 사명을 위해 하나님께로부터 보내심 받은 자도 없으니, 오오 하나님 도우소서! 모두 다 적그리스도의 사도들이로다"(McGrath, *Reformation Thought*, 146).

"새 관점 신학"의 정서가 이러한 재세례파의 정서와 지극히 흡사하다고 말할 수밖에 없습니다. 지금까지 수백 년 동안 교회에서 전수되어온 확고한 가르침을 단칼에 잘라버리고, 과거의 신앙의 선배들의 가르침을 영적 무지에서 비롯된 것으로 간주해버리니 말입니다. 이런 행태에는 결코 하나님의 거룩하신 역사가 뒷받침된다고 볼 수 없습니다. 하나님의 말씀 성경의 전체적인 가르침에 근거하여 교회의 전통적인 가르침들의 진위(眞僞)를 면밀히 재검토하는 자세는 전혀 볼 수가 없고, 처음부터 종교개혁자들의 전통을 아예 무시해버리는 것을 신학 작업의 출발점으로 삼는 것이니, 이는 결코 합당한 일이라 할 수 없을 것입니다.

캐나다의 신학자인 스티븐 웨스터홈(Stephen Westerholm)은 이렇게 말합니다. "바울을 이해하기를 원하면서도 마르틴 루터에게서 배울 것이 전혀 없다고 느끼는 학도들은 금속공예 같은 분야 쪽으로 직업 전환을 고려해야 할 것이다. 성경 주해(exegesis)는 대가(大家)들에게서 배우는 것이다"(Horton, *Justification*, 2, 26에서 재인용). 또한 복음적 교회사가인 스코트 마네치(Scott Manetsch)도 종교개혁자들과 그 이후의 교회의 가르침으로 돌아가야 할 것을 다음과 같이 은유적으로 표현하고 있습니다.

> 복음적 개신교도들이 신학적 천박함과 문화적 호기심과 근시안적인 사고방식에 "저항"하고, 그들의 역사적 뿌리들—이는 식민 아메리카에서 일어난 종교적 각성들은 물론, 16세기 유럽의 기독교 개혁 운동들에 있다—을 회복해야 할 필요성이 그 어느 때보다 절실해졌다. 복음주의자들은 비텐베르크와 제네바, 취리히와 에든버러, 그리고 런던으로 향하는 이 여정 속에서 심오한 성경적 신학적 통찰의 세계를, 실천적 지혜의 풍성한 저장고를, 21세기의 삶과 사역을 위해 하나님이 그의 교회에 주신 선물을, 발견하게 될 것이다(Piper, *Future of Justification*, 25에서 재인용).

결론

이제 하나님의 말씀 성경의 경고를 결론적으로 제시하겠습니다. 사도 바울은 에베소 교회의 장로들에게 주는 경고의 권면 중에 다음과 같이 말씀합니다.

> 내가 떠난 후에 사나운 이리가 여러분에게 들어와서 그 양 떼를 아끼지 아니하며 또한 여러분 중에서도 제자들을 끌어 자기를 따르게 하려고 어그러진 말을 하는 사람들이 일어날 줄을 내가 아노라(행 20:29-30).

사도는 여기서 자신이 떠난 후에 교회를 어지럽히는 "어그러진 말을 하는 사람들이" 교회 내에서 일어날 것을 경고하고 있습니다. 곧 복음의 진리를 왜곡시키고 그릇된 사설(邪說)을 조장하는 말들을 퍼뜨리는 자들이 하나님이 교회 내에서 일어나리라는 말씀입니다. "새 관점 신학"이 바로 그 "어그러진 말"에 해당한다고 보는 것이 과연 무리일까요? 이천년의 교회 역사 가운데에 그런 "어그러진 말"이 교회 안에 퍼진 예가 허다하게 많습니다만, 하나님의 교회는 "진리의 기둥과 터"(딤전 3:15)로서 꿋꿋하게 시대마다 그 역할을 감당해왔습니다. 모두가 참된 교회를 향하신 하나님의 은혜의 섭리와 성령의 역사하심의 덕분입니다. 우리는 이러한 새로운 신학적 풍조에 대해 경각심을 갖고서 올바른 자세로 대처해야 할 것입니다. 칼빈은 사도행전의 이 본문을 설명하는 중에 다음과 같이 경고합니다.

> 원수들이 자기 정체를 드러낸 채 외부로부터 복음에 대해 저항해오는 경우와는 달리, 교회의 품속에서 원수들이 일어나 갑자기 가격하여 사람들을 부추겨 넘어뜨릴 때는 교회가 큰 상처를 입게 된다. 그러나 하나님은 처음부터 이러한 유혹거

> 리들로 그의 교회를 단련시켜오셨고, 지금도 그렇게 하고 계신다. 그러므로 언제든 교회의 그릇된 목회자들이 이리처럼 사납게 달려들기 시작할 때마다, 우리의 믿음을 든든히 하여 넘어지지 않도록 방비해야 할 것이다...."사나운 이리"들…이란 사악한 사고들을 조장하는 장본인들이요, 이들은 자기를 좇는 제자들을 끌어모으기 위해 마지막까지 애쓴다. 야망은 순전한 복음을 부패시키는 것 외에 달리 할 일이 거의 없으니 말이다(Calvin, *Acts*, 259).[231]

지금까지 시대마다 온갖 그릇된 "어그러진 말"들이 "사나운 이리"가 되어 교회를 어지럽히고 그로 인하여 교회가 어려움을 겪다가, 결국 그것들이 역사 속으로 사라져간 사실이 교회 역사에 허다하게 나타납니다. 아리우스주의, 펠라기우스주의, 율법주의, 반율법주의, 아르미니우스주의, 자유주의, 신정통주의, 개방적 유신론(Open Theism), 빈야드 운동, 신사도 운동 등, 셀 수 없는 그릇된 가르침들이 시대의 풍조를 좇아 교회 역사의 한 페이지를 장식해가고 있습니다. "새 관점 신학" 역시 그런 갖가지 그릇된 가르침들처럼 결국에는 동일한 운명을 맞고 사라져갈 것입니다. 왜요? 성경적인 뒷받침이 확고한 하나님의 진리가 아니기 때문입니다. 이런 점을 볼 때, "새 관점 신학"에 대한 한 학자의 다음과 같은 전망은 그리 지나친 것으로 보이지 않습니다.

> "새 관점 신학"은…인간 경험의 현실과 또한 그 현실에 관여해온 기독교의 기나긴 전통에 뿌리를 두고 있지 못하므로, 아마도 옛 소련의 그 유명한 "5개년 계획"

---

231 또한 피터슨은 다음과 같이 권면합니다. "각 시대마다 기독교 지도자들이 자기들의 뿌리 깊은 죄악된 성향을 만족시키고자, 자기들의 사고방식으로 다른 이들을 매혹해서 사람들에게 인정받고 인기를 끌고자 하는 일들이 너무도 쉽게 일어난다는 것이 역사에서 잘 드러난다. 죄가 갖가지 방식으로 진리를 왜곡시키고 그리스도인들 사이에 파괴적인 분열을 조장하는 것으로 그 모습을 드러낼 수 있다는 사실에 대해 목회자들은 실질적으로 인식하고 대처할 필요가 있다"(Peterson, *Acts*, 571).

과 같은 운명을 맞게 될 것이다. 그 계획은 당시 사람들의 실제적인 현실과 괴리된 것이었고, 결국 실패하고 말았던 것이다(Paul F. M. Zahl, "Mistakes of the New Perspective on Paul," 11).

IV. 로마서 3:21-31:
하나님의 의의 선물

with ROMANS

"믿음으로 말미암는 의롭다 하심의 교리야말로 그리스도의 참된 영광을 드높이며 사람의 헛된 영광을 때려눕힌다."

토마스 크랜머
(Thomas Cranmer, 1489-1556)

제24강.
"하나님의 의"(3:21-23)

"21 이제는 율법 외에 하나님의 한 의가 나타났으니 율법과 선지자
들에게 증거를 받은 것이라
22 곧 예수 그리스도를 믿음으로 말미암아 모든 믿는 자에게 미치
는 하나님의 의니 차별이 없느니라
23 모든 사람이 죄를 범하였으매 하나님의 영광에 이르지 못하더니."

바울 사도는 1:18에서 "하나님의 진노가 불의로 진리를 막는 사람들의 모든 경건하지 않음과 불의에 대하여 하늘로부터 나타"난다는 사실을 선포한 이후 계속해서, 온 인류에게 만연해 있는 그러한 죄악된 모습을 세세히 증명해왔습니다. 첫째로, 하나님의 존재에 대해 기본적인 지식이 있으면서도 그것을 무시하고 마음대로 처신하는 인류의 부패한 죄악성을 지적했고(1:18-32), 둘째로 스스로 율법의 표준을 지킨다고 여기는 도덕론자들의 죄악성을 말씀했으며(2:1-16), 셋째로 율법을 근거로 스스로 의롭다고 여기는 유대인들의 교만과 죄악을 지적했으며(2:17-3:8), 마지막으로 온 인류가 단 한 사람의 예외도 없이 죄악 가운데 있고 하나님의 진노의 심판 아래에 있음을 선언

했습니다(3:9-20). 바울의 결론은, 곧 "유대인이나 헬라인이나" 가릴 것 없이(3:9) "온 세상"이 다 "하나님의 심판 아래에 있"으며 이에 대해 세상의 모든 사람 하나하나가 다 "입을 막"을 수밖에 없고, 그 어떠한 반론도 제기할 수가 없다는 것입니다(3:19).

인류는 죄로 인하여 완전한 절망의 처지에 있게 되었습니다. 털끝만큼도 소망의 여지가 없습니다. 완전히 거룩하시고 의로우신 하나님께는 결코 타협의 여지가 없습니다. 오직 그의 정의로운 진노와 심판 이외에는 그 어떠한 것도 기대할 수 없고 처절한 절망 외에는 없습니다. 이사야 선지자의 탄식처럼 "화로다, 나여! 망하게 되었도다!"(사 6:5)라고 외치는 것 외에는 그 심정을 표현할 길이 없습니다. 바울은 본문 23절에서 이런 인간의 절망의 처지를 다음과 같이 표현합니다. "모든 사람이 죄를 범하였으매 하나님의 영광에 이르지 못하더니."

그런데 이런 심판의 절박한 사실만큼이나 안타까운 또 다른 사실이 있습니다. 그것은 곧 인류가 그런 처절한 위경에 처해 있는데도 그중 어느 누구도 그것을 알지도 못하고 그것에 관심을 가지지도 않는다는 사실입니다. 절박한 처지에 있으면서도 그것을 알지 못하고 깨닫지 못하다니 이 얼마나 어처구니없는 일이겠습니까! 그러나 이것이야말로 동서고금을 막론하고 언제나 나타나는 지극히 자연스러운 현실입니다. 왜 그럴까요? 어째서 사람들이 이런 엄연한 현실을 직시하지 못하는 것일까요? 그것은 그들이 처절한 영적 무지에 가려져 있기 때문이요, 에베소서의 표현대로 하면 그들이 "허물과 죄로 죽"어 있는 상태에 있기 때문입니다(엡 2:1).

고린도전서에서 바울은 구원에 관한 "하나님의 지혜"에 대해 말씀하면서, 그것이 "은밀한 가운데" "감추어"져 있어서 세상의 통치자들 가운데—예, 세상의 모든 사람 가운데!—그 누구도 알지 못하며(2:7) 또한 그 지혜는 "눈으로 보지 못하고 귀로 듣지 못하고 사람의 마음으로 생각하지도 못하"는 것이라고 말씀합니다(2:9). 그리고 이어서 "오직 하나님이 성령으로" 그 지혜를 "우리에게 보이셨"다고 말씀합니다(2:10). 그렇습니다. 성령께서 진리의 빛을 비추어주시기 전에는 그 누구도 하나님이 은혜로 베푸시는 구원의 역사는 물론 하나님의 심판 아래 있는 인간의 처절한 영적 현실에 대해서도 전혀 알 수 없고, 또한 알려고 하지도 않는 것입니다.

인류는 죄로 말미암아 하나님의 심판을 피할 길이 없습니다. 그들로서는 이미 모든 것이 완전히 끝나 버렸고, 그 어떠한 소망도 없습니다. 인정하든 하지 않든 이것이 엄연한 영적 현실입니다. 그런데 이런 절박한 상황을 완전히 역전시키는 놀라운 반전이 일어납니다. 하나님 편에서 이런 상황에 친히 개입하셔서, 처절한 파멸에 빠진 인류에게 놀라운 구원의 역사를 베푸시는 것입니다. 그렇습니다. 이사야 선지자의 말씀처럼 "흑암에 행하던 백성이 큰 빛을 보고 사망의 그늘진 땅에 거주하던 자에게 빛이 비"친 것입니다(사 9:2).

"그러나 이제는"

본문 21-26절은 "로마서의 핵심이요, 사실 구원에 대한 모든 논의의 핵심"이며(Osborne, *Romans*, 92), 또한 "로마서에 나타나는 바울의 메시지의 신학적 중심"(Peterson, *Romans*, 183)을 이루는 핵심적인 단락입니다. 미국의 신약학자인 로버트 마운스(Robert Mounce, 1921-2019)는 이 단락의 중요성을 다음과 같이 표현합니다

> 이 여섯 절에는 바울 서신의 그 어떤 단락보다도 많은 신학이 압축되어 있다. 사도의 메시지의 중심이 되는 요점이 여기에 제시되어 있다. 그는 이 단락에서 그의 신학의 기초석을 깔아놓는다. 그러므로 바울이 이 단락에서 가르치는 바를

> **깨닫는 것이야말로 기독교 신앙의 핵심을 확고히 붙잡는 것이며, 그 밖의 모든 내용은 바로 이 여섯 절의 신학적 핵심으로부터 흘러나오는 것들이라 할 것이다(Mounce, *Themes From Romans*, 36-37).**

이 단락은 기독교의 모든 교리의 중심을 이루는 복음의 메시지에 관한 지극히 중요한 내용을 다루며, 무엇보다 위의 마운스의 발언처럼 "이 여섯 절에…많은 신학이 압축되어" 있어서 단번에 다 다룰 수가 없으므로, 이를 둘로 나누어 본 장에서는 먼저 21-23절을 다루고, 이어서 다음 제 25강에서 24-26절을 다루도록 하겠습니다.

바울은 21절 첫머리에서 "그러나 이제는"[-232]이라는 강한 표현을 사용하여 전후의 대조적인 관계를 극히 강조하고 있습니다. 인류가 죄악 가운데서 하나님의 처절한 심판 이외에는 아무것도 기대할 수 없는 처지였습니다. 그들에게는 그 어떠한 가능성도 남아 있지 않았습니다. 그런데 바로 이런 상황에서 위대한 전환이 일어납니다. 하나님이 은혜로 역사하사 모든 문제점을 완전히 해결하신 것입니다. 그렇습니다! 사람을 구원하는 일에 관하여 예수께서 친히 말씀하셨듯이, "사람으로는 할 수 없으나 하나님으로서는 다 하실

_232 헬. "누니 데"(Νυνὶ δὲ; "그러나 이제는"). 개역개정판은 이를 그냥 "이제는"이라고만 번역하는데, 이는 본문에 나타나는 강한 대조적인 의미를 살려주는 데에는 미흡한 감이 있습니다(참조. 새번역, 공동번역은 "그러나 이제는"으로 번역함). 이 표현은 바울 서신에 여러 차례 사용되며(롬 5:9; 6:19; 7:6, 17; 고전 12:18; 13:13; 고후 8:22; 엡 2:13; 몬 9, 11, 등), 주로 논리적 대조의 의미를 나타내나, 시간적/역사적 대조의 의미를 나타내기도 합니다. 본문의 경우는 두 가지 의미를 다 함축하는 것으로 보입니다. 곧 앞에서 제시한 인류의 처절한 영적 패망의 상황에서 그것과는 완전히 대조되는 놀라운 하나님의 역사가 임하였음을 나타내는 뜻으로도 이해할 수 있고, 동시에 구원 역사의 새로운 전환점을 소개하는 의미로도 이해할 수 있습니다. 대다수의 학자들이 이 두 가지 의미를 다 취합니다(참조. Cranfield, *Romans*, I. 201; Haldane, *Romans*, 133-134; Kruse, *Romans*, 178; Longenecker, *Romans*, 399; Moo, *Romans*, 221; Peterson, *Romans*, 185; Carson, "*Atonement in Romans* 3:21-26," 121 등; 그러나 Godet, *Romans*, I, 245은 논리적인 대조로만 이해함). 무는 이와 관련하여 이렇게 진술합니다. "'그러나 이제는' 하나님이 개입하사 새로운 시대를 개시하셨으니, 믿음으로 반응하는 모든 사람이—십자가 이후에는 물론, 롬 4장에서 나타나는 대로 그 이전에도—옛 시대로부터 새 시대로 옮겨질 것이다"(Moo, *Romans*, 221).

수 있으"시니 말입니다(마 19:26). 레온 모리스는 이러한 결정적 전환에 대해 다음과 같이 설명합니다.

> 여기까지의 논지에서 자연인은—유대인이든 이방인이든—죄인으로서 하나님의 진노 아래에 있다는 사실을 강조해왔다. "그러나 이제는" 이런 상황에 하나님이 개입하셨다. 절박한 곤경에 처한 인간이 그리스도 안에서 이루어지는 하나님의 구원 역사로 인해 결정적인 변화를 맞게 된 것이다(Morris, *Romans*, 173).

그 결정적인 전환을 이룬 사건이 무엇이었습니까? 그것은 바로 "하나님의 의"가 나타난 일이었습니다. 바울은 이미 1:17에서 이미 이 사실을 천명한 바 있습니다. "복음에는 하나님의 의가 나타나서 믿음으로 믿음에 이르게 하나니." 그 "의"란 바로 하나님이 인류에게 베풀어주시는 의이며, 죄인이 예수 그리스도의 의를 자신의 것으로 전가(轉嫁)받아 그것을 근거로 하나님 앞에서 의로운 자로 인정받게 되는 이른바 "칭의(稱義)의 의"입니다.[_233] 바울은 1:17에서 그 사실을 천명한 후, 1:18부터 3:20까지의 긴 단락에서 그러한 "칭의의 의"가 반드시 필요하게 된 원인–곧 인간의 보편적인 죄의 현실–을 매우 상세하게 제시해왔습니다. 그리고 3:21-22에서 다시 한번 그 "칭의의 의"를 좀 더 상세히 제시하는 것입니다.[_234]

_233 틸만은 다음과 같이 설명합니다. "'하나님의 의'란 의롭다 하시는 하나님의 조치를 통해 그에게로부터 신자에게 임하는 '의'다. '하나님의 의'란 하나님이 신자를 모든 형벌로부터 법적으로 무죄 방면하시는 것이요, 또한 신자가 지금 하나님께로부터 오는 선물로 소유하고 있는 그 법적인 사면을 뜻한다"(Thielman, *Romans*, 203).

_234 스토트는 1:17과 3:21을 다음과 같이 비교합니다. "두 구절 모두…하나님이 그의 앞에 의로운 지위를 죄인들에게 주시기 위해 취하시는 주도적인 구원의 조치를 강조한다. 두 구절 모두 그 의가 '나타났다'(혹은 '알려졌다')고 말씀한다. 두 구절 모두 그 의가 '복음에'(1:17) 혹은 '율법 외에'(3:21) 나타났다고 선언함으로써 그것이 새로운 의임을 시사한다. 그러나 두 구절 모두 그 의를 구약성경의 성취로 제시하여, 그것이 신적인 재고(再考)에 의해 베풀어진 것이 아님을 보여준다. 그리고 두 구절 모두 우리가 믿음으로 그것을 얻을 수 있음을 진술한다"(Stott, *Romans*, 109).

"율법 외에 하나님의 한 의-[235]가 나타났으니 율법과 선지자들에게 증거를 받은 것이라"(21절). 바울은 여기서 그 "하나님의 의"가 "율법 외에"—곧 율법과는 상관없이—나타났다고 말씀합니다. 이것은 무슨 뜻일까요? 유대인들은 하나님의 의를 이루는 문제를 언제나 율법을 지키는 문제와 결부시켜왔습니다. 하나님이 베푸신 율법의 강령들을 한 치의 오차도 없이 지키고 행함으로써 하나님이 그의 백성들에게 요구하시는 의를 이룰 수 있다고 여겨온 것입니다. 그런데 바울의 가르침은 "하나님의 의"가 그처럼 율법을 지키는 행위와는 전혀 상관없이 나타났으며, 더욱이 그처럼 율법과 상관없이 나타난 그 "의"가 "율법과 선지자들-[236]에게 증거를 받은 것"—즉 구약성경의 뒷받침을 받아온 것—이라는 것입니다. 이런 가르침은 기존의 유대인의 사고를 완전히 깨뜨리는 것이었습니다. 그들로서는 "하나님의 의"란 당연히 "율법," 혹은 "율법의 행위"_[237]에 근거하는 것이라고 믿어왔는데, 바울은 그 "의"가 율법과는 전혀 상관이 없다고 가르치고, 게다가 구약성경이 바로 그러한 "의"를 증거하고 뒷받침한다고 말씀하니 말입니다.

오늘날 교회 일각에서 세대주의적 사고의 영향으로, 구약 시대에는 율법의 행위로 구원을 얻었고 신약 시대의 믿음으로 구원을 얻는다는 식의 사고를 갖고 있는 분들이 상당히 많습니다. 그러나 본문의 바울 사도의 가르침에

_235 헬. "디카이오쉬네 테우"(δικαιοσύνη θεοῦ). 정관사가 붙어 있지 않으므로 개역개정판은 "하나님의 한 의"로 번역하나, 의미상으로는 정관사가 붙어 있는 경우와 크게 차이가 없습니다. 그러므로 이를 "하나님의 의"와 동일한 의미로 이해해도 무방할 것입니다. KJV, NASB, ESV 등 다수의 영역 성경들도 "the righteousness of God"으로 번역합니다(그러나 NIV는 "a righteousness of God"으로 번역함).

_236 "율법과 선지자들"이란 구약성경을 일컫는 관용적인 표현으로 신약성경에 자주 등장합니다(마 5:17; 7:12; 22:40; 눅 16:16; 요 1:45, 행 13:15; 24:14). "모세와 모든 선지자의 글"이라는 표현 역시 동일한 의미입니다(눅 24:27). 때로는 좀 더 구체적으로 "모세의 율법과 선지자의 글과 시편"이라는 표현을 써서 구약성경을 지칭하기도 합니다(눅 24:44).

_237 슈라이너는 이렇게 말합니다. "'율법'이라는 단어는 아마도 20절의 '율법의 행위'를 줄여 쓴 것일 것이다"(Schreiner, *Romans*, 180).

근거하면, 그것은 참으로 그릇된 사상입니다. 오히려 신약성경은 물론 구약성경까지도 율법의 행위와는 상관없는 "하나님의 의"—복음에 나타난 하나님의 의(1:17)—를 가르치고 뒷받침해준다는 사실을 확고히 깨달아야 할 것입니다.

그러면 과연 "율법과 선지자들"—구약성경—이 "율법 외에" 나타난 "하나님의 의"를 증거한다는 구체적인 근거나 사례는 어디서 찾을 수 있을까요? 학자들은 구약성경 전체에서 여러 가지 다양한 사례들을 제시합니다.[238] 바울 자신은 로마서의 문맥에서 최소한 세 가지 사례를 제시하고 있습니다. 우선 1:17에서는 "복음에는 하나님의 의가 나타나서 믿음으로 믿음에 이르게 하나니"라고 말씀한 다음, 하박국 2:4("오직 의인은 믿음으로 말미암아 살리라 함과 같으니라")을 그 근거를 제시하고 있습니다. 이어서 4장에서도 두 가지 사례를 구체적으로 제시하고 있으니, 곧 아브라함의 사례(1-5절)와 다윗의 사례(6-9절)가 그것입니다. 바울은 이 두 인물의 경우에서, 율법의 행위에 근거하지 않고 하나님이 의를 베푸신다는 사실을 볼 수 있음을 천명하고 있습니다.[239]

그뿐 아니라 "모세의 율법과 선지자의 글과 시편에 나를 가리켜 기록된 모든 것이 이루어져야 하리라"(눅 24:44)라는 주 예수님의 말씀에서도 이 사실이 암시되어 있습니다. 주님의 말씀처럼 구약성경 전체가 결국 그리스도

_238 무는 이렇게 설명합니다. "바울은 어떤 구약의 본문들을 지칭하는가? 십중팔구 '하나님의 의'를 그의 백성들의 종말적인 구원과 결부시키는 이사야서의 본문들(46:13; 51:5, 6, 8)이 이에 해당할 것이다"(Moo, *Romans*, 223. n. 21). 또한 틸만은 사 45:24; 51:5-8; 53:11; 61:10-11; 62:1 등을 이에 해당하는 본문들로 제시합니다(Thielman, *Romans*, 203-204).

_239 아브라함에 대해서는 창 15:6을 인용한 다음, "일을 아니할지라도"(즉 율법의 행위가 없이도) "의롭다 하시는 이를 믿는 자에게는 그의 믿음을 의로 여기"신다고 말씀하며(5절), 또한 다윗의 경우는 그가 "일한 것이 없이"(즉, 율법의 행위가 없이) "하나님께 의로 여기심을 받는 사람의 복에 대하여" 말씀한다고 하면서(6절), 그의 시편(32:1)을 인용합니다. 버드는 다음과 같이 논평합니다. "율법의 이야기들과 희생제사법 등은 모두 이스라엘의 메시아적인 왕의 구속 사역을 미리 지적하는 것이다. 이렇게 해서 '율법과 선지자'가, 메시아의 죽으심과 부활에서 그의 구원을 계시하시리라고 하신 하나님의 약속을 증언하는 것이다"(Bird, *Romans*, 112).

자신에 관해 기록한 것입니다. 그런데 여기 로마서의 본문이 말씀하는 "하나님의 의"란 다름 아닌 "예수 그리스도를 믿음으로 말미암아 모든 믿는 자에게 미치는 하나님의 의"(22절)이며 또한 구약성경 전체가 그리스도에 관한 내용이므로, 결국 구약성경 전체가 그리스도를 믿음으로 말미암는 "하나님의 의," 곧, "칭의의 의"를 증거해 준다는 의미가 그의 말씀 속에 함축되어 있다 할 것입니다.

"예수 그리스도를 믿음으로 말미암아"

이어서 22절에서는 그 "하나님의 의"가 다른 것이 아니라 "예수 그리스도를 믿음으로 말미암아 모든 믿는 자에게 미치는 하나님의 의"임을 밝힙니다. 여기서 구약성경 전체가 증거하는 그 "하나님의 의"—즉 하나님이 죄인들에게 베푸시는 칭의(稱義)의 의—가 예수 그리스도를 믿음으로 얻어진다는 사실이 드러납니다. 예수 그리스도를 믿는 믿음이 하나님 앞에서 의로운 자로 인정받는 수단이 된다는 사실입니다. 바울은 여기서 매우 특정적인 믿음을 논하고 있습니다. 곧 구체적으로 "예수 그리스도"를 믿는 믿음, 다시 말하면 예수 그리스도가 대상인 믿음을 뜻한다는 말입니다. 이 점은 오늘날 우리에게 매우 중요합니다.

우리는 오직 믿음으로 말미암아 하나님 앞에서 의롭다 하심을 얻습니다(참조. 5:1). 예, 과연 그렇습니다! 하지만 여기서 말씀하는 "믿음"이 과연 어떤 믿음인지를 분명히 깨달아야 합니다. 이것은 그저 일반적인 믿음이 아닙니다. 구체적으로 예수 그리스도를 믿는 믿음입니다. 오직 이 믿음만이 우리가 하나님 앞에서 의롭다 하심을 얻는 수단이 되는 것입니다. 오늘날 교회 안의 신자들 가운데 이 부분에서 선명하지 못한 경우가 허다합니다. 똑똑히 알아야 합니다. 엄밀히 말해서 그저 "하나님을 믿는 믿음"도, "어려울 때 하나님이 역사해주신다는 믿음"도, "성령의 역사를 믿는 믿음"도, 심지어 "성경이 하나님의 말씀임을 믿는 믿음"도 아닙니다. 오직 "예수 그리스도를 믿음," 곧, "예수 그리스도를 대상으로 하는 믿음"이라는 것을 확실히 해야 할 것입니다. 이것이야말로 사도 바울은 물론 신약성경 전체가 선명하게 가르치는 "구원 얻는 믿음"입니다. 19세기의 위대한 신학자 찰스 하지는 이 점에 대해 다음과 같이 명확히 가르치고 있습니다.

> 이 "의"는 믿음으로 말미암는 것이니, 믿음으로 받아 누리는 "의"다. 이 "믿음"은 그저 일반적인 믿음이 아니고, 그저 하나님을 신뢰하는 것도, 혹은 성경이 하나님의 말씀임을 믿고 받아들이는 것도 아니요, 그저 눈에 보이지 않는 영적인 진리를 사실로 인정하는 것도 아니다. 이것은 오직 그리스도에 대한 믿음이요 그리스도를 대상으로 하는 믿음이다....우리 주님이 끊임없이 요구하신 것은 그저 일반적인 종교적 믿음이 아니었고, 구체적으로 그 주님을 하나님의 아들로, 세상의 구주로 받아들이는 믿음이었다(Hodge, *Romans*, 89).

동시에 분명히 알아야 할 것은, 예수 그리스도를 믿는다는 것은 그분에 대한 이런저런 진리들—예를 들어, 그의 동정녀 탄생이라든지, 그가 행하신 이적들이라든지, 그가 가르치신 산상수훈, 아니면 그의 십자가와 부활, 혹은 그의 재림, 등—을 그저 수긍하고 동의를 표시한다는 뜻이 아닙니다. 맥아더의 말처럼 구원 얻는 참된 믿음은, "지기 지신을 전적으로 주 예수 그리스도께 굴복시키는 믿음"입니다(MacArthur, *Romans 1-8*, 205). 그러므로 이 믿음에는 사람의 인격을 구성하는 모든 요소들—지성적 요소, 감정적 요소, 의지적 요소 등—이 다 개입되는 법입니다. 17세기 잉글랜드의 조셉 얼레인(Joseph Alleine, 1634-1668)은 이 점에 대해 다음과 같이 가르칩니다.

> 건전한 회심자라면 그리스도를 완전히 취하고, 예외도, 제한도, 남겨두는 것도 없이 그의 모든 의도와 목적을 다 받아들인다. 그리스도로 말미암는 구원을 받아들이는 것은 물론, 그 어떠한 조건들로도 그리스도를 소유하기를 바라고, 그리스도의 통치를 기꺼이 받아들인다....그리스도께 무조건 복종하고 그의 조건들을 그대로 따르는 것이다(MacArthur, *Romans 1-8*, 205-206에서 재인용).

여러분의 믿음은 과연 어떻습니까? 본문의 거울에 비추어보고 확실한 믿음을 소유하시기 바랍니다. "믿음"이라는 것을 생각할 때에 가장 먼저 우리 주 예수 그리스도가 지극히 확실하게 뇌리에 떠올라야 마땅합니다! 그리고 마음 깊은 곳으로부터 그분을 향한 순전한 고백과 전적인 순종과 헌신의 자세가 솟아 나와야 합니다. 만일 예수 그리스도를 믿는다고 스스로 고백하면서도 이런 진지한 자세가 없다면, 이는 지극히 심각한 결핍 상태입니다. 본문이 말씀하는 "하나님의 의"를 누리지 못하는 상태인 것은 물론이요 구원 얻은 백성이라 할 수도 없는 처지에 있다고 보아도 틀리지 않을 것이니 말입니다.

여기서 한 가지 다소 복잡한 문제를 정리하고 넘어가야겠습니다. "예수 그리스도를 믿음으로 말미암아"(헬. "디아 피스테오스 예수 크리스투"[διὰ πίστεως Ἰησοῦ Χριστοῦ])라는 문구의 정확한 의미에 대해 현대의 신약학자들 사이에 첨예한 논쟁이 있다는 사실입니다. 이를 문자적으로 번역하면 "예수 그리스도의 믿음(혹은 미쁘심)-[240]으로 말미암아"입니다. 그런데 문제는 여기의 "예수 그리스도의"가 문법적으로 목적격 소유격이냐 혹은 주격 소유격이냐는

_240 "믿음"을 의미하는 헬라어 "피스티스"(πίστις)는 "신실함"(faithfulness)을 뜻하기도 하고, 특히 하나님에 대해 사용될 경우는 "하나님의 신실하심"을 뜻합니다(참조. 롬 3:3, "하나님의 미쁘심").

것입니다. 곧 여기서 "믿음"의 주체가 누구냐?—이 "믿음"이 예수 그리스도를 향한 신자들의 "믿음"이냐? 아니면 예수 그리스도 자신의 "믿음"(혹은, "미쁘심")이냐?—라는 것입니다. 양쪽의 복잡한 논지들을 저울에 달아본 결과,[_241] 필자는 기존에 이해해온 대로 개역개정 성경의 번역을 그대로 취하여 "예수 그리스도를 믿는 믿음으로 말미암아"의 의미로 이해하는 것이 합당하다고 봅니다. 존 머리는 이 문제에 대해 다음과 같이 논평합니다.

> 예수 그리스도가 여기서 말씀하는 그 믿음의 주체가 아니라 그 대상이시라는 것은 입증할 필요가 거의 없는 사실이다. 사도가 예수님 자신이 모범으로 보이신 믿음을 본받는 믿음을 염두에 두고 있었다는 식의 이해는—우리가 예수님 자신의 믿음으로 말미암아 의롭다 하심을 받는다는 식의 이해는 더더욱—사도의 가르침 전체의 기조와 전혀 어긋나는 것이다. 그리스도의 신실하심이라는 개념은 성경의 일반적인 유비(喩比)에는 혹시 어긋나지 않을지 모르나, 1:17이나 본문을

_241 초기 교부들로부터 현대에 이르기까지 교회는 "예수 그리스도를 믿음으로 말미암아"의 의미로 이해해오고 있으나, 19세기 이후 이를 "예수 그리스도의 믿음/신실하심으로 말미암아"의 의미로 보아야 한다는 견해가 제기되기 시작하여 오늘날에도 이와 관련한 첨예한 논쟁이 계속되고 있습니다. 오늘날 대다수의 학자들은 기존의 전통적인 견해를 지지합니다(Barrett, *Romans*, 74; Bird, *Romans*, 113-114; Bruce, *Romans*, 102; Carson, "Atonement in Romans 3:21-26," 125-126; Cranfield, *Romans*, I. 203; Kruse, *Romans*, 180-181; Moo, *Romans*, 225; Murray, *Romans*, I. 110-111; Sandy & Headlam, *Romans*, 83-84; Peterson, *Romans*, 189-190; Schreiner, *Handbook*, 65; Thielman, *Romans*, 204-205, 등). 그러나 롱네커(Longenecker, *Romans*, 409-413) 등은 후자의 의미를 취하며, 바르트(Barth, *Romans*, 96)는 이를 "예수 그리스도에게서 나타난 하나님의 신실하심으로 말미암아"의 뜻으로 이해합니다. 카슨은 후자를 지지하는 문헌의 정보를 제공해줍니다(Carson, 'Atonement in Romans 3:21-26,' 125. 주20). 슈라이너는 전통적인 견해를 지지하며 그 근거를 다음과 같이 상세히 제시합니다(Schreiner, *Romans*, 181-186): ① 로마서와 갈라디아서에는 신자들의 믿음을 지칭하는 구절들이 많이 나타난다; ② 의심의 여지없이 "그리스도의 믿음/신실하심"을 지칭하는 것으로 믿을 수밖에 없는 사례는 전혀 나타나지 않는다; ③ 바울이 "그리스도를 믿는 믿음"을 촉구하는 분명한 사례들이 그의 서신서에 나타난다(예. 갈 3:26; 빌 1:29); ④ 롬 3:21-4:12에서 "믿음"을 뜻하는 "피스티스"(πίστις)가 언급되는 경우마다 "그리스도의 믿음/신실하심"의 의미를 대입시키는 실험을 해보면, 3:21-31에서는 의미가 통하나, 4장에서는 굉장한 모순이 발생한다. 예컨대, 아브라함의 경우 "그 믿음이 의로 여겨졌다"(9절)고 하고, "믿음으로 된 의"(11절)를 거론하는데, 이 경우의 "믿음"은 아브라함 개인의 "믿음"을 지칭하는 것이 분명하다. 요컨대 "3:21-31에서는 '피스티스'가 그리스도의 믿음/신실하심을 뜻하는 반면에 4장에서는 그것이 신자의 믿음을 뜻한다는 식의 주장은 납득하기가 어렵다." 그는 이렇게 결론짓습니다. "바울은 신자들의 믿음은 매우 흔하게 언급하나 그리스도의 믿음을 언급하는 예는 단 한 번도 없다. 오히려 그리스도는 특별히 신자들의 믿음의 대상으로 언급되며, 또한 로마서 3-4장의 흐름이 '그리스도를 믿는 믿음'이라는 관념을 지지한다."(Schreiner, *Romans*, 186).

그런 의미로 이해해야 할 합당한 사유는 전혀 없다(Murray, *Romans*, I. 110-111).

바울은 이어서 이처럼 예수 그리스도를 믿음으로 말미암아 얻는 "하나님의 의"가 "모든 믿는 자에게 미"친다고 말씀합니다. 그리고 뒤이어 "차별이 없느니라"라고 덧붙입니다. 헬라어 원어 성경에는 여기에 "왜냐하면"이라는 뜻을 지닌 "가르"(γάρ)가 붙어 있으므로, 이것이 앞의 진술의 이유를 제시하는 의미를 지닌 것으로 보입니다. 즉 "하나님의 의가 모든 믿는 자에게 미치는데, 이는 차별이 없기 때문이다"라는 뜻입니다. 여기의 "모든 믿는 자"라는 표현은 뒤의 "차별이 없느니라"와 더불어, 예수 그리스도를 믿음으로 얻는 의롭다 하심의 원리의 보편성을 강조한다 하겠습니다(Moo, *Romans*, 226). 그렇습니다. 예수 그리스도를 믿는 사람이면 누구든—유대인이든 이방인이든, 빈부나 귀천의 차별이 없이—칭의의 의, 곧, 의롭다 하심을 얻어 하나님 앞에 서게 된다는 놀라운 사실입니다.

"하나님의 영광에 이르지 못하더니"

바울은 23절에서 "모든 사람이 죄를 범하였으매 하나님의 영광에 이르지 못하더니"라고 말씀합니다. 이 진술은 사실 1:18-3:20의 논지 전체를 한마디로 정리해주는 것이라 하겠습니다. 곧 죄를 범하여 하나님의 영광에 이르지 못한다는 것이야말로 온 인류의 가장 심각한 문제점이라는 사실입니다. 이 세상에서 이 진술에 해당하지 않는 사람은 단 한 사람도 없습니다. 사람마다 조건과 환경과 처지가 각기 다르지만, 모두가 이 진술의 범주 안에 속하여 있습니다. 여기의 "죄를 범하였으매"(헬. "헤마르톤"[ἥμαρτον])라는 동사는 부정과거/단순과거형으로 단회적(單會的)인 의미를 지닙니다. 곧 모든 사람이 마치 단 한 번 죄를 범한 것처럼 묘사한다는 것입니다. 18세기의 주석가 벵겔(J. A. Bengel, 1687-1752)은 이 진술이 5:12의 진술("모든 사람이 죄를 지었으므로")과 정확히 일치한다는 점에 착안하여 본문을 "아담 안에서 모든 사람이 죄를 범한 사실"을 지적하는 것으로 이해합니다(Morris, *Romans*, 176. 주 108).[242] 바울은 로마서 5장에서 상세히 설명하게 될 주제—곧 온 인류가 아담 안에서 범죄하였다는 주제—를 여기서 미리 암시하고 있는 것이 분명한 것 같습니다. 그러므로 학자들은 이를 "종합의 성격을 지닌 역사적 부정과거"(Cranfield, *Romans*, I. 153)로 이름 붙이기도 하며, 또한 "[바울은] 역사를 통틀어 모든 사람이 범한 모든 죄들을 하나로 뭉뚱그리며, 혹은 그 모든 죄들을 한순간에 결정적으로 범한 죄로 바라보고 있다"고 설명하기도 합니다(Longenecker, *Romans*, 416).

중요한 것은 "모든 사람이 죄를 범하였"다고 본문이 선언하고 있다는 사실입니다. 이미 1:18-3:20에서 충족히 해명한 바 있습니다만, 온 인류가 죄를 범하였고 하나님의 영광에 이르지 못하고 심판을 당하게 되어 있다는 사실이야말로 바울에게 가장 중요한 관심사였다는 점입니다. 이것이야말로 모든 전도자들의 관심사여야 하고, 사실 모든 참된 성도들의 관심사여야 마땅할 것입니다.

필자에게는 삼십여 년 전 평소에 익히 잘 알고 늘 가까이 계시던 한 어른을 모시고 버스에 탔던 일이 지금도 잊히지 않는 강렬한 추억으로 남아 있습니다. 버스를 타고 뒷좌석에 함께 앉아 있었는데, 지나가는 거리의 행인들을 물끄러미 보시더니 그분이 갑자기 눈물을 흘리시는 것이었습니다. 갑자기 벌

_242 바넷은 이렇게 논평합니다. "우리의 현재의 죄들과 지금 '하나님의 영광'에 이르지 못하는 처지는 인류의 근원인 그 첫 사람의 '원죄'로부터 흘러나오는 것이다. 그가 그의 모든 후손들을 하나님을 향한 반역의 길에 서게 만들었다"(Barnett, *Romans*, 83).

어지는 당혹스러운 상황에 놀라 왜 그러시냐고 물었더니, 그분은 이렇게 대답하셨습니다. "저기 창밖의 사람들을 좀 보게. 저 사람들의 처지가 얼마나 불쌍한가! 모두가 죄인들이니 이제 얼마 안 있어서 모두 죽게 되면 다들 지옥 불에 들어가게 될 텐데, 그것도 모르고 저리들 바삐 움직이고 있으니…저런 모습을 보면 나도 모르게 눈물이 나서 견딜 수가 없네!"

그렇습니다. 바로 이런 것이 사도 바울의 심정이었습니다. 바울은 그의 "형제 곧 골육의 친척을 위하여 내 자신이 저주를 받아 그리스도에게서 끊어질지라도 원"한다고 토로할 만큼(롬 9:3). 그의 동족 이스라엘의 구원을 간절히 바랐고, 그 일을 위해 전력을 쏟아 헌신했습니다. 그뿐 아니라 역사상 수많은 선교사와 전도자들이 바울과 같은 심정으로 땅끝까지 이르러 그리스도의 증인들로서 사명을 다했고, 오늘날도 이름 없이 그 사명을 위해 헌신하는 종들이 세계 도처에서 증언하고 있습니다. 구원받은 참된 그리스도인의 주요 관심사가 이런 것이어야 함은 두말할 필요도 없습니다. 우리는 과연 어떠합니까?

여기서 한 가지 흥미로운 사실은 이곳에도 "왜냐하면"이라는 뜻을 지닌 "가르"(γάρ)가 붙어 있다는 점입니다. 본문을 문자적으로 번역하면, "왜냐하면 모든 사람이 죄를 범하였고, 그리하여 하나님의 영광에 이르지 못하기 때문"이라 할 수 있습니다. 이렇게 보면, 앞 절과의 논리적 관계가 잘 드러납니다. 곧 "하나님의 의가 모든 믿는 자들에게 미치니 이는 차별이 없기 때문이요, 차별이 없는 것은 모든 사람이 다 죄를 범하여 하나님의 영광에 이르지 못하기 때문"이라는 것입니다. 그렇습니다. 유대인이든 이방인이든 상관없이 "모든 사람이"—예수 그리스도 한 분을 제외하고는(참조. 히 4:15; 벧전 2:22) 단 한 사람의 예외도 없이—죄를 범하여 하나님께로부터 멀어진 상태에 있으니, 하나님이 의를 베푸시는 일에서도 차별이 있을 수가 없습니다. 맥아더의 말처럼 "구원 얻는 사람들 사이에 차별이 없으니, 이는 잃어버린 자들 사이에 차별이 없기 때문이요, 이는 바로 모든 사람이 죄를 범하여 하나님의 영광에 이르지 못하기 때문"입니다(MacArthur, *Romans 1-8*, 207-208).

이어서 바울은 "모든 사람이 죄를 범하여" 발생한 심각한 결과를 이렇게 묘사합니다: "하나님의 영광에 이르지 못하더니"(헬. "휘스테룬타이 테스 독세스 투 테우"[ὑστεροῦνται τῆς δόξης τοῦ θεοῦ]). 이 문구의 정확한 의미에 대하여 학자들의 견해가 극히 다양하게 제시됩니다.[243] 그러나 그 대략적인 의미는 본문 속에서 잘 드러납니다. 본문의 "이르지 못하더니"라는 동사(헬. "휘스테룬타이")는 현재 시제로서, 문자적으로 결핍된 상태 혹은 당연히 있어야 할 것이 없는 상태가 지속되는 것을 뜻합니다. 그렇다면 여기의 "하나님의 영광"이란 하나님 자신의 영광이 아니라, 그가 사람들에게 베푸신 영광된 지위, 혹은 사람들이 그에게 돌리는 영광을 뜻할 것입니다. 하나님 자신의 영광이 결핍되었다는 것은 성립하지 않기 때문입니다.

이렇게 볼 때 본문은 "사람이 하나님께로부터 받은 영광된 지위가 상실되었다"는 의미이거나, 아니면 "사람이 하나님께 마땅히 영광을 돌려야 하는데 그것이 결핍된 상태"라는 의미이거나, 둘 중의 하나일 것입니다. 학자들 가운데 전자의 견해를 취하는 예가 많은데, 이들 중 대다수는 이를 인간이 창조 시에 부여받은 "하나님의 형상"이 타락 이후 심각하게 손상된 사실과 연결시켜 이해합니다.[244] 반면에 후자의 의미를 취하는 이들도 있습니다(Schreiner, *Romans*, 187 등). 사실 이 두 가지 견해를 하나로 종합하여 이해할 수도 있을

_243 모리스는 이에 관한 다양한 견해들—① 의롭다 하심을 받은 자들을 하늘에서 기다리고 있는 하나님의 광채; ② 인간의 삶을 위한 신적인 표준, ③ 하나님의 형상에 부합하는 것; ④ 하나님의 인정하심을 받는 것; ⑤ 하나님의 임재와 또한 그분과의 하나 된 교제; ⑥ 거룩하게 하시는 은혜 등—을 열거한 후, "주석가들은 자기들의 생각에 따라 아무렇게나 의미를 붙여 이 구절을 읽는 경향이 있다"고 논평합니다(Morris, *Romans*, 177. 주111).

_244 Kruse, *Romans*, 182; Moo, *Romans*, 226; Murray, *Romans*, I. 113; Peterson, *Romans*, 191 등.

것입니다. 창조 시에 부여받은 "하나님의 형상"이 타락 이후 죄 가운데서 심각하게 손상되었으며, 이런 상태에서는 사람이 당연히 하나님께 영광을 돌리지 않고 또한 영광을 돌릴 수도 없는 법이니 말입니다. 존 파이퍼의 다음과 같은 설명이 이 문제에 관해 매우 훌륭한 가르침을 준다 하겠습니다.

> 하나님의 영광을 높이 기리고, 그것을 언제나 우리 앞에 두며, 그것을 우리 삶의 보배요 목표로 삼는 것이 곧 그의 영광을 드러내는 것이다. 그러나 로마서 1:23은 우리 모두가 하나님의 영광을 피조물의 영광과 바꾸어버렸다고 말씀한다. 결국 우리는 보배들을 팔아넘긴 것이요, 영광의 하나님을 알고 그를 바라보는 즐거움보다 삶의 갖가지 다른 것들을 더 좋아하는 것이다. 하나님의 영광에 이르지 못한다는 것은 바로 이런 의미다. 그분께 영광을 돌리는 것이야말로 우리 삶의 보배요 우리의 열정과 목표인데, 그것이 우리에게 결핍되어 있다는 것이다.... 하나님의 영광보다 다른 것들을 더 선호한다는 것, 이것이야말로 죄의 핵심이다(Piper, *The Pleasures of God*, 178, 주1).

또한 영국의 신약 신학자인 도널드 거스리(Donald Guthrie)는 이에 대해 다음과 같이 설명하고 있습니다.

> 사람의 모자람을 가늠하는 기준은 "하나님의 영광"이다. 사람이 그 영광에 이르지 못한다는 것(롬 3:23)은, 곧 사람이 마땅히 하나님의 영광을 드러내야 하는데도 죄로 인하여 그렇게 할 수가 없게 되었음을 암시하는 것이다. 그럼에도 불구하고, 바울은 사람들이 "의롭다 하심"을 얻음으로 말미암아 다시금 하나님의 영광을 함께 누릴 가능성을 바라본다(롬 5:2)....그는 이처럼 하나님의 영광과 그리스도인들이 함께 누리는 그 영광(고후 3:18)이 서로 상응하는 것을 보는 것이다

(Guthrie, *New Testament Theology*, 91).[245]

이처럼 인류는 죄를 범함으로써 하나님께 마땅히 드려야 할 영광을, 혹은 하나님의 형상으로서 마땅히 드러내야 할 그 본연의 모습을 드러내지 못하게 되었습니다. 그러나 바울은 바로 뒤이어지는 24절에서 예수 그리스도 안에서 이러한 인간의 근본적인 문제가 해결되었음을 천명하고 있습니다: "그리스도 예수 안에 있는 속량으로 말미암아 하나님의 은혜로 값없이 의롭다 하심을 얻은 자 되었느니라." 그렇습니다. 예수 그리스도의 의를 전가 받아 우리가 의롭다 하심을 얻음으로써 하나님이 베푸신 영광을 법적으로 회복하게 되며(고후 3:18; 4:6), 또한 훗날 모든 구원의 역사가 완성될 그 미래의 종말에 그리스도께서 재림하실 때에 그 "하나님의 영광"이 우리에게서 완전히 회복될 것입니다(참조. 롬 5:2; 8:18, 29-30; 빌 3:21). 로이드 존스는 이 점에 대해 다음과 같이 감격스럽게 선포하고 있습니다.

> 여기 로마서 3:23에서만큼 사도께서 죄로 인한 황폐와 타락의 모습을 놀랍게 드러낸 적이 없습니다. 죄는 사람을 불의하게 만들며, 더 나아가 하나님의 영광을 그에게서 앗아갑니다. 이 사실을 제대로 깨닫는다면, 인간이 이런저런 행위나 활동에 근거하여 하나님의 임재 가운데 서 있을 자격을 얻을 수 있다는 식의 사고가 얼마나 허망한 것인지를 알게 될 것입니다. 하나님의 임재의 영광 앞에 서기에 앞서—하나님을 진정으로 알고 그와 하나 된 교제를 갖기에 앞서—하나님의 영광

_245 비일의 다음과 같은 설명 역시 이 문제를 이해하는 데에 도움을 줍니다. "아담은 죄로 인하여 하나님을 영화롭게 하는 기능을 상실해버렸다. 로마서 3:23은…십중팔구 아담이 타락한 모든 인류에게 미친 영향을 가리킬 것이다. [아담의 타락의 영향으로] 그들 역시 하나님의 영광을 드러내지 못하는 것이다. 로마서 3:24은 이 영광이 그리스도 안에서 다시 얻어지는 것을 말씀하며, 로마서 5:12-19은 더욱 선명하게 그리스도를, 첫 아담이 저질러놓은 상태를 다시 제자리로 돌려놓으시는 마지막 아담으로 바라보는 것이다"(Beale, *A New Testament Biblical Theology*, 456).

에 속한 그 무언가가 우리에게 있어야 하는 것입니다....그것이 없이는 절대로 하나님을 볼 수도, 그의 임재 속에 설 수도 없습니다. 그러나 베드로후서 1장에서 사도 베드로가 말씀하듯이, 그리스도인은 하나님의 "신성한 성품에 참여하는 자"가 되었습니다(4절). 내가 그리스도인으로서 과연 그렇다는 말씀입니까? 예, 그렇습니다....그리스도인인 나의 속에 영광스러운 새 사람이 있습니다. 그리고 그 새 사람이 계속 "변화하여 영광에서 영광에 이르"게(고후 3:18) 될 것입니다. 바울은 빌립보 교인들에게 말씀하기를, 우리가 주 예수 그리스도께서 하늘로부터 오시기를 기다리니 "그가…우리의 낮은 몸을 자기 영광의 몸의 형체와 같이 변하게 하시리라"고 합니다(빌 3:20-21). 그때가 오면 내가 완전히 영광스럽게 될 것입니다! 영으로도 영광스럽고, 육체로도 영광스러우며, 완전히 영광스러워질 것입니다(Lloyd-Jones, *Romans*, III. 52-53).

결론

이렇게 해서 3:21-23의 중요한 내용을 대략 살펴보았습니다만, 이제 이 본문의 가르침을 접하면서 어떤 생각이 드십니까? 필자 개인으로서는 특히 죄인의 처절한 죄악성과 완전한 무능력함이 본문 전체의 내용 이면에 배경으로 자리하고 있다는 느낌을 받습니다. 지금까지 로마서의 본문을 살피면서 여러 차례 주지한 내용입니다만, 무엇보다도 죄로 인한 인간의 전적 무능력함에 대한 철저한 인식이 바울의 뇌리에 깊이 박혀 있음을 감지하지 않을 수 없습니다. 특히 교리에 대한 현대 교회의 무관심과 몰이해, 그리고 현대 교회에서 흔히 선포되는 무분별한 메시지들, 그리고 그런 메시지들에 빠져 그리스도의 순전한 복음을 멀리한 채 헛된 신앙(?)생활에 바쁜 현대의 일반 신자들…모두가 정말 안타까운 실정입니다.

온갖 그릇된 가르침이 교회 안팎에 가득한 시절이니만큼, 특히 시편 기자의 다음과 같은 분명한 고백을 가슴에 든든히 새겨야 할 때라 여겨집니다. "구원은 여호와께 있사오니"(시 3:8; 62:1). 예, 과연 그렇습니다. 죄인을 구원하는 문제는 처음부터 마지막까지 "여호와께" 달려 있습니다. 이는 절대로 사람이 어찌어찌해서 해결하거나 도울 수 있는 문제가 아닙니다. 이러한 시편의 메시지가 로마서의 본문에서도 귀에 쟁쟁하게 울려 퍼집니다.

본문은 죄악 가운데 있어서 하나님의 심판 외에는 아무런 미래도 없는 사람들에게 "하나님의 의"가 나타났음을 선언합니다. 하나님께서 친히 그들을 위해 움직이셨습니다. 그들이 그의 앞에 의인으로 서도록 그들을 받아주실 방도를 하나님 자신이 마련해주신 것입니다. 여기에는 인간의 행위나 인간의 수고의 도움이 끼어들 자리가 추호도 없습니다. 사람이 알지도 못하는 사이에, 사람이 불순종으로 완전히 고개를 돌리고 있는 사이에, 전적으로 하나님이 홀로 처음부터 끝까지 구원의 모든 일을 다 이루신 것입니다. 예! 바로 이것이 기독교의 복음의 비밀이요, 능력입니다!

여러분, 인간의 영적인 능력과 지혜와 가능성을 극대화하여 그것들에 의존하도록 부추기는 소위 펠라기우스주의(Pelagianism)와 아르미니우스주의(Arminianism)의 가르침은 현대인들의 가슴에 와 닿기도 하고 참 그럴듯해 보이기도 합니다. 그러나 사실 이것들은 참된 구원을 가로막고 저해하는 심각한 방해꾼일 뿐입니다. 적어도 사도 바울의 가르침과는 전적으로 어긋나는 것입니다. 19세기 영국 런던의 위대한 설교자 찰스 스펄전은 "칼빈주의에 대한 변론"(A Defence of Calvinism)이라는 강론 중에서 다음과 같이 말씀하는데, 이는 과연 참된 기독교 신앙의 핵심을 밝혀 주는 가르침으로서 마음속 깊이 새길 만한 명언이라 하겠습니다.

"구원은 여호와께 있사오니"(시 3:8; 62:1). 이 말씀이야말로 칼빈주의의 핵심이요 골자입니다. 만일 "칼빈주의자란 어떤 사람인가?"라고 물어보시면, 저는 "구원은 (사람이 아니라) 여호와께 달려 있다고 말하는 사람입니다"라고 대답할 것입니다. 이것 외에 다른 교리는 성경에서 찾을 수가 없습니다. "오직 그만 나의 반석이요 나의 구원이시라"(시 62:2). 이것이 과연 성경의 가르침의 핵심입니다.[246]

_246 스펄전은 또한 이렇게도 말씀합니다. "칼빈주의란 바로 만물의 머리 위에 영원하신 하나님을 놓는 것입니다. 모든 만물을 하나님의 영광과 관련지어 바라보는 것입니다. 하나님을 맨 먼저 바라보며, 그다음 저 한참 밑에서 사람을 보는 것입니다"(스펄전, 『스펄전 목회론』, 349).

제25강.
"화목제물"(3:24-26)

"24 그리스도 예수 안에 있는 속량으로 말미암아 하나님의 은혜로
값 없이 의롭다 하심을 얻은 자 되었느니라
25 이 예수를 하나님이 그의 피로써 믿음으로 말미암는 화목제물로
세우셨으니 이는 하나님께서 길이 참으시는 중에 전에 지은 죄를
간과하심으로 자기의 의로우심을 나타내려 하심이니
26 곧 이 때에 자기의 의로우심을 나타내사 자기도 의로우시며 또
한 예수 믿는 자를 의롭다 하려 하심이라."

1:18부터 3:20까지 상세히 묘사해온 대로, 유대인이든 이방인이든 상관없이 온 인류가 죄를 범하여 하나님이 베푸신 영광스러운 지위를 상실했고 또한 하나님을 영화롭게 하고자 하는 의지도 능력도 없는 상태였습니다. 에베소서의 말씀처럼 인류는 "진노의 자녀"의 신분이 되어버렸고(2:3), 따라서 그들 앞에 놓인 것은 오직 하나님의 처절한 진노의 심판밖에는 없었습니다. 그런데 바로 이런 상황에서 하나님이 친히 베푸시는 놀라운 구원의 역사가 일어납니다. 곧 바울이 앞의 21-22절에서 말씀한 대로, 율법의 행위와는 관계없이 하나님이 베풀어주시는 "의", 곧 "예수 그리스도를 믿음으로 말미암

아 모든 믿는 자에게 미치는 하나님의 의"가 나타난 것입니다. 바울은 이제 이 단락에서 그러한 역사를 더욱 구체적으로 설명하고 있습니다. 곧 "하나님의 의"란 바로 "그리스도 예수 안에 있는 속량으로 말미암아 하나님의 은혜로 값 없이" 베푸시는 "의롭다 하심"이요(24절), 이를 위해 하나님은 그 예수로 하여금 "그의 피"를 흘리게 하사 그를 "화목제물"로 세우셨고, 이로써 그의 의로우심을 나타내셨다는 것입니다(25-26절).

이 단락은 구원의 도리를 간명하게 정리해주는 너무나도 중요한 본문으로서, 많은 하나님의 백성들이 본문의 가르침을 통해 놀라운 구원의 은혜를 깨닫고 체험해오고 있습니다. 한 가지 실례를 들면, 한국교회에도 알려져 있는 "샘물과 같은 보혈은"(258장), "귀하신 주님 계신 곳"(207장) 등의 찬송가 작가요 18세기 잉글랜드의 찬송 시인 윌리엄 카우퍼(William Cowper, 1731-1800)는 평생 우울증에 시달리는 등 온갖 고통 중에서도, 본문에 대한 새로운 깨달음을 통해 회심하였습니다. 그는 그때의 일을 다음과 같이 표현하고 있습니다.

> 내게 채워진 족쇄가 떨어져 나가고 그리스도 예수 안에서 하나님의 값없는 자비가 내게 선명히 열리게 되는 그 복스러운 때가 이르렀다. 창문 가까이에 있는 의자에 몸을 던지고 보니 마침 옆에 성경이 있었고, 혹시 위로와 교훈을 얻을까 싶어 다시 한번 책을 펼쳤다. 나의 눈길을 끈 첫 구절은 로마서 3장의 본문이었다. "그리스도 예수 안에 있는 속량으로 말미암아 하나님의 은혜로 값없이 의롭다 하심을 얻은 자 되었느니라 이 예수를 하나님이 그의 피로써 믿음으로 말미암는 화목제물로 세우셨으니"(24-25절). 나는 곧바로 믿을 힘을 얻었다. 의로운 해이신 주님의 광선이 충만히 내게 비쳐왔다. 그가 행하신 속죄의 충족함을, 그의 피로 내가 사함 받았음을, 그리고 그가 베푸신 의롭다 하심의 충만함과 완전함

을 보았다. 나는 즉시 그것을 믿었고 복음의 평안이 내게 임했다. 전능하신 하나님의 팔이 나를 지탱시키지 않았더라면, 나는 감사와 기쁨에 완전히 압도되어 쓰러졌을 것이다. 눈에 눈물이 가득 고였고, 감격에 도취되어 말문이 막혀 버렸다. 사랑과 놀라움이 넘쳐흐르는 중에 그저 말없이 경외의 마음으로 하늘을 바라볼 뿐이었다(Lloyd-Jones, *Romans*, III, 95-96; Ryken, *The Message of Salvation*, 204에서 재인용).[247]

사라져가는 귀중한 용어들

자, 이제 24절부터 시작되는 이 단락의 내용을 하나씩 살펴보기로 합시다. 이 단락에서 바울은 특히 "속량"(혹은 "구속"[救贖]), "의롭다 하심", "그의 피", "화목제물" 등, 극히 중요한 의미를 지니는 용어들을 사용하고 있습니다. 이 용어들의 의미를 올바로 이해하는 것이 바른 성경적 복음을 깨닫는 데에 결정적인 요인이 된다는 점은 굳이 강조할 필요조차 없을 것입니다. 교회 안에서 건전한 가르침이 지속되는 것이야말로 교회의 생명을 위해 가장 중요한 일입니다. 그런데 오늘날 교회들에서 이 용어들의 구체적인 의미를 전혀 가르치지 않거나 극히 피상적으로만 언급하고 지나치는 경향이 현저합니다.

_247 또한 『천로역정』으로 우리에게 친숙한 17세기 잉글랜드의 청교도인 존 번연(John Bunyan, 1628-1688)은 본문 24절의 말씀을 통해 결정적인 회심을 맞았는데, 그는 그 일에 대해 다음과 같이 기록하고 있습니다. "마음이 극히 심란하여 집 안을 이리저리 거니는 동안, 하나님의 말씀이 내 마음을 사로잡았다. '그리스도 예수 안에 있는 속량으로 말미암아 하나님의 은혜로 값없이 의롭다 하심을 얻은 자 되었느니라'(롬 3:24). 오오, 이 말씀이 내게 얼마나 큰 전환점이 되었는지! 갑자기 그 말씀이 내게 얼마나 큰 변화를 일으켰는지! 이제 나는 괴로운 잠과 악몽에서 깨어난 사람이 된 느낌이었다. 이 천상의 선고를 듣노라니, 그 말씀이 마치 내게 이렇게 설명해주는 것처럼 들렸다. '죄인아, 네 죄와 네 연약함 때문에 내가 네 영혼을 구원하지 못할 줄로 생각하느냐? 그러나 보라! 내 아들이 내 옆에 있으니, 나는 너를 보지 않고 그를 보며, 내가 그를 기뻐하는 것과 똑같이 너를 그렇게 대하리라'"(Bruce, *Romans*, 104에서 재인용).
또한 미국의 신약학자인 머리 해리스(Murray J. Harris)는 트리니티 복음주의 신학교(Trinity Evangelical Divinity School)의 교수직에서 은퇴하기 전 마지막 교수 경건회 시간에 이렇게 말했다고 합니다. "역사적 기독교 신학의 중심을 어디에서 찾을까요?…성경책을 들고 신약에 들어가세요. 그리고 로마서를 펼치세요. 그런 다음 3장을 찾고, 그중에서 21-26절을 읽으세요. 그리고 24절에 초점을 맞추세요. 그리스도인의 생명에 대한 성경적 가르침의 핵심이 바로 거기에 있습니다"(Nyquist, "*The Gospel Paradox*," 168에서 재인용).

그저 찬송가나 복음송의 가사들 속에서나 이따금씩 접할 뿐 교회 안에서 이런 용어들이 빠르게 사라져가고 그 의미를 상실해 가고 있습니다. 벤자민 워필드 박사는 이미 20세기 초에 당시 미국교회 내에서 일고 있던 그러한 현상에 대해 경종을 울린 바 있습니다. 그는 1915년 9월 프린스턴 신학교의 개강에 즈음하여 행한 "구속자와 구속"이라는 강론 중에서 이렇게 말씀합니다.

> 오늘날의 일상적인 종교적 언어 현상을 살펴보면, 우리가 한 단어(즉 "속량", 혹은 "구속"을 지칭함)의 임종(臨終)을 돕고 있다는 생각이 듭니다. 무엇이든 값진 것이 죽어 없어지는 것은 안타까운 일이요…값진 단어 역시 마찬가지입니다. 모든 값진 것들이 다 그렇듯이, 값진 단어들도 우리가 잘 보살피지 않으면 죽어 없어지고 맙니다. 우리가 제대로 보살피지 못한 탓으로 이미 우리 눈앞에서 죽어 없어진 값진 단어들이 얼마나 많습니까?(Warfield, "Redeemer and Redemption," in *Biblical Doctrines*, 394-395).

이와 동일한 현상이 한국교회에 이미 만연해 있습니다. 여러분, "속량"(贖良)이니 "구속"(救贖)이니 "화목제물"이니, 하는 단어들에 대한 구체적인 설명을 교회의 설교나 성경공부 등에서 얼마나 자주 접해보셨습니까? 이미 한국교회 내에서 거의 사라지고 없다고 해야 옳을 것입니다. 그처럼 이해하기 어렵고 부담스러운(?) 단어들은 사라지고 그 대신 "사랑" 등의 감미로운 단어들이 현대 교회에서 인기를 누리고 있습니다. 어찌 보면 "사랑"만큼 교회에서 강조하는 것이 과연 있는가 싶기도 합니다. 그런데 이와 관련해서 유념해야 할 점이 있습니다. 그 "사랑"이 과연 성경이 가르치는 참된 사랑이라면, 그것은 결코 "진리" 혹은 진리에 대한 지식을 무시하거나 배제하는 것이 아니고, 오히려 진리에 대한 지식을 기반으로 한다는 사실입니다.

그리스도인의 사랑의 표본을 제시해주는 고린도전서 13장에서 바울은 "진리와 함께 기뻐하"는 것을 사랑의 본질적인 모습 가운데 하나로 제시합니다(6절). 또한 그는 빌립보서에서, 교인들의 "사랑을 지식과 모든 총명으로 점점 더 풍성하게 하사" 그들이 "지극히 선한 것을 분별하"게 해주시기를 위해 그 자신이 기도하고 있음을 언급합니다(빌 1:9-10). 적어도 성경이 가르치는 "사랑"은 진리에 대한 "지식"과 "모든 총명"을 전제하는 것이요, "지극히 선한 것을 분별"해야만 비로소 "사랑"이 올바로 그 기능을 발휘한다 할 것입니다. 도널드 카슨 박사는 여기서 말하는 "지식"이 "복음의 의미에 대한 성숙한 깨달음"이며 이는 "건전한 교훈과 충만한 체험의 열매"임을 지적합니다(Carson, *A Call to Spiritual Reformation*, 126). 그러므로 "사랑"에 대한 강조와 더불어 "복음의 의미에 대한 성숙한 깨달음"이 우리에게 필수적으로 요구되는 것입니다. 다시 말해서 "속량", "의롭다 하심", "그의 피", "화목제물" 등 성경적인 용어들의 대한 올바른 깨달음과 지식이 우리에게 필수적이라는 것입니다. 이런 점에서 지금 우리 앞에 놓인 과제를 쓸데없는 "지식놀음"으로 치부하여 무시해서는 절대로 안 되고, 오히려 우리 모두가 깨달아야 할 복음의 핵심적인 사항들임을 알고 귀중하게 접근해야 마땅할 것입니다.

"의롭다 하심"

24절에서 바울은 우리, 곧 참된 구원 얻은 백성들이 "의롭다 하심을 얻은 자 되었"음을 말씀합니다.[248] "의롭다 하심" 혹은 "칭의"는 성경에 나타나는 구원에 관한 가르침의 뼈대를 이루는 중요한 용어이므로, 이를 올바로 깨

_248 "의롭다 하심을 얻은 자 되었느니라"(헬. "디카이우메노이"[δικαιούμενοι])는 현재 수동태 분사 일인칭 복수형으로서, "우리가 의롭다 하심을 얻었으니"라는 의미로 보아야 할 것입니다.

닫는 일이 참된 기독교 신앙의 틀을 세우는 데에 지극히 중요합니다. 그런데 앞서 제22강("하나님의 심판 아래에 있는 인류, 참조. 본서 466-469쪽")에서 간략하게나마 "의롭다 하심"의 개요를 설명한 바 있으므로, 여기서는 "의롭다 하심"과 관련하여 현대 교회 내에서 제기되는 한 가지 문제만을 지적하고 넘어가겠습니다. 곧 "의롭다 하심"이 "죄 사함" 혹은 "죄 용서"와 어떤 관계냐 하는 것입니다.

흔히 "의롭다 하심"을 "죄 사함"과 동일한 것으로 여기는 경우가 많습니다. 독일의 루터교 신학자 요아힘 예레미아스(Joachim Jeremias, 1900-1979)는 "의롭다 하심은 죄 용서요, 오로지 죄 용서일 뿐이다"라고 말합니다(Stott, *The Cross of Christ*, 182에서 재인용). 특히 샌디와 헤들럼은, 예수님이 말씀하신 탕자의 비유(눅 15:11-32)에서 아버지가 둘째 아들을 무조건 받아주는 것이 바로 "의롭다 하심"의 본질을 보여준다는 논지를 전개하면서, 다음과 같이 진술하기도 합니다.

> 의롭다 하심의 과정을 그 가장 단순한 요소들로 정리하면…그것은 그저 죄 용서요, 값없는 죄 용서다. 탕자의 비유는, 죄인에게 요구되는 마음 자세와 그를 맞아들이시는 하나님의 자세를 표현하는 것이요 두 당사자의 모습을 완벽히 그려주는 것이다(Sanday & Hedlam, *Romans*, 36).

그러나 "의롭다 하심"은 단순한 "죄 사함"과는 달리, 그리스도의 완전한 "의"를 우리의 "의"로 전가 받아, 하나님 앞에서 "의인"으로 인정받는 것입니다. "죄 사함"은 죄와 죄의 책임을 제거하는 소극적인 의미인 반면에, "의롭다 하심"은 "의인"으로 인정받게 하는 적극적인 의미를 지니는 것입니다. 호주 앵글리칸 교회의 신학자 마커스 론(Markus Loane, 1911-2009)은 둘 사이의 차

이를 다음과 같이 명쾌하게 정리해줍니다.

> 죄 용서를 전하는 음성은 "네 죄에 대한 형벌이 사라졌으니, 너는 이제 평안히 돌아가라"고 말하나, 반면에 의롭다 하심을 선언하는 판결은, "나의 사랑과 나의 임재 전체가 너를 환영하니, 너는 이제 내게로 오라"고 선언하는 것이다(Stott, *Romans*, 110에서 재인용).[249]

이 문제에 대해서는 무엇보다 미국의 칼빈주의 신학자 아치볼드 하지(Archibald A. Hodge, 1823-1886)의 다음과 같은 해설이 명확한 견해를 제시해 준다 하겠습니다.

> "의롭다 하심"은 죄 사함보다 한 걸음 더 나아가는 것이다. 첫째, "의롭다 하다"라는 단어 자체가 이를 증명한다. "죄를 사하다"는 율법의 형벌 제재의 시행을 취소시키는 것이지만, "의롭다 하다"는 율법의 요구가 취소되지 않고 만족되었음을 선언하는 것이다. 죄 사함은 주권적인 행위인 반면에 의롭다 하심은 법적인 행위다. 둘째…그리스도께서 완전히 의를 행하사 율법의 요구들을, 곧 율법이 요구하는 순종과 율법이 부과하는 형벌을, 우리를 위해 대신 보상하셨다. 그리스도의 보상이 우리의 의롭다 하심의 근거다. 그러나 죄 사함은 보상이 없이 형벌을 취소하는 것이다. 셋째, 만일 의롭다 하심이 죄 사함이라면 우리는 형벌의 고통에서 방면되기만 할 뿐 그 이상의 유익은 얻지 못할 것이다. 그러나 "그리스도를 믿음으로 말미암는 의롭다 하심"은 죄 사함만이 아니라 평안, 은혜, 화목, 양자됨, 등도 얻게 해

_249 스토트는 둘 사이의 차이를 이렇게 설명합니다. "죄 용서란 우리의 빚을 탕감하고 부채 혹은 형벌을 취소하는 것이요, 의롭다 하심은 하나님 앞에 서도록 우리에게 의를 베푸는 것이다"(Stott, *The Cross of Christ*, 182).

> 준다....“의롭다 하심”을 받은 신자들의 경우에는 “의롭다 하심”이 “죄 사함”까지 포함한다. 의롭다 하심은 “보상”의 근거 위에서 행해지는 것이요, 따라서 그것은 그냥 죄 사함과는 다르다. 그 보상은 무가치한 자들을 위해 은혜로 베풀어지는 “대리적인” 보상이며, 그것이 그리스도를 믿는 우리 죄인들에게 죄 사함의 효력을 발생시키는 것이다(A. Hodge, *Outlines of Theology*, 506-507).

본문에서 바울은 죄인의 “의롭다 하심”과 관련하여 지극히 중요한 세 가지 요인을 언급합니다. 곧, “하나님의 은혜”와 “그리스도 예수 안에 있는 속량”(24절), 그리고 “믿음”(25절)이 그것입니다. 이 세 가지 요인 모두 “의롭다 하심”과 필연적인 관련을 맺고 있으므로, 이것들 각각의 기능과 그 의미에 대해 올바로 깨닫고 믿지 않고서는 “의롭다 하심”을 올바로 깨닫고 믿을 수가 없습니다. 이 세 가지 요인이 “의롭다 하심”과—또한 성경이 가르치는 구원과—구체적으로 어떻게 관련을 맺고 있느냐 하는 문제를 올바로 정리하는 것이 성도에게 필수적인 일입니다.

그런데 정말 안타까운 사실은 오늘날 교회 안에서 이 세 가지 요인들 각각의 기능과 의미에 대한 명확한 가르침이 거의 사라졌다는 것입니다. 필자의 유소년/청년 시절 전체를 통틀어 교회 내에서 이 문제를 명확히 정리해 주는 가르침을 한 번도 제대로 접한 일이 없었습니다. 그러나, 앞의 제23강(“새 관점 신학”)의 서두에 언급한 대로 “의롭다 하심”의 교리가 없이는 하나님의 교회가 단 한 시간도 존재할 수가 없다는 종교개혁자 마르틴 루터의 발언이—또한 그것이 없이는 “신앙이 제거되고 교회가 파괴되며 구원의 소망이 철저하게 무너진다”는 칼빈 선생의 가르침이—과연 참이라면, 이 세 가지 요인과 관련된 진리를 명확히 깨닫는 것이야말로 개인의 영적 안위는 물론, 교회의 사활이 걸린 중요한 사안이라 할 것입니다.

그러면, 본문이 말씀하는 이 세 가지 요인들은 각기 어떤 의미를 지닐까요? 결론부터 이야기하자면, 첫째로 "하나님의 은혜"라 할 때는 "의롭다 하심"의 근원(根源; origin) 혹은 출처(出處; source)를 거론하는 것입니다. 둘째로, "그리스도 예수 안에 있는 속량"을 언급할 때에는 하나님이 베푸시는 "의롭다 하심"의 근거(根據; ground)를 다루는 것입니다. 셋째로, "믿음"을 거론하는 경우에는 "의롭다 하심"의 수단(手段; means)을 지칭하는 것입니다.[250] 그리고 본문에는 명확히 제시되지 않으나(23절에 암시되어 있기는 합니다만), 넷째 요인으로 "하나님의 영광"을 들 수 있는데, 이는 "의롭다 하심"의 목적을 가리킨다 하겠습니다(참조. 엡 1:6, 12).[251]

"하나님의 은혜로"

첫째로, "하나님의 은혜"라는 용어는 "의롭다 하심"의 근원, 혹은 출처를 지칭하는 것입니다. 우리의 "의롭다 하심"의 근원적인 출처가 무엇이며 그 뿌리가 어디에 있는가를 따질 때, 그것은 바로 "하나님의 은혜"에 있다고 말하는 것입니다. 성경은 구원의 모든 것이 궁극적으로 하나님께 달려 있음을 분명히 가르칩니다. "구원은 여호와께 있사오니"(시 3:8; 62:1; 욘 2:9). 하나님이

_250 칼빈은 아리스토텔레스의 사물의 4원인에 대한 구분을 채용하여 다음과 같이 말합니다. "성경 전체에서 그 어떤 본문도 이 '의'의 효능을 이보다 더 충격적으로 예증하지 못하니, 이는 본문이 하나님의 은혜가 그 운동인(運動因; the efficient cause)이요, 그리스도와 그의 피가 그 질료인(質料因; the material cause)이요, 말씀을 통해 갖게 되는 믿음이 그 형상인(形象因; the formal cause)이요, 또한 하나님의 정의와 선하심의 영광이 그 목적인(目的因; the final cause)임을 보여주기 때문이다"(Calvin, *Romans*, 74-75).

_251 이와 관련하여 다음과 같은 종교개혁의 다섯 가지 "오직"(솔라)을 주목하게 됩니다. "오직 성경"(솔라 스크립투라[Sola Scriptura]), "오직 은혜"(솔라 그라티아[Sola Gratia]), "오직 그리스도"(솔루스 크리스투스[Solus Christus]), "오직 믿음(솔라 피데[Sola Fide]), "오직 하나님께 영광"(솔리 데오 글로리아[Soli Deo Gloria]). 이 다섯 가지 "오직"은 로마 가톨릭교회의 가르침과의 명확한 구별을 위한 것입니다. 로마 가톨릭교회는 "성경과 교회의 전통", "은혜와 공로", "그리스도와 마리아 및 성인(聖人)들의 중보", "믿음과 행위", "하나님과 성인들과 교회의 영광"을 주장했으나, 종교개혁자들은 이를 반대하고 그 하나하나에 대해 "오직"이라는 문구를 써서 "오직 성경", "오직 은혜", "오직 그리스도", "오직 믿음", "오직 하나님께 영광"을 강조한 것입니다.

죄인들을 구원하시는 이유는 그들이 아름답거나 선하거나 귀하기 때문이 결코 아닙니다. 오직 그가 친히 그들의 구원을 원하시기 때문입니다. 그렇다면 그는 대체 어째서 그들의 구원을 원하실까요? 이에 대해서는 "긍휼이 풍성하신 하나님이 우리를 사랑하신 그 큰 사랑"(엡 2:4) 때문이라고 밖에는 답할 수가 없습니다. 이것이 가장 근본적인 원인이요, 바로 이 하나님의 "긍휼"과 그의 "큰 사랑"을 가리켜 "하나님의 은혜"라 부르는 것입니다. 그 옛날 여호와께서는 이스라엘을 택하시고 그들을 구원하신 일에 대한 근본적인 이유를 다음과 같이 선포하신 바 있습니다.

> 여호와께서 너희를 기뻐하시고 너희를 택하심은 너희가 다른 민족보다 수효가 많기 때문이 아니니라 너희는 오히려 모든 민족 중에 가장 적으니라 여호와께서 다만 너희를 사랑하심으로 말미암아, 또는 너희의 조상들에게 하신 맹세를 지키려 하심으로 말미암아 자기의 권능의 손으로 너희를 인도하여 내시되 너희를 그 종 되었던 집에서 애굽 왕 바로의 손에서 속량하셨나니(신 7:7-8).

이스라엘이 "다른 민족보다 수효가 많"고 장래성이 있고 능력이 있기 때문에 여호와께서 그들을 택하신 것이 아니라는 말씀입니다. 이스라엘은 오히려 "가장 적"은 민족이었고, 여호와께서 특별히 그들을 택하셔야 할 하등의 이유가 없었습니다. 그런데도 그가 그들을 택하신 근본적인 이유는 "다만 너희를 사랑하심으로 말미암아"서였다는 것입니다. "하나님의 은혜"에 대한 성경적 가르침의 핵심을 여기서 볼 수 있음은 물론입니다. 하나님이 우리를 "의롭다 하"신 근본적인 이유 혹은 원인은 바로 하나님 자신에게 있습니다. 곧 하나님이 "다만 우리를 사랑하심으로 말미암아" 우리를 "의롭다 하"신 것입니다. 레이먼드는 하나님의 은혜란 바로 그분의 "조건 없는 자비와 긍휼하심"이라고 규정합니다(레이먼드, 『바울의 생애와 신학』, 524). 17세기 잉글랜드의 청교도인 토마스 굿윈(Thomas Goodwin, 1600-1680)은 "하나님의 은혜"에 대해 다음과 같이 명확하게 설명하고 있습니다.

> 은혜란…단순한 사랑이 아니라, 초월적인 주권자의 사랑을 뜻한다….윗분의 사랑—곧 자기 뜻대로 모든 일을 다 할 수 있을 만큼 높으신 분의 사랑—을 가리켜 "은혜"라 부르는 것이다….무한히 높은 주권자시요, 우리를 사랑하실지 여부를 얼마든지 스스로 정하실 수 있는 그 하나님께서 우리를 사랑하신 것, 바로 이것이 은혜다….하나님 편에서는 사랑하셔야 할 하등의 의무도, 그러실만한 이유도 없으며, 따라서 그가 사랑하신다면 그것은 그가 친히 순전히 자의(自意)로 사랑하시는 것이다(*Banner of Truth* [1955년 9월호], 14에서 인용).[_252]

19세기 영국의 위대한 설교자 찰스 스펄전은 그의 "칼빈주의에 대한 변론"(A Defence of Calvinism)이라는 강론에서 은혜의 도리를 깨달은 자신의 체험을 다음과 같이 쓰고 있습니다.

> 제가 어떻게 은혜의 도리들을 단번에 배우게 되었는지, 지금도 기억이 생생합니다. 우리 모두가 본질상 그렇듯이 날 때부터 아르미니우스주의자(an Arminian)였던 저는…하나님의 은혜는 전혀 보지 못하고 있었습니다. 그리스도께 나아올 때도, 저는 나 자신의 의지로 그리스도께 나아가는 것이라고 생각했습니다. 그리고 주님을 진지하게 찾으면서도, 주님이 저를 찾고 계신다는 생각은 전혀 하지 않았습니다. 새로이 회심한 초신자가 처음부터 이것을 깨달을 수는 없

_252 앞의 제6강 "믿음의 순종"에서도 "은혜"에 대해 다룬 바 있습니다.

는 법이니까요.

그런 진리들을 제 영혼 속에 처음 받아들이던 그 날과 그 시각이 지금도 생생하게 기억납니다. 존 번연의 말처럼, 그 진리들이 벌겋게 달구어진 쇠처럼 제 마음속에 불타올랐고, 그러자 어린아이였던 제가 갑자기 장성한 사람이 된 것 같은 느낌을 가졌습니다. 단번에 하나님의 진리의 열쇠를 발견하게 되어, 성경을 깨닫는 지식에 큰 진보를 이루게 된 것이지요.

어느 날 밤 교회당에서 설교를 듣고 있었는데, 설교의 내용에는 귀를 기울이지 않았습니다. 그것을 믿지 않았으니까요. 그런데 문득 한 가지 생각이 저를 때리는 것이었습니다.

"내가 어떻게 해서 그리스도인이 되었을까?"

"내가 주님을 구하고 찾았기 때문이지."

"그렇다면 어떻게 해서 내가 주님을 구하고 찾게 되었을까?"

그 순간 무언가 진리 같은 것이 머리에 번쩍 떠올랐습니다. "아하! 외부로부터 어떤 영향력이 내게 작용해서 나로 하여금 주님을 찾고자 하는 마음을 갖게 하지 않았다면, 주님을 찾는 일이 내게 도무지 없었겠구나!"라는 것이었습니다. 저는 제가 드린 기도에 영향을 받아서 주님을 찾게 되었을 것이라고 생각했었습니다. 그런데, "그러면 어떻게 해서 내가 기도하게 되었을까?" 하는 의문이 생겼습니다.

"성경을 읽다 보니 기도하고픈 마음이 생긴 거겠지."

"그러면 내가 어떻게 해서 성경을 읽게 되었을까?"

"그냥 성경을 읽은 거겠지."

"하지만 과연 무엇 때문에 내가 성경을 읽게 되었을까?"

> 바로 그 순간, 하나님이 그 모든 일의 맨 밑바닥에 계시며 그분이 바로 제게 믿음을 주신 것이라는 사실이 선명하게 비쳐왔습니다. 또한 은혜의 도리 전체가 제게 환히 밝아왔습니다. 그리고 그때부터 지금까지 단 한 번도 그 은혜의 도리에서 이탈한 적이 없습니다. 저는 언제나 이런 고백을 하는 것이 즐겁습니다. 곧 "내가 변화된 것이 전적으로 하나님이 하신 일이다"라고 말입니다.

이처럼 우리의 구원이 궁극적으로 하나님께 있으며, 그가 오직 우리를 향한 크신 사랑으로 우리를 택하시고 우리를 구원하기 위한 계획을 세우셨고, 또한 그 구원을 이루셨으며, 따라서 구원의 공로는 처음부터 끝까지 오로지 하나님께만 있으며, 구원받은 우리로서는 우리가 구원받았다는 사실에 놀라움과 경이를 느끼며, 우리를 구원하신 하나님께 감사와 찬송을 올리는 것으로 반응하는 법이라는 것이 성경의 변함없는 가르침입니다. 내가 "의롭다 하심"을 받고 구원을 얻은 궁극적인 원인이 오직 "하나님의 은혜"에 있다는 것을 깨닫는 것이야말로 참된 신앙의 출발이라 할 것입니다.

"그리스도 예수 안에 있는 속량"

두 번째 주제는 "그리스도 예수 안에 있는 속량"입니다. 여기서 먼저 분명히 해두어야 할 것이 있습니다. 하나님께서는 결코 죄인을 용납하실 수 없다는 사실이 그것입니다. 성경은 여호와 하나님이 정의로우시며 진실하시고 거짓이 없으심을 분명히 가르치고 있으니 말입니다.

> [여호와는] 반석이시니 그가 하신 일이 완전하고 그의 모든 길이 정의롭고 진실하고 거짓이 없으신 하나님이시니 공의로우시고 바르시도다(신 32:4).

> 오직 만군의 여호와는 정의로우시므로 높임을 받으시며 거룩하신 하나님은 공의로우시므로 거룩하다 일컬음을 받으시리니(사 5:16).

그리고 무엇보다도 그는 친히 "나는 악인을 의롭다 하지 아니하겠노라"라고 분명하게 선언하셨고(출 23:7), 또한 잠언에서는 "악인을 의롭다 하고 의인을 악하다 하는 이 두 사람은 다 여호와께 미움을 받느니라"라고도 말씀합니다(잠 17:15). 그러니 하나님이 죄인과 악인을 용납하신다는 것은 원천적으로 불가능한 일입니다. 그런데도 사도 바울은 그 하나님을 가리켜 "경건하지 아니한 자를 의롭다 하시는 이"라고 묘사하니(롬 4:5), 이런 모순을 어떻게 이해해야 할까요? 스토트의 발언처럼, "의로우신 하나님이 불의하게 처신하시고 친히 도덕적인 질서를 뒤엎기까지 하시다니 어떻게 이럴 수가 있"단 말입니까(Stott, *Romans*, 112)? 하나님이 자신의 속성인 거룩하심과 의로우심을 저버리신 걸까요? 아니면, 2세기에 등장하여 교회를 어지럽혔던 이단(異端) 마르키온(Marcion, 85-160)의 주장처럼, 구약의 여호와 하나님과 신약의 하나님이 서로 다른 분이신가요? 아닙니다! 그런 일은 결코 있을 수 없습니다.

이 문제에 대한 해답은 바로 "그리스도 예수 안에 있는 속량"에 있습니다. 바로 이것이 하나님이 죄인들을 "의롭다 하"시고 그들을 구원하시는 일의 정당성을 확보해주는 확실한 근거입니다. "그리스도께서 경건하지 않은 자를 위하여 죽으"심으로(롬 5:6) 그들을 의로운 자들로 받아주실 확고한 근거를 마련해주신 것입니다. 이 점과 관련하여 로이드 존스는 다음과 같이 역설하고 있습니다.

> 여기서 반드시 붙잡아야 할 중요한 사실은, 구원이 우리에게 값없이 베푸신 선물의 결과이지만, 그 일은 하나님이 그냥 말씀만으로 이루실 수 있는 일이 아니라는

> 것입니다. 이런 점에서 우리의 구원 문제는 창조와는 전혀 다릅니다. 창조의 경우, 하나님은 그저 말씀으로만 모든 일을 이루셨습니다. "빛이 있으라"라고 말씀하시니 빛이 있었습니다! 그러나 구원은 그런 식으로는 불가능합니다. 무언가가 더 있어야만 했습니다....특히 20세기 들어서 많은 이들이, "하나님이 사랑이시니 그저 용서하시겠다고 말씀만 하시면 그것으로 족하다"라는 식으로 생각해왔습니다....그러나 신약성경의 복음의 핵심은 그것이 그렇지 않다는 것이요, 하나님이 영원히 공의로우시고 의로우시므로 그가 우리를 용서하실 수 있기 위해서는 무언가 다른 일이 반드시 일어나야만 했다는 것입니다....구원이 가능해지려면, 오직 우리 주님이 행하신 모든 일들—그의 완전한 순종의 삶과 그의 희생적인 죽으심과 부활—이 반드시 있어야만 했던 것입니다....주 예수 그리스도께서는 그저 하나님의 사랑에 대해 우리에게 말씀만 전하기 위해 오신 것이 아닙니다. 물론 그 일도 하셨습니다. 그러나 그는 이 땅에 오시고 사시고 죽으시고 다시 살아나심으로 우리의 구원에 필수적인 값을 지불하신 것입니다. 이것이 유일한 길입니다. 예수 그리스도와 그의 십자가에 우리의 구원이 있는 것입니다(Lloyd-Jones, *Romans*, III. 59, 62).

로이드 존스가 진정 복음의 정수를 깨달은 일화는 매우 유명합니다. 그는 예수 그리스도의 속죄의 의미에 대해 명확한 깨달음을 통해 설교 사역의 일대 전환을 맞았다고 합니다. 스토트는 이에 대해 다음과 같이 보도합니다.

> 그는 "1929년에 자신의 안목과 설교에 근본적인 변화가 생겼다"는 사실을 몇몇 친지들에게 털어놓았다....어느 날 밤 그는 사우스웨일즈(South Wales)의 브리겐드(Brigend)의 한 교회당에서 설교했는데, 그 교회의 목사는 그날 밤 그의 설교에 대해, "그리스도의 십자가 사역"이 별로 중요시되지 않은 것 같다고 그에

게 도전했다. 그는 즉시 단골 헌책방으로 가서 속죄에 관한 표준적인 저작 두 권의 추천을 부탁했고, 책방 주인은…두 권의 책—데일즈(R. W. Dales)의 『속죄론』(*The Atonement*, 1875)과 제임스 데니(James Denny)의 『그리스도의 죽으심』(*The Death of Christ*, 1903)—을 추천했다. 집으로 돌아온 후 그는 점심 식사와 다과까지 거르며 공부에 몰두했고, 그의 아내는 그런 상황이 극히 염려되어 남동생에게 전화하여, 의사를 불러야 하는 것 아니냐고 하기까지 했다. 그러나 그 후 그는 "복음의 진정한 핵심과 기독교 신앙의 내적인 의미를 깨닫는 열쇠"를 찾았다고 했다. 그리하여 그의 설교의 내용이 일대 전환을 맞았고, 이로써 그의 설교가 영향력을 갖게 된 것이다. 로이드 존스 자신의 말을 빌리면, 가장 기본적인 문제는 안셀무스(Anselm)의 "하나님께서 왜 사람이 되셨는가?"가 아니라, "그리스도께서 왜 죽으셨는가?" 하는 것이었다(Stott, *The Cross of Christ*, 9-10).

여기서 바울은 그리스도 예수 안에 있는 "속량"을 구체적으로 꼬집어 언급하고 있습니다. "속량"(贖良; 헬. "아폴뤼트로시스"[ἀπολύτρωσις]; 혹은 개역한글 성경의 번역처럼 "구속"[救贖])이란 바로 그리스도 예수의 죽으심의 의미를 규정하는 용어입니다. 그의 죽으심은 그냥 보통의 죽음과는 전혀 다르게 "속량"의 성격을 지닌다는 것입니다. 그렇다면 "속량"이란 무슨 뜻일까요? 이 용어는 본래 전쟁 포로들을 값을 받고 석방시키는 데에서 유래한 것으로, 은유적인 의미로도 쓰이지만 값을 지불한다는 사상이 언제나 그 밑에 깔려 있습니다(Morris, *Romans*, 179; Moo, *Romans*, 229-230). 그리스도께서 죄인들의 무죄 방면을 위해 친히 값을 지불하셨다는 사실이 이 단어 속에 담겨 있는 것입니다. 이는 예수께서 자기 자신에 대해서 하신 다음의 말씀에서도 잘 볼 수 있습니다. "인자가 온 것은…자기 목숨을 많은 사람의 '대속물'(헬. '뤼트론'[λύτρον])로 주려 함이니라"(마 20:28; 막 10:45). 그리스도 예수께서 자기 목숨을 드리심으로 이루신 "속량"이 하나님이 우리 죄인들을 "의롭다 하"시는 결정적인 근거입니다.[253]

"화목제물"

사도는 25절에서 이를 다시 부연하여 설명하고 있습니다. "이 예수를 하나님이 그의 피로써 믿음으로 말미암는 화목제물로 세우셨으니." 여기서 "화목제물"(헬. "힐라스테리온"[ἱλαστήριον])[254]이라는 새로운 용어가 등장하는데, 이 용어의 의미에 대해 신약학자들 사이에 첨예한 논쟁이 있어 왔습니다. 이에 대해 크게 다음과 같은 세 가지 견해들이 제시됩니다.

첫째, "힐라스테리온"은 신약성경에서 본문과 히브리서 9:5("그 위에 '속죄소'를 덮는 영광의 그룹들이 있으니…")에 두 차례 언급되는데, 히브리서의 본문에서는 성막/성전 지성소 안에 있는 언약궤의 덮개, 곧 "속죄소"(贖罪所; mercy seat)를 지칭하는 것이 분명하므로, 본문에서도 "속죄소"를 뜻하는 것으로 보아야 한다는 주장이 제기됩니다. 예수 그리스도께서 친히 "속죄소"로 세워지심으로써, 그 옛날 지성소의 "속죄소"가 모형으로 보여주었던 진리의 실체를 드러내 보이셨다는 의미가 본문에 담겨 있는 것으로 보는 것입니다.[255]

_253 그리스도께서 이 값을 "사탄"에게 지불하셨다고 주장하는 이들이 있기도 하나, 누구에게 그 값을 지불하셨는지에 대해서는 성경이 전혀 언급하지 않습니다. 아마도 "속량"이라는 용어의 기본 개념을 도입하여 그리스도의 십자가 사역의 특정한 의의—"의롭다 하심"의 근거로서의—를 강조하는 것이라 하겠습니다(참조. Morris, *Romans*, 179). 일부 신약학자들 중에는, "속량"이라는 단어가 "값을 지불한다"는 사상과는 전혀 연결되지 않고, 단지 "구출" 혹은 "용서"의 의미만을 갖는다고 보는 이들도 있습니다(참조. Kruse, *Romans*, 185; Thielman, *Romans*, 207, 등).

_254 "화목제물"에 대해서는 앞의 제12강("하나님의 진노가 나타나나니, 참조. 본서 255-256쪽")에서 하나님의 진노와 관련하여 이미 소개한 바 있습니다.

_255 Beale, *New Testament Biblical Theology*, 486-490; Bruce, *Romans*, 106; Calvin, *Romans*, 75; Longenecker, *Romans*, 427, Thielman, *Romans*, 210 등이 이 견해를 지지합니다. 그러나 스토트는 다음 네 가지 설득력 있는 근거를 제시하며 이에 반대합니다. ① 바울이 "속죄소"를 뜻하고자 했다면 정관사를 붙였을 것이다; ② 히브리서와는 달리 로마서

둘째, "힐라스테리온"을 죄와 죄에 대한 책임을 제거하는 제물(an expiation)의 의미로 보아야 한다는 주장이 있는데, 영국 케임브리지 대학교의 찰스 도드 교수(Charles H. Dodd, 1884-1973)의 견해가 그것입니다. 세속 헬라어에서는 "힐라스코마이"(ἱλάσκομαι)라는 동사가 신(神) 또는 사람을 "달래다", "회유하다"의 의미로 쓰이는데, "하나님의 진노"라는 성경의 가르침을 인정하지 않았던 그로서는 진노하시는 하나님을 달랜다는 관념 자체를 받아들일 수가 없었습니다. 결국 그는 이 동사를 "죄"에 적용시켜 "죄—혹은 죄에 대한 책임—를 제거하다"(expiate)의 의미로 본 것입니다. 그러나 이러한 도드의 논지는 오늘날 거의 인정받지 못하고 있습니다.[256]

셋째, "힐라스테리온"을 하나님의 진노와 관련되는 것으로 보고 이를 "진노를 제거하는—가라앉히는, 누그러뜨리는—제물"(a propitiation)의 의미로 이해하는 견해인데, 이것이 오늘날 다수의 학자들이 지지하는 견해로 가장 설득력이 있다 하겠습니다.[257] 인류의 죄상과 하나님의 진노의 심판이라는 주제가 로마서 1:18 이하에서 상세하고도 명확하게 제시되고 있으므로, "예수를" "화목제물"—즉 "죄의 문제를 해결함으로써 하나님의 진노를 가라앉히는 제물"—로 세우셨다는 사상이 전혀 이상할 것이 없습니다. 이는 세속 헬

는 성전의 제사 제도의 상징법을 두드러지게 다루지 않으므로 "속죄소"는 어울리지 않는다; ③ "힐라스테리온"을 "속죄소"를 뜻하는 은유적 표현으로 이해하면, 혼동을 일으키거나 모순을 일으킨다. 예수 그리스도께서 흘리신 피가 "속죄소"에 뿌려지는데, 그의 피가 뿌려지는 그 장소가 다시 그리스도를 나타낸다는 것은 납득할 수 없기 때문이다; ④ 십자가에 달리신 그리스도를 높이 우러르는 바울이 그를 생명이 없는 한낱 미물(微物)에 불과한 성전의 기구(器具)와 견주었으리라는 것은 상상할 수가 없다(Stott, *Romans*, 114).

_256 영어 RSV와 NEB 성경은 "힐라스테리온"을 각각 "an expiation by his blood," "the means of expiating sin by his sacrificial death"로 번역합니다.

_257 Carson, "*The Atonement in Romans* 3:21-26," 130; Cranfield, *Romans*, I. 215-217; Godet, *Romans*, 255; Haldane, *Romans*, 158; Hodge, *Romans*, 93; Johnson, *Romans*, 77; Kruse, *Romans*, 187; Lloyd-Jones, *Romans*, III. 65-80; Morris, *Romans*, 180-183; idem, *Apostolic Preaching*, 179-213; Murray, *Romans*, I. 117; Peterson, *Romans*, 195; Sanday & Hedlam, *Romans*, 91; Stott, *Romans*, 113-116; Thiselton, *Discovering Romans*, 110, 레이먼드, 『바울의 생애와 신학』, 476-484 등이 이를 지지합니다.

라어의 용법과도 정확히 일치하며, 로마서의 문맥에서도 극히 자연스럽게 이해됩니다. 예수 그리스도께서 친히 자신을 제물로 드리사 "그의 피로써" 인류의 죄를 속하시고 동시에 하나님의 진노를 가라앉히신 것입니다.

여기서 한 가지 놀라운 사실을 발견하게 됩니다. 과연 누가 예수 그리스도를 하나님의 진노를 가라앉히기 위한 제물로 세우셨는가? 하는 것인데, 그것이 바로 하나님 자신이셨음이 본문에서 명확히 드러납니다. "예수를 하나님이…화목제물로 세우셨으니." 예! 하나님이 친히 그렇게 하셨습니다. "하나님은 죄인을 향해 진노하시는데, 예수 그리스도께서 십자가에서 죽으심으로 죄값을 치르심으로 그가 하나님의 진노를 가라앉히셨다"라는 식의 가르침이 오늘날 교회 일각에서 유행되고 있습니다. 마치 잘못을 저지른 아들을 향해 아버지가 화를 내는데 옆에서 어머니가 아버지를 회유하며 그의 화를 달래는 광경처럼 이해하는 것입니다.

그러나 본문은 그런 가르침이 그릇된 것임을 분명히 밝혀줍니다. 예! 과연 예수님이 하나님의 진노를 가라앉히셨습니다. 그러나 예수님이 그런 역할을 담당하시도록 그를 세우신 분이 바로 하나님 자신이라는 사실입니다. 스토트의 말을 빌리면, "하나님이 친히 크신 사랑으로 자기의 사랑하시는 아들을 선물로 내어주셨고, 그 아들로 하여금 우리의 처지를 담당하시고 우리의 죄를 지시고 우리의 죽음을 죽으시게 하심으로써 하나님이 친히 자신의 거룩한 진노를 가라앉히신 것"입니다(Stott, *Romans*, 115). 이 얼마나 놀랍고 위대한 사랑입니까! 이러한 사실을 살피고 나니, 요한1서의 다음과 같은 말씀이 새롭게 놀라운 의미로 다가옵니다.

> 사랑은 여기 있으니 우리가 하나님을 사랑한 것이 아니요 하나님이 우리를 사랑하사 우리 죄를 속하기 위하여 화목제물(헬. '힐라스몬'[ἱλασμόν])로 그 아들을

보내셨음이라(4:10).

본문은 또한 "화목제물"을 "그의 피로써 믿음으로 말미암는" 것으로 묘사하고 있습니다. "피"와 "믿음"이 함께 얽혀 있어서, 둘 사이의 관계에 대해서나 이 둘이 구체적으로 무엇을 묘사하는지에 대해서, 약간의 혼란이 있습니다. 문법상 가장 합당한 이해는 이 문구를 "그 피를 믿는 믿음으로 말미암는 화목제물"의 의미로 보는 것이지만, 다만 그리스도의 "피"를 "믿음"의 대상으로 묘사하는 예가 신약성경에 전혀 나타나지 않는다는 어려움이 있습니다.[258] 그러므로 "그의 피로써"를 "화목제물"을 묘사하는 문구로 보아 "그의 피로 드리는 화목제물"의 의미로, 또한 "믿음으로 말미암아"는 그 "화목제물"(곧 진노를 누그러뜨리는 제물)의 효력을 누리는 수단의 의미로 보는 것이 합당한 이해일 것입니다(참조. Moo, *Romans*, 237). "피"라는 표현을 사용하여 그리스도의 죽으심을 묘사하는 경우가 신약성경에 자주 나타나는데(롬 5:9; 엡 1:7; 2:13; 골 1:20; 히 9:12; 10:19; 요일 1:7; 계 1:5 등), 이는 "십자가"와 더불어 그의 죽으심의 희생제사적 성격을 명확히 드러내는 것이라 하겠습니다(Morris, *The Apostolic Preaching of the Cross*, 126).

"믿음으로"

셋째로, 25절에서 "믿음"이 언급되는데—곧 앞의 24강("하나님의 의")에서 다룬 바와 같이, 구체적으로 예수 그리스도를 대상으로 하는 믿음을 의미합니다(참조. 22절; "예수 그리스도를 믿음으로 말미암아", 참조. 본서 511-512쪽)—이는

_258 헬. "디아 피스테오스 엔 토 아우투 하이마티"(διὰ πίστεως ἐν τῷ αὐτοῦ αἵματι). 영어 KJV 성경은 이를 "through faith in his blood"("그의 피를 믿는 믿음으로 말미암아")로 번역합니다.

"의롭다 하심"의 수단 혹은 도구를 거론하는 것입니다. "믿음으로 말미암는 화목제물"이란 곧, 예수께서 십자가에서 피를 흘리시고 죽으심으로 자기 자신을 제물로 드리심으로써 인류의 죄를 속하시고 하나님의 진노를 가라앉히셨는데, "믿음"을 수단으로 그 효력을 누리게 된다는 의미라 하겠습니다. 네덜란드의 조직신학자인 헨더렌과 펠레마는 다음과 같이 설명합니다.

> 의롭다 하심은 그리스도께서 이루신 일을 근거로 일어난다....그리고 우리가 믿음으로 이 의(義)를 취하는 것이다. 믿음이 의롭다 하심의 필수적인 요소다. 그러나 믿음이란 사람이 [노력을 통해] 벌어들이는 것(something that is earned)도, 하나의 자격 요건도 아니며, 다만 우리에게 베풀어지는 그 의를 받아들이는 수단일 뿐이다. 믿음이 없이, 믿음과 상관없이, 혹은 믿음보다 앞서서, 의롭다 하심을 받는 사람은 아무도 없다(Genderen & Velema, *Concise Reformed Dogmatics*, 619).

오늘날 "믿음"과 관련하여 갖가지 그릇된 사고들이 신자들 가운데 있습니다. 가장 비근한 오류가 "믿음"을 "의롭다 하심" 혹은 구원의 "근거"로 여기는 것입니다. 곧 마치 내 믿음이 나의 구원의 근거가 되는 것처럼 생각하는 것이요, 그러다 보니, "나의 보잘것없는 믿음으로 과연 구원을 얻을 수 있을까?"라거나, "이 정도면 내 믿음이 훌륭하니 충분히 구원받을 수 있겠지!"라는 식으로 상상하는 것입니다. 그러나 이것은 "근거"와 "수단"을 착각하는 오류입니다. 여러분, 잊지 말아야 합니다! 우리의 "의롭다 하심" 혹은 구원의 "근거"는 오직 예수 그리스도와 그의 십자가와 "그의 피"입니다. 우리의 믿음 자체에 무슨 특별한 가치가 있는 것이 아닙니다. 비유적으로 말해서, 하나님이 우리가 내미는 믿음을 보시고 그것을 훌륭하게 여기셔서 그것을 근거로 우리를 구원해주시는 것이 절대로 아닙니다. 예, 이런 식의 사고는 결코 성경적 기독교의 가르침이 아닙니다. 아니오! 절대로 그렇지 않습니다. "믿음"은 어디까지나 "의롭다 하심"을 얻는 "수단", 혹은 "도구"에 불과하다는 점을 명확히 깨달아야 할 것입니다. 스토트는 믿음의 이러한 성격을 다음과 같이 설명합니다.

> 믿음 그 자체는 아무런 가치가 없다. 그 가치는 전적으로 오직 그 대상—곧 십자가에 달리신 예수 그리스도—에게 있는 것이다. "오직 믿음으로 말미암는 의롭다 하심"이라는 말은 바꾸어 말하면 바로 "오직 그리스도로 말미암는 의롭다 하심"이다. 믿음은 그리스도를 바라보는 눈(eye)이요, 값없이 베풀어주시는 선물을 받는 손(hand)이요 생수를 받아 마시는 입(mouth)이다(Stott, *Romans*, 117).

또한 칼빈 선생의 다음과 같은 설명도 올바른 이해를 위해 큰 도움을 줍니다.

> 정당하게 말하자면, 오직 하나님만이 의롭다 하시며, 또한 그 의롭다 하시는 기능을 그리스도께도 드리신다. 그가 우리의 의로움을 위하여 우리에게 주신 바 되셨기 때문이다(고전 1:30). 우리는 믿음을 일종의 빈 그릇에 비한다. 우리가 스스로 비워진 상태로 나아와 우리 영혼의 입을 벌려 그리스도의 은혜를 구하지 않으면, 우리는 그리스도를 받아 누릴 수가 없는 것이다(칼빈, 『기독교강요』, 중. 260; III.11.7).[259]

_259 또한 여기서 본서 제10강(224-225쪽)에서 인용한 바 있는 워필드 박사의 설명에 다시금 귀를 기울이게 됩니다. "구원을

"간과하심으로"

마지막으로 본문에서 정리해야 할 문제가 한 가지 남아 있습니다. 곧 25-26절의 진술이 무슨 의미냐 하는 것입니다. "이는 하나님께서 길이 참으시는 중에 전에 지은 죄를 간과하심으로 자기의 의로우심을 나타내려 하심이니, 곧 이때에 자기의 의로우심을 나타내사 자기도 의로우시며 또한 예수 믿는 자를 의롭다 하려 하심이라." 이는 그리스도께서 이 땅에 오사 자신을 "화목제물"로 드리시기 이전인 구약 시대에 하나님이 인류를 위해 행하신 자비로운 조치들을 말씀하는 것입니다.

1:18부터 3:20에 이르기까지 바울이 계속해서 지적해온 바대로 온 인류가 죄 가운데 있고 "온 세상"이 "하나님의 심판 아래에" 있는 처지였으나 (3:19), 구약 시대에는 하나님이 "길이 참으시는 중에" 사람들의 "죄를 간과하"셨습니다.[260] 곧 하나님이 훗날 예수 그리스도로 하여금 죄인들을 대신하여 완전한 형벌을 받으시게 하는 방식으로 그 문제를 단번에 해결하실 것을 염두에 두시고, 그들의 범죄의 위중함에 상응하는 합당한 형벌을 내리시는 일을 그때까지 보류하셨다는 것입니다.[261] 슈라이너의 설명처럼, 하나님

얻게 하는 믿음의 능력은 믿음 그 자체에 있는 것이 아니고, 그 믿음이 의지하는바 전능하신 구주님께 있는 것이다.…그냥 아무 믿음이 아니라 '예수 그리스도를 믿는 믿음'이 구원을 얻게 하는 것이다.…또한 엄밀히 말하면, 그리스도를 믿는 믿음이 구원해주는 것이 아니라, 그리스도께서 그 믿음을 통해서 구원하시는 것이다. 구원을 얻게 하는 능력은 믿는 행위나, 믿는 자세, 혹은 믿음의 본질에 있는 것이 아니라, 오직 그 믿음의 대상에게 있는 것이다. 성경 전체가 바로 이것을 중심적인 가르침으로 제시하므로, 구원의 능력이—성경은 이 능력이 오직 그리스도께 있다고 말씀한다—티끌만큼이라도 믿음에 있다고 말한다면 이보다 더 큰 오해는 없는 것이다"(Warfield, *Biblical Doctrines*, 502, 504).

_260 "간과하심"(헬. "파레시스"[πάρεσις])이란 "묵인하심" 혹은 "눈감으심"이 아니라, 일정 기간 동안 "유보(留保)하심"의 의미입니다.

_261 물론 구약 시대에도 하나님이 사람들의 죄에 징벌을 가하셨으나, 죗값에 합당할 만큼 완전히 벌하지는 않으셨습니다. 예컨대, 아담의 경우 하나님은 "선악을 알게 하는 나무의 열매"를 "먹는 날에는 반드시 죽으리라"(창 2:17)라고 하셨으나, 그들이 그 계명을 어긴 그날에 당장 그들을 죽게 하지는 않으셨습니다. 노아 홍수의 경우에도 노아의 가족은 남겨두셨고, 그 이후에도 하나님의 진노의 심판이 충만하게 시행된 경우는 없었습니다. 칼빈은 다음과 같이 가르칩니다. "한마디로 바울의 가르침은 그리스도께서 죽으시기까지는 하나님의 진노를 가라앉힐 만큼의 죗값이 지불되지 않았고, 또한 율법의 모형들이 그런 역할을 대신해주지도 않았다는 것이다. 그러므로 충만한 때가 오기까지 그 진리가 유보되었던 것이다"(Calvin, *Romans*, 76).

이 "인간의 죄에 대해 관용을 베푸실 수 있었던 것은 오로지 장차 그의 아들이 죽으심으로 속죄를 이루실 것을 기대하셨기 때문"이었습니다(Schreiner, *Romans*, 198). 하나님이 이처럼 사람들의 죗값에 합당한 형벌을 보류하셨으므로, 그 당시에는 하나님의 "의로우심"이 사람들에게 드러나지 않을 위험이 있었습니다. 그러나 하나님은 그 완전한 형벌을 예수 그리스도의 십자가에서 단번에 시행하심으로써 그 자신의 "의로우심을 나타내려" 하신 것입니다. 결국 예수 그리스도의 십자가의 죽으심으로 말미암아 두 가지 목적이 이루어졌습니다. 그 하나는 그리스도께서 인류의 죗값에 합당한 형벌을 받으심으로써 하나님의 "의로우심을 나타내"신 것이요 또 하나는 "예수 믿는 자를 의롭다 하"는 것이었습니다(26절).[262]

여기서 의미심장한 단어가 두 차례 언급되는데, 곧 "나타냄"(헬. "엔데이크시스"[ἔνδειξις])이 그것입니다. 이는 어떤 일을 공적으로 드러내고 알리며 공포한다는 의미입니다. 곧 예수 그리스도의 십자가의 죽으심이 세상의 어느 한 모퉁이에서 슬그머니 시행된 것이 아니요, 누구나 선명하게 인지하도록 모든 사람이 지켜보는 가운데 공적인 조치를 통해 그 일이 이루어졌음을 시사하는 것입니다. 곧 하나님은 모든 사람이 보는 앞에서 공적으로 이루어진 예수님의 십자가 형벌을 통해 인류의 죄에 대해 합당하게 공명정대하게 심판하심으로써, 자신의 "의로우심"을 공적으로 만천하에 드러내 보이셨다는 사실입니다. 이와 관련하여 크랜필드는 다음과 같이 적절히 설명합니다.

> 하나님은 그의 긍휼하심으로 죄인을 용서하시기를 뜻하셨고, 또한 그는…그들을

_262 26절의 "이 때에"(헬. "토 눈 카이로"[τῷ νῦν καιρῷ])란 "이 시점에"라는 뜻으로 예수 그리스도께서 십자가에서 죽으신 바로 그때를 가리키며, 동시에 계속해서 복음이 선포되는 그 이후의 시간도 여기에 포함된다 하겠습니다(참조. Cranfield, *Romans*, I. 212).

> 의롭게—즉 결코 그들의 죄를 용인하는 것이 아닌 방식으로—용서하기를 뜻하셨으므로, 그들이 받아 마땅한 그 의로운 진노의 그 충만한 무게를 그의 아들 안에서 친히 자기 자신에게 드리우고자 하신 것이다(Cranfield, *Romans*, I. 217).

이처럼 하나님은 그의 모든 행사에서 언제나 자비하심과 긍휼을 드러내시는 동시에, 그러면서도 자신의 의로우심을 명확히 드러내십니다. 시편 기자의 고백처럼, "여호와께서는 그 모든 행위에 의로우시며 그 모든 일에 은혜로우"신 것입니다(시 145:17).

또한 이 대목에서 한 가지 중요한 사실을 발견합니다. 예수 그리스도의 십자가의 공적인 효력이 그 사건 이전의 구약 시대의 모든 성도의 죄악을 씻는 일에도 적용되었으며, 또한 마지막 종말에 이르기까지 신약 시대의 모든 성도에게도 그 효력이 미친다는 것입니다. 예수 그리스도께서 신구약성경의 중심이요, 구약 시대의 사람들이나 오늘날의 우리나 모두 동일하게 오직 예수 그리스도와 그의 십자가로 말미암아 "의롭다 하심"을 얻고 구원을 얻는다는 사실이 여기서도 선명하게 드러나는 것입니다.

> 내가 곧 길이요 진리요 생명이니 나로 말미암지 않고는 아버지께로 올 자가 없느니라(요 14:6).

> 다른 이로써는 구원을 받을 수 없나니 천하 사람 중에 구원을 받을 만한 다른 이름을 우리에게 주신 일이 없음이라(행 4:12).

로이드 존스의 다음과 같은 진술은 과연 진리로 받아들이고 고백하여야 마땅합니다:

> 십자가에서 유일무이하게 죄들이 처리되었습니다. 옛 구약 경륜 아래에서 범하였으나 하나님이 징벌을 보류해두셨던 모든 죄들을…또한 아브라함과 이삭과 야곱에게 용서하셨던 그들의 죄들과 구약 시대의 모든 신자들이 범한 죄들을 처리할 방도가 바로 십자가에서 베풀어진 것입니다. 갈보리에서 그들의 모든 죄가 해결된 것입니다….그가 "단번에" 죽으셨다는 이것이야말로 갈보리의 그리스도의 놀라운 점입니다….그가 모든 죄들을 거기서 처리하신 것입니다. 그러니 더 이상의 다른 처리가 필요 없습니다. 다시 제사할 이유도 없습니다. 단번에 영원히 그 문제가 해결되었습니다. 하나님이 모든 죄를 십자가상의 그리스도께 담당시키셨습니다. 아직 범하지 않은 여러분의 죄들도 이미 거기서 처리되었습니다. 지나간 시대에 범한 죄들도, 지금 범하는 죄들도, 모든 시대의 죄들도, 그 어느 때에 범한 죄들이라도 다 용서하시는 하나님의 의로우심이 여기에 있는 것입니다(Lloyd-Jones, *Romans*, III. 104-105).

결론

지금까지 다소 장황하게(?) 본문의 가르침을 대략 살펴보았습니다만, 여러분은 어떤 생각이 드십니까? 우리 주 예수 그리스도를 통해 이루신 구원의 역사가 정말 놀랍지 않습니까? 우리를 구원하기 위한 모든 일을 오직 하나님께서 친히 계획하시고 주도하시고 이루셨다니, 이 얼마나 엄청난 은혜입니까? 필자는 이 단락을 살펴보면서, 가슴속 깊은 곳으로부터 솟아 나오는 감사와 찬송을 억제할 수 없는 심정이었습니다. 이처럼 가슴 벅찬 마음으로 25강을 마감하면서, 마지막으로 스토트의 다음과 같은 훌륭한 발언을 결론으로 삼는 것이 좋으리라 봅니다.

> 의롭다 하심—그 근원은 하나님과 그의 은혜요, 그 근거는 그리스도와 그의 십

자가요, 그 수단은 오직 행위와 상관없는 믿음이다—이야말로 복음의 핵심이요, 유일하게 기독교에만 있는 것이다. 세상의 그 어떠한 체계나 이념이나 종교도, 아무런 자격도 없고 오히려 심판받아야 마땅할 처지에 있는 자들에게 값없는 죄 용서와 새 생명을 선포하지는 않는다. 오히려 다른 모든 체계는 종교적인 선행이나 의로운 처신, 인류애적인 행위들을 통해 인간 스스로 구원을 이룬다고 가르친다. 그러나 기독교는 본질상 결코 종교가 아니다. 기독교는 복음이요 기쁜 소식이다. 과연 하나님이 은혜로 그의 진노를 제거하셨고, 우리가 당할 죽음을 하나님의 아들이 대신 죽으셨고, 우리가 당할 심판을 그가 대신 당하셨으며, 하나님이 무가치한 자들에게 자비를 베푸셨으니 우리로서는 할 일이 아무것도 없고, 그저 은혜로 베풀어진 것을 믿음으로 받아들이고 누리는 것뿐이라는 기쁘고도 복된 소식, 이것이 기독교인 것이다(Stott, *Romans*, 118).

제26강.
세 가지 질문(3:27-31)

"27 그런즉 자랑할 데가 어디냐 있을 수가 없느니라 무슨 법으로냐
행위로냐 아니라 오직 믿음의 법으로니라
28 그러므로 사람이 의롭다 하심을 얻는 것은 율법의 행위에 있지
않고 믿음으로 되는 줄 우리가 인정하노라
29 하나님은 다만 유대인의 하나님이시냐 또한 이방인의 하나님은
아니시냐 진실로 이방인의 하나님도 되시느니라
30 할례자도 믿음으로 말미암아 또한 무할례자도 믿음으로 말미암
아 의롭다 하실 하나님은 한 분이시니라
31 그런즉 우리가 믿음으로 말미암아 율법을 파기하느냐 그럴 수 없
느니라 도리어 율법을 굳게 세우느니라."

앞의 21-26절에서 바울은 그리스도의 복음의 핵심적인 내용을 구체적으로 제시했습니다. 모든 사람이 죄를 범하여 하나님을 영화롭게 하기는커녕 오히려 그의 처절한 진노의 심판을 당할 처지에 있었으나, 우리를 구원하기 위한 모든 일을 하나님이 친히 계획하시고 주도하시고 이루셨습니다. 그리스도 예수를 이 땅에 보내사 그를 화목제물로 세우셔서 오직 그를 믿는 믿음으

로 하나님 앞에서 의로운 자로 인정받게 하신 것입니다. 이제 바울은 이 단락에서 질의응답의 형식을 사용하여, 앞에서 제시한 복음의 내용과 관련하여 독자들에게서 생겨날 수 있는 궁금증 혹은 의문을 말끔히 해결해주고 있습니다. 앞에서도 바울은 질의응답의 형식을 사용하여 유대인들의 오류를 지적하고 통렬히 책망한 바 있습니다(2:3-4, 21-23; 3:1-9 등). 그러나 본문의 경우에는 질의응답의 방법은 동일하나, 그 의도는 책망보다는 내용을 좀 더 선명하게 제시하여 오해가 없도록 하는 데 있는 것으로 보입니다.

이 단락은, 이를테면 16세기 유럽의 종교개혁 이후 개신교 교회들에서 흔히 사용해오고 있는 요리문답의 형식과도 유사합니다. 오늘날 교회들이 참된 성경적 교리로부터 갖가지 다른 방면들로 주요 관심사를 옮겨가는 상황에서, 웨스트민스터 대소요리문답, 하이델베르크 요리문답 등 성경의 다양한 가르침들을 이해하기 쉽도록 질서정연하게 정리해주는 훌륭한 도구들을 무시해버리는 경향이 날로 두드러지고 있습니다만, 이는 정말로 안타깝기 그지없는 현상입니다. 아무튼 본문에서 바울이 채용하고 있는 형식이 이를테면, 요리문답의 형식과 매우 유사하다는 사실입니다. 바울은 여기서 다음과 같은 세 가지 질문을 제기하고 각 질문에 대해 답을 제시하고 있습니다. "자랑할 데가 어디냐?"(27절), "하나님은 다만 유대인의 하나님이시냐, 또한 이방인의 하나님은 아니시냐?"(29절), "우리가 믿음으로 말미암아 율법을 파기하느냐?"(31절). 이제 그 내용을 하나씩 살펴보기로 합시다.

"자랑할 데가 어디냐?"

첫째로, 바울은 27절에서 "그런즉 자랑할 데가 어디냐?"라고 질문하고 곧바로 "있을 수가 없느니라"라고 강력하게 대답합니다. "그런즉"(헬. "운"[οὖν]) 이라는 표현에서, 이 질문이 앞의 내용과 곧바로 연결되는 것임을 알 수 있습니다. 곧 이 질문은 앞의 21-26절의 복음에 관한 핵심적인 가르침을 전제로 하는 것으로, 이를테면 다음과 같은 뜻이 담겨 있다 하겠습니다. "사람이 하나님 앞에서 의롭다 하심을 얻게 하는 데에 필요한 모든 일을 하나님이 친히 다 행하신 것이요, 죄인은 그 높으신 하나님을 배반한 것 외에는 거기에 보태거나 공헌한 것이 추호도 없다. 그러니 사람이 자랑할 거리가 어디 있느냐? 결코 있을 수가 없다."

아마도 여기서 바울은 주로 유대인들을 염두에 두었을 것으로 보입니다. 이방인들도 예외는 아닙니다만, 십중팔구 바울은 그리스도를 만나기 이전 자기에 대한 자랑으로 가득 차 있던 과거에 어리석었던 자신의 모습을 떠올리면서, 동일한 처지에 있을 유대인들을 우선적으로 염두에 두고 이 말씀을 하는 것으로 보입니다.[263] 빌립보서의 다음과 같은 고백에서 드러나듯이, 회심하기 전 "율법의 행위"를 의지하던 바울은 자기를 자랑하는 교만한 정서로 가득했습니다.

> 나도 육체를 신뢰할 만하며 만일 누구든지 다른 이가 육체를 신뢰할 것이 있는 줄로 생각하면 나는 더욱 그러하리니 나는 팔일 만에 할례를 받고 이스라엘 족속이요 베냐민 지파요 히브리인 중의 히브리인이요 율법으로는 바리새인이요 열심으로는 교회를 박해하고 율법의 의로는 흠이 없는 자라(빌 3:4-6).

전형적인 바리새인이었던 바울은 이처럼 스스로 "육체를 신뢰할 것이 있"고 "율법의 의로는 흠이 없"다고 생각하여, 하나님 앞에서조차 자기의 행

_263 Moo, *Romans*, 246; Thielmann, *Romans*, 213 등은 이 부분을 유대인을 지목하는 것으로 보며, Stott, *Romans*, 119는 유대인과 이방인 모두를 지목하는 것으로 이해합니다. 또한 Murray, *Romans*, 122는 불확실성의 여지를 남겨두면서도, 유대인과 이방인 모두를 지목하는 쪽으로 기웁니다.

위를 내세우고 자랑하는 식의 사고에 깊이 빠져 있었고, 그런 교만한 자세가 자신의 깊은 죄악성을 드러내는 것임을 전혀 인식하지 못했었습니다.[264] 그러나 그리스도 예수를 만나 회심한 이후, 그는 오직 "그리스도 예수를 아는 지식이 가장 고상"함을 깨달았고, 그 지식을 근거로 자신의 교만한 죄악된 모습을 보게 되었고, 그 결과 과거에 자신을 교만하게 만들었던 모든 자랑거리들을 "해(害)"로, "배설물"로, 여기게 되었습니다.

> 그러나 무엇이든지 내게 유익하던 것을 내가 그리스도를 위하여 다 해로 여길뿐더러 또한 모든 것을 해로 여김은 내 주 그리스도 예수를 아는 지식이 가장 고상하기 때문이라 내가 그를 위하여 모든 것을 잃어버리고 배설물로 여김은 그리스도를 얻고 그 안에서 발견되려 함이니 내가 가진 의는 율법에서 난 것이 아니요 오직 그리스도를 믿음으로 말미암은 것이니 곧 믿음으로 하나님께로부터 난 의라(빌 3:7-9).

앞의 로마서 3:21-26에서 제시한 바 있는 그리스도의 복음의 모든 내용이, 여기 빌립보서에 언급되는 "내 주 그리스도 예수를 아는 지식"(8절)의 핵심적인 요소임은 물론입니다. 회심하기 전 바울은 "율법에서 난" 의(義)를 스

_264 이 점은 정말 아이러니입니다. 다음의 실례에서 보듯이 구약성경이 이미 "자랑"과 "교만"의 문제에 대해 명확한 가르침을 주고 있으므로, 스스로 율법에 정통하다고 자부하는 "바리새인"이라면 그런 가르침을 모를 수가 없었을 것이니 말입니다. "여호와께서 이와 같이 말씀하시되 지혜로운 자는 그의 지혜를 자랑하지 말라. 용사는 그의 용맹을 자랑하지 말라. 부자는 그의 부함을 자랑하지 말라. 자랑하는 자는 이것으로 자랑할지니, 곧 명철하여 나를 아는 것과 나 여호와는 사랑과 정의와 공의를 땅에 행하는 자인 줄 깨닫는 것이라. 나는 이 일을 기뻐하노라 여호와의 말씀이니라"(렘 9:23-24; 참조. 시 12:3; 잠 16:18 등). 그러나 바리새인들의 구약성경 이해가 지극히 편협한 것이었음이 다음의 예수님의 책망에서 잘 드러납니다. "화 있을진저 외식하는 서기관들과 바리새인들이여 너희가 박하와 회향과 근채의 십일조는 드리되 율법의 더 중한 바 정의와 긍휼과 믿음은 버렸도다 그러나 이것도 행하고 저것도 버리지 말아야 할지니라"(마 23:23). 모리스는 이 점에 대해 다음과 같이 설명합니다. "미세한 것에 신경을 쏟다가 정작 중요한 것을 간과하기가 너무나도 쉽다. 바리새인들의 오류가 바로 그것이었다. 예수님은 그들의 처신에 대해 트집을 잡으시는 것이 아니라, 그들이 놓치고 행하지 않는 것에 대해 지적하시는 것이다"(Morris, *Matthew*, 583). 바리새인이었던 바울 역시 이런 범주에서 벗어나지 못하는 상태였을 것입니다.

스로 쟁취하기 위해 열정적으로 헌신했었으나, 이제 그리스도의 복음을 깨닫고 나자 그 의(義)가 "오직 그리스도를 믿음으로 말미암은 것"이요 "믿음으로 하나님께로부터 난 의"임을 알게 되었고(9절), 과거에 자신이 그렇게 열정을 쏟으며 추구하던 그 "모든 것을 잃어버리고 배설물로 여"기고, 오직 "그리스도를 얻고 그 안에서 발견되"고자 하는 열망으로 가득 차게 되었습니다(9절). 그에게는 오직 "우리 주 예수 그리스도의 십자가 외에 결코 자랑할 것이 없"게 된 것입니다(갈 6:14). 이런 그가 자기를 자랑하다니요? 결코 "있을 수가 없"습니다.[265] "자랑하지 말라"는 것이야말로 그에게는 금과옥조가 되었고, 그는 기회가 있을 때마다 그 교훈을 반복하고 있는 것입니다(롬 2:17, 23; 4:3; 11:18; 고전 1:29, 31; 3:21; 4:7; 5:6; 9:16; 고후 10:17; 11:30; 12:5, 9; 갈 6:4; 엡 2:9; 딤후 3:2 등).

스토트의 말처럼, 자랑이란 우리의 타락한 자기중심적 사고에서 비롯되는 언어요(Stott, *Romans*, 119), 마음속의 교만이 겉으로 모습을 드러내는 현저한 양태 가운데 하나입니다. 교만이란 타락한 인간 본성 속에 뿌리 깊게 내재되어 있는 악(惡)이요, 이것이 자랑을 일삼는 라이프스타일로 그 모습을 드러내는 것입니다.

오늘날처럼 사회 전반이 자기중심적 사고로 똘똘 뭉쳐 있는 현실에서는 특히 이것이 신자의 영적 안위에 크나큰 위협이 됩니다. 왜요? 자기를 자랑하는 교만한 태도를 악이 아니라 선으로, 이상적인 라이프스타일로 조장하는 문화가 형성되어 있으니 말입니다. 현대인의 두드러진 화두 가운데 하나가 바로 자존감(自存感; self-esteem)입니다. 자존감이 다른 무엇보다 중요한

_265 헬. "엑세클레이스테"(ἐξεκλείσθη). 이는 문자적으로는 "닫혀 있다," "제외된다"는 뜻으로, 지극히 강력한 반대의 의미를 담고 있습니다. 우리의 흔한 어법으로 표현하자면, "천부당만부당하다" 정도의 뜻이라 하겠습니다. 헛된 "자랑"을 끔찍하게 여기는 사도 바울의 자세가 잘 드러나고 있습니다(참조. Longenecker, *Romans*, 443).

가치라 여기는 이들이 주변에 허다합니다. 이런 현실에 발맞추어 교회의 강단에서도 자존감 고취에 역점을 두는 메시지가 유행처럼 선포되고 있습니다. 너도나도 자존감 고취에 여념이 없는 처지가 되어 버렸고, 그것이야말로 성경이 가르치는 중요한 진리인 것처럼 인식하고, "자랑"과 "교만"이 미덕(美德)이 되어 버리는 기현상이 교회 전체에 퍼져가고 있습니다.

이러한 현실은 신자의 건전한 영적 생활을 침해하는 크나큰 위협이 됩니다. 우리는 "자랑하지 말라"는 사도 바울의 가르침을 가슴에 새겨야겠고, 오직 "내 주 그리스도 예수를 아는 지식"으로 우리 자신을 가득 채워야겠습니다. 로마서 3:21-26의 위대한 복음의 진리로 가슴이 불타올라야겠습니다. 나를 구원하신 하나님의 크신 은혜와, 그리스도 예수의 "속량"과 "화목제물"과, 또한 선물로 내게 주신 고귀한 믿음에 대한 감격이 우리 속에서 늘 풍성하게 솟아 나와야겠습니다. 이것 외에는 방법이 없습니다. 이것이 희미해질수록 나 자신에 대한 "자랑"과 "교만"이 커집니다. 하나님이 홀로 받으셔야 할 존귀를 온전히 드리는 일을 조금이라도 소홀히 하면, 곧바로 우리의 "교만"이 고개를 내미는 것입니다. 17세기 잉글랜드의 청교도 목회자 리처드 박스터(Richard Baxter, 1615-1691)가 주는 다음의 경고를 마음에 새기는 것이 중요할 것입니다.

> 우리의 죄 중에 가장 악독하고 가장 뚜렷이 드러나는 것이 바로 교만이다. 오오, 이 교만의 죄야말로 늘 붙어 다니는 동무요, 악질적인 상관이요, 교활하고 교묘하며 간사스러운 원수가 아닌가!(Stott, "Pride, Humility, and God," 120에서 재인용).

19세기 초엽의 미국 회중교회의 경건한 목회자 에드워드 페이슨(Edward

Payson, 1783-1827)은 자신의 교만을 극히 경계하여 그의 어머니께 보낸 편지에서 다음과 같이 쓰고 있습니다만, 이는 우리 모두가 본받아야 할 철저한 자기 점검의 자세라 할 것입니다.

> 사랑하는 어머니, 제가 은혜 안에서 전진하고 있다고 생각한다는 식의 의미를 풍기는 말은 한마디도 하지 말아 주십시오....그리스도께서 교만한 저를 막기 위하여 찬물을 끼얹으셔도 전혀 소용이 없을 정도로 제가 망가져 버릴까 심히 염려스럽습니다....제가 왜 교만해서는 안 되는지 그 이유를 백 가지도 더 댈 수 있습니다. 하지만 교만은 그런 이유 따위는 괘념치 않습니다. 오로지 세차게 맞아야만 정신을 차릴 뿐입니다. 지금 이 순간에도 교만이 제 손가락 끝에서 왱왱 울리면서 제 펜 끝을 자기 마음대로 조정하려고 하고 있습니다(스펄전, 『스펄전 설교론』, 525에서 재인용).

무엇보다 다음과 같은 하나님의 말씀을 마음에 새기도록 합시다.

> 교만은 패망의 선봉이요 거만한 마음은 넘어짐의 앞잡이니라. 겸손한 자와 함께 하여 마음을 낮추는 것이 교만한 자와 함께 하여 탈취물을 나누는 것보다 나으니라(잠 16:18-19).

> 하나님은 교만한 자를 대적하시되 겸손한 자들에게는 은혜를 주시느니라(벧전 5:5; 참조. 약 4:6).

"믿음의 법으로"

바울은 27절에서 자랑할 것이 조금도 없음을 강력하게 선언한 후에, 계속해서 설명합니다. "무슨 법으로냐? 행위로냐? 아니라 오직 믿음의 법으로니라." 여기서 다시 "법"(헬. "노모스"[νόμος])이라는 용어가 나타나는데, 이를 "원리," "법칙," "체계" 등을 뜻하는 일반적인 의미로 보는 것이 합당하다 싶습니다._[266] 하나님이 그의 아들 예수 그리스도로 말미암아 모든 것을 다 행하셨으니, 사람으로서는 결코 자랑할 것이 없습니다. 결국 그것이 어떤 원리로 이루어졌습니까? 행위의 원리입니까? 아닙니다. 오직 믿음의 원리라는 것입니다. 신자의 의롭다 하심은 전적으로 하나님의 은혜에 기인하는 것이요 오직 믿음의 원리에 준하는 것입니다. 결코 "행위에서 난 것이 아니니 이는 누구든지 자랑하지 못하게 함"입니다(엡 2:9). 위에서 인용한 빌립보서의 말씀대로, "오직 그리스도를 믿음으로 말미암은 것이니 곧 믿음으로 하나님께로부터 난 의"입니다(빌 3:9).

이제 28절로 넘어가기로 합시다. 바울은 "그러므로 사람이 의롭다 하심을 얻는 것은 율법의 행위에 있지 않고 믿음으로 되는 줄 우리가 인정하노라"라고 말씀합니다. 여기서 우선 정리해야 할 문제가 한 가지 있습니다. 곧 "그러므로"가 맞는가, 아니면 "왜냐하면"이 맞는가? 하는 문제입니다. 이는 헬라어 성경 사본의 문제와 관련되는 것으로, 대다수의 학자들은 이를 "왜냐하면"의 의미로 읽는 것이 합당하다고 봅니다._[267] 이것이 옳다면, 이 절은

_266 여기서 "노모스"의 의미에 대해서는 학자들의 의견이 크게 둘로 나뉩니다. 일부 학자들은 이를 "모세의 율법"을 지칭하는 것으로 봅니다(Bird, *Romans*, 123; Cranfield, *Romans*, I. 220. Dunn, *Romans*, I. 186; Peterson, *Romans*, 205, Schreiner, *Romans*, 201-202, 등). 그러나 다른 이들은 이를 "원리", "법칙", "체계", "질서" 등 일반적인 의미로 이해합니다(Godet, *Romans*, I. 276; Hodge, *Romans*, 100; Kruse, *Romans*, 195; Lloyd-Jones, *Romans*, III. 117; Longenecker, *Romans*, 444-445; Moo, *Romans*, 249-253; Morris, *Romans*, 186; Murray, *Romans*, I. 122-123; Rosner, *Paul and the Law*, 119-120; Shedd, *Romans*, 85). 또한 참조. Barnett, *Romans*, 87("종교 체계"); Denny, *Romans*, 614("유대인의 종교체계 전체").

_267 "그러므로"(헬. "운"[οὖν])보다는 "왜냐하면"(헬. "가르"[γάρ])이 사본적 근거가 더 견고합니다. 초기 연대에 속하는 중요한 사본들이 후자를 채택하고 있기 때문입니다. 그러므로 "왜냐하면"(영어 NIV, NASB, ESV 등이 이를 취합니다; "for")을 취하여, 본문을 앞 절의 근거를 제시하는 의미로 이해하는 것이 합당합니다. "그러므로"(영어 KJV가 이를 취합니다; "therefore")를 취하면 이 본문이 앞 절의 결론이 되는데, 29-31절에서도 동일한 내용이 계속 이어지는 점을 볼 때 이는

다음과 같이 앞의 내용에 대해 이유를 제시하는 뜻으로 보아야 할 것입니다. "왜냐하면 사람이 의롭다 하심을 얻는 것은 율법의 행위에 있지 않고 믿음으로 되는 줄 우리가 인정하기 때문이라."

28절과 관련해서 특히 종교개혁자 마르틴 루터와 관련되는 한 가지 중요한 역사적 사실이 이목을 끕니다. 1521년 보름스 의회(Diet of Worms)의 심문을 받은 후, 루터는 그의 안전을 염려한 지지자들에게 납치되어(?) 로마교회 당국의 체포 기도를 피할 수 있었습니다. 그 후 그는 융커 게오르크(Junker Georg)라는 가명(假名)을 사용하며 바르트부르크성(Wartburg Castle)에 은거하였습니다. 그 기간 그는 독일의 그리스도인들을 위해 기념비적인 사역을 감당했으니, 곧 일반 사람들이 읽고 이해할 수 있도록 성경을 독일어로 번역한 것입니다. 그는 10개월여의 작업 끝에 1522년 마침내 독일어 신약성경(*Das Neue Testament Deutsche*) 번역을 완성했습니다.

그런데 그는 자신의 독일어 성경에서 본문 28절의 "믿음으로"에 "오직"("*allein*")을 덧붙여 "오직 믿음으로"("*allein durch den Glauben*")로 번역했습니다. 그가 보기에는, 사도 바울의 논지가 행위에 근거하지 않고 "오직 믿음으로" 의롭다 하심을 얻는 도리를 가르치고 있음이 너무나도 확실하기 때문이었습니다. 그리고 바로 이러한 그의 번역이 종교개혁의 5대 표어 가운데 하나인 "오직 믿음"(Sola Fide)의 단초가 된 것은 물론입니다. 이러한 루터의 번역에 대해 로마 가톨릭 교도들은 완강하게 반대하며 그를 비난했습니다. 물론 엄밀한 의미에서는 본문이 "오직 믿음으로"가 아니라 그냥 "믿음으로"라고 되어 있는 것은 사실입니다. 그러나 그 문구는 결국 "오직 믿음으로"의

합당치 않다고 여겨집니다. 참조. Cranfield, *Romans*, I. 220, 주4; Hodge, *Romans*, 100; Kruse, *Romans*, 196, 주69; Longenecker, *Romans*, 445; Moo, *Romans*, 250, 주21; Morris, *Romans*, 186, 주161; Thielmann, *Romans*, 214.

의미일 수밖에 없습니다. 무엇보다 "율법의 행위에 있지 않고"라는 단서가 붙어 있으니 이를 달리 이해할 여지가 전혀 없습니다. 더욱이 로마 가톨릭교회의 스승인 아퀴나스(Thomas Aquinas, 1225-1274)를 비롯하여, 오리게네스(Origen, 184?-253?), 크리소스토모스(Chrysostom, 407년 사망), 베르나르두스(Bernard, 1090-1153) 등, 이전 시대의 여러 교회의 스승들이 루터의 번역의 정당성을 뒷받침해주고 있습니다(참조. Moo, *Romans*, 250, 주25; Hodge, *Romans*, 100).

"하나님은 다만 유대인의 하나님이시냐?"

둘째로, 바울은 29-30절에서 "하나님은 다만 유대인의 하나님이시냐? 또한 이방인의 하나님은 아니시냐?"라고 질문한 다음, "진실로 이방인의 하나님도 되시느니라"라고 답변합니다. 유대인들은, "이스라엘아 들으라 우리 하나님 여호와는 오직 유일한 여호와이시니"라는 신명기의 말씀(신 6:4)—이를 "쉐마"("들으라"를 의미하는 히브리어)라 부릅니다—에 근거한 유일신론(唯一神論; monotheism)을 확고한 신앙의 근본 원리로 받들고 있었습니다. 이는 예수님도(마 23:9; 막 10:18; 요 17:3), 사도 바울도(본문, 고전 8:4-6; 딤전 2:5 등), 동일하게 확증하는 진리였습니다. 그러나 유대인들의 오류는 그 한 분 하나님을 오직 자기들만의 하나님으로 여겼다는 것이었습니다. 하나님은 오직 유대인들만의 하나님이시요, 따라서 이방인들이 하나님이 베푸시는 구원의 복을 누리기 위해서는 그들 역시 할례를 받고 유대인화 되어 "율법의 행위"에 의지하여야 한다고 믿었던 것입니다.[268]

_268 이는 유대인들은 물론 유대인 그리스도인 중의 유대화주의자들(곧 할례와 율법 준수를 통해 유대인화 되어야만 구원을 얻을 수 있다고 주장한 자들)이 바울과 그의 복음을 대적한 사실에서도 잘 드러납니다(참조. 행 15장; 21:20-21). 이 문제로 인하여 예루살렘 교회에 야기된 문제점들에 대한 논의에 대해서는, 참조. 레이먼드, 『바울의 생애와 신학』, 275-277.

사도 바울은 여기서 바로 그런 오류를 지적하고 있습니다. 하나님이 오직 한 분이신 것이 과연 사실이지만, 그 하나님은 유대인만이 아니라 이방인의 하나님이시기도 하다는 것입니다. "진실로 이방인의 하나님도 되시느니라." 바울 자신도 회심 이전에는 하나님을 "다만 유대인의 하나님"으로만 인식하는 동일한 오류에 빠져 있었으나, 회심하여 특히 이방인의 사도로 부르심을 받은 이후부터는 그가 "이방인의 하나님도 되"심을 절절히 깨달았습니다. 그는 아마도 주 예수께서 주신 다음의 말씀을 평생의 좌우명처럼 가슴에 새겼을 것입니다.

> 이스라엘과 이방인들에게서 내가 너를 구원하여 그들에게 보내어 그 눈을 뜨게 하여 어둠에서 빛으로, 사탄의 권세에서 하나님께로 돌아오게 하고 죄 사함과 나를 믿어 거룩하게 된 무리 가운데서 기업을 얻게 하리라(행 26:17-18).

그러한 점은 로마서의 다음 말씀에서도 선명히 드러납니다.

> 유대인이나 헬라인이나 차별이 없음이라. 한 분이신 주께서 모든 사람의 주가 되사 그를 부르는 모든 사람에게 부요하시도다. 누구든지 주의 이름을 부르는 자는 구원을 받으리라"(10:12-13).

한 분이신 하나님이 "모든 사람의 주"가 되시니, 그가 베푸시는 구원의 도리 역시 오직 하나밖에는 없고, 또한 그 하나밖에 없는 구원의 도리는 "유대인"은 물론 "이방인"에게도 동일하게 적용되는 것일 수밖에 없습니다. 바울은 "믿음으로 말미암는 의롭다 하심"의 도리가 바로 그것이요, 이것이야말로 "할례자"에게는 물론 "무할례자"에게도 동일하게 적용되는 유일한 구원의 도리임을 천명합니다. "할례자도 믿음으로 말미암아 또한 무할례자도 믿음으로 말미암아 의롭다 하실 하나님은 한 분이시니라." 스토트는 이 소단락의 요지를 다음과 같이 훌륭하게 정리해주고 있습니다.

> 유대인들은 그들이 하나님과 특별한 언약 관계에 있으며 또한 이방인이 거기에 참여할 수 없음을 깊이 의식하고 있었다. 하나님이 그의 특별계시를 맡기셨던 것도 유대인들에게였고(3:2), 뒤에 바울이 말씀하듯이, "양자 됨과 영광과 언약들과 율법을 세우신 것과 예배와 약속들"이 있고 "조상들"도 그들의 것이요 "육신으로 하면 그리스도가 그들에게서 나셨"다(9:4-5). 그러나 유대인들이 잊고 있었던 것은 바로 자기들이 누리는 그런 특권들이 이방인들을 배제하기 위함이 아니라, 아브라함의 후손을 통하여 "땅의 모든 족속"이 복을 얻게 될 때(창 12:2-3) 궁극적으로 그들을 거기에 포함시키도록 하기 위함이라는 사실이었다.
>
> 아브라함과 맺은 이 언약은 그리스도 안에서 성취되었다. 그는 아브라함의 "자손"이시요, 그로 말미암아 구원의 축복이 이제 믿는 모든 사람에게 베풀어지니, 거기에는 제외되는 일이나 차별이 없다. 믿음으로 말미암는 의롭다 하심의 복음이 모든 자랑을 배제한다면, 모든 특권의식과 차별도 역시 배제하는 것이다....이와 동일한 진리가 인종, 국적, 계급, 성별, 나이 등, 다른 모든 차별의 요인에도 적용된다. 물론 그런 모든 차이가 실제로 사라지는 것은 아니다. 남자는 여전히 남자요, 여자는 여전히 여자이며, 유대인은 할례자요, 이방인은 무할례자요, 피부색도 변하지 않는다....그러나 이처럼 계속 존재하는 차이들이 결코 유의미한 차별의 근거로 작용하지 않는다. 우리가 하나님과 갖는 관계에도 영향을 미치지 않고, 서로 간의 교제를 방해하지도 않는다. 그리스도의 십자가 아래서, 또한 그를 믿는 믿음으로 말미암아, 우리 모두가 정확히 동등한 수준에 있게 되었고, 그리

스도 안에서 과연 형제와 자매가 된 것이다(Stott, *Romans*, 120).[269]

종교적 다원주의

하나님이 오직 한 분이시요 또한 만인을 위하여 그가 베푸시는 구원의 원리도 "믿음으로 말미암는 의롭다 하심"의 도리 하나밖에는 없습니다. 그런데 이런 명확한 복음의 진리를 위협하는 심각한 도전들이 여러 방면에서 엄습하고 있습니다. 그중에 특히 오늘날 많은 문제를 일으키는 것 가운데 하나는 바로 "종교적 다원주의"(多原主義; Religious Pluralism)[270]입니다.

18세기 유럽에서 계몽주의적 사고가 등장한 이래, 타 종교에 대한 그리스도인들의 자세와 관련해서 기독교 교회 안에 서로 반대되는 두 견해가 있어 왔습니다. "배타주의"(Exclusivism)와 "포용주의"(Inclusivism)가 그것인데, "배타주의"란 성경의 가르침을 따르는 전통적 입장으로서, 본문에서 명확히 드러나는 사도 바울의 입장이 바로 그것입니다. 이는 그리스도 예수 이외에 "다른 이로써는 구원을 받을 수 없나니 천하 사람 중에 구원을 받을 만한 다른 이름을 우리에게 주신 일이 없음이라"(행 4:12)라는 사도 베드로의 선언을, 또한 "내가 곧 길이요 진리요 생명이니 나로 말미암지 않고는 아버지께로 올 자가 없느니라"(요 14:6)라는 예수님 자신의 말씀을 그대로 견지하는 견해로, 참된 신자들이 진리로 받고 따르는 자세입니다.

_269 또한 하지는 이에 대해 다음과 같이 설명합니다. "[하나님은] 이방인과 유대인의 두 부류를 정확히 동일한 원리로 다루신다. 두 부류 모두에 대해 동일한 계획을 진행하시며, 두 부류 모두에게 정확히 동일한 조건으로 구원을 베푸신다. 그러므로 보편적 신앙을 위한 초석이 바로 이 도리 속에 놓여 있으며, 이는 유대인의 체계와는 달리 어느 한 집단이나 민족에게만 제한될 필요가 없고, 하늘 아래 모든 피조물에게 전할 수 있는 것이다. 이것이야말로 하나님의 성품에는 물론, 땅 위의 모든 이성적 피조물들과 그의 관계에도 적합한 유일한 도리다. 하나님은 한 민족의 하나님이 아니라 우주적인 하나님이시며, 따라서 이 도리야말로 모두에게 보편적으로 적용되는 구원의 방도인 것이나"(Hodge, *Romans*, 101).

_270 종교 다원주의에 대해서는 다음을 참조하십시오. Beeke & Smalley, *Reformed Systematic Theology*, I, 299-304; Carson, *The Gagging of God*, 13-54; Morgan & Peterson, eds. *Faith Comes by Hearing*; Newbigin, *The Gospel in A Pluralist Society* 등.

반면에 "포용주의"란 예수 그리스도로 말미암는 구원의 타당성을 인정하면서도 타 종교나 철학에 대해 "배타주의"와는 달리 유연한 타협적인 자세를 취하는 것으로, 기독교에 참된 진리가 있으나 그럼에도 불구하고 타 종교 역시 나름대로 상대적인 가치를 지니고 있다고 보는 것입니다. 카슨 박사는 이 견해에 대해, "포용주의자들은 보통 하나님의 결정적인 자기 계시가 예수 그리스도 안에서 이루어졌고 따라서 그가 인류를 위한 하나님의 구원 계획의 중심이심을 주장하면서도, 구원 그 자체는 다른 종교들에서도 가능하다고 본다"라고 설명합니다(Carson, *The Gagging of God*, 27).

그런데 이 두 가지 서로 반대되는 견해 이외에 "포용주의"보다 훨씬 더 과격한 "다원주의"가 등장했습니다. 그것은 기독교의 성경적 진리의 절대성이나 우월성을 완전히 부인하고, 온 세계의 주요 종교들 하나하나에 동등한 진리가 있다고 주장하는 것입니다. 이는 어쩌면 "포용주의"의 논리적 귀결이라 볼 수도 있습니다.

종교적 다원주의의 전형적인 주장은 흔히 종교에 대한 일상적인 대화에서도 얼마든지 접할 수 있습니다. 예컨대 등산에 비유하여, 높은 산 정상에 오르는 길은 극히 다양하다는 것입니다. 남쪽 능선을 통해서도, 동쪽 능선을 통해서도, 얼마든지 산 정상에 이를 수 있습니다. 기독교가 남쪽 능선을 따라 정상으로 향하는 것이라면, 불교는 동쪽 능선을, 힌두교는 서쪽 능선을, 이슬람교는 북쪽 능선을 각각 취하는 것이라는 식입니다. 각각의 종교가 서로 방법과 경로는 다르지만, 결국 모두가 동등한 위치에서 최종의 목표인 산 정상을 향하고 있다는 것입니다. 그러므로 종교들끼리 서로 비판하고 거부하는 배타적 자세를 가져서는 안 되고, 다른 종교들에 대해 열린 자세를 갖

고 존중하는 포용적인 자세를 취해야 한다는 것입니다.[271]

종교적 다원주의의 주요 대변자 중의 한 사람인 영국 출신의 철학자 존 힉(John Hick, 1922-2012)은 수많은 논문과 저서들을 통해 기독교가 구원 얻는 진리를 독점하고 있다고 정죄하는 한편, 기독교가 다른 종교들에 대해 우월 의식을 지니는 것은 "우주적인 사랑의 하나님이 오로지 인류 중의 소수에 지나지 않는 기독교인만 구원을 얻도록 정하셨다는 터무니없는 역설"이라고 주장하면서 다음과 같이 강변합니다.

> "실존자"("the Real": 신[神]을 지칭하는 그의 용어)를 품고, 경험하고, 그에게 반응하는 갖가지 다른 길들과 더불어, 나름대로 신화와 상징, 철학과 신학, 예식과 예술, 윤리와 라이프스타일을 갖춘 갖가지 종교적 전통들이 성장해왔다. 이 모든 것들 속에 기본적으로 동일한 구원의 과정이 발생하고 있고, 인간 존재가 자기중심적 자세로부터 "실체"(Reality) 중심적 자세로 변화해가고 있다. 그러므로 그 훌륭한 전통들이 제각기 타당한 구원/해방의 맥락이요, 따라서 각기 다른 전통들의 내용과 개념들을 유심히 살핌으로써 그 "실존자"에 대한 더 큰 이해를 얻을 수도 있는 것이다(Carson, *The Gagging of God*, 27-28에서 재인용).

이러한 종교적 다원주의의 자세는 유일한 절대적 진리 자체를 부인하고 모든 사물을 상대적인 관점에서 파악하고 판단하는 오늘날의 포스트모더니즘(Postmodernism)의 현상과도 깊은 연관을 갖고 있으며, 실제로 포스트모

_271 세계 주요 종교들 간의 대화와 협력을 통하여 인류 평화의 증진을 추구함으로써 종교적 다원주의를 실현하기 위해 구체적으로 활동하는 대표적인 국제적인 단체로, "세계 종교 의회"(the Parliament of the World's Religions)를 들 수 있습니다. 이 단체는 1893년에 결성된 "세계 종교 의회"(World's Parliament of Religions)의 정신을 이어받아 1988년에 결성된 것으로, 현재 미국 시카고에 본부를 두고 활동하고 있습니다.

더니즘의 종교적 표현 중의 하나로 보아도 무리가 아닐 것입니다(Carson, *The Gagging of God*, 27). 이러한 풍조가 하나의 거대한 흐름으로 세계와 한국 사회 전반에 퍼져가고 있고, 심지어 교회 내에서도 그 징후를 심심치 않게 접하고 있습니다.

이런 현실에서 우리는 어떻게 대처해야 할까요? 그리스도의 순전한 복음이 과연 천지를 지으신 만유의 주재이신 하나님께로부터 온 유일한 진리임을 확고히 믿는 우리로서는 당연히 "배타주의"의 입장을 강력하게 견지해야 할 것입니다. 만일 산 정상에 오르는 경로가 오로지 "남쪽 능선"밖에 없음을 하나님이 성경의 계시로 명확히 선언하셨다면, 그 이외의 경로들은 모두가 죄악된 인간의 산물로서 그릇된 비진리이며 결코 산 정상에까지 인도하지 못하며 오히려 멸망에 이르는 길이라는 것이 너무도 분명하기 때문입니다. 머뭇거려서는 안 됩니다. 우리의 입장이 희미해서도 안 됩니다. 하나님은 오직 한 분이시요, 그가 베푸신 진리는 오직 하나, 곧 "할례자도 믿음으로 말미암아 또한 무할례자도 믿음으로 말미암아 의롭다 하"심을 얻는다는 것뿐임을 확신해야겠습니다. 갖가지 방면에서 온갖 방식으로 "마귀가 우는 사자같이 두루 다니며 삼킬 자를 찾"는 것이 오늘날의 현실입니다. 그러니 우리는 근신하여야 하고 깨어야 합니다. "믿음을 굳건하게 하여 그를 대적하라"는 베드로 사도의 명령을 늘 기억하여야겠습니다(벧전 5:8-9).

"믿음으로 말미암아 율법을 파기하느냐?"

마지막 셋째로, 바울은 31절에서 "그런즉 우리가 믿음으로 말미암아 율법을 파기하느냐?"라고 질문합니다. "율법의 행위"가 아니라 "믿음으로" "의롭다 하"심을 얻는 것이라면, 결국 율법이 파기되고 무용지물이 되는 것이 아니냐는 의문을 거론하는 것입니다. 이에 대해 바울은 곧바로 "그럴 수 없느니라"-[272]라고 하여 부정의 뜻을 강력히 표명하며, 오히려 정반대로 "우리가 믿음으로 말미암아" "율법-[273]을 굳게 세우"는 것임을 천명합니다. 곧 하나님이 "화목제물"로 세우신 예수 그리스도를 믿음으로 말미암아 구원을 얻는다는 이 가르침이 모세의 율법을 파기하는 것이 아니라, 오히려 그것을 굳게 세우고 확증한다는 사실입니다.

그렇다면, "믿음으로 말미암는 의롭다 하심"이 과연 어떻게 해서 모세의 "율법을 굳게 세우"는 것일까요? 이에 대해 학자들의 견해가 매우 다양합니다만, 우리가 가장 중요하게 관심을 기울여야 할 것은 바로 예수 그리스도께서 그의 완전한 순종을 통해 율법과 관련한 모든 요구사항을 완전히 이행하심으로 완전한 "의"를 이루셨다는 사실입니다. 그는 두 가지 면에서 율법을 완전히 이행하셨습니다. 첫째로, 그의 능동적 순종(the active obedience)을 통해서 율법의 의를 완전히 이행하셨고, 둘째로, 그의 수동적 순종(the passive obedience)을 통해서 죄악된 인류를 대신하여 십자가에 달려 죽으심으로써 율법의 형벌을 온전히 다 받으신 것입니다.-[274] 이러한 그리스도의 순종은 그 자신을 위한 것이 아니라, 그의 "의"를 전가 받을 모든 하나님의 백성들을 위한 것이었습니다. 따라서 참된 하나님의 백성들은 그를 믿음으로 말미암아 그의 "의"를 전가받음으로써 하나님 앞에서 의롭다 하심을 받고 또한 모든

_272 헬. "메 게노이토"(μὴ γένοιτο). 이는 3:4, 6 등 로마서에서 10회에 걸쳐 사용되며, 반대의 뜻을 크게 강조하는 것입니다. 6절에서는 "결코 그렇지 아니하니라"로 번역하고 있습니다. 참조. 본서 제19장("유대인의 나음이 무엇이냐?") 각주 8.

_273 본문의 "율법"(헬. "노모스"[νόμος])이 의미하는 바가 구체적으로 무엇인지에 대해 해석자들의 견해가 엇갈립니다. ① "유대인의 종교 체계"를 뜻한다(Barrett, *Romans*, 80); ② "구약성경"을 뜻한다(Cranfield, *Romans*, II. 223); ③ "모세의 율법 중 도덕적 명령들/도덕법"을 뜻한다(Hodge, *Romans*, 102; Murray, *Romans*, 124; Schreiner, *Romans*, 207, 등); ④ "모세의 율법"을 뜻한다(Lloyd-Jones, *Romans*, III. 141; Longenecker, *Romans*, 452; Osborne, *Romans*, 103, 등). 필자의 사견으로는 ④의 개연성이 높다고 여겨집니다.

_274 그리스도의 순종에 대한 논의에 대해서는 참조. Frame, *Systematic Theology*, 902; MacArthur & Mayhue, *Biblical Doctrine*, 519-522, 616; Peterson, *Salvation Accomplished by the Son*, 47; Reymond, *A New Systematic Theology of the Christian Faith*, 630-631 등.

율법을 다 이행한 자들로 인정받는 것입니다. 바로 이렇게 해서 "우리가 믿음으로 말미암아" "율법을 굳게 세우"는 것입니다.[275]

주 예수님도 이와 관련하여, "내가 율법이나 선지자를 폐하러 온 줄로 생각하지 말라 폐하러 온 것이 아니요 완전하게 하려 함이라"라고 말씀하셨습니다(마 5:17). 사도 바울이 예수님의 이러한 말씀을 알고 있었는지는 알 수 없으나, 본문의 말씀이 예수님의 말씀과 일치한다는 점을 명확히 볼 수 있습니다.[276]

이러한 사도 바울의 명확한 선언은 오늘날 교회 일각에 퍼져 있는 소위 반율법주의(antinomianism, 혹은 "무율법주의", "율법폐기론"이라고도 함)의 오류를 여실히 드러내 줍니다. 반율법주의는, 신자가 그리스도의 속죄의 죽으심을 근거로 믿음으로 의롭다 하심을 받았으니 이제 율법은 파기되었으므로 신자는 그리스도 안에서 완전한 자유를 누리기만 하면 된다는 식으로 주장합니다. "값없이 오직 믿음으로 말미암는 의롭다 하심"을 공고히 하고자 하는 열정이 지나쳐서, 의롭다 하심 이후 "행위"가 반드시 뒤따른다는 사실을 부정하기에 이르는 것입니다. 이는 결국 의롭다 하심 이후 이어지는 성화(聖化; sanctification)의 필연성을 부인하는 것입니다. 곧 구원이 "오직 믿음으로" 되는 것이니, 처음부터 끝까지 "행위"는 거기에 전혀 개입되지 않는다는 것입니다. 심지어 "행위"에 대해 언급하기만 해도 그것을 "율법주의"로 간주해

_275 참조. Boice, *Romans*, I. 421-425; Lloyd-Jones, *Romans*, III. 144-145, 등. Lloyd-Jones는 그 이외에도 5가지를 더 제시합니다(*Romans*, III. 146-148).

_276 산상수훈의 언급에 대해서는 참조. Bruner, *Matthew*, I. 198-200; Ferguson, *The Sermon on the Mount*, 71-73. 로이드 존스는 다음과 같이 설명합니다. "주님은 그의 품성으로, 그의 행하신 일로, 그에게 일어난 일로, 그리고 그런 사건들의 결과들로, 어떤 의미에서 온통 율법과 선지자를 성취하시는 일 이외에 아무 일도 하지 않으셨다고 할 수 있습니다.…그 율법을 완전케 하는 방법 가운데 한 가지는 바로 죄에 대한 율법의 형벌을 그대로 시행하는 것이었습니다. 이 형벌은 바로 죽음이요, 바로 그 때문에 그가 죽으셨습니다. 율법이 성취되어야 했던 것입니다"(로이드 존스, 『산상수훈 강해』, 상. 204, 206).

버립니다. 레이징어는 반율법주의에 대해 다음과 같이 설명합니다.

> "반율법주의"의 정신은 하나님의 다스리심(rule)을 저버리는 것이다. 그러나 사실, 무엇이든 율법의 권위를 부정하거나 약화시키는 것은 모두 복음과 모든 참된 신앙을 뒤집어엎는 것이다. 율법과 복음은 서로 친구들이다. 이 둘은 서로를 세워주는 데에 이바지한다. 성령의 역사하심은 우리 속에 율법을 성취시켜 "우리에게 율법의 요구가 이루어지게 하"기 위함이다(롬 8:4). 하나님과 그의 완전한 율법이 서로 연합하여 있으므로, 그 중 어느 한쪽에 대해 적대감을 가지면 나머지 한쪽에 대해서도 적대감을 가지지 않을 수 없는 법이다(Reisinger, *The Law and the Gospe*l, 62).

사도 바울이 본문에서 "우리가 믿음으로 말미암아 율법을 파기하느냐?" 라고 질문하고 이어서 오히려 "율법을 굳게 세우"는 것임을 천명하는 배경에는 이런 반율법주의적 사고에 빠질 위험성을 방지하고자 하는 의도도 있었을 것으로 보입니다. 그렇습니다. 사도 바울이 누누이 강조한 바 있듯이(롬 3:20 등), "의롭다 하심"에는 인간의 행위가 전혀 개입되지 않습니다. 그러나 "의롭다 하심"을 받은 사람에게는 반드시 그 "의롭다 하심"의 진정성을 보여주는 증거로서 "행위"가 뒤따른다는 것도 이에 못지않게 사실입니다. 다음의 성경 본문들이 이 점을 확실히 증언해줍니다.

> 그런즉 우리가 무슨 말을 하리요 은혜를 더하게 하려고 죄에 거하겠느냐? 그럴 수 없느니라. 죄에 대하여 죽은 우리가 어찌 그 가운데 더 살리요?...우리가 알거니와 우리의 옛사람이 예수와 함께 십자가에 못 박힌 것은 죄의 몸이 죽어 다시는 우리가 죄에게 종노릇 하지 아니하려 함이니, 이는 죽은 자가 죄에서 벗어나 의롭

다 하심을 얻었음이라"(롬 6:1-2, 6-7).

너희가 나를 사랑하면 나의 계명을 지키리라(요 14:15).

하나님을 믿는 자들로 하여금 조심하여 선한 일을 힘쓰게 하려 함이라 이것은 아름다우며 사람들에게 유익하니라(딛 3:8).

약속하신 이는 미쁘시니 우리가 믿는 도리의 소망을 움직이지 말며 굳게 잡고 서로 돌아보아 사랑과 선행을 격려하며(히 10:23-24).

이런 반율법주의적 사고는 종교개혁 시대부터 교회 안에서 나타났고, 잉글랜드의 청교도 중에서도 그 실례를 찾아볼 수 있습니다.[277] 그만큼 우리가 이러한 오류에 빠지기가 쉽다는 반증입니다. 성도가 바른 신앙을 세우기 위해 나아가는 길에 이런 함정들이 계속 나타납니다. 우로는 "율법주의"의 폐해가 있고, 좌로는 그와 정반대인 "반율법주의"의 폐해가 도사리고 있습니다. 자칫 잘못하면 우로나 좌로나 치우쳐 넘어질 위험이 언제나 우리 앞에 도사리고 있는 것입니다. 참된 구원을 얻은 성도로서는 여호수아서의 말씀처럼, "우로나 좌로나 치우치지 말라"(수 1:7)는 경고를 좌우명으로 삼아, 오직 하나님의 말씀 성경의 가르침을 좇는 균형을 유지해가야 할 것입니다.

자, 이제 로마서 3장의 마지막 단락을 마무리하면서, 스토트의 다음과 같은 요약정리를 기억해두기로 합시다.

_277 예컨대, 토비아스 크리스프(Tobias Crisp, 1600-1643) 등을 들 수 있습니다. 참조. Beeke & Jones, *A Puritan Theology*, 324-325.

오직 믿음으로 말미암는 의롭다 하심의 복음과 관련하여 세 가지 요점이 여기 제시된다. 첫째로, 그 복음은 죄인들을 낮추며 자기 자랑을 배제한다. 둘째로, 그 복음은 신자들을 하나 되게 하고 차별을 배제한다. 셋째로, 그 복음은 율법을 세우며 반율법주의를 배제한다. 자랑도 안 되고(No boasting), 차별도 안 되며(No discrimination), 반율법주의도 안 된다(No anitinomianism) (Stott, *Romans*, 121).

로마서와 함께

본서에 인용, 언급된 주요 참고문헌

본서에 인용, 언급된 주요 참고문헌

1. 로마서 주석, 강해, 서론

로마서 본문 이해와 관련하여 필자가 특히 많은 도움을 얻은 문헌에는 앞에 *표를 붙여 표기했습니다.

Barnett, Paul. Romans: The Revelations of God's Righteousness (Fearn, Ross-shire, UK: Christian Focus, 2003).

Barrett, C. K. The Epistle to the Romans (Peabody, Mass.: Hendricksen, 1991).

Barth, Karl. The Epistle to the Romans, trans. Edwin C. Hoskyns (London, UK: Oxford University Press, 1983).

Bird, Michael F. Romans (Grand Rapids, MI: Zondervan, 2016).

*Boice, James M. Romans: An Expositional Commentary, 4 vols. (Grand Rapids, MI: Baker, 1991, 1992).

Bruce, F. F. The Epistle to the Romans: An Introduction and Commentary (Leicester, UK: IVP, 1976).

*Calvin, John. The Epistle of Paul the Apostle to the Romans and to the Thessalonians, trans. Ross MacKenzie (Grand Rapids, MI: Eerdmans, 1960).

Carson, D. A. "Atonement in Romans 3:21-26" in Charles E. Hill & Frank A James III, eds., The Glory of the Atonement: Biblical, Theological & Practical Perspectives: Essays in honor of Roger Nicole (Downers Grove, IL: IVP, 2004), 119-139.

_____. Moo, D. J., Morris, L. "Paul: The Mans and His Letters" & "Romans," in An Introduction to the New Testament (Nottingham, UK: Apollos, 1992), 215-257.

Chapple, Allan. "Getting Romans to the Right Romans: Phoebe and the Delivery of Paul's Letter," Tyndale Bulletin 62/2 (2011), 195-214.

*Cranfield, C.E.B. A Critical and Exegetical Commentary on the Epistle to the Romans, vol.1 (Edinburgh: T & T Clark, 1975).

Denny, James. "St. Paul's Epistle to the Romans" in The Expositor's Greek Testament, Vol. II: Acts, Romans, First Corinthians, ed. W. Robertson Nicoll (London: Hodder & Stoughton, 1900) 556-725.

Dunn, James D. G. Romans 1-8 (Dallas, TX: Word, 1991).

Fesko, J. V. Romans (Grand Rapids, MI: Reformation Heritage Books, 2018).

Godet, Frederic. Commentary on St. Paul's Epistle to the Romans, trans. A. Cusin, 2 vols (Edinburgh, UK: T & T Clark, 1881, 1882).

*Haldane, Robert. Commentary on Romans (Grand Rapids, MI: Kregel, 1996).

Hendricksen, William. Romans (Edinburgh, UK: Banner of Truth, 1980).

*Hodge, Charles. A Commentary on the Romans (Edinburgh: Banner of Truth, 1997).

Johnson, Alan F. Romans in Every Man's Bible Commentary (Chicago, IL: Moody Publishers, 2000).

Keener, Craig S. Romans (Eugene, OR: Cascade Books, 2009).

*Kruse, Colin G. Paul's Letter to the Romans (Grand Rapids, MI: Eerdmans, 2012).

Longenecker, Richard N. The Epistle to the Romans (Grand Rapids, MI: Eerdmans, 2016).

*Lloyd-Jones, D. Martyn. Romans series (Edinburgh: Banner of Truth).

I. The Gospel of God (Romans 1, 1985).

II. The Righteous Judgment of God (Romans 2:1-3:20, 1989).

III. Atonement and Justification (Romans 3:20-4:25, 1970).

Luther, Martin. Commentary on Romans, trans. J. Theodore Mueller (Grand Rapids, MI: Kregel, 1976).

MacArthur, John. Romans 1-8 in The MacArthur New Testament Commentary (Chicago, IL: Moody Publishers, 1991).

*Moo, Douglas J. The Epistle to the Romans, NICNT (Grand Rapids, MI: Eerdmans, 1996).

*Morris, Leon. The Epistle to the Romans (Grand Rapids, MI: Eerdmans, 1988).

Mounce, Robert. Themes From Romans (Eugene, OR: Wipf & Stock, 2005).

*Murray, John. The Epistle to the Romans, vol. I, II (Grand Rapids, MI: Eerdmans, 1968).

Osborne, Grant R. Romans (Downers Grove, IL: IVP, 2004).

Pate, C. Marvin. Romans (Grand Rapids, MI: Baker, 2013).

Peterson, David, G. Commentary on Romans (Nashville, TN: B & H, 2017).

Sanday, William & Arthur C. Headlam, A Critical and Exegetical Commentary on the Epistle to the Romans (Edinburgh, UK: T & T Clark, 1908).

*Schreiner, Thomas R. Romans (Grand Rapids, MI: Baker, 1998).

_____. "Romans," in Handbook on Acts and Paul's Letters (Grand Rapids, MI: Baker Academic, 2019), 53-120.

Seifrid, Mark A. "Romans" in Commentary on the New Testament Use of the Old Testament, eds. G. K. Beale, D. A. Carson (Grand Rapids, MI: Baker Academic, 2007), 607-694.

Shedd, William G. T. A Critical and Doctrinal Commentary upon the Epistle of St. Paul to the Romans (New York: Charles Scribner's Sons, 1879).

Sproul, R. C. Romans: St Andrew's Expositional Commentary (Wheaton, IL: Crossway, 2009).

*Stott, John R. W. The Message of Romans (Leicester, UK: IVP, 1994).

*Thielman, Frank. Romans (Grand Rapids, MI: Zondervan, 2018).

Thiselton, Anthony C. Discovering Romans: Content, Interpretation, Reception (London: S.P.C.K., 2016).

2. 기타 성경주석, 강해, 사전

로이드 존스, 마틴. 『산상수훈 강해』, 상, 하, 원광연 역(경기, 고양: 크리스찬다이제스트, 1999).

Alexander, Joseph A. Commentary on Isaiah (Grand Rapids, MI: Kregel Classic, 1992).

Boice, James M. Genesis: An Expositional Commentary, vol. 2. Genesis 12-36 (Grand Rapids, MI: Baker, 1985).

Bruce, F. F. The Epistle to the Galatians: A Commentary on the Greek Text (Exeter, UK: Paternoster, 1982).

_____. The Acts of the Apostles: The Greek Text with Introduction and Commentary (Grand Rapids, MI: Eerdmans, 1990).

Bruner, F. Dale. Matthew: A Commentary, Vol. I (Grand Rapids, MI: Eerdmans, 1987).

_____. The Gospel of John: A Commentary (Grand Rapids, MI: Eerdmans, 2012).

Calvin, John. Commentary upon The Acts of the Apostles, Vol. XIX of Calvin's Commentaries, trans. Henry Beveridge (reprinted. Grand Rapids, MI: Baker Books, 2003).

_____. Sermons on Galatians, trans. Kathy Childress (Edinburgh, UK: Banner of Truth, 1997).

Carson, D. A. "Matthew," in The Expositor's Bible Commentary, vol. 8 (Grand Rapids, MI: Zondervan, 1984), 1-599.

_____. The Gospel according to John (Grand Rapids, MI: Eerdmans, 1991).

Fee, Gordon D. The First Epistle to the Corinthians (Grand Rapids, MI: Eerdmans, 1991).

Ferguson, Sinclair. The Sermon on the Mount, (Edinburgh, UK: Banner of Truth, 1987).

Hamilton, Victor R. The Book of Genesis Chapters 1-17 (Grand Rapids, MI: Eerdmans, 1990).

Hendriksen, William. Exposition of the Gospel According to Luke (Grand Rapids, MI: Baker Book House, 1978).

Hawthorne, G., R. P. Martin, D. G. Reid, eds., Dictionary of Paul and His Letters (Leicester, UK: IVP, 1993).

Hodge, Charles. Ephesians, Alister McGrath & J. I. Packer, eds. (Wheaton, IL: Crossway, 1994).

Hoehner, Harold A. Ephesians: An Exegetical Commentary (Grand Rapids, MI: Baker, 2003).

Hughes, Philip E. The Second Epistle to the Corinthians (Grand Rapid, MI: Eerdmans, 1992).

Keener, Craig S. The IVP Bible Background Commentary: New Testament (Downers Grove, IL: IVP, 1993).

Kelly, Douglas F. Revelation: A Mentor Expository Commentary (Fearn, Ross-shire, UK: Christian Focus, 2012).

Kerr, William N. "Slavery" in Evangelical Dictionary of Theology, ed. Walter A. Elwell (Grand Rapids, MI: Baker, 1984), 1021.

Lewis, Peter. The Message of the Living God (Leicester, UK: IVP, 2000).

Lloyd-Jones, D. Martyn. God's Way of Reconciliation: An Exposition of Ephesians 2:1 to 22 (Edinburgh, UK: Banner of Truth, 1972).

Longenecker, Richard N. Acts (Grand Rapids, MI: Zondervan, 1995).

Milne, Bruce. The Message of Heaven and Hell (Nottingham, UK: IVP, 2002).

Morgan, G. Campbell. Acts of the Apostles (Eugine, Oregon: Wipf & Stock, 2012).
Morris, Leon. The Gospel of John (Grand Rapids, MI: Eerdmans, 1995).
_____. The Gospel According to Matthew (Grand Rapids, MI: Eerdmans, 1992).
Moo, Douglas J. James: An Introduction and Commentary, Tyndale New Testament Commentaries vol. 16 (Downers Grove, IL: IVP, 2015).
O'Brien, Peter T. The Letter to the Ephesians (Grand Rapid, MI: Eerdmans, 1999).
Peterson, David, G. The Act of the Apostles (Nottingham, UK: Apollos, 2009).
Pink, Arthur W. Exposition of the Gospel of John (Grand Rapids, MI: Zondervan, 1975).
_____. Gleanings in Joshua (Chicago, IL: Moody Press, 1981).
Silva, Moises. Philippians (Grand Rapids, MI: Baker Book House, 1992).
Stott, John R. W. The Message of Acts (Leicester, UK: IVP, 1990).
_____. The Message of Galatians (Leicester, UK: IVP, 1968).
Wright, Christopher J. H. The Message of Jeremiah (Nottingham, UK: IVP, 2014).

3. 기타 문헌

래드, 조지. 『하나님 나라』, 원광연 역 (경기, 고양: 크리스챤다이제스트, 1997).
*레이먼드, 로버트 L. 『바울의 생애와 신학』, 원광연 역 (경기, 고양: 크리스챤다이제스트, 2003).
바빙크, 헤르만. 『개혁교의학 개요』, 원광연 역 (고양, 경기: 크리스챤다이제스트, 2004).
보스, 게할더스. 『성경신학』, 원광연 역 (고양, 경기: 크리스챤다이제스트, 2005).
스펄전, 찰스. 『스펄전 설교론』, 원광연 역 (고양, 경기: 크리스챤다이제스트, 2003).
_____. 『스펄전 목회론』, 원광연 역 (고양, 경기: 크리스챤다이제스트, 2003).
_____. 『로마서, 스펄전 설교전집』 27, 고성대 역 (고양, 경기: 크리스챤다이제스트, 2010).
워필드, 벤자민. 『워필드 명설교』, 원광연 역 (고양, 경기: 크리스챤다이제스트, 2002).
최낙재. 『소요리문답 강해 I』 (고양, 경기: 크리스챤다이제스트, 1999).
칼빈, 존. 『기독교강요』, 상, 중, 하, 원광연 역 (고양, 경기: 크리스챤다이제스트, 2003).
헹스텐베르크, E. W. 『구약의 기독론』, 원광연 역 (고양, 경기: 크리스챤다이제스트, 1998).
Alcorn, Randy. Hand in Hand: The Beauty of God's Sovereignty and Meaningful Human Choice (Colorado Springs, CO: Multinomah, 2014).
Allison, Gregg R. Roman Catholic Theology & Practice: An Evangelical Assessment (Wheaton, IL: Crossway, 2014).
Armstrong, John H. Five Great Evangelists (Ross-shire, UK: Christian Focus, 1997).
St. Augustine, Confessions, trans. Henry Chadwick (Oxford: Oxford University Press, 1991).
Bainton, Roland. Here I Stand (Nashville, TN: Abingdon, 2013).
Bahnson, Greg. Homosexuality: A Biblical View (Grand Rapids, MI: Baker, 1978).

Bavinck, Herman. Reformed Dogmatics: Abridged in One Volume, ed. John Bolt (Grand Rapids, MI: Baker, 2011).

Beeke, Joel R. Living for God's Glory: An Introduction to Calvinism (Lake Mary, FL: Reformation Trust, 2008).

_____& Jones, Mark. A Puritan Theology: Doctrine for Life (Grand Rapids, MI: Reformation Heritage Books, 2012).

_____& Paul M. Smalley. Reformed Systematic Theology, Vol. 1: Revelation and God (Wheaton, IL: Crossway, 2019).

Beale, G. K. We Become What We Worship: A Biblical Theology of Idolatry (Nottingham, UK: Apollos, 2008).

_____. A New Testament Biblical Theology: The Unfolding of the Old Testament in the New (Grand Rapids, MI: Baker Academic, 2011).

Beilby, James K. & Paul R. Eddy, eds., Justification: Five Views (Downers Grove, IL: IVP, 2011).

Boettner, Loraine. Reformed Doctrine of Predestination (Philipsburg, NJ: Presbyterian & Reformed, 1932).

Boice, James M. Whatever Happened to the Gospel of Grace?: Rediscovering the Doctrines That Shook the World (Wheaton, IL: Crossway, 2001).

Boswell, J. Christianity, Social Tolerance and Homosexuality (Chicago: University of Chicago Press, 1980).

Bruce, F. F. New Testament History (New York: Doubleday-Galilee, 1980).

Butterfield, Rosaria Champagne. The Secret Thoughts of an Unlikely Convert: An English Professor's Journey into Christian Faith (Pittsburg, PA: Crown & Covenant, 2015).

Carden, Allen. Puritan Christianity in America: Religion and Life in Seventeenth-Century Massachusetts (Grand Rapids, MI: Baker, 1990).

Carson, Donald A. Divine Sovereignty and Humans Responsibility: Biblical Perspectives in Tension (Atlanta, Georgia: John Knox, 1981).

_____, John Woodbridge, eds. Scripture and Truth (Grand Rapids, MI: Zondervan, 1983).

_____. A Call to Spiritual Reformation: Priorities from Paul and His Prayers (Grand Rapids, MI: Baker Book House, 1992).

_____. The Gagging of God: Christianity Confronts Pluralism (Grand Rapids, MI: Zondervan, 1996).

_____. ed. Telling the Truth: Evangelizing Postmodern (Grand Rapids, MI: Zondervan, 2000).

_____. "Atonement in Romans 3:21-26," in Charles E. Hill & Frank A. James III, eds., The Glory of the Atonement: Essays in honor of Roger Nicole (Downers Grove, IL: IVP, 2004), 119-139.

Christensen, Scott. What about Fee Will?: Reconciling Our Choices with God's Sovereignty (Philipsburg, NJ: Presbyterian & Reformed, 2016).

Collins, Gary R. Christian Counselling (Dallas TX: Word, 1988).

Culver, Robert Duncan. Systematic Theology: Biblical and Historical (Fearn Ross-shire, UK: Christian Focus Publication, 2005).

Dallimore, Arnold. George Whitfield: The Life and times of the great evangelist of the 18th century revival, vol. 1 (Edinburgh, UK: Banner of Truth, 1995).

Davies, Samuel, Sermons of the Rev. Samuel Davies (Pittsburgh, PA: Soli Deo Gloria Publications, 1993).

Davis, John J. Evangelical Ethics (Philipsburg, NJ: Presbyterian & Reformed, 1985).

DeYoung, Kevin. The Good News We Almost Forgot: Rediscovering the Gospel in a 16th Century Catechism (Chicago, IL: Moody Publishers, 2010).

Dever, Mark. Nine Marks of a Healthy Church (Wheaton, Ill: Crossway, 2000).

Edwards, Jonathan. The Works of Jonathan Edwards, ed. Sereno Dwight, vol. 2 (Edinburgh, UK: Banner of Truth, 1984).

Eveson, Philip H. The Great Exchange: Justification by Faith Alone (Leominster, UK: Day One Publications, 1996).

Fee, Gordon D. God's Empowering Presence: The Holy Spirit in the Letters of Paul (Peabody, Mass.: Hendrickson, 1994).

Ferguson, Sinclair B. The Christian Life: A Doctrinal Introduction (Edinburgh, UK: Banner of Truth, 2013).

_____. "Pastoral Theology: The Preacher and Hell," in C. W. Morgan & R. A. Peterson, eds., Hell under Fire: Modern Scholarship Reinvents Eternal Punishment (Grand Rapids, MI: Zondervan, 2004) 219-237.

_____. The Whole Christ: Legalism, Antinomianism, & Gospel Assurance - Why the Marrow Controversy Still Matters (Wheaton, Ill: Crossway, 2016).

Flavel, John. The Mystery of Providence (Edinburgh, UK: Banner of Truth, 1995).

Forsyth, Peter T. The Cruciality of the Cross (Blackwood, South Australia: New Creation Publications INC, 1994).

Frame, John M. The Doctrine of the Christian Life (Philipsburg, NJ: Presbyterian & Reformed, 1985).

_____, Salvation Belongs to the LORD: An Introduction to the Systematic Theology (Philipsburg, NJ: Presbyterian & Reformed, 2006).

_____. Systematic Theology: An Introduction to Christian Belief (Philipsburg, NJ: Presbyterian & Reformed, 2013).

Gaffin, Richard B. Jr. By Faith, Not by Sight: Paul and the Order of Salvation (Phillipsburg, NJ: Presbyterian & Reformed, 2013).

Gagnon, Robert A. J. The Bible and Homosexual Practice (Nashville: Abingdon, 2002).

George, Timothy. Theology of the Reformers (Nashville, TN: Broadman & Holman, 1988).

Griffiths, Jonathan I. Preaching in the New Testament: An Exegetical and Biblical-theological Study (Downers Grove, IL: IVP, 2017).

Grudem, Wayne. Systematic Theology: An Introduction to Biblical Doctrine (Grand Rapids, MI: Zondervan, 1994).

Guinness, Os & Seel, John. eds., No God But God: Breaking with the Idols of Our Age (Chicago, IL: Moody, 1992).

Guthrie, Donald. New Testament Theology (Leicester, UK: IVP, 1981).

Hagner, Donald A. The New Testament: A Historical and Theological Introduction (Grand Rapids, MI:

Baker Academic, 2012).
Haldane, Alexander. The Lives of Robert & James Haldane (Edinburgh, UK: Banner of Truth, 1990).
Hamilton, James M. Jr. God's Glory in Salvation through Judgment: A Biblical Theology (Wheaton, IL: Crossway, 2010).
Harris, Murray J. Raised Immortal: Resurrection and Immortality in the New Testament (Basingstock, UK: Marshall Morgan & Scott, 1983).
Heppe, Heinrich. Reformed Dogmatics, ed. Ernst Biser, trans. G. T. Thomson (London, UK: Wakeman Trust, 1950).
Hodge, Achibald A. Outlines of Theology (1860, Edinburgh, UK: Banner of Truth, 1999).
Hoekema, Anthony A. Saved by Grace (Grand Rapids, MI: Eerdmans, 1989).
Horton, Michael. Putting Amazing Back into Grace (Grand Rapids, MI: Baker, 1991).
_____, The Christian Faith: A Systematic Theology for Pilgrims on the Way (Grand Rapids, MI: Zondervan, 2011).
_____. Justification: New Studies in Dogmatics, vol. 2 (Grand Rapids, MI: Zondervan, 2018).
_____. "Sola Gratia," in R. C. Sproul Jr. ed., After Darkness, Light: Essays in Honor of R. C. Sproul (Philipsburg, NJ: P & R Publishing, 2003) 111-135.
Ladd, George E. A Theology of the New Testament (Grand Rapids, MI: Eerdmans, 1974).
_____. The Gospel of the Kingdom (Grand Rapids, MI: Eerdmans, 1959).
_____. I Believe in the Resurrection of Jesus (Grand Rapids, MI: Eerdmans, 1975).
Lawler, Ronald., Donald Wuerl, Thomas Lawler, eds., The Teaching of Christ: A Catholic Catechism for Adults (Huntington, Indiana: Our Sunday Visitor, INC, 1983).
Lawson, Stephen J. Pillars of Grace: AD 100-1564 (Orlando, FL: Reformation Trust Publishing, 2011).
Lloyd-Jones, D. Martyn. Preaching and Preachers (London, UK: Hodder and Stoughton, 1971).
_____. Evangelistic Sermons at Aberavon (Edinburgh, UK: Banner of Truth, 1983).
_____. Knowing the Times: Addresses Delivered on Various Occasions 1942-1977 (Edinburgh, UK: Banner of Truth, 1989).
MacArthur, John Jr. Ashamed of the Gospel (Wheaton, IL: Crossway, 1993).
_____. The Vanishing Conscience (Dallas: Word, 1994).
_____. & Richard Mayhue, eds., Biblical Doctrine: A Systematic Summary of Biblical Faith (Wheaton, IL: Crossway, 2017).
_____. The Gospel according to Paul: Embracing the Good News at the Heart of Paul's Teachings (Nashville, TN: Nelson Books, 2017).
_____. The Gospel According to God: Rediscovering the Most Remarkable Chapter in the Old Testament (Wheaton, IL: Crossway, 2018).
Machen, J. Gresham. The Origin of Paul's Religion (New York: MacMillan, 1921).
_____. God Transcendent (Edinburgh, UK: Banner of Truth, 1983).
_____. Christianity and Liberalism (Grand Rapids, MI: Eerdmans, 1987).
_____. Selected Shorter Writings (Philipsburg, NJ: R & R, 2004).
McGrath, Alister E. Reformation Thought: An Introduction (Oxford, UK: Blackwell, 1993).

Miller, Steve. C. H. Spurgeon on Spiritual Leadership (Chicago, IL: Moody Publishers, 2003).

Morgan, Christopher W. & Robert A. Peterson, eds., Hell under Fire: Modern Scholarship Reinvents Eternal Punishment (Grand Rapids, MI: Zondervan, 2004).

_____. eds., Faith Comes by Hearing: A Response to Inclusivism (Downers Grove, IL: IVP, 2008).

_____. eds., The Glory of God (Wheaton, IL: Crossway, 2010).

Morris, Leon. The Apostolic Preaching of the Cross (Grand Rapids, MI: Eerdmans, 1965).

Murray, Iain H. David Martyn Lloyd-Jones: The Fight of Faith 1939-1981 (Edinburgh, UK: Banner of Truth, 1990).

_____. Revival & Revivalism: The Making and Marring of American Evangelicalism 1750-1858 (Edinburgh: Banner of Truth, 1996).

Murray, John. Redemption Accomplished and Applied (Grand Rapids, MI: Eerdmans, 1955).

Murray, John J. "Professor John Murray and the Godly Life" in The Holy Spirit and Reformed Spirituality, Joel R. Beeke & Derek W. H. Thomas, eds. (Grand Rapids, MI: Reformation Heritage Books, 2013).

Nettleton, Asahel. Asahel Nettleton: Sermons from the Second Great Awakening (Ames, Iowa: International Outreach Inc, 1995).

Newbigin, Leslie. The Gospel in A Pluralist Society (Grand Rapids, MI: Eerdmans, 1989).

Nicole, Roger. Standing Forth: Collected Writings of Roger Nicole (Fearn, Ross-shire, UK: Mentor, 2002).

_____. Our Sovereign Saviour: The Essence of the Reformed Faith (Fearn, Ross-shire, UK: Mentor, 2002).

Nyquist, John W. "The Gospel Paradox: Declaring Sinners Righteous," in Telling the Truth: Evangelizing Postmodern, D. A. Carson, ed. (Grand Rapids, MI: Zondervan, 2000), 165-174.

Ortlund, Raymond C. Jr. Whoredom: God's Unfaithful Wife in Biblical Theology (Leicester, UK: Apollos, 1996).

Packer, James I. Knowing God (London, UK: Hodder & Stoughton, 1975).

_____. Evangelism and the Sovereignty of God (Downers Grove, IL: IVP, 1991).

_____. Celebrating the Saving Work of God: Collected Shorter Writings of J. I. Packer, vol. 1 (Carlisle, UK: Paternoster, 1998).

_____. God's Plan for You (Wheaton, IL: Crossway, 2001).

Peterson, Robert A. Salvation Accomplished by the Son (Wheaton, IL: Crossway, 2012).

Piper, John. The Pleasures of God: Meditations on God's Delight in Being God (Portland OR: Multinomah, 1991).

_____. God's Passion for His Glory: Living for the Vision of Jonathan Edwards (Leicester, UK: IVP, 1998).

_____. The Legacy of Sovereign Joy (Wheaton, IL: Crossway Books, 2000).

____ . Counted Righteous in Christ (Wheaton, IL: Crossway Books, 2002).

_____. The Roots of Endurance (Wheaton, IL: Crossway Books, 2002).

_____. The Future of Justification: A Response to N. T. Wright (Wheaton, IL: Crossway Books, 2007).

Reisinger, Ernest C. The Law and the Gospel (Phillipsburg, NJ: Presbyterian & Reformed, 1997).

Reymond, Robert. A New Systematic Theology of the Christian Faith (Nashville: Thomas Nelson, 1998).

_____. Contending for the Faith (Fearn, Ross-shire, UK: Mentor, 2005).

Ridderbos, Herman. Paul: An Outline of His Theology, trans. John Richard De Witt (Grand Rapids, MI: Eerdmans, 1975).

Robertson, O. Palmer. The Christ of the Covenants (Phillipsburg, NJ: Presbyterian & Reformed, 1984).

Rosner, Brian S. Paul and the Law: Keeping the Commandments of God (Downers Grove, IL: IVP, 2013).

Ryken, Philip Graham. The Message of Salvation (Leicester, UK: IVP, 2001).

Ryle, John C. Practical Religion: Plain Papers on the Duties of Professing Christians (Exeter, UK: James Clarke & Co., 1964).

_____. Holiness (Darlington, UK: Evangelical Press, 1999).

Schaeffer, Francis. A. A Christian View of the Church, vol. 4 of The Complete Works of Francis A. Schaeffer (Carlisle, UK: Paternoster, 1982).

Schreiner, Thomas R. 40 Questions about Christians and the Biblical Law (Grand Rapids, MI: Kregel, 2010).

_____. "A Biblical Theology of the Glory of God," in Sam Storms & Justin Taylor, eds. For the Fame of God's Name: Essays in Honor of John Piper (Wheaton, IL: Crossway, 2010) 215-234.

_____. The King in His Beauty: A Biblical Theology of the Old and New Testament (Grand Rapids, MI: Baker Academic, 2013).

_____. Handbook on Acts and Paul's Letters (Grand Rapids, MI: Baker Academic, 2019).

_____. Faith Alone: The Doctrine of Justification (Grand Rapids, MI: Zondervan, 2015).

Scroggs, Robin. New Testament and Homosexuality (Philadelphia: Fortress, 1983).

Seifrid, Mark A. Christ, Our Righteousness: Paul's Theology of Justification (Leicester, UK: Apollos, 2000).

_____. "The New Perspective on Paul and Its Problems," Themelios, 25:2 (2000), 4-18.

Smith, Jeffery. "An Overview and Critique of the New Perspective on Paul's Doctrine of Justification" in Reformed Baptist Theological Review 3:1 (Spring, 2006), 77-108.

Sproul, R. C. Willing to Believe: The Controversy over Free Will (Grand Rapids, MI: Baker, 1997).

_____. The Heart of Reformed Theology (London, UK: Hodder & Stoughton, 1997).

_____. Truth We Confess: A Laymen's Guide to the Westminster Confession of Faith, 3 vols. (Phillipsburg, NJ: Presbyterian & Reformed, 2006, 2007).

Spurgeon, Charles, H. Twelve Sermons on Prayer (Grand Rapids, MI: Baker, 1991).

Steele, David N., Curtis C. Thomas, S. Lance Quinn. Five Points of Calvinism (Philipsburg, NJ: Presbyterian & Reformed, 2004).

Storms, Sam. Tough Topics: Biblical Answers to 25 Challenging Questions (Wheaton, IL: Crossway, 2013).

Stott, John R. W. Issues Facing Christians Today (Basingstoke, UK: Marshall Morgan & Scott, 1984).

_____. The Cross of Christ (Downers Grove, IL: IVP, 1986).

_____, Edwards, David L. Essentials: A Liberal-Evangelical Dialogue (Downers Grove, IL: IVP, 1988).

_____. "Pride, Humility, and God," in J. I. Packer & L. Wilkinson eds., Alive to God: Studies in

Spirituality: Presented to James Houston (Downers Grove, IL: IVP, 1992), 111-121.

_____. Authentic Christianity: From the Writings of John Stott, ed. Timothy Duddley-Smith (Leicester, UK: IVP, 1995).

_____. Basic Introduction to the New Testament (Grand Rapids, MI: Eerdmans, 2017).

Tozer, A. W. The Best of A. W. Tozer, ed. Warren Wiersbe, vol. 1, (Grand Rapids, MI: Baker, 1978).

Tyler, Bennet & Andrew Bonar. Nettleton and His Labours: The Memoir of Dr. Asahel Nettleton (1854, reprinted, Edinburgh: Banner of Truth, 1996).

van Genderen, J & W. H. Velema, Concise Reformed Dogmatics, trans. Gerrit Bilkes (Philipsburg, NJ: Presbyterian & Reformed, 2008).

Venning, Ralph. The Sinfulness of Sin (Edinburgh, UK: Banner of Truth, 1965).

Vickers, Brian. Jesus' Blood and Righteousness: Paul's Theology of Imputation (Wheaton, IL: Crossway, 2006).

Waldron, Sam. "The Relation of the Righteousness of God and the Spirit" in The Holy Spirit and Reformed Spirituality, Joel R. Beeke & Derek W. H. Thomas, eds. (Grand Rapids, MI: Reformation Heritage Books, 2013), 39-51.

Warfield, Benjamin B. Calvin and Augustine (Philadelphia: Presbyterian & Reformed, 1956).

_____. Selected Shorter Writings, vol. 1, ed. John E. Meeter (Philipsburg, NJ: Presbyterian & Reformed, 2001).

_____. Biblical Doctrines: The Works of Benjamin B. Warfield, Vol. 2 (Grand Rapids, MI: Baker, 2003).

Waters, Guy Prentiss. Justification and the New Perspectives on Paul: A Review and Response (Philipsburg, NJ: Presbyterian & Reformed, 2004).

_____. The Life and Theology of Paul (Orlando, FL: Reformation Trust Publishing, 2017).

Wellum, Stephen. Christ Alone: The Uniqueness of Jesus As Savior (Grand Rapids, MI: Zondervan, 2017).

Whitney, Donald S. Spiritual Disciplines for the Christian Life (Bucks, UK: Scripture Press, 1991).

Wright, Christopher J. H. The God I Don't Understand: Reflections on Tough Questions of Faith (Grand Rapids, MI: Zondervan, 2008).

Zacharias, Ravi. "The Touch of Truth," in D. A. Carson ed., Telling the Truth: Evangelizing Postmodern (Grand Rapids, MI: Zondervan, 2000), 30-43.

Zahl, Paul F. M. "Mistakes of the New Perspective on Paul," Themelios, 27:1 (2001), 5-11

Zaspel, Fred G. The Theology of B. B. Warfield: A Systematic Summary (Wheaton, IL: Crossway, 2010).